제6판

행정법
최종정리
OX

verwaltungsrecht
| 변호사시험 대비

변호사
강성민 편저

PREFACE

변호사시험을 준비하는 수험생의 입장에서 중요지문의 강약을 조절하는 것은 마지막까지 매우 까다롭고 불안한 일입니다. 특히 행정법은 선택형 지문이 유독 더 어려운 과목입니다.

이 책은 변호사시험 직전까지 자주 기출된 중요지문이나 중요판례를 직관적으로 암기할 수 있도록 하여 효율적인 선택형 대비를 할 수 있게 만들어졌습니다.

1. 각 지문의 중요도에 따라 ★ 표시를 해두었습니다. 우리 시험을 포함하여 여러 시험에서 자주 출제가 되는 것은 ★와 같이 별표 1개로, 그 중에서도 더욱 중요도가 높은 것들은 ★★와 같이 별표 2개로 표시하였습니다. 별표가 없는 지문도 반드시 학습하여야 하겠으나, 시험에 가까워지면 위 별표를 참고하여 강약을 조절하시면 되겠습니다.

2. 지문 자체로 판례의 문구 또는 조문 그 자체에 해당하는 정지문은 판례번호 또는 조문 번호만 표기하였고, 설명이 필요한 부분은 덧붙였습니다. 오지문의 경우에는 해당 지문을 이해할 수 있을만한 최소한의 해설을 수록해두었습니다.

3. 변호사시험 14회분(시험당 약 20문항·약100지문)을 포함하여 최근 실시된 타 직렬 기출문제들도 참고하여 문제를 제작하였습니다.

4. 최근 2017~2024년 총 24회분의 변호사시험 모의시험 문제를 분석하여 추가로 학습해야 할 중요 예제문제를 함께 수록해두었습니다. 2017~2024 모의시험 문제는 (예제문제)로 표시하였으며, 2022년 모의시험 문제부터는 22-1(1차), 22-2(2차), 22-3(3차)와 같이 표시하였습니다.

5. 같은 표현이나 유사한 표현으로 기출된 동일한 쟁점의 지문은 대표 지문 하나로 통합하였습니다. 대표지문은 최대한 정선지 위주로 선정하였으나, 오선지가 중요한 의미를 가지는 문제는 오선지를 대표지문으로 선정해두었습니다. 학습의 필요성에 따라 둘 이상의 문항을 하나로 통합한 경우도 있습니다.

6. 이번 판부터는 문제와 해설을 한 페이지 내에서 분리하였습니다. ①정답이 바로 보이지 않도록 하여 보다 실전적인 연습이 가능하도록 하고, ②문제를 잘 정리해두면 마지막 회독 시 오히려 빠르게 1회독할 수 있도록 하기 위함입니다. 이 같은 구성을 위해 많은 수험생들의 의견을 들었고, 출판사에서도 적잖은 노력을 기울였습니다. 그럼에도 꼭 필요한 변화라고 판단하여 이번 판부터 적용하게 되었습니다.

이 책의 원래 기획의도는 시험 직전 최종적으로 행정법 선택형을 대비하기 위한 교재였으나, 많은 수험생분들께서 본 교재를 사랑해주시고 처음부터 이 책으로 행정법 선택형을 대비하는 수험생들이 아주 많아져서 출간시기를 앞당겼습니다.

다만 이 책의 마무리 인사는 원래의 것을 그대로 두겠습니다.

『여기까지 오시느라 정말 수고 많았습니다.
누구보다 여러분의 그간의 수고로움을 잘 알고 있습니다.

이제 다 와갑니다. 지치지만 않으면 됩니다.
건투를 빕니다.』

2025. 5. 22.
강성민 변호사 드림

CONTENTS

제1편 행정법통론

제1장 행 정 — 2
- 제1절 행정의 의의 — 2
- 제2절 통치행위 — 2

제2장 행정법 — 4
- 제1절 행정법의 의의 — 4
- 제2절 법치행정의 원리 — 7
  - ▌법률유보의 원칙 / 7
- 제3절 행정법의 일반원칙 — 9
  - ▌신뢰보호원칙 / 9
  - ▌자기구속의 원칙 / 16
  - ▌평등의 원칙 / 16
  - ▌부당결부금지 원칙 / 17

제3장 행정상의 법률관계 — 18
- 제1절 개 설 — 18
- 제2절 행정상의 법률관계의 당사자 — 18
- 제3절 행정상의 법률관계의 내용 — 18
  - ▌무하자재량행사청구권 / 19
  - ▌행정개입청구권 / 20
- 제4절 특별권력관계이론 — 21
- 제5절 사인의 공법행위 — 21
  - ▌사인의 공법행위로서 신고 / 21

제2편 행정작용법

제1장 행정입법 — 30
- 제1절 개 설 — 30
- 제2절 법규명령 — 31
- 제3절 행정규칙 — 34

제4절 형식과 실질의 불일치　　　　　　　　　　　　　　　　　　35

제2장　행정행위　　　　　　　　　　　　　　　　　　　　　　　　42

제1절 행정행위의 개념　　　　　　　　　　　　　　　　　　　　　42

- 일반처분 / 42

제2절 행정행위의 종류　　　　　　　　　　　　　　　　　　　　　45

- 기속행위와 재량행위 / 45
- 판단여지 / 47
- 단계적 행정행위 / 48
- 허가 / 49
- 예외적 승인 / 50
- 특허 / 50
- 인가 / 55
- 공증 / 59

제3절 행정행위의 부관　　　　　　　　　　　　　　　　　　　　　60

제4절 행정행위의 적법요건 및 효력발생 요건　　　　　　　　　　69

제5절 행정행위의 효력　　　　　　　　　　　　　　　　　　　　　71

- 공정력, 구성요건적 효력과 선결문제 / 71
- 불가쟁력과 불가변력 / 74
- 처분의 재심사 / 76

제6절 행정행위의 하자　　　　　　　　　　　　　　　　　　　　　78

- 무효와 취소의 구별 / 78
- 위헌결정의 효력 / 82
- 하자의 승계 / 85
- 하자의 치유 / 88

제7절 행정행위의 취소·철회 및 실효　　　　　　　　　　　　　　89

제3장　그 밖의 행정의 주요행위형식　　　　　　　　　　　　　　94

- 확약 / 94
- 행정계획 / 95
- 공법상 계약 / 107
- 사실행위 / 108
- 행정지도 / 109

제3편 행정절차·행정정보공개

제1장　행정절차　　　　　　　　　　　　　　　　　　　　　　　114

제1절 행정절차의 의의　　　　　　　　　　　　　　　　　　　　114

제2절 행정절차법의 주요내용　　114

- 사전통지와 의견청취 / 121
- 이유제시 / 124
- 문서주의 / 125

제3절 행정절차의 하자　　126

제4절 복합민원절차로서 인·허가 의제제도　　129

제2장 행정정보공개　　136

제1절 개 설　　136

제2절 공공기관의 정보공개에 관한 법률의 중요 내용　　136

제3절 개인정보보호　　149

제4편 행정상의 의무이행확보수단

제1장 행정강제　　152

- 대집행 / 152
- 이행강제금 / 158
- 직접강제 / 162
- 행정상 강제징수 / 163
- 즉시강제 / 164
- 행정조사 / 165

제2장 행정벌　　168

- 통고처분 / 168
- 과태료(행정질서벌) / 169

제3장 새로운 의무이행확보수단　　172

- 과징금 / 172
- 관허사업의 제한 / 174
- 그 밖에 제재처분 / 175

제5편 행정구제법

제1장 개 설　　180

제2장 행정상 손해전보　　180

제1절 국가배상　　180

| 공무원의 직무상 불법행위로 인한 손해배상 / 181
| 공공시설 등의 하자로 인한 손해배상 / 193　　| 관용차의 운행으로 인한 손해배상 / 198
| 비용부담자 책임 / 199　　| 이중배상금지 / 200

제2절 행정상의 손실보상　　204
제3절 행정상 손해전보제도의 흠결과 그 보완　　204
제4절 공법상의 부당이득반환청구권　　204

제3장 행정쟁송　　206

제1절 개 설　　206
제2절 행정심판　　206
제3절 행정소송　　216

제1항 개 설　　216
제2항 항고소송　　216

| 처분성(대상적격) / 216　　| 처분성 긍정례 / 216
| 처분성 부정례 / 221　　| 변경처분 / 223
| 거부처분 / 224　　| 원처분주의 / 229
| 취소소송의 원고적격 / 231　　| 원고적격 인정례 / 232
| 원고적격 부정례 / 234　　| 경업자 소송 / 235
| 경원자 소송 / 236　　| 인인 소송 / 237
| 취소소송의 협의의 소의 이익 / 240　　| 소의 이익 긍정례 / 240
| 소의 이익 부정례 / 242　　| 취소소송의 피고적격 / 247
| 피고경정 / 249　　| 제소기간 / 250
| 전심절차 / 253　　| 행정소송의 재판관할 / 254
| 관련청구소송의 이송 및 병합 / 254　　| 제3자의 소송참가 / 255
| 소의 변경 / 256　　| 집행정지 / 257
| 가처분 / 263　　| 심리 / 263
| 입증책임 / 266　　| 위법판단의 기준시 / 268

- 처분사유의 추가·변경 / 270
- 일부취소판결 / 273
- 취소판결의 기판력 / 274
- 간접강제 / 278
- 무효등 확인소송 / 297
- 사정판결 / 272
- 판결의 효력 / 274
- 취소판결의 기속력 / 276
- 취소소송 종합문제 / 280
- 부작위위법확인소송 / 300

제3항 당사자소송 · · · · · · 304
- 민사소송, 항고소송과의 구별 / 310

제4항 객관소송 · · · · · · 317

제6편 행정조직법

제1장 행정조직법의 의의 · · · · · · 320
제1절 개 설 · · · · · · 320
제2절 행정주체와 행정기관 · · · · · · 320
제3절 행정청 · · · · · · 320
- 협의와 동의 / 321

제2장 국가행정조직법 · · · · · · 323
- 감사원 / 323

제3장 지방자치법 · · · · · · 324
제1절 개 설 · · · · · · 324
제2절 지방자치단체의 구성요소 : 구역·주민·조례 · · · · · · 325
- 구역 / 325
- 주민투표 / 325
- 주민소송 / 327
- 조례 / 334
- 조례의 하자 / 338
- 지방의회와 집행기관과의 관계 / 341
- 주민 / 325
- 조례 제정·개정·폐지청구 / 326
- 주민소환 / 333
- 조례의 한계 / 334
- 조례의 통제 / 339

제3절 지방자치단체의 사무 — 342
제4절 지방자치단체에 대한 국가의 관여 — 344

- 지방자치단체 상호간의 분쟁조정 / 344
- 시정명령 및 취소 정지 / 344
- 직무이행명령 / 349
- 기타 / 350

제4장 공무원법 — 352

제7편 특별행정작용법

제1장 경찰행정법 — 362
제1절 개 설 — 362
제2절 경찰작용의 근거 — 362

제2장 급부행정법 — 364

제3장 공용부담법 — 374

- 손실보상 / 374
- 공용수용 / 376
- 생활보상 / 384
- 잔여지 보상 / 386
- 사용하는 토지 보상 / 389
- 간접손실 보상 등 / 389
- 환매권, 공익사업의 변환 / 392
- 공용환지 / 393
- 공용환권 / 394

제4장 지역개발행정법 — 400

제5장 환경행정법 — 401

제6장 조세법 — 402

제1편
행정법통론

제1장 행 정

제1절 행정의 의의
제2절 통치행위

01 망인(亡人) 甲이 친일행적을 하였다는 이유로 국무회의 의결과 대통령 결재를 거쳐 甲의 독립유공자 서훈취소가 결정된 후, 국가보훈처장이 甲의 유족에게 행한 '독립유공자 서훈취소 결정통보'는 권한 없는 기관에 의한 행정처분으로서 주체상의 하자가 있다. (변시 6회) ★★ [　　]

02 망인(亡人)의 친일행적을 이유로 국무회의 의결과 대통령 결재를 거쳐 망인에 대한 독립유공자 서훈이 취소된 후 국가보훈처장이 망인의 유족에게 행한 독립유공자 서훈취소결정통보는 권한 없는 기관에 의한 행정처분으로서 당연무효이다. (변시 10회) [　　]

03 > 건국훈장 독립장이 수여된 망인에 대한 서훈취소를 국무회의에서 의결하고 대통령이 결재함으로써 서훈취소가 결정된 후, 국가보훈처장이 망인의 유족 甲에게 '독립유공자 서훈취소 결정 통보'를 하자 甲이 국가보훈처장을 상대로 서훈취소결정의 무효확인의 소를 제기하였다. (22-3)

① 서훈은 서훈대상자의 특별한 공적에 의하여 수여되는 고도의 일신전속적 성격을 가진 것이고, 이는 서훈취소의 경우에도 마찬가지이다. ★ [　　]

② 망인에 대한 서훈취소는 유족 甲에게도 영향을 미치는 결과를 초래하므로 망인에 대한 서훈취소는 甲에 대한 통지가 있어야만 성립하고 그 효력이 발생한다. ★ [　　]

③ 망인에 대한 서훈취소 처분을 한 대통령은 「행정소송법」상 행정청에 해당한다. [　　]

✎ **정답 및 해설**

01 [X] 이 사건 서훈취소 처분의 통지가 처분권한자인 대통령이 아니라 그 보좌기관인 피고(국가보훈처장)에 의해 이루어졌다 하더라도, 그 처분이 대통령의 인식과 의사에 기초해 이루어졌고, 앞서 보았듯 그 통지로 이 사건 서훈취소 처분의 주체(대통령)와 내용을 알 수 있으므로, 이 사건 서훈취소 처분의 외부적 표시의 방법으로서 위 통지의 주체나 형식에 어떤 하자가 있다고 보기도 어렵다.(2014. 9. 26. 2013두2518)

02 [X] 위 해설 참조

④ 보훈처장이 행한 통보행위는 훈장을 보관하고 있는 甲에 대하여 그 반환 요구의 전제로서 대통령의 서훈취소결정이 있었음을 알리는 것이고, 보훈처장 명의의 서훈취소 처분이 있는 것은 아니다. ★★ [   ]

⑤ 서훈취소는 대통령이 국가원수로서 행하는 행위라고 하더라도 법원이 사법심사를 자제하여야 할 고도의 정치성을 띤 행위라고 볼 수 없다. (변시 14회) ★★ [   ]

04 남북정상회담의 개최와 그 개최과정에서 재정경제부장관에게 신고하지 아니하거나 통일부장관의 협력사업 승인을 얻지 아니한 채 북한 측에 사업권의 대가 명목으로 송금한 행위는 사법심사의 대상이 될 수 없다. (변시 14회) [   ]

정답 및 해설

03 ① [O] (2014. 9. 26. 2013두2518)

② [X] 망인에 대한 서훈취소는 유족에 대한 것이 아니므로 유족에 대한 통지에 의해서만 성립하여 효력이 발생한다고 볼 수 없고, 그 결정이 처분권자의 의사에 따라 상당한 방법으로 대외적으로 표시됨으로써 행정행위로서 성립하여 효력이 발생한다. (2014. 9. 26. 2013두2518)

③ [O] (2014. 9. 26. 2013두2518)

④ [O] (2014. 9. 26. 2013두2518)

⑤ [O] 서훈취소는 서훈수여의 경우와는 달리 이미 발생된 서훈대상자 등의 권리 등에 영향을 미치는 행위로서 관련 당사자에게 미치는 불이익의 내용과 정도 등을 고려하면 사법심사의 필요성이 크다. 따라서 기본권의 보장 및 법치주의의 이념에 비추어 보면, 비록 서훈취소가 대통령이 국가원수로서 행하는 행위라고 하더라도 법원이 사법심사를 자제하여야 할 고도의 정치성을 띤 행위라고 볼 수는 없다. (2014. 9. 26. 2013두2518)

04 [X] 남북정상회담의 개최는 고도의 정치적 성격을 지니고 있는 행위라 할 것이므로 특별한 사정이 없는 한 그 당부를 심판하는 것은 사법권의 내재적·본질적 한계를 넘어서는 것이 되어 적절하지 못하지만, 남북정상회담의 개최과정에서 재정경제부장관에게 신고하지 아니하거나 통일부장관의 협력사업 승인을 얻지 아니한 채 북한측에 사업권의 대가 명목으로 송금한 행위 자체는 헌법상 법치국가의 원리와 법 앞에 평등원칙 등에 비추어 볼 때 사법심사의 대상이 된다. (2004. 3. 26. 2003도7878)2518)

/ verwaltungsrecht

제2장 행정법

제1절 행정법의 의의

05 헌법규정은 행정권을 직접 구속하지 않으며 헌법을 구체화하는 법률을 통해 행정권을 구속한다. (변시 6회)
[ ]

06 행정관습법 가운데 민중적 관습법의 사례는 공유수면의 이용 및 하천수의 이용 등을 들 수 있는데, 일정한 시설의 고정설치에 의한 굴 채묘어업은 관행어업권의 대상이 될 수 없다. (예제문제)
[ ]

07 무효인 규정에 의해 갑종근로소득세를 과세하는 것이 세무행정의 관례가 되어 있다면 그 무효인 규정은 행정관습법이 될 수 있다. (추가문제)
[ ]

08 산업통상자원부장관이 「석유 및 석유대체연료 사업법」이 정한 바에 따라 석유 수급과 석유가격의 안정을 위하여 부과금을 징수하였다가 환급 사유가 발생하여 그 일부를 환급하는 경우, 석유환급금 부과·환급의 실질에 비추어 보면 환급금의 산정기준에 관한 규정을 해석할 때 조세나 부담금에 관한 법률의 해석에 관한 법리가 적용된다. (변시 9회)
[ ]

정답 및 해설

05 [X] 헌법규정은 행정권을 직접 구속하며, 헌법의 일부조항들은 행정작용에 기준을 제시하는 중요한 법원으로 기능하기도 한다.(예. 헌법 제11조 평등원칙, 제37조 제2항 비례원칙)2518)

06 [O] 구 수산업법(1990. 8. 1. 법률 제4252호로 개정되기 전의 것)상의 관행어업권은 면허에 의하여 인정되는 어업권과 같이 일정한 공유수면을 전용(專用)하면서 그 수면에서 배타적으로 수산동식물을 채포할 수 있는 독점적인 권리라기보다는 단지 타인의 방해를 받지 않고 일정한 공유수면에 출입하면서 수산동식물을 채포할 수 있는 권리에 지나지 않는 것으로, 일정한 수면을 구획하여 그 수면의 바닥을 이용 또는 기타 시설을 하여 패류해조류 등 수산동식물을 인위적으로 증식하는 양식어업이나 일정한 수면을 구획하는 어구를 정치하여 수산동물을 채포하는 정치어업에 관하여는 성립될 여지가 없다. (2001. 12. 11. 99다56697)

07 [X] 무효인 규정은 행정관습법이 될 수 없다.
원심판결의 판단취지는 피고가 행한 이 사건의 갑종근로소득세 과세처분의 전제가 되는 원고회사 대표이사 개인에의 소득인정, 즉 상여로 간주한 일은 같은 법시행규칙(개정18)재무부령 400호 제12조 제2항 제3호에 의하여 피고가 행한 것인데 위 시행규칙의 같은조문이 위 법인세법이나 같은법시행령(개정 2566호)에 아무런 근거없이 제정된 것이므로 이는 조세법률주의에 위배되어 무효한 조문이라 할것이며, 따라서 원심이 위 법인세법시행규칙 제12조 제2항 제3호에 의하여 원고 법인의 공표소득금액과 정부의 조사결정 소득금액과의 차액을 원고의 대표자에 대한 상여금으로 보아 본건 과세처분을 하였음은 위법이므로 같은 견해아래 본건 행정처분의 취소를 명한 원심조치는 정당하다. (1968. 6. 25. 68누9)

08 [O] (2017. 4. 26. 2013두6541)

09 WTO 협정 회원국 정부의 반덤핑부과처분이 WTO 협정위반이라는 이유만으로 사인(私人)이 직접 국내법원에 회원국 정부를 상대로 그 처분의 취소소송을 제기하거나 위 협정위반을 처분의 독립된 취소사유로 주장할 수 없다. (변시 6회) ★★ [ ]

10 사인이 대형마트에 대한 영업제한처분의 취소소송을 제기하면서 국제협정으로 체결되어 있는 「서비스 무역에 관한 일반협정(General Agreement on Trade in Services, GATS)」상 시장접근 제한 금지 조항의 위반을 독립된 취소사유로 주장하는 것은 허용되지 않는다. (변시 8회) ★★ [ ]

11 지방자치단체가 학교급식을 위해 국내 우수농산물을 사용하는 자에게 식재료나 구입비의 일부를 지원하는 조례안이 「1994년 관세 및 무역에 관한 일반협정」에 위배되어 위법한 이상, 그 조례안에 대한 재의결은 효력이 없다. (변시 6회) ★★ [ ]

12 건축물이 건축 관계법에 따라 적법하게 축조되었다면, 이 건축물로 인해 인근 토지에 있는 건축물 소유자의 일조이익이나 조망이익이 침해되었다고 해도 사법(私法)상 불법행위를 구성하지는 않는다. (변시 9회) [ ]

13 행정에 관한 기간의 계산에 관하여는 「행정기본법」 또는 다른 법령등에 특별한 규정이 있는 경우를 제외하고는 「민법」을 준용한다. (예제문제) ★★ [ ]

14 「광업법」에는 기간의 계산에 관하여 특별한 규정을 두고 있지 않으므로, 「광업법」상 출원제한기간을 계산할 때에는 기간 계산에 관한 「민법」의 규정이 그대로 적용된다. (변시 9회) [ ]

정답 및 해설

09 [O] 위 협정은 국가와 국가 사이의 권리·의무관계를 설정하는 국제협정으로, 그 내용 및 성질에 비추어 이와 관련한 법적 분쟁은 위 WTO 분쟁해결기구에서 해결하는 것이 원칙이고, 사인(私人)에 대하여는 위 협정의 직접 효력이 미치지 아니한다. (2009. 1. 30. 2008두17936)

10 [O] 이 사건 각 협정은 국가와 국가 사이의 권리·의무관계를 설정하는 국제협정으로서, 그 내용 및 성질에 비추어 이와 관련한 법적 분쟁은 협정에서 정한 바에 따라 국가간 분쟁해결기구에서 해결하는 것이 원칙이고, 특별한 사정이 없는 한 사인에 대하여는 협정의 직접 효력이 미치지 아니한다. (2015. 11. 19. 2015두295)

11 [O] GATT는 … 국회의 동의를 얻어 공포시행된 조약으로서 국내법령과 동일한 효력을 가지므로 지방자치단체가 제정한 조례가 GATT에 위반되는 경우에는 그 효력이 없다. (2005. 9. 9. 2004추10)

12 [X] 토지의 소유자 등이 종전부터 향유하던 일조이익(日照利益)이 객관적인 생활이익으로서 가치가 있다고 인정되면 법적인 보호의 대상이 될 수 있는데, … 사회통념상 일반적으로 해당 토지 소유자의 수인한도를 넘게 되면 그 건축행위는 정당한 권리행사의 범위를 벗어나 사법상 위법한 가해행위로 평가된다. (2008. 4. 17. 2006다35865)

13 [O] 행정기본법 제6조 제1항

14 [O] (2009. 11. 26. 2009두12907)

15 비위사실로 파면처분을 받은 피징계자가 징계처분에 중대하고 명백한 흠이 있음을 알면서도 퇴직 시 지급되는 퇴직금 등 급여를 받은 후 5년이 지나 그 비위사실의 공소시효가 완성된 후에 징계처분의 흠을 내세워 그 징계처분의 무효확인을 구하는 것은 신의칙에 반한다. (변시 7회) ★ [   ]

16 관할관청이 위법한 직업능력개발훈련과정 인정제한처분을 하여 사업주로 하여금 제때 훈련과정 인정신청을 할 수 없도록 하였음에도, 인정제한처분에 대한 취소판결 확정 후 사업주가 인정제한 기간 내에 실제로 실시하였던 훈련에 관하여 비용지원신청을 한 경우에, 관할관청이 단지 해당 훈련과정에 관하여 사전에 훈련과정 인정을 받지 않았다는 이유만을 들어 훈련비용 지원을 거부하는 것은 신의성실의 원칙에 반하여 허용될 수 없다. (23-1) [   ]

정답 및 해설

15 [O] (1989. 12. 12. 88누8869)

16 [O] (2019. 1. 31. 2016두52019)

제2절 법치행정의 원리

법률유보의 원칙

17 법률유보원칙에서의 '법률'에는 국회가 제정하는 형식적 의미의 법률뿐만 아니라 법률의 위임에 따라 제정된 법규명령도 포함된다. (변시 6회) ★   [ ]

18 법률유보원칙에서의 '법률' 개념에는 형식적 의미에서의 법률뿐만 아니라 관습법이나 관례법도 포함될 수 있다. (23-1) ★   [ ]

19 법률유보원칙과 관련하여 의회유보원칙에 따르는 경우, 의회유보사항을 행정입법에 위임하는 것은 가능하나, 이때에는 보다 엄격한 구체성의 요건을 갖추어야 한다. (변시 6회)   [ ]

20 법률유보의 원칙은 단순히 행정작용이 법률에 근거를 두기만 하면 충분한 것이 아니라, 국가공동체와 그 구성원에게 기본적이고도 중요한 의미를 갖는 영역에 있어서는 행정에 맡길 것이 아니라 국민의 대표자인 입법자 스스로 그 본질적 사항에 대하여 결정하여야 한다는 요구까지 내포한다. (변시 10회) (변시 13회)★   [ ]

21 법률이 공법적 단체 등의 정관에 자치법적 사항을 위임한 경우 헌법 제75조가 정하는 포괄적인 위임입법의 금지가 원칙적으로 적용되며, 위임을 하더라도 그 사항이 국민의 권리·의무에 관련되는 것일 경우 적어도 국민의 권리·의무에 관한 기본적이고 본질적인 사항은 국회가 정하여야 한다. (변시 13회) (변시 6회) (변시 2회) ★★   [ ]

22 법인세, 종합소득세와 같이 납세의무자에게 조세의 납부의무뿐만 아니라 스스로 과세표준과 세액을 계산하여 신고하여야 하는 의무까지 부과하는 경우에는 신고의무 이행에 필요한 기본적인 사항과 신고의무 불이행 시 납세의무자가 입게 될 불이익 등은 납세의무를 구성하는 기본적, 본질적 내용으로서 법률로 정하여야 한다. (변시 13회)   [ ]

정답 및 해설

17 [O]

18 [X] 헌법상 법치주의는 법률유보원칙, 즉 행정작용에는 국회가 제정한 형식적 법률의 근거가 요청된다는 원칙을 핵심적 내용으로 한다. (2020. 9. 3. 2016두32992)

19 [X] 의회유보원칙은 국민의 기본권실현과 관련된 영역에 있어서는 국민의 대표자인 입법자가 그 본질적 사항에 대해서 스스로 결정하여야 한다는 요구이다. (헌재 1999. 5. 27. 98헌바70)

20 [O] (헌재 1999. 5. 27. 98헌바70)

21 [X] 법률이 공법적 단체 등의 정관에 자치법적 사항을 위임한 경우에는 헌법 제75조가 정하는 포괄적인 위임입법의 금지는 원칙적으로 적용되지 않는다고 봄이 상당하고, 그렇다 하더라도 그 사항이 국민의 권리·의무에 관련되는 것일 경우에는 적어도 국민의 권리·의무에 관한 기본적이고 본질적인 사항은 국회가 정하여야 한다. (2007. 10. 12. 2006두14476)

22 [O] (2015. 8. 20. 2012두23808)

23   국민에게 납세의무를 부과하기 위해서는 조세의 종목과 세율 등 납세의무에 관한 기본적, 본질적 사항은 국민의 대표기관인 국회가 제정한 법률로 규정하여야 하고, 법률의 위임 없이 명령 또는 규칙 등의 행정입법으로 과세요건 등 납세의무에 관한 기본적, 본질적 사항을 규정하는 것은 헌법이 정한 조세법률주의 원칙에 위배된다. (23-1)   [   ]

24   법률에 개인택시운송사업자의 운전면허가 취소된 때에 그의 개인택시운송사업면허를 취소할 수 있도록 규정되어 있다면, 관할관청은 개인택시운송사업자에게 운전면허 취소사유가 있다는 사유가 있다면 운전면허 취소처분이 아직 이루어지지 않았다고 하더라도 개인택시운송사업면허를 취소할 수 있다. (추가문제) ★   [   ]

정답 및 해설

23 [O] (2015. 8. 20. 2012두23808)

24 [X] 구 여객자동차운수사업법(2007. 7. 13. 법률 제8511호로 개정되기 전의 것) 제76조 제1항 제15호, 같은 법 시행령 제29조에는 관할관청은 개인택시운송사업자의 운전면허가 취소된 때에 그의 개인택시운송사업면허를 취소할 수 있도록 규정되어 있을 뿐 그에게 운전면허 취소사유가 있다는 사유만으로 개인택시운송사업면허를 취소할 수 있도록 하는 규정은 없으므로, 관할관청으로서는 비록 개인택시운송사업자에게 운전면허 취소사유가 있다 하더라도 그로 인하여 운전면허 취소처분이 이루어지지 않은 이상 개인택시운송사업면허를 취소할 수는 없다. (2008. 5. 15. 2007두26001)

제3절 행정법의 일반원칙

25 대법원의 판례변경은 대법관 전원의 3분의 2 이상의 합의체에서 과반수로 결정하도록 하고 있으며, 「소액사건심판법」에서는 대법원 판례에 대한 위반을 상고이유로 규정하고 있다. (변시 7회) [   ]

26 음주운전으로 인한 교통사고를 방지할 공익상의 필요는 더욱 중시되어야 하고 운전면허의 취소는 일반의 수익적 행정행위의 취소와는 달리 그 취소로 인하여 입게 될 당사자의 불이익보다는 이를 방지하여야 하는 일반예방적 측면이 더욱 강조되어야 한다. (추가문제) ★ [   ]

신뢰보호원칙

27 행정청은 공익 또는 제3자의 이익을 현저히 해칠 우려가 있는 경우를 제외하고는 행정에 대한 국민의 정당하고 합리적인 신뢰를 보호하여야 한다. (변시 11회) (변시 12회) ★ [   ]

28 행정청의 공적 견해표명이 있었는지의 여부를 판단하는 데 있어 반드시 행정조직상의 형식적인 권한분장에 구애될 것은 아니고 담당자의 조직상의 지위와 임무, 당해 언동을 하게 된 구체적인 경위 및 그에 대한 상대방의 신뢰가능성에 비추어 실질에 의하여 판단하여야 한다. (변시 3회) (변시 6회) ★★ [   ]

29 신뢰보호의 원칙을 성립시키는 행정청의 공적 견해나 의사는 명시적 또는 묵시적으로 표시되어야 하는데, 비과세 관행에 관한 묵시적 표시가 있다고 하기 위하여는 단순한 과세 누락과는 달리 과세관청이 상당기간 불과세 상태에 대하여 과세하지 않겠다는 의사표시를 한 것으로 볼 수 있는 사정이 있어야 한다. (변시 7회) ★ [   ]

30 병무청 담당부서의 담당공무원에게 공적 견해의 표명을 구하는 정식의 서면질의 등을 하지 아니한 채 총무과 민원팀장에 불과한 공무원이 민원봉사차원에서 상담에 응하여 안내한 것을 신뢰한 경우, 신뢰보호 원칙이 적용되지 아니한다. (추가문제) ★ [   ]

정답 및 해설

25 [O] 법원조직법 제7조 제1항, 소액사건심판법 제3조 제2호
26 [O] (2019. 1. 17. 2017두59949)
27 [O] 행정기본법 제12조 제1항
28 [O] (1997. 9. 12. 96누18380)
29 [O] (2001. 4. 24. 2000두5203)
30 [O] (2003. 12. 26. 2003두1875)

31 행정청의 행위에 대한 신뢰보호 원칙의 적용 요건 중 하나인 '행정청의 견해표명이 정당하다고 신뢰한 데에 대하여 그 개인에게 귀책사유가 없을 것'을 판단함에 있어, 귀책사유의 유무는 상대방과 그로부터 신청행위를 위임받은 수임인 등 관계자 모두를 기준으로 하여야 한다. (변시 2회) (변시 14회) ★★
[   ]

32 국민이 가지는 모든 기대 내지 신뢰가 권리로서 보호될 것은 아니고, 신뢰보호 여부는 기존의 제도를 신뢰한 자의 신뢰를 보호할 필요성과 새로운 제도를 통해 달성하려고 하는 공익을 비교형량하여 판단하여야 한다. (변시 7회) ★★
[   ]

33 신뢰보호원칙 위배 여부를 판단하기 위하여, 한편으로는 침해받은 이익의 보호가치, 침해의 중한 정도, 신뢰가 손상된 정도, 신뢰침해의 방법 등과 다른 한편으로는 새 입법을 통해 실현하고자 하는 공익적 목적 등을 종합적으로 비교·형량하여야 한다. (변시 12회)
[   ]

34 행정처분이 신뢰보호원칙의 요건을 충족하는 경우라고 하더라도 행정청이 앞서 표명한 공적인 견해에 반하는 행정처분을 함으로써 달성하려는 공익이 행정청의 공적 견해표명을 신뢰한 개인이 그 행정처분으로 인하여 입게 되는 이익의 침해를 정당화할 수 있을 정도로 강한 경우에는 신뢰보호의 원칙을 들어 그 행정처분이 위법하다고는 할 수 없다. (변시 3회) ★
[   ]

35 법령을 개정할 때 입법자의 광범위한 재량이 인정되는 경우라 하더라도 구 법령의 존속에 대한 당사자의 신뢰가 합리적이고도 정당하며 법령의 개정으로 야기되는 당사자의 손해가 극심하여 새로운 법령으로 달성하고자 하는 공익적 목적이 그러한 신뢰의 파괴를 정당화할 수 없다면, 입법자는 경과규정을 두는 등 당사자의 신뢰를 보호할 적절한 조치를 하여야 한다. (변시 14회)
[   ]

36 행정청이 공적인 견해를 표명한 이후에 사정이 변경되었다고 하여 그 공적 견해가 더 이상 신뢰의 대상이 된다고 볼 수 없는 것은 아니므로, 특별한 사정이 없는 한 행정청이 그 견해표명에 반하는 처분을 하였다면 신뢰보호의 원칙에 위반된다. (변시 12회) (변시 10회) (변시 14회) ★★
[   ]

정답 및 해설

31 [O] (2002. 11. 8. 2001두1512)
32 [O] (2016. 11. 9. 2014두3228)
33 [O] (2006. 11. 16. 2003두12899)
34 [O] (1998. 11. 13. 98두7343)
35 [O] (2013. 4. 26. 2011다14428)
36 [X] 신뢰보호의 원칙은 행정청이 공적인 견해를 표명할 당시의 사정이 그대로 유지됨을 전제로 적용되는 것이 원칙이므로, 사후에 그와 같은 사정이 변경된 경우에는 그 공적 견해가 더 이상 개인에게 신뢰의 대상이 된다고 보기 어려운 만큼, 특별한 사정이 없는 한 행정청이 그 견해표명에 반하는 처분을 하더라도 신뢰보호의 원칙에 위반된다고 할 수 없다. (2020. 6. 25. 2018두34732)

37 법적으로 혼인한 상태가 아닌 대한민국 국적인 부와 중화인민공화국 국적인 모 사이에 출생한 甲에게 출생신고에 따라 행정청에 의해 주민등록번호와 이에 따른 주민등록증이 부여되었더라도, 행정청에 의해 '외국인 모와의 혼인외자 출생신고'라며 가족관계등록부가 말소된 이상, 법무부장관이 대한민국 국적 보유자가 아니라는 이유로 甲에게 국적비보유판정을 한 것은 정당화될 수 있다. (변시 14회) ★★ [ ]

38 당초 폐기물처리시설을 설치한다는 도시관리계획결정 및 지형도면 고시를 하였다가 폐기물처리시설 대신 광장을 설치한다는 도시관리계획 변경결정 및 지형도면 고시를 한 경우 당초 도시관리계획결정은 도시계획시설사업의 시행자 지정을 받게 된다는 공적인 견해를 표명한 것으로 볼 수 있으므로, 그 후의 도시관리계획 변경결정 및 지형도면 고시는 당초의 도시계획시설사업의 시행자로 지정받을 것을 예상하고 폐기물처리시설의 설계비용 등을 지출한 자의 신뢰이익을 침해한다. (변시 10회) [ ]

39 정책의 주무 부처인 중앙행정기관이 그 소관 사항에 대하여 입안한 법령안은 법제처 심사 등의 절차를 거쳐 공포함으로써 확정되므로 입법예고를 통해 법령안의 내용을 국민에게 예고하였다면 국가가 이해관계자들에게 입법예고된 사항에 관하여 신뢰를 부여하였다고 볼 수 있다. (변시 11회) [ ]

정답 및 해설

37 [X] 주민등록번호와 주민등록증은 외부에 공시되어 대내외적으로 행정행위의 적법한 존재를 추단하는 중요한 근거가 되는 점에 비추어 행정청이 공신력 있는 주민등록번호와 이에 따른 주민등록증을 부여한 행위는 갑과 을에게 대한민국 국적을 취득하였다는 공적인 견해를 표명한 것인 점, 미성년자였던 갑과 을이 자신들이 대한민국 국적을 보유하고 있음을 전제로 반복적으로 이루어진 행정행위를 신뢰하여 국적법 제3조 및 제8조에 따른 국적 취득 절차를 진행하지 않은 채 성인이 된 점, 성인이 된 갑과 을은 위 판정으로 이제는 국적법 제3조, 제8조에 따라 간편하게 국적을 취득할 기회를 상실하게 되었고, … 갑과 을이 대한민국 국적을 취득하였다고 신뢰한 데에 귀책사유가 있다고 보기 어려운 점을 종합하면, 위 판정은 갑과 을의 신뢰에 반하여 이루어진 것으로 신뢰보호의 원칙에 위배된다. (2024.3.12. 2022두60011)

38 [X] 원심은, 이 사건 도시관리계획을 고시한 것만으로는 피고가 이 사건 도시관리계획의 유지나 원고들의 이 사건 사업 시행에 관한 공적인 견해를 표명하였다고 보기 어렵고, 일반적으로 기존 행정계획의 존속에 대한 특정인의 기대이익을 행정계획의 변경에 대한 공익보다 항상 우선시할 수도 없다는 등의 이유를 들어, 이 사건 처분이 신뢰보호 원칙에 반하지 않는다고 판단하였다. 원심판결 이유를 앞서 본 법리와 적법하게 채택된 증거들에 비추어 살펴보면, 이러한 원심의 판단은 정당하고, 거기에 상고이유 주장과 같이 신뢰보호 원칙에 관한 법리를 오해하는 등의 위법이 없다. (2018. 10. 12. 2015두50382)

39 [X] 정책의 주무 부처인 중앙행정기관이 그 소관 사항에 대하여 입안한 법령안은 법제처 심사 등의 절차를 거쳐 공포함으로써 확정되므로, 법령이 확정되기 이전에는 법적 효과가 발생할 수 없다. 따라서 입법예고를 통해 법령안의 내용을 국민에게 예고한 적이 있다고 하더라도 그것이 법령으로 확정되지 아니한 이상 국가가 이해관계자들에게 위 법령안에 관련된 사항을 약속하였다고 볼 수 없으며, 이러한 사정만으로 어떠한 신뢰를 부여하였다고 볼 수도 없다. (2018. 6. 15. 2017다249769)

40 조세법령의 규정내용 및 행정규칙 자체는 과세관청의 공적 견해 표명에 해당하지 아니한다. (추가문제)
[   ]

41 행정청 내부의 사무처리준칙에 해당하는 농림사업시행지침서가 공표된 것만으로는 사업자로 선정되기를 희망하는 자가 당해 지침에 명시된 요건을 충족할 경우 사업자로 선정되어 사업자금 지원 등의 혜택을 받을 수 있다는 보호가치 있는 신뢰를 가지게 되었다고 보기 어렵다. (변시 10회) [   ]

42 신뢰보호의 원칙은 법률이나 그 하위법규뿐만 아니라 국가관리의 입시제도와 같이 국·공립대학의 입시전형을 구속하여 국민의 권리에 직접 영향을 미치는 제도운영지침의 개폐에도 적용된다. (변시 10회) ★
[   ]

43 甲이 「국토의 계획 및 이용에 관한 법률」상 용도지역이 농림지역인 토지에 건설폐기물처리업을 영위할 목적으로 군수 A에게 폐기물처리업 사업계획서를 제출하자 A는 사업계획에 대한 적정통보를 하였다. 그 후 甲은 A에게 이 사건 토지에 대한 용도지역을 농림지역에서 도시지역으로 변경하여 달라는 도시·군관리계획 변경신청을 하였으나, A는 甲의 신청을 거부하였다. (변시 4회) ★★

① 폐기물처리업 사업계획에 대한 적정통보는 사업부지에 대한 도시·군관리계획 변경신청을 승인해 주겠다는 취지의 공적 견해를 표명한 것으로 볼 수 있다. (변시 3회) [   ]

② 甲이 A의 적정통보에 근거하여 도시·군관리계획 변경신청승인에 대해 신뢰를 갖고 폐기물처리업 준비를 하였다면 甲에게는 귀책사유가 없다. [   ]

③ 폐기물처리시설로 인한 수질오염 등을 예방하고자 하는 공익보다 甲의 폐기물처리업 준비에 소요된 비용의 회수이익이 크지 않다면 甲의 신뢰는 보호받을 수 없다. [   ]

④ 폐기물처리업 사업계획에 대한 적정통보와 도시·군관리계획의 변경은 각기 그 제도의 취지와 결정단계에서 고려해야 할 사항들이 다르므로 A의 거부처분은 신뢰보호원칙에 위반되지 않는다. [   ]

정답 및 해설

40 [O] 조세법령이 납세의무자에게 불리하게 개정된 경우에 있어서 원심이 들고 있는 것과 같은 부칙조항을 근거로 하여 납세의무자의 기득권 내지 신뢰보호를 위하여 납세의무자에게 유리한 종전 규정을 적용할 경우가 있다고 하더라도, 납세의무가 성립하기 전의 원인행위시에 유효하였던 종전 규정에서 이미 장래의 한정된 기간 동안 그 원인행위에 기초한 과세요건의 충족이 있는 경우에도 특별히 비과세 내지 면제한다거나 과세를 유예한다는 내용을 명시적으로 규정하고 있지 않는 한 설사 납세의무자가 종전 규정에 의한 조세감면 등을 신뢰하였다 하더라도 이는 단순한 기대에 불과할 뿐 기득권에 갈음하는 것으로서 마땅히 보호되어야 할 정도의 것으로 볼 수는 없다. (2001. 5. 29. 98두13713)

41 [O] (2009. 12. 24. 2009두7967)

42 [O] (헌재 1997. 7. 16. 97헌마38)

44 甲종교법인(이하 '甲'이라 함)은 도시계획구역 내 생산녹지지역에 속한 농지(답)인 토지를 매수하면서 A시장에게 토지거래계약허가를 신청하여 허가를 받았다. 甲은 토지거래계약허가 신청을 하면서 농지(답)인 그 토지를 대지로 형질변경하여 종교시설인 회관을 건립하기 위한 것임을 명시하고 그러한 내용의 사업계획서를 제출하였고, A시의 담당 공무원에게 문의하여 "관계 법령을 검토한 결과 해당 토지에 대하여는 토지형질변경이 가능하며 우리 시 조례에 의하여 종교시설의 건축이 가능하다."라는 답변을 들었으며, 당시 담당 공무원으로부터 "甲은 토지거래계약 허가를 받은 날부터 1년 이내에 회관을 건립한다."라는 각서를 제출할 것을 요구받아 이를 제출하였다. 甲은 이를 신뢰하여 상당한 자금을 들여 건축준비를 하였다. 그 후 甲은 건축허가를 위한 토지형질변경허가를 신청하였으나, A시장은 해당 토지는 관련법상 생산녹지지역으로 지정된 곳으로 우량농지로서 보전이 필요하다는 이유로 불허가하였다. 이에 관한 설명 중 옳은 것을 모두 고른 것은? (다툼이 있는 경우 판례에 의함) (변시 8회) ★★

① A시장의 토지거래계약 허가처분은 강학상 인가에 해당한다. [ ]

② A시 담당 공무원의 답변은 행정청의 단순한 정보제공 내지는 일반적인 법률상담이라기보다는 토지형질변경이 가능하다는 공적 견해표명을 한 것으로 볼 수 있다. [ ]

③ A시장의 甲에 대한 토지형질변경신청 불허가결정이 우량농지로 보전하려는 공익과 甲이 입게 될 불이익을 상호 비교·교량하여 만약 전자가 후자보다 더 큰 것이 아니라면 이는 비례의 원칙에 위반되는 것으로 재량권을 남용한 위법한 처분이라고 봄이 상당하다. [ ]

④ 甲이 A시 담당 공무원의 답변에 하자가 있음을 알았거나 중대한 과실로 알지 못한 경우에는 신뢰보호원칙의 적용을 받지 못한다. [ ]

정답 및 해설

43 ① [X] 폐기물관리법령에 의한 폐기물처리업 사업계획에 대한 적정통보와 국토이용관리법령에 의한 국토이용계획변경은 각기 그 제도적 취지와 결정단계에서 고려해야 할 사항들이 다르므로, 피고가 위와 같이 폐기물처리업 사업계획에 대하여 적정통보를 한 것만으로 그 사업부지 토지에 대한 국토이용계획변경신청을 승인하여 주겠다는 취지의 공적인 견해표명을 한 것으로 볼 수 없고, 그럼에도 불구하고 원고가 그 승인을 받을 것으로 신뢰하였다면 원고에게 귀책사유가 있다 할 것이므로, 이 사건 처분이 신뢰보호의 원칙에 위배된다고 할 수 없다.(2005. 4. 28. 2004두8828)

② [X] 위 해설 참고
③ [O]
④ [O]

44 ① [O] 허가 전의 유동적 무효 상태에 있는 법률행위의 효력을 완성 (1991. 12. 24. 90다12243)
② [O] (1997. 9. 12. 96누18380)
③ [O] (1997. 9. 12. 96누18380)
④ [O] (2002. 11. 8. 2001두1512)

45 행정청이 권한 행사의 기회가 있음에도 불구하고 장기간 권한을 행사하지 아니하여 국민이 그 권한이 행사되지 아니할 것으로 믿을 만한 정당한 사유가 있더라도, 행정청이 그 권한을 행사하지 않으면 공익 또는 제3자의 이익을 현저히 해칠 우려가 있을 경우에는 행정청은 그 권한을 행사할 수 있다. (변시 12회) (변시 14회) ★★ [   ]

46 실권 또는 실효의 법리는 법의 일반원리인 신의성실의 원칙에 바탕을 둔 파생원칙인 것이므로, 공법관계 가운데 관리관계는 물론이고 권력관계에도 적용될 수 있다. (예제문제) [   ]

47 운전면허 취소사유에 해당하는 음주운전을 적발한 경찰관의 소속 경찰서장이 사무착오로 위반자에게 운전면허정지처분을 한 상태에서 위반자의 주소지 관할 지방경찰청장이 위반자에게 운전면허취소처분을 한 것은 선행처분에 대한 당사자의 신뢰 및 법적 안정성을 저해하는 것으로서 허용될 수 없다. (변시 3회) ★ [   ]

48 과세할 수 있는 어느 사항에 대하여 비록 장기간에 걸쳐 과세하지 아니한 상태가 계속되었다 하더라도 그것이 착오로 인한 것이라면 그와 같은 비과세는 일반적으로 납세자에게 받아들여진 국세행정의 관행으로 되었다 할 수 없다. (예제문제) ★ [   ]

49 법령의 잘못된 해석이나 행정청의 관행에 대하여도 그것이 평균적인 납세자로 하여금 합리적이고 정당한 기대를 가지게 할 만한 것이면 신의성실의 원칙이나 신뢰보호의 원칙 또는 비과세 관행 존중의 원칙이 적용될 수 있는데, 그러한 해석 또는 관행의 존재 여부에 대한 증명책임은 법치행정에 대한 의무를 지는 행정청에 있다. (변시 12회) [   ]

정답 및 해설

45 [O] 행정기본법 제12조(신뢰보호의 원칙) ② 행정청은 권한 행사의 기회가 있음에도 불구하고 장기간 권한을 행사하지 아니하여 국민이 그 권한이 행사되지 아니할 것으로 믿을 만한 정당한 사유가 있는 경우에는 그 권한을 행사해서는 아니 된다. 다만, 공익 또는 제3자의 이익을 현저히 해칠 우려가 있는 경우는 예외로 한다.

46 [O] (1988. 4. 27. 87누915)

47 [O] (2000. 2. 25. 99두10520)

48 [O] (1985. 3. 12. 84누398)

49 [X] 조세법률관계에 있어서 신의성실의 원칙이나 신뢰보호의 원칙 또는 비과세 관행 존중의 원칙은 합법성의 원칙을 희생하여서라도 납세자의 신뢰를 보호함이 정의에 부합하는 것으로 인정되는 특별한 사정이 있을 경우에 한하여 적용되는 예외적인 법 원칙이다. 그러므로 과세관청의 행위에 대하여 신의성실의 원칙 또는 신뢰보호의 원칙을 적용하기 위해서는, 과세관청이 공적인 견해표명 등을 통하여 부여한 신뢰가 평균적인 납세자로 하여금 합리적이고 정당한 기대를 가지게 할 만한 것이어야 한다. … 또한 비과세 관행 존중의 원칙도 비과세에 관하여 일반적으로 납세자에게 받아들여진 세법의 해석 또는 국세행정의 관행이 존재하여야 적용될 수 있는 것으로서, 이는 비록 잘못된 해석 또는 관행이라도 특정 납세자가 아닌 불특정한 일반 납세자에게 정당한 것으로 이의 없이 받아들여져 납세자가 그와 같은 해석 또는 관행을 신뢰하는 것이 무리가 아니라고 인정될 정도에 이른 것을 의미하고, 단순히 세법의 해석기준에 관한 공적인 견해의 표명이 있었다는 사실만으로 그러한 해석 또는 관행이 있다고 볼 수는 없으며, 그러한 해석 또는 관행의 존재에 대한 증명책임은 그 주장자인 납세자에게 있다. (2013. 12. 26. 2011두5940)

50 행정청이 단순한 착오로 어떠한 처분을 계속한 경우, 신뢰보호원칙상 행정청이 그와 배치되는 조치를 할 수 없는 행정관행이 성립하므로, 행정청이 추후 오류를 발견하여 합리적인 방법으로 변경하더라도 신뢰보호원칙에 위배된다. (변시 12회) [   ]

51 행정처분은 신청 후 그 근거 법령이 개정된 경우에도 경과규정에서 달리 정함이 없는 한 처분 당시 시행되는 개정 법령과 그에 정한 기준에 의하는 것이 원칙이다. (변시 7회) ★ [   ]

52 행정법규를 전부 개정하는 경우라도 종전 경과규정의 입법 경위와 취지, 그리고 개정 전후 법령의 전반적인 체계나 내용 등에 비추어 신법의 효력발생 이후에도 종전의 경과규정을 계속 적용하는 것이 입법자의 의사에 부합하고, 그 결과가 수범자인 국민에게 예측할 수 없는 부담을 지우는 것이 아니라면 별도의 규정이 없더라도 종전의 경과규정이 실효되지 않고 계속 적용된다. (예제문제) [   ]

53 개정 법령이 기존의 사실 또는 법률관계를 적용대상으로 하면서 국민의 재산권과 관련하여 종전보다 불리한 법률효과를 규정하고 있는 경우에도 그러한 사실 또는 법률관계가 개정 법령이 시행되기 이전에 이미 완성 또는 종결된 것이 아니라면 이를 헌법상 금지되는 소급입법에 의한 재산권 침해라고 할 수는 없다. (변시 7회) (변시 11회) [   ]

54 개정 법령의 적용과 관련하여서는 개정 전 법령의 존속에 대한 국민의 신뢰가 개정 법령의 적용에 관한 공익상 요구보다 더 보호가치가 있다고 인정되는 경우에 그러한 국민의 신뢰를 보호하기 위하여 그 적용이 제한될 여지가 있다. (변시 7회) [   ]

55 헌법적 신뢰보호는 개개의 국민이 어떠한 경우에도 실망하지 않도록 하는 데까지 미칠 수는 없지만, 입법자는 구법질서가 더 이상 그 법률관계에 적절하지 못하고 합목적적이지 않더라도 그 수혜자 집단을 위하여 이를 계속 유지할 의무를 부담한다. (변시 12회) [   ]

정답 및 해설

50 [X] 행정상 법률관계에 있어서 특정의 사항에 대해 신뢰보호의 원칙상 처분청이 그와 배치되는 조치를 할 수 없다고 할 수 있을 정도의 행정관행이 성립되었다고 하려면 상당한 기간에 걸쳐 그 사항에 대해 동일한 처분을 하였다는 객관적 사실이 존재할 뿐만 아니라, 처분청이 그 사항에 관해 다른 내용의 처분을 할 수 있음을 알면서도 어떤 특별한 사정 때문에 그러한 처분을 하지 않는다는 의사가 있고 이와 같은 의사가 명시적 또는 묵시적으로 표시되어야 한다 할 것이므로, 단순히 착오로 어떠한 처분을 계속한 경우는 이에 해당되지 않는다 할 것이고, 따라서 처분청이 추후 오류를 발견하여 합리적인 방법으로 변경하는 것은 위 원칙에 위배되지 않는다. (1993. 6. 11. 92누14021)

51 [O] (2001. 10. 12. 2001두274)

52 [O] (2013. 3. 28. 2012재두299)

53 [O] (2001. 10. 12. 2001두274)

54 [O] (2001. 10. 12. 2001두274)

55 [X] 헌법적 신뢰보호는 개개의 국민이 어떠한 경우에도 '실망'을 하지 않도록 하여 주는 데까지 미칠 수는 없는 것이며, 입법자는 구법질서가 더 이상 그 법률관계에 적절하지 못하며 합목적적이 아님에도 불구하고 그 수혜자군을 위하여 이를 계속 유지하여 줄 의무는 없다 할 것이다. (1999. 7. 22. 97헌바76)

56　구 「유료도로법」에 따라 통행료를 징수할 수 없게 된 도로라 하더라도 신법에 따른 유료도로의 요건을 갖추었다면 그 시행 이후 그 도로를 통행하는 차량에 대하여 통행료를 부과하여도 헌법상 소급입법에 의한 재산권 침해금지 원칙에 반한다고 볼 수 없다. (변시 7회)　　[　]

평등의 원칙

57　같은 정도의 비위를 저지른 자들임에도 불구하고 그 직무의 특성 등에 비추어 개전의 정이 있는지 여부에 따라 징계 종류의 선택과 양정에서 다르게 취급하는 것은 평등의 원칙에 위반된다. (변시 2회) ★　　[　]

자기구속의 원칙

58　재량권 행사의 준칙인 행정규칙이 그 정한 바에 따라 되풀이 시행되어 행정관행이 이루어지고 평등의 원칙에 따라 행정기관이 그 규칙에 따라야 할 자기구속을 받게 된 경우에는, 특별한 사정이 있는 경우에도 해당 규칙에 따라야 할 절대적 구속력이 발생한다. (변시 2회) ★★　　[　]

59　재량권 행사의 준칙인 행정규칙이 되풀이 시행되어 행정관행이 성립한 경우 그것만으로는 관습법으로서 법적 구속력을 갖지는 못하지만, 그 행정관행이 적법한 경우 행정기관은 그 준칙에 따라야 할 자기구속을 받게 된다. (변시 6회)　　[　]

정답 및 해설

56 [O] (2015. 10. 15. 2013두2013)

57 [X] 대략 같은 정도의 비위를 저지른 자들에 대하여 그 구체적인 직무의 특성, 금전 수수의 경우에는 그 액수와 횟수, 의도적·적극적 행위인지 여부, 개전의 정이 있는지 여부 등에 따라 징계의 종류의 선택과 양정에 있어서 차별적으로 취급하는 것은 사안의 성질에 따른 합리적 차별로서 이를 자의적 취급이라고 할 수 없어 평등의 원칙 내지 형평에 반하지 아니한다. (2008. 6. 26. 2008두6387)

58 [X] … 특별한 사정이 없는 한 그에 위반하는 처분은 평등의 원칙이나 신뢰보호의 원칙에 위배되어 재량권을 일탈·남용한 위법한 처분이 된다. (2009. 12. 24. 2009두7967)

59 [O] (2009. 6. 25. 2008두13132)

60 평등의 원칙에 따라 본질적으로 같은 것은 같게 취급할 것이 요구되므로, 위법한 행정처분이더라도 수차례에 걸쳐 반복적으로 행하여졌다면 그러한 위법한 처분은 행정청에 대하여 자기구속력을 갖게 된다. (변시 12회) (변시 2회) ★★   [   ]

61 「식품위생법 시행규칙」[별표]에 따른 행정처분기준에 대하여, 특별한 사유가 없음에도 특정한 개인에 대하여만 위 처분기준을 과도하게 초과하는 처분을 한 경우 재량권의 한계를 일탈하였다고 볼 만한 여지가 충분하다. (22-3)   [   ]

부당결부금지 원칙

62 행정처분과 부관 사이에 실제적 관련성이 있다고 볼 수 없는 경우 공무원이 위와 같은 공법상의 제한을 회피할 목적으로 행정처분의 상대방과 사이에 사법상 계약을 체결하는 형식을 취하였다면 이는 법치행정의 원리에 반하는 것으로서 위법하다. (예제문제) ★   [   ]

정답 및 해설

60 [X] 일반적으로 행정상의 법률관계 있어서 행정청의 행위에 대하여 신뢰보호의 원칙이 적용되기 위하여는 행정청이 개인에 대하여 신뢰의 대상이 되는 공적인 견해표명을 하였다는 점이 전제되어야 한다. 그리고 평등의 원칙은 본질적으로 같은 것을 자의적으로 다르게 취급함을 금지하는 것이고, 위법한 행정처분이 수차례에 걸쳐 반복적으로 행하여졌다 하더라도 그러한 처분이 위법한 것인 때에는 행정청에 대하여 자기구속력을 갖게 된다고 할 수 없다. (2009. 6. 25. 2008두13132)

61 [O] 구 식품위생법 시행규칙 [별표 23]의 행정처분기준은 행정기관 내부의 사무처리준칙을 규정한 것에 불과하기는 하지만, 특별한 사유가 없는 한 행정청은 당해 위반사항에 대하여 위 처분기준에 따라 행정처분을 함이 보통이라고 할 것이므로, 만일 행정청이 이러한 처분기준을 따르지 아니하고 특정한 개인에 대하여만 위 처분기준을 과도하게 초과하는 처분을 한 경우에는 재량권의 한계를 일탈하였다고 볼 만한 여지가 충분하다. (2014. 6. 12. 2014두2157)

62 [O] (2009. 12. 10. 2007다63966)

제3장 행정상의 법률관계

제1절 개 설

제2절 행정상의 법률관계의 당사자

63 회사가 분할하기 전에 발생한 「하도급거래 공정화에 관한 법률」 위반행위에 따른 책임은 신설회사에게 승계되므로, 공정거래위원회는 「하도급거래 공정화에 관한 법률」 위반을 이유로 신설회사에게 시정조치를 명할 수 있다. (24-3) [　]

64 「독점규제 및 공정거래에 관한 법률」 위반행위를 이유로 피합병회사에 부과된 이행강제금 납부의무는 존속한 회사에 승계되므로, 존속회사는 이행강제금을 납부하여야 한다. (24-3) [　]

제3절 행정상의 법률관계의 내용

65 甲 주식회사 소유의 유조선에서 원유가 유출되는 사고가 발생하자 乙 주식회사가 피해 방지를 위해 해양경찰의 직접적인 지휘를 받아 방제작업을 보조한 사안에서, 乙 회사는 사무관리에 근거하여 국가에 방제비용을 청구할 수 있다. (예제문제) ★ [　]

66 공직자숙정계획의 일환으로 일괄사표의 제출과 선별수리의 형식으로 공무원에 대한 의원면직처분이 이루어진 경우, 사직원 제출행위가 강압에 의하여 의사결정의 자유를 박탈당한 상태에서 이루어진 것이라고 할 수 없고 민법상 비진의 의사표시의 무효에 관한 규정은 사인의 공법행위에 적용되지 않으므로 그 의원면직처분을 당연무효라고 할 수 없다. (예제문제) ★ [　]

정답 및 해설

63 [X] 회사 분할 시 특별한 규정이 없는 한 신설회사에 대하여 분할하는 회사의 분할 전 하도급거래 공정화에 관한 법률 위반행위를 이유로 하도급법 제25조 제1항에 따른 시정조치를 명하는 것은 허용되지 않는다. … 공정거래법과 하도급법이 회사분할 전 법 위반행위에 관하여 신설회사에 과징금 부과 또는 시정조치의 제재사유를 승계시킬 수 있는 경우를 따로 규정하고 있는 이상, 그와 같은 규정을 두고 있지 아니하는 사안, 즉 회사분할 전 법 위반행위에 관하여 신설회사에 시정조치의 제재사유가 승계되는지가 쟁점이 되는 사안에서는 이를 소극적으로 보는 것이 자연스럽다. (2023.6.15. 2021두55159)

64 [O] 회사합병이 있는 경우에는 피합병회사의 권리·의무는 사법상의 관계나 공법상의 관계를 불문하고 그의 성질상 이전을 허용하지 않는 것을 제외하고는 모두 합병으로 인하여 존속한 회사에 승계되는 것으로 보아야 한다. (2019.12.12. 2018두63563)

65 [O] (2014. 12. 11. 2012다15602)

66 [O] (2001. 8. 24. 99두9971)

67 공무원이 한 사직 의사표시의 철회나 취소는 그에 터잡은 의원면직처분이 있을 때까지 할 수 있는 것이고, 일단 면직처분이 있고 난 이후에는 철회나 취소할 여지가 없다. (예제문제) ★ [   ]

68 부관의 내용 중 사후에 행정소송을 제기하지 않겠다는 내용의 부제소특약에 관한 부분은 계약자유의 원칙에 따라 허용된다. (변시 13회) ★ [   ]

69 구「석탄산업법 시행령」상 재해위로금 청구권은 개인의 공권으로서 그 공익적 성격에 비추어 당사자 합의에 의해 이를 미리 포기할 수 없다. (추가문제) [   ]

무하자재량행사청구권

70 법규가 일정한 행위의 발령에 대해 행정청에게 재량권을 부여한 경우, 재량의 일탈·남용 등 재량행사에 하자가 있다는 사정만으로 사인(私人)이 바로 행정청에 대하여 하자 없는 재량행사를 청구할 수 있는 권리가 인정되는 것은 아니다. (변시 5회) [   ]

정답 및 해설

67 [O] (2001. 8. 24. 99두9971)

68 [X] 부제소특약에 관한 부분은 당사자가 임의로 처분할 수 없는 공법상의 권리관계를 대상으로 하여 사인의 국가에 대한 공권인 소권을 당사자의 합의로 포기하는 것으로서 허용될 수 없다. (1998. 8. 21. 98두8919)

69 [O] (1998. 12. 23. 97누5046)

70 [O] 무하자재량행사청구권도 개인적 공권의 일종에 해당하기 때문에 공권의 성립요건을 충족시켜야 한다. 따라서 첫째 행정청에게 재량의 한계 내에서 행사하여야 할 의무를 부과하는 의미에서의 강행법규가 존재하여야 하고, 둘째 당해 재량법규가 공익뿐만 아니라 사익도 보호한다고 해석되어야 한다.

행정개입청구권

71 甲은 관계 법령의 규정에 따라 공장을 적법하게 설치·운영하고 있는데, 당해 공장은 대기환경보전법상의 대기오염물질배출허용기준을 초과하여 동법에 의한 개선명령을 받고도 이를 이행하지 않고 있다. 인근주민 乙은 이 공장으로부터 날아드는 대기오염물질로 인해 급박하고 막대한 건강상·환경상 피해를 받고 있어 관할 광역시장 S에게 甲에 대한 행정권 발동을 요구하였으나 S는 어떠한 조치도 취하지 않고 있다. (변시 1회)

> **참고** 대기환경보전법 제34조 제2항: "환경부장관은 대기오염으로 주민의 건강상·환경상의 피해가 급박하다고 인정하면 … 즉시 그 배출시설에 대하여 조업시간의 제한이나 조업정지, 그 밖에 필요한 조치를 명할 수 있다."
> ※ 위 조항에 의한 환경부장관의 조업시간제한조치 등의 권한이 시·도지사에게 위임되었음을 전제로 함.

① 대기환경보전법 제34조 제2항은 乙의 사익도 보호하려는 취지로 해석할 수 있다. [ ]

② 공권의 인정 범위를 넓게 보는 견해에 의하면 급박하고 막대한 건강상·환경상 피해를 입고 있는 乙에게는 조업정지 등 행정권 발동을 요청할 행정개입청구권이 인정될 수 있다. [ ]

③ 위 ②에 의하면 乙은 S의 부작위에 대해서 부작위법확인소송을 제기할 수 있다. [ ]

④ 乙은 S의 부작위에 대해서 행정심판법상의 부작위법확인심판을 제기할 수 있다. [ ]

⑤ 판례에 의하면 乙은 S의 부작위에 대해서 의무이행소송을 제기할 수 있다. [ ]

⑥ 乙은 국가배상법에 의한 손해배상을 청구할 수 없지만, 甲에 대한 민사소송은 제기할 수 있다. [ ]

정답 및 해설

71 ① **[O]** "주민의 건강상·환경상 피해가 급박하다고 인정하면 … 조치를 명할 수 있다."

② **[O]** 대기환경보전법 제34조 제2항에서 '환경부장관은 … 명할 수 있다'고 규정하고 있는바, 사업장으로부터 배출허용기준을 초과하여 대기환경을 오염시키는 물질이 방출되어 주민 乙의 생명, 신체에 중대한 위해가 존재하고 이러한 위해가 S의 조치에 의해 제거될 수 있고 乙 개인적인 노력으로는 권익침해의 방지가 충분하게 이루어 질 수 없으므로 재량이 0으로 수축하여 행정개입의무가 존재한다. 그리고 처분의 근거법인 대기환경보전법 제34조 제2항에 의하면 주민의 건강·환경상 피해가 급박할 때 배출시설에 대해 조업정지 등 필요한 조치를 명할 수 있다고 규정하고 있다는 점에서 환경오염방지라는 공익뿐만 아니라 사업장 인근 주민들에 대한 보호취지도 있다고 해석된다. 따라서 乙은 대기환경보전법 제33조에 따른 개선명령을 S에게 신청할 수 있다.

③ **[O]** 행정소송법 제2조 제1항 제2호

④ **[X]** 행정심판에는 의무이행심판이 있을 뿐 부작위법확인심판이 존재하지 않는다. (행정심판법 제5조)

⑤ **[X]** 행정청에 대하여 행정상 처분의 이행을 구하는 청구는 특별한 규정이 없는 한 행정소송의 대상이 될 수 없다. (1997. 9. 30. 97누3200)

⑥ **[X]** 乙에게 행정개입청구권이 인정될 경우, 행정권이 발동되지 않음으로써 손해를 입은 경우에는 항고쟁송의 제기와 별도로 국가배상을 청구할 수 있다. 다만 권리침해가 이미 발생하여 항고쟁송의 제기로 구제될 수 있는 이익(소의 이익)이 존재하지 않는 경우에는 국가배상만이 가능하다.

제4절 특별권력관계이론

72 육군3사관학교 생도는 일반 국민보다 상대적으로 기본권이 더 제한될 수 있으나, 그러한 경우에도 법률유보원칙, 과잉금지원칙 등 기본권 제한의 헌법상 원칙들이 지켜져야 한다. (변시 13회) ★
[   ]

제5절 사인의 공법행위

73 처분의 신청은 신청인이 직접 해야 하는 것이므로, 행정청의 허가 등을 목적으로 하는 신청행위를 대상으로 하는 위임계약은 허용되지 않는다. (변시 9회)
[   ]

74 사인의 공법행위가 의사능력이 없는 자에 의해 이루어진 경우 「민법」상의 법률행위와 마찬가지로 무효이다. (예제문제)
[   ]

75 사인의 공법행위에는 행정법관계의 안정성에 비추어 사법행위와 달리 부관을 붙일 수 없는 것이 원칙이다. (예제문제)
[   ]

사인의 공법행위로서 신고

76 구 의료법상의 의원개설신고는 수리를 요하지 않는 신고에 해당하지만, 동 법령상 신고사실의 확인행위로서 의료기관 개설 신고필증(현재의 신고증명서)을 교부하도록 규정한 이상, 신고필증의 교부가 없다면 의원개설신고의 효력은 인정되지 않는다. (변시 1회) ★★
[   ]

정답 및 해설

72 [O] (2018. 8. 30. 2016두60591)

73 [X] 대법원은 위임계약으로 처분의 신청을 할 수도 있음을 전제로 판단하였다. (2016. 2. 18. 2015다35560)

74 [O]

75 [O] 행정법관계의 명확성과 신속한 확정을 위하여 사인의 공법행위에는 특별한 규정이 없는 한 조건·기한 등의 부관을 붙일 수 없다(통설).

76 [X] 의원개설 신고서를 수리한 행정관청이 소정의 신고필증을 교부하도록 되어있다 하여도 이는 신고사실의 확인행위로서 신고필증을 교부하도록 규정한 것에 불과하고 그와 같은 신고필증의 교부가 없다 하여 개설신고의 효력을 부정할 수 없다. (1985. 4. 23. 84도2953)

77 주민들의 거주지 이동에 따른 주민등록전입신고에 대하여 행정청이 이를 심사하여 그 수리를 거부할 수는 있다고 하더라도, 그러한 행위는 자칫 헌법상 보장된 국민의 거주·이전의 자유를 침해하는 결과를 가져올 수도 있으므로, 시장·군수 또는 구청장의 주민등록전입신고 수리 여부에 대한 심사는 「주민등록법」의 입법목적의 범위 내에서 제한적으로 이루어져야 하며, 이때 신고필증의 교부는 수리행위가 법적 효력을 발휘하기 위한 필요적 요소이다. (예제문제) [　]

78 구 「장사 등에 관한 법률」에 의한 사설납골시설(현재의 사설봉안시설)의 설치신고가 법이 정한 요건을 모두 갖추고 있는 경우에 행정청은 수리의무가 있으나, 예외적으로 보건위생상의 위해방지나 국토의 효율적 이용 등과 같은 중대한 공익상 필요가 있는 경우에는 그 수리를 거부할 수 있다. (변시 1회) ★ [　]

79 건축법상의 건축신고가 다른 법률에서 정한 인가·허가 등의 의제효과를 수반하는 경우에는 일반적인 건축신고와는 달리 특별한 사정이 없는 한 수리를 요하는 신고에 해당한다. (변시 1회) ★★ [　]

80 법률에 의해 다른 법률상 허가가 의제되는 「건축법」상 건축신고에서, 행정청은 그 신고가 다른 법령이 정하는 허가기준을 갖추지 못한 경우에 이를 이유로 수리를 거부할 수 있다. (변시 14회) ★★
[　]

81 구 「노인복지법」 제33조 제2항에 의한 유료노인복지주택의 설치신고를 받은 행정관청으로서는 그 유료노인복지주택의 시설 및 운영기준이 위 법령에 부합하는지와 아울러 그 유료노인복지주택이 적법한 입소대상자에게 분양되었는지와 설치신고 당시 부적격자들이 입소하고 있지는 않은지 여부까지 심사하여 그 신고의 수리 여부를 결정할 수 있다. (예제문제) ★ [　]

정답 및 해설

77 [X] 수리란 신고를 유효한 것으로 판단하고 법령에 의하여 처리할 의사로 이를 수령하는 수동적 행위이므로 수리행위에 신고필증 교부 등 행위가 꼭 필요한 것은 아니다. (2011. 9. 8. 2009두6766)

78 [O] 납골당설치 신고는 이른바 '수리를 요하는 신고'(2010. 9. 9. 2008두22631)

79 [O] (2011. 1. 20. 2010두14954)

80 [O] (2017.10.26. 2017두50188)

81 [O] 노인복지시설에 대하여 각종 보조와 혜택이 주어지는 점 등을 종합하여 보면, 노인복지시설을 건축한다는 이유로 건축부지 취득에 관한 조세를 감면받고 일반 공동주택에 비하여 완화된 부대시설 설치기준을 적용받아 건축허가를 받은 자로서는 당연히 그 노인복지시설에 관한 설치신고 당시에도 당해 시설이 노인복지시설로 운영될 수 있도록 조치하여야 할 의무가 있고, 따라서 같은 법 제33조 제2항에 의한 유료노인복지주택의 설치신고를 받은 행정관청으로서는 그 유료노인복지주택의 시설 및 운영기준이 위 법령에 부합하는지와 아울러 그 유료노인복지주택이 적법한 입소대상자에게 분양되었는지와 설치신고 당시 부적격자들이 입소하고 있지는 않은지 여부까지 심사하여 그 신고의 수리 여부를 결정할 수 있다. (2007. 1. 11. 2006두14537)

82 구 「유통산업발전법」상 대규모점포의 개설 등록은 변형된 허가 또는 완화된 허가에 해당하며, 이른바 '수리를 요하는 신고'로 볼 수는 없다. (변시 11회) ★ [ ]

83 구 「재래시장 및 상점가 육성을 위한 특별법 시행규칙」 제14조는 시장관리자로 지정받으려는 자는 소정 서식의 신청서에 그 각 호의 서류를 첨부하여 시장·군수·구청장에게 제출하여야 한다고 규정하면서, 시장관리자의 지정 신청을 받은 시장·군수·구청장은 제출 서류의 사실 여부 확인 및 적격성 여부 등을 검토하여 적합하다고 인정하는 경우에는 그 신청을 받은 날부터 14일 이내에 소정 서식에 따른 시장관리자 지정서를 교부하여야 한다고 규정하고 있으므로, 시장관리자 지정은 행정청이 실체적 요건에 관한 심사를 한 후 수리하여야 하는 이른바 '수리를 요하는 신고'로서 행정처분에 해당한다. (예제문제) [ ]

84 「수산업법」상의 어업의 신고는 행정청의 수리에 의하여 비로소 그 효과가 발생하는 이른바 '수리를 요하는 신고'에 해당한다. (추가문제) [ ]

85 타인 명의로 숙박업 신고가 되어 있는 시설에서 새로 숙박업을 하려는 자가 정당한 사용권한을 취득하여 법령에서 정한 요건을 갖추어 신고를 한 경우, 행정청은 해당 시설에 기존의 숙박업 신고가 외관상 남아있다는 이유로 신고의 수리를 거부할 수 있다. (변시 11회) ★ [ ]

86 임시도로 개설 목적으로 법령에 규정되어 있는 요건을 갖추어 산지일시사용신고를 한 경우, 신고서 또는 첨부서류에 흠이 있거나 거짓 또는 그 밖의 부정한 방법으로 신고를 한 것이 아닌 한, 행정청은 그 신고를 수리하여야 하고, 법령에서 정한 사유 이외의 다른 사유를 들어 신고 수리를 거부할 수 없다. (변시 14회) [ ]

정답 및 해설

82 [X] 구 유통산업발전법에 따른 대규모점포의 개설등록 및 구 재래시장법에 따른 시장관리자 지정은 행정청이 실체적 요건에 관한 심사를 한 후 수리하여야 하는 이른바 '수리를 요하는 신고'로서 행정처분에 해당한다. (2019. 9. 10. 2019다208953)

83 [O] (2019. 9. 10. 2019다208953)

84 [O] (2000. 5. 26. 99다37382)

85 [X] 숙박업을 하고자 하는 자가 법령이 정하는 시설과 설비를 갖추고 행정청에 신고를 하면, 행정청은 공중위생관리법령의 위 규정에 따라 원칙적으로 이를 수리하여야 한다. 행정청이 법령이 정한 요건 이외의 사유를 들어 수리를 거부하는 것은 위 법령의 목적에 비추어 이를 거부해야 할 중대한 공익상의 필요가 있다는 등 특별한 사정이 있는 경우에 한한다. 이러한 법리는 이미 다른 사람 명의로 숙박업 신고가 되어 있는 시설 등의 전부 또는 일부에서 새로 숙박업을 하고자 하는 자가 신고를 한 경우에도 마찬가지이다. 기존에 다른 사람이 숙박업 신고를 한 적이 있더라도 새로 숙박업을 하려는 자가 그 시설 등의 소유권 등 정당한 사용권한을 취득하여 법령에서 정한 요건을 갖추어 신고하였다면, 행정청으로서는 특별한 사정이 없는 한 이를 수리하여야 하고, 단지 해당 시설 등에 관한 기존의 숙박업 신고가 외관상 남아있다는 이유만으로 이를 거부할 수 없다. (2017. 5. 30. 2017두34087)

86 [O] (2022.11.30. 2022두50588)

87 구 「골재채취법」 제32조 제1항에서 '대통령령이 정하는 규모 이상의 골재를 선별·세척 또는 파쇄하고자 하는 자는 건설교통부령이 정하는 바에 의하여 관할 시장·군수 또는 구청장에게 신고하여야 한다.'고 규정하고 있는바, 입법연혁 및 관련 규정의 취지에 비추어 시장·군수 또는 구청장이 골재 선별·세척 또는 파쇄 신고에 대하여 실질적인 요건을 심사하여 신고를 수리하거나 거부할 수 있다고 해석되는 한 이는 수리를 요하는 신고라고 보아야 하며, 이때에는 다른 법령에서 정한 사유는 심사의 대상으로 삼을 수 없다. (예제문제) ★ [   ]

88 「식품위생법」에 따른 식품접객업(일반음식점영업)의 영업신고 요건을 갖춘 甲이 영업신고를 하였으나, 그 영업신고를 한 해당 건축물이 「건축법」 소정의 허가를 받지 아니한 무허가 건물이라는 이유로 관할 행정청이 甲의 신고를 거부하는 것은 허용되지 않는다. (변시 8회) ★★ [   ]

89 「행정절차법」은 '법령등에서 행정청에 일정한 사항을 통지함으로써 의무가 끝나는 신고'에 대하여 '그 밖에 법령등에 규정된 형식상의 요건에 적합할 것'을 그 신고의무 이행요건의 하나로 정하고 있다. (추가문제) [   ]

90 건축신고에 대한 반려행위는 건축신고가 반려될 경우 건축주 등의 지위가 불안정해진다는 점에서 항고소송의 대상이 되는 처분에 해당한다. (변시 1회) ★★ [   ]

정답 및 해설

87 [X] 위 법 제32조 제3항에서 준용하는 제30조 각 호의 요건에 관하여는 골재채취법령에서 따로 정한 바 없어 결국 다른 법령의 내용 및 관계에서 판단하여야 하므로, 시장·군수 또는 구청장으로서는 다른 법령에서 정한 사유도 심사의 대상으로 삼을 수 있다고 할 것이다. (2009. 6. 11. 2008두18021)

88 [X] 식품위생법에 따른 식품접객업(일반음식점영업)의 영업신고의 요건을 갖춘 자라고 하더라도, 그 영업신고를 한 해당 건축물이 건축법 소정의 허가를 받지 아니한 무허가 건물이라면 적법한 신고를 할 수 없다. (2009. 4. 23. 2008도6829)

89 [O] 행정절차법 제40조(신고) ① 법령등에서 행정청에 일정한 사항을 통지함으로써 의무가 끝나는 신고를 규정하고 있는 경우 신고를 관장하는 행정청은 신고에 필요한 구비서류, 접수기관, 그 밖에 법령등에 따른 신고에 필요한 사항을 게시(인터넷 등을 통한 게시를 포함한다)하거나 이에 대한 편람을 갖추어 두고 누구나 열람할 수 있도록 하여야 한다.
② 제1항에 따른 신고가 다음 각 호의 요건을 갖춘 경우에는 신고서가 접수기관에 도달된 때에 신고 의무가 이행된 것으로 본다.
  1. 신고서의 기재사항에 흠이 없을 것
  2. 필요한 구비서류가 첨부되어 있을 것
  3. 그 밖에 법령등에 규정된 형식상의 요건에 적합할 것

90 [O] (구) 건축법 관련 규정의 내용 및 취지에 의하면, 건축주 등으로서는 신고제하에서도 건축신고가 반려될 경우 당해 건축물의 건축을 개시하면 시정명령, 이행강제금, 벌금의 대상이 되거나 당해 건축물을 사용하여 행할 행위의 허가가 거부될 우려가 있어 불안정한 지위에 놓이게 된다. … 분쟁을 조기에 근본적으로 해결할 수 있게 하는 것이 법치행정의 원리에 부합한다. 그러므로 이 사건 건축신고 반려행위는 항고소송의 대상이 된다고 보는 것이 옳다. (2010. 11. 18. 2008두167)

91 허가를 받거나 신고를 한 건축물의 공사를 착수하려는 건축주가 법령으로 정하는 바에 따라 공사계획의 신고(착공신고)를 하였는데 행정청이 이를 반려한 경우, 건축주는 이 반려를 항고소송으로 다툴 수 있다. (변시 14회) [ ]

92 수리를 필요로 하는 신고에서 신고서 위조 등의 사유가 있어 신고행위 자체가 효력이 없는데도 불구하고 행정청이 신고를 수리한 경우, 그 수리행위는 단순 위법에 그칠 뿐 당연무효라고 할 수는 없다. (변시 14회) ★ [ ]

93 당초 옥외집회를 개최하겠다고 신고하였지만 신고 내용과 달리 옥외집회는 개최하지 아니한 채 신고한 장소와 인접한 건물에서 신고한 옥외집회의 범위와 동일성이 인정되는 옥내집회만을 개최한 경우, 신고범위의 일탈로 처벌되지 않는다. (변시 14회) [ ]

정답 및 해설

91 [O] (2010.11.18. 2008두167)

92 [X] 행정청이 그 신고를 수리하였다고 하더라도, 신고서 위조 등의 사유가 있어 신고행위 자체가 효력이 없다면, 그 수리행위는 유효한 대상이 없는 것으로서, 수리행위 자체에 중대·명백한 하자가 있는지를 따질 것도 없이 당연히 무효이다. (2018.6.12. 2018두33593)

93 [O] 집시법은 옥외집회나 시위에 대하여는 사전신고를 요구하고 나아가 그 신고범위의 일탈행위를 처벌하고 있지만, 옥내집회에 대하여는 신고하도록 하는 규정 자체를 두지 않고 있다. (2013.7.25. 2010도14545)

94
A : 甲은 건축물의 건축을 위하여 토지형질변경허가를 수반하는 건축신고를 하였다.
B : 乙은 자기완결적 신고의 대상인 단층의 소규모 주택을 건축하고자 건축신고를 하였다.
C : 丙은 체육시설업을 영위하는 자로서 이전 소유자인 丁으로부터 해당 시설을 인수받아 C구청장에게 체육시설업자지위승계신고를 하였다.
(다툼이 있는 경우 판례에 의함) (23-3)

① A의 경우, 이 건축신고는 수리를 요하는 신고로서 비록 형식적 적법요건을 갖추었다고 해도 주변환경 및 경관과의 조화를 고려하여 A시장은 해당 건축신고의 수리를 거부할 수 있다. [ ]

② A의 경우, 관할 행정청이 주변환경 및 경관과의 부조화로 토지형질변경허가가 어렵다는 이유로 甲의 건축신고 수리를 거부한 경우, 소의 대상은 토지형질변경허가 거부처분이다. [ ]

③ B의 경우, 해당 신고는 자기완결적 신고이지만 해당 신고의 근거법령에 의하여 관할 행정청은 건축행위가 개시될 경우 시정명령 및 이행강제금과 같은 불이익 처분을 할 수 있으므로 해당 신고의 반려에 대해서는 항고소송으로 다툴 수 있다. [ ]

④ C의 경우, 체육시설업자 지위승계에 대한 신고가 수리될 경우 새로운 지위를 승계한 자가 적법하게 해당 시설을 운영하게 되나, 여기에서의 신고는 정보제공적 신고에 해당함에 따라 종전사업자에 대해 별도의 사전통지를 할 필요는 없다. [ ]

정답 및 해설

94 ① [O] 인·허가의제 효과를 수반하는 건축신고는 일반적인 건축신고와는 달리, 특별한 사정이 없는 한 행정청이 그 실체적 요건에 관한 심사를 한 후 수리하여야 하는 이른바 '수리를 요하는 신고'로 보는 것이 옳다. … 국토계획법상의 개발행위허가로 의제되는 건축신고가 위와 같은 기준을 갖추지 못한 경우 행정청으로서는 이를 이유로 그 수리를 거부할 수 있다고 보아야 한다. (2011. 1. 20. 2010두14954)

② [X] 건축불허가처분을 하면서 그 처분사유로 건축불허가 사유뿐만 아니라 형질변경불허가 사유나 농지전용불허가 사유를 들고 있다고 하여 그 건축불허가처분 외에 별개로 형질변경불허가처분이나 농지전용불허가처분이 존재하는 것이 아니므로, 그 건축불허가처분을 받은 사람은 그 건축불허가처분에 관한 쟁송에서 건축법상의 건축불허가 사유뿐만 아니라 같은 도시계획법상의 형질변경불허가 사유나 농지법상의 농지전용불허가 사유에 관하여도 다툴 수 있는 것이지, 그 건축불허가처분에 관한 쟁송과는 별개로 형질변경불허가처분이나 농지전용불허가처분에 관한 쟁송을 제기하여 이를 다투어야 하는 것은 아니다. (2001. 1. 16. 99두10988)

③ [O] (2010. 11. 18. 2008두167)

④ [X] 행정청이 그 신고를 수리하는 처분을 할 때에는 행정절차법 규정에서 정한 당사자에 해당하는 종전 유원시설업자 또는 체육시설업자에 대하여 위 규정에서 정한 행정절차를 실시하고 처분을 하여야 한다. (2012. 12. 13. 2011두29144)

95 행정법상 신고에 관한 설명 중 옳지 않은 것은? (변시 6회)

「건축법」이 건축물의 건축 또는 대수선에 대하여 원칙적으로 허가제로 규율하면서도 일정 규모 이내의 건축물에 관해서는 신고제를 채택한 것은 규제를 완화하여 국민의 자유의 영역을 넓히는 한편, 최소한의 규제를 가하고자 하는 데 그 취지가 있다. 따라서 ① 일반적인 건축신고에 있어서는 원칙적으로 적법한 요건을 갖춰 신고하면 행정청의 수리 등 별도의 조치를 기다릴 필요 없이 건축행위를 할 수 있다고 보아야 한다. 그러나 한편 ② 인·허가의제 효과를 수반하는 건축신고제도를 둔 취지는 그 창구를 단일화 하여 절차를 간소화 하고, 비용과 시간을 절감함으로써 국민의 권익을 보호하려는 것이지 인·허가의제사항 관련 법률에 따른 각각의 요건에 관한 일체의 심사를 배제하려는 것으로 보기 어렵다. 따라서 ③ 인·허가의제 효과를 수반하는 건축신고는 일반적인 건축신고와는 달리, 특별한 사정이 없는 한 행정청이 그 실체적 요건에 관한 심사를 한 후 수리하여야 하는 '수리를 요하는 신고'로 보는 것이 옳다.

건축법령상 건축허가를 받은 건축물의 양수인이 건축주 명의를 변경하기 위하여는 건축관계자 변경신고서에 '권리관계의 변경사실을 증명할 수 있는 서류'를 첨부하여 신고하여야 한다. 양수인이 이 서류를 첨부하여 건축주명의변경신고를 한 경우, ④ 허가권자는 건축주명의변경신고의 형식적 요건에 문제가 없더라도, 양수인에게 '건축할 대지의 소유 또는 사용에 관한 권리'가 없다는 실체적인 이유를 들어 신고의 수리를 거부할 수 있다.

위법한 건축물의 양산과 그 철거를 둘러싼 분쟁을 조기에 근본적으로 해결할 수 있게 하는 것이 법치행정의 원리에 부합하므로 ⑤ 건축물 착공신고의 반려행위는 항고소송의 대상이 된다.

정답 및 해설

95 ① [O]
② [O]
③ [O] (2011. 1. 20. 2010두14954)
④ [X] 허가대상 건축물의 양수인이 구 건축법 시행규칙에 규정되어 있는 형식적 요건을 갖추어 시장·군수 등 행정관청에 적법하게 건축주의 명의변경을 신고한 때에는 행정관청은 그 신고를 수리하여야지 실체적인 이유를 내세워 신고의 수리를 거부할 수는 없다. (2014. 10. 15. 2014두37658)
⑤ [O] (2011. 6. 10. 2010두7321)

96 甲은 A시에 거주할 목적으로 주민등록 전입신고를 하였다. (변시 7회)

① 甲이 19세 이상이고 「공직선거법」에 따른 선거권이 있는 경우라면, 관할 행정청이 甲의 주민등록 전입신고를 수리한 이후에 甲은 A시의 사무에 대한 주민감사청구에 참여할 수 있는 자격을 갖는다.
[   ]

② 관할 행정청은 실제 거주지와 신고서의 거주지가 일치하지 않는 경우 주민등록 전입신고수리를 거부할 수 있으나, 甲의 전입으로 인해 A시의 발전에 저해가 될 것으로 보이는 사정이 있다고 해도 수리를 거부할 수는 없다.
[   ]

③ 甲이 거주 이외에 부동산 투기 등 다른 목적을 가지고 있다고 하더라도, 주민등록 전입신고의 수리 여부를 심사하는 단계에서는 고려대상이 될 수 없다.
[   ]

④ 주민등록 전입신고가 수리된 후 甲의 주민등록번호가 甲의 의사와 무관하게 불법유출되어 甲이 관할 행정청에게 주민등록번호 변경을 신청한 경우, 현행법상 주민등록번호 변경 신청권이 인정되지 않으므로 관할 행정청이 이를 거부하더라도 항고소송의 대상이 되는 거부처분이라고 할 수 없다.
[   ]

⑤ 관할 행정청이 전입신고수리를 거부한 경우 甲은 「민원처리에 관한 법률」에 따라 그 거부처분을 받은 날부터 소정의 기간 내에 문서로 이의신청을 할 수 있고, 이의신청 여부와 관계없이 「행정심판법」에 따른 행정심판 또는 「행정소송법」에 따른 행정소송을 제기할 수 있다.
[   ]

정답 및 해설

96 ① [O] 주민등록은 단순히 주민의 거주관계를 파악하고 인구의 동태를 명확히 하는 것 외에도 주민등록에 따라 공법관계상의 여러 가지 법률상 효과가 나타나게 되는 것으로서, 주민등록의 신고는 행정청에 도달하기만 하면 신고로서의 효력이 발생하는 것이 아니라 행정청이 수리한 경우에 비로소 신고의 효력이 발생한다. (2009. 1. 30. 2006다17850)
지방자치법 제21조(주민의 감사 청구) ① 지방자치단체의 18세 이상의 주민으로서 … 감사를 청구할 수 있다.

② [O] 주민등록전입신고 수리 여부에 대한 심사는 주민등록법의 입법 목적의 범위 내에서 제한적으로 이루어져야 한다. … 심사 대상은 전입신고자가 30일 이상 생활의 근거로 거주할 목적으로 거주지를 옮기는지 여부만으로 제한된다고 보아야 한다. (2009. 6. 18. 2008두10997)

③ [O]

④ [X] 피해자의 의사와 무관하게 주민등록번호가 유출된 경우에는 조리상 주민등록번호의 변경을 요구할 신청권을 인정함이 타당하고, 구청장의 주민등록번호 변경신청 거부행위는 항고소송의 대상이 되는 행정처분에 해당한다. (2017. 6. 15. 2013두2945)

⑤ [O] 민원처리에관한법률상 이의신청은 행정심판 아닌 이의신청에 해당함. (제35조 제1항, 제3항)

제2편
행정작용법

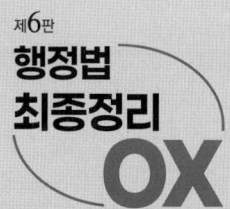

제1장 행정입법

제1절 개 설

01 일단 법률에 근거하여 유효하게 성립한 법규명령은 나중에 위임법률이 개정되어 그 근거가 없어지더라도 그 효력에 지장이 없다. (변시 2회) ★★ [ ]

02 일반적으로 법률의 위임에 의하여 효력을 갖는 법규명령의 경우, 구법에 위임의 근거가 없어 무효였더라도 사후에 법개정으로 위임의 근거가 부여되면 그 때부터는 유효한 법규명령이 된다. (변시 11회) ★ [ ]

03 중앙행정심판위원회는 심판청구를 심리·재결할 때에 처분 또는 부작위의 근거가 되는 명령 등이 법령에 근거가 없거나 상위 법령에 위배되거나 국민에게 과도한 부담을 주는 등 크게 불합리하면 관계 행정기관에 그 명령 등의 개정·폐지 등 적절한 시정조치를 요청할 수 있다. (변시 2회) ★ [ ]

04 대통령령은 행정조직 내부적으로 법제처 심사와 국무회의 심의를 거쳐야 하나, 총리령·부령은 법제처 심사만 거치면 되고 국무회의 심의는 거치지 않아도 된다. (변시 2회) ★ [ ]

05 법규명령은 법제처의 심사를 거치고(대통령령은 국무회의에 상정되어 심의된다) 반드시 공포하여야 효력이 발생되는데 반하여, 행정규칙은 법제처의 심사를 거칠 필요도 없고 공포 없이도 효력을 발생하게 된다는 점에서 차이가 있다. (예제문제) ★ [ ]

06 훈령의 형식으로 사무처리기준을 정한 경우 적당한 방법으로 이를 표시 또는 통보하면 효력이 발생하는 것이지 공포하거나 고시하여야 그 효력이 발생하는 것은 아니다. (예제문제) [ ]

정답 및 해설

01 [X] 일반적으로 법률의 위임에 의하여 효력을 갖는 법규명령의 경우, 구법에 위임의 근거가 없어 무효였더라도 사후에 법개정으로 위임의 근거가 부여되면 그 때부터는 유효한 법규명령이 되나, 반대로 구법의 위임에 의한 유효한 법규명령이 법개정으로 위임의 근거가 없어지게 되면 그 때부터 무효인 법규명령이 된다. (1995. 6. 30. 93추83)

02 [O] (2017. 4. 20. 2015두45700)

03 [O] 행정심판법 제59조 제1항

04 [O] 헌법 제89조 제3호. 정부조직법 제23조 제1항.

05 [O] (헌재 2006. 12. 28. 2005헌바59)

06 [O]

제2절 법규명령

07 명령·규칙이 헌법이나 법률에 위반되는지 여부가 법원의 재판의 전제가 되는 경우에는 본안심리에 부수하는 구체적 규범통제의 형식으로 심사하며, 이때의 심사기준에는 형식적 의미의 헌법과 법률뿐만 아니라 국회의 동의를 받은 조약이나 대통령의 긴급명령도 포함된다. (변시 1회) [ ]

08 비상계엄지역 내에서 계엄사령관이 군사상 필요할 때 행한 언론, 출판, 집회 또는 단체행동 등 기본권 제한과 관련한 특별한 조치는 법규명령으로서 효력을 가진다. (변시 10회) [ ]

09 헌법 제107조 제2항에 규정된 '명령·규칙'은 지방자치단체의 조례와 규칙을 모두 포함한다. (변시 8회) [ ]

10 행정소송에서 대법원이 명령·규칙이 위헌 또는 위법이라는 이유로 무효로 선언하고 이 판결이 관보에 게재되었다 하더라도 그 명령·규칙이 일반적으로 무효로 되는 것은 아니다. (변시 1회) ★ [ ]

11 행정소송에 대한 대법원판결에 의하여 명령·규칙이 헌법 또는 법률에 위반된다는 것이 확정된 경우에는 대법원은 지체없이 그 사유를 행정안전부장관에게 통보하여야 한다. (변시 8회) (변시 5회) ★ [ ]

12 대법원은 재판의 전제가 된 명령·규칙이 헌법 또는 법률에 위배된다는 것이 법원의 판결에 의하여 확정된 경우에는 그 취지를 해당 명령·규칙의 소관 행정청에 통보하여야 한다. (24-3) ★ [ ]

13 대법원은, 조례가 집행행위의 개입 없이도 그 자체로서 직접 국민의 구체적인 권리의무나 법적 이익에 영향을 미치는 등의 법률상 효과를 발생하는 경우 그 조례는 항고소송의 대상이 되는 행정처분에 해당한다고 본다. (변시 1회) (변시 8회) ★★ [ ]

정답 및 해설

07 [O]

08 [O] 구 계엄법 제15조에서 정하고 있는 '제13조의 규정에 의하여 취한 계엄사령관의 조치'는 유신헌법 제54조 제3항, 구 계엄법 제13조에서 계엄사령관에게 국민의 기본권 제한과 관련한 특별한 조치를 할 수 있는 권한을 부여한 데 따른 것으로서 구 계엄법 제13조, 제15조의 내용을 보충하는 기능을 하고 그와 결합하여 대외적으로 구속력이 있는 법규명령으로서 효력을 가진다. (2018. 11. 29. 2016도14781)

09 [O] (1995. 7. 11. 94누4615)

10 [O] 법규명령의 '무효'는 당해 사건에서만 그 적용이 배제된다.

11 [O] 행정소송법 제6조 제1항

12 [O] 행정소송규칙 제2조 제1항

13 [O] (1996. 9. 20. 95누8003)

14 　행정청이 법률의 시행에 필요한 행정입법을 하지 아니하여 법률이 시행되지 못하게 하는 것은 행정입법을 통해 구체화되는 권리를 개별적·구체적으로 향유할 개인의 권리를 침해하므로 항고소송의 대상이 된다. (변시 8회) ★★　　　　　　　　　　　　　　　　　　　　　　　　　　[   ]

15 　행정기관에 행정입법 제정의 법적 의무가 있는 경우에 그 제정의 부작위는 공권력의 불행사에 해당하므로 행정소송법상 부작위위법확인소송의 대상이 된다. (변시 1회)　　　　　[   ]

16 　법률에서 군법무관의 보수에 관한 구체적 내용을 시행령에 위임했음에도 불구하고 행정부가 정당한 이유 없이 시행령을 제정하지 않은 것은 불법행위에 해당하므로 국가배상청구의 대상이 된다. (추가문제)　　　　　　　　　　　　　　　　　　　　　　　　　　　　　　　[   ]

17 　A법률이 해당 법률의 집행에 관한 특정한 사항을 부령에 위임하고 있음에도 관계 행정기관은 그에 따른 B부령을 제정하고 있지 않다. (변시 12회)

① B부령의 제정이 없더라도 상위법령의 규정만으로 A법률의 집행이 이루어질 수 있는 경우라면 B부령을 제정하여야 할 작위의무는 인정되지 않는다. [   ]

② B부령을 제정하여야 할 작위의무가 인정되는 경우에는 B부령을 제정하지 않은 입법부작위에 대해 「행정소송법」상 부작위위법확인소송으로 다툴 수 있다. [   ]

③ B부령을 제정하지 않은 입법부작위는 「국가배상법」상 국가배상청구의 요건인 공무원의 '직무'에 포함되지 않는다. [   ]

④ 만일 B부령이 A법률의 위임 범위를 벗어나 제정되었다고 하더라도 사후에 A법률의 개정으로 위임의 근거가 부여되면 그때부터 B부령은 유효하게 된다. [   ]

정답 및 해설

14 [X] 부작위위법확인소송의 대상이 될 수 있는 것은 구체적 권리의무에 관한 분쟁이어야 하고 추상적인 법령에 관하여 제정의 여부 등은 그 자체로서 국민의 구체적인 권리의무에 직접적 변동을 초래하는 것이 아니어서 그 소송의 대상이 될 수 없다. (1992. 5. 8. 91누11261)

15 [X] 위 해설 참조

16 [O] 입법부가 법률로써 행정부에게 특정한 사항을 위임했음에도 불구하고 행정부가 정당한 이유 없이 이를 이행하지 않는다면 권력분립의 원칙과 법치국가 내지 법치행정의 원칙에 위배되는 것으로서 위법함과 동시에 위헌적인 것이 되는바, 구 군법무관임용법 제5조 제3항과 군법무관임용 등에 관한 법률 제6조가 군법무관의 보수를 법관 및 검사의 예에 준하도록 규정하면서 그 구체적 내용을 시행령에 위임하고 있는 이상, 위 법률의 규정들은 군법무관의 보수의 내용을 법률로써 일차적으로 형성한 것이고, 위 법률들에 의해 상당한 수준의 보수청구권이 인정되는 것이므로, 위 보수청구권은 단순한 기대이익을 넘어서는 것으로서 법률의 규정에 의해 인정된 재산권의 한 내용이 되는 것으로 봄이 상당하고, 따라서 행정부가 정당한 이유 없이 시행령을 제정하지 않은 것은 위 보수청구권을 침해하는 불법행위에 해당한다. (2007. 11. 29. 2006다3561)

18 시행령은 모법인 법률에 의하여 위임받은 사항이나 법률이 규정한 범위 내에서 법률을 현실적으로 집행하는 데 필요한 세부적인 사항만을 규정할 수 있을 뿐, 법률에 의한 위임이 없는 한 법률이 규정한 개인의 권리·의무에 관한 내용을 변경·보충하거나 법률에 규정되지 아니한 새로운 내용을 규정할 수는 없다. (변시 10회) ★ [　]

19 법률의 시행령이나 시행규칙은 법률에 의한 위임이 없으면 개인의 권리·의무에 관한 내용을 변경·보충하거나 법률이 규정하지 아니한 새로운 내용을 정할 수는 없지만, 모법의 입법 취지와 관련 조항 전체를 유기적·체계적으로 살펴보아 모법의 해석상 가능한 것을 명시한 것에 지나지 아니하거나 모법 조항의 취지에 근거하여 이를 구체화하기 위한 것인 때에는 모법의 규율 범위를 벗어난 것으로 볼 수 없으므로, 모법에 이에 관하여 직접 위임하는 규정을 두지 아니하였다고 하더라도 이를 무효라고 볼 수는 없다. 이러한 법리는 지방자치단체의 교육감이 제정하는 교육규칙과 모법인 상위 법령의 관계에서도 마찬가지이다. (예제문제) [　]

20 어느 시행령이나 조례의 규정이 모법에 저촉되는지가 명백하지 않은 경우에는 모법과 시행령 또는 조례의 다른 규정들과 그 입법 취지, 연혁 등을 종합적으로 살펴 모법에 합치된다는 해석도 가능한 경우라면 그 규정을 모법위반으로 무효라고 선언해서는 안 된다. (추가문제) [　]

21 상위법령의 시행에 필요한 세부적 사항을 정하기 위하여 행정관청이 일반적 직권에 의하여 제정하는 이른바 집행명령은 근거법령인 상위법령이 폐지되면 특별한 규정이 없는 이상 실효되는 것이나, 상위법령이 개정됨에 그친 경우에는 개정법령과 성질상 모순, 저촉되지 아니하고 개정된 상위법령의 시행에 필요한 사항을 규정하고 있는 이상 그 집행명령은 상위법령의 개정에도 불구하고 당연히 실효되지 아니하고 개정법령의 시행을 위한 집행명령이 제정, 발효될 때까지는 여전히 그 효력을 유지한다. (예제문제) [　]

정답 및 해설

17 ① [O] 만일 하위 행정입법의 제정 없이 상위 법령의 규정만으로도 집행이 이루어질 수 있는 경우라면 하위 행정입법을 하여야 할 헌법적 작위의무는 인정되지 아니한다. (2005. 12. 22. 2004헌마66)
② [X] 추상적인 법령에 관하여 제정의 여부 등은 그 자체로서 국민의 구체적인 권리의무에 직접 변동을 초래하는 것이 아니어서 그 소송의 대상이 될 수 없다. (1992. 5. 8. 91누11261)
③ [X] 입법부가 법률로써 행정부에게 특정한 사항을 위임했음에도 불구하고 행정부가 정당한 이유 없이 이를 이행하지 않는다면 권력분립의 원칙과 법치국가 내지 법치행정의 원칙에 위배되는 것으로서 위법함과 동시에 위헌적인 것이 되는바, … 행정부가 정당한 이유 없이 시행령을 제정하지 않은 것은 위 보수청구권을 침해하는 불법행위에 해당한다. (2007. 11. 29. 2006다3561)
④ [O] (2017. 4. 20. 2015두45700)

18 [O] (1995. 1. 24. 93다37342)
19 [O] (2014. 8. 20. 2012두19526)
20 [O] (2014. 1. 16. 2011두6264)
21 [O] (1989. 9. 12. 88누6962)

22 상위 법령 등의 단순한 집행을 위해 총리령을 제정하려는 경우, 행정상 입법예고를 하지 아니할 수 있다. (추가문제) [   ]

제3절 행정규칙

23 행정규칙은 상급행정기관이 하급행정기관에 대해 법령의 수권 없이 그의 권한 범위 내에서 발하는 일반·추상적 규율이다. (예제문제) [   ]

24 국토교통부훈령 '개발행위허가운영지침'은 「국토의 계획 및 이용에 관한 법률 시행령」에 따라 정한 개발행위허가기준에 대한 세부적인 검토기준으로서 대외적 구속력을 가진다. (변시 14회) ★ [   ]

25 위임근거인 「산업재해보상보험법 시행령」 [별표 3] '업무상 질병에 대한 구체적인 인정 기준'이 예시적 규정에 불과한 이상, 그 위임에 따른 고용노동부 고시는 대외적으로 국민과 법원을 구속하는 효력이 있는 규범이라고 볼 수 없다. (변시 14회) [   ]

정답 및 해설

22 [O] 행정절차법 제41조 (행정상 입법예고) ① 법령등을 제정·개정 또는 폐지(이하 "입법"이라 한다)하려는 경우에는 해당 입법안을 마련한 행정청은 이를 예고하여야 한다. 다만, 다음 각 호의 어느 하나에 해당하는 경우에는 예고를 하지 아니할 수 있다.
1. 신속한 국민의 권리 보호 또는 예측 곤란한 특별한 사정의 발생 등으로 입법이 긴급을 요하는 경우
2. 상위 법령등의 단순한 집행을 위한 경우
3. 입법내용이 국민의 권리·의무 또는 일상생활과 관련이 없는 경우
4. 단순한 표현·자구를 변경하는 경우 등 입법내용의 성질상 예고의 필요가 없거나 곤란하다고 판단되는 경우
5. 예고함이 공공의 안전 또는 복리를 현저히 해칠 우려가 있는 경우

23 [O]

24 [X] 국토계획법 시행령 제56조 제4항은 국토교통부장관이 제1항의 개발행위허가기준에 대한 '세부적인 검토기준'을 정할 수 있다고 규정하였을 뿐이므로, 그에 따라 국토교통부장관이 국토교통부 훈령으로 정한 '개발행위허가운영지침'은 국토계획법 시행령 제56조 제4항에 따라 정한 개발행위허가기준에 대한 세부적인 검토기준으로, 행정규칙에 불과하여 대외적 구속력이 없다. (2023.2.2. 2020두43722)

25 [O] 산업재해보상보험법 시행령 [별표 3] '업무상 질병에 대한 구체적인 인정 기준'은 '뇌혈관 질병 또는 심장 질병', '근골격계 질병'의 업무상 질병 인정 여부 결정에 필요한 사항은 고용노동부장관이 정하여 고시하도록 위임하고 있다(제1호 다.목, 제2호 마.목). 위임근거인 산업재해보상보험법 시행령 [별표 3] '업무상 질병에 대한 구체적인 인정 기준'이 예시적 규정에 불과한 이상, 그 위임에 따른 고용노동부 고시가 대외적으로 국민과 법원을 구속하는 효력이 있는 규범이라고 볼 수는 없고, 상급행정기관이자 감독기관인 고용노동부장관이 그 지도·감독 아래 있는 근로복지공단에 대하여 행정내부적으로 업무처리지침이나 법령의 해석·적용 기준을 정해주는 '행정규칙'이라고 보아야 한다. (2020.12.24. 2020두39297)

제4절 형식과 실질의 불일치

26 구 「청소년 보호법 시행령」 제40조 [별표 6]의 위반행위의 종별에 따른 과징금처분기준에서 정한 과징금 수액은 정액이 아니고 최고한도액이다. (추가문제) ★★ [   ]

27 입찰참가자격 제한처분이 적법한지 여부는 부령인 「공기업·준정부기관 계약사무규칙」에 정한 기준에 적합한지 여부만에 따라 판단할 것이 아니라 「공공기관의 운영에 관한 법률」상 입찰참가자격 제한처분에 관한 규정과 그 취지에 적합한지 여부에 따라 판단하여야 한다. (22-3) [   ]

28 「여객자동차 운수사업법 시행규칙」이 「여객자동차 운수사업법」의 위임에 따라 시외버스운송사업의 사업계획변경에 관한 절차, 인가기준 등을 구체적으로 규정한 경우 행정청 내부의 재량준칙을 정한 것에 지나지 아니하여 대외적으로 국민이나 법원을 기속하는 효력이 없다. (24-2) ★ [   ]

29 법령의 규정이 특정 행정기관에게 법령 내용의 구체적 사항을 정할 수 있는 권한을 부여하면서 권한행사의 절차나 방법을 특정하지 아니한 경우에는 수임 행정기관은 행정규칙으로 법령 내용이 될 사항을 구체적으로 정할 수 있다. (추가문제) [   ]

30 A법률을 시행하기 위하여 B행정청의 C고시가 제정되었다. A법률이 B행정청에 A법률의 내용을 구체화할 수 있는 권한을 부여하면서 그 권한행사의 절차나 방법을 특정하지 않아 고시의 형식으로 정한 경우, C고시의 규정내용이 A법률의 위임범위를 벗어난 때에는 대외적 구속력을 인정할 수 없다. (변시 8회) [   ]

31 법령의 위임이 없음에도 법령에 규정된 처분 요건에 해당하는 사항을 부령에서 변경하여 규정한 경우에는 그 부령의 규정은 행정청 내부의 사무처리 기준 등을 정한 것으로서 행정조직 내에서 적용되는 행정명령의 성격을 지닐 뿐 국민에 대한 대외적 구속력은 없다고 보아야 한다. (예제문제) [   ]

정답 및 해설

26 [O] (2001. 3. 9. 99두5207)
27 [O] (2014. 11. 27. 2013두18964)
28 [X] 여객자동차 운수사업법 시행규칙은 여객자동차 운수사업법의 위임에 따라 시외버스운송사업의 사업계획변경에 관한 절차, 인가기준 등을 구체적으로 규정한 것으로서, 대외적인 구속력이 있는 법규명령이라고 할 것이고, 그것을 행정청 내부의 사무처리준칙을 규정한 행정규칙에 불과하다고 할 수는 없다. (2006.6.27. 2003두4355)
29 [O] (2012. 7. 5. 2010다72076)
30 [O] (2012. 7. 5. 2010다72076)
31 [O] (2013. 9. 12. 2011두10584)

32 A법률을 시행하기 위하여 B행정청의 C고시가 제정되었다. A법률이 시행규칙의 형식으로 세부사항을 정하도록 위임하였으나 고시의 형식으로 제정된 경우라 하더라도, C고시는 위임의 범위 내에서 상위법과 결합하여 대외적 구속력이 있는 법규명령의 효력을 가진다. (변시 8회) (변시 11회) ★★
[   ]

33 개정 「주택법」에서 "사업주체는 감리자에게 건설교통부령이 정하는 절차 등에 의하여 공사감리비를 지급하여야 한다."라고 규정하였다면, 개정 전 「주택법」에 근거하여 감리비의 지급기준을 '고시' 형식으로 정한 '주택건설공사 감리비지급기준'은 대외적 구속력이 없다. (예제문제) [   ]

34 법률이 입법기관이 아닌 행정기관에게 구체적인 범위를 정하여 위임한 사항에 관하여는 당해 행정기관이 법정립의 권한을 갖게 되고, 입법자가 규율의 형식도 선택할 수 있으므로, 헌법이 인정하고 있는 위임입법의 형식은 예시적인 것으로 보아야 한다. (변시 11회) (변시 13회) ★ [   ]

35 A법률을 시행하기 위하여 B행정청의 C고시가 제정되었다. A법률이 입법사항에 대하여 고시의 형식으로 위임하여 C고시가 제정된 경우라면, C고시는 그 자체로 국회입법원칙에 위반된 것으로 무효이다. (변시 8회) [   ]

36 「공익사업을 위한 토지 등의 취득 및 보상에 관한 법률」은 협의취득의 보상액 산정에 관한 구체적 기준을 시행규칙에 위임하고 있고, 그 위임 범위 내에서 해당 시행규칙은 토지에 건축물 등이 있는 경우에는 건축물 등이 없는 상태를 상정하여 토지를 평가하도록 규정하고 있는데, 그 시행규칙은 위 법률의 규정과 결합하여 대외적인 구속력을 가진다. (변시 13회) [   ]

정답 및 해설

32 [X] 상위법령에서 세부사항 등을 시행규칙으로 정하도록 위임하였음에도 이를 고시 등 행정규칙으로 정하였다면 그 역시 대외적 구속력을 가지는 법규명령으로서 효력이 인정될 수 없다. (2012. 7. 5. 2010다72076)

33 [O] (2012. 7. 5. 2010다72076)

34 [O] (2006. 12. 28. 2005헌바59)

35 [X] 의회가 구체적으로 범위를 정하여 위임한 사항에 관하여는 당해 행정기관이 법정립의 권한을 갖게 되고, 이 경우 입법자는 규율의 형식도 선택할 수 있다 할 것이므로, 헌법이 명시하고 있는 법규명령의 형식이 아닌 행정규칙에 위임하더라도 이는 국회입법의 원칙과 상치되지 않는다. (헌재 2016. 2. 25. 2015헌바191)

36 [O] (2012. 3. 29. 2011다104253)

37 「독점규제 및 공정거래에 관한 법률」의 위임을 받은 동법 시행령 제13조 제1항은 과징금 부과의 기준을 공정거래위원회가 고시로 정하도록 하고 있으며 이에 따라 제정된 「과징금부과 세부기준 등에 관한 고시」(과징금 고시) Ⅳ. 1. 다. (1) (마) 2) 항은 '들러리 사업자에 대하여는 그 수가 5 이상인 경우에는 N분의 (N-2) 범위 내에서 산정기준을 감액할 수 있고, N은 들러리 사업자의 수를 말한다'고 규정하고 있다. (다툼이 있는 경우 판례에 의함) (23-1)

① 이러한 과징금 고시 관련 규정은 위와 같은 형식과 내용에 비추어, 과징금 산정과 그 부과에 관한 재량권 행사의 기준으로 마련된 행정청 내부의 사무처리준칙 즉 재량준칙이다. [ ]

② 이러한 과징금 산정과 부과에 관한 기준을 정하는 것은 행정청의 재량에 속하므로 그 기준이 헌법 또는 법률에 합치되지 않거나 객관적으로 합리적이라고 볼 수 없어 재량권을 남용한 것이라고 인정되지 않는 이상 행정청의 의사는 가능한 한 존중되어야 한다. [ ]

③ 이러한 재량준칙은 일반적으로 행정조직 내부에서만 효력을 가질 뿐 대외적인 구속력을 갖는 것은 아니므로 행정처분이 이를 위반하였다고 하여 그러한 사정만으로 곧바로 위법하게 되는 것은 아니다. [ ]

④ 그 재량준칙이 정한 바에 따라 되풀이 시행되어 행정 관행이 이루어지게 되면 평등원칙이나 신뢰보호의 원칙에 따라 행정기관은 상대방에 대한 관계에서 그 규칙에 따라야 할 자기구속을 받게 되며 그에 반하는 처분은 재량권을 일탈·남용한 위법한 처분이 된다. [ ]

⑤ 이러한 과징금 고시는 상대방에게 침익적 성질을 가지는 처분의 기준을 정하는 것으로서 법률유보의 원칙상 상위법령의 위임이 있는 경우에만 제정할 수 있다. [ ]

✎ 정답 및 해설

37 ① [O] (2020. 11. 12. 2017두36212)
    ② [O] (2020. 11. 12. 2017두36212)
    ③ [O] (2013. 11. 14. 2011두28783)
    ④ [O] (2013. 11. 14. 2011두28783)
    ⑤ [X] 행정규칙은 상위 법령의 위임 없이도 제정할 수 있다.

38
　　식품접객업자인 甲은 전문 호객꾼을 고용하여 손님을 유치하였고, 업소 안에서 음란 비디오를 상영하였다는 이유로 식품위생법 관련 규정에 따라 영업정지 1개월의 행정처분을 받았다. (다툼이 있는 경우 판례에 의함) (변시 3회)

관련규정

식품위생법 제44조(영업자 등의 준수사항) ① 식품접객영업자 등 대통령령으로 정하는 영업자와 그 종업원은 영업의 위생관리와 질서유지, 국민의 보건위생 증진을 위하여 총리령으로 정하는 사항을 지켜야 한다.
식품위생법 시행규칙 제57조(식품접객영업자 등의 준수사항 등) 법 제44조 제1항에 따라 식품접객영업자 등이 지켜야 할 준수사항은 별표 17과 같다.
[별표 17] 식품접객업영업자 등의 준수사항(제57조 관련)
　　6. 식품접객업자(위탁급식 영업자는 제외한다)의 준수사항
　　　하. 손님을 꾀어서 끌어들이는 행위를 하여서는 아니된다.
　　　거. 업소 안에서 선량한 미풍양속을 해치는 공연, 영화, 비디오 또는 음반을 상영하거나 사용하여서는 아니된다.
식품위생법 제75조(허가취소 등) ① 식품의약품안전처장 또는 특별자치도지사·시장·군수·구청장은 영업자가 다음 각 호의 어느 하나에 해당하는 경우에는 대통령령으로 정하는 바에 따라 영업허가 또는 등록을 취소하거나 6개월 이내의 기간을 정하여 그 영업의 전부 또는 일부를 정지하거나 영업소 폐쇄(제37조 제4항에 따라 신고한 영업만 해당한다. 이하 이 조에서 같다)를 명할 수 있다.
　　13. 제44조 제1항·제2항 및 제4항을 위반한 경우
④ 제1항 및 제2항에 따른 행정처분의 세부기준은 그 위반 행위의 유형과 위반 정도 등을 고려하여 총리령으로 정한다.
식품위생법 시행규칙 제89조(행정처분의 기준) 법 제71조, 법 제72조, 법 제74조부터 법 제76조까지 및 법 제80조에 따른 행정처분의 기준은 별표 23과 같다.
[별표 23] 행정처분 기준(제89조 관련)
　　Ⅱ. 개별기준
　　　3. 식품접객업
　　　영 제21조 제8호의 식품접객업을 말한다.

> 1.-9. 〈생략〉
> 10. 법 제44조 제1항을 위반한 경우
> 　가. 식품접객업자의 준수사항(별표 17 제6호 자목·파목·머목 및 별도의 개별처분기준이 있는 경우는 제외한다)의 위반으로서
> 　　1)-2) 〈생략〉
> 　　3) 별표 17 제6호 타목 2)·거목 또는 서목을 1차 위반한 경우 영업정지 1개월
> 　　4) 별표 17 제6호 나목, 카목, 타목 3)·4), 하목 또는 어목을 1차 위반한 경우 영업정지 15일

① 대법원은 시행규칙에 의해 행정처분의 기준이 마련된 경우라 하더라도 총리령의 형식을 갖춘 경우에는 법규성을 갖는 것이 당연하므로 국민과 법원을 직접적으로 구속하는 대외적 효력이 있다고 보아, 「식품위생법 시행규칙」 제89조 [별표 23]에 규정된 행정처분의 기준은 당연히 대외적 구속력을 갖는다고 판시하였다. ★★ [ ]

② 甲은 영업정지처분의 취소를 구하는 행정소송 계속 중에 처분의 근거 법령인 「식품위생법 시행규칙」 제57조 [별표 17] 제6호 하목과 거목의 위헌성 또는 위법성을 들어 처분의 위법성을 주장할 수 있을 뿐만 아니라, 그러한 행정소송을 제기함이 없이 곧바로 위 시행규칙 조항에 대한 위헌확인을 목적으로 하는 독립된 소송을 법원에 제소하는 것도 허용된다. [ ]

39 행정규제기본법 제4조 제2항 단서는 "법령에서 전문적·기술적 사항이나 경미한 사항으로서 업무의 성질상 위임이 불가피한 사항에 관하여 구체적으로 범위를 정하여 위임한 경우에는 고시 등으로 정할 수 있다."고 규정하고 있다. (변시 1회)

① '고시 등'에는 훈령, 예규, 고시 및 공고가 포함된다. [ ]

② 대법원과는 달리 헌법재판소는 훈령으로 법규사항을 규정하는 것은 설사 상위법의 위임이 있더라도 합헌적인 것으로 인정받기 어렵다고 판시하였다. [ ]

③ '고시 등'에 대하여 판례는 이를 규범구체화행정규칙이라고 본다. [ ]

④ 법률유보의 범위에 속하는 사항을 상위법의 위임없이 고시등에 규정하는 것은 위헌이므로 그러한 규정은 국민에 대하여 구속력을 가질 수 없다. [ ]

⑤ '고시 등'이 비록 법령에 근거를 둔 것이라고 하더라도 그 규정 내용이 법령의 위임범위를 벗어난 경우에는 대외적 구속력이 없다. [ ]

정답 및 해설

38 ① [X] 판례는 제재처분의 기준이 시행규칙(총리령 및 부령)으로 규정된 때에는 이를 행정규칙으로 보아 대외적 구속력을 부정하고 있다. (1993. 6. 29. 93누5635)
② [X] 추상적인 행정입법은 항고소송의 대상이 될 수 없으므로, 이에 대해 독립된 소송을 법원에 제기할 수 없다.

39 ① [O] 행정규제기본법 제2조 제2항
② [X] 헌법이 인정하고 있는 위임입법의 형식은 예시적으로 행정규칙에 위임이 가능하다.
③ [X] 판례는 법령의 직접적 위임에 따라 수임행정기관이 그 법령을 시행하는데 필요한 구체적 사항을 정하였을 때, 그 제정형식은 비록 법규명령이 아닌 고시·훈령·예규 등과 같은 행정규칙이더라도 그것이 상위법령의 위임한계를 벗어나지 않는 경우를 이른바 법령보충적 행정규칙으로 보고 있다.(헌재 2004. 10. 28. 99헌바91) 한편 규범구체화 행정규칙은 고도의 전문지식과 기술이 필요한 분야에서 관계 법률이 필요한 규율을 구체적으로 정하지 못하고 그 규율을 사실상 행정기관에 맡긴 경우에 행정기관이 법률의 시행을 위하여 그 규율 내용을 구체화하기 위하여 제정하는 행정규칙이다.
④ [O]
⑤ [O] (2006. 4. 28. 2003마715)

40 A법률을 시행하기 위하여 B행정청의 C고시가 제정되었다. A법률의 위임에 따라 일반·추상적 성질을 가지는 C고시가 제정된 경우, A법률에 대하여 헌법재판소의 위헌결정이 선고되면 C고시도 원칙적으로 효력을 상실한다. (변시 8회) [   ]

41 「금융위원회의 설치 등에 관한 법률」에 따라 금융위원회가 고시한 '금융기관 검사 및 제재에 관한 규정' 제18조 제1항은 위 법률의 위임에 따라 법령의 내용이 될 사항을 구체적으로 정한 것으로서, 그 위임 한계를 벗어나지 않는다면 그와 결합하여 대외적으로 구속력이 있는 법규명령의 효력을 가진다. (변시 14회) [   ]

✎ **정답 및 해설**

40 [O] 법규명령의 위임근거가 되는 법률에 대하여 위헌결정이 선고되면 그 위임에 근거하여 제정된 법규명령도 원칙적으로 효력을 상실한다. (2001. 6. 12. 2000다18547)

41 [O] (2019.5.30. 2018두52204)

제2장 행정행위

제1절 행정행위의 개념

일반처분

42 어떠한 고시가 일반적·추상적 성격을 가질 때에는 법규명령 또는 행정규칙에 해당할 것이지만, 다른 집행행위의 매개 없이 그 자체로서 직접 국민의 구체적인 권리의무나 법률관계를 규율하는 성격을 가질 때에는 행정처분에 해당한다. (변시 13회) ★★ [   ]

43 다음 고시가 있은 후 ㈜ GD커뮤니케이션은 자신이 운영하는 동성애자 커뮤니티 '게이닷컴'에는 청소년유해매체물로 지정될 만한 내용이 전혀 포함되어 있지 않음에도, 여성가족부장관이 자신에게 통지하지 않은 채 고시하였다며 2014. 12. 31. 무효확인을 구하는 항고소송을 제기하였다. (다툼이 있는 경우 판례에 의함) (변시 4회)

여성가족부 고시 제2014-21호

「청소년보호법」 제7조 제1항의 규정에 의거 방송통신심의위원회가 결정한 청소년유해매체물을 같은 법 제21조 제2항에 의거 다음과 같이 고시합니다.

2014년 9월 22일

여성가족부장관

1. 청소년유해매체물 목록: 아래 목록표와 같음
2. 의무사항
 • 다음 목록의 청소년 유해 정보물을 제공하는 사업자는 「청소년보호법」상 청소년유해표시 의무(법 제13조)를 이행하여야 하며, 누구든지 영리를 목적으로 동 매체물을 청소년을 대상으로 판매·대여·배포하거나 시청·관람·이용에 제공하여서는 아니 됨(법 제16조)

정답 및 해설

42 [O] 어떠한 고시가 일반적·추상적 성격을 가질 때에는 법규명령 또는 행정규칙에 해당할 것이지만, 다른 집행행위의 매개 없이 그 자체로서 직접 국민의 구체적인 권리의무나 법률관계를 규율하는 성격을 가질 때에는 항고소송의 대상이 되는 행정처분에 해당한다. (2006. 9. 22. 2005두2506)

3. 벌칙내용
- 청소년유해표시 의무(법 제13조)위반: 2년 이하의 징역 또는 1천만원 이하의 벌금(법 제59조 제1호)
- 판매 금지 등의 의무(법 제16조)위반: 3년 이하의 징역 또는 2천만원 이하의 벌금(법 제58조 제1호)

청소년유해매체물(전기통신정보) 목록표

[인터넷]

일련번호	제목	정보위치	정보제공자	심의결정기관	심의번호	결정연월일	결정사유	고시의 효력 발생일
2014-366	www.gay.com ('게이닷컴')	인터넷	㈜GD커뮤니케이션	방송통신심의위원회	894127	2014. 9. 15.	청소년유해매체물	2014. 9. 29.
⋮	⋮	⋮	⋮	⋮	⋮	⋮	⋮	⋮

* 위 고시는 가상(假想)으로 구성한 것임

① 위 고시일부터 90일이 지난 시점에서 소송을 제기하였으므로 ㈜ GD커뮤니케이션이 제기한 소송은 제소기간을 도과한 부적법한 소로서 각하되어야 한다. [ ]

② 청소년유해매체물 결정·고시는 일반 불특정 다수인을 상대방으로 하여 일률적으로 표시의무, 포장의무, 청소년에 대한 판매·대여 등의 금지의무 등 각종 의무를 발생시키는 행정처분의 성격을 갖는다. ★★ [ ]

③ 여성가족부장관은 ㈜ GD커뮤니케이션에게 반드시 통지를 하여야 하고, 그 통지를 결한 처분은 무효사유에 해당한다. ★★ [ ]

④ 만일 ㈜ GD커뮤니케이션이 위 고시에 대한 취소소송을 제기한다면, 제소기간의 기산일은 2014년 9월 29일이다. ★★ [ ]

✎ 정답 및 해설

43 ① [X] 무효등확인소송에는 행정심판전치주의(법 18조)및 제소기간(법 20조)에 관한 규정 적용이 배제된다. (법 38조 1항)

② [O] (2007. 6. 14. 2004두619)

44 청소년유해매체물 결정 및 고시처분은 일반 불특정 다수인에 대하여 청소년에 대한 판매·대여 등의 금지의무 등 각종 의무를 발생시키는 행정처분으로서, 방송통신심의위원회와 여성가족부장관이 특정 인터넷 웹사이트에 대하여 청소년유해매체물 결정 및 고시처분이 있었음을 해당 웹사이트 운영자에게 통지하지 않았더라도 위 처분의 효력이 발생하지 아니한 것으로 볼 수 없다. (변시 12회)
[   ]

45 인터넷 웹사이트에 대하여 구 「청소년보호법」에 따른 청소년유해매체물 결정 및 고시처분을 한 사안에서, 위 결정은 이해관계인이 고시가 있었음을 알았는지가 중요하므로 관보에 고시되었다 하더라도 당사자가 그 결정을 실제로 통지받지 못하였다면 제소기간을 준수하지 못한 것에 대한 정당한 사유가 될 수 있다. (23-2)
[   ]

정답 및 해설

③ [X] 정보통신윤리위원회가 특정 인터넷 웹사이트를 청소년유해매체물로 결정하고 청소년보호위원회가 효력발생시기를 명시하여 고시함으로써 그 명시된 시점에 효력이 발생하였다고 봄이 상당하고, 정보통신윤리위원회와 청소년보호위원회가 위 처분이 있었음을 위 웹사이트 운영자에게 제대로 통지하지 아니하였다고 하여 그 효력 자체가 발생하지 아니한 것으로 볼 수는 없다. (2007. 6. 14. 2004두619)

④ [O] 통상 고시 또는 공고에 의하여 행정처분을 하는 경우에는 그 처분의 상대방이 불특정 다수인이고 그 처분의 효력이 불특정 다수인에게 일률적으로 적용되는 것이므로, 그 행정처분에 이해관계를 갖는 자가 고시 또는 공고가 있었다는 사실을 현실적으로 알았는지 여부에 관계없이 고시가 효력을 발생하는 날 행정처분이 있음을 알았다고 보아야 한다. (2007. 6. 14. 2004두619) 사안의 경우 고시의 효력 발생일 2014. 9. 29. 제소기간의 기산일이 된다.

44 [O] (2007. 6. 14. 2004두619)

45 [X] 인터넷 웹사이트에 대하여 구 청소년보호법에 따른 청소년유해매체물 결정 및 고시처분을 한 사안에서, 위 결정은 이해관계인이 고시가 있었음을 알았는지 여부에 관계없이 관보에 고시됨으로써 효력이 발생하고, 그가 위 결정을 통지받지 못하였다는 것이 제소기간을 준수하지 못한 것에 대한 정당한 사유가 될 수 없다 (2007. 6. 14. 2004두619)

제2절 행정행위의 종류

기속행위와 재량행위

46   기속행위와 재량행위의 구분은 당해 행위의 근거가 된 법규의 체재·형식과 그 문언, 당해 행위가 속하는 행정 분야의 주된 목적과 특성, 당해 행위 자체의 개별적 성질과 유형 등을 모두 고려하여 판단하여야 한다. (추가문제) ★★   [   ]

47   자유재량에 있어서도 그 범위의 넓고 좁은 차이는 있더라도 법령의 규정뿐만 아니라 관습법 또는 일반적 조리에 의한 일정한 한계가 있는 것으로서 위 한계를 벗어난 재량권의 행사는 위법하다. (추가문제)   [   ]

48   재량행위에 대한 사법심사를 하는 경우에, 법원은 행정청의 재량에 기한 공익판단의 여지를 감안하면서 독자적인 결론을 도출한 후 당해 행위에 재량권의 일탈·남용이 있는지 여부를 심사하여야 한다. (변시 9회) ★★   [   ]

49   건축허가는 대물적 성질을 갖는 것이어서 행정청은 그 허가를 할 때 건축주가 누구인가 등 인적 요소에 관하여는 형식적 심사만을 행한다. (변시 14회) ★   [   ]

50   건축허가는 대물적 허가에 해당하므로, 허가의 효과는 허가대상 건축물에 대한 권리변동에 수반하여 이전되고 별도의 승인처분에 의하여 이전되는 것은 아니다. (추가문제)   [   ]

정답 및 해설

46 [O] (2001. 2. 9. 98두17593)

47 [O] (1990. 8. 28. 89누8255)

48 [X] 행정행위가 그 재량성의 유무 및 범위와 관련하여 이른바 기속행위 내지 기속재량행위와 재량행위 내지 자유재량행위로 구분된다고 할 때, 그 구분은 당해 행위의 근거가 된 법규의 체재·형식과 그 문언, 당해 행위가 속하는 행정 분야의 주된 목적과 특성, 당해 행위 자체의 개별적 성질과 유형 등을 모두 고려하여 판단하여야 하고, 이렇게 구분되는 양자에 대한 사법심사는, 전자의 경우 그 법규에 대한 원칙적인 기속성으로 인하여 법원이 사실인정과 관련 법규의 해석·적용을 통하여 일정한 결론을 도출한 후 그 결론에 비추어 행정청이 한 판단의 적법 여부를 독자의 입장에서 판정하는 방식에 의하게 되나, 후자의 경우 행정청의 재량에 기한 공익판단의 여지를 감안하여 법원은 독자의 결론을 도출함이 없이 당해 행위에 재량권의 일탈·남용이 있는지 여부만을 심사하게 되고, 이러한 재량권의 일탈·남용 여부에 대한 심사는 사실오인, 비례·평등의 원칙 위배, 당해 행위의 목적 위반이나 동기의 부정 유무 등을 그 판단 대상으로 한다. (2001. 2. 9. 98두17593)

49 [O] (2017. 3. 15. 2014두41190)

50 [O] (1979. 10. 30. 79누190)

51. 건축허가권자는 건축허가신청이 「건축법」등 관계 법규에서 정하는 어떠한 제한에 배치되지 않는 이상 당연히 같은 법조에서 정하는 건축허가를 하여야 하고, 중대한 공익상의 필요가 없는데도 관계 법령에서 정하는 제한사유 이외의 사유를 들어 요건을 갖춘 자에 대한 허가를 거부할 수는 없다. (23-1) ★ [ ]

52. 토지의 형질변경허가는 금지요건이 불확정개념으로 규정되어 있어 그 금지요건에 해당하는지 여부를 판단함에 있어서 행정청에게 재량권이 부여되어 있다고 할 것이므로, 같은 법에 의하여 지정된 도시지역 안에서 토지의 형질변경행위를 수반하는 건축허가는 결국 재량행위에 속한다. (추가문제) ★ [ ]

53. 산림훼손은 국토 및 자연의 유지와 수질 등 환경의 보전에 직접적으로 영향을 미치는 행위이므로 그 허가 관청은 그러한 자연유지와 환경보전 등 중대한 공익상 필요가 인정될 경우 그 허가를 거부할 수 있으나 법규에 명문의 근거를 요한다. (23-1) [ ]

54. 「국토의 계획 및 이용에 관한 법률」상 개발행위허가는 허가기준 및 금지요건이 불확정개념으로 규정된 부분이 많아 그 요건에 해당하는지 여부는 행정청의 재량판단의 영역에 속한다. (추가문제) ★★ [ ]

55. 처분의 근거법령이 행정청에 처분의 요건과 효과 판단에 일정한 재량을 부여하였는데도, 행정청이 자신에게 재량권이 없다고 오인하여 처분으로 달성하려는 공익과 그로써 처분상대방이 입게 되는 불이익의 내용과 정도를 전혀 비교형량하지 않은 채 처분을 하였다면, 이는 재량권 불행사로서 그 자체로 재량권 일탈·남용에 해당된다. (변시 9회) ★★ [ ]

56. 실권리자명의 등기의무를 위반한 명의신탁자에 대한 과징금 부과와 관련하여 임의적 감경규정이 존재하는 경우, 그 감경규정에 따른 감경사유가 존재하여 이를 고려하고도 과징금을 감경하지 않은 것을 위법하다고 단정할 수는 없으므로, 감경사유를 전혀 고려하지 않았거나 감경사유에 해당하지 않는다고 오인하여 과징금을 감경하지 않았다 해도 그 과징금 부과처분이 재량권을 일탈·남용한 위법한 처분이라고 할 수 없다. (변시 9회) ★ [ ]

정답 및 해설

51 [O] (2009. 9. 24. 2009두8946)

52 [O] (2005. 7. 14. 2004두6181)

53 [X] 허가관청은 산림훼손허가신청 대상토지의 현상과 위치 및 주위의 상황 등을 고려하여 국토 및 자연의 유지와 환경의 보전 등 중대한 공익상 필요가 있다고 인정될 때에는 허가를 거부할 수 있고, 그 경우 법규에 명문의 근거가 없더라도 거부처분을 할 수 있다. (1995. 9. 15. 95누6113)

54 [O] (2017. 10. 12. 2017두48956)

55 [O] (2019. 7. 11. 2017두38874)

56 [X] 위 감경사유가 있음에도 이를 전혀 고려하지 않았거나 감경사유에 해당하지 않는다고 오인한 나머지 과징금을 감경하지 않았다면 그 과징금 부과처분은 재량권을 일탈·남용한 위법한 처분이라고 할 수밖에 없다. (2010. 7. 15. 2010두7031)

57 처분을 할 것인지 여부와 처분의 정도에 관하여 재량이 인정되는 과징금 납부명령에 대하여 그 명령이 재량권을 일탈하였을 경우, 법원은 재량권의 범위 내에서 어느 정도가 적정한 것인지에 관하여 판단할 수 있고 그 일부를 취소할 수 있다. (추가문제) ★★   [   ]

판단여지

58 공무원 임용을 위한 면접전형에서 임용신청자의 능력이나 적격성 등에 관한 판단은 면접위원의 고도의 교양과 학식, 경험에 기초한 자율적 판단에 의존하는 것으로서 면접위원의 재량에 속한다.
(변시 9회)   [   ]

정답 및 해설

57 [X] 처분을 할 것인지 여부와 처분의 정도에 관하여 재량이 인정되는 과징금 납부명령에 대하여 그 명령이 재량권을 일탈하였을 경우, 법원으로서는 재량권의 일탈 여부만 판단할 수 있을 뿐이지 재량권의 범위 내에서 어느 정도가 적정한 것인지에 관하여는 판단할 수 없어 그 전부를 취소할 수밖에 없고, 법원이 적정하다고 인정하는 부분을 초과한 부분만 취소할 수는 없다. (2009. 6. 23. 2007두18062)

58 [O] (2008. 12. 24. 2008두8970)

단계적 행정행위

59 한국수력원자력 주식회사(이하 '한수원' 이라 함)는 A시 관내에 원자력발전소 1·2호기를 건설하려는 계획을 갖고 있다. 한수원은 산업통상자원부장관으로부터 「전원개발촉진법」에 의한 전원개발사업계획승인을 받은 후 「원자력안전법」 제10조 제3항에 따라 원자력안전위원회로부터 원자로 및 관계시설의 건설부지에 대해 사전공사를 실시하기 위해 부지사전승인을 받았다. 한수원은 기초공사 후 우선 제1호기 원자로의 건설허가를 신청하였다. (변시 7회) ★★

① 부지사전승인처분은 원자로 및 관계시설 건설허가의 사전적 부분허가의 성격을 가지고 있으므로, 원자로 및 관계시설의 건설허가기준에 관한 사항은 건설허가의 기준이 됨은 물론 부지사전승인의 기준이 된다. [ ]

② 원자로 및 관계시설의 부지사전승인처분은 그 자체로서 건설부지를 확정하고 사전공사를 허용하는 법률효과를 지닌 독립한 행정처분이다. [ ]

③ 부지사전승인처분은 나중에 건설허가처분이 있게 되면 그 건설허가처분에 흡수되어 독립된 존재가치를 상실하므로 부지사전승인처분의 위법성은 나중에 내려진 건설허가처분의 취소를 구하는 소송에서 이를 다투면 된다. [ ]

④ 원자로시설의 부지사전승인처분은 건설부지를 확정하고 사전공사를 허용하는 법률효과를 지닌 행정처분이므로 나중에 건설허가처분이 있게 되더라도 부지사전승인처분만의 취소를 구하는 항고소송을 제기할 수 있다. (변시 8회) [ ]

⑤ 방사성물질 등에 의하여 직접적이고 중대한 피해를 입으리라고 예상되는 지역 내의 주민들에게는 방사성물질 등에 의한 생명·신체의 안전침해를 이유로 한 부지사전승인처분 취소소송의 원고적격이 인정된다. [ ]

정답 및 해설

59 ① [O] (1998. 9. 4. 97누19588)
② [O] (1998. 9. 4. 97누19588)
③ [O] (1998. 9. 4. 97누19588)
④ [X] 위 ③ 지문 참조 (1998. 9. 4. 97누19588)
⑤ [O] 원자력법 제12조 제2호(… 인체·물체·공공의 재해방지에 지장이 없을 것)의 취지는 … 방사성물질 등에 의한 생명·건강상의 위해를 받지 아니할 이익을 일반적 공익으로서 보호하려는 데 그치는 것이 아니라 방사성물질에 의하여 보다 직접적이고 중대한 피해를 입으리라고 예상되는 지역 내의 주민들의 위와 같은 이익을 직접적·구체적 이익으로서도 보호하려는 데에 있다 할 것이므로, 지역 내의 주민들에게는 … 원고적격이 있다. (1998. 9. 4. 97누19588)

허가

60 구 「학원의설립·운영에관한법률」 제5조 제2에 의한 학원의 설립인가는 강학상의 이른바 인가에 해당하는 것으로서 그 인가를 받은 자에게 특별한 권리를 부여하는 것이고 일반적인 금지를 특정한 경우에 해제하여 학원을 설립할 수 있는 자유를 회복시켜 주는 것이 아니다. (추가문제) [ ]

61 지방변호사회의 소속 변호사에 대한 겸직허가행위는 지방변호사회가 소속 변호사 사이에 맺는 공법관계에서 이루어지는 것이고, 직업선택의 자유나 영업의 자유를 제한하는 것을 의미하는 변호사의 영리 목적 업무 경영 제한을 해제하여 주는 강학상 허가에 해당한다. (23-1) [ ]

62 구 「식품위생법」상 일반음식점영업허가신청에 대하여 관계 법령에서 정하는 제한 사유 외에 공공복리 등의 사유를 들어 거부할 수 없다. (추가문제) ★ [ ]

63 재량행위인 허가의 기간이 부당하게 짧은 경우라면 그 기한은 허가조건의 존속기간을 정한 것으로 볼 수 있으나, 그 후 당초 기한이 상당기간 연장되어 전체를 기준으로 볼 경우 부당하게 짧은 경우에 해당하지 않는다면 관계 행정청은 재량권의 행사로서 기간연장을 불허가할 수 있다. (변시 6회) (변시 2회) ★★ [ ]

64 허가의 조건의 존속기간이 종료되기 전에 연장신청이 없이 허가기간이 만료된 경우 허가의 효력이 상실되었다고 보아서는 아니된다. (변시 2회) ★★ [ ]

정답 및 해설

60 [X] 학원의 설립·운영에 관한 법률 제5조 제2항에 의한 학원의 설립인가는 강학상의 이른바 허가의 성질을 지니는 것으로서 그 인가를 받는자에게 특별한 권리를 부여하는 것은 아니고 일반적인 금지를 특정한 경우에 해제하여 학원을 설립할 수 있는 자유를 회복시켜 주는 것이다. (1994. 2. 8. 93누8276)

61 [O] (서울행정법원 2003. 4. 16. 2002구합32964)

62 [O] 식품위생법상 일반음식점영업허가는 성질상 일반적 금지의 해제에 불과하므로 허가권자는 허가신청이 법에서 정한 요건을 구비한 때에는 허가하여야 하고 관계 법령에서 정하는 제한사유 외에 공공복리 등의 사유를 들어 허가신청을 거부할 수는 없고, 이러한 법리는 일반음식점 허가사항의 변경허가에 관하여도 마찬가지이다. (2000. 3. 24. 97누12532)

63 [O] (2004. 3. 25. 2003두12837)

64 [X] 그와 같은 경우라 하더라도 그 허가기간이 연장되기 위하여는 그 종기가 도래하기 전에 그 허가기간의 연장에 관한 신청이 있어야 하며, 만일 그러한 연장신청이 없는 상태에서 허가기간이 만료하였다면 그 허가의 효력은 상실된다. (2007. 10. 11. 2005두12404)

65 종전의 허가가 기한의 도래로 실효되었다고 하여도 종전 허가의 유효기간이 지나서 기간연장을 신청하였다면 그 신청은 종전 허가의 유효기간을 연장하여 주는 행정처분을 구한 것으로 보아야 하지 종전 허가와는 별개로 새로운 허가를 내용으로 하는 행정처분을 구한 것으로 보아서는 아니 된다. (변시 2회) ★★ [   ]

66 유료직업 소개사업의 허가갱신은 허가취득자에게 종전의 지위를 계속 유지시키는 효과를 갖는 것에 불과하고 갱신 후에는 갱신 전의 법위반사항을 불문에 붙이는 효과를 발생하는 것이 아니므로 일단 갱신이 있은 후에도 갱신 전의 법위반 사실을 근거로 허가를 취소할 수 있다. (추가문제) ★ [   ]

예외적 승인

67 개발제한구역 안에서의 건축허가의 법적 성질은 기속행위이므로 「건축법」 등 관계 법규에서 정한 요건을 갖춘 경우 허가를 하여야 하고, 공익상의 이유를 들어 거부할 수 없다. (변시 6회) ★★ [   ]

특허

68 개인택시운송사업면허는 특정인에게 권리나 의무를 부여하는 것이므로 강학상 특허에 해당한다. (변시 2회) ★★ [   ]

정답 및 해설

65 [X] 종전의 허가처분과는 별도의 새로운 허가를 내용으로 하는 행정처분을 구하는 것이라고 보아야 할 것이어서, 이러한 경우 허가권자는 이를 새로운 허가신청으로 보아 허가요건의 적합 여부를 새로이 판단하여 그 허가 여부를 결정하여야 할 것이다. (1995. 11. 10. 94누11866)

66 [O] (1982. 7. 27. 81누174)

67 [X] 구 도시계획법상 개발제한구역 내에서의 건축허가의 법적 성질은 재량행위 내지 자유재량행위이다.(2003. 3. 28. 2002두11905) 따라서 「건축법」 등 관계 법규에서 정한 요건을 갖춘 경우에도 공익상의 이유를 들어 거부할 수 있다.

68 [O] (2002. 1. 22. 2001두8414)

69 개인택시운송사업면허는 특정인에게 권리나 이익을 부여하는 행정행위로서 법령에 특별한 규정이 없는 한 재량행위이고, 그 면허에 필요한 기준을 정하는 것 역시 행정청의 재량에 속한다. (변시 9회)　[　]

70 「여객자동차 운수사업법」에 따른 개인택시운송사업 면허는 특정인에게 권리나 이익을 부여하는 재량행위에 해당하는바, 행정청이 면허 발급 여부를 심사함에 있어 이미 설정된 면허기준의 해석상 당해 신청이 면허발급의 우선순위에 해당함이 명백함에도 불구하고 이를 제외시켜 면허거부처분을 하였다면 특별한 사정이 없는 한 그 거부처분은 재량권을 남용한 위법한 처분에 해당한다. (24-3)　[　]

71 마을버스운송사업면허의 허용 여부는 운수행정을 통한 공익실현과 아울러 합목적성을 추구하기 위하여 보다 구체적 타당성에 적합한 기준에 의하여야 할 것이므로 행정청의 재량에 속하는 것이라고 보아야 한다. (추가문제) ★★　[　]

72 공유수면의 점용·사용 허가는 허가 상대방에게 제한을 해제하여 공유수면이용권을 부여하는 처분으로 강학상 허가에 해당한다. (변시 2회) ★★　[　]

73 귀화허가는 외국인에게 대한민국 국적을 부여함으로써 국민으로서의 법적 지위를 포괄적으로 설정하는 행위에 해당하므로, 법무부장관은 귀화신청인이 귀화 요건을 갖추었다 하더라도 귀화를 허가할 것인지 여부에 관하여 재량권을 가진다. (예제문제) ★　[　]

74 출입국관리법령상 체류자격 변경허가는 신청인에게 당초의 체류자격과 다른 체류자격에 해당하는 활동을 할 수 있는 권한을 부여하는 일종의 설권적 처분의 성격을 가진다. (23-2) ★　[　]

정답 및 해설

69 [O] (2007. 3. 15. 2006두15783)

70 [O] 여객자동차 운수사업법에 의한 개인택시운송사업면허는 특정인에게 권리나 이익을 부여하는 행정행위로서 법령에 특별한 규정이 없는 한 재량행위이고, 그 면허를 위하여 정하여진 순위 내에서의 운전경력인정방법의 기준설정 역시 행정청의 재량에 속한다 할 것이지만, 행정청이 면허발급 여부를 심사함에 있어서 이미 설정된 면허기준의 해석상 당해 신청이 면허발급의 우선순위에 해당함이 명백함에도 이를 제외시켜 면허거부처분을 하였다면 특별한 사정이 없는 한 그 거부처분은 재량권을 남용한 위법한 처분이 된다. (2010.1.28. 2009두19137)

71 [O] (2001. 1. 19. 99두3812)

72 [X] 공유수면의 점·사용허가는 특정인에게 공유수면이용권이라는 독점적 권리를 설정하여 주는 처분으로서 그 처분의 여부 및 내용의 결정은 원칙적으로 행정청의 재량에 속한다. (2004. 5. 28. 2002두5016)

73 [O] (2010. 1. 28. 2010두6496)

74 [O] (2016. 7. 14. 2015두48846)

75 관세법상 보세구역의 설영특허는 보세구역의 설치, 경영에 관한 권리를 설정하는 이른바 공기업의 특허로서 그 특허의 부여 여부는 행정청의 자유재량에 속한다. (추가문제) [ ]

76 관할관청이 개인택시운송사업의 양도·양수에 대한 인가를 하였을 경우 거기에는 양도인과 양수인 간의 양도행위를 보충하여 그 법률효과를 완성시키는 의미에서의 인가처분뿐만 아니라 양수인에 대해 양도인이 가지고 있던 면허와 동일한 내용의 면허를 부여하는 처분이 포함되어 있다. (변시 3회) ★★ [ ]

77 영업양도에 따른 지위승계신고를 수리하는 허가관청의 행위는 단순히 양수인이 그 영업을 승계하였다는 사실의 신고를 접수하는 행위에 그치는 것이 아니라, 실질에 있어서 양도인의 사업허가를 취소함과 아울러 양수인에게 적법하게 사업을 할 수 있는 권리를 설정하여 주는 행위로서 사업허가자의 변경이라는 법률효과를 발생시키는 행위이다. (변시 9회) (변시 14회) ★★ [ ]

78 체육시설업자 지위승계신고를 수리하는 처분이 있으면 종전의 체육시설업자는 적법한 신고를 마친 체육시설업자로서의 지위를 부인당할 불안정한 상태에 놓이게 되므로 위 처분은 사전통지의 대상이 된다. (예제문제) (변시 14회) ★★ [ ]

79 영업양도·양수가 무효인 때에는 지위승계신고 수리처분을 하였다 하더라도 그 처분은 당연히 무효이고, 사업의 양도행위가 무효라고 주장하는 양도인은 민사쟁송으로 양도·양수행위의 무효를 구함이 없이 곧바로 허가관청을 상대로 하여 행정소송으로 위 신고수리처분의 무효확인을 구할 법률상 이익이 있다. (변시 9회) (변시 3회) ★★ [ ]

80 영업이 양도·양수되었지만 아직 지위승계신고가 있기 이전에는 여전히 종전의 영업자인 양도인이 영업허가자이고 양수인은 영업허가자가 아니므로, 행정제재처분의 사유가 있는지 여부는 양도인을 기준으로 판단하여야 한다. (변시 9회) ★ [ ]

정답 및 해설

75 [O] 관세법 제78조 소정의 보세구역의 설영특허는 보세구역의 설치, 경영에 관한 권리를 설정하는 이른바 공기업의 특허로서 그 특허의 부여여부는 행정청의 자유재량에 속하며, 특허기간이 만료된 때에 특허는 당연히 실효되는 것이어서 특허기간의 갱신은 실질적으로 권리의 설정과 같으므로 그 갱신여부도 특허관청의 자유재량에 속한다. (1989. 5. 9. 88누4188)

76 [O] (1994. 8. 23. 94누4882)
77 [O] (1995. 2. 24. 94누9146)
78 [O] (2012. 12. 13. 2011두29144)
79 [O] (2005. 12. 23. 2005두3554)
80 [O] (1995. 2. 24. 94누9146)

81 영업이 양도·양수되었지만 아직 지위승계신고 수리처분이 있기 이전에 관할 행정청이 양도인의 영업허가를 취소하는 처분을 하였다면, 양수인은 행정소송으로 그 취소처분의 취소를 구할 법률상 이익이 있다. (변시 9회) ★   [   ]

82 구 공중위생관리법령에 따라 공중위생영업이 양도·양수된 후 양수인이 행정청에 새로운 영업소개설통보를 하였다면, 양도인에 관한 공중위생업 영업정지의 위법사유로 양수인에게 영업정지처분을 할 수 없다. (변시 14회)   [   ]

83 「여객자동차 운수사업법」상 개인택시 운송사업의 양도·양수 당시에는 양도인에 대한 운송사업면허 취소사유(예: 양도인의 운전면허 취소)가 현실적으로 발생하지 않은 경우라도 그 원인이 되는 사실(예: 양도인의 음주운전)이 이미 존재하였다면, 관할 관청으로서는 그 후 발생한 운송사업면허 취소사유(예: 양도인의 운전면허 취소)에 기하여 양수인의 운송사업면허를 취소할 수 있다. (변시 6회) ★★   [   ]

84 요양기관이 속임수나 그 밖의 부당한 방법으로 보험자에게 요양급여비용을 부담하게 한 것을 이유로 「국민건강보험법」에 따라 받게 되는 요양기관 업무정지처분은 대물적 처분의 성격을 가진다. (변시 14회)   [   ]

정답 및 해설

81 [O] (2003. 7. 11. 2001두6289)

82 [X] 만일 어떠한 공중위생영업에 대하여 그 영업을 정지할 위법사유가 있다면, 관할 행정청은 그 영업이 양도·양수되었다 하더라도 그 업소의 양수인에 대하여 영업정지처분을 할 수 있다고 봄이 상당하다. (2001.6.29. 2001두1611)

83 [O] (2010. 4. 8. 2009두17018)

84 [O] 요양기관 업무정지처분은 의료인 개인의 자격에 대한 제재가 아니라 요양기관의 업무 자체에 대한 것으로서 대물적 처분의 성격을 갖는다. (2022.4.28. 2022두30546)

85　甲은 2013. 11. 6. 乙로부터 A시 소재 B유흥주점의 영업시설 일체를 양도받아, 2013. 12. 2. A시장에게 영업자 지위를 승계하였음을 신고하고 위 주점을 운영하여 왔다. 그런데 甲이 인수하기 전인 2013. 10. 초순, 乙은 청소년인 丙, 丁(당시 각 18세)을 유흥접객원으로 고용하여 유흥행위를 하게 하였다. 이에 A시장은 2014. 2. 3. 甲에 대하여 「식품위생법」위반을 이유로 영업허가를 취소하였다. (다툼이 있는 경우 판례에 의함) (변시 4회)

① A시장이 甲의 지위승계신고를 수리하는 행위는 실질적으로 乙의 영업허가를 취소함과 아울러 甲에게 적법하게 영업을 할 수 있는 권리를 설정하여 주는 행위이다.　[　]

② 영업양도가 무효이면 지위승계신고 수리가 있었더라도 그 수리는 무효이므로 乙은 민사쟁송으로 양도·양수행위의 무효를 구함이 없이 막바로 허가관청을 상대로 신고수리처분의 무효확인을 구할 법률상 이익이 있다.　[　]

③ A시장의 乙에 대한 영업허가는 대물적 허가이지만, 만일 乙에 대한 영업정지처분이 내려졌다면 그 효과는 甲에게 승계되지 않음이 원칙이다.　[　]

④ 만일 A시장이 2013. 11. 27. 乙에 대한 허가취소처분을 하였다면, 甲은 지위승계신고 수리 이전이라도 사실상 양수인으로서 이를 소송상 다툴 법률상 이익이 있다.　[　]

⑤ A시장은 지위승계신고를 수리할 경우 乙에게 사전통지하여야 한다.　[　]

정답 및 해설

85　① [O] (2001. 2. 9. 2000도2050)
② [O] (2005. 12. 23. 2005두3554)
③ [X] 양수인은 양도인의 지위를 승계하게 됨에 따라 양도인의 위 허가에 따른 권리의무가 양수인에게 이전되는 것이므로 만약 양도인에게 그 허가를 취소할 위법사유가 있다면 허가관청은 이를 이유로 양수인에게 응분의 제재조치를 취할 수 있다 할 것이다. (1986. 7. 22. 86누203)

④ [O] (2003. 7. 11. 2001두6289)
⑤ [O] 영업자지위승계신고를 수리하는 처분은 종전의 영업자의 권익을 제한하는 처분이라 할 것이고 … 행정청으로서는 위 신고를 수리하는 처분을 함에 있어서 행정절차법 규정 소정의 당사자에 해당하는 종전의 영업자에 대하여 위 규정 소정의 행정절차를 실시하고 처분을 하여야 한다. (2003. 2. 14. 2001두7015)

인가

86 인가의 대상이 되는 기본행위는 인가를 받아야 효력이 발생하므로, 인가를 받지 않은 이상 기본행위는 법률상 효력이 발생하지 않는다. (변시 6회) ★★ [ ]

87 인가의 대상이 되는 기본행위는 인가를 받을 때까지는 법률상 미완성의 법률행위로서 유동적 무효 상태에 있다가 일단 인가를 받으면 소급하여 유효하게 된다. (예제문제) [ ]

88 인가의 대상이 되는 기본행위에 하자가 있다면 인가가 있더라도 그 기본행위의 하자가 치유되는 것은 아니다. (변시 6회) ★★ [ ]

89 강학상 인가는 기본행위에 대한 법률상의 효력을 완성시키는 보충행위로서, 그 기본이 되는 행위에 하자가 있을 때에는 그에 대한 인가가 있었다 하여도 기본행위가 유효한 것으로 될 수 없다. (추가문제) [ ]

90 유효한 기본행위를 대상으로 인가가 행해진 후에 기본행위가 실효되면 이미 성립된 인가의 효력도 실효된다. (예제문제) [ ]

91 민법상 재단법인의 정관변경 허가는 그 성질에 있어 법률행위의 효력을 보충해 주는 것이지 일반적 금지를 해제하는 것이 아니므로, 그 법적 성격은 인가라고 보아야 한다. (변시 3회) ★ [ ]

92 재단법인의 정관변경 시 정관변경 결의의 하자가 있는 경우에 주무부장관의 인가가 있다고 하여도 정관변경 결의가 유효한 것으로 될 수 없다. (추가문제) [ ]

93 토지거래허가는 토지거래허가구역 내의 토지거래를 전면적으로 금지시키고 특정한 경우에 예외적으로 토지거래계약을 체결할 수 있는 자격을 부여하는 점에서 강학상 특허에 해당한다. (변시 2회) ★★ [ ]

정답 및 해설

86 [O] 인가는 기본행위가 효력을 발생하기 위한 효력발생요건이므로, 인가가 있어야 인가의 대상이 된 기본행위가 법적 효력을 발생한다.

87 [O] (1997. 12. 26. 97다41318)

88 [O] 인가는 그 법률상의 효력을 완성하는 보충적 행정행위에 불과함

89 [O] (1996. 5. 16. 95누4810)

90 [O]

91 [O] (1996. 5. 16. 95누4810)

92 [O] (1996. 5. 16. 95누4810)

93 [X] 토지거래허가가 규제지역 내에서도 토지거래의 자유가 인정되나 다만 위 허가를 허가 전의 유동적 무효 상태에 있는 법률행위의 효력을 완성시켜 주는 인가적 성질을 띤 것이라고 보는 것이 타당하다. (1991. 12. 24. 90다12243)

94 　행정청의 사립학교법인 임원취임승인행위는 학교법인의 임원선임행위의 법률상 효력을 완성하게 하는 보충적 법률행위로서 강학상 인가에 해당한다. (변시 2회) ★ [ ]

95 　교육부장관의 학교법인 이사취임 승인은 학교법인의 임원선임행위를 보충하여 그 법률상의 효력을 완성시키는 보충적 행정행위이다. (23-2) [ ]

96 　공익법인의 기본재산 처분에 대한 허가의 법률적 성질이 형성적 행정행위로서의 인가에 해당하므로, 그 허가에 조건으로서의 부관의 부과가 허용되지 아니한다. (추가문제) ★ [ ]

97 　사회복지법인의 정관변경을 허가할 것인지의 여부는 주무관청의 정책적 판단에 따른 재량에 맡겨져 있다고 할 것이고, 주무관청이 정관변경허가를 함에 있어서는 비례의 원칙 및 평등의 원칙에 적합하고 행정처분의 본질적 효력을 해하지 않는 한도 내에서 부관을 붙일 수 있다. (추가문제) ★ [ ]

98 　재단법인의 임원취임이 사법인인 재단법인의 정관에 근거한다 할지라도 이에 대한 행정청의 승인(인가)행위는 법인에 대한 주무관청의 감독권에 연유하는 이상 그 임원취임을 인가 또는 거부할 것인지 여부는 주무관청의 권한에 속하는 사항이라고 할 것이고, 재단법인의 임원취임승인 신청에 대하여 주무관청이 이에 기속되어 이를 당연히 승인(인가)하여야 하는 것은 아니다. (예제문제) [ ]

99 　「자동차관리법」상 자동차관리사업자로 구성하는 사업자단체인 조합 또는 협회의 설립인가처분은 국토해양부장관 또는 시·도지사가 자동차관리사업자들의 단체결성행위를 보충하여 효력을 완성시키는 처분에 해당한다. (22-2) ★ [ ]

정답 및 해설

94 [O] (2007. 12. 27. 2005두9651)

95 [O] 이사취임승인은 학교법인의 임원선임행위를 보충하여 법률상의 효력을 완성시키는 보충적 행정행위로서 기속행위에 속한다. (1992. 9. 22. 92누5461)

96 [X] 공익법인의 기본재산의 처분에 관한 공익법인의 설립·운영에 관한 법률 제11조 제3항의 규정은 강행규정으로서 이에 위반하여 주무관청의 허가를 받지 않고 기본재산을 처분하는 것은 무효라 할 것인데, 위 처분허가에 부관을 붙인 경우 그 처분허가의 법률적 성질이 형성적 행정행위로서의 인가에 해당한다고 하여 조건으로서의 부관의 부과가 허용되지 아니한다고 볼 수는 없고, 다만 구체적인 경우에 그것이 조건, 기한, 부담, 철회권의 유보 중 어느 종류의 부관에 해당하는지는 당해 부관의 내용, 경위 기타 제반 사정을 종합하여 판단하여야 할 것이다. (2005. 9. 28. 2004다50044)

97 [O] (2002. 9. 24. 2000두5661)

98 [O] (2000. 1. 28. 98두16996)

99 [O] (2015. 5. 29. 2013두635)

100 「자동차관리법」상 조합 등 설립인가에 관하여 구체적인 기준이 정하여져 있지 않은 경우, 인가권자인 국토해양부장관 또는 시·도지사는 조합 등의 설립인가 신청에 대하여 「자동차관리법」에 정한 설립요건의 충족 여부 등을 검토하여 설립인가 여부를 결정할 재량을 가진다. (22-2) [　]

101 「도시 및 주거환경정비법」상 조합이 정관을 변경하고자 하는 경우, 받아야 하는 시장·군수 등의 인가는 그 대상이 되는 기본행위를 보충하여 법률상 효력을 완성시키는 행위로서 이러한 인가를 받지 못하였다면 변경된 정관은 효력이 없다. (23-2) [　]

102 기본행위가 적법·유효하고 보충행위인 인가처분 자체에만 하자가 있다면 그 인가처분의 무효나 취소를 주장할 수 있다고 할 것이지만, 인가처분에 하자가 없다면 기본행위에 하자가 있다 하더라도 따로 그 기본행위의 하자를 다투는 것은 별론으로 하고 기본행위의 무효를 내세워 바로 그에 대한 인가처분의 취소 또는 무효확인을 구할 수 없다. (변시 3회) ★★ [　]

정답 및 해설

100 [O] (2015. 5. 29. 2013두635)

101 [O] 구 도시 및 주거환경정비법(2012. 2. 1. 법률 제11293호로 개정되기 전의 것) 제20조 제3항은 조합이 정관을 변경하고자 하는 경우에는 총회를 개최하여 조합원 과반수 또는 3분의 2 이상의 동의를 얻어 시장·군수의 인가를 받도록 규정하고 있다. 여기서 시장 등의 인가는 그 대상이 되는 기본행위를 보충하여 법률상 효력을 완성시키는 행위로서 이러한 인가를 받지 못한 경우 변경된 정관은 효력이 없고, 시장 등이 변경된 정관을 인가하더라도 정관변경의 효력이 총회의 의결이 있었던 때로 소급하여 발생한다고 할 수 없다. (2014. 7. 10. 2013도11532)

102 [O] (1994. 10. 14. 93누22753)

103

甲은 사립학교법인 이사회에서 이사로 선임되어 관할청의 취임승인을 받았다. 그러나 해당 이사회의 전임 이사였던 乙은 甲에 대한 학교법인의 이사선임행위에 하자가 있음을 주장하며 이를 다투고자 한다. (다툼이 있는 경우 판례에 의함) (변시 5회)

① 甲에 대한 관할청의 취임승인은 학교법인의 이사선임행위를 보충하여 그 법률상의 효력을 완성시켜 주는 행정행위이다.) [ ]

② 학교법인의 이사선임행위가 무효인 경우에는 관할청의 취임승인이 있더라도 그 선임행위가 유효한 것으로 되지 아니한다.) [ ]

③ 관할청은 학교법인의 이사선임행위의 내용을 수정하여 승인할 수 없다.) [ ]

④ 乙은 甲에 대한 학교법인의 이사선임행위에 하자가 있는 경우 이를 이유로 취소소송을 통해 관할청의 취임승인처분의 취소를 구할 수 있다.) [ ]

⑤ 만일 관할청이 甲에 대한 학교법인의 이사취임승인 신청을 거부하는 경우 甲에게는 당해 거부처분을 취소소송으로 다툴 수 있는 원고적격이 있다.) [ ]

정답 및 해설

103 ① **[O]** (1995. 4. 14. 94다12371)

② **[O]** 기본행위인 학교법인의 이사선임행위가 불성립 또는 무효인 경우에는 비록 그에 대한 감독청의 취임승인이 있었다 하여도 이로써 무효인 그 선임행위가 유효한 것으로 될 수는 없다. (1995. 4. 14. 94다12371)

③ **[O]** 이사취임 승인은 학교법인의 임원선임행위를 보충하여 법률상의 효력을 완성시켜 주는 보충적 행정행위로서 관할청에서 임원의 임기를 결정하거나 수정할 수 없다.

④ **[X]** 기본행위인 사법상의 임원선임행위에 하자가 있다 하여 그 선임행위의 효력에 관하여 다툼이 있는 경우에 민사쟁송으로서 그 선임행위의 취소 또는 무효확인을 구하는 것은 별론으로 하고 기본행위의 불성립 또는 무효를 내세워 바로 그에 대한 감독청의 취임승인처분의 취소 또는 무효확인을 구하는 것은 특단의 사정이 없는 한 소구할 법률상의 이익이 있다고 할 수 없다. (1987. 8. 18. 86누152)

⑤ **[O]** 관할청이 학교법인의 임원취임승인신청에 대하여 이를 반려하거나 거부하는 경우 학교법인에 의하여 임원으로 선임된 사람은 학교법인의 임원으로 취임할 수 없게 되는 불이익을 입게 되는바, 이와 같은 불이익은 간접적이거나 사실상의 불이익이 아니라 직접적이고도 구체적인 법률상의 불이익이라 할 것이므로 학교법인에 의하여 임원으로 선임된 사람에게는 관할청의 임원취임승인신청 반려처분을 다툴 수 있는 원고적격이 있다. (2007. 12. 27. 2005두9651)

공증

104 지목은 토지행정의 기초로서 공법상의 법률관계에 영향을 미치고, 토지소유자는 지목을 토대로 사용·수익·처분에 일정한 제한을 받게 되는 점 등을 고려하면, 소관청의 지목변경신청 반려행위는 국민의 권리관계에 영향을 미치는 것으로서 항고소송의 대상이 되는 행정처분에 해당한다. (변시 7회) ★★ [ ]

105 건축물대장의 용도는 건축물의 소유권을 제대로 행사하기 위한 전제요건으로서 건축물소유자의 실체적 권리관계에 밀접하게 관련되어 있으므로, 소관청이 건축물대장상의 용도변경신청을 거부한 행위는 국민의 권리관계에 영향을 미치는 것으로서 항고소송의 대상이 되는 행정처분에 해당한다. (변시 7회)(변시 1회) ★★ [ ]

106 건축물대장 소관 행정청이 건축물에 관한 건축물대장을 직권말소한 행위는 항고소송의 대상이 된다. (변시 1회) ★★ [ ]

107 지적공부 소관청이 토지대장을 직권으로 말소한 행위는 토지에 대한 공법상의 규제, 개발부담금의 부과대상, 지방세의 과세대상, 공시지가의 산정, 손실보상가액의 산정 등 토지행정의 기초자료 마련을 위한 중간적 행위이므로 항고소송의 대상인 처분이 아니다. (예제문제) ★★ [ ]

108 토지대장은 부동산등기부의 기초자료로서 토지대장에 기재된 일정한 사항을 변경하는 행위는 토지소유권의 구체적 내용과 범위에 영향을 미치게 되므로, 소관청이 도지대징싱의 소유자명의변경신청을 거부한 행위는 항고소송의 대상이 되는 행정처분에 해당한다. (변시 7회) [ ]

정답 및 해설

104 [O] (2004 .4. 22. 2003두9015)

105 [O] (2009. 1. 30. 2007두7277)

106 [O] 건축물대장은 건축물의 소유권을 제대로 행사하기 위한 전제요건으로서 건축물 소유자의 실체적 권리관계에 밀접하게 관련되어 있으므로, 이러한 건축물대장을 직권말소한 행위는 국민의 권리관계에 영향을 미치는 것으로서 항고소송의 대상이 되는 행정처분에 해당한다. (2010. 5. 27. 2008두22655)

107 [X] 토지대장은 토지에 대한 공법상의 규제, 개발부담금의 부과대상, 지방세의 과세대상, 공시지가의 산정, 손실보상가액의 산정 등 토지행정의 기초자료로서 공법상의 법률관계에 영향을 미칠 뿐만 아니라, 토지에 관한 소유권보존등기 또는 소유권이전등기를 신청하려면 이를 등기소에 제출해야 하는 점 등을 종합해 보면, 토지대장은 토지의 소유권을 제대로 행사하기 위한 전제요건으로서 토지 소유자의 실체적 권리관계에 밀접하게 관련되어 있으므로, 이러한 토지대장을 직권으로 말소한 행위는 국민의 권리관계에 영향을 미치는 것으로서 항고소송의 대상이 되는 행정처분에 해당한다. (2013. 10. 24. 2011두13286)

108 [X] 토지대장에 기재된 일정한 사항을 변경하는 행위는, 그것이 지목의 변경이나 정정 등과 같이 토지소유권 행사의 전제요건으로서 토지소유자의 실체적 권리관계에 영향을 미치는 사항에 관한 것이 아닌 한 행정사무집행의 편의와 사실증명의 자료로 삼기 위한 것일 뿐이어서 … 토지대장상의 소유자명의변경신청을 거부한 행위는 이를 항고소송의 대상이 되는 행정처분이라고 할 수 없다. (2012. 1. 12. 2010두12354)

109 자동차운전면허대장에 일정한 사항을 등재하는 행위는 운전면허행정사무집행의 편의와 사실증명의 자료로 삼기 위한 것에 불과하고, 그 등재행위로 인하여 당해 운전면허 취득자에게 새로이 어떠한 권리가 부여되거나 변동 또는 상실되는 것은 아니므로, 소관청의 운전면허대장 등재행위는 항고소송의 대상이 되는 행정처분에 해당하지 아니한다. (변시 7회) [ ]

제3절 행정행위의 부관

110 일반적으로 기속행위나 기속재량행위에는 부관을 붙일 수 없고, 가사 부관을 붙였다 하더라도 무효이다. (변시 6회) ★★ [ ]

111 기속행위 내지 기속적 재량행위인 건축허가를 하면서 법령상 아무런 근거 없이 일정 토지를 기부채납하도록 하는 내용의 허가조건을 붙인 경우, 이는 부관을 붙일 수 없는 건축허가에 붙인 부담이어서 무효이다. (변시 8회) ★ [ ]

112 수익적 행정처분에 있어서는 법령에 특별한 근거규정이 없다고 하더라도 부담을 붙일 수 있는데, 그와 같은 부담은 행정청이 행정처분을 하면서 일방적으로 부가하여야 하는 것이지 부담을 부가하기 이전에 상대방과 협의하여 부담의 내용을 협약의 형식으로 미리 정한 다음 행정처분을 하면서 이를 부가할 수는 없다. (변시 1회) (변시 6회) (변시 8회) ★★ [ ]

113 행정처분에 이미 부담이 부가되어 있는 상태에서 그 의무의 범위 또는 내용 등을 변경하는 부관의 사후변경은 법률에 명문의 규정이 있거나 그 변경이 미리 유보되어 있는 경우 또는 상대방의 동의가 있는 경우에 한하여 허용되는 것이 원칙이지만, 사정변경으로 인하여 당초에 부담을 부가한 목적을 달성할 수 없게 된 경우에도 그 목적달성에 필요한 범위 내에서 예외적으로 허용된다. (변시 1회) (변시 6회) (변시 13회) ★★ [ ]

정답 및 해설

109 [O] (1991. 9. 24. 91누1400)
110 [O] (1995. 6. 13. 94다56883)
111 [O] (2006. 11. 9. 2006두1227)
112 [X] 부담은 행정청이 행정처분을 하면서 일방적으로 부가할 수도 있지만 부담을 부가하기 이전에 상대 방과 협의하여 부담의 내용을 협약의 형식으로 미리 정한 다음 행정처분을 하면서 이를 부가할 수도 있다. (2009. 2. 12. 2005다65500)
113 [O] (1997. 5. 30. 97누2627)

114 부담부 행정처분에 있어서 처분의 상대방이 부담의무를 이행하지 아니한 경우에 처분행정청은 이를 이유로 해당 처분을 철회할 수 있다. (변시 8회) [　]

115 행정청이 종교단체에 대하여 기본재산전환인가를 함에 있어 인가조건을 부가하고 그 불이행시 인가를 취소할 수 있도록 한 경우, 그 인가조건은 철회권 유보로 볼 수 있다. (예제문제) [　]

116 「사도법」상 사도개설허가에서 정해진 공사기간이 공사기간을 준수하여 공사를 마치도록 하는 의무를 부과하는 부담의 성질을 갖는 경우, 그 공사기간 내에 사도로 준공검사를 받지 못하였다 하더라도 사도개설허가가 당연히 실효되는 것은 아니다. (변시 6회) ★★ [　]

117 행정처분에 부담인 부관을 붙인 경우 부관의 무효화에 의하여 본체인 행정처분 자체의 효력에도 영향이 있게 될 수는 있지만, 그 처분을 받은 사람이 부담의 이행으로 사법상 매매 등의 법률행위를 한 경우에는 그 부관은 특별한 사정이 없는 한 법률행위를 하게 된 동기 내지 연유로 작용하였을 뿐이므로 이는 법률행위의 취소사유가 될 수 있음은 별론으로 하고 그 법률행위 자체를 당연히 무효화하는 것은 아니다. (변시 1회) (변시 13회) ★★ [　]

118 부담이 제소기간의 도과로 확정되어 불가쟁력이 생긴 경우 그 부담의 이행으로서 하게 된 사법상 매매 등의 법률행위의 효력도 다툴 수 없다. (변시 13회) ★ [　]

119 행정행위의 부관은 부담인 경우를 제외하고는 독립하여 행정소송의 대상이 될 수 없는바, 기부채납 받은 행정재산에 대한 사용·수익허가에서 공유재산의 관리청이 정한 사용·수익허가의 기간에 대하여 독립하여 행정소송을 제기할 수 없다. (변시 8회) ★ [　]

정답 및 해설

114 [O] (1989. 10. 24. 89누2431)

115 [O] (2003. 5. 30. 2003다6422)

116 [O] (부담의 불이행)을 이유로 행정관청이 새로운 행정처분을 하는 것은 별론으로 하고, 사도개설허가가 당연히 실효되는 것은 아니다. (2004. 11. 25. 2004두7023)

117 [O] (2009. 6. 25. 2006다18174)

118 [X] 행정처분에 붙은 부담인 부관이 제소기간의 도과로 확정되어 이미 불가쟁력이 생겼다면 그 하자가 중대하고 명백하여 당연 무효로 보아야 할 경우 외에는 누구나 그 효력을 부인할 수 없을 것이지만, 부담의 이행으로서 하게 된 사법상 매매 등의 법률행위는 부담을 붙인 행정처분과는 어디까지나 별개의 법률행위이므로 그 부담의 불가쟁력의 문제와는 별도로 법률행위가 사회질서 위반이나 강행규정에 위반되는지 여부 등을 따져보아 그 법률행위의 유효 여부를 판단하여야 한다. (2009. 6. 25. 2006다18174)

119 [O] (2001. 6. 15. 99두509)

120 어업면허처분을 함에 있어 그 면허의 유효기간을 정한 경우, 위 면허의 유효기간은 행정청이 위 어업면허처분의 효력을 제한하기 위한 행정행위의 부관이라 할 것이고 이러한 행정행위의 부관은 독립하여 행정소송의 대상이 될 수 없는 것이므로 위 어업면허처분 중 그 면허유효기간만의 취소를 구하는 청구는 허용될 수 없다. (변시 1회) [   ]

121 부관이 위법함을 이유로 부관부 행정행위 전체를 취소하는 판결이 확정된 경우 행정청은 부관을 붙이지 않고 행정행위를 할 수밖에 없다. (예제문제) [   ]

122 행정청이 처분을 하며 부가한 부담의 위법 여부는 처분 당시 법령뿐 아니라 처분 전·후의 법령상태를 모두 살펴 판단하여야 하므로, 부담의 전제가 된 근거법령이 개정되어 부관을 붙일 수 없게 된 경우라면 부담의 효력은 소멸한다. (변시 6회) (변시 13회)★★ [   ]

123 고속국도 관리청이 고속도로 부지와 접도구역에 송유관 매설을 허가하면서 상대방과 체결한 협약에 따라 송유관 시설을 이전하게 될 경우 그 비용을 상대방에게 부담하도록 하였고, 그 후 도로법 시행규칙이 개정되어 접도구역에는 관리청의 허가 없이도 송유관을 매설할 수 있게 된 사안에서, 위 협약이 효력을 상실하지 않을 뿐만 아니라 위 협약에 포함된 부관이 부당결부금지의 원칙에도 반하지 않는다. (23-1) ★ [   ]

정답 및 해설

120 [O] (1986. 8. 19. 86누202)

121 [X] 행정청은 판결의 취지를 존중하여 다시 부관을 붙이고 행정행위를 할 수 있다.

122 [X] 행정청이 수익적 행정처분을 하면서 부가한 부담의 위법 여부는 처분 당시 법령을 기준으로 판단하여야 하고, 부담이 처분 당시 법령을 기준으로 적법하다면 처분 후 부담의 전제가 된 주된 행정처분의 근거 법령이 개정됨으로써 행정청이 더 이상 부관을 붙일 수 없게 되었다 하더라도 곧바로 위법하게 되거나 그 효력이 소멸하게 되는 것은 아니다. (2009. 2. 12. 2005다65500)

123 [O] (2009. 2. 12. 2005다65500)

124 甲은 아파트를 건설하고자 乙시장에게 「주택법」상 사업계획승인신청을 하였는데, 乙시장은 아파트단지 인근에 개설되는 자동차전용도로의 부지로 사용할 목적으로 甲 소유 토지의 일부를 아파트 사용검사 시까지 기부채납할 것을 조건으로 하여 사업계획을 승인하였다. (다툼이 있는 경우 판례에 의함) (변시 5회)

① 위 부관이 위법한 경우 甲은 부관만을 대상으로 하여 취소소송을 제기할 수 있다. ★★ [ ]

② 甲이 위 부관을 이행하지 아니하더라도 乙시장의 사업계획승인이 당연히 효력을 상실하는 것은 아니다. ★★ [ ]

③ 甲이 위 부관을 불이행하였다면 乙시장은 이를 이유로 사업계획승인을 철회하거나, 위 부관상의 의무 불이행에 대해 행정대집행을 할 수 있다. ★★ [ ]

④ 乙시장은 기부채납의 내용을 甲과 사전에 협의하여 협약의 형식으로 미리 정한 다음, 사업계획승인을 하면서 위 부관을 부가할 수도 있다. ★ [ ]

⑤ 만일 甲이 「건축법」상 기속행위에 해당하는 건축허가를 신청하였고, 乙시장이 건축허가를 하면서 기부채납 부관을 붙였다면 그 부관은 무효이다. ★ [ ]

정답 및 해설

124 ① **[O]** 기부채납조건은 '부담'에 해당함. 독립쟁송 가능. (1992. 1. 2. 91누1264)
② **[O]** 부담의 불이행으로 인해 행정행위가 당연히 효력이 소멸되는 것은 아님.
③ **[X]** 甲의 부담의 불이행은 상대방의 유책행위에 대한 제재로서 철회가 가능하나, 부관상의 의무는 대체적 작위의무가 아니기 때문에 그 불이행에 대하여 행정대집행을 할 수는 없다.
④ **[O]** (2009. 2. 12. 2005다65500)
⑤ **[O]** 건축허가는 기속행위, 기속행위에 부관을 붙였다 하더라도 무효. (1993. 7. 27. 92누13998)

125 甲은 개발제한구역 내에서 레미콘시설에 대한 설치허가를 신청하였고, 이에 대해 관할 행정청 乙은 허가를 하면서 기한의 제한에 관한 규정이 없음에도 허가기간을 5년으로 하였다. (다툼이 있는 경우 판례에 의함) (변시 7회)

① 설치허가에 부가된 5년의 기한은 법령상 근거가 없는 것으로서 당연무효인 부관이다. [ ]

② 乙이 설치허가 이전에 미리 甲과 협의하여 5년의 기한을 붙일 것을 협약의 형식으로 정하여 허가시 부가한 경우, 그 허가는 처분성을 상실하고 공법상 계약의 성질을 가진다. [ ]

③ 甲이 5년의 기한은 레미콘시설의 성질상 부당하게 짧다는 이유로 소송상 다투려면, 부관부행정행위 중 기한만의 취소를 구하여야 한다. [ ]

④ 甲이 제소기간 경과 후 허가기간이 부당하게 짧다는 이유로 부관의 변경을 신청하였으나 乙이 이를 거절한 경우, 乙의 거부행위는 특별한 사정이 없는 한 취소소송의 대상이 되는 처분이 아니다. [ ]

⑤ 甲에 대한 설치허가 이후에 근거법령이 개정되어 부관을 붙일 수 없게 된 경우에는 乙이 위 허가에 붙인 부관도 소급하여 위법한 것이 된다. [ ]

정답 및 해설

125 ① [X] 예외적인 개발행위의 허가는 상대방에게 수익적인 것이 틀림이 없으므로 그 법률적 성질은 재량행위 내지 자유재량행위에 속하는 것이고, 이러한 재량행위에 있어서는 관계법령에 명시적인 금지규정이 없는 한 행정목적을 달성하기 위하여 조건이나 기한, 부담 등의 부관을 붙일 수 있다. (2004. 3. 25. 2003두12837)

② [X] 부담을 부가하기 이전에 상대방과 협의하여 부담의 내용을 협약의 형식으로 미리 정한 다음 행정처분을 하면서 이를 부가할 수도 있다. (2009. 2. 12. 2005다65500)

③ [X] 사용·수익허가의 기간에 대해서는 독립하여 행정소송을 제기할 수 없다. (2001. 6. 15. 99두509)

④ [O] 제소기간이 이미 도과하여 불가쟁력이 생긴 행정처분에 대하여는 개별 법규에서 그 변경을 요구할 신청권을 규정하고 있거나 관계 법령의 해석상 그러한 신청권이 인정될 수 있는 등 특별한 사정이 없는 한 국민에게 그 행정처분의 변경을 구할 신청권이 있다 할 수 없다. (2007. 4. 26. 2005두11104)

⑤ [X] 행정청이 수익적 행정처분을 하면서 부가한 부담의 위법 여부는 처분 당시 법령을 기준으로 판단하여야 하고, 부담이 처분 당시 법령을 기준으로 적법하다면 처분 후 부담의 전제가 된 주된 행정처분의 근거 법령이 개정됨으로써 행정청이 더 이상 부관을 붙일 수 없게 되었다 하더라도 곧바로 위법하게 되거나 그 효력이 소멸하게 되는 것은 아니다. (2009. 2. 12. 2005다65500)

126 甲은 통신사업을 주목적으로 하는 회사로서, X지역에 사업상 필요한 통신선을 매설하고자 관계법령에 따라 관할 행정청인 A에 공작물 설치허가를 신청하였다. 관계법령은 공작물 설치허가를 재량행위로 규정하고 있다. A는 제반사정을 고려하여 甲에게 위 신청에 따른 허가(이하 '이 사건 허가'라고 함)를 하면서 그 허가조건으로 "X지역의 개발 등 매설한 통신선 이설이 불가피한 경우 A는 甲에게 통신선의 이설을 요구할 수 있고 그로 인하여 발생되는 이설비용은 甲이 부담한다"는 조항(이하 '이 사건 부가조항'이라고 함)을 부가하였다. 甲은 위 허가에 따라 통신선의 매설을 완료하였는데, 이후 X지역의 개발로 통신선의 이설이 불가피하게 되자, A는 甲에게 이 사건 부가조항에 따라 甲의 비용으로 일정한 구간에 매설된 통신선의 이설을 요구하였다. 이에 관한 설명 중 옳지 않은 것은? (다툼이 있는 경우 판례에 의함)
(변시 9회)

① 이 사건 부가조항은 행정행위의 부관으로서, 그 부관의 내용을 미리 협약으로 정한 이후에 행정처분을 하면서 이를 부가할 수도 있다. [   ]

② A는 이 사건 허가 이후 사정변경으로 인하여 이 사건 부가조항을 부가한 목적을 달성할 수 없게 된 경우에는 그 목적달성에 필요한 범위 내에서 부가조항을 사후변경할 수 있다. [   ]

③ 甲이 A의 통신선 이설요구에 대하여 A의 비용 부담을 주장하면서 이를 거부하는 경우, A는 이 사건 부가조항상의 의무불이행을 이유로 이 사건 허가를 철회할 수 있다. [   ]

④ 이 사건 허가가 있은 이후에 관계법령이 개정되어 X지역에서는 A의 허가 없이 통신선을 매설할 수 있게 되었다고 하더라도 이 사건 부가조항이 위법하게 되는 것은 아니다. [   ]

⑤ 甲이 이 사건 부가조항을 다투려고 하는 경우 위 부가조항만을 독립하여 취소소송의 대상으로 삼을 수는 없다. [   ]

정답 및 해설

126 ① [O] (2009. 2. 12. 2005다65500)
② [O] (1997. 5. 30. 97누2627)
③ [O]
④ [O] (2009. 2. 12. 2005다65500)
⑤ [X] 부담 그 자체로서 행정쟁송의 대상이 될 수 있다. (1992. 1. 21. 91누1264)

127 아래 사례의 밑줄 친 부분 중 위법하여 허용되지 않거나 옳지 않은 것은? (다툼이 있는 경우 판례에 의함) (변시 10회)

> A구청장은 ㉠미리 B재건축조합과 협의하여 '사업부지에 포함되어 있고 무상양도되지 않는 국·공유지에 대하여 관리처분계획의 수립 전까지 매매계약을 체결할 것'을 조건으로 하여 사업시행계획을 인가하기로 협약을 맺은 다음 위 내용을 부관으로 붙여 재건축사업시행계획을 인가하였다. 위 협약에 따른 부관의 성질이 정지조건인지 부담인지에 대한 ㉡A구청장의 의사가 명확하지 않아 B재건축조합은 이를 부담으로 판단하였다. 사업의 진행과정에서 사업부지 내 국·공유지의 소유관계가 문제되자 A구청장은 ㉢B재건축조합의 동의를 얻어 부관의 내용을 '착공신고 전까지 매매계약을 체결할 것'으로 변경하였고, 부관의 내용에 따라 B재건축조합은 사업부지 내 국·공유지에 대하여 매매계약을 체결하였다. 이후 재건축사업부지 내의 국·공유지는 전부 무상양도하도록 근거법령이 개정되어 행정청이 더 이상 위와 같은 부관을 붙일 수 없게 되자, B재건축조합은 ㉣근거법령의 개정으로 위 협약에 따른 부관의 효력이 소멸하게 되었고, 위 ㉤부관이 무효라면 이에 근거하여 행하여진 위 매매계약 또한 당연히 무효가 된다고 주장하면서, ㉥위 부관만의 취소를 구하는 소를 제기하였다.
>
> * 위 사례는 가상으로 구성한 것임

정답 및 해설

127 ㉠ [O] 수익적 행정처분에 있어서는 법령에 특별한 근거규정이 없다고 하더라도 그 부관으로서 부담을 붙일 수 있고, 그와 같은 부담은 행정청이 행정처분을 하면서 일방적으로 부가할 수도 있지만 부담을 부가하기 이전에 상대방과 협의하여 부담의 내용을 협약의 형식으로 미리 정한 다음 행정처분을 하면서 이를 부가할 수도 있다. (2009. 2. 12. 2005다65500)

㉡ [O] 강학상 부담은 실정법상 조건으로 표시되기 때문에 강학상 조건과의 구별이 쉽지 않다. 그러나 정지조건부 행정행위는 일정한 사실의 성취가 있어야 효력이 발생하는 반면 부담부 행정행위는 처음부터 효력이 발생된다는 점에서 양자는 구별되며, 만약 양자의 구별이 명확하지 않을 경우에는 개인에게 상대적으로 유리한 부담으로 보는 것이 타당하다.

㉢ [O] 행정처분에 이미 부담이 부가되어 있는 상태에서 그 의무의 범위 또는 내용 등을 변경하는 부관의 사후변경은, 법률에 명문의 규정이 있거나 그 변경이 미리 유보되어 있는 경우 또는 상대방의 동의가 있는 경우에 한하여 허용되는 것이 원칙이지만, 사정변경으로 인하여 당초에 부담을 부가한 목적을 달성할 수 없게 된 경우에도 그 목적달성에 필요한 범위 내에서 예외적으로 허용된다. (1997. 5. 30. 97누2627)

㉣ [X] 행정청이 수익적 행정처분을 하면서 부가한 부담의 위법 여부는 처분 당시 법령을 기준으로 판단하여야 하고, 부담이 처분 당시 법령을 기준으로 적법하다면 처분 후 부담의 전제가 된 주된 행정처분의 근거 법령이 개정됨으로써 행정청이 더 이상 부관을 붙일 수 없게 되었다 하더라도 곧바로 위법하게 되거나 그 효력이 소멸하게 되는 것은 아니다. (2009. 2. 12. 2005다65500)

㉤ [X] 기속행위 내지 기속적 재량행위 행정처분에 부담인 부관을 붙인 경우 일반적으로 그 부관은 무효라 할 것이고 그 부관의 무효화에 의하여 본체인 행정처분 자체의 효력에도 영향이 있게 될 수는 있지만, 그러한 사유는 그 처분을 받은 사람이 그 부담의 이행으로서의 증여의 의사표시를 하게 된 동기 내지 연유로 작용하였을 뿐이므로 취소사유가 될 수 있음은 별론으로 하여도 그 의사표시 자체를 당연히 무효화하는 것은 아니다. (1998. 12. 22. 98다51305)

128 甲은 A시가 주민의 복리를 위하여 설치한 시립종합문화회관 내에 일반음식점을 운영하고자 「공유재산 및 물품 관리법」에 따라 행정재산에 대한 사용허가를 신청하였다. A시의 시장 乙은 甲에게 사용허가를 하면서 일반음식점 이용고객으로 인한 주차문제를 우려하여 인근에 소재한 甲의 소유 토지에 차량 10대 규모의 주차장을 설치할 것을 내용으로 하는 부담을 부관으로 붙였다. 이에 관한 설명 중 옳은 것은? (다툼이 있는 경우 판례에 의함) (변시 11회)

① 乙이 甲에게 한 사용허가의 법적 성질은 강학상 특허에 해당한다. [ ]

② 甲이 자신의 토지에 주차장을 설치하게 하는 부관이 재산권을 과도하게 침해하는 위법한 것임을 이유로 소송상 다투려는 경우, 부관부행정행위 전체에 대하여 취소를 구하여야 한다. [ ]

③ 사정변경으로 인하여 甲에게 부담을 부가한 목적을 달성할 수 없게 된 경우에도 법률에 명문의 규정이 있거나 그 변경이 미리 유보되어 있는 경우 또는 甲의 동의가 있는 경우가 아니라면 乙은 甲에게 부가된 부담을 사후적으로 변경할 수 없다. [ ]

④ 甲에 대한 사용허가 이후에 「공유재산 및 물품 관리법」이 개정되어 행정청이 더 이상 부관을 붙일 수 없게 되었다면, 甲에 대한 부관도 당연히 효력이 소멸한다. [ ]

⑤ 甲에 대한 부담이 재산권을 과도하게 침해하는 것이어서 부관으로 붙일 수 없는 경우라고 하더라도 乙이 甲과 사법상 계약의 형식을 통해 동일한 의무를 부과하는 것은 가능하다. [ ]

정답 및 해설

⑤ [O] 행정행위의 부관 중에서도 행정행위에 부수하여 그 행정행위의 상대방에게 일정한 의무를 부과하는 행정청의 의사표시인 부담의 경우에는 다른 부관과는 달리 행정행위의 불가분적인 요소가 아니고 그 존속이 본체인 행정행위의 존재를 전제로 하는 것일 뿐이므로 부담 그 자체로서 행정쟁송의 대상이 될 수 있다. (1992. 1. 21. 91누1264)

128 ① [O] 공유재산의 관리청이 행정재산의 사용·수익에 대한 허가는 순전히 사경제주체로서 행하는 사법상의 행위가 아니라 관리청이 공권력을 가진 우월적 지위에서 행하는 행정처분으로서 특정인에게 행정재산을 사용할 수 있는 권리를 설정하여 주는 강학상 특허에 해당한다. (1998. 2. 27. 97누1105)

② [X] 행정행위의 부관은 행정행위의 일반적인 효력이나 효과를 제한하기 위하여 의사표시의 주된 내용에 부가되는 종된 의사표시이지 그 자체로서 직접 법적 효과를 발생하는 독립된 처분이 아니므로 현행 행정쟁송제도 아래서는 부관 그 자체만을 독립된 쟁송의 대상으로 할 수 없는 것이 원칙이나 행정행위의 부관 중에서도 행정행위에 부수하여 그 행정행위의 상대방에게 일정한 의무를 부과하는 행정청의 의사표시인 부담의 경우에는 다른 부관과는 달리 행정행위의 불가분적인 요소가 아니고 그 존속이 본체인 행정행위의 존재를 전제로 하는 것일 뿐이므로 부담 그 자체로서 행정쟁송의 대상이 될 수 있다. (1992. 1. 21. 91누1264)

③ [X] 행정처분에 이미 부담이 부가되어 있는 상태에서 그 의무의 범위 또는 내용 등을 변경하는 부관의 사후변경은, 법률에 명문의 규정이 있거나 그 변경이 미리 유보되어 있는 경우 또는 상대방의 동의가 있는 경우에 한하여 허용되는 것이 원칙이지만, 사정변경으로 인하여 당초에 부담을 부가한 목적을 달성할 수 없게 된 경우에도 그 목적 달성에 필요한 범위 내에서 예외적으로 허용된다. (1997. 5. 30. 97누2627)

129 A광역시 B구 구청장 甲은 관할구역 내 지역주택조합 乙이 「주택법」에 따라 제출한 주택건설사업계획에 대해 사업승인을 하면서 교통난 해소에 필요한 진입도로 개설을 위해 乙에게 사업계획구역에 접하고 있는 B구 소유의 토지를 유상으로 매입하도록 하는 부관을 부가하였다. (다툼이 있는 경우 판례에 의함) (변시 12회)

① 법률에 명시적인 근거가 없는 한, 甲은 乙의 동의가 있더라도 유상으로 매입하도록 한 토지의 면적을 당초 면적보다 확대하는 내용으로 부관을 변경할 수 없다. [ ]

② 甲의 주택건설사업계획승인에 부수하여 乙에게 의무를 부과하는 甲의 의사표시인 토지의 유상 매입 부관에 대해 乙은 이 부관만을 독립적인 취소쟁송의 대상으로 하여 소를 제기할 수 있다. [ ]

③ 乙이 부관을 이행한다 하더라도 교통난 해소라는 공익에 비하여 乙이 토지의 유상매입으로 인해 입게 되는 불이익의 정도가 훨씬 심대한 경우 위 부관의 부가행위는 재량권을 일탈하거나 남용한 경우에 해당한다. [ ]

④ 甲의 주택건설사업계획승인은 행정청에 폭넓은 재량이 인정되는 행위이므로 甲은 관계법령에 명시적인 금지규정이 없는 한 행정목적을 달성하기 위하여 조건이나 기한, 부담 등의 부관을 붙일 수 있다. [ ]

⑤ 부관부 주택건설사업계획승인이 있는 상태에서 사정변경으로 인하여 당초에 붙인 부관의 목적을 달성할 수 없게 된 경우에는 명문의 규정이 없더라도 그 목적 달성에 필요한 범위 내에서 甲은 의무의 범위 또는 내용을 변경하는 부관을 사후에 붙이는 것이 예외적으로 허용된다. [ ]

정답 및 해설

④ [X] 행정청이 수익적 행정처분을 하면서 부가한 부담의 위법 여부는 처분 당시 법령을 기준으로 판단하여야 하고, 부담이 처분 당시 법령을 기준으로 적법하다면 처분 후 부담의 전제가 된 주된 행정처분의 근거 법령이 개정됨으로써 행정청이 더 이상 부관을 붙일 수 없게 되었다 하더라도 곧바로 위법하게 되거나 그 효력이 소멸하게 되는 것은 아니다. 따라서 행정처분의 상대방이 수익적 행정처분을 얻기 위하여 행정청과 사이에 행정처분에 부가할 부담에 관한 협약을 체결하고 행정청이 수익적 행정처분을 하면서 협약상의 의무를 부담으로 부가하였으나 부담의 전제가 된 주된 행정처분의 근거 법령이 개정됨으로써 행정청이 더 이상 부관을 붙일 수 없게 된 경우에도 곧바로 협약의 효력이 소멸하는 것은 아니다. (2009. 2. 12. 2005다65500)

⑤ [X] 공무원이 인·허가 등 수익적 행정처분을 하면서 상대방에게 그 처분과 관련하여 이른바 부관으로서 부담을 붙일 수 있다 하더라도, 그러한 부담은 법치주의와 사유재산 존중, 조세법률주의 등 헌법의 기본원리에 비추어 비례의 원칙이나 부당결부의 원칙에 위반되지 않아야만 적법한 것인바, 행정처분과 부관 사이에 실제적 관련성이 있다고 볼 수 없는 경우 공무원이 위와 같은 공법상의 제한을 회피할 목적으로 행정처분의 상대방과 사이에 사법상 계약을 체결하는 형식을 취하였다면 이는 법치행정의 원리에 반하는 것으로서 위법하다. (2009. 12. 10. 2007다63966)

129 ① [X] 행정기본법 제17조(부관) ③ 행정청은 부관을 붙일 수 있는 처분이 다음 각 호의 어느 하나에 해당하는 경우에는 그 처분을 한 후에도 부관을 새로 붙이거나 종전의 부관을 변경할 수 있다.
1. 법률에 근거가 있는 경우
2. 당사자의 동의가 있는 경우
3. 사정이 변경되어 부관을 새로 붙이거나 종전의 부관을 변경하지 아니하면 해당 처분의 목적을 달성할 수 없다고 인정되는 경우

② [O] 부담 그 자체로서 행정쟁송의 대상이 될 수 있다. (1992. 1. 21. 91누1264)

③ [O] (1994. 1. 25. 93누13537)

④ [O] (2009. 10. 29. 2008두9829)

⑤ [O] 행정기본법 제17조 제3항 제3호

제4절 행정행위의 적법요건 및 효력발생 요건

130 상대방 있는 행정처분은 의사표시에 관한 일반 법리에 따라 상대방에게 고지되어야 효력이 발생함이 원칙이나, 상대방 있는 행정처분이 상대방에게 고지되지 아니한 경우라도 상대방이 다른 경로를 통해 행정처분의 내용을 알게 되었다면 행정처분의 효력이 발생한다고 볼 수 있다. (변시 10회) (변시 13회) ★★ [ ]

131 행정처분의 효력발생요건으로서의 도달이란 처분상대방이 처분서의 내용을 현실적으로 알았을 필요까지는 없고 처분상대방이 알 수 있는 상태에 놓임으로써 충분하며, 처분서가 처분상대방의 주민등록상 주소지로 송달되어 처분상대방의 사무원 등 또는 그 밖에 우편물 수령권한을 위임받은 사람이 수령하면 처분상대방이 알 수 있는 상태가 되었다고 할 것이다. (예제문제) [ ]

132 처분서가 처분상대방의 주소지에 송달되는 등 사회통념상 처분이 있음을 처분상대방이 알 수 있는 상태에 놓인 때에는 반증이 없는 한 처분상대방이 처분이 있음을 알았다고 추정할 수 있다. 또한 우편물이 등기취급의 방법으로 발송된 경우 그것이 도중에 유실되었거나 반송되었다는 등의 특별한 사정에 대한 반증이 없는 한 그 무렵 수취인에게 배달되었다고 추정할 수 있다. (예제문제) [ ]

133 실제로 거주하지 않더라도 전입신고가 되어 있는 곳에 송달한 것은 위법하지 않다. (추가문제) ★ [ ]

정답 및 해설

130 [X] 상대방 있는 행정처분은 특별한 규정이 없는 한 의사표시에 관한 일반법리에 따라 상대방에게 고지되어야 효력이 발생하고, 상대방 있는 행정처분이 상대방에게 고지되지 아니한 경우에는 상대방이 다른 경로를 통해 행정처분의 내용을 알게 되었다고 하더라도 행정처분의 효력이 발생한다고 볼 수 없다. (2019. 8. 9. 2019두38656)

131 [O] (2017. 3. 9. 2016두60577)

132 [O] (2017. 3. 9. 2016두60577)

133 [X] 우편물이 등기취급의 방법으로 발송된 경우, 특별한 사정이 없는 한, 그 무렵 수취인에게 배달되었다고 보아도 좋을 것이나, 수취인이나 그 가족이 주민등록지에 실제로 거주하고 있지 아니하면서 전입신고만을 해 둔 경우에는 그 사실만으로써 주민등록지 거주자에게 송달수령의 권한을 위임하였다고 보기는 어려울 뿐 아니라 수취인이 주민등록지에 실제로 거주하지 아니하는 경우에도 우편물이 수취인에게 도달하였다고 추정할 수는 없고, 따라서 이러한 경우에는 우편물의 도달사실을 과세관청이 입증해야 할 것이고, 수취인이나 그 가족이 주민등록지에 실제로 거주하고 있지 아니하면서 전입신고만을 해 두었고, 그 밖에 주민등록지 거주자에게 송달수령의 권한을 위임하였다고 보기 어려운 사정이 인정된다면, 등기우편으로 발송된 납세고지서가 반송된 사실이 인정되지 아니한다 하여 납세의무자에게 송달된 것이라고 볼 수는 없다. (1998. 2. 13. 97누8977)

134 내용증명우편이나 등기우편과는 달리, 보통우편의 방법으로 발송되었다는 사실만으로는 그 우편물이 상당한 기간 내에 도달하였다고 추정할 수 없고, 송달의 효력을 주장하는 측에서 증거에 의하여 이를 입증하여야 한다. (예제문제) ★ [ ]

135 정보통신망을 이용한 송달은 송달받을 자가 동의하는 경우에만 한다. (예제문제) [ ]

136 송달받을 자의 주소등을 통상적인 방법으로 확인할 수 없는 경우 및 송달이 불가능한 경우에 하는 공고문서는 원칙적으로 공고일부터 14일이 지난 때에 그 효력이 발생한다. (예제문제) ★★ [ ]

137 일반 불특정 다수인을 상대방으로 하는 처분으로서 관보·신문에 게재하거나 게시판에 공고하는 방법으로 외부에 표시함으로써 효력이 발생하는 이른바 일반처분은 공고 등이 있음을 현실적으로 알았는지를 불문하고 근거법규가 정한 처분의 효력발생일(만약 근거법규가 효력발생일을 정하지 않은 경우에는 공고 후 5일이 경과한 날)에 처분이 있음을 알았다고 본다. (예제문제) ★★ [ ]

정답 및 해설

134 [O] (2009. 12. 10. 2007두20140)
135 [O] 행정절차법 제14조 제3항
136 [O] 행정절차법 제14조 제4항, 제15조 제3항
137 [O] (2007. 6. 14. 2004두619)

제5절 행정행위의 효력

공정력, 구성요건적 효력과 선결문제

138 공정력이란 행정처분에 하자가 있는 경우에도 그 하자가 중대하고 명백하여 당연무효인 경우를 제외하고는 취소되지 않는 한 유효한 것으로 통용되는 효력을 의미한다. (예제문제) ★★ [   ]

139 공정력은 무효인 행정행위에도 인정된다. (예제문제) ★ [   ]

140 위법한 행정대집행이 완료되면 당해 계고처분의 무효확인 또는 취소를 구할 소의 이익은 없다 하더라도, 미리 그 행정처분의 취소판결이 있어야만, 그 행정처분의 위법임을 이유로 한 손해배상청구를 할 수 있는 것은 아니다. (변시 3회) ★★ [   ]

141 丁이 자신의 건물에 대한 대집행이 완료된 후 건물철거가 위법임을 이유로 손해배상청구소송을 제기한 경우, 법원은 대집행실행행위에 대한 취소판결이 없어도 손해배상청구를 인용할 수 있다. (변시 4회) [   ]

142 민사소송에 있어서 어느 행정처분의 당연무효 여부가 선결문제로 되는 때에는 행정처분에 당연무효 사유가 있는지 여부를 판단하여 당연무효임을 전제로 판결할 수 있고 반드시 행정소송 등의 절차에 의하여 그 취소나 무효확인을 받아야 하는 것은 아니다. (변시 6회) (변시 1회) ★★ [   ]

143 조세의 과오납이 부당이득이 되기 위하여는 납세 또는 조세의 징수가 실체법적으로나 절차법적으로 전혀 법률상의 근거가 없거나 과세처분의 하자가 중대하고 명백하여 당연무효이어야 하고, 과세처분의 하자가 단지 취소할 수 있는 정도에 불과할 때에는 과세관청이 이를 스스로 취소하거나 항고소송절차에 의하여 취소되지 않는 한 그로 인한 조세의 납부가 부당이득이 된다고 할 수 없다. (변시 3회) ★★ [   ]

정답 및 해설

138 [O] 행정기본법 제15조(처분의 효력) 처분은 권한이 있는 기관이 취소 또는 철회하거나 기간의 경과 등으로 소멸되기 전까지는 유효한 것으로 통용된다. 다만, 무효인 처분은 처음부터 그 효력이 발생하지 아니한다.

139 [X] 위 문제 참고

140 [O] (1972. 4. 28. 72다337)

141 [O] (1972. 4. 28. 72다337)

142 [O] (2010. 4. 8. 2009다90092)

143 [O] (1994. 11. 11. 94다28000)

144 甲이 국세부과처분이 당연 무효임을 전제로 하여 이미 납부한 세액의 반환을 구하는 부당이득반환청구소송을 제기한 경우, 법원은 부과처분의 하자가 단순한 취소사유에 그칠 때에도 부당이득반환청구를 인용하는 판결을 할 수 있다. (변시 4회) [   ]

145 지방자치단체장의 변상금부과처분에 취소사유가 있는 경우 이 처분에 의하여 납부자가 납부하거나 징수당한 오납금에 대한 부당이득반환청구권은 변상금부과처분의 취소 여부에 상관없이 납부 또는 징수시에 발생하여 확정된다. (변시 5회) [   ]

146 乙이 「주택법」상 공사중지명령을 위반하였다는 이유로 乙을 주택법위반죄로 처벌하기 위해서는 「주택법」에 의한 공사중지명령이 적법한 것이어야 하므로 그 공사중지명령이 위법하다고 인정되는 한 乙의 주택법위반죄는 성립하지 않는다. (변시 4회) ★★ [   ]

147 개발제한구역 안에 건축되어 있던 비닐하우스를 매수한 자에게 구청장이 이를 철거하여 토지를 원상회복하라고 시정지시한 조치가 위법한 것으로 인정된다 하더라도 당연무효가 아니라면, 이러한 시정지시에는 일단 따라야 하므로 이에 따르지 아니한 행위는 위 조치의 근거법률에 규정된 조치명령 등 위반죄로 처벌할 수 있다. (변시 3회) [   ]

148 형사법원이 판결을 내리기 전에 영업허가취소처분이 행정쟁송절차에 의하여 취소되었다면, 그 영업허가취소처분 후의 영업행위는 무허가행위가 아닌 것이 되므로 형사법원은 그 영업허가취소처분 후의 영업행위에 대해 무죄를 선고하여야 한다. (변시 6회) ★★ [   ]

✎ 정답 및 해설

144 [X] 위 문제 참고 (1973. 7. 10. 70다1439)

145 [X] 변상금부과처분이 당연무효인 경우에 이 변상금부과처분에 의하여 납부자가 납부하거나 징수당한 오납금은 지방자치단체가 법률상 원인 없이 취득한 부당이득에 해당하고, 이러한 오납금에 대한 납부자의 부당이득반환청구권은 처음부터 법률상 원인이 없이 납부 또는 징수된 것이므로 납부 또는 징수시에 발생하여 확정되며, 그 때부터 소멸시효가 진행한다. (2005. 1. 27. 2004다50143)

146 [O] (1992. 8. 18. 90도1709)

147 [X] 처분이나 조치명령을 받은 자가 이에 위반한 경우 이로 인하여 처벌을 하기 위하여는 그 처분이나 조치명령이 적법한 것이라야 하고, 그 처분이 당연무효가 아니라 하더라도 그것이 위법한 처분으로 인정되는 한 같은 법 위반죄가 성립될 수 없다. (2004. 5. 14. 2001도2841)

148 [O] 영업의 금지를 명한 영업허가취소처분 자체가 나중에 행정쟁송절차에 의하여 취소되었다면 그 영업허가취소처분은 그 처분시에 소급하여 효력을 잃게 되며, 그 영업허가취소처분에 복종할 의무가 원래부터 없었음이 확정되었다고 봄이 타당하고, 영업허가취소처분이 장래에 향하여서만 효력을 잃게 된다고 볼 것은 아니므로 그 영업허가취소처분 이후의 영업행위를 무허가영업이라고 볼 수는 없다. (1993. 6. 25. 93도277)

| 149 | 영업허가가 취소된 상태에서 영업을 하다가 형사처벌의 대상이 된 경우 영업허가취소처분이 무효이거나 취소되지 않는 한 형사법원은 영업허가취소처분의 효력을 부인할 수 없다. (예제문제) ★ [ ] |

| 150 | 연령미달의 결격자인 甲이 그의 형인 乙의 이름으로 운전면허시험에 응시·합격하여 운전면허를 취득하였다면 이는 도로교통법상 취소사유에 불과하다. 따라서 아직 그 면허가 취소되지 않고 있는 동안 운전을 하던 중 적발된 甲을 무면허운전으로 처벌할 수 없다. (변시 3회) (변시 4회) ★★ [ ] |

| 151 | 자동차운전면허취소처분에 대하여 취소판결이 내려지면 설령 취소판결 전에 운전을 하였다 하더라도 당해 행위는 「도로교통법」상 무면허운전에 해당하지 아니한다. (예제문제) [ ] |

| 152 | 피고인이 과거 행정청으로부터 자동차 운전면허취소처분을 받은 상태에서 운전을 하다가 무면허운전죄로 기소된 경우, 나중에 그 취소처분 자체가 행정쟁송 절차에 의하여 취소되었다면 동 운전면허취소처분은 장래에 향하여 효력을 잃게 되고 동 피고인은 무면허운전죄로 처벌될 수 있다. (23-2) ★ [ ] |

| 153 | 자동차 운전면허 취소처분을 받은 사람이 자동차를 운전하였으나 운전면허 취소처분의 원인이 된 교통사고 또는 법규 위반에 대하여 범죄사실의 증명이 없는 때에 해당한다는 이유로 무죄판결이 확정된 경우에는 그 취소처분이 취소되지 않았더라도 「도로교통법」상 무면허운전으로 처벌할 수 없다. (24-2) ★ [ ] |

정답 및 해설

149 [O] (1982. 6. 8. 80도2646 참고), (1993. 6. 25. 93도277 참고)

150 [O] (1982. 6. 8. 80도2646)

151 [O] (2008. 1. 31. 2007도9220)

152 [X] 피고인이 행정청으로부터 자동차 운전면허취소처분을 받았으나 나중에 그 행정처분 자체가 행정쟁송절차에 의하여 취소되었다면, 위 운전면허취소처분은 그 처분시에 소급하여 효력을 잃게 되고, 피고인은 위 운전면허취소처분에 복종할 의무가 원래부터 없었음이 후에 확정되었다고 봄이 타당할 것이고, 행정행위에 공정력의 효력이 인정된다고 하여 행정소송에 의하여 적법하게 취소된 운전면허취소처분이 단지 장래에 향하여서만 효력을 잃게 된다고 볼 수는 없다. (1999. 2. 5. 98도4239)

153 [O] (2021.9.16. 2019도11826)

불가쟁력과 불가변력

154 행정처분이 불복기간의 경과로 확정된 경우에는 그 처분의 기초가 된 사실관계나 법률적 판단이 확정되고 당사자들이나 법원이 이에 기속되어 모순되는 주장이나 판단을 할 수 없다. (변시 6회) ★
[ ]

155 행정행위에 불가쟁력이 발생하면 처분청은 성립상의 하자를 이유로 그 행정행위를 직권취소할 수 없다. (예제문제)
[ ]

156 특정한 행위에 대하여는 행정청이라 하여도 이것을 자유로이 취소, 변경 및 철회할 수 없다는 행정행위의 불가변력은 당해 행정행위에 대하여서만 인정되는 것이고, 동종의 행정행위라 하더라도 그 대상을 달리할 때에는 이를 인정할 수 없다. (예제문제)
[ ]

157 「국세기본법」의 관련규정들의 취지에 비추어 볼 때 동일 사항에 관하여 특별한 사유 없이 종전 처분에 대한 취소를 번복하고 다시 종전 처분을 되풀이할 수는 없는 것이므로, 과세처분에 관한 이의신청 절차에서 과세관청이 과세처분을 직권으로 취소한 이상 그 후 특별한 사유 없이 이를 번복하고 종전 처분을 되풀이하는 것은 허용되지 않는다. (변시 9회) (변시 6회) ★
[ ]

158 과세처분에 대한 쟁송이 진행 중에 과세관청이 그 과세처분의 납부고지 절차상의 하자를 발견한 경우에는 위 과세처분을 취소하고 절차상의 하자를 보완하여 다시 동일한 내용의 과세처분을 할 수 있고, 이와 같은 새로운 처분이 행정행위의 불가쟁력이나 불가변력에 저촉되는 것은 아니다. (변시 6회)
[ ]

정답 및 해설

154 [X] 행정처분이나 행정심판 재결이 불복기간의 경과로 인하여 확정될 경우 확정력은 처분으로 인하여 법률상 이익을 침해받은 자가 처분이나 재결의 효력을 더 이상 다툴 수 없다는 의미일 뿐 판결에 있어서와 같은 기판력이 인정되는 것은 아니어서 처분의 기초가 된 사실관계나 법률적 판단이 확정되고 당사자들이나 법원이 이에 기속되어 모순되는 주장이나 판단을 할 수 없게 되는 것은 아니다. (1993. 4. 13. 92누17181)

155 [X] 행정행위에 불가쟁력이 발생하였다 하더라도 불가변력이 발생하지 않았다면 처분청은 그 행정행위를 직권취소할 수 있다.

156 [O] (1974. 12. 10. 73누129)

157 [O] (2014. 7. 24. 2011두14227)

158 [O] (1984. 10. 23. 84누406)

159 A행정청이 甲에게 한 X행정처분에 대하여 제소기간이 도과하여 불가쟁력이 발생하였다. 이에 관한 설명 중 옳은 것은? (다툼이 있는 경우 판례에 의함) (변시 11회)

① X행정처분이 산업재해 요양급여결정을 취소하는 처분인 경우, 甲에게 요양급여청구권이 없다는 내용의 법률관계가 확정된다. [ ]

② X행정처분이 甲의 신청을 거부하는 처분인 경우, 甲이 다시 동일한 내용의 새로운 신청을 하고 A행정청이 이를 거부한 경우에도 甲은 반복된 거부처분에 대하여 취소소송을 제기할 수 없다. [ ]

③ 甲은 X행정처분의 위법을 이유로 국가배상청구소송을 제기할 수 없다. [ ]

④ X행정처분이 부담부행정행위인 경우, 甲은 그 부담의 이행으로서 하게 된 사법상 법률행위의 효력에 대해서 별도로 소송을 제기하여 다툴 수 있다. [ ]

⑤ X행정처분에 후속하여 Y행정처분이 행해진 경우, 두 처분이 서로 결합하여 하나의 법률효과를 목적으로 하는 경우에도 甲은 X행정처분의 위법을 이유로 Y행정처분의 취소를 구할 수 없다. [ ]

정답 및 해설

159 ① [X] 종전의 산업재해요양보상급여취소처분이 불복기간의 경과로 인하여 확정되었더라도 요양급여청구권이 없다는 내용의 법률관계까지 확정된 것은 아니며 소멸시효에 걸리지 아니한 이상 다시 요양급여를 청구할 수 있고 그것이 거부된 경우 이는 새로운 거부처분으로서 위법 여부를 소구할 수 있다. (1993. 4. 13. 92누17181)

② [X] 거부처분은 관할 행정청이 국민의 처분신청에 대하여 거절의 의사표시를 함으로써 성립되고, 그 이후 동일한 내용의 새로운 신청에 대하여 다시 거절의 의사표시를 한 경우에는 새로운 거부처분이 있는 것으로 보아야 한다. (1998. 3. 13. 96누15251)

③ [X] 불가쟁력이 발생하면 더 이상 행정쟁송으로 다툴 수 없게 되나, 행정처분의 내용까지 적법하게 되는 것은 아니므로, 위 행정처분으로 손해가 발생한 경우 국가배상청구소송을 제기 할 수 있다.
위법한 행정대집행이 완료되면 그 처분의 무효확인 또는 취소를 구할 소의 이익은 없다 하더라도, 미리 그 행정처분의 취소판결이 있어야만, 그 행정처분의 위법임을 이유로 한 손해배상 청구를 할 수 있는 것은 아니다. (1972. 4. 28. 72다337)

④ [O] 행정처분에 부담인 부관을 붙인 경우 부관의 무효화에 의하여 본체인 행정처분 자체의 효력에도 영향이 있게 될 수는 있지만, 그 처분을 받은 사람이 부담의 이행으로 사법상 매매 등의 법률행위를 한 경우에는 그 부관은 특별한 사정이 없는 한 법률행위를 하게 된 동기 내지 연유로 작용하였을 뿐이므로 이는 법률행위의 취소사유가 될 수 있음은 별론으로 하고 그 법률행위 자체를 당연히 무효화하는 것은 아니다. 또한, 행정처분에 붙은 부담인 부관이 제소기간의 도과로 확정되어 이미 불가쟁력이 생겼다면 그 하자가 중대하고 명백하여 당연 무효로 보아야 할 경우 외에는 누구나 그 효력을 부인할 수 없을 것이지만, 부담의 이행으로서 하게 된 사법상 매매 등의 법률행위는 부담을 붙인 행정처분과는 어디까지나 별개의 법률행위이므로 그 부담의 불가쟁력의 문제와는 별도로 법률행위가 사회질서 위반이나 강행규정에 위반되는지 여부 등을 따져보아 그 법률행위의 유효 여부를 판단하여야 한다. (2009. 6. 25. 2006다18174)

⑤ [X] 두 개 이상의 행정처분이 연속적으로 행하여지는 경우 선행처분과 후행처분이 서로 결합하여 1개의 법률효과를 완성하는 때에는 선행처분에 하자가 있으면 그 하자는 후행처분에 승계되므로 선행처분에 불가쟁력이 생겨 그 효력을 다툴 수 없게 된 경우에도 선행처분의 하자를 이유로 후행처분의 효력을 다툴 수 있는 반면 선행처분과 후행처분이 서로 독립하여 별개의 법률효과를 목적으로 하는 때에는 선행처분에 불가쟁력이 생겨 그 효력을 다툴 수 없게 된 경우에는 선행처분의 하자가 중대하고 명백하여 당연무효인 경우를 제외하고는 선행처분의 하자를 이유로 후행처분의 효력을 다툴 수 없는 것이 원칙이다. (1994. 1. 25. 93누8542)

처분의 재심사

160 당사자는 제재처분이 행정심판, 행정소송 및 그 밖의 쟁송을 통하여 다툴 수 없게 된 경우라도 일정한 경우에는 해당 처분을 한 행정청에 처분을 취소·철회하거나 변경하여 줄 것을 신청할 수 있다. (23-2) [ ]

161 재심사 신청은 해당 처분의 절차, 행정심판, 행정소송 및 그 밖의 쟁송에서 당사자가 중대한 과실 없이 재심사 사유를 주장하지 못한 경우에만 할 수 있다. (23-2) [ ]

162 재심사의 신청은 당사자가 재심사 사유를 안 날부터 90일 이내에 하여야 하며, 처분이 있는 날부터 1년이 지나면 신청할 수 없다. (23-2) [ ]

163 처분의 재심사 결과 중 처분을 유지하는 결과에 대해서는 행정심판, 행정소송 및 그 밖의 쟁송수단을 통하여 불복할 수 없다. (23-2) [ ]

164 외국인의 난민인정에 관한 사항은 재심사의 대상이 되지 않는다. (23-2) [ ]

정답 및 해설

160 [X] 행정기본법 제37조(처분의 재심사) ① 당사자는 처분(제재처분 및 행정상 강제는 제외한다. 이하 이 조에서 같다)이 행정심판, 행정소송 및 그 밖의 쟁송을 통하여 다툴 수 없게 된 경우(법원의 확정판결이 있는 경우는 제외한다)라도 다음 각 호의 어느 하나에 해당하는 경우에는 해당 처분을 한 행정청에 처분을 취소·철회하거나 변경하여 줄 것을 신청할 수 있다.
1. 처분의 근거가 된 사실관계 또는 법률관계가 추후에 당사자에게 유리하게 바뀐 경우
2. 당사자에게 유리한 결정을 가져다주었을 새로운 증거가 있는 경우

161 [O] 행정기본법 제37조 제2항

162 [X] 행정기본법 제37조(처분의 재심사) ③ 제1항에 따른 신청은 당사자가 제1항 각 호의 사유를 안 날부터 60일 이내에 하여야 한다. 다만, 처분이 있는 날부터 5년이 지나면 신청할 수 없다.

163 [O] 행정기본법 제37조 제5항

164 [O] 행정기본법 제37조(처분의 재심사) ⑧ 다음 각 호의 어느 하나에 해당하는 사항에 관하여는 이 조를 적용하지 아니한다.
1. 공무원 인사 관계 법령에 따른 징계 등 처분에 관한 사항
2. 「노동위원회법」 제2조의2에 따라 노동위원회의 의결을 거쳐 행하는 사항
3. 형사, 행형 및 보안처분 관계 법령에 따라 행하는 사항
4. 외국인의 출입국·난민인정·귀화·국적회복에 관한 사항
5. 과태료 부과 및 징수에 관한 사항
6. 개별 법률에서 그 적용을 배제하고 있는 경우

165 　버스운송사업을 하는 甲이 인가받은 사업계획을 위반하여 노선을 운영하였다는 이유로 A시장으로부터 1,000만원의 과징금 부과처분을 받고 이의신청을 제기하였는데, 만약 甲이 이의신청 결과를 받은 후 90일 이내에 행정심판 또는 행정소송을 제기하지 못하고 그 후 처분의 근거가 된 사실관계가 甲에게 유리하게 바뀌었다면, 甲은 「행정기본법」에 따른 처분의 재심사를 청구할 수 있다. (24-1)　　[　]

정답 및 해설

165 [X] 제재처분 및 행정상 강제에 대해서는 처분의 재심사를 신청할 수 없다. (행정기본법 제37조 제1항 참조)

제6절 행정행위의 하자

무효와 취소의 구별

166 하자 있는 행정처분이 당연무효가 되기 위해서는 그 하자가 중대하고 명백하여야 하고, 이를 판별함에 있어서는 법규의 목적·의미 등을 목적론적으로 고찰함과 동시에 구체적인 사안 자체의 특수성에 관하여도 합리적으로 고찰하여야 한다. (추가문제) [ ]

167 적법한 건축물에 대한 철거명령의 하자가 중대하고 명백하여 당연무효라 하더라도, 그 후행행위인 건축물철거 대집행계고처분이 당연무효인 것은 아니다. (변시 1회) (변시 2회) ★★ [ ]

168 내부위임을 받은 기관이 위임한 기관의 이름이 아닌 자신의 이름으로 행정처분을 한 경우, 그 행정처분은 무효이다. (변시 6회) (변시 2회) ★★ [ ]

169 행정기관의 권한의 범위를 넘어서는 권한유월의 행위는 원칙적으로 취소 대상이다. (23-2) ★ [ ]

170 「폐기물처리시설 설치촉진 및 주변지역지원 등에 관한 법률」의 규정에 따른 폐기물처리시설 설치계획에 대한 승인권자가 환경부장관인 경우, 환경관리청장이 별도의 수임 없이 폐기물처리시설 설치승인을 했다면 이는 권한 없는 기관에 의한 행정처분으로서 취소사유의 위법에 해당한다. (23-2) [ ]

171 조례 제정권의 범위를 벗어나 국가사무를 대상으로 한 무효인 조례의 규정에 근거하여 구청장이 처분을 한 경우, 그 처분은 결과적으로 적법한 위임 없이 권한 없는 자에 의하여 행하여진 것과 마찬가지가 되어 그 하자가 중대하나, 처분의 위임 과정의 하자가 객관적으로 명백한 것이라고 할 수 없으므로 그 처분은 당연무효는 아니다. (예제문제) ★★ [ ]

정답 및 해설

166 [O] (2008. 9. 25. 2007다24640)

167 [X] 적법한 건축물에 대한 철거명령은 그 하자가 중대하고 명백하여 당연무효라 할 것이고, 그 후행행위인 건축물철거 대집행계고처분 역시 당연무효라고 할 것이다. (1999. 4. 27. 97누6780)

168 [O] (1993. 5. 27. 93누6621)

169 [X] 행정청의 권한에는 사무의 성질 및 내용에 따르는 제약이 있고, 지역적·대인적으로 한계가 있으므로 이러한 권한의 범위를 넘어서는 권한유월의 행위는 무권한 행위로서 원칙적으로 무효라고 할 것이다. (2007. 7. 26. 2005두15748)

170 [X] 폐기물처리시설 설치계획에 대한 승인권자는 제10조 제2항의 규정에 의하여 환경부장관이며, 이러한 설치승인권한을 환경관리청장에게 위임할 수 있는 근거도 없으므로, 환경관리청장의 폐기물처리시설 설치승인처분은 권한 없는 기관에 의한 행정처분으로서 그 하자가 중대하고 명백하여 당연무효라고 한 사례. (2004. 7. 22. 2002두10704)

171 [O] (1995. 7. 11. 94누4615)

172 「화재예방, 소방시설 설치·유지 및 안전관리에 관한 법률」상의 소방시설 불량사항에 관한 시정보완명령을 문서로 하지 않고 구두로 한 것은 신속을 요하거나 사안이 경미한 경우가 아닌 한 무효이다. (변시 6회) (변시 10회) ★★ [   ]

173 종합소득세의 부과처분에 있어 과세관청이 인정한 과세소득 중 일부 소득을 인정할 만한 적법한 과세자료가 없는 경우에는 종합소득세 중 존재하지 않는 과세소득에 관한 과세처분은 그 하자가 중대하고 명백하여 당연무효이다. (24-3) [   ]

174 환경영향평가법령의 규정상 환경영향평가를 거쳐야 할 사업인 경우에, 환경영향평가를 거치지 아니하였음에도 불구하고 사업승인처분을 한 것은 중대하고 명백한 하자가 있어 당연 무효이다. (변시 2회) (변시 5회) ★★ [   ]

175 행정청이 사전에 교통영향평가를 거치지 아니한 채 '건축허가 전까지 교통영향평가 심의필증을 교부받을 것'을 내용으로 하는 부관을 붙여서 한 실시계획변경 및 공사시행변경 인가처분은 중대하고 명백한 흠이 있다고 할 수 없으므로 이를 무효로 보기는 어렵다. (변시 1회) ★ [   ]

176 학교보건법의 규정에 의하면 학교환경위생정화구역 내에서 금지된 행위 및 시설의 해제 여부에 관한 행정처분 시 학교환경위생정화위원회의 심의를 거치도록 되어 있는바, 위 심의에 따른 의결은 행정처분에 실질적 영향을 미칠 수 있으므로 위 심의를 누락한 채 행해진 행정처분은 당연 무효이다. (변시 2회) ★ [   ]

정답 및 해설

172 [O] 행정절차법 제24조는 행정청이 처분을 하는 때에는 다른 법령 등에 특별한 규정이 있는 경우를 제외하고는 문서로 해야 하고 … 위 규정을 위반하여 행하여진 행정청의 처분은 하자가 중대하고 명백하여 원칙적으로 무효이다. (2011. 11. 10. 2011도11109)

173 [O] 과세관청이 사실관계를 오인하여 과세처분을 한 경우, 그 사실관계 오인의 근거가 된 과세자료가 외형상 상태성을 결여하거나 또는 객관적으로 그 성립이나 내용의 진정을 인정할 수 없는 것임이 명백한 경우에는 이러한 과세자료만을 근거로 과세소득을 인정하여 행한 과세처분은 그 하자가 중대할 뿐 아니라 객관적으로도 명백하여 무효이다. (1985.11.12. 84누250)

174 [O] (2006. 6. 30. 2005두14363)

175 [O] 교통영향평가는 환경영향평가와 그 취지 및 내용, 대상사업의 범위, 사전 주민의견수렴절차 생략 여부 등에 차이가 있고 … 무효로 보기는 어렵다. (2010. 2. 25. 2009두102)

176 [X] 금지행위 및 시설의 해제 여부에 관한 행정처분을 하면서 절차상 위와 같은 심의를 누락한 흠이 있다면 그와 같은 흠을 가리켜 위 행정처분의 효력에 아무런 영향을 주지 않는다거나 경미한 정도에 불과하다고 볼 수는 없으므로, 특별한 사정이 없는 한 이는 행정처분을 위법하게 하는 취소사유가 된다. (2007. 3. 15. 2006두15806)

177 법령에서 사업의 승인 이전에 관계행정청과의 협의를 거치도록 규정한 취지가 미리 자문을 구하라는 의미인 경우에는 비록 승인 전에 이러한 협의를 거치지 아니하였더라도 그 승인처분이 당연무효가 되는 것은 아니다. (변시 10회) ★ [ ]

178 행정처분에 있어 여러 개의 처분사유 중 일부가 적법하지 않으면 다른 처분사유로써 그 처분의 정당성이 인정된다고 하더라도, 그 처분은 위법하게 된다. (추가문제) [ ]

179 징계처분 후 징계사유에 대한 형사사건에서 무죄가 확정된 경우 그 징계처분이 당연무효가 되는 것은 아니다. (23-1) [ ]

정답 및 해설

177 [O] 구 택지개발촉진법에 제3조에서 건설부장관이 택지개발예정지구를 지정함에 있어 미리 관계중앙행정기관의 장과 협의를 하라고 규정한 의미는 그의 자문을 구하라는 것이지 그 의견을 따라 처분을 하라는 의미는 아니라 할 것이므로 이러한 협의를 거치지 아니하였다고 하더라도 이는 위 지정처분을 취소할 수 있는 원인이 되는 하자 정도에 불과하고 위 지정처분이 당연무효가 되는 하자에 해당하는 것은 아니다. (2000. 10. 13. 99두653)

178 [X] 행정처분에 있어 수개의 처분사유 중 일부가 적법하지 않다고 하더라도 다른 처분사유로써 그 처분의 정당성이 인정되는 경우에는 그 처분을 위법하다고 할 수 없다. (2013. 10. 24. 2013두963)

179 [O] 징계처분 후 징계사유에 대한 형사사건으로 1심에서 유죄판결이 선고되었으나 그 후 항소심에서 무죄판결이 선고되고 이 판결이 대법원에서 확정되었다면 그 징계처분이 근거 없는 사실을 징계사유로 삼은 것이 되어 위법하다고는 할 수 있으나 그 하자가 객관적으로 명백하다고는 할 수 없으므로 징계처분이 당연무효가 되는 것은 아니다. (1994. 1. 11. 93누14752)

180 구 폐기물처리시설 설치촉진 및 주변지역지원 등에 관한 법령에 의하면, 지방자치단체의 장이 설치하고자 하는 폐기물처리시설의 경우 입지선정지역이 1개 시·군·구인 때 그 입지선정위원회의 구성을 위해서는 시장·군수·구청장의 선정과 주민대표의 추천에 의한 전문가가 포함되어야 한다. 그런데 A도 B군 군수 甲은 폐기물입지선정결정을 하면서 군수의 선정과 주민대표의 추천에 의한 전문가를 포함시키지 않은 채 임의로 입지선정위원회를 구성하였고, 위 위원회의 의결을 거쳐 입지결정처분을 하였다. 이후 甲은 구 폐기물관리법령에 의거하여 A도 도지사 乙에게 폐기물처리시설 설치승인을 신청하였고 乙은 이 신청을 승인하는 처분을 하였다. (변시 14회) (변시 7회) ★★

① 甲의 입지결정처분은 당연무효는 아니나 취소의 위법이 있다. [ ]

② 甲의 입지결정처분의 하자는 이를 다투는 행정소송의 제기 전까지 甲에 의해 치유될 수 있다. [ ]

③ 甲의 입지결정처분에 터 잡아 이루어진 후행처분인 乙의 폐기물처리시설 설치승인처분도 위법하게 된다. [ ]

정답 및 해설

180 ① [X] 구 폐기물처리시설 설치촉진 및 주변지역지원 등에 관한 법률에 정한 입지선정위원회가 그 구성방법 및 절차에 관한 같은 법 시행령의 규정에 위배하여 군수와 주민대표가 선정·추천한 전문가를 포함시키지 않은 채 임의로 구성되어 의결을 한 경우, 그에 터잡아 이루어진 폐기물처리시설 입지결정처분의 하자는 중대한 것이고 객관적으로도 명백하므로 무효사유에 해당한다. (2007.4.12. 2006두20150)

② [X] 무효인 처분에 대하여는 하자의 치유가 인정될 수 없고, 하자 치유 시한에 관하여도 이는 행정쟁송 제기 이전까지만 할 수 있다.

③ [O] 선행처분이 무효인 경우, 후행처분도 무효에 해당한다.

위헌결정의 효력

181 甲의 관할 세무서장은 부부의 자산소득을 합산과세하도록 한 구 소득세법 제61조 제1항에 근거하여 甲과 그 배우자 乙의 자산소득을 합산하여 甲에게 종합소득세를 부과하였다. 이에 甲은 위 소득세법 조항이 헌법에 위반된다고 주장하면서 과세처분을 받은 날로부터 1년이 지난 시점에서 과세처분의 무효확인을 구하는 소송을 행정법원에 제기하였다. 그 후 헌법재판소는 위 소득세법 조항에 대하여 위헌이라고 결정하였다. (다툼이 있는 경우 판례에 의함) (변시 2회)

① 행정처분의 근거가 되는 당해 법률이 헌법에 위반된다는 사정은 헌법재판소의 위헌결정이 있기 전에는 특별한 사정이 없는 한 그 행정처분의 취소사유에 해당할 뿐이고 당연무효사유는 아니기 때문에 甲의 청구는 기각되어야 한다. ★★   [   ]

② 위헌인 법률에 근거한 행정처분이 당연무효인지의 여부는 위헌결정의 소급효와는 별개의 문제로서, 위헌결정의 소급효가 인정된다고 하여 위헌인 법률에 근거한 행정처분이 당연무효가 된다고는 할 수 없기 때문에 甲에 대한 과세처분이 무효라고 할 수 없다. ★   [   ]

③ 위 소득세법 조항에 대하여 헌법재판소가 위헌으로 결정한 후에 과세관청이 위 조항을 여전히 적용하여 丙에게 소득세를 부과한 사실이 있다고 가정하면, 그 과세처분은 무효이다.   [   ]

④ 위 소득세법 조항에 대한 헌법재판소의 위헌결정의 효력은 따로 위헌제청신청은 하지 않았지만 위 조항이 재판의 전제가 되어 법원에 계속 중인 다른 사건에도 미친다.   [   ]

⑤ 위헌인 법률에 근거한 조세부과처분은 원칙상 취소할 수 있는 행위에 불과하므로 불복기간이 지난 경우에는 더 이상 다툴 수 없고, 조세부과처분과 체납처분 간에는 하자의 승계가 인정되지 않으므로 위 소득세법 조항에 위헌결정이 선고된 후에 甲에 대하여 공매 등의 체납처분을 하는 것은 위헌결정의 기속력에 반하지 않는다. ★★   [   ]

정답 및 해설

181 ① [O] 일반적으로 법률이 헌법에 위반된다는 사정이 헌법재판소의 위헌결정이 있기 전에는 객관적으로 명백한 것이라고 할 수는 없다. (1994. 10. 28. 92누9463)

② [O] 어느 행정처분에 대하여 그 행정처분의 근거가 된 법률이 위헌이라는 이유로 무효확인청구의 소가 제기된 경우에는 다른 특별한 사정이 없는 한 법원으로서는 그 법률이 위헌인지 여부에 대하여는 판단할 필요 없이 위 무효확인청구를 기각하여야 할 것이다. (1994. 10. 28. 92누9463)

③ [O] 위헌결정 이후에는 국민의 권리구제의 측면에서 위헌법률의 적용상태를 그대로 방치하거나 위헌법률의 종국적인 실현을 위한 국가의 추가적인 행위를 용납하여서는 아니된다. (2002. 8. 23. 2002두4372)

④ [O] (1993. 1. 15. 92다12377)

⑤ [X] 위헌결정 전에 이미 형성된 법률관계에 기한 후속처분이라도 그것이 새로운 위헌적 법률관계를 생성·확대하는 경우라면 이를 허용할 수 없다. … 위헌결정 이후에 조세채권의 집행을 위한 새로운 체납처분에 착수하거나 이를 속행하는 것은 더 이상 허용되지 않고, 나아가 이러한 위헌결정의 효력에 위배하여 이루어진 체납처분은 그 사유만으로 하자가 중대하고 객관적으로 명백하여 당연무효라고 보아야 한다. (2012. 2. 26. 2010두10907)

182 관할 세무서장 A는 주택건설업을 하고 있는 甲회사에게 관련 법률에 근거하여 법인세를 부과하였으나, 甲회사가 이를 체납하자 甲회사 명의의 예금채권을 압류처분 하였다. 그런데 위 과세처분 후 압류처분이 있기 이전에 헌법재판소가 과세처분의 근거조항을 위헌으로 결정하였다. (다툼이 있는 경우 판례에 의함) (변시 5회)

① 헌법재판소의 위헌결정으로 甲회사에 대한 과세처분은 법률의 근거가 없이 행하여진 것과 마찬가지가 되어 하자있는 처분이라 할 것이며, 특별한 사정이 없는 한 이러한 하자는 과세처분의 취소사유에 해당할 뿐 당연무효사유는 아니다. (변시 4회) [ ]

② 위 과세처분에 대한 취소소송의 제기기간이 경과되어 과세처분에 확정력이 발생한 경우에는 위헌결정의 소급효가 미치지 않는다. (변시 4회) ★★ [ ]

③ 위 사안에서 조세채권의 집행을 위해 A가 행한 압류처분은 당연무효이다. (변시 1회) (변시 4회) (변시 9회) [ ]

183 위헌결정 이전에 이미 부담금 부과처분과 압류처분 및 이에 기한 압류등기가 이루어지고 각 처분이 확정되었다고 하여도, 특별한 사정이 없는 한 기존의 압류등기나 교부청구만으로는 다른 사람에 의하여 개시된 경매절차에서 배당을 받을 수 없다. (추가문제) ★★ [ ]

정답 및 해설

182 ① [O] (2014. 3. 27. 2011두24057)
② [O] (2014. 3. 27. 2011두24057)
③ [O] (2012. 2. 26. 2010두10907)

183 [O] 구 택지소유상한에관한법률(1998. 9. 19. 법률 제5571호로 폐지) 제30조는 "부담금의 납부의무자가 독촉장을 받고 지정된 기한까지 부담금 및 가산금 등을 완납하지 아니한 때에는 건설교통부장관은 국세체납처분의 예에 의하여 이를 징수할 수 있다."고 규정함으로써 국세징수법 제3장의 체납처분규정에 의하여 체납 택지초과소유부담금(이하 '부담금'이라 한다)을 강제징수할 수 있었으나, 1999. 4. 29. 같은 법 전부에 대한 위헌결정으로 위 제30조 규정 역시 그 날로부터 효력을 상실하게 되었고, 위 규정 이외에는 체납 부담금을 강제로 징수할 수 있는 다른 법률적 근거가 없으므로, 위 위헌결정 이전에 이미 부담금 부과처분과 압류처분 및 이에 기한 압류등기가 이루어지고 위 각 처분이 확정되었다고 하여도, 위헌결정 이후에는 별도의 행정처분인 매각처분, 분배처분 등 후속 체납처분절차를 진행할 수 없는 것은 물론이고, 기존의 압류등기나 교부청구만으로는 다른 사람에 의하여 개시된 경매절차에서 배당을 받을 수도 없다. (2002. 7. 12. 2002두3317)

184 처분이 있은 날로부터 1년이 도과한 처분으로서 당연무효에 해당하는 하자가 없는 경우, 그 처분의 근거법령이 위헌결정되었다면 원칙적으로 소급효가 미친다. (추가문제) ★★ [   ]

185 과세처분에 따라 세금을 납부하였고 그 처분에 불가쟁력이 발생한 경우에는 과세처분의 근거법률이 나중에 위헌으로 결정되었다고 하더라도 이미 납부한 세금의 반환 청구는 허용되지 않는다. (변시 4회) [   ]

186 부담금부과처분에 따른 부담금납부 후, 해당 부담금부과처분에 불가쟁력이 발생하였다면 해당 부담금부과처분의 근거법률규정에 대하여 위헌결정이 내려졌다 하더라도 이미 납부한 부담금의 반환청구는 인정되지 않는다. (예제문제) [   ]

187 법규명령의 위임근거가 되는 법률에 대하여 위헌결정이 선고되면 그 위임에 근거하여 제정된 법규명령도 원칙적으로 효력을 상실한다. (변시 11회) [   ]

188 일반적으로 시행령이 헌법이나 법률에 위반된다는 사정은 그 시행령의 규정을 위헌 또는 위법하여 무효라고 선언한 대법원의 판결이 선고되지 아니한 상태에서는 그 시행령 규정의 위헌 내지 위법 여부가 해석상 다툼의 여지가 없을 정도로 명백하였다고 인정되지 아니하는 이상 객관적으로 명백한 것이라 할 수 없으므로, 이러한 시행령에 근거한 행정처분의 하자는 취소사유에 해당할 뿐 무효사유가 되지 아니한다. (예제문제) [   ]

189 법령규정의 문언만으로는 처분요건의 의미가 분명하지 아니하여 그 해석에 다툼의 여지가 있었더라도 해당 법령규정의 위헌 여부 및 그 범위, 법령이 정한 처분요건의 구체적 의미 등에 관하여 헌법재판소의 헌법불합치결정이 있고, 행정청이 그러한 판단 내용에 따라 법령규정을 해석·적용하는 데에 아무런 법률상 장애가 없는데도 합리적 근거 없이 사법적 판단과 어긋나게 행정처분을 하였다면 그 하자는 객관적으로 명백하다고 봄이 타당하다. (변시 10회) [   ]

정답 및 해설

184 [X] 위헌인 법률에 근거한 행정처분이 당연무효인지의 여부는 위헌결정의 소급효와는 별개의 문제로서, 위헌결정의 소급효가 인정된다고 하여 위헌인 법률에 근거한 행정처분이 당연무효가 된다고는 할 수 없고, 오히려 이미 취소소송의 제기기간을 경과하여 확정력이 발생한 행정처분에는 위헌결정의 소급효가 미치지 않는다고 보아야 한다. (1994. 10. 28. 92누9463)

185 [O]
186 [O] (1994. 10. 28. 92누9463)
187 [O] (2001. 6. 12. 2000다18547)
188 [O] (2007. 6. 14. 2004두619)
189 [O] (2017. 12. 28. 2017두30122)

190 행정처분에 대하여 그 행정처분의 근거가 된 법률이 사후적으로 위헌결정되었다는 이유로 무효확인청구의 소가 제기된 경우에는 다른 특별한 사정이 없는 한 법원으로서는 그 법률이 위헌인지 여부에 대하여는 판단할 필요 없이 그 무효확인청구를 기각하여야 한다. (예제문제) ★ [ ]

191 헌법불합치결정을 받은 법령에 근거하여 부담금을 부과·징수하는 침익적 처분을 하는 경우, 그 법령과 관련한 어떠한 추가적 개선입법이 없더라도 행정청이 사법적 판단에 따라 위헌이라고 판명된 내용과 동일한 취지로 부담금부과처분을 하여서는 안 된다는 점은 분명하고, 이는 법질서의 통일성과 일관성을 확보하려는 법치주의의 당연한 귀결이며, 행정청이 위 부담금부과처분을 하지 않는 데에 어떠한 법률상 장애가 있다고 볼 수도 없으므로 위 부담금부과처분은 당연무효이다. (변시 10회) [ ]

하자의 승계

192 연속적으로 행하여진 선행처분과 후행처분이 서로 독립하여 별개의 법률효과를 목적으로 하고 선행처분에 불가쟁력이 생겨 그 효력을 다툴 수 없게 된 경우에는 선행처분이 당연무효가 아닌 한 원칙적으로 선행처분의 하자를 이유로 후행처분의 효력을 다툴 수 없다. (변시 4회) ★★ [ ]

193 선행처분과 후행처분이 서로 독립하여 별개의 효과를 목적으로 하는 경우에도 선행처분의 불가쟁력이나 구속력이 그로 인하여 불이익을 입게 되는 자에게 수인한도를 넘는 가혹함을 가져오며, 그 결과가 당사자에게 예측가능한 것이 아닌 경우에는 국민의 재판받을 권리를 보장하고 있는 헌법의 이념에 비추어 선행처분의 후행처분에 대한 구속력은 인정될 수 없다. (변시 4회) (변시 3회) ★★ [ ]

194 선행처분과 후행처분이 서로 독립하여 별개의 법률효과를 목적으로 하는 때에도 선행처분이 당연무효이면 선행처분의 하자를 이유로 후행처분의 효력을 다툴 수 있다. 도시계획시설사업의 시행자가 작성한 실시계획을 인가하는 처분은 도시계획시설사업 시행자에게 도시계획시설사업의 공사를 허가하고 수용권을 부여하는 처분으로서 선행처분인 도시계획시설사업 시행자 지정 처분이 처분 요건을 충족하지 못하여 당연무효인 경우에는 사업시행자 지정 처분이 유효함을 전제로 이루어진 후행처분인 실시계획 인가처분도 무효라고 보아야 한다. (예제문제) ★★ [ ]

정답 및 해설

190 [O] (1994. 10. 28. 92누9463)
191 [O] (2017. 12. 28. 2017두30122)
192 [O] (1998. 3. 13. 96누6059)
193 [O] (1998. 3. 13. 96누6059)
194 [O] (2017. 7. 11. 2016두35120)

| 195 | 도시계획시설사업에 관한 실시계획의 인가처분이 그 하자가 중대·명백하여 당연무효이면, 인가처분에 기초한 수용재결도 무효이다. (변시 10회) [ ] |

| 196 | 개별공시지가결정에 중대하고 명백한 하자가 있을 경우 개별공시지가결정의 하자를 이유로 과세처분의 위법성을 주장할 수 있다. (예제문제) [ ] |

| 197 | 선행처분인 대집행계고처분에 불가쟁력이 발생하였다면, 후행처분인 대집행영장발부통보처분의 취소소송에서 위 대집행계고처분이 위법하다는 것을 이유로 대집행영장발부통보처분도 위법한 것이라는 주장을 할 수 없다. (변시 3회) ★★ [ ] |

| 198 | 표준지공시지가결정이 위법한 경우에는 그 자체를 행정소송의 대상이 되는 행정처분으로 보아 그 위법 여부를 다툴 수 있음은 물론, 수용보상금의 증액을 구하는 소송에서도 선행처분으로서 그 수용대상 토지 가격 산정의 기초가 된 비교표준지공시지가결정의 위법을 독립한 사유로 주장할 수 있다. (변시 3회) ★★ [ ] |

| 199 | 甲을 「일제강점하 반민족행위 진상규명에 관한 특별법」에 의하여 친일반민족행위자로 결정한 친일반민족행위진상규명위원회의 최종발표(선행처분)에 따라 지방보훈지청장이 「독립유공자예우에 관한 법률」의 적용 대상자로 보상금 등의 예우를 받던 甲의 유가족에 대하여 위 법률의 적용 배제자 결정(후행처분)을 한 경우, 유가족이 통지를 받지 못하여 그 존재를 알지 못한 선행처분에 대하여 위 특별법에 의한 이의신청절차를 밟거나 후행처분에 대한 것과 별개로 행정심판이나 행정소송을 제기하지 않았다고 하더라도, 이 경우 선행처분의 후행처분에 대한 구속력을 인정할 수 없으므로 선행처분의 위법을 이유로 후행처분의 효력을 다툴 수 있다. (변시 4회) ★★ [ ] |

정답 및 해설

195 [O] (2017. 7. 11. 2016두35144)

196 [O] (1994. 1. 25. 93누8542)

197 [X] 대집행의 계고, 대집행영장에 의한 통지, 대집행의 실행, 대집행에 요한 비용의 납부명령 등은 타인이 대신하여 행할 수 있는 행정의무의 이행을 의무자의 비용부담하에 확보하고자 하는, 동일한 행정목적을 달성하기 위하여 단계적인 일련의 절차로 연속하여 행하여지는 것으로서, 서로 결합하여 하나의 법률효과를 발생시키는 것이므로, … 후행처분인 대집행영장발부통보처분의 취소소송에서 청구원인으로 선행처분인 계고처분이 위법한 것이기 때문에 그 계고처분을 전제로 행하여진 대집행영장발부통보처분도 위법한 것이라는 주장을 할 수 있다. (1996. 2. 9. 95누12507)

198 [O] 표준지공시지가결정은 이를 기초로 한 수용재결 등과는 별개의 독립된 처분으로서 서로 독립하여 별개의 법률효과를 목적으로 하지만, 표준지공시지가는 이를 인근 토지의 소유자나 기타 이해관계인에게 개별적으로 고지하도록 되어 있는 것이 아니어서 … 수용보상금의 증액을 구하는 소송에서도 선행처분으로서 그 수용대상 토지 가격 산정의 기초가 된 비교표준지공시지가결정의 위법을 독립한 사유로 주장할 수 있다. (2008. 8. 21. 2007두13845)

199 [O] (2013. 3. 14. 2012두6964)

200 건물철거명령이 당연무효가 아닌 이상 행정심판이나 소송을 제기하여 그 위법함을 소구하는 절차를 거치지 아니하였다면 선행행위인 건물철거명령은 적법한 것으로 확정되었다고 할 것이므로 후행행위인 대집행계고처분의 취소소송에서 그 건물이 무허가건물이 아닌 적법한 건축물이라는 주장이나 그러한 사실인정을 하지 못한다. (변시 3회) [ ]

201 사업인정과 수용재결은 하나의 법률효과를 위하여 이루어지는 일련의 행정처분이므로, 사업인정이 당연무효가 아니더라도 그 위법을 수용재결 취소소송에서 수용재결의 위법사유로 주장할 수 있다. (변시 11회) (변시 4회) [ ]

202 표준지로 선정된 토지의 공시지가에 대하여 불복하기 위하여는 처분청을 상대로 그 공시지가결정의 취소를 구하는 행정소송을 제기하여야 하고, 그러한 소송절차를 밟지 아니한 채 개별토지가격결정을 다투는 소송에서 그 개별토지가격 산정의 기초가 된 표준지공시지가의 위법성을 다툴 수는 없다. (변시 4회) [ ]

203 보충역편입처분을 다투지 아니하여 이미 불가쟁력이 생겨 그 효력을 다툴 수 없게 된 경우에는, 병역처분변경신청에 의하는 경우는 별론으로 하고, 보충역편입처분에 하자가 있다고 할지라도 그것이 당연무효라고 볼만한 특단의 사정이 없는 한 그 위법을 이유로 공익근무요원소집처분의 효력을 다툴 수 없다. (변시 3회) [ ]

204 직위해제처분이 있은 후 면직처분이 된 경우 전자에 대하여 소청심사청구 등 불복을 함이 없고 그 처분이 당연무효인 경우도 아닌 이상 그 후의 면직처분에 대한 불복의 행사소송에서 전자의 취소사유를 들어 위법을 주장할 수 없다. (예제문제) [ ]

정답 및 해설

200 [O] (1998. 9. 8. 97누20502)

201 [X] 토지수용법 제14조에 따른 사업인정은 그후 일정한 절차를 거칠 것을 조건으로 하여 일정한 내용의 수용권을 설정해 주는 행정처분의 성격을 띠는 것으로서 그 사업인정을 받음으로써 수용할 목적물의 범위가 확정되고 수용권으로 하여금 목적물에 관한 현재 및 장래의 권리자에게 대항할 수 있는 일종의 공법상의 권리로서의 효력을 발생시킨다고 할 것이므로 위 사업인정단계에서의 하자를 다투지 아니하여 이미 쟁송기간이 도과한 수용재결단계에 있어서는 위 사업인정처분에 중대하고 명백한 하자가 있어 당연무효라고 볼만한 특단의 사정이 없다면 그 처분의 불가쟁력에 의하여 사업인정처분의 위법, 부당함을 이유로 수용재결처분의 취소를 구할 수 없다. (1987. 9. 8. 87누395)

202 [O] (1996. 5. 10. 95누9808)

203 [O] (2002. 12. 10. 2001두5422)

204 [O] (1970. 1. 27. 68누10)

205 공인중개사무소 개설등록취소처분은 공인중개사 업무정지처분을 전제로 하지만, 양 처분은 그 내용과 효과를 달리하는 독립된 행정처분으로서, 선행처분의 하자가 후행처분에 승계된다고 볼 수 없다. (예제문제) [ ]

하자의 치유

206 행정행위 하자의 치유는 행정행위의 성질이나 법치주의 관점에서 볼 때 원칙적으로 허용될 수 없지만, 예외적으로 행정행위의 무용한 반복을 피하고 당사자의 법적 안정성을 위해서는 내용상 하자뿐 아니라 절차상 하자도 치유될 수 있다. (변시 13회) ★★ [ ]

207 행정행위의 하자의 치유는 형식·절차상의 하자뿐만 아니라 내용상의 하자에 대해서도 원칙적으로 허용된다. (23-1) [ ]

208 행정청이 신속을 요하거나 사안이 경미한 경우가 아님에도 구술로 처분한 경우 당사자의 요구에 의해 서면을 교부하였다면 하자가 치유된다. (23-2) [ ]

209 행정절차의 하자는 행정쟁송 제기 이전까지 치유할 수 있다. (변시 1회) [ ]

210 처분에 이유제시의 하자가 있는 경우 행정쟁송 계속 중에 이유제시를 보완하였다면 그 하자는 치유된다. (변시 11회) [ ]

정답 및 해설

205 [O] 선행처분인 업무정지처분은 일정 기간 중개업무를 하지 못하도록 하는 처분인 반면, 후행처분인 이 사건 처분은 위와 같은 업무정지처분에 따른 업무정지기간 중에 중개업무를 하였다는 별개의 처분사유를 근거로 중개사무소의 개설등록을 취소하는 처분이다. (2019. 1. 31. 2017두40372)

206 [X] 판례는 절차·형식의 하자는 치유를 인정하지만(1998. 10. 27. 98두4535 참고), 내용의 하자는 치유를 인정하지 않는다(1991. 5. 28. 90누1359 참고).

207 [X] 판례는 절차·형식의 하자는 치유를 인정하지만(1998. 10. 27. 98두4535 참고), 내용의 하자는 치유를 인정하지 않는다(1991. 5. 28. 90누1359 참고).

208 [X] 무효인 처분의 하자의 치유는 허용되지 않는다.

209 [O] 하자의 치유를 허용하려면 늦어도 과세처분에 대한 불복여부의 결정 및 불복신청에 편의를 줄 수 있는 상당한 기간내에 하여야 한다. (1984. 4. 10. 83누393)

210 [X] 하자의 치유는 행정쟁송제기 이전까지만 가능하다.

제7절 행정행위의 취소·철회 및 실효

211 행정행위의 취소사유는 행정행위의 성립 당시에 존재하였던 하자를 말하고, 철회사유는 행정행위가 성립된 이후에 새로이 발생한 것으로서 행정행위의 효력을 존속시킬 수 없는 사유를 말한다. (예제문제) [ ]

212 행정청은 하자 있는 행정행위의 전부 또는 일부를 소급하여 취소할 수 있는 것이 원칙이나, 당사자의 신뢰를 보호할 가치가 있는 등 정당한 사유가 있을 때에는 장래를 향하여 취소할 수 있다. (변시 13회) ★ [ ]

213 행정처분을 한 행정청은 그 처분의 성립에 하자가 있는 경우 이를 취소할 별도의 법적 근거가 없다 하더라도 직권으로 취소할 수 있다. (변시 1회) ★★ [ ]

214 행정행위를 한 처분청이 그 행위의 하자를 이유로 수익적 행정처분을 취소하려는 경우에는 별도의 법적 근거가 있어야 한다. (변시 11회) [ ]

215 수익적 행정처분을 직권으로 취소하는 경우, 행정청이 종전 처분과 양립할 수 없는 처분을 함으로써 묵시적으로 종전의 수익적 행정처분을 취소할 수는 없다. (변시 11회) [ ]

216 무효인 행정행위에 대한 직권취소는 인정되지 않는다. (예제문제) [ ]

217 甲에 대한 영업허가의 관할권이 B시장에 있는 것임에도 A시장이 권한 없이 영업허가를 한 경우라면, A시장은 무권한자이므로 甲에 대한 영업허가를 직권취소할 수 없다. (22-1) [ ]

정답 및 해설

211 [O]
212 [O] 행정기본법 제18조 제1항
213 [O] (1986. 2. 25. 85누664)
214 [X] 위 지문 참고 (2008. 11. 13. 2008두8628)
215 [X] 행정청은 종전 처분과 양립할 수 없는 처분을 함으로써 묵시적으로 종전 처분을 취소할 수도 있다. (1999. 12. 28. 98두1895)
216 [X] 무효인 행정행위도 외관을 제거하기 위하여 직권취소가 인정된다.
217 [X] 권한없는 행정기관이 한 당연무효의 행정처분을 취소할 수 있는 권한은 당해 행정처분을 한 처분청에게 속하는 것이고, 당해 행정처분을 할 수 있는 적법한 권한을 가지는 행정청에게 그 취소권이 귀속되는 것은 아니라 할 것이다 (1984. 10. 10. 84누463)

218 별도의 법적 근거가 없다 하더라도 원래의 처분을 그대로 존속시킬 필요가 없게 된 사정변경이 생겼거나 또는 중대한 공익상의 필요가 발생한 경우에는 별개의 행정행위로 이를 철회하거나 변경할 수 있다. (예제문제) [ ]

219 행정행위를 한 행정청은 비록 발령 당시에는 별다른 하자가 없었고 또 철회할 수 있다는 개별법상 별도의 법적 근거가 없다 하더라도 그 발령 후에 중대한 공익상의 필요가 있는 때에는 공익·사익 간 비교·형량을 거쳐 그 행정행위를 장래를 향하여 철회할 수 있다. (변시 13회) ★★ [ ]

220 침익적 행정행위가 직권취소된 경우, 당해 침익적 행정행위는 확정적으로 효력을 상실하므로 직권취소를 취소하더라도 당해 행정행위의 효력이 되살아나지는 않는다. (예제문제) ★ [ ]

221 지방병무청장이 징병 재신체검사를 거쳐 종전의 현역병입영대상편입처분을 보충역편입처분으로 변경한 후에, 보충역편입처분에 하자가 있다는 이유로 이를 다시 취소하더라도 종전의 현역병입영대상편입처분의 효력은 회복되지 않는다. (변시 1회) (변시 10회) ★★ [ ]

222 어린이집을 설치·운영하는 甲이 부정한 방법으로 보조금을 교부받아 사용했다는 이유로 행한 영유아보육법에 따른 보건복지부장관의 평가인증의 취소는 강학상 철회에 해당하며, 행정청이 평가인증취소처분을 하면서 별도의 법적 근거 없이도 평가인증의 효력을 취소사유 발생일로 소급하여 상실시킬 수 있다. (추가문제) ★ [ ]

정답 및 해설

218 [O] (1992. 1. 17. 91누3130)

219 [O] (2004. 7. 22. 2003두7606)

220 [O]

221 [O] 비록 새로운 병역처분의 성립에 하자가 있다고 하더라도 그것이 당연무효가 아닌 한 일단 유효하게 성립하고 제소기간의 경과 등 형식적 존속력이 생김과 동시에 종전의 병역처분의 효력은 취소 또는 철회되어 확정적으로 상실된다고 보아야 할 것이므로 그 후 새로운 병역처분의 성립에 하자가 있었음을 이유로 하여 이를 취소한다고 하더라도 종전의 병역처분의 효력이 되살아난다고 할 수 없다. (2002. 5. 28. 2001두9653)

222 [X] 영유아보육법 제30조 제5항 제3호에 따른 평가인증의 취소는 평가인증 당시에 존재하였던 하자가 아니라 그 이후에 새로이 발생한 사유로 평가인증의 효력을 소멸시키는 경우에 해당하므로, 법적 성격은 평가인증의 '철회'에 해당한다. 그런데 행정청이 평가인증을 철회하면서 그 효력을 철회의 효력발생일 이전으로 소급하게 하면, 철회 이전의 기간에 평가인증을 전제로 지급한 보조금 등의 지원이 그 근거를 상실하게 되어 이를 반환하여야 하는 법적 불이익이 발생한다. 이는 장래를 향하여 효력을 소멸시키는 철회가 예정한 법적 불이익의 범위를 벗어나는 것이다. 이처럼 행정청이 평가인증이 이루어진 이후에 새로이 발생한 사유를 들어 영유아보육법 제30조 제5항에 따라 평가인증을 철회하는 처분을 하면서도, 평가인증의 효력을 과거로 소급하여 상실시키기 위해서는, 특별한 사정이 없는 한 영유아보육법 제30조 제5항과는 별도의 법적 근거가 필요하다. (2018. 6. 26. 2015두58195)

223 수익적 행정처분을 직권으로 취소하는 경우에는 비록 취소의 사유가 있다고 하더라도 그 취소권의 행사가 기득권의 침해를 정당화할 만한 중대한 공익상의 필요 또는 제3자의 이익보호의 필요가 있고, 이를 상대방이 받는 불이익과 비교·교량하여 볼 때 공익상의 필요 등이 상대방이 입을 불이익을 정당화할 만큼 강한 경우에 허용된다. (변시 11회) ★ [ ]

224 건축주가 건축허가 내용대로 공사를 상당한 정도로 진행하였는데, 나중에 「건축법」에 위반되는 하자가 발견되었다는 이유로 행정청이 그 일부분의 철거를 명할 수 있기 위하여는 그 건축허가를 기초로 하여 형성된 사실관계 및 법률관계를 고려하여 건축주가 입게 될 불이익과 건축행정상의 공익, 제3자의 이익, 「건축법」 위반의 정도를 비교·교량하여 건축주의 이익을 희생시켜도 부득이하다고 인정되는 경우라야 한다. (변시 11회) [ ]

225 수익적 행정처분의 하자가 당사자의 사실은폐나 기타 사위의 방법에 의한 신청행위에 기인한 것이라면, 당사자는 처분에 의한 이익을 위법하게 취득하였음을 알아 취소가능성도 예상하고 있었을 것이므로, 그 자신이 처분에 관한 신뢰이익을 원용할 수 없다. (변시 3회) ★ [ ]

226 취소되는 수익적 행정처분의 하자가 당사자의 사실은폐나 기타 사위(詐僞)의 방법에 의한 신청행위에 기인한 것이라면 당사자는 처분에 관한 신뢰이익을 원용할 수 없지만, 행정청이 이를 고려하지 아니한 경우에는 재량권의 일탈·남용이 된다. (변시 13회) (변시 11회) ★★ [ ]

227 수익적 행정처분에 대한 취소권 등의 행사는 기득권의 침해를 정당화할 만한 중대한 공익상의 필요 또는 제3자의 이익보호의 필요가 있는 때에 한하여 허용될 수 있다는 법리는, 처분청이 수익적 행정처분을 직권으로 취소·철회하는 경우에 적용되는 법리일 뿐 쟁송취소의 경우에는 적용되지 않는다. (변시 11회) ★★ [ ]

정답 및 해설

223 [O] (2008. 11. 13. 2008두8628)

224 [O] (2002. 11. 8. 2001두1512)

225 [O] (2008. 11. 13. 2008두8628)

226 [X] 수익적 행정처분의 하자가 당사자의 사실은폐나 기타 사위의 방법에 의한 신청행위에 기인한 것이라면 당사자는 처분에 의한 이익이 위법하게 취득되었음을 알아 취소가능성도 예상하고 있었다 할 것이므로, 그 자신이 처분에 관한 신뢰이익을 원용할 수 없음은 물론 행정청이 이를 고려하지 아니하였더라도 재량권의 남용이 되지 아니한다. (2014. 11. 27. 2013두16111)

227 [O] 수익적 행정처분에 대한 취소권 등의 행사는 기득권의 침해를 정당화할 만한 중대한 공익상의 필요 또는 제3자의 이익보호의 필요가 있는 때에 한하여 허용될 수 있다는 법리는, 처분청이 수익적 행정처분을 직권으로 취소·철회하는 경우에 적용되는 법리일 뿐 쟁송취소의 경우에는 적용되지 않는다. (2019. 10. 17. 2018두104)

228 다음 「방송법」 규정에 따른 허가취소에 관한 설명 중 옳은 것은? (다툼이 있는 경우 판례에 의함) (변시 5회)

> 방송법 제18조(허가승인·등록의 취소등) ① 방송사업자·중계유선방송사업자·음악유선방송사업자·전광판방송사업자 또는 전송망사업자가 다음 각 호의 어느 하나에 해당하는 때에는 미래창조과학부장관 또는 방송통신위원회가 소관 업무에 따라 허가승인 또는 등록을 취소하거나 6월 이내의 기간을 정하여 그 업무의 전부 또는 일부를 정지하거나 광고의 중단 또는 제16조에 따른 허가승인의 유효기간 단축을 명할 수 있다. 〈단서 생략〉
> 1. 허위 기타 부정한 방법으로 허가·변경허가·재허가를 받거나 승인·변경승인·재승인을 얻거나 등록·변경등록을 한때
> 2. ~ 8. 〈생략〉
> 9. 제99조제1항에 따른 시정명령을 이행하지 아니하거나 같은 조 제2항에 따른 시설 개선명령을 이행하지 아니한 때

① 위 제1호에 따른 허가취소의 경우 사업자는 허가의 존속에 관한 신뢰이익을 원용할 수 있고, 주무관청은 이러한 신뢰이익을 보호하여야 한다. [ ]

② 위 제9호에 따른 허가취소의 경우 취소의 상대방에 대한 보상을 요하지 않는다. [ ]

③ 위 제9호에 따른 허가취소의 경우 행정절차상 사전통지 및 의견제출절차를 거칠 필요가 없다. [ ]

④ 위 제9호에 따른 허가취소는 원칙적으로 소급효를 가진다. [ ]

⑤ 위 제9호에 따라 허가를 취소하는 경우 허가를 취소할 공익상 필요와 허가취소로 인하여 상대방에게 가해지는 불이익을 형량할 필요는 없다. [ ]

정답 및 해설

228 ① [X] 1호는 직권취소에 해당한다. 행정행위의 하자가 수익자에게 '허위 기타 부정한 방법으로'에 해당하는 책임있는 사유에 기인하는 경우에는 수익자의 신뢰이익은 고려되지 않는다.
② [O] 9호는 철회에 해당한다. 수익적 행정행위의 철회의 경우 신뢰이익과 공익을 형량하여 보호할 필요가 있는 신뢰이익은 보호해주어야 하지만, 무조건 보상을 해주는 것이 아니라 특별희생이 인정되는 경우에만 보상이 이루어져야 하기 때문에 상대방의 의무위반을 이유로 철회를 하는 경우에는 특별희생이 인정되지 않아 보상을 할 수 없다.
③ [X] 수익적 행정행위의 철회는 상대방에게 부담적 효과를 주기 때문에 사전통지(법 21조), 의견청취절차(법 22조)를 준수하여야 하며, 이유제시(법 23조)를 하여야 한다.
④ [X] 철회는 장래효가 원칙이다.
⑤ [X] 수익적 행정행위의 철회에 있어서는 적법상태의 실현에 대한 공익과 개인의 기득권에 대한 신뢰보호를 비교형량하여 취소여부를 결정하여야 한다는 것이 판례의 확립된 견해이다.

229 甲은 「산업집적활성화 및 공장설립에 관한 법률」에 따른 공장설립승인을 받고자 관련 행정절차 일체를 행정사 乙에게 위임하였다. 乙은 관련 서류를 위조하여 공장설립승인을 신청하였고, 甲은 그러한 상황을 알지 못한 관할 A군수로부터 공장설립승인을 받았다. 공장이 설립된 이후 A군수는 관련 서류가 위조된 것을 발견하고 이를 이유로 공장설립승인을 취소하였다. (다툼이 있는 경우 판례에 의함) (변시 10회)

① A군수의 공장설립승인 취소처분에 대한 취소소송에서 공장설립승인의 하자나 취소하여야 할 필요성에 관한 증명책임은 A군수에게 있다. [　]

② 처분청은 행정처분에 하자가 있는 경우에 별도의 법적 근거가 없더라도 스스로 이를 취소할 수 있는데, 다만 수익적 행정처분의 경우에는 해당 법률에 취소에 관한 별도의 법적 근거가 요구된다. [　]

③ A군수의 공장설립승인 취소처분에 대하여 불가쟁력이 발생한 이후에는 A군수가 공장설립승인 취소처분을 다시 직권취소할 수 없다. [　]

정답 및 해설

229 ① [O] 처분사유에 대한 증명책임은 피고인 행정청에게 증명책임이 있다.
② [X] 행정행위를 한 처분청은 그 행위에 하자가 있는 경우에 별도의 법적 근거가 없더라도 스스로 이를 취소할 수 있는 것이다. (1986. 2. 25. 85누664)
③ [X] 제소기간이 경과하여 불가쟁력이 발생한 처분이라 하더라도 불가변력이 발생하지 않는 한, 권한 있는 기관에 의해 취소 또는 변경하는 것이 가능하다.

제3장 그 밖의 행정의 주요행위형식

확약

230

> 甲은 허위서류를 작성하여 행정청 乙로부터 어업권면허를 받고 어업에 종사하고 있다. 그런데 甲이 어업에 계속 종사하던 중 乙은 甲의 면허취득이 허위에 의한 것임을 인지하고, 어업권면허에 선행하는 우선순위결정이 잘못되었다는 이유로 甲의 어업권면허처분을 취소하였다. 그리고 종전의 어업권면허 우선순위결정을 무시하고 다시 우선순위결정을 하였다. (다툼이 있는 경우 판례에 의함) (변시 1회)

① 乙의 어업권면허에 선행하는 우선순위결정은 행정청이 우선권자로 결정된 자의 신청이 있으면 어업권면허처분을 하겠다는 것을 약속하는 행위로서 강학상 확약에 불과하고 행정처분은 아니다. (변시 8회) ★★ [ ]

② 우선순위결정이 잘못되었다는 이유로 종전의 어업권면허처분이 취소되었으므로 乙은 다시 우선순위를 결정한 다음 새로운 우선순위결정에 기하여 새로운 어업권면허를 발급할 수 있다. ★ [ ]

③ 수익적 처분이 있으면 상대방은 그것을 기초로 하여 새로운 법률관계 등을 형성하게 되므로, 본건에서 어업권면허가 甲의 허위 기타 부정한 방법으로 인해 발급되었더라도 乙은 甲의 어업권면허를 취소할 수 없다. [ ]

④ 만일 제3자 丙이 최초의 우선순위결정 과정에서 탈락하였고 甲의 어업권면허가 존속하고 있다면, 丙은 동 면허처분에 대한 취소소송을 제기할 수 있다. ★ [ ]

⑤ 만약 위 사안의 우선순위결정이 있은 후 사실적·법률적 상태가 변경된 경우 그 우선순위결정은 사후적으로 행정청의 별다른 의사표시 없이 실효된다. ★★ [ ]

정답 및 해설

230 ① **[O]** (1995. 1. 20. 94누6529)

② **[O]** (1995. 1. 20. 94누6529)

③ **[X]** 수익적 처분이 상대방의 허위 기타 부정한 방법으로 인하여 행하여졌다면 상대방은 그 처분이 그와 같은 사유로 인하여 취소될 것임을 예상할 수 없었다고 할 수 없으므로, 이러한 경우에까지 상대방의 신뢰를 보호하여야 하는 것은 아니라고 할 것이다. (1995. 1. 20. 94누6529)

④ **[O]** 甲과 丙은 경원자관계이므로 丙은 甲에 대한 면허처분의 취소를 구할 원고적격이 인정된다.

⑤ **[O]** 행정청이 상대방에게 장차 어떤 처분을 하겠다고 확약 또는 공적인 의사표명을 하였다고 하더라도, 그 자체에서 상대방으로 하여금 언제까지 처분의 발령을 신청을 하도록 유효기간을 두었는데도 그 기간 내에 상대방의 신청이 없었다거나 확약 또는 공적인 의사표명이 있은 후에 사실적·법률적 상태가 변경되었다면, 그와 같은 확약 또는 공적인 의사표명은 행정청의 별다른 의사표시를 기다리지 않고 실효된다. (1996. 8. 20. 95누10877)

231 행정청이 어떤 처분을 하겠다는 확약을 하면서 그 자체에서 상대방에게 일정 기간까지 그 처분의 신청을 하도록 유효기간을 둔 경우, 그 기간 내에 상대방의 신청이 없거나 확약이 있은 후에 사실적·법률적 상태가 변경되었다면 그 확약은 행정청의 별다른 의사표시를 기다리지 않고 실효된다. (변시 12회) ★★   [   ]

232 행정청이 당사자의 신청에 따라 장래에 어떤 처분을 하거나 하지 아니할 것을 내용으로 하는 의사표시인 확약을 했다면, 그 확약이 위법한 경우라도 행정청은 이에 기속된다. (변시 12회) ★   [   ]

233 자동차운수사업 양도·양수인가신청에 대하여 행정청이 내인가를 한 후, 본인가신청이 있음에도 내인가를 취소한 경우에 내인가 취소행위를 본인가신청의 거부로 볼 것은 아니다. (변시 12회) ★   [   ]

행정계획

234 도시관리계획은 개인의 권리 내지 법률상의 이익을 구체적으로 규제하는 효과를 가져오므로 항고소송의 대상이 된다. (예제문제) ★★   [   ]

235 도시·군기본계획은 행정청에 대한 직접적인 구속력을 가지므로, A도지사는 도시·군계획시설결정을 함에 있어 도시·군기본계획의 내용을 반드시 따라야 한다. (예제문제) ★   [   ]

정답 및 해설

231 [O] (1996. 8. 20. 95누10877)

232 [X] 행정절차법 제40조의2(확약) ④ 행정청은 다음 각 호의 어느 하나에 해당하는 경우에는 확약에 기속되지 아니한다.
  1. 확약을 한 후에 확약의 내용을 이행할 수 없을 정도로 법령등이나 사정이 변경된 경우
  2. 확약이 위법한 경우

233 [X] 자동차운송사업양도양수계약에 기한 양도양수인가신청에 대하여 피고 시장이 내인가를 한 후 위 내인가에 기한 본인가신청이 있었으나 자동차운송사업 양도양수인가신청서가 합의에 의한 정당한 신청서라고 할 수 없다는 이유로 위 내인가를 취소한 경우, 위 내인가의 법적 성질이 행정행위의 일종으로 볼 수 있든 아니든 그것이 행정청의 상대방에 대한 의사표시임이 분명하고, 피고가 위 내인가를 취소함으로써 다시 본인가에 대하여 따로이 인가 여부의 처분을 한다는 사정이 보이지 않는다면 위 내인가취소를 인가신청을 거부하는 처분으로 보아야 할 것이다. (1991. 6. 28. 90누4402)

234 [O] (1982. 3. 9. 80누105)

235 [X] 도시기본계획이라는 것은 도시의 장기적 개발방향과 미래상을 제시하는 도시계획 입안의 지침이 되는 장기적·종합적인 개발계획으로서 직접적인 구속력은 없다. (2007. 4. 12. 2005두1893)

236 행정계획에 있어서 관계법령에 추상적인 행정목표와 절차만 규정되어 있을 뿐 행정계획의 내용에 관하여는 별다른 규정을 두지 아니한 경우, 행정주체는 행정계획을 입안·결정함에 있어서 비교적 광범위한 형성의 자유를 가진다. (변시 6회) ★★ [   ]

237 행정주체가 행정계획을 입안·결정함에 있어서 이익형량을 전혀 행하지 아니하거나 이익형량의 고려대상에 마땅히 포함시켜야 할 사항을 누락한 경우 또는 이익형량을 하였으나 정당성과 객관성이 결여된 경우에는 그 행정계획결정은 형량에 하자가 있어 위법하게 된다. (변시 6회) ★★ [   ]

238 행정주체가 행정계획을 입안·결정함에 있어서 이익형량의 고려 대상에 마땅히 포함시켜야 할 사항을 누락한 경우 그 행정계획결정은 재량권을 일탈·남용한 것이다. (변시 13회) [   ]

239 광범위한 형성의 자유가 인정되는 계획재량에 대한 통제법리는 도시·군관리계획 구역 내 토지소유자의 도시·군계획시설 변경신청에 대해 행정청이 해당 도시·군계획시설의 변경 여부를 결정하는 경우에도 적용된다. (변시 5회) [   ]

240 행정청이 행정계획을 입안·결정할 때 요구되는 형량명령의 법리는 행정계획의 변경권자가 주민 등의 신청에 따라 행정계획을 변경할 것인지를 결정하는 경우에도 동일하게 적용된다. (23-2) [   ]

241 지방자치단체가 경관 훼손에 관한 객관적인 검토를 거치지 않은 채 甲의 고층아파트 신축 사업계획에 대하여 주변 경관 등을 이유로 불승인처분을 한 경우, 지방자치단체의 국가배상책임이 인정될 여지가 있다. (변시 14회) [   ]

✏️ 정답 및 해설

236 [O] (2000. 3. 23. 98두2768)
237 [O] (2011. 2. 24. 2010두21464)
238 [O] (2020. 9. 3. 2020두34346)
239 [O] 도시계획시설구역 내 토지 등을 소유하고 있는 주민이 장기간 집행되지 아니한 도시계획시설의 결정권자에게 도시계획시설의 변경을 신청하고, 결정권자가 이러한 신청을 받아들여 도시계획시설을 변경할 것인지를 결정하는 경우에도 동일하게 적용된다고 보아야 한다. (2012. 1. 12. 2010두5806)
240 [O] (2021. 7. 29. 2021두33593)
241 [O] (2021.6.30. 2017다24919)

242 도시관리계획 결정·고시와 그 도면에 특정 토지가 도시관리계획에 포함되지 않았음이 명백한데도 도시관리계획을 집행하기 위한 후속 계획이나 처분에 해당 토지가 도시관리계획에 포함된 것처럼 표시된 경우 그 계획이나 처분의 하자는 중대하고 명백하여 당연무효이다. (24-3) [　]

243 장기성·종합성이 요구되는 행정계획에 있어서는 원칙적으로 그 계획이 확정된 후에 어떤 사정의 변동이 있다고 하여 지역주민에게 일일이 그 계획의 변경을 청구할 권리를 인정해 줄 수 없다. (변시 5회) ★★ [　]

244 도시관리계획구역 내 토지 등을 소유하고 있는 주민으로서는 입안권자에게 도시관리계획 입안을 요구할 수 있는 법규상 또는 조리상의 신청권이 있다고 할 것이고, 이러한 신청에 대한 거부행위는 항고소송의 대상이 되는 행정처분에 해당한다. (변시 2회) (변시 6회) (변시 13회) ★★ [　]

245 도시·군관리계획 구역 내에 토지 등을 소유하고 있는 주민의 봉안시설(구 납골시설)에 대한 도시·군관리계획 입안제안을 입안권자인 군수가 반려한 행위는 사실의 통지에 불과하여 항고소송의 대상이 될 수 없다. (변시 5회) [　]

246 「산업입지 및 개발에 관한 법률」에 따른 산업단지개발계획상 산업단지 안의 토지소유자로서 산업단지개발계획에 적합한 시설을 설치하여 입주하려는 자는 산업단지지정권자에 대하여 산업단지개발계획의 변경을 요청할 수 있는 법규상 또는 조리상 신청권이 없다. (변시 13회) [　]

정답 및 해설

242 [O] 도시관리계획결정·고시와 그 도면에 특정 토지가 도시관리계획에 포함되지 않았음이 명백한데도 도시관리계획을 집행하기 위한 후속 계획이나 처분에서 그 토지가 도시관리계획에 포함된 것처럼 표시되어 있는 경우가 있다. 이것은 실질적으로 도시관리계획결정을 변경하는 것에 해당하여 구 국토의 계획 및 이용에 관한 법률 제30조 제5항에서 정한 도시관리계획 변경절차를 거치지 않는 한 당연무효이다. (2019.7.11. 2018두47783)

243 [O] (2003. 9. 23. 2001두10936)

244 [O] 원고는 도시관리계획구역 내 토지 등을 소유하고 있는 주민으로서 이 사건 납골시설에 관한 도시관리계획의 입안을 요구할 수 있는 법규상 또는 조리상의 신청권이 있다고 할 것이어서, 원고의 입안제안을 반려한 피고의 이 사건 처분은 항고소송의 대상이 되는 행정처분에 해당한다.(2010. 7. 22. 2010두5745)

245 [X] 위 해설 참고 (2010. 7. 22. 2010두5745)

246 [X] 산업단지개발계획상 산업단지 안의 토지 소유자로서 산업단지개발계획에 적합한 시설을 설치하여 입주하려는 자는 산업단지지정권자 또는 그로부터 권한을 위임받은 기관에 대하여 산업단지개발계획의 변경을 요청할 수 있는 법규상 또는 조리상 신청권이 있고, 이러한 신청에 대한 거부행위는 항고소송의 대상이 되는 행정처분에 해당한다고 보아야 한다. (2017. 8. 29. 2016두44186)

247 문화재보호구역 내에 있는 토지소유자는 문화재보호구역의 지정해제를 요구할 수 있는 법규상 또는 조리상 신청권이 있다고 할 수 없다. (변시 2회) (변시 5회) (변시 6회) [ ]

248 일정한 행정처분을 구하는 신청을 할 수 있는 법률상 지위에 있는 자의 (구)국토이용계획 변경신청을 거부하는 것이 실질적으로 당해 행정처분 자체를 거부하는 결과가 되는 경우에는 예외적으로 그 신청인에게 당해 계획의 변경을 신청할 권리가 인정된다. (변시 5회) (변시 13회) ★★ [ ]

249 주택재건축정비사업조합이 법에 기초하여 수립한 사업시행계획이 인가·고시를 통해 확정되면 그 사업시행계획은 이해관계인에 대한 구속적 행정계획으로서 독립된 행정처분에 해당한다. (변시 2회) ★★ [ ]

250 「도시 및 주거환경정비법」에 따라 인가·고시된 관리처분계획은 구속적 행정계획으로서 처분성이 인정된다. (변시 6회) (변시 13회) ★★ [ ]

251 도시계획시설의 지정으로 말미암아 당해 토지의 이용가능성이 배제되거나 또는 토지소유자가 토지를 종래 허용된 용도대로도 사용할 수 없기 때문에 이로 인하여 현저한 재산적 손실이 발생하는 경우에는, 원칙적으로 국가 등은 이에 대한 보상을 해야 한다. (변시 2회) [ ]

정답 및 해설

247 [X] 문화재보호법은 문화재를 보존하여 이를 활용함으로써 국민의 문화적 생활의 향상을 도모함과 아울러 인류문화의 발전에 기여함을 목적으로 하면서도, 문화재보호구역의 지정에 따른 재산권행사의 제한을 줄이기 위하여, 행정청에게 보호구역을 지정한 경우에 일정한 기간마다 적정성 여부를 검토할 의무를 부과하고, 그 검토사항 등에 관한 사항은 문화관광부령으로 정하도록 위임하였으며, 검토 결과 보호구역의 지정이 적정하지 아니하거나 기타 특별한 사유가 있는 때에는 보호구역의 지정을 해제하거나 그 범위를 조정하여야 한다고 규정하고 있는 점, 같은 법 제8조 제3항의 위임에 의한 같은법시행규칙 제3조의2 제1항은 그 적정성 여부의 검토에 있어서 당해 문화재의 보존 가치 외에도 보호구역의 지정이 재산권 행사에 미치는 영향 등을 고려하도록 규정하고 있는 점 등과 헌법상 개인의 재산권 보장의 취지에 비추어 보면, 문화재보호구역 내에 있는 토지소유자 등으로서는 위 보호구역의 지정해제를 요구할 수 있는 법규상 또는 조리상의 신청권이 있다고 할 것이고, 이러한 신청에 대한 거부행위는 항고소송의 대상이 되는 행정처분에 해당한다. (2004. 4. 27. 2003두8821)

248 [O] (2003. 9. 23. 2001두10936)

249 [O] (2009. 11. 2. 자 2009마596)

250 [O] 재건축조합이 행정주체의 지위에서 도시정비법 제74조에 따라 수립하는 관리처분계획은 정비사업의 시행 결과 조성되는 대지 또는 건축물의 권리귀속에 관한 사항과 조합원의 비용 분담에 관한 사항 등을 정함으로써 조합원의 재산상 권리·의무 등에 구체적이고 직접적인 영향을 미치게 되므로, 이는 구속적 행정계획으로서 재건축조합이 행하는 독립된 행정처분에 해당한다. (2022. 7. 14. 2022다206391)

251 [O] 도시계획시설의 지정으로 말미암아 당해 토지의 이용가능성이 배제되거나 또는 토지소유자가 토지를 종래 허용된 용도대로도 사용할 수 없기 때문에 이로 말미암아 현저한 재산적 손실이 발생하는 경우에는, 원칙적으로 사회적 제약의 범위를 넘는 수용적 효과를 인정하여 국가나 지방자치단체는 이에 대한 보상을 해야 한다. (헌재 1999. 10. 21. 97헌바26)

252 정부가 발표한 '4대강 살리기 마스터플랜'은 행정기관 내부에서 사업의 기본방향을 제시하는 것일 뿐 국민의 권리의무에 직접 영향을 미치는 것이 아니어서 행정처분에 해당하지 않는다. (변시 2회) [ ]

253 산업단지개발계획 변경권자가 특정 폐기물처리업체가 폐기물소각시설을 증설할 수 있도록 산업단지개발계획을 변경한 경우, 형평의 원칙상 변경권자는 반드시 그 주변의 동종 업체들도 같은 혜택을 누릴 수 있도록 산업단지개발계획을 변경하여야 한다. (변시 14회) [ ]

정답 및 해설

252 [O] 행정기관 내부에서 사업의 기본방향을 제시하는 것일 뿐, 국민의 권리·의무에 직접 영향을 미치는 것이 아니어서 행정처분에 해당하지 않는다. (2011. 4. 21. 자 2010무111)

253 [X] 이 사건 처분이 NC울산 사례와 비교하여 형평의 원칙에 뚜렷하게 반한다고 보기 어렵다. 산업단지개발계획 변경권자가 특정 폐기물처리업체가 폐기물소각시설을 증설할 수 있도록 산업단지개발계획을 변경한 경우 형평의 원칙상 반드시 그 주변의 동종 업체들도 같은 혜택을 누릴 수 있도록 산업단지개발계획을 변경하여야 한다고 보면 산업단지 내 각종 업종의 합리적 배치를 통해 균형 있는 국토개발과 지속적인 산업발전을 도모하고자 하는 산업단지개발계획 제도가 유명무실하게 될 수 있기 때문이다. (2021.7.29. 2021두33593)

254 폐기물처리업을 영위하고자 하는 甲은 관할 행정청 乙로부터 폐기물처리사업계획에 대한 적합통보를 받았고, 폐기물처리업 허가를 받기 위해 필요한 「국토의 계획 및 이용에 관한 법률」상 용도지역변경(도시·군관리계획변경)을 신청하였다. 乙은 인근주민들이 폐기물처리시설의 설치를 반대하는 집단민원을 계속적으로 제기하자 甲이 신청한 도시·군관리계획변경의 승인을 거부하였다. (다툼이 있는 경우 판례에 의함) (23-3) ★★

① 관계 법령에 주민이 도시·군관리계획의 변경을 신청할 수 있는 규정이 없는 경우에는 지역주민이나 일반 이해관계인에게 일일이 관련 계획의 변경을 신청할 권리를 인정하여 줄 수 없는 것이 원칙이다. [ ]

② 도시·군관리계획변경을 하려는 경우, 공공의 안전 또는 복리를 현저히 해칠 우려가 상당하다면 乙은 「행정절차법」상 행정예고를 하여야 한다. [ ]

③ 甲은 乙에 대하여 도시·군관리계획의 변경을 신청할 법규상 또는 조리상 권리를 가진다. [ ]

④ 乙은 甲이 신청한 도시·군관리계획변경신청에 대하여 폐기물처리시설이 들어설 경우 수질오염 등으로 인근 주민들의 생활환경에 피해를 줄 우려가 있다는 등의 공익상의 이유를 들어 거부할 수는 없다. [ ]

정답 및 해설

254 ① [O] 국토이용관리법상 주민이 국토이용계획의 변경에 대하여 신청을 할 수 있다는 규정이 없을 뿐만 아니라, 국토건설종합계획의 효율적인 추진과 국토이용질서를 확립하기 위한 국토이용계획은 장기성, 종합성이 요구되는 행정계획이어서 그 계획이 일단 확정된 후에 어떤 사정의 변동이 있다고 하여 지역주민이나 일반 이해관계인에게 일일이 그 계획의 변경을 신청할 권리를 인정하여 줄 수 없고 … (2003. 9. 26. 선고 2003두5075)

② [X] 행정절차법 제46조(행정예고) ① 행정청은 정책, 제도 및 계획(이하 "정책등"이라 한다)을 수립·시행하거나 변경하려는 경우에는 이를 예고하여야 한다. 다만, 다음 각 호의 어느 하나에 해당하는 경우에는 예고를 하지 아니할 수 있다.
  1. 신속하게 국민의 권리를 보호하여야 하거나 예측이 어려운 특별한 사정이 발생하는 등 긴급한 사유로 예고가 현저히 곤란한 경우
  2. 법령등의 단순한 집행을 위한 경우
  3. 정책등의 내용이 국민의 권리·의무 또는 일상생활과 관련이 없는 경우
  4. 정책등의 예고가 공공의 안전 또는 복리를 현저히 해칠 우려가 상당한 경우

③ [O] 폐기물처리사업계획의 적정통보를 받은 자는 장래 일정한 기간 내에 관계 법령이 규정하는 시설 등을 갖추어 폐기물처리업허가신청을 할 수 있는 법률상 지위에 있다고 할 것인바, 피고로부터 폐기물처리사업계획의 적정통보를 받은 원고가 폐기물처리업허가를 받기 위하여는 이 사건 부동산에 대한 용도지역을 '농림지역 또는 준농림지역'에서 '준도시지역(시설용지지구)'으로 변경하는 국토이용계획변경이 선행되어야 하고, 원고의 위 계획변경 신청을 피고가 거부한다면 이는 실질적으로 원고에 대한 폐기물처리업허가신청을 불허하는 결과가 되므로, 원고는 위 국토이용계획변경의 입안 및 결정권자인 피고에 대하여 그 계획변경을 신청할 법규상 또는 조리상 권리를 가진다고 할 것이다. (2003. 9. 23. 2001두10936)

④ [X] 폐기물처리업을 위한 국토이용계획변경신청을 폐기물처리시설이 들어설 경우 수질오염 등으로 인근 주민들의 생활환경에 피해를 줄 우려가 있다는 등의 공익상의 이유를 들어 거부한 경우, 그 거부처분이 재량권의 일탈·남용이 아니라고 한 사례 (2005. 4. 28. 2004두8828)

255 甲이 소유하고 있는 A대지는 관할 행정청인 乙에 의해 도시·군관리계획에 의거 도시계획시설인 학교를 신축하기 위한 부지로 결정·고시되었다. 乙은 A대지에 위 도시계획시설결정을 한 채 장기간 그 사업을 시행하고 있지 않은 상황이다. (다툼이 있는 경우 판례에 의함) (변시 8회)

① 甲은 도시계획시설결정의 장기미집행으로 인해 재산권이 침해되었음을 이유로 위 도시계획시설결정의 실효를 주장할 수 있고, 이는 법률의 규정과 관계없이 헌법상 재산권으로부터 당연히 도출되는 권리이다. ★ [　]

② 乙이 고시한 도시계획시설결정은 특정 개인의 권리 내지 법률상의 이익을 개별적이고 구체적으로 규제하는 효과를 가져 오게 하는 행정청의 처분이라 할 것이고, 이는 행정소송의 대상이 된다. [　]

③ 행정주체는 행정계획을 입안·결정함에 있어서 비교적 광범위한 형성의 자유를 가지지만, 이익형량에 있어서 정당성과 객관성이 결여된 경우에는 그 행정계획결정은 이익형량에 하자가 있어 위법하게 될 수 있다. [　]

④ 甲은 도시계획시설결정에 이해관계가 있는 주민으로서 乙에게 도시시설계획의 입안 내지 변경을 요구할 수 있는 법규상 또는 조리상의 신청권이 있다. [　]

⑤ 甲이 乙에게 국토의 계획 및 이용에 관한 법령에 따라 자신의 대지에 대한 매수를 청구하더라도 매매의 효과가 바로 발생하는 것은 아니다. [　]

정답 및 해설

255 ① [X] 장기미집행 도시계획시설결정의 실효제도는 도시계획시설부지로 하여금 도시계획시설결정으로 인한 사회적 제약으로부터 벗어나게 하는 것으로서 결과적으로 개인의 재산권이 보다 보호되는 측면이 있는 것은 사실이나, 이와 같은 보호는 입법자가 새로운 제도를 마련함에 따라 얻게 되는 법률에 기한 권리일 뿐 헌법상 재산권으로부터 당연히 도출되는 권리는 아니다. (헌재 2005. 9. 29. 2002헌바84)
② [O] (1978. 12. 26. 78누281)
③ [O] (2011. 2. 24. 2010두21464)
④ [O] (2015. 3. 26. 2014두42742)
⑤ [O] 국토의계획및이용에관한법률 제47조는 도시계획시설의 부지로 되어 있는 토지 중 지목이 '대'인 토지의 소유자에게 매수청구권을 인정한 규정으로서, 이에 의하면, 도시계획시설결정 고시일부터 10년 이내에 도시계획시설사업이 시행되지 아니하는 경우에 위 소유자는 특별시장 등 위 법률이 정한 매수의무자에게 당해 토지의 매수를 청구할 수 있는 권리가 있고(제1항) 매수의무자는 위의 매수청구가 있은 날부터 2년 이내에 매수 여부를 결정하여 토지소유자에게 통지하여야 하며, 매수하기로 결정한 토지는 매수결정을 통지한 날부터 2년 이내에 매수하여야 한다.(제6항) 따라서 甲이 乙에게 국토의 계획 및 이용에 관한 법령에 따라 자신의 대지에 대한 매수를 청구하더라도 매매의 효과가 바로 발생하는 것은 아니다.

256　乙 도지사는 「국토의 계획 및 이용에 관한 법률」에 따라 甲 소유의 토지가 포함된 일대 토지에 청소년수련원을 도시계획시설로 신설하는 내용의 도시관리계획을 결정(이하 '도시계획시설결정'이라고 함)하고 이를 고시하였다. 이어 乙 도지사는 위 도시계획시설결정에 따른 도시계획시설사업의 사업시행자로 A회사를 지정하여, 위 사업에 관한 실시계획인가를 하고 이를 고시하였다. 같은 법 시행령에 의하면 A회사가 사업시행자로 지정을 받으려면 도시계획시설사업의 대상인 토지 면적의 3분의 2 이상에 해당하는 토지를 소유하고, 토지소유자 총수의 2분의 1 이상에 해당하는 자의 동의를 얻어야 한다. (다툼이 있는 경우 판례에 의함)
(변시 9회)

① 甲은 입안권자에게 도시관리계획의 입안 내지 변경을 요구할 수 있는 법규상 또는 조리상의 신청권이 있고, 입안권자가 甲의 신청을 거부한 경우 이는 항고소송의 대상이 된다. [　]

② 乙 도지사는 도시관리계획을 결정할 때 비교적 폭넓은 형성의 재량을 가지지만, 청소년수련원 설치에 따른 공익이나 인근주민들의 환경권, 甲의 재산권 등을 전혀 이익형량하지 않거나 이익형량의 고려 대상에 마땅히 포함시켜야 할 사항을 누락한 경우에는 재량권을 일탈·남용한 것으로 위법하다. [　]

③ A회사가 도시계획시설사업 대상 토지의 소유와 동의 요건을 갖추지 못하였는데도 사업시행자로 지정되었다면 특별한 사정이 없는 한 그 사업시행자 지정처분의 하자는 중대하다고 보아야 한다. [　]

④ 도시계획시설결정 단계에서 설치사업에 따른 공익과 사익 사이의 이익형량이 이루어졌다면, 乙 도지사는 실시계획인가를 할 때 특별한 사정이 없는 한 이익형량을 다시 할 필요는 없다. [　]

⑤ 도시계획시설결정과 실시계획인가는 도시계획시설사업을 위하여 이루어지는 단계적 행정절차로 도시계획시설결정에 취소사유에 해당하는 하자가 있는 경우 그 하자는 실시계획인가에 승계된다. [　]

정답 및 해설

256　① [O] (2010. 7. 22. 2010두5745)
② [O] (2000. 3. 23. 98두2768)
③ [O] 이는 국토계획법령이 정한 법규의 중요한 부분을 위반한 것으로서 특별한 사정이 없는 한 그 하자가 중대하다고 보아야 한다. (2017. 7. 11. 2016두35120)
④ [O] (2017. 7. 18. 2016두49938)

⑤ [X] 결국 도시·군계획시설결정과 실시계획인가는 도시·군계획시설사업을 위하여 이루어지는 단계적 행정절차에서 별도의 요건과 절차에 따라 별개의 법률효과를 발생시키는 독립적인 행정처분이다. 그러므로 선행처분인 도시·군계획시설결정에 하자가 있더라도 그것이 당연무효가 아닌 한 원칙적으로 후행처분인 실시계획인가에 승계되지 않는다. (2017. 7. 18. 2016두49938)

257 A시 시장 甲은 「국토의 계획 및 이용에 관한 법률」(이하 '국토계획법'이라 함)에 의거하여 A시 중심부 B지역에 대해 도시관리계획으로서 기반시설(광장)의 설치에 관한 계획의 입안을 구상하고 있다. B지역에 토지 등을 소유한 주민 乙 등은 국토계획법 제26조에 근거하여 광장이 아닌 다른 기반시설(녹지)의 설치에 관한 계획을 이 계획의 입안·결정권자인 甲에게 제안하였다. 甲은 乙 등의 계획입안 제안을 반려하고 자신이 입안한 계획을 국토계획법에 따라 결정·고시하였다. 그 후 甲은 이 기반시설의 설치계획을 시행하기 위해 丙을 사업시행자로 지정하고 丙의 실시계획을 인가하였다. (다툼이 있는 경우 판례에 의함) (변시 12회)

① 乙 등이 기반시설(녹지)의 설치에 관한 계획에 대해 입안제안권을 행사하였음에도 불구하고 甲이 반려한 것은 취소소송의 대상인 거부처분이 될 수 있다. [ ]

② 乙 등이 입안제안에서 밝힌 녹지가 도시계획시설로 결정될 수 없는 시설에 해당한다 하더라도 이는 본안판단에서 고려할 사항이므로 입안제안반려에 대한 취소를 구할 소의 이익이 없다고 볼 수는 없다. [ ]

③ 甲이 위 기반시설설치계획의 입안·결정에서 이익형량을 전혀 하지 않거나 이익형량을 하였으나 정당성과 객관성이 결여된 경우에 계획결정은 형량에 하자가 있어 위법하게 되나, 이러한 법리는 甲이 乙 등의 계획입안제안을 받아들여 도시관리계획결정을 할 것인지 여부를 결정할 때에는 동일하게 적용되지 않는다. [ ]

④ 사업시행자 丙에게는 기반시설설치사업을 실시할 수 있는 권한과 사업에 필요한 토지 등을 수용할 수 있는 권한이 인정된다. [ ]

⑤ 위 도시관리계획(기반시설설치계획)의 결정에 형량의 하자 등이 있어 위법하다고 하여도 그 하자가 당연무효 사유가 아니라면 이미 불가쟁력이 발생한 도시관리계획결정의 하자는 후행처분인 실시계획인가처분에 승계되지 않는다. [ ]

정답 및 해설

257 ① [O] 도시계획구역 내 토지 등을 소유하고 있는 주민으로서는 입안권자에게 도시계획입안을 요구할 수 있는 법규상 또는 조리상의 신청권이 있다고 할 것이고, 이러한 신청에 대한 거부행위는 항고소송의 대상이 되는 행정처분에 해당한다. (2004. 4. 28. 2003두1806)

② [O] 원고는 도시관리계획구역 내 토지 등을 소유하고 있는 주민으로서 이 사건 납골시설에 관한 도시관리계획의 입안을 요구할 수 있는 법규상 또는 조리상의 신청권이 있다고 할 것이어서, 이러한 원고의 입안제안을 반려한 피고의 이 사건 처분은 항고소송의 대상이 되는 행정처분에 해당하고, 한편 도시관리계획의 입안제안과 결정은 구분되는 것으로 원고가 이후 이 사건 도시관리계획 결정의 목적을 이루지 못한다 하더라도 이 사건 소의 이익 유무와는 무관하다 … 이 사건 납골시설이 도시계획시설로 결정될 수 없는 시설에 해당한다 하더라도, 이는 본안에 관한 판단에서 고려되어야 할 사항일 뿐, 그로 인하여 피고의 이 사건 처분을 항고소송의 대상이 되는 행정처분으로 볼 수 없다거나 이 사건 소의 이익이 없다고 볼 수는 없다. (2010. 7. 22. 2010두5745)

③ [X] 행정주체가 구체적인 행정계획을 입안·결정할 때에 가지는 비교적 광범위한 형성의 자유는 무제한적인 것이 아니라 행정계획에 관련되는 자들의 이익을 공익과 사익 사이에서는 물론이고 공익 상호 간과 사익 상호 간에도 정당하게 비교교량하여야 한다는 제한이 있는 것이므로, 행정주체가 행정계획을 입안·결정하면서 이익형량을 전혀 행하지 않거나 이익형량의 고려 대상에 마땅히 포함시켜야 할 사항을 빠뜨린 경우 또는 이익형량을 하였으나 정당성과 객관성이 결여된 경우에는 행정계획결정은 형량에 하자가 있어 위법하게 된다. 이러한 법리는 행정주체가 행정계획을 입안·결정할 때 뿐 아니라 구 국토의 계획 및 이용에 관한 법률 제26조에 의한 주민의 도시관리계획 입안 제안을 받아들여 도시관리계획결정을 할 것인지를 결정할 때에도 마찬가지이다. (2012. 1. 12. 2010두5806)

258 A시는 노외주차장 건물을 신축하기 위해 도시계획시설결정을 하였고, 이어 사업시행자를 지정하고 도시계획시설사업에 관한 실시계획인가를 하였다. (다툼이 있는 경우 판례에 의함) (변시 10회)

① 도시계획시설사업에 관한 실시계획인가처분은 해당 사업을 구체화하여 현실적으로 실현하기 위한 형성행위에 해당한다. [ ]

② 「행정절차법」은 행정계획의 수립·확정절차에 관한 법적 근거를 두고 있다. [ ]

③ 노외주차장을 도시계획시설로 결정함에 있어 A시의 형성의 재량은 무제한적인 것이 아니고, A시는 관련되는 제반 공익과 사익을 비교·형량하여야 한다. [ ]

④ 도시계획시설결정의 하자가 중대하나 명백하지 않은 경우 그 하자는 실시계획인가에 승계된다. [ ]

정답 및 해설

④ [O] 국토의 계획 및 이용에 관한 법률 제43조 제1항에 따르면, … 실시계획인가는 도시·군계획시설결정에 따른 특정 사업을 구체화하여 이를 실현하는 것으로서, 시·도지사는 도시·군계획시설사업의 시행자가 작성한 실시계획이 도시·군계획시설의 결정·구조 및 설치의 기준 등에 적합하다고 인정하는 경우에는 이를 인가하여야 한다(제88조 제3항, 제43조 제2항). 이러한 실시계획인가를 통해 사업시행자에게 도시·군계획시설사업을 실시할 수 있는 권한과 사업에 필요한 토지 등을 수용할 수 있는 권한이 부여된다.

⑤ [O] 결국 도시·군계획시설결정과 실시계획인가는 도시·군계획시설사업을 위하여 이루어지는 단계적 행정절차에서 별도의 요건과 절차에 따라 별개의 법률효과를 발생시키는 독립적인 행정처분이다. 그러므로 선행처분인 도시·군계획시설결정에 하자가 있더라도 그것이 당연무효가 아닌 한 원칙적으로 후행처분인 실시계획인가에 승계되지 않는다. (2017. 7. 18. 2016두49938)

258 ① [O] 도시·군계획시설(이하 '도시계획시설'이라 한다)사업에 관한 실시계획인가처분은 해당 사업을 구체화하여 현실적으로 실현하기 위한 형성행위로서 이에 따라 토지수용권 등이 구체적으로 발생하게 된다. 따라서 행정청이 실시계획인가처분을 하기 위해서는 그 실시계획이 법령이 정한 도시계획시설의 결정·구조 및 설치기준에 적합하여야 함은 물론이고 사업의 내용과 방법에 대하여 인가처분에 관련된 자들의 이익을 공익과 사익 간에서는 물론, 공익 상호 간 및 사익 상호 간에도 정당하게 비교·교량하여야 하며, 그 비교·교량은 비례의 원칙에 적합하도록 하여야 한다. (2018. 7. 24. 2016두48416)

② (X) 행정절차법은 행정계획의 수립·확정절차에 관한 법적 근거를 두고 있지 않다. 한편 2022. 1. 11. 개정되어 2022. 7. 12. 시행된 행정절차법은 아래와 같이 행정계획에 관한 규정을 신설하였다. 행정절차법 제40조의4(행정계획) 행정청은 행정청이 수립하는 계획 중 국민의 권리·의무에 직접 영향을 미치는 계획을 수립하거나 변경·폐지할 때에는 관련된 여러 이익을 정당하게 형량하여야 한다.

③ [O] (2018. 6. 28. 2018두35490)

④ [X] 도시·군계획시설결정과 실시계획인가는 도시·군계획시설사업을 위하여 이루어지는 단계적 행정절차에서 별도의 요건과 절차에 따라 별개의 법률효과를 발생시키는 독립적인 행정처분이다. 그러므로 선행처분인 도시·군계획시설결정에 하자가 있더라도 그것이 당연무효가 아닌 한 원칙적으로 후행처분인 실시계획인가에 승계되지 않는다. (2017. 7. 18. 2016두49938)

259 　　甲은 관할 행정청 乙의 도시관리계획결정으로 인하여 자신의 토지가 개발제한구역 안으로 편입됨에 따라 그 토지를 개발하여 건축물을 건축하려던 자신의 계획을 이룰 수 없게 되었다. 평소 甲은 자신이 소유한 토지의 위치를 고려해 보면 이 지역은 공업지역이나 상업지역으로 적합하다고 생각하여 공개적으로 자신의 개발계획을 피력하고 있었다. 그러나 乙은 충분한 검토와 주민들의 의견수렴절차 없이 일방적으로 甲의 토지와 인근지역을 개발제한구역으로 편입하였다. 이에 甲은 乙의 도시관리계획결정을 취소 또는 무효화하기 위한 법적 조치에 착수하였다. 甲이 취할 수 있는 법적 조치에 관한 설명 중 옳은 것은? (변시 1회)

① 개발제한구역으로 편입한 도시관리계획결정은 처분에 해당하므로 이익형량을 하지 않거나 적절히 이익형량하지 못하였다는 이유로 당해 도시관리계획결정에 대한 취소소송을 제기할 수 있다. [ ]

② 개발제한구역으로의 편입조치는 처분성을 인정받기 어려우므로 헌법소원을 제기하여 절차 위반의 위법을 주장할 수 있다. [ ]

③ 일반적으로 도시관리계획결정은 구체적으로 국민의 권익을 침해하지 않아 처분성이 인정되지 않지만, 개발제한구역지정은 그것만으로 지가하락 등의 결과를 초래하므로 구체적 권익침해가 있다고 보아야 한다. [ ]

④ 주민들의 의견수렴절차 없이 행한 개발제한구역지정은 행정절차법상의 계획확정절차를 위반하여 당연무효이므로 무효확인소송의 대상이다. [ ]

⑤ 개발제한구역지정으로 인한 권익침해는 추후 건축허가신청이 받아들여지지 않을 때 다툴 수 있고 개발제한구역지정 자체가 구체적으로 권리를 침해하는 행위라고 보기 어려우므로, 이에 대해 항고소송으로 다투는 것은 불가능하다. [ ]

정답 및 해설

259 ① [O] (1982. 3. 9. 80누105)

② [X] 위 지문 ①에 따라 도시관리계획에 대하여 취소소송의 제기가 허용된다면 헌법소원의 보충성에 따라(헌법재판소법 68조 1항 단서) 헌법소원은 제기할 수 없다.

③ [X] 위 지문 ① 참고

④ [X] 행정청이 침해적 행정처분을 함에 즈음하여 청문을 실시하지 않아도 되는 예외적인 경우에 해당하지 않는 한 반드시 청문을 실시하여야 하고, 그 절차를 결여한 처분은 위법한 처분으로서 취소사유에 해당한다. (2004. 7. 8. 2002두8350)

⑤ [X] 개발제한구역지정처분은 건설부장관이 법령의 범위 내에서 도시의 무질서한 확산 방지 등을 목적으로 도시정책상의 전문적·기술적 판단에 기초하여 행하는 일종의 행정계획으로서 그 입안·결정에 관하여 광범위한 형성의 자유를 가지는 계획재량처분이다. (1997. 6. 24. 96누1313)

260 국토의 계획 및 이용에관한 법률에 따른 도시계획시설결정에 대해서는 헌법소원을 제기하여 권리구제를 받을 수 있다. (예제문제) [ ]

261 공고 및 공람절차 등 법령상 사전절차를 거치지 않은 행정계획은 위법하다. (예제문제) [ ]

262 도시계획의 수립에 있어서 도시계획법 제16조의2 소정의 공청회를 열지 아니하고 공공용지의취득및손실보상에관한특례법 제8조 소정의 이주대책을 수립하지 아니하였더라도 이는 절차상의 위법으로서 취소사유에 불과하고 그 하자가 도시계획결정 또는 도시계획사업시행인가를 무효라고 할 수 있을 정도로 중대하고 명백하다고는 할 수 없다. (예제문제) [ ]

263 후행 도시계획에 선행 도시계획과 서로 양립할 수 없는 내용이 포함되어 있다면, 특별한 사정이 없는 한 선행 도시계획은 후행 도시계획과 같은 내용으로 변경되는 것이나, 후행 도시계획의 결정을 하는 행정청이 선행 도시계획의 결정·변경 등에 관한 권한을 가지고 있지 아니한 경우에 선행 도시계획과 서로 양립할 수 없는 내용이 포함된 후행 도시계획결정을 하는 것은 권한 없는 자에 의하여 행해진 것으로서 무효이다. (예제문제) ★ [ ]

264 정당하게 도시계획결정등의 처분을 하였다고 하더라도 이를 관보에 게재하여 고시하지 아니한 이상 대외적으로는 아무런 효력도 발생하지 아니한다. (예제문제) [ ]

265 행정계획에 대한 행정쟁송은 행정계획이 집행단계에 이르렀을 때 제기되는 경우가 많으며, 이 경우 당해 행정계획이 위법하다 하더라도 사정판결에 의해 취소되지 않을 가능성이 있다. (예제문제) [ ]

266 도시계획시설(공원)로 지정된 이후에도 계속 지목에 따라 농경지로 사용된 토지의 경우, 지정 이후에 토지소유권을 취득한 자도 계속 농경지로 사용할 수 있는 상황이고, 만약 그 사용·수익이 사실상 불가능하더라도 법령상 매수청구권을 행사할 수 있다면, 공원구역의 지정이 토지소유권자의 사익을 과도하게 침해하였다고 단정할 수 없다. (변시 14회) [ ]

정답 및 해설

260 [X] 도시계획시설결정은 처분성이 인정되므로 항고소송을 통해 권리구제를 받을 수 있다.
261 [O] (2000. 3. 23. 98두2768)
262 [O] (1990. 1. 23. 87누947)
263 [O] (2000. 9. 8. 99두11257)
264 [O] (1985. 12. 10. 85누186)
265 [O]
266 [O] (2023.11.16. 2022두61816)

공법상 계약

267 「행정기본법」에 따를 때 행정청은 법령등을 위반하지 아니하는 범위에서 행정목적을 달성하기 위하여 필요한 경우에는 공법상 계약을 체결할 수 있고, 이때 계약의 목적 및 내용을 명확하게 적은 계약서를 작성하여야 한다. (변시 14회) [ ]

268 공법상 계약은 공법의 영역에서 이루어지는 계약이며 공법상 효과를 목적으로 하므로 계약당사자는 반드시 국가 또는 지방자치단체이어야 한다. (예제문제) [ ]

269 공법상 계약에 의한 의무의 불이행에 대해서는 개별법에서 행정강제를 규정하는 명문의 규정이 없더라도 공익의 실현을 보장하기 위하여 행정대집행법에 의한 대집행이 허용된다. (변시 3회) ★ [ ]

270 공법상 계약 해지 의사표시를 함에 있어서는 「행정절차법」에 의하여 근거와 이유를 제시하여야 한다. (예제문제) ★★ [ ]

271 계약직공무원의 채용계약 해지는 국가 또는 지방자치단체가 채용계약 관계의 한쪽 당사자로서 대등한 지위에서 행하는 의사표시이므로, 행정처분과 같이 「행정절차법」에 의하여 근거와 이유를 제시하여야 하는 것은 아니다. (변시 14회) ★★ [ ]

정답 및 해설

267 [O] 행정기본법 제27조(공법상 계약의 체결) ① 행정청은 법령등을 위반하지 아니하는 범위에서 행정목적을 달성하기 위하여 필요한 경우에는 공법상 법률관계에 관한 계약(이하 "공법상 계약"이라 한다)을 체결할 수 있다. 이 경우 계약의 목적 및 내용을 명확하게 적은 계약서를 작성하여야 한다.

268 [X] 공법상 계약은 행정주체 상호간, 행정주체와 사인간뿐만 아니라 공무수탁사인과 다른 사인간에 의해서도 체결될 수 있다.

269 [X] 공법상 계약의 경우에는 국가의 우월적 지위가 인정되지 아니하므로 자력집행 수단인 행정대집행법에 의한 대집행은 허용되지 않는다.

270 [X] 행정처분과 같이 행정절차법에 의하여 근거와 이유를 제시하여야 하는 것은 아니다. (2002. 11. 26. 2002두5948)

271 [O] 계약직공무원에 관한 현행 법령의 규정에 비추어 볼 때, 계약직공무원 채용계약해지의 의사표시는 일반공무원에 대한 징계처분과는 달라서 항고소송의 대상이 되는 처분 등의 성격을 가진 것으로 인정되지 아니하고, … 행정처분과 같이 행정절차법에 의하여 근거와 이유를 제시하여야 하는 것은 아니다. (2002.11.26. 2002두5948)

272 광주광역시문화예술회관장의 단원 위촉은 광주광역시문화예술회관장이 행정청으로서 공권력을 행사하여 행하는 행정처분이 아니라 공법상의 근무관계의 설정을 목적으로 하여 광주광역시와 단원이 되고자 하는 자 사이에 대등한 지위에서 의사가 합치되어 성립하는 공법상 근로계약에 해당한다. (변시 3회) ★   [   ]

273 계약직공무원에 대한 계속적 계약은 당사자 상호간의 신뢰관계를 그 기초로 하는 것이므로, 당해 계약의 존속 중에 당사자의 일방이 그 계약상의 의무를 위반함으로써 그로 인하여 계약의 기초가 되는 신뢰관계가 파괴되어 계약관계를 그대로 유지하기 어려운 정도에 이르게 된 경우에는 상대방은 그 계약관계를 막바로 해지함으로써 그 효력을 장래에 향하여 소멸시킬 수 있다. (변시 3회)   [   ]

사실행위

274 교도소장이 수형자 甲을 '접견내용 녹음·녹화 및 접견 시 교도관 참여대상자'로 지정한 사안에서, 위 지정행위는 수형자의 구체적 권리의무에 직접적 변동을 가져오는 행정청의 공법상 행위로서 항고소송의 대상이 되는 '처분'에 해당한다. (예제문제) ★   [   ]

275 세무당국이 甲맥주회사에게 乙회사와의 주류거래를 일정기간 중지하여 줄 것을 요청한 행위는 항고소송의 대상이 된다. (예제문제) ★   [   ]

276 지방자치단체의 장으로부터 위법 건축물에 대한 시정명령을 받은 甲이 이를 이행하지 아니하자 그 지방자치단체의 장이 전기·전화의 공급자 乙에게 그 위법 건축물에 대한 전기·전화공급을 하지 말아 줄 것을 요청한 행위는 항고소송의 대상이 된다. (예제문제) ★   [   ]

정답 및 해설

272 [O] (2001. 12. 11. 2001두7794)

273 [O] 비록 그것이 약정해지사유나 법정해지사유의 어느 하나에 해당하지 않는다고 하더라도 상대방은 그 계약관계를 막바로 해지함으로써 그 효력을 장래에 향하여 소멸시킬 수 있다. (2002. 11. 26. 2002두5948)

274 [O] (2014. 2. 13. 2013두20899)

275 [X] 권고 내지 협조를 요청하는 권고적 성격의 행위 (1980. 10. 27. 80누395)

276 [X] 권고적 성격의 행위에 불과 (1996. 3. 22. 96누433)

행정지도

277 국가배상법이 정하는 배상청구의 요건인 '공무원의 직무'에는 행정지도와 같은 비권력적 행정작용이 포함된다. (변시 2회) (변시 14회) ★★ [ ]

278 행정지도가 강제성을 띠지 않은 비권력적 작용으로서 행정지도의 한계를 일탈하지 아니하였다면, 그로 인하여 상대방에게 어떤 손해가 발생하였다고 하더라도 행정기관은 그에 대한 손해배상책임이 없다. (변시 2회) (변시 10회) (변시 14회) ★★ [ ]

279 사인의 행위가 행정지도에 따라 행해진 경우 그 행정지도가 위법하다고 할지라도 원칙적으로 그 사인의 행위의 위법성이 조각된다. (변시 2회) ★★ [ ]

280 「A도교육청 전자파 취약계층보호 심지대로 정하고 전자파 안심지대에서의 기지국 설치를 금지한 후, 동 조례 부칙에서 "A도 교육감은 이 조례 이전에 설치된 기지국에 대하여 전자파 위험 등을 고려하여 철거를 권고할 수 있다"라고 정한 경우, 동 부칙에 따른 철거권고는 비권력적 행정지도에 해당한다. (예제문제) [ ]

281 국가의 공권력이 헌법과 법률에 근거하지 아니하고 통상의 행정지도의 한계를 넘어 부실기업의 정리라는 명목하에 사기업의 매각을 지시하거나 그 해체에 개입하는 것은 허용되지 아니한다. (변시 10회) [ ]

282 행정지도가 말로 이루어지는 경우에 상대방이 행정지도의 취지 및 내용, 행정지도를 하는 자의 신분을 적은 서면의 교부를 요구하면 그 행정지도를 하는 자는 직무 수행에 특별한 지장이 없으면 이를 교부하여야 한다. (변시 2회) (변시 10회) ★ [ ]

정답 및 해설

277 [O] 단지 행정주체가 사경제주체로서 하는 활동만 제외된다. (2001. 1. 5. 98다39060)

278 [O] (2008. 9. 25. 2006다18228)

279 [X] 행정지도는 비권력적 사업행위에 불과한 것이어서 그에 따름이 강제되는 것이 아니므로 … 사업자단체가 주무관청인 상공부의 행정지도에 따라 시정명령의 대상이 되는 행위를 하게 된 것이라 하더라도 그것만으로 위법성이 조각된다거나 또는 그 시정을 명함이 금반언의 원칙에 반한다고 할 수는 없다. (서울고법 1992. 1. 29. 91구2030)

280 [O] 이 사건 조례안 부칙 제2조는 경기도 교육감으로 하여금 이미 설치된 기지국의 철거를 권고할 수 있다고 정하고 있다. 이는 비권력적 행정지도로서 주민의 권리를 제한하거나 의무를 부과한 것으로 볼 수 없다. … 그러나 교육부장관이 전자파 취약계층의 보호를 위해 경기도 내 유치원 및 초등학교 등을 전자파 안심지대로 지정하고 그곳에서는 누구든지 기지국을 설치할 수 없도록 하는 내용의 '경기도교육청 전자파 취약계층 보호 조례안'에 대하여 법령에 반한다는 이유로 재의결을 요구하였으나 경기도의회가 원안대로 재의결한 사안에서, 위 조례안이 법률의 위임 없이 주민의 권리 제한에 관한 사항을 규정하였다는 이유로 효력을 인정할 수 없다고 한 사례 (2017. 12. 5. 2016추5162)

281 [O] (1999. 7. 23. 96다21706)

282 [O] 행정절차법 제49조 제2항

283 　행정지도는 서면으로 이루어져야 하며 구두에 의한 행정지도는 허용되지 않는다. (예제문제) [ ]

284 　행정기관이 동일한 행정목적을 실현하기 위하여 다수인에게 행정지도를 하려는 경우 특별한 사정이 없으면 행정지도에 공통되는 내용을 공표하여야 한다. (변시 2회) [ ]

285 　행정기관의 조언에 따르지 않을 경우 일정한 불이익조치가 예정되어 있어 사실상 상대방에게 그에 따를 의무를 부과하는 것과 다를 바 없더라도 그 조언이 행정지도에 불과한 이상 이는 「헌법재판소법」 제68조 제1항의 헌법소원심판의 대상이 되는 공권력의 행사라 할 수 없다. (변시 10회)
[ ]

정답 및 해설

283 [X] 행정절차법 제49조 제2항 참고

284 [O] 행정절차법 제51조

285 [X] 교육인적자원부장관의 대학총장들에 대한 이 사건 학칙시정요구는 고등교육법 제6조 제2항, 동법 시행령 제4조 제3항에 따른 것으로서 그 법적 성격은 대학총장의 임의적인 협력을 통하여 사실상의 효과를 발생시키는 행정지도의 일종이지만, 그에 따르지 않을 경우 일정한 불이익조치를 예정하고 있어 사실상 상대방에게 그에 따를 의무를 부과하는 것과 다를 바 없으므로 단순한 행정지도로서의 한계를 넘어 규제적·구속적 성격을 상당히 강하게 갖는 것으로서 헌법소원의 대상이 되는 공권력의 행사라고 볼 수 있다. (헌재 2003. 6. 26. 2002헌마337)

286 甲은 토지매매에 의한 양도소득세 확정신고를 하면서, 행정청의 행정지도에 따라 실제 거래가격이 아닌 개별공시지가에 의하여 매매가격을 신고하였다. 추후에 이것이 허위신고로 문제되자 甲은 자신의 행위가 행정청의 행정지도에 따른 것이라고 하면서 반발하고 있다. (다툼이 있는 경우 판례에 의함) (변시 1회) ★★

① 甲의 행위는 행정청의 행정지도에 따른 것으로서 범법행위가 아니지만, 관할관청은 이에 대한 법적 책임을 피할 수 없다. [ ]

② 甲이 행정지도에 따른 허위의 매매가격신고로 인하여 불이익을 입었다면 행정청이 사실상 강제력을 행사하였는지에 관계없이 공무원의 직무상 불법행위가 성립한다. [ ]

③ 행정청이 허위의 매매가격신고를 사실상 강제하지 않았더라도 현행법상 甲의 피해에 대한 손실보상이 이루어질 수 있다. [ ]

④ 만약 행정청의 행정지도를 따르지 않을 경우 일정한 불이익조치가 예정되어 있었다면 그 행정지도는 헌법소원의 대상이 되는 공권력행사가 될 수 있다. [ ]

⑤ 행정지도는 법적 효과를 발생시키는 것이 아니므로 항고소송 등 행정쟁송의 대상이 되지 아니하며, 행정지도를 따르지 않았다는 이유로 발령된 행정행위에 대해서도 항고소송을 제기할 수 없다. [ ]

정답 및 해설

286 ① [X] 행정지도를 하여 그에 따라 허위신고를 한 것이라 하더라도 이와 같은 행정지도는 법에 어긋나는 것으로서 그와 같은 행정지도나 관행에 따라 허위신고행위에 이르렀다고 하여도 이것만 가지고서는 그 범법행위가 정당화될 수 없다. (1994. 6. 14. 93도3247)
② [X] 행정지도가 강제성을 띠지 않은 비권력적 작용으로서 행정지도의 한계를 일탈하지 아니하였다면, 그로 인하여 상대방에게 어떤 손해가 발생하였다 하더라도 행정기관은 그에 대한 손해배상책임이 없다. (2008. 9. 25. 2006다18228)
③ [X] 손실보상청구권은 일방적인 공행정작용에 의한 재산권침해를 요건으로 하기 때문에, 임의적 협력을 전제로 하는 행정지도가 이러한 요건을 충족시킨다고 보기는 어려울 것이다.
④ [O] 단순한 행정지도로서의 한계를 넘어 규제적구속적 성격을 상당히 강하게 갖는 경우라면 헌법소원의 대상이 되는 공권력의 행사라고 볼 수 있다. (헌재 2003. 6. 26. 2002헌마337)
⑤ [X] 행정지도는 법적 효과를 발생시키는 것이 아니므로 항고소송의 대상이 되지 아니하나(이견 있음), 행정지도를 따르지 않았다는 이유로 발령된 행정행위에 대해서는 항고소송을 제기할 수 있다.

제3편
행정절차·행정정보공개

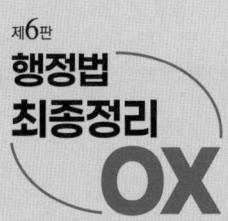

제1장 행정절차

제1절 행정절차의 의의
제2절 행정절차법의 주요내용

01 감사원이 감사위원회의의 결정을 거쳐 행하는 사항에 대하여는 「행정절차법」이 적용되지 않는다. (23-1) [ ]

02 외국인의 출입국에 관한 사항은 「행정절차법」이 적용되지 않으므로, 미국국적을 가진 교민에 대한 사증거부처분에 대해서도 처분의 방식에 관한 「행정절차법」 제24조는 적용되지 않는다. (추가문제) ★★ [ ]

03 「행정절차법」상 공무원 인사관계 법령에 의한 처분에 관한 사항 전부에 대하여 「행정절차법」의 적용이 배제되는 것이 아니라 성질상 행정절차를 거치기 곤란하거나 불필요하다고 인정되는 처분이나 행정절차에 준하는 절차를 거치도록 하고 있는 처분의 경우에만 「행정절차법」의 적용이 배제된다. (변시 7회) (변시 2회) ★★ [ ]

04 「국가공무원법」상 직위해제처분은 '공무원 인사 관계 법령에 따른 징계와 그 밖의 처분'에 해당하지만, 당해 행정작용의 성질상 행정절차를 거치기 곤란하거나 불필요하다고 인정되는 사항 또는 행정절차에 준하는 절차를 거친 사항이라 볼 수 없으므로 「행정절차법」의 규정이 적용된다. (변시 13회) ★★ [ ]

정답 및 해설

01 [O] 행정절차법 제3조(적용 범위) ② 이 법은 다음 각 호의 어느 하나에 해당하는 사항에 대하여는 적용하지 아니한다.
1. 국회 또는 지방의회의 의결을 거치거나 동의 또는 승인을 받아 행하는 사항
2. 법원 또는 군사법원의 재판에 의하거나 그 집행으로 행하는 사항
3. 헌법재판소의 심판을 거쳐 행하는 사항
4. 각급 선거관리위원회의 의결을 거쳐 행하는 사항
5. 감사원이 감사위원회의의 결정을 거쳐 행하는 사항

02 [X] 행정절차법 제3조 제2항 제9호, 행정절차법 시행령 제2조 제2호 등 관련 규정들의 내용을 행정의 공정성, 투명성, 신뢰성을 확보하고 처분상대방의 권익보호를 목적으로 하는 행정절차법의 입법 목적에 비추어 보면, 행정절차법의 적용이 제외되는 '외국인의 출입국에 관한 사항'이란 해당 행정작용의 성질상 행정절차를 거치기 곤란하거나 거칠 필요가 없다고 인정되는 사항이나 행정절차에 준하는 절차를 거친 사항으로서 행정절차법 시행령으로 정하는 사항만을 가리킨다고 보아야 한다. '외국인의 출입국에 관한 사항'이라고 하여 행정절차를 거칠 필요가 당연히 부정되는 것은 아니다. (2019. 7. 11. 2017두38874)

03 [O] (2007. 9. 21. 2006두20631)

04 [X] 국가공무원법상 직위해제처분은 행정절차법제3조 제2항 제9호, 시행령 제2조 제3호에 의하여 당해 행정작용의 성질상 행정절차를 거치기 곤란하거나 불필요하다고 인정되는 사항 또는 행정절차에 준하는 절차를 거친 사항에 해당하므로, 처분의 사전통지 및 의견청취 등에 관한 행정절차법의 규정이 별도로 적용되지 않는다. (2014. 5. 16. 2012두26180)

05 별정직 공무원에 대한 직권면직 처분은 「행정절차법」상 '공무원 인사관계 법령에 의한 징계'에 해당하므로 「행정절차법」의 적용이 배제된다. (예제문제) [ ]

06 시보임용을 거쳐 정규공무원으로 임용된 사람에게 시보임용처분 당시 법률상 공무원임용 결격사유가 있어 시보임용처분을 취소하고 그에 따라 정규임용처분을 취소한 경우, 정규임용처분을 취소하는 처분에 대해서는 성질상 「행정절차법」의 적용이 배제된다. (예제문제) [ ]

07 보건복지부장관이 작성한 「보육사업안내」에서 평가인증취소의 절차에 관한 사항을 일부 정한 경우에, 이는 다른 법률에 특별한 규정이 있는 경우에 해당하여 「행정절차법」의 적용이 배제된다. (예제문제) [ ]

08 「행정절차법 시행령」 제2조 제8호는 '학교·연수원 등에서 교육·훈련의 목적을 달성하기 위하여 학생·연수생들을 대상으로 하는 사항'을 「행정절차법」이 적용되지 않는 경우로 규정하고 있으나 생도의 퇴학처분과 같이 신분을 박탈하는 징계처분은 여기에 해당한다고 할 수 없다. (추가문제) [ ]

09 「병역법」에 의한 소집에 관한 사항에는 「행정절차법」이 적용되지 않으나 「병역법」상의 산업기능요원의 편입취소처분에 대해서는 「행정절차법」이 적용된다. (추가문제) [ ]

정답 및 해설

05 [X] 이러한 법리는 '공무원 인사관계 법령에 의한 처분'에 해당하는 별정직 공무원에 대한 직권면직 처분의 경우에도 마찬가지로 적용된다. (2013. 1. 16. 2011두30687)

06 [X] 성질상 행정절차를 거치는 것이 불필요하여 행정절차법의 적용이 배제되는 경우에 해당하지 않으므로, 그 처분을 하면서 사전통지를 하거나 의견제출의 기회를 부여하지 않은 것은 위법하다. (2009. 1. 30. 2008두16155)

07 [X] 피고 보건복지부장관이 평가인증을 취소할 수 있지만 반드시 취소하여야 하는 것은 아닌 점 등에 비추어 보면, 보조금 반환명령 당시 사전통지 및 의견제출의 기회가 부여되었다 하더라도 그 사정만으로 이 사건 평가인증취소처분이 구 행정절차법 제21조 제4항 제3호에서 정하고 있는 사전통지 등을 하지 아니하여도 되는 예외사유에 해당한다고도 볼 수 없으므로, 구 행정절차법 제21조 제1항에 따른 사전통지를 거치지 않은 이 사건 평가인증취소처분은 위법하다. (2016. 11. 9. 2014두1260)

08 [O] 행정절차법 시행령 제2조 제8호는 '학교·연수원 등에서 교육·훈련의 목적을 달성하기 위하여 학생·연수생들을 대상으로 하는 사항'을 행정절차법의 적용이 제외되는 경우로 규정하고 있으나, 이는 교육과정과 내용의 구체적 결정, 과제의 부과, 성적의 평가, 공식적 징계에 이르지 아니한 질책·훈계 등과 같이 교육·훈련의 목적을 직접 달성하기 위하여 행하는 사항을 말하는 것으로 보아야 하고, 생도에 대한 퇴학처분과 같이 신분을 박탈하는 징계처분은 여기에 해당한다고 볼 수 없다. (2018. 3. 13. 2016두33339)

09 [O] (2002. 9. 6. 2002두554)

10 　행정절차법 제3조 제2항, 같은법 시행령 제2조 제6호에 의하면 공정거래위원회의 의결·결정을 거쳐 행하는 사항에는 행정절차법의 적용이 제외되게 되어 있으므로, 설사 공정거래위원회의 시정조치 및 과징금납부명령에 행정절차법 소정의 의견청취절차 생략사유가 존재한다고 하더라도, 공정거래위원회는 행정절차법을 적용하여 의견청취절차를 생략할 수는 없다. (예제문제) ★　　[　　]

11 　국가에 대한 행정처분도 가능하며, 이때에도 사전 통지, 의견청취, 이유 제시와 관련한 「행정절차법」 규정이 그대로 적용된다. (변시 14회) ★★　　[　　]

12 　「영유아보육법」 및 같은 법 시행규칙의 위임에 따라 보건복지부장관이 정한 '보육사업안내'에 어린이집 평가인증취소의 절차에 관한 사항을 일부 정한 경우, 평가인증취소에 「행정절차법」 적용이 배제된다. (24-2)　　[　　]

13 　행정처분에 처분의 이유를 제시하도록 한 「행정절차법」이 과세처분에 직접 적용되지는 않지만, 그 기본원리가 본질적으로 달라져서는 안 되는 것이고 이를 완화하여 적용할 이유도 없다. (24-2)　　[　　]

정답 및 해설

10 [O] (2001. 5. 8. 2000두10212)

11 [O] 행정절차법의 규정과 행정의 공정성·투명성 및 신뢰성 확보라는 행정절차법의 입법 취지 등을 고려해 보면, 행정기관의 처분에 의하여 불이익을 입게 되는 국가를 일반 국민과 달리 취급할 이유가 없다. 따라서 국가에 대해 행정처분을 할 때에도 사전 통지, 의견청취, 이유 제시와 관련한 행정절차법이 그대로 적용된다고 보아야 한다. (2023. 9. 21. 2023두39724)

12 [X] 보건복지부장관이 작성한 「보육사업안내」에 평가인증취소의 절차에 관한 사항을 일부 정하고 있다 하더라도 이러한 사정만으로 행정절차법 제3조 제1항이 정한 '다른 법률에 특별한 규정이 있는 경우'에 해당하여 평가인증취소에 행정절차법 적용이 배제된다고 보기 어렵다. (2016.11.9. 2014두1260)

13 [O] (2012.10.18. 2010두12347)

14　사립학교법상 임원취임승인을 취소하기 위해서는, 「사립학교법」 제20조의2 제2항에 따라 15일의 시정요구사항에 대한 결과보고를 위한 기간 유예를 주는 것과는 별도로 「행정절차법」상의 사전통지를 하고 의견진술기회를 부여하여야 한다. (22-1)　[　]

15　행정청은 법령등의 이유로 독자적인 직무수행이 어려운 경우에는 다른 행정청에 행정응원을 요청할 수 있으나 능률성과 경제성을 이유로 하는 행정응원은 요청할 수 없다. (23-1)　[　]

16　행정절차에 있어서 대표자가 있는 경우에는 당사자등은 그 대표자를 통하여서만 행정절차에 관한 행위를 할 수 있다. (23-1)　[　]

정답 및 해설

14 [X] 행정절차법 제3조 제1항은 "행정절차에 관하여 다른 법률에 특별한 규정이 있는 경우를 제외하고는 이 법이 정하는 바에 의한다."고 규정하고 있는바, 이는 행정절차법이 행정절차에 관한 일반법임을 밝힘과 아울러, 매우 다양한 형식으로 행하여지는 행정작용에 대하여 일률적으로 행정절차법을 적용하는 것이 적절하지 아니함을 고려하여, 다른 법률이 행정절차에 관한 특별한 규정을 적극적으로 두고 있는 경우이거나 다른 법률이 명시적으로 행정절차법의 규정을 적용하지 아니한다고 소극적으로 규정하고 있는 경우에는 행정절차법의 적용을 배제하고 다른 법률의 규정을 적용한다는 뜻을 밝히고 있는 것이라고 할 것인데, 사립학교법 제20조의2 제2항은 "제1항의 규정에 의한 취임승인의 취소는 관할청이 당해 학교법인에게 그 사유를 들어 시정을 요구한 날로부터 15일이 경과하여도 이에 응하지 아니한 경우에 한한다."고 규정하고 있는바, 비록 그 취지가 사학의 자율성을 고려하여 학교법인 스스로 임원의 위법·부당행위를 시정할 기회를 주는 데 있다고 하더라도, 학교법인이나 해당 임원의 입장에서는 위 시정요구에 응하지 아니하면 임원취임승인이 취소되므로 관할청에 위 시정요구사항에 대한 결과보고를 함에 있어서, 위 기간 안에 시정할 수 없는 사항에 대하여는 임원취임승인취소처분을 면하기 위하여 당연히 위 기간 안에 시정할 수 없는 사유와 그에 대한 앞으로의 시정계획, 학교법인의 애로사항 등에 관한 의견진술을 하게 될 것인즉, 그렇다면 위 조항에 의한 시정요구는 학교법인 이사장을 비롯한 임원들에게, 임원취임승인취소처분의 사전통지와 아울러 행정절차법 소정의 의견진술의 기회를 준 것에 다름 아니다. (2002. 2. 5. 2001두7138)

15 [X] 행정절차법 제8조(행정응원) ① 행정청은 다음 각 호의 어느 하나에 해당하는 경우에는 다른 행정청에 행정응원(行政應援)을 요청할 수 있다.
1. 법령등의 이유로 독자적인 직무 수행이 어려운 경우
2. 인원·장비의 부족 등 사실상의 이유로 독자적인 직무 수행이 어려운 경우
3. 다른 행정청에 소속되어 있는 전문기관의 협조가 필요한 경우
4. 다른 행정청이 관리하고 있는 문서(전자문서를 포함한다. 이하 같다)·통계 등 행정자료가 직무 수행을 위하여 필요한 경우
5. 다른 행정청의 응원을 받아 처리하는 것이 보다 능률적이고 경제적인 경우

16 [O] 행정절차법 제11조 제5항

17 징계와 같은 불이익처분절차에서 징계심의대상자에게 변호사를 통한 방어권의 행사를 보장하는 것이 필요하고, 징계심의대상자가 선임한 변호사가 징계위원회에 출석하여 징계심의대상자를 위하여 필요한 의견을 진술하는 것은 방어권 행사의 본질적 내용에 해당하므로, 행정청은 특별한 사정이 없는 한 이를 거부할 수 없다. (변시 10회) ★★ [   ]

18 「행정절차법」에 따르면 행정청은 신청을 받았을 때에는 다른 법령등에 특별한 규정이 있는 경우를 제외하고는 그 접수를 보류 또는 거부하거나 부당하게 되돌려 보내서는 아니 되며, 그 신청에 구비서류의 미비 등 흠이 있는 경우에는 보완에 필요한 상당한 기간을 정하여 지체 없이 신청인에게 보완을 요구하여야 한다. (변시 11회) ★★ [   ]

19 행정청이 구비서류의 미비 등 신청에 흠이 있어 신청인에게 상당한 기간을 주고 보완을 요구할 때, 처분의 실체적인 발급요건에 관한 사항까지 보완할 기회를 부여할 행정청의 의무는 없다. (23-3) ★ [   ]

20 민원사항의 신청서류에 실질적인 요건에 관한 흠이 있더라도 그것이 민원인의 단순한 착오나 일시적인 사정 등에 기한 경우에는 행정청은 보완을 요구할 수 있다. (변시 9회) ★ [   ]

정답 및 해설

17 [O] 행정절차법 제12조 제1항 제3호, 제2항, 제11조 제4항 본문에 따르면, 당사자 등은 변호사를 대리인으로 선임할 수 있고, 대리인으로 선임된 변호사는 당사자 등을 위하여 행정절차에 관한 모든 행위를 할 수 있다고 규정되어 있다. 위와 같은 행정절차법의 규정과 취지, 헌법상 법치국가원리와 적법절차원칙에 비추어 징계와 같은 불이익처분절차에서 징계심의대상자에게 변호사를 통한 방어권의 행사를 보장하는 것이 필요하고, 징계심의대상자가 선임한 변호사가 징계위원회에 출석하여 징계심의대상자를 위하여 필요한 의견을 진술하는 것은 방어권 행사의 본질적 내용에 해당하므로, 행정청은 특별한 사정이 없는 한 이를 거부할 수 없다. (2018. 3. 13. 2016두33339)

18 [O] 행정절차법 제17조(처분의 신청) ④ 행정청은 신청을 받았을 때에는 다른 법령등에 특별한 규정이 있는 경우를 제외하고는 그 접수를 보류 또는 거부하거나 부당하게 되돌려 보내서는 아니 되며, 신청을 접수한 경우에는 신청인에게 접수증을 주어야 한다. 다만, 대통령령으로 정하는 경우에는 접수증을 주지 아니할 수 있다.

⑤ 행정청은 신청에 구비서류의 미비 등 흠이 있는 경우에는 보완에 필요한 상당한 기간을 정하여 지체 없이 신청인에게 보완을 요구하여야 한다.

19 [O] 행정청으로 하여금 신청에 대하여 거부처분을 하기 전에 반드시 신청인에게 신청의 내용이나 처분의 실체적 발급요건에 관한 사항까지 보완할 기회를 부여하여야 할 의무를 정한 것은 아니라고 보아야 한다. (2020. 7. 23. 2020두36007)

20 [O] 민원사무처리에관한법률 제4조 제2항, 같은법 시행령에 의하면, 행정기관은 민원사항의 신청이 있는 때에는 다른 법령에 특별한 규정이 있는 경우를 제외하고는 그 접수를 보류하거나 거부할 수 없으며, 민원서류에 흠이 있는 경우에는 보완에 필요한 상당한 기간을 정하여 지체 없이 민원인에게 보완을 요구하고 … 보완의 대상이 되는 흠은 보완이 가능한 경우이어야 함은 물론이고, 그 내용 또한 형식적·절차적인 요건이거나, 실질적인 요건에 관한 흠이 있는 경우라도 그것이 민원인의 단순한 착오나 일시적인 사정 등에 기한 경우 등이라야 한다. (2004. 10. 15. 2003두6573)

21. 신청한 내용의 일부를 행정청이 받아들일 수 없는 경우에는 신청내용 전체를 배척하여야 하며 일부에 대해서 인용하는 처분을 할 수는 없다. (변시 9회) [　]

22. 신청인이 신청서의 접수에 앞서 담당 공무원에게 신청서 및 그 구비서류의 내용검토를 부탁하였고, 공무원이 그 내용을 개략적으로 검토한 후 구비서류 내용을 보완하여야 한다는 취지로 말하자 신청인이 신청서를 접수시키지 않은 경우, 신청인이 검토를 부탁한 행위는 명시적이고 확정적인 신청의 의사표시로 볼 수 있고, 구비서류의 보완을 요청한 행위를 신청거부로 보아야 한다. (변시 11회) ★ [　]

23. 「행정절차법」이 처분의 처리기간을 정하는 것은 신청에 따른 사무를 가능한 한 조속히 처리하도록 하기 위한 것으로, 처리기간에 관한 규정은 훈시규정에 불과할 뿐 강행규정이라고 볼 수 없으므로, 행정청이 처리기간이 지나 처분을 하였더라도 이를 처분을 취소할 절차상 하자로 볼 수 없다. (변시 11회) ★★ [　]

24. 행정처분의 기준은 되도록 구체적으로 공표하여야 하나, 행정청이 구체적 상황에 따라 합리적 재량을 발휘할 수 있도록 하기 위해 필요한 경우에는 처분기준을 개략적으로 정할 수 있다. (23-2) ★★ [　]

25. 행정청이 「행정절차법」 제20조 제1항의 처분기준 사전공표 의무를 위반하여 미리 공표하지 아니한 기준을 적용하여 처분을 하였다면, 그러한 사정만으로 곧바로 해당 처분에 취소사유가 존재한다. (변시 13회) ★★ [　]

정답 및 해설

21 [X] 신청한 내용이 가분성이 인정된다면 일부에 대해서만 인용하는 처분을 할 수 있다.

22 [X] 신청인의 행정청에 대한 신청의 의사표시는 명시적이고 확정적인 것이어야 한다고 할 것이므로 신청인이 신청에 앞서 행정청의 허가업무 담당자에게 신청서의 내용에 대한 검토를 요청한 것만으로는 다른 특별한 사정이 없는 한 명시적이고 확정적인 신청의 의사표시가 있었다고 하기 어렵다. (2004. 9. 24. 2003두13236)

23 [O] 처분이나 민원의 처리기간을 정하는 것은 신청에 따른 사무를 가능한 한 조속히 처리하도록 하기 위한 것이다. 처리기간에 관한 규정은 훈시규정에 불과할 뿐 강행규정이라고 볼 수 없다. 행정청이 처리기간이 지나 처분을 하였더라도 이를 처분을 취소할 절차상 하자로 볼 수 없다. (2019. 12. 13. 2018두41907)

24 [O] (2019. 12. 13. 2018두41907)

25 [X] 행정청이 행정절차법 제20조 제1항의 처분기준 사전공표 의무를 위반하여 미리 공표하지 아니한 기준을 적용하여 처분을 하였다고 하더라도, 그러한 사정만으로 곧바로 해당 처분에 취소사유에 이를 정도의 흠이 존재한다고 볼 수는 없다. (2020. 12. 24. 2018두45633)

26 　행정청이 미리 공표한 처분기준인 행정규칙을 따랐는지 여부가 처분의 적법성을 판단하는 결정적인 지표가 되지 못하는 것과 마찬가지로, 행정청이 미리 공표하지 않은 처분기준을 적용하였는지 여부도 처분의 적법성을 판단하는 결정적인 지표가 될 수 없다. (변시 14회) [ ]

27 　행정청은 최대한 구체적으로 처분기준을 설정·공표하여야 하지만, 처분의 근거가 되는 법령에 처분기준이 구체적으로 규정되어 있는 때에는 이를 다시 설정·공표할 의무는 없다. (24-1) [ ]

28 　문화체육관광부장관 甲은 A국과의 관광 협상 결과에 따른 세부사항을 시행하기 위하여 「전담여행사 업무 시행지침」(이하 '이 사건 지침'이라 함)을 제정하였다. 甲은 이 사건 지침에 근거하여 2013. 5.경 재심사를 통해 전담여행사 지위를 갱신하는 갱신기준('종전 처분기준')을 정하여 이를 공표하였다. 甲은 2016. 3. 23. 무자격 가이드 고용으로 감점을 받은 경우 전담여행사 지위를 갱신하지 않기로 하는 내용의 '변경된 처분기준'을 마련하였으나 이를 공표하지 않았다. 한편, 전담여행사 지정을 받은 乙은 2015. 1.경 무자격 가이드를 고용하였고 이를 이유로 2016. 4. 2. '변경된 처분기준'에 따라 재지정 탈락기준을 상회하는 감점을 받았다. 이를 근거로 甲은 2016. 11. 4. 乙에 대한 전담여행사 지정을 취소하였다(이하 '이 사건 처분'이라 함). (다툼이 있는 경우 판례에 의함) (변시 12회) ★★

① 이미 공표된 '종전 처분기준'을 다시 변경하는 경우에도 공공의 안전 또는 복리를 현저히 해치는 등 예외적인 사유에 해당하지 않는 한, '변경된 처분기준'을 다시 공표하여야 한다. [ ]

② '변경된 처분기준'은 근거 법령에서 구체적 위임을 받아 제정·공포되었다는 특별한 사정이 없는 한, 원칙적으로 대외적 구속력이 없는 행정규칙에 해당한다. [ ]

③ 甲이 '변경된 처분기준'을 미리 공표하지 않은 채 갱신심사에 적용하였다면 그 자체로 '이 사건 처분'에 취소사유에 해당하는 흠이 있다고 볼 수 있다. [ ]

④ 사전에 공표한 갱신기준을 심사대상기간이 이미 경과하였거나 상당부분 경과한 시점에서 처분상대방의 갱신여부를 좌우할 정도로 중대하게 변경하는 것은 특별한 사정이 없는 한 허용되지 않는다. [ ]

정답 및 해설

26 [O] (2020.12.24. 2018두45633)

27 [O] (2016.4.29. 2014두3631)

28 ① [O] 행정절차법 제20조(처분기준의 설정·공표) ① 행정청은 필요한 처분기준을 해당 처분의 성질에 비추어 되도록 구체적으로 정하여 공표하여야 한다. 처분기준을 변경하는 경우에도 또한 같다.
③ 제1항에 따른 처분기준을 공표하는 것이 해당 처분의 성질상 현저히 곤란하거나 공공의 안전 또는 복리를 현저히 해치는 것으로 인정될 만한 상당한 이유가 있는 경우에는 처분기준을 공표하지 아니할 수 있다.

② [O] 행정청이 행정절차법 제20조 제1항에 따라 정하여 공표한 처분기준은, 그것이 해당 처분의 근거 법령에서 구체적 위임을 받아 제정·공포되었다는 특별한 사정이 없는 한, 원칙적으로 대외적 구속력이 없는 행정규칙에 해당한다. (2020. 12. 24. 2018두45633)

사전통지와 의견청취

29 행정청이 침해적 행정처분을 하면서 당사자에게 「행정절차법」상의 사전통지를 하지 않았고 의견제출의 기회도 부여하지 않았다면 사전통지를 하지 아니하거나 의견제출의 기회를 주지 아니하여도 되는 예외적인 경우에 해당하지 아니하는 한 그 처분은 위법하다. (변시 7회)   [   ]

30 신청에 따른 처분이 이루어지지 아니한 경우에는 아직 당사자에게 권익이 부과되지 아니하였으므로 특별한 사정이 없는 한 신청에 대한 거부처분이라고 하더라도 직접 당사자의 권익을 제한하는 것은 아니어서 신청에 대한 거부처분은 행정절차법상의 사전통지대상이 된다고 할 수 없다. (변시 3회) (변시 5회) ★   [   ]

31 법령 등에서 요구된 자격이 없어지게 되면 반드시 일정한 처분을 하여야 하는 경우에 그 자격이 없어지게 된 사실이 법원의 재판 등에 의하여 객관적으로 증명된 경우에도 행정절차법상의 사전통지를 하여야 한다. (변시 3회) ★   [   ]

32 행정청이 침익적 행정처분을 함에 있어 의견제출의 기회를 부여하지 않아도 되는 예외적인 경우에 해당하지 않는 한, 의견제출 기회를 부여하지 않은 것은 취소사유에 해당한다. (변시 2회) ★   [   ]

정답 및 해설

③ **[X]** 행정청이 행정절차법 제20조 제1항의 처분기준 사전공표 의무를 위반하여 미리 공표하지 아니한 기준을 적용하여 처분을 하였다고 하더라도, 그러한 사정만으로 곧바로 해당 처분에 취소사유에 이를 정도의 흠이 존재한다고 볼 수는 없다. 다만 해당 처분에 적용한 기준이 상위법령의 규정이나 신뢰보호의 원칙 등과 같은 법의 일반원칙을 위반하였거나 객관적으로 합리성이 없다고 볼 수 있는 구체적인 사정이 있다면 해당 처분은 위법하다고 평가할 수 있다. (2020. 12. 24. 2018두45633)

④ **[O]** 행정청이 관계 법령의 규정이나 자체적인 판단에 따라 처분상대방에게 특정한 권리나 이익 또는 지위 등을 부여한 후 일정한 기간마다 심사하여 갱신 여부를 판단하는 이른바 '갱신제'를 채택하여 운용하는 경우에는, 처분상대방은 합리적인 기준에 의한 공정한 심사를 받아 그 기준에 부합하면 특별한 사정이 없는 한 갱신되리라는 기대를 가지고 갱신 여부에 관하여 합리적인 기준에 의한 공정한 심사를 요구할 권리를 가진다. … 사전에 공표한 심사기준 중 경미한 사항을 변경하거나 다소 불명확하고 추상적이었던 부분을 명확하게 하거나 구체화하는 정도를 뛰어넘어, 심사대상기간이 이미 경과하였거나 상당 부분 경과한 시점에서 처분상대방의 갱신 여부를 좌우할 정도로 중대하게 변경하는 것은 갱신제의 본질과 사전에 공표된 심사기준에 따라 공정한 심사가 이루어져야 한다는 요청에 정면으로 위배되는 것이므로, 갱신제 자체를 폐지하거나 갱신상대방의 수를 종전보다 대폭 감축할 수밖에 없도록 만드는 중대한 공익상 필요가 인정되거나 관계 법령이 제·개정되었다는 등의 특별한 사정이 없는 한, 허용되지 않는다. (2020. 12. 24. 2018두45633)

29 [O] (2007. 9. 21. 2006두20631)

30 [O] (2003. 11. 28. 2003두674)

31 [X] 사전통지 예외사유에 해당함. (행정절차법 제21조 제4항 제2호)

32 [O] (2007. 9. 21. 2006두20631)

33   진급예정자 명단에 포함된 자에 대하여 진급선발을 취소하는 처분은 진급예정자로서 가지는 이익을 침해하는 처분이어서 「행정절차법」상의 의견제출 기회 등을 주어야 하며, 수사과정 및 징계과정에서 자신의 비위행위에 대한 해명기회를 가졌다는 사정만으로 사전통지를 하지 않거나 의견제출의 기회를 주지 아니하여도 되는 예외적인 경우에 해당한다고 할 수 없다. (변시 8회)   [   ]

34   건축법상의 공사중지명령에 대한 사전통지를 하고 의견제출의 기회를 준다면 많은 액수의 손실보상금을 기대하여 공사를 강행할 우려가 있다는 사정은 사전통지 및 의견제출절차의 예외사유에 해당하지 아니한다. (예제문제)   [   ]

35   행정조사기본법에 따른 현장조사에서 원고가 위반사실을 시인하였다거나 위반경위를 진술하였다는 사정만으로는 행정절차법 제21조 제4항 제3호가 정한 '의견청취가 현저히 곤란하거나 명백히 불필요하다고 인정될 만한 상당한 이유가 있는 경우'로서 처분의 사전통지를 하지 아니하여도 되는 경우에 해당한다고 볼 수 없다. (예제문제)   [   ]

36   甲이 A시장에게 영업허가를 신청하면서 관련 서류를 위조하여 허가를 받았음을 이유로 영업허가를 취소하는 경우라면, A시장은 甲에 대해 영업허가를 취소하면서 관련법에 특별한 규정이 없는 한 「행정절차법」상 사전통지절차를 거치지 않아도 된다. (22-1) ★   [   ]

37   퇴직연금의 환수결정은 당사자의 권익을 침해하는 처분이므로 관련 법령에 따라 당연히 환수금액이 정해지는 것이라 하더라도 행정청은 환수결정에 앞서 당사자에게 의견진술의 기회를 부여하여야 한다. (변시 11회) ★   [   ]

38   '고시'의 방법으로 불특정 다수인을 상대로 의무를 부과하거나 권익을 제한하는 처분은 성질상 의견제출의 기회를 주어야 하는 상대방을 특정할 수 없으므로, 행정절차법 제22조 제3항에 의하여 그 상대방에게 의견제출의 기회를 주어야 하는 것은 아니다. (예제문제) ★   [   ]

정답 및 해설

33 [O] (2007. 9. 21. 2006두20631)
34 [O] (2004. 5. 28. 2004두1254)
35 [O] (2016. 10. 27. 2016두41811)
36 [X] 당사자가 서류를 위조하여 허가를 받아 영업허가를 취소하는 경우에도 사전통지절차는 거쳐야 한다.
37 [X] 퇴직연금의 환수결정은 당사자에게 의무를 과하는 처분이기는 하나, 관련 법령에 따라 당연히 환수금액이 정하여지는 것이므로, 퇴직연금의 환수결정에 앞서 당사자에게 의견진술의 기회를 주지 아니하여도 행정절차법 제22조 제3항이나 신의칙에 어긋나지 아니한다. (2000. 11. 28. 99두5443)
38 [O] (2014. 10. 27. 2012두7745)

| 39 | 「도로법」에 따라 도로구역을 변경하는 처분은 당사자에게 의무를 부과하거나 권익을 제한하게 되므로 「행정절차법」상 사전통지의 대상이 된다. (변시 13회) ★ [ ] |

| 40 | 대규모점포 중 개설자가 직영하지 않는 임대매장이 존재하더라도 대규모점포에 대한 영업시간 제한 등 처분의 상대방은 오로지 대규모점포 개설자이므로, 대규모점포 개설자 이외에 임대매장의 임차인에게까지 별도의 사전통지 등 절차를 거칠 필요는 없다. (예제문제) [ ] |

| 41 | 청문을 실시하지 않아도 되는 예외적인 경우에 해당하지 않는 한 행정청은 침익적 행정처분을 할 때 반드시 청문을 실시하여야 하고 그 절차를 결여한 처분은 위법한 처분으로서 당연무효에 해당한다. (변시 5회) [ ] |

| 42 | 행정청이 당사자와 도시계획사업의 시행과 관련한 협약을 체결하면서 관계 법령 및 행정절차법에 규정된 청문의 실시 등 의견청취절차를 배제하는 조항을 두었다고 하더라도, 위와 같은 협약의 체결로 청문의 실시에 관한 규정의 적용을 배제할 수 있다고 볼 만한 법령상의 규정이 없는 한, 청문의 실시에 관한 규정의 적용이 배제된다거나 청문을 실시하지 않아도 되는 예외적인 경우에 해당한다고 할 수 없다. (변시 3회) (변시 5회) (변시 11회) ★★ [ ] |

| 43 | 행정처분의 상대방에 대한 청문통지서가 반송되었다거나 행정처분의 상대방이 청문일시에 불출석하였다는 이유로 청문을 실시하지 아니하고 한 침익적 행정처분은 위법하다. (변시 5회) ★ [ ] |

| 44 | 청문주재자는 당사자 등의 전부 또는 일부가 정당한 사유 없이 청문기일에 출석하지 아니한 경우에는 이들에게 다시 의견진술 및 증거제출의 기회를 주지 아니하고 청문을 마칠 수 있다. (예제문제) [ ] |

| 45 | 「행정절차법」상 청문은 청문 주재자가 필요하다고 인정하는 경우 공개할 수 있으며, 당사자 또는 이해관계인은 청문의 공개를 신청할 수 없다. (변시 7회) [ ] |

정답 및 해설

39 [X] 행정절차법 제2조 제4호가 행정절차법의 당사자를 행정청의 처분에 대하여 직접 그 상대가 되는 당사자로 규정하고, 도로법 제25조 제3항이 도로구역을 결정하거나 변경할 경우 이를 고시에 의하도록 하면서, 그 도면을 일반인이 열람할 수 있도록 한 점 등을 종합하여 보면, 도로구역을 변경한 이 사건 처분은 행정절차법 제21조 제1항의 사전통지나 제22조 제3항의 의견청취의 대상이 되는 처분은 아니라고 할 것이다. (2008. 6. 12. 2007두1767)

40 [O] (2015. 11. 19. 2015두295)

41 [X] 취소사유에 해당한다. (2004. 7. 8. 2002두8350)

42 [O] (2004. 7. 8. 2002두8350)

43 [O] 행정절차법 제22조 제1항 제1호, 제4항, 제21조 제4항 제3호의 예외사유에 해당하지 않는다. (2001. 4. 13. 2000두3337)

44 [O] 행정절차법 제35조 제2항

45 [X] 행정절차법 제30조(청문의 공개) 청문은 당사자가 공개를 신청하거나 청문 주재자가 필요하다고 인정하는 경우 공개할 수 있다. 다만, 공익 또는 제3자의 정당한 이익을 현저히 해칠 우려가 있는 경우에는 공개하여서는 아니 된다.

이유제시

46 일반적으로 당사자가 근거규정 등을 명시하여 신청하는 인·허가 등을 거부하는 처분을 함에 있어 당사자가 그 근거를 알 수 있을 정도로 상당한 이유를 제시한 경우에는 당해 처분의 근거 및 이유를 구체적 조항 및 내용까지 명시하지 않았더라도 그로 말미암아 처분이 위법한 것이 된다고 할 수 없다. (변시 7회) ★★ [ ]

47 행정청은 처분을 하는 경우 원칙적으로 당사자에게 그 근거와 이유를 제시할 의무가 있으므로, 당사자가 근거규정 등을 명시하여 신청하는 인·허가 등을 거부하는 처분을 함에 있어 당사자가 그 근거를 알 수 있을 정도로 상당한 이유를 제시한 경우라 할지라도 당해 처분의 근거 및 이유로서 구체적 조항 및 내용까지 명시해야 하고 그러지 아니하면 그 처분은 위법하다. (변시 3회) [ ]

48 행정청이 허가를 거부하는 처분을 하면서 처분의 근거와 이유를 구체적으로 명시하지 않은 이상, 당사자가 그 근거를 알 수 있을 정도로 이유를 제시하였다 하더라도 그 처분은 위법하다. (변시 10회) [ ]

49 처분서에 기재된 내용과 관계 법령 및 해당 처분에 이르기까지의 전체적인 과정 등을 종합적으로 고려하여 처분 당시 당사자가 어떠한 근거와 이유로 처분이 이루어진 것인지를 충분히 알 수 있어서 그에 불복하여 행정구제절차로 나아가는 데에 별다른 지장이 없었더라도, 처분서에 처분의 근거와 이유가 구체적으로 명시되어 있지 않았다면 그 처분은 위법하다. (변시 14회) ★ [ ]

50 행정절차법에 따르면 특정 영업의 허가 신청내용을 모두 그대로 인정하는 허가를 할 경우 그 허가처분의 근거와 이유를 제시하지 않아도 된다. (변시 2회) [ ]

정답 및 해설

46 [O] (2002. 5. 17. 2000두8912)

47 [X] 위 문제 참고(2002. 5. 17. 2000두8912)

48 [X] 당사자가 신청하는 허가 등을 거부하는 처분을 하면서 당사자가 그 근거를 알 수 있을 정도로 이유를 제시한 경우에는 처분의 근거와 이유를 구체적으로 명시하지 않았더라도 그로 말미암아 그 처분이 위법하다고 볼 수는 없다. 이때 '이유를 제시한 경우'는 처분서에 기재된 내용과 관계 법령 및 당해 처분에 이르기까지의 전체적인 과정 등을 종합적으로 고려하여, 처분 당시 당사자가 어떠한 근거와 이유로 처분이 이루어진 것인지를 충분히 알 수 있어서 그에 불복하여 행정구제절차로 나아가는 데 별다른 지장이 없었다고 인정되는 경우를 뜻한다. (2017. 8. 29. 2016두44186)

49 [X] 위 문제 참고 (2017. 8. 29. 2016두44186)

50 [O] 행정절차법 제23조 제1항 제1호

51   교육부장관이 관련 법령에 따른 부적격사유가 없는 A와 B 총장후보자 가운데 A후보자가 상대적으로 더욱 적합하다고 판단하여 대통령에게 총장으로 A후보자를 임용제청한 경우, 교육부장관은 B후보자에게 개별 심사항목이나 총장 임용 적격성에 대한 정성적 평가결과를 구체적으로 밝힐 의무가 있다. (변시 10회) ★   [   ]

문서주의

52   군인의 명예전역 선발을 취소하는 처분은 「행정절차법」에 따라 문서로 하여야 한다. (23-2) ★ [   ]

53   전자문서로 처분을 하는 데 당사자의 동의가 있거나 당사자가 전자문서로 처분을 신청한 경우에는 전자문서로 처분을 할 수 있다. (23-2)   [   ]

54   사안이 경미한 경우에는 말로 처분을 할 수 있으나 당사자가 요청하면 지체 없이 처분에 관한 문서를 주어야 한다. (23-2)   [   ]

55   행정청이 문서로 처분을 하였다면 그 처분서의 문언이 불분명하다는 등의 특별한 사정이 없는 한, 그 문언에 따라 어떤 처분을 하였는지를 확정하여야 하고 처분 경위나 처분 이후 상대방의 태도 등을 고려하여 처분서의 문언을 확대해석하여서는 아니 된다. (23-2)   [   ]

정답 및 해설

51 [X] 교육부장관이 어떤 후보자를 총장 임용에 부적격하다고 판단하여 배제하고 다른 후보자를 임용제청하는 경우라면 배제한 후보자에게 연구윤리 위반, 선거부정, 그 밖의 비위행위 등과 같은 부적격사유가 있다는 점을 구체적으로 제시할 의무가 있다. 그러나 부적격사유가 없는 후보자들 사이에서 어떤 후보자를 상대적으로 더욱 적합하다고 판단하여 임용제청하는 경우라면, 이는 후보자의 경력, 인격, 능력, 대학운영계획 등 여러 요소를 종합적으로 고려하여 총장 임용의 적격성을 정성적으로 평가하는 것으로 그 판단결과를 수치화하거나 이유제시를 하기 어려울 수 있다. 이 경우에는 교육부장관이 어떤 후보자를 총장으로 임용제청하는 행위 자체에 그가 총장으로 더욱 적합하다는 정성적 평가 결과가 당연히 포함되어 있는 것으로, 이로써 행정절차법상 이유제시의무를 다한 것이라고 보아야 한다. 여기에서 나아가 교육부장관에게 개별 심사항목이나 고려요소에 대한 평가 결과를 더 자세히 밝힐 의무까지는 없다. (2018. 6. 15. 2016두57564)

52 [O] (2019. 5. 30. 2016두49808)

53 [O] 행정절차법 제24조 제1항

54 [O] 행정절차법 제24조(처분의 방식) ② 제1항에도 불구하고 공공의 안전 또는 복리를 위하여 긴급히 처분을 할 필요가 있거나 사안이 경미한 경우에는 말, 전화, 휴대전화를 이용한 문자 전송, 팩스 또는 전자우편 등 문서가 아닌 방법으로 처분을 할 수 있다. 이 경우 당사자가 요청하면 지체 없이 처분에 관한 문서를 주어야 한다.

55 [O] (2005. 7. 28. 2003두469)

제3절 행정절차의 하자

56 국가공무원법상 소청심사위원회가 소청사건을 심사하면서 소청인 또는 그 대리인에게 진술의 기회를 부여하지 아니하고 한 결정은 무효이다. (변시 1회) [ ]

57 과세처분의 절차에 위법이 있어 과세처분을 취소하는 판결이 확정된 경우 과세관청은 그 위법사유를 보완하여 다시 새로운 과세처분을 할 수 있다. (변시 1회) [ ]

58 명문의 규정이 없는 한 취소사유인 절차상 하자가 실체적 결정에 영향을 미치지 않았음이 명백한 경우에는 절차상 하자만으로 당해 행정행위를 취소할 수 없다. (변시 1회) ★★ [ ]

59 기속행위의 경우에는 실체적 내용에 하자가 없는 이상 절차적 하자만으로 독립된 위법사유가 되지 않는다. (변시 11회) [ ]

60 행정청이 청문의 사전통지기간을 다소 어겼다 하더라도 당사자가 이에 대하여 이의를 제기하지 않고 청문일에 출석하여 그 의견을 진술하고 변명하는 등 방어의 기회를 충분히 가졌다면 청문의 사전통지기간을 준수하지 아니한 하자는 치유된다. (변시 1회) ★ [ ]

61 세액산출근거가 기재되지 아니한 납세고지에 의한 부과처분이라 하더라도 납세의무자가 부과된 세금을 자진납부한 이상 하자가 치유되었다고 할 수 있다. (예제문제) [ ]

62 甲은 대령진급예정자로 선발·공표(이하 '대령진급선발'이라 한다)되었으나, 육군참모총장은 국방부장관에게 甲이 대령진급선발 이전에 군납업자로부터의 금품수수 등으로 기소유예처분 및 감봉 3월의 징계처분을 받았다는 이유로 진급낙천을 건의하였다. 이에 국방부장관은 군인사법 제31조 등에 따라 대령진급선발을 취소하는 처분을 하였다. 그러자 甲은 대령진급선발을 취소하는 처분을 하는 과정에서 행정절차법에 따른 의견제출의 기회 등을 부여받지 못하였다는 점을 들어 취소소송을 제기하였다. (다툼이 있는 경우 판례에 의함) (변시 2회)

정답 및 해설

56 [O] 국가공무원법 제13조 제2항

57 [O] 기속력은 확정판결에 나온 위법사유에 대하여만 미치므로 (2002. 7. 23. 2000두6237)

58 [X] 판례는 절차상의 하자만 존재하는 경우에도 처분취소를 긍정한다. (독자적 위법사유 긍정설)

59 [X] 기속행위, 재량행위 모두 절차적 하자는 독립된 위법사유가 될 수 있다.

60 [O] (1992. 10. 23. 92누2844)

61 [X] 세액산출근거가 기재되지 아니한 납세고지서에 의한 부과처분은 강행법규에 위반하여 취소대상이 된다 할 것이므로 이와 같은 하자는 납세의무자가 전심절차에서 이를 주장하지 아니하였거나, 그 후 부과된 세금을 자진납부하였다거나, 또는 조세채권의 소멸시효기간이 만료되었다 하여 치유되는 것이라고는 할 수 없다. (1985. 4. 9. 84누431)

① 甲에 대한 국방부장관의 대령진급선발 취소처분은 권익을 제한하는 침익적 행정처분이다. [ ]

② 甲이 수사과정 및 징계과정에서 자신의 비위행위에 대한 해명기회를 가졌다면 행정절차법에 따른 의견제출의 기회 등을 부여받은 것으로 보아야 한다. [ ]

③ 만약 위 취소소송에서 의견제출의 기회를 부여하지 않았음을 이유로 원고승소판결이 내려진 경우라도 甲을 대령으로 진급시켜야 하는 것은 아니다. [ ]

63 甲은 한옥 여관건물을 신축하기 위하여 관할 A시장에게 건축허가를 신청하였다. 한편 「건축법」 제11조 제4항은 허가권자는 위락시설이나 숙박시설에 해당하는 건축물의 건축을 허가하는 경우 해당 대지에 건축하려는 건축물의 용도·규모 또는 형태가 주거환경이나 교육환경 등 주변 환경을 고려할 때 부적합하다고 인정되는 경우에는 건축위원회의 심의를 거쳐 건축허가를 하지 아니할 수 있다는 취지로 규정하고 있다. 그런데 A시장은 위 여관건물이 한옥이 아닌 일반 빌딩의 형태인 것으로 오인하여 위 제4항에 따라 "甲이 건축하고자 하는 여관건물이 주변 한옥마을 사이에 위치하게 되면 그 외관이 주변과 조화되지 않는다."는 이유로 건축허가를 거부하였다. (다툼이 있는 경우 판례에 의함) (변시 4회)

① A시장의 건축허가거부처분은 사전통지의 대상이 아니므로, 허가거부에 앞서 미리 甲에게 그 내용을 통지하지 않았다고 하더라도 이로써 위 거부처분이 위법하게 되는 것은 아니다. [ ]

② 甲의 건축허가신청 후 건축허가기준에 관한 관계 법령의 규정이 개정된 경우, A시장은 새로이 개정된 법령의 경과규정에서 달리 정하는 경우 등을 제외하고는 처분 당시에 시행되는 개정 법령과 그에서 정한 기준에 의하여 허가 여부를 결정하는 것이 원칙이다. [ ]

③ 만일 A시장이 甲의 건축허가신청에 대한 거부에 앞서 건축위원회의 심의를 거치지 않았다면 이는 절차상 하자에 해당하므로 법원은 이를 이유로 건축허가거부처분을 취소할 수 있다. [ ]

정답 및 해설

62 ① [O] 진급예정자로서 가지는 원고의 이익을 침해하는 처분.(2007. 9. 21. 2006두20631)

② [X] 원고가 수사과정 및 징계과정에서 자신의 비위행위에 대한 해명기회를 가졌다는 사정만으로 이 사건 처분이 행정절차법 제21조 제4항 제3호, 제22조 제4항에 따라 원고에게 사전통지를 하지 않거나 의견제출의 기회를 주지 아니하여도 되는 예외적인 경우에 해당한다고 할 수 없으므로, 이 사건 처분은 절차상 하자가 있어 위법하다고 할 것이다. (2007. 9. 21. 2006두20631)

③ [O] 절차하자를 보완하여 동일한 처분을 하더라도 기속력에 반하지 않는다.

63 ① [O] 신청에 대한 거부처분을 여기에서 말하는 '당사자의 권익을 제한하는 처분'에 해당한다고 할 수 없는 것이어서 처분의 사전통지대상이 된다고 할 수 없다. (2003. 11. 28. 2003두674)

② [O] (2006. 8. 25. 2004두2974)

③ [O] 이와 같은 절차상 하자는 취소사유에 해당한다.

④ 주변 환경에 대한 고려는 비대체적 결정영역 또는 예측결정으로서 판단여지가 인정되는 영역이므로, 주변 환경과 조화되지 않는다는 A시장의 판단에 대해서 법원은 사법심사를 할 수 없다. [ ]

⑤ 甲이 A시장의 건축허가거부처분에 대해 취소소송을 제기하여 인용판결을 받아 확정된 경우에도, A시장은 위 소송의 계속 중에 개정된 관계 법령에 따라 강화된 건축허가기준의 미비를 이유로 甲에게 재차 건축허가거부처분을 할 수 있다. [ ]

64 개발행위허가신청의 내용이 허가기준에 맞지 않는다고 판단하여 개발행위허가신청을 불허하면서 그에 앞서 도시계획위원회의 심의를 거치지 않았다면 그러한 사정만으로도 그 불허가처분에는 취소사유인 위법이 있다. (예제문제) [ ]

정답 및 해설

④ [X] 판례는 판단여지의 개념을 인정하지 않고, 재량의 일탈·남용 여부를 심사하고 있다.

⑤ [O] 행정처분의 적법 여부는 그 행정처분이 행하여 진 때의 법령과 사실을 기준으로 하여 판단하는 것이므로 거부처분 후에 법령이 개정·시행된 경우에는 개정된 법령 및 허가기준을 새로운 사유로 들어 다시 이전의 신청에 대한 거부처분을 할 수 있으며 그러한 처분도 행정소송법 제30조 제2항에 규정된 재처분에 해당된다. (1998. 1. 7. 97두22)

64 [X] 토지의 형질변경허가는 재량행위에 속하므로 행정기관의 장이 반드시 도시계획위원회의 심의 결과대로 개발행위허가 여부를 결정하여야 한다고 볼 수 없는 점 등에 비추어 보면, 국토계획법 제59조 제1항이 일정한 개발행위의 허가에 대하여 사전에 도시계획위원회의 심의를 거치도록 하고 있는 것은 행정기관의 장으로 하여금 개발행위허가를 신중하게 결정하도록 함으로써 난개발을 방지하고자 하는 데에 주된 취지가 있다고 할 것이다. 위와 같은 사정들을 종합하여 볼 때, 개발행위허가에 관한 사무를 처리하는 행정기관의 장이 일정한 개발행위를 허가하는 경우에는 국토계획법 제59조 제1항에 따라 도시계획위원회의 심의를 거쳐야 할 것이나, 개발행위허가의 신청 내용이 허가 기준에 맞지 않는다고 판단하여 개발행위허가신청을 불허가하였다면 이에 앞서 도시계획위원회의 심의를 거치지 않았다고 하여 이러한 사정만으로 곧바로 그 불허가처분에 취소사유에 이를 정도의 절차상 하자가 있다고 보기는 어렵다. 다만 행정기관의 장이 도시계획위원회의 심의를 거치지 아니한 결과 개발행위 불허가처분을 함에 있어 마땅히 고려하여야 할 사정을 참작하지 아니하였다면 그 불허가처분은 재량권을 일탈·남용한 것으로서 위법하다고 평가할 수 있을 것이다. (2015. 10. 29. 2012두28728)

제4절 복합민원절차로서 인·허가 의제제도

65 「건축법」에서 인·허가의제 제도를 둔 취지는 인·허가의제사항 관련 법률에 따른 각각의 인·허가 요건에 관한 일체의 심사를 배제하여 건축허가의 관할 행정청으로 그 창구를 단일화하고 절차를 간소화하며 비용과 시간을 절감함으로써 국민의 권익을 보호하려는 것이다. (변시 7회) ★★ [ ]

66 「건축법」에서 인허가의제 제도를 둔 취지는 인허가의제 사항과 관련하여 건축허가의 관할 행정청으로 창구를 단일화하고 절차를 간소화하며 비용과 시간을 절감함으로써 국민의 권익을 보호하려는 것이므로, 인허가의제 효과를 수반하는 건축허가의 경우에는 의제되는 다른 인허가 요건을 갖추지 못하였다는 이유만으로 그 허가를 거부할 수 없다. (예제문제) ★★ [ ]

67 인·허가의제효과를 수반하는 건축신고의 경우, 행정청은 인·허가의제사항에 관한 법률에 규정된 실체적 요건에 관한 심사를 한 후 수리하여야 한다. (예제문제) [ ]

68 채광계획인가를 받으면 공유수면 점용허가를 받은 것으로 의제되는 경우, 협의 과정에서 공유수면 관리청이 공유수면 점용을 허용하지 않기로 결정하였다면, 채광계획 인가관청은 이를 사유로 하여 채광계획을 인가하지 아니할 수 있다. (예제문제) [ ]

69 구 「항공법」상 공항개발사업 실시계획의 승인권자가 관계 행정청과 미리 협의한 사항에 한하여 그 승인처분을 할 때에 인허가 등이 의제된다. (예제문제) ★ [ ]

정답 및 해설

65 [X] 건축법에서 인허가의제 제도를 둔 취지는, 인허가의제사항과 관련하여 건축허가의 관할 행정청으로 창구를 단일화하고 절차를 간소화하며 비용과 시간을 절감함으로써 국민의 권익을 보호하려는 것이지, 인허가의제사항 관련 법률에 따른 각각의 인허가 요건에 관한 일체의 심사를 배제하려는 것으로 보기는 어려우므로, 도시계획시설인 주차장에 대한 건축허가신청을 받은 행정청으로서는 건축법상 허가 요건뿐 아니라 국토의 계획 및 이용에 관한 법령이 정한 도시계획시설사업에 관한 실시계획인가 요건도 충족하는 경우에 한하여 이를 허가해야 한다. (2015. 7. 9. 2015두39590)

66 [X] 일정한 건축물에 관한 건축신고는 건축법 제14조 제2항, 제11조 제5항 제3호에 의하여 국토의 계획 및 이용에 관한 법률 제56조에 따른 개발행위허가를 받은 것으로 의제되는데, 국토의 계획 및 이용에 관한 법률상의 개발행위허가로 의제되는 건축신고가 위와 같은 기준을 갖추지 못한 경우 행정청으로서는 이를 이유로 그 수리를 거부할 수 있다고 보아야 한다. (2011. 1. 20. 2010두14954)

67 [O] (2011. 1. 20. 2010두14954)

68 [O] (2002. 10. 11. 2001두151)

69 [O] 인허가 의제 제도는 목적사업의 원활한 수행을 위해 창구를 단일화하여 행정절차를 간소화하는 데 입법 취지가 있고 목적사업이 관계 법령상 인허가의 실체적 요건을 충족하였는지에 관한 심사를 배제하려는 취지는 아닌 점 등을 아울러 고려하면, 공항개발사업 실시계획의 승인권자가 관계 행정청과 미리 협의한 사항에 한하여 그 승인처분을 할 때에 인허가 등이 의제된다고 보아야 한다. (2018. 10. 25. 2018두43095)

70 甲의 토지는 그 지목이 답(畓)으로서 甲이 자신의 토지에 건축을 하고자 하는 경우 「국토의 계획 및 이용에 관한 법률」상 개발행위허가를 받아야 하는 경우, 甲은 개발행위허가를 받아야 건축행위를 할 수 있으므로, 甲은 개발행위허가의제 처리를 신청할 의무가 있다. (22-3) ★★ [ ]

71 건축주가 건축물을 건축하기 위해서는 「건축법」상 건축허가와 「국토의 계획 및 이용에 관한 법률」상 개발행위(건축물의 건축)허가를 각각 별도로 신청할 수 있고, 「건축법」상 건축허가절차에서 관련 인허가의제 제도를 통해 두 허가의 발급 여부가 동시에 심사·결정되어야 하는 것은 아니다. (22-2) ★★ [ ]

72 「택지개발촉진법」에 따라 택지개발사업 실시계획승인에 「도로법」에 의한 도로공사시행허가 및 도로점용허가가 의제되는 경우, 해당 택지개발사업 시행의 일환으로 도로에 전력관을 매설하였다면 사업시행 완료 후 이를 계속 유지·관리하기 위해 도로를 점용하는 것에 대한 도로점용허가도 해당 실시계획승인에 의해 의제된다. (22-1) [ ]

정답 및 해설

70 [X] 관련 인허가 의제 제도는 사업시행자의 이익을 위하여 만들어진 것이므로, 사업시행자가 반드시 관련 인허가 의제 처리를 신청할 의무가 있는 것은 아니다. (2020. 7. 23. 2019두31839)

71 [X] 건축법 제11조 제1항, 제5항 제3호, 국토의 계획 및 이용에 관한 법률(이하 '국토계획법'이라 한다) 제56조 제1항 제1호, 제57조 제1항의 내용과 체계, 입법 취지를 종합하면, 건축주가 건축물을 건축하기 위해서는 건축법상 건축허가와 국토계획법상 개발행위(건축물의 건축) 허가를 각각 별도로 신청하여야 하는 것이 아니라, 건축법상 건축허가절차에서 관련 인허가 의제 제도를 통해 두 허가의 발급 여부가 동시에 심사·결정되도록 하여야 한다. 즉, 건축주는 건축행정청에 건축법상 건축허가를 신청하면서 국토계획법상 개발행위(건축물의 건축) 허가 심사에도 필요한 자료를 첨부하여 제출하여야 하고, 건축행정청은 개발행위허가권자와 사전 협의절차를 거침으로써 건축법상 건축허가를 발급할 때 국토계획법상 개발행위(건축물의 건축) 허가가 의제되도록 하여야 한다. (2020. 7. 23. 2019두31839)

72 [X] 인허가 의제제도는 목적사업의 원활한 수행을 위해 행정절차를 간소화하고자 하는 데 그 취지가 있는 것이므로 위와 같은 실시계획승인에 의해 의제되는 도로공사시행허가 및 도로점용허가는 원칙적으로 당해 택지개발사업을 시행하는 데 필요한 범위 내에서만 그 효력이 유지된다고 보아야 한다. 따라서 원고가 이 사건 택지개발사업과 관련하여 그 사업시행의 일환으로 이 사건 도로예정지 또는 도로에 전력관을 매설하였다고 하더라도 사업시행완료 후 이를 계속 유지·관리하기 위해 도로를 점용하는 것에 대한 도로점용허가까지 그 실시계획 승인에 의해 의제된다고 볼 수는 없다. (2010. 4. 29. 2009두18547)

73 甲은 건축물을 건축하기 위하여 관할 시장인 乙에게 건축허가 신청을 하였다. 乙은 상당한 기간 내에 건축불허가처분을 하면서 그 처분사유로 「건축법」상의 건축불허가 사유뿐만 아니라 「화재예방, 소방시설 설치·유지 및 안전관리에 관한 법률」 제7조 제1항에 따른 소방서장의 건축부동의 사유를 들고 있다. (다툼이 있는 경우 판례에 의함) (변시 6회)

「화재예방, 소방시설 설치·유지 및 안전관리에 관한 법률」
제7조(건축허가등의 동의) ① 건축물 등의 신축·증축·개축·재축(再築)·이전·용도변경 또는 대수선(大修繕)의 허가·협의 및 사용승인(이하 "건축허가등"이라 한다)의 권한이 있는 행정기관은 건축허가등을 할 때 미리 그 건축물 등의 시공지(施工地) 또는 소재지를 관할하는 소방본부장이나 소방서장의 동의를 받아야 한다.

① 만약 甲의 건축허가 신청 후 乙의 처분 이전에 「화재예방, 소방시설 설치·유지 및 안전관리에 관한 법률」이 개정되어 제7조 제1항이 신설·적용된 경우라면, 소방서장의 건축부동의는 건축불허가 사유가 될 수 없다. [ ]

② 소방서장의 건축부동의는 취소소송의 대상이 되는 처분이 아니다 [ ]

③ 甲은 건축불허가처분에 관한 쟁송에서 「건축법」상의 건축불허가 사유뿐만 아니라 소방서장의 건축부동의 사유에 관하여도 다툴 수 있다. [ ]

④ 소방서장의 건축부동의 사유가 일시적인 사정에 기한 것이고 보완이 가능한 것임에도 乙이 보완을 요구하지 않고 바로 건축불허가처분을 하였다면, 이는 위법하다. [ ]

정답 및 해설

73 ① [X] 행정행위는 처분 당시에 시행중인 법령과 허가기준에 의하여 하는 것이 원칙이고, 인·허가신청 후 처분 전에 관계 법령이 개정 시행된 경우 신법령 부칙에 그 시행 전에 이미 허가신청이 있는 때에는 종전의 규정에 의한다는 취지의 경과규정을 두지 아니한 이상 당연히 허가신청 당시의 법령에 의하여 허가 여부를 판단하여야 하는 것은 아니며, 소관 행정청이 허가신청을 수리하고도 정당한 이유 없이 처리를 늦추어 그 사이에 법령 및 허가기준이 변경된 것이 아닌 한 변경된 법령 및 허가기준에 따라서 한 불허가처분은 위법하다고 할 수 없다. (2005. 7. 29. 2003두3550)

② [O] 건축불허가처분 외에 별개로 건축부동의처분이 존재하는 것은 아니다. (2004. 10. 15. 2003두6573)

③ [O] (2004. 10. 15. 2003두6573)

④ [O] 보완이 가능한 경우, 보완을 요구하지 아니한 채 곧바로 건축허가신청을 거부한 것은 재량권의 범위를 벗어난 것이다. (2004. 10. 15. 2003두6573)

74 甲 창업기업은 「중소기업창업 지원법」에 따라 A시장에게 공장설립계획의 승인을 신청하고자 한다. 동법 제47조는 A시장이 공장설립계획의 승인을 할 때 「하천법」 제33조에 따른 하천의 점용허가에 관하여 A시장이 하천점용허가청과 협의를 한 사항에 대하여는 그 허가를 받은 것으로 본다고 규정하고 있다. (13회 변시) ★★

① 甲이 하천점용허가를 의제받으려면 위 공장설립계획 승인을 신청할 때 하천점용허가에 필요한 서류를 하천점용허가청이 별도로 정하는 기한까지 제출하여야 한다. [ ]

② A시장과 하천점용허가청 간에 협의가 된 사항에 대해서는 협의 성립시점에 하천점용허가를 받은 것으로 의제된다. [ ]

③ A시장으로부터 협의를 요청받은 하천점용허가청은 하천법령을 위반하여 협의에 응해서는 아니 되며, 하천점용허가에 필요한 심의, 의견청취 등 절차에 관하여는 법률에 인허가의제 시에도 해당 절차를 거친다는 명시적인 규정이 있는 경우에만 이를 거친다. [ ]

④ 하천점용허가가 의제되면 하천점용허가청은 하천점용허가를 직접 한 것으로 보아 관계 법령에 따른 관리·감독 등 필요한 조치를 하여야 한다. [ ]

정답 및 해설

74 ① [X] 행정기본법 제24조(인허가의제의 기준) ② 인허가의제를 받으려면 주된 인허가를 신청할 때 관련 인허가에 필요한 서류를 함께 제출하여야 한다. 다만, 불가피한 사유로 함께 제출할 수 없는 경우에는 주된 인허가 행정청이 별도로 정하는 기한까지 제출할 수 있다.

② [X] 행정기본법 제25조(인허가의제의 효과) ① 제24조제3항·제4항에 따라 협의가 된 사항에 대해서는 주된 인허가를 받았을 때 관련 인허가를 받은 것으로 본다.
③ [O] 행정기본법 제24조 제5항
④ [O] 행정기본법 제26조 제1항

75 A군수는 甲에게 「중소기업창업 지원법」 관련규정에 따라 농지의 전용허가 등이 의제되는 사업계획을 승인하는 처분을 하였다. (다툼이 있는 경우 판례에 의함)

(변시 9회) ★★

참조 「중소기업창업 지원법」
제33조(사업계획의 승인) ① 제조업을 영위하고자 하는 창업자는 대통령령으로 정하는 바에 따라 사업계획을 작성하고, 이에 대한 시장·군수 또는 구청장의 승인을 받아 사업을 할 수 있다.
제35조(다른 법률과의 관계) ① 제33조제1항에 따라 사업계획을 승인할 때 다음 각 호의 허가, 승인, 신고(이하 "허가등"이라 한다)에 관하여 시장·군수 또는 구청장이 제4항에 따라 다른 행정기관의 장과 협의를 한 사항에 대하여는 그 허가등을 받은 것으로 본다.
 1. 「산업집적활성화 및 공장설립에 관한 법률」 제13조제1항에 따른 공장설립 등의 승인
 2. 「도로법」 제61조제1항에 따른 도로의 점용허가
 3. 「산지관리법」 제14조 및 제15조에 따른 산지전용허가, 산지전용신고
 4. 「농지법」 제34조 및 제35조에 따른 농지의 전용허가, 농지의 전용신고
④ 시장·군수 또는 구청장이 제33조에 따른 사업계획의 승인을 할 때 그 내용 중 제1항에 해당하는 사항이 다른 행정기관의 권한에 속하는 경우에는 그 행정기관의 장과 협의하여야 하며, 협의를 요청받은 행정기관의 장은 대통령령으로 정하는 기간에 의견을 제출하여야 한다.
 * 위 내용은 실제 법률과 다를 수 있음

① A군수가 甲에게 사업계획을 승인하려면 「중소기업창업 지원법」 제35조 제1항 제1호부터 제4호까지의 허가등 전부에 관하여 관계 행정기관의 장과 일괄하여 사전협의를 하여야 하며, 농지의 전용허가만이 의제되는 사업계획을 승인할 수는 없다. [ ]

② 사업계획의 승인을 받은 甲이 농지의 전용허가와 관련한 명령을 불이행하는 경우, 甲에 대해 사업계획에 대한 승인의 효력은 유지하면서 의제된 농지의 전용허가만을 철회할 수 있다. [ ]

③ 의제된 농지의 전용허가에 형식적 하자가 있는 경우에는 甲에 대한 사업계획승인처분도 절차적 하자가 있는 위법한 것이 된다. [ ]

④ 甲에 대해 농지의 전용허가가 취소되었고 이를 이유로 사업계획승인처분이 취소된 경우, 甲은 사업계획승인의 취소를 다투어야 하며 따로 농지의 전용허가의 취소를 다툴 수는 없다. [ ]

⑤ 甲에 대한 사업계획승인처분 이후에 「중소기업창업 지원법」 제35조에 따른 허가등 의제가 행정권한의 과도한 침해임을 이유로 헌법불합치결정이 내려진 경우라도, 위헌결정과 달리 헌법불합치결정은 당해사건에 대해서도 소급효가 미치지 않는다. [ ]

정답 및 해설

75 ① [X] 아래 해설 참고

② [O] 구 중소기업창업 지원법에 따른 사업계획승인의 경우, 의제된 인허가만 취소 내지 철회함으로써 사업계획에 대한 승인의 효력은 유지하면서 해당 의제된 인허가의 효력만을 소멸시킬 수 있는지 여부(적극) - 중소기업창업법 제35조 제1항, 제33조 제4항, 중소기업창업 지원법 시행령 제24조 제1항, 중소기업청장이 고시한 '창업사업계획의 승인에 관한 통합업무처리지침'의 내용, 체계 및 취지 등에 비추어 보면 다음과 같은 이유로 ② 중소기업창업법에 따른 사업계획승인의 경우 의제된 인허가만 취소 내지 철회함으로써 사업계획에 대한 승인의 효력은 유지하면서 해당 의제된 인허가의 효력만을 소멸시킬 수 있다. 중소기업창업법 제35조 제1항의 인허가의제 조항은 창업자가 신속하게 공장을 설립하여 사업을 개시할 수 있도록 창구를 단일화하여 의제되는 인허가를 일괄 처리하는 데 입법 취지가 있다. 위 규정에 의하면 ① 사업계획승인권자가 관계 행정기관의 장과 미리 협의한 사항에 한하여 승인 시에 그 인허가가 의제될 뿐이고, 해당 사업과 관련된 모든 인허가의제 사항에 관하여 일괄하여 사전 협의를 거쳐야 하는 것은 아니다. 업무처리지침 제15조 제1항은 협의가 이루어지지 않은 인허가사항을 제외하고 일부만을 승인할 수 있다고 규정함으로써 이러한 취지를 명확히 하고 있다. 그리고 사업계획을 승인할 때 의제되는 인허가 사항에 관한 제출서류, 절차 및 기준, 승인조건 부과에 관하여 해당 인허가 근거 법령을 적용하도록 하고 있으므로(업무처리지침 제5조 제1항, 제8조 제5항, 제16조), 인허가의제의 취지가 의제된 인허가 사항에 관한 개별법령상의 절차나 요건 심사를 배제하는 데 있다고 볼 것은 아니다. 사업계획승인으로 의제된 인허가는 통상적인 인허가와 동일한 효력을 가지므로, 그 효력을 제거하기 위한 법적 수단으로 의제된 인허가의 취소나 철회가 허용될 필요가 있다. 특히 업무처리지침 제18조에서는 사업계획승인으로 의제된 인허가 사항의 변경 절차를 두고 있는데, 사업계획승인 후 의제된 인허가 사항을 변경할 수 있다면 의제된 인허가 사항과 관련하여 취소 또는 철회 사유가 발생한 경우 해당 의제된 인허가의 효력만을 소멸시키는 취소 또는 철회도 할 수 있다고 보아야 한다. 이와 같이 사업계획승인으로 의제된 인허가 중 일부를 취소 또는 철회하면, 취소 또는 철회된 인허가를 제외한 나머지 인허가만 의제된 상태가 된다. 이 경우 당초 사업계획승인을 하면서 사업 관련 인허가 사항 중 일부에 대하여만 인허가가 의제되었다가 의제되지 않은 사항에 대한 인허가가 불가한 경우 사업계획승인을 취소할 수 있는 것처럼(업무처리지침 제15조 제2항), 취소 또는 철회된 인허가 사항에 대한 재인허가가 불가한 경우 사업계획승인 자체를 취소할 수 있다. (2018. 7. 12. 2017두48734)

③ [X] 구 주택법 제17조 제1항에 따르면, 주택건설사업계획 승인권자가 관계 행정청의 장과 미리 협의한 사항에 한하여 승인처분을 할 때에 인허가 등이 의제될 뿐이고, 각호에 열거된 모든 인허가 등에 관하여 일괄하여 사전협의를 거칠 것을 주택건설사업계획 승인처분의 요건으로 규정하고 있지 않다. 따라서 인허가 의제 대상이 되는 처분에 어떤 하자가 있더라도, 그로써 해당 인허가 의제의 효과가 발생하지 않을 여지가 있게 될 뿐이고, 그러한 사정이 주택건설사업계획 승인처분 자체의 위법사유가 될 수는 없다. (2018. 11. 29. 2016두38792)

④ [X] 군수가 갑 주식회사에 구 중소기업창업 지원법 제35조에 따라 산지전용허가 등이 의제되는 사업계획을 승인하면서 산지전용허가와 관련하여 재해방지 등 명령을 이행하지 아니한 경우 산지전용허가를 취소할 수 있다는 조건을 첨부하였는데, 갑 회사가 재해방지 조치를 이행하지 않았다는 이유로 산지전용허가 취소를 통보하고, 이어 토지의 형질변경 허가 등이 취소되어 공장설립 등이 불가능하게 되었다는 이유로 갑 회사에 사업계획승인을 취소한 사안에서, 의제된 산지전용허가 취소가 항고소송의 대상이 되는 처분에 해당하고, 산지전용허가를 제외한 나머지 인허가 사항만 의제된 사업계획승인 취소와 별도로 산지전용허가 취소를 다툴 필요가 있다. (2018. 7. 12. 2017두48734)

⑤ [X] 헌법불합치결정의 취지나 위헌심판에서의 구체적 규범통제의 실효성 보장이라는 측면을 고려할 때 적어도 위 헌법불합치결정을 하게 된 당해사건 및 위 헌법불합치결정 당시에 개정 전 법의 위헌 여부가 쟁점이 되어 법원에 계속중인 사건에 대하여는 위 헌법불합치결정의 소급효가 미친다. (2002. 4. 2. 99다3358)

76 「주택법」상 주택건설사업계획의 승인이 있으면, 관계 행정기관의 장과 협의한 사항에 대하여 「국토의 계획 및 이용에 관한 법률」(이하 '국토계획법'이라 함)에 따른 도시·군관리계획의 결정을 비롯하여 「주택법」 제19조 제1항 각 호에서 열거하는 인·허가를 받은 것으로 의제된다. 甲은 관할 A행정청에 「주택법」에 따른 주택건설사업계획승인을 신청하였고, A행정청은 관계 행정기관의 장과 협의를 거쳐 주택건설사업계획을 승인·고시하였다. (다툼이 있는 경우 판례에 의함) (변시 12회) ★★

① 주택건설사업계획의 승인이 있으면 「주택법」 제19조 제1항 각 호에서 열거하는 모든 인·허가가 의제되므로, 모든 인·허가 사항에 대해 사전에 관계 행정기관과 일괄하여 협의를 거쳐야 한다. [ ]

② A행정청은 도시·군관리계획 결정권자와 협의를 거쳐 주택건설사업계획을 승인하면서 이와는 별도로 국토계획법에서 정한 도시·군관리계획 입안을 위한 주민 의견청취 절차를 거칠 필요가 없다. [ ]

③ 의제되는 국토계획법상 도시·군관리계획의 결정에 하자가 있다면, 주택건설사업계획 승인처분 자체가 위법하게 된다. [ ]

④ 의제되는 인·허가는 주택건설사업계획 승인처분과 별도로 항고소송의 대상이 되는 처분에 해당하지 않는다. [ ]

정답 및 해설

76 ① [X] 주택건설사업계획 승인권자가 관계 행정청의 장과 미리 협의한 사항에 한하여 승인처분을 할 때에 인허가 등이 의제될 뿐이고, 각호에 열거된 모든 인허가 등에 관하여 일괄하여 사전협의를 거칠 것을 주택건설사업계획 승인처분의 요건으로 규정하고 있지 않다. (2018. 11. 29. 2016두38792)

② [O] 주택건설사업계획 승인권자가 구 주택법 제17조 제3항에 따라 도시·군관리계획 결정권자와 협의를 거쳐 관계 주택건설사업계획을 승인하면 같은 조 제1항 제5호에 따라 도시·군관리계획결정이 이루어진 것으로 의제되고, 이러한 협의 절차와 별도로 국토의 계획 및 이용에 관한 법률 제28조 등에서 정한 도시·군관리계획 입안을 위한 주민 의견청취 절차를 거칠 필요는 없다. (2018. 11. 29. 2016두38792)

③ [X] 구 주택법 제17조 제1항에 따르면, 주택건설사업계획 승인권자가 관계 행정청의 장과 미리 협의한 사항에 한하여 승인처분을 할 때에 인허가 등이 의제될 뿐이고, 각호에 열거된 모든 인허가 등에 관하여 일괄하여 사전협의를 거칠 것을 주택건설사업계획 승인처분의 요건으로 규정하고 있지 않다. 따라서 인허가 의제 대상이 되는 처분에 어떤 하자가 있더라도, 그로써 해당 인허가 의제의 효과가 발생하지 않을 여지가 있게 될 뿐이고, 그러한 사정이 주택건설사업계획 승인처분 자체의 위법사유가 될 수는 없다. (2018. 11. 29. 2016두38792)

④ [X] 또한 의제된 인허가는 통상적인 인허가와 동일한 효력을 가지므로, 적어도 '부분 인허가 의제'가 허용되는 경우에는 그 효력을 제거하기 위한 법적 수단으로 의제된 인허가의 취소나 철회가 허용될 수 있고, 이러한 직권 취소·철회가 가능한 이상 그 의제된 인허가에 대한 쟁송취소 역시 허용된다. 따라서 주택건설사업계획 승인처분에 따라 의제된 인허가가 위법함을 다투고자 하는 이해관계인은, 주택건설사업계획 승인처분의 취소를 구할 것이 아니라 의제된 인허가의 취소를 구하여야 하며, 의제된 인허가는 주택건설사업계획 승인처분과 별도로 항고소송의 대상이 되는 처분에 해당한다. (2018. 11. 29. 2016두38792)

제2장 행정정보공개

제1절 개 설

제2절 공공기관의 정보공개에 관한 법률의 중요 내용

77 정보공개법 시행령에 따라 사립대학교는 정보공개의무를 지는 공공기관에 해당하는데, 사립대학교가 국비의 지원을 받는 범위 내에서만 공공기관의 성격을 가진다고 볼 수는 없다. (예제문제) ★★ [ ]

78 사립대학교에 대한 국비 지원이 한정적·일시적·국부적이라는 점을 고려하더라도, 정보공개법 시행령에서 정보공개의무를 지는 공공기관의 하나로 사립대학교를 들고 있는 것이 헌법이 정한 대학의 자율성 보장 이념 등에 반하거나 모법인 정보공개법의 위임 범위를 벗어나는 것이라고 볼 수 없다. (변시 13회) [ ]

79 정보공개법은 정보공개 청구권자가 공개를 청구하는 정보와 어떤 관련성을 가질 것을 요구하거나 정보공개청구의 목적에 특별한 제한을 두고 있지 않다. (예제문제) ★ [ ]

80 「공공기관의 정보공개에 관한 법률」은 모든 국민은 정보의 공개를 청구할 권리를 가진다고 규정하고 있으며 여기에서의 국민에는 자연인은 물론 법인도 포함되나 권리능력 없는 사단·재단은 포함되지 않는다. (예제문제) ★★ [ ]

81 정보공개청구권은 국민의 알 권리에서 파생되는 권리이므로 외국인에게는 인정되지 않는다. (예제문제) ★★ [ ]

정답 및 해설

77 [O] (2006. 8. 24. 2004두2783)

78 [O] (2006. 8. 24. 2004두2783)

79 [O] (2017. 9. 7. 2017두44558)

80 [X] 여기에서 말하는 국민에는 자연인은 물론 법인, 권리능력 없는 사단·재단도 포함되고, 법인, 권리능력 없는 사단·재단 등의 경우에는 설립목적을 불문하며, 한편 정보공개청구권은 법률상 보호되는 구체적인 권리이므로 청구인이 공공기관에 대하여 정보공개를 청구하였다가 거부처분을 받은 것 자체가 법률상 이익의 침해에 해당한다. (2003. 12. 12. 2003두8050)

81 [X] 정보공개법 제5조(정보공개 청구권자) ② 외국인의 정보공개 청구에 관하여는 대통령령으로 정한다.
동법 시행령 제3조(외국인의 정보공개 청구) 법 제5조제2항에 따라 정보공개를 청구할 수 있는 외국인은 다음 각 호의 어느 하나에 해당하는 자로 한다.
1. 국내에 일정한 주소를 두고 거주하거나 학술·연구를 위하여 일시적으로 체류하는 사람
2. 국내에 사무소를 두고 있는 법인 또는 단체

82 정보의 공개에 드는 비용은 실비(實費)의 범위에서 청구인이 부담한다. (23-1) [   ]

83 청구인에게는 특정한 공개방법을 지정하여 정보공개를 청구할 수 있는 법령상 신청권이 있으므로, 공공기관이 청구인이 신청한 공개방법 이외의 방법으로 공개하기로 하는 결정을 하였다면, 이는 정보공개 청구 중 정보공개방법에 관한 부분에 대하여 일부 거부처분을 한 것이고, 청구인은 그에 대하여 항고소송으로 다툴 수 있다. (변시 13회) ★★ [   ]

84 정보공개청구인이 전자적 형태의 정보를 정보통신망을 통하여 송신하는 방법으로 정보공개할 것을 청구하였으나, 공공기관이 대상정보를 공개하되 방문하여 수령하라고 결정하여 통지한 경우, 청구인에게 특정한 공개방법을 지정하여 정보공개를 청구할 수 있는 법령상 신청권이 있다고 볼 수는 없으므로, 이를 항고소송의 대상이 되는 거부처분이라 할 수 없다. (변시 8회) ★ [   ]

85 청구인이 공공기관에 대하여 정보공개를 청구하였다가 거부처분을 받은 것 자체만으로는 법률상 이익의 침해에 해당한다고 볼 수 없고, 청구인은 추가로 위 거부처분의 취소를 구할 어떤 구체적인 이익이 있다는 점에 관해 주장·증명하여야 한다. (변시 12회) ★★ [   ]

86 청구인이 공공기관에 대하여 정보공개를 청구하였다가 거부처분을 받은 경우 공개청구의 대상이 되는 정보가 이미 공개되어 있거나 다른 방법으로 누구나 손쉽게 알 수 있다면 거부처분의 취소를 구할 법률상 이익은 인정되지 않는다. (23-2) ★ [   ]

정답 및 해설

82 [O] 정보공개법 제17조 제1항

83 [O] (2016. 11. 10. 2016두44674)

84 [X] 청구인에게는 특정한 공개방법을 지정하여 정보공개를 청구할 수 있는 법령상 신청권이 있다. 따라서 공공기관이 공개청구의 대상이 된 정보를 공개는 하되, 청구인이 신청한 공개방법 이외의 방법으로 공개하기로 하는 결정을 하였다면, 이는 정보공개청구 중 정보공개방법에 관한 부분에 대하여 일부 거부처분을 한 것이고, 청구인은 그에 대하여 항고소송으로 다툴 수 있다. (2016. 11. 10. 2016두44674)

85 [X] 국민의 정보공개청구권은 법률상 보호되는 구체적인 권리이므로, 공공기관에 대하여 정보의 공개를 청구하였다가 공개거부처분을 받은 청구인은 행정소송을 통하여 그 공개거부처분의 취소를 구할 법률상의 이익이 있다. (2010. 12. 23. 2008두13101)

86 [X] 국민의 정보공개청구권은 법률상 보호되는 구체적인 권리이므로, 공공기관에 대하여 정보의 공개를 청구하였다가 공개거부처분을 받은 청구인은 행정소송을 통하여 그 공개거부처분의 취소를 구할 법률상의 이익이 있고, 공개청구의 대상이 되는 정보가 이미 다른 사람에게 공개되어 널리 알려져 있다거나 인터넷 등을 통하여 공개되어 인터넷검색 등을 통하여 쉽게 알 수 있다는 사정만으로는 소의 이익이 없다거나 비공개결정이 정당화될 수 없다. (2010. 12. 23. 2008두13101)

87   공공기관이 공개청구대상정보의 기초자료를 전자적 형태로 보유·관리하고 있고, 당해 기관에서 통상 사용되는 컴퓨터 하드웨어 및 소프트웨어와 기술적 전문지식을 사용하여 그 기초자료를 검색하여 청구인이 구하는 대로 편집할 수 있으며, 그러한 작업이 당해 기관의 컴퓨터 시스템 운용에 별다른 지장을 초래하지 아니한다면, 그 공공기관이 공개청구대상정보를 보유·관리하고 있는 것으로 볼 수 있고, 이러한 경우에 기초자료를 검색·편집하는 것은 새로운 정보의 생산 또는 가공에 해당한다고 할 수 없다. (예제문제)   [   ]

88   형사재판확정기록의 공개에 관하여 정보공개법에 의한 공개청구는 허용된다. (예제문제)   [   ]

89   청구인이 정보공개거부처분의 취소를 구하는 소송에서 공공기관이 청구정보를 증거 등으로 법원에 제출하여 법원을 통하여 그 사본을 청구인에게 교부 또는 송달되게 하여 결과적으로 청구인에게 정보를 공개하는 셈이 되었다면 이는 정보공개법에 의한 공개라고 볼 수 있다. (변시 13회) (변시 14회) ★★
   [   ]

90   징계처분을 받은 군인 甲이 징계위원회 구성의 절차상 하자를 확인하기 위해 징계위원의 성명과 직위에 대한 공개를 청구하였으나 거부당하여 이에 대한 취소소송을 제기하였는데, 甲이 제기한 징계항고 절차에서 징계위원회 구성에 하자가 있음을 알게 되었고, 그 하자를 이유로 해당 징계처분이 취소되었다면, 甲의 위 취소소송에서 정보의 공개를 구할 법률상 이익은 소멸한다. (변시 14회) ★★
   [   ]

정답 및 해설

87 [O] (2010. 2. 11. 2009두6001)

88 [X] 형사소송법 제59조의2의 내용·취지 등을 고려하면, 형사소송법 제59조의2는 형사재판확정기록의 공개 여부나 공개 범위, 불복절차 등에 대하여 구 공공기관의 정보공개에 관한 법률(2013. 8. 6. 법률 제11991호로 개정되기 전의 것, 이하 '정보공개법'이라고 한다)과 달리 규정하고 있는 것으로 정보공개법 제4조 제1항에서 정한 '정보의 공개에 관하여 다른 법률에 특별한 규정이 있는 경우'에 해당한다. 따라서 형사재판확정기록의 공개에 관하여는 정보공개법에 의한 공개청구가 허용되지 아니한다. (2016. 12. 15. 2013두20882)

89 [X] 청구인이 정보공개거부처분의 취소를 구하는 소송에서 공공기관이 청구정보를 증거 등으로 법원에 제출하여 법원을 통하여 그 사본을 청구인에게 교부 또는 송달하게 하여 결과적으로 청구인에게 정보를 공개하는 셈이 되었다고 하더라도, 이러한 우회적인 방법은 법이 예정하고 있지 아니한 방법으로서 법에 의한 공개라고 볼 수는 없으므로, 당해 문서의 비공개결정의 취소를 구할 소의 이익은 소멸되지 않는다고 할 것이다. (2004. 3. 26. 2002두6583)

90 [X] 감봉 1개월의 징계처분을 받은 원고가 징계위원들의 성명과 직위에 대한 정보공개청구를 하였다가 거부처분을 받은 사안에서, 비록 징계처분에 대한 항고 절차에서 원고가 징계위원회 구성에 절차상 하자가 있다는 점을 알게 되었다거나 징계처분이 취소되었다고 하더라도, 그와 같은 사정들만으로 위 거부처분의 취소를 구할 법률상 이익이 없다고 볼 수 없고, 피고가 원고의 정보공개청구를 거부한 이상 원고로서는 여전히 정보공개거부처분의 취소를 구할 법률상 이익을 갖는다. (2022.5.26. 2022두34562)

91   「공공기관의 정보공개에 관한 법률」에 의하면 "다른 법률 또는 법률에서 위임한 명령에 의하여 비밀 또는 비공개 사항으로 규정된 정보"는 이를 공개하지 아니할 수 있다고 규정하고 있는바, 여기에서 '법률에 의한 명령'은 정보의 공개에 관하여 법률의 구체적인 위임 아래 제정된 법규명령(위임명령)을 의미한다. (추가문제) ★   [   ]

92   재소자가 교도관의 가혹행위를 이유로 형사고소 및 민사소송을 제기하면서 그 증명자료 확보를 위해 '근무보고서'와 '징벌위원회 회의록' 등의 정보공개를 요청하였으나 교도소장이 이를 거부한 사안에서, 근무보고서는 비공개대상정보에 해당한다고 볼 수 없고, 징벌위원회 회의록 중 비공개 심사·의결 부분은 비공개사유에 해당하지만 징벌절차 진행 부분은 비공개사유에 해당하지 않으므로, 분리 공개가 허용된다. (예제문제) ★   [   ]

93   법원 이외의 공공기관이 정보공개법 제9조 제1항 제4호에서 정한 '진행 중인 재판에 관련된 정보'에 해당한다는 사유로 정보공개를 거부하기 위하여는 반드시 그 정보가 진행 중인 재판의 소송기록 자체에 포함된 내용일 필요는 없다. 그러나 재판에 관련된 일체의 정보가 그에 해당하는 것은 아니고 진행 중인 재판의 심리 또는 재판결과에 구체적으로 영향을 미칠 위험이 있는 정보에 한정된다. (예제문제) ★   [   ]

94   학교폭력대책자치위원회의 회의록은 공공기관의 정보공개에 관한 법률 제9조 제1항 제5호의 '공개될 경우 업무의 공정한 수행에 현저한 지장을 초래한다고 인정할 만한 상당한 이유가 있는 정보'에 해당한다. (예제문제) ★   [   ]

95   망인의 친족이 국가보훈처장에게 '망인들에 대한 공적심상위원회의 심의·의결 과정 및 그 내용을 기재한 회의록'의 공개를 청구한 경우 그 회의록은 주관적 판단이 주된 심사내용이라고 볼 수 없으므로 '공개될 경우 업무의 상당한 이유가 있는 정보'에 해당하지 아니한다. (23-1) ★   [   ]

정답 및 해설

91 [O] (2003. 12. 11. 2003두8395)
92 [O] (2009. 12. 10. 2009두12785)
93 [O] (2011. 11. 24. 2009두19021)
94 [O] (2010. 6. 10. 2010두2913)
95 [X] 공적심사위원회의 심사에는 심사위원들의 전문적·주관적 판단이 상당 부분 개입될 수밖에 없는 심사의 본질에 비추어 공개를 염두에 두지 않은 상태에서의 심사가 그렇지 않은 경우보다 더 자유롭고 활발한 토의를 거쳐 객관적이고 공정한 심사 결과에 이를 개연성이 큰 점 등 위 회의록 공개에 의하여 보호되는 알권리의 보장과 비공개에 의하여 보호되는 업무수행의 공정성 등의 이익 등을 비교·교량해 볼 때, 위 회의록은 정보공개법 제9조 제1항 제5호에서 정한 '공개될 경우 업무의 공정한 수행에 현저한 지장을 초래한다고 인정할 만한 상당한 이유가 있는 정보'에 해당한다. (2014. 7. 24. 2013두20301)

96   '2002학년도부터 2005학년도까지의 대학수학능력시험 원데이터'는 연구목적으로 그 정보의 공개를 청구하는 경우, 정보공개법 제9조 제1항 제5호 소정의 비공개정보에 해당하지 않는다. (예제문제) ★
[   ]

97   문제은행 출제방식을 채택하고 있는 치과의사 국가시험의 문제지와 정답지는 시험업무의 공정한 수행이나 연구·개발에 현저한 지장을 초래한다고 인정할 만한 상당한 이유가 있는 경우에 해당하므로, 공공기관의 정보공개에 관한 법률 제9조 제1항 제5호에 따라 이를 공개하지 않을 수 있다. (예제문제) ★
[   ]

98   의사결정과정에 제공된 회의 관련 자료나 의사결정과정이 기록된 회의록 등은 의사가 결정되거나 의사가 집행된 경우에는 더 이상 의사결정과정에 있는 사항 그 자체라고는 할 수 없으나, 의사결정과정에 있는 사항에 준하는 사항으로서 비공개대상정보에 포함될 수 있다. (추가문제) ★ [   ]

99   국민의 알권리를 두텁게 보호하기 위해 「공공기관의 정보공개에 관한 법률」 제9조 제1항 제6호 본문의 규정에 따라 비공개대상이 되는 정보는 이름·주민등록번호 등 '개인식별정보'로 한정된다. (추가문제) ★
[   ]

100 이미 법무부가 사면발표문을 발표하면서 사면대상자의 명단이 상당수 공개된 상황에서 사면대상자들의 사면실시건의서와 그와 관련된 국무회의 안건자료에 대해 정보공개청구가 있는 경우 그 정보는 정보공개법상 개인식별정보로서 비공개대상정보에 해당하지 않는다. (예제문제) ★ [   ]

정답 및 해설

96 [O] (2010. 2. 25. 2007두9877)

97 [O] (2007. 6. 15. 2006두15936)

98 [O] (2003. 8. 22. 2002두12946)

99 [X] 정보공개법 제9조 제1항 제6호 본문의 규정에 따라 비공개대상이 되는 정보에는 이름·주민등록번호 등 정보 형식이나 유형을 기준으로 비공개대상정보에 해당하는지를 판단하는 '개인식별정보'뿐만 아니라 그 외에 정보의 내용을 구체적으로 살펴 '개인에 관한 사항의 공개로 개인의 내밀한 내용의 비밀 등이 알려지게 되고, 그 결과 인격적·정신적 내면생활에 지장을 초래하거나 자유로운 사생활을 영위할 수 없게 될 위험성이 있는 정보'도 포함된다고 새겨야 한다. 따라서 불기소처분 기록 중 피의자신문조서 등에 기재된 피의자 등의 인적사항 이외의 진술내용 역시 개인의 사생활의 비밀 또는 자유를 침해할 우려가 인정되는 경우 정보공개법 제9조 제1항 제6호 본문 소정의 비공개대상에 해당한다. (2012. 6. 18. 2011두2361)

100 [O] (2006. 12. 7. 2005두241)

101 방송프로그램의 기획·편성·제작 등에 관한 정보로서 방송사가 공개하지 아니한 것은, 사업활동에 의하여 발생하는 위해로부터 사람의 생명·신체 또는 건강을 보호하기 위하여 공개할 필요가 있는 정보나 위법·부당한 사업활동으로부터 국민의 재산 또는 생활을 보호하기 위하여 공개할 필요가 있는 정보를 제외하고는, 공공기관의 정보공개에 관한 법률 제9조 제1항 제7호에 정한 '법인 등의 경영·영업상 비밀에 관한 사항'에 해당할 뿐만 아니라 그 공개를 거부할 만한 정당한 이익도 있다고 보아야 한다. (예제문제) ★ [　]

102 아파트재건축주택조합의 조합원들에게 제공될 무상보상평수의 사업수익성 등을 검토한 자료는 정보공개법 제9조 제1항 제7호의 '법인 등의 영업상 비밀에 관한 사항으로서 공개될 경우 법인 등의 정당한 이익을 현저히 해할 우려가 있다고 인정되는 정보'에 해당하지 않는다. (예제문제) [　]

103 「공공기관의 정보공개에 관한 법률」에 의한 정보공개의 청구와 「군사기밀보호법」에 의한 군사기밀의 공개요청은 그 상대방, 처리절차 등이 유사하므로 「공공기관의 정보공개에 관한 법률」에 의한 정보공개청구는 「군사기밀보호법」에 의한 군사기밀 공개요청과 동일한 것으로 보거나 그 공개요청이 포함되어 있는 것으로 볼 수 있다. (예제문제) [　]

104 공공기관이 보유·관리하고 있는 제3자 관련정보의 경우 그 제3자가 비공개요청을 한 경우에는 해당 제3자 관련정보는 「공공기관의 정보공개에 관한 법률」상 비공개대상정보에 해당한다. (예제문제) [　]

정답 및 해설

101 [O] (2010. 12. 23. 2008두13101)

102 [O] (2006. 1. 13. 2003두9459)

103 [X] 공공기관의 정보공개에 관한 법률에 의한 정보공개의 청구와 군사기밀보호법에 의한 군사기밀의 공개요청은 그 상대방, 처리절차 및 공개의 사유 등이 전혀 다르므로, 공공기관의 정보공개에 관한 법률에 의한 정보공개청구를 군사기밀보호법에 의한 군사기밀 공개요청과 동일한 것으로 보거나 그 공개요청이 포함되어 있는 것으로 볼 수는 없다. (2006. 11. 10. 2006두9351)

104 [X] 공공기관이 보유관리하고 있는 정보가 제3자와 관련이 있는 경우 그 정보공개여부를 결정함에 있어 공공기관이 제3자와의 관계에서 거쳐야 할 절차를 규정한 것에 불과할 뿐, 제3자의 비공개요청이 있다는 사유만으로 정보공개법상 정보의 비공개사유에 해당한다고 볼 수 없다. (2008. 9. 25. 2008두8680)

105 자신과 관련된 정보공개가 청구된 사실을 통지받은 제3자는 그 통지를 받은 날부터 3일 이내에 해당 공공기관에 대하여 이를 공개하지 아니할 것을 요청할 수 있고, 이러한 비공개 요청에도 불구하고 공공기관이 공개 결정을 할 때에는 공개 결정 이유와 공개 실시일을 분명히 밝혀 지체 없이 문서로 통지하여야 한다. (변시 13회) ★★ [ ]

106 정보공개를 청구하여 정보공개 여부에 대한 결정의 통지를 받은 자가 정당한 사유 없이 해당 정보의 공개를 다시 청구하는 경우, 정보공개 청구를 받은 공공기관은 정보공개 청구 대상 정보의 성격, 종전 청구와의 내용적 유사성·관련성, 종전 청구와 동일한 답변을 할 수밖에 없는 사정 등을 종합적으로 고려하여 해당 청구를 종결 처리할 수 있고, 종결 처리 사실을 청구인에게 알려야 한다. (변시 13회) [ ]

107 정보비공개결정의 취소소송에서 공개청구한 정보의 내용과 범위가 특정되었다고 볼 수 없는 경우, 법원은 공공기관에게 청구대상정보를 제출하도록 하여 이를 비공개로 열람·심사하는 등의 방법으로 그 대상정보의 내용과 범위를 특정시켜야 한다. (추가문제) [ ]

108 당해 정보를 공공기관이 보유·관리하고 있다는 점에 관하여 정보공개를 구하는 자에게 입증책임이 있다 할 것이지만, 그 입증의 정도는 그러한 정보를 공공기관이 보유·관리하고 있을 상당한 개연성이 있다는 점을 증명하면 족하다. (23-1) ★ [ ]

109 정보공개거부처분 취소소송에서 비공개사유의 주장입증책임은 피고인 공공기관에 있다. (변시 8회) [ ]

110 정보의 부분 공개가 허용되는 경우란 그 정보의 공개방법 및 절차에 비추어 당해 정보에서 비공개대상정보에 관련된 기술 등을 제외 혹은 삭제하고 나머지 정보만을 공개하는 것이 가능하고 나머지 부분의 정보만으로도 공개의 가치가 있는 경우를 의미한다. (23-1) [ ]

정답 및 해설

105 [O] 공공기관의 정보공개에 관한 법률 제21조(제3자의 비공개 요청 등) ① 제11조제3항에 따라 공개 청구된 사실을 통지받은 제3자는 그 통지를 받은 날부터 3일 이내에 해당 공공기관에 대하여 자신과 관련된 정보를 공개하지 아니할 것을 요청할 수 있다. ② 제1항에 따른 비공개 요청에도 불구하고 공공기관이 공개 결정을 할 때에는 공개 결정 이유와 공개 실시일을 분명히 밝혀 지체 없이 문서로 통지하여야 하며, 제3자는 해당 공공기관에 문서로 이의신청을 하거나 행정심판 또는 행정소송을 제기할 수 있다. 이 경우 이의신청은 통지를 받은 날부터 7일 이내에 하여야 한다.

106 [O] 정보공개법 제11조의2 제1항

107 [O] (2007. 6. 1. 2007두2555)

108 [O] (2007. 6. 1. 2006두20587)

109 [O] 공개를 요구받은 공공기관으로서는 … 비공개 사유에 해당하는지를 주장·입증하여야만 할 것이며, 그에 이르지 아니한 채 개괄적인 사유만을 들어 공개를 거부하는 것은 허용되지 아니한다. (2003. 12. 11. 2001두8827)

110 [O] (2009. 12. 10. 2009두12785)

111 교도소에 복역 중인 甲이 A지방검찰청 검사장 乙에게 자신에 대한 불기소사건 수사기록의 공개를 청구하였다. 甲이 청구한 정보가 비공개 대상에 해당하지 않는 한, 해당 정보를 취득 또는 활용할 의사가 전혀 없이 오로지 공공기관의 담당공무원을 괴롭힐 목적으로 정보공개청구를 하는 것이 명백한 경우라 하더라도 甲의 정보공개청구권의 행사는 허용되어야 한다. (24-2) ★★ [   ]

112 甲은 乙을 사기죄로 고소하였으나, 乙은 증거불충분으로 혐의없음의 불기소처분을 받았다. 甲은 불기소처분의 기록 중 피의자신문조서 등에 대하여 정보공개청구를 하였으나, 사생활의 비밀과 자유를 침해할 위험이 있는 정보라는 이유로 비공개결정을 받았다. (다툼이 있는 경우 판례에 의함) (변시 3회) ★

> **참조**
>
> 검찰보존사무규칙 제22조(불기소사건기록등의 열람·등사 제한) ① 검사는 제20조의2에 따른 불기소사건기록등의 열람·등사 신청에 대하여 다음 각 호의 어느 하나에 해당하는 경우에는 기록의 열람·등사를 제한 할 수 있다.
>   1. 〈생략〉
>   2. 기록의 공개로 인하여 사건관계인의 명예나 사생활의 비밀 또는 생명·신체의 안전이나 생활의 평온을 현저히 해칠 우려가 있는 경우
>
> 공공기관의 정보공개에 관한 법률
> 제4조(적용 범위) ① 정보의 공개에 관하여는 다른 법률에 특별한 규정이 있는 경우를 제외하고는 이 법에서 정하는 바에 따른다.
> 제9조(비공개 대상 정보) ① 공공기관이 보유·관리하는 정보는 공개 대상이 된다. 다만, 다음 각 호의 어느 하나에 해당하는 정보는 공개하지 아니할 수 있다.
>   1. 다른 법률 또는 법률에서 위임한 명령(국회규칙·대법원규칙·헌법재판소규칙·중앙선거관리위원회규칙·대통령령 및 조례로 한정한다)에 따라 비밀이나 비공개 사항으로 규정된 정보
>   2.-5. 〈생략〉
>   6. 해당 정보에 포함되어 있는 성명·주민등록번호 등 개인에 관한 사항으로서 공개될 경우 사생활의 비밀 또는 자유를 침해할 우려가 있다고 인정되는 정보. 다만, 다음 각 목에 열거한 개인에 관한 정보는 제외한다.
>   가.-마. 〈생략〉

정답 및 해설

111 [X] 국민의 정보공개청구는 정보공개법 제9조에 정한 비공개 대상 정보에 해당하지 아니하는 한 원칙적으로 폭넓게 허용되어야 하지만, 실제로는 해당 정보를 취득 또는 활용할 의사가 전혀 없이 정보공개제도를 이용하여 사회통념상 용인될 수 없는 부당한 이득을 얻으려 하거나, 오로지 공공기관의 담당공무원을 괴롭힐 목적으로 정보공개청구를 하는 경우처럼 권리의 남용에 해당하는 것이 명백한 경우에는 정보공개청구권의 행사를 허용하지 아니하는 것이 옳다. (2014.12.24. 2014두9349)

① 「공공기관의 정보공개에 관한 법률」에 따른 정보공개청구권은 법률상 보호되는 구체적인 권리이므로, 공개거부처분에 대하여 甲은 행정소송을 통하여 그 공개거부처분의 취소를 구할 법률상의 이익이 있다. [ ]

② 「공공기관의 정보공개에 관한 법률」 제9조 제1항 제6호에 규정된 '사생활의 자유'란 사회공동체의 일반적인 생활규범의 범위 내에서 사생활을 자유롭게 형성해 나가고 그 설계 및 내용에 대해서 외부로부터의 간섭을 받지 아니할 권리이며, '사생활의 비밀'이란 사생활과 관련된 사사로운 자신만의 영역이 본인의 의사에 반해서 타인에게 알려지지 않도록 할 수 있는 권리를 말한다. [ ]

③ 乙의 주민등록번호, 직업, 주소, 본적, 전과 및 검찰 처분, 상훈·연금, 병역, 교육, 경력, 가족, 재산 및 월수입, 종교, 정당·사회단체가입, 건강상태, 연락처 등 개인에 관한 정보뿐만 아니라, 사생활의 비밀과 자유를 침해할 우려가 있는 진술내용도 비공개 대상에 해당된다. [ ]

④ 공개거부의 근거가 된 검찰보존사무규칙 제22조는 법률상의 위임근거 없는 행정기관 내부의 사무처리준칙으로서 행정규칙에 불과하므로 「공공기관의 정보공개에 관한 법률」 제4조 제1항의 '정보의 공개에 관하여는 다른 법률에 특별한 규정이 있는 경우' 또는 제9조 제1항 제1호의 '다른 법률 또는 법률에서 위임한 명령에 따라 비밀이나 비공개 사항으로 규정된 정보'에 해당되지 않는다. (변시 10회) [ ]

⑤ 甲이 기록의 열람·등사 신청을 할 경우, 검찰보존사무규칙 제22조 제1항 제2호에 따른 기록의 열람·등사에 대한 검사의 허가여부처분이라는 집행행위가 존재하지만, 그 집행행위를 대상으로 하는 구제절차가 없거나 구제절차가 있다고 하더라도 권리구제의 기대가능성이 없으므로, 위 규칙은 기본권침해의 직접성이 예외적으로 인정된다. [ ]

정답 및 해설

112 ① [O] (2010. 12. 23. 2008두13101)
② [O] (헌재 2002. 3. 28. 2000헌마53)
③ [O] 정보공개법 제9조 제1항 제6호 본문의 규정에 따라 비공개대상이 되는 정보에는 … '개인식별정보'뿐만 아니라 그 외에 정보의 내용을 구체적으로 살펴 '개인에 관한 사항의 공개로 개인의 내밀한 내용의 비밀 등이 알려지게 되고, 그 결과 인격적·정신적 내면생활에 지장을 초래하거나 자유로운 사생활을 영위할 수 없게 될 위험성이 있는 정보'도 포함된다. … 고소인이, 자신이 고소하였다가 불기소처분된 사건기록의 피의자신문조서, 진술조서 중 피의자 등 개인의 인적사항을 제외한 부분의 정보공개를 청구하였으나 해당 검찰청 검사장이 공공기관의 정보공개에 관한 법률 제9조 제1항 제6호에 해당한다는 이유로 비공개결정을 한 사안에서, 비공개결정한 정보 중 관련자들의 이름을 제외한 주민등록번호, 직업, 주소(주거 또는 직장주소), 본적, 전과 및 검찰 처분, 상훈·연금, 병역, 교육, 경력, 가족, 재산 및 월수입, 종교, 정당·사회단체가입, 건강상태, 연락처 등 개인에 관한 정보는 개인에 관한 사항으로서 공개되면 개인의 내밀한 비밀 등이 알려지게 되고 그 결과 인격적·정신적 내면생활에 지장을 초래하거나 자유로운 사생활을 영위할 수 없게 될 위험성이 있는 정보에 해당한다고 보아 이를 비공개대상정보에 해당한다. (2012. 6. 18. 2011두2361)
④ [O] 기록의 열람·등사의 제한을 정하고 있는 같은 규칙 제22조는 법률상의 위임근거가 없어 행정기관 내부의 사무처리준칙으로서 행정규칙에 불과하므로, 위 규칙상의 열람·등사의 제한을 공공기관의 정보공개에 관한 법률 제9조 제1항 제1호의 '다른 법률 또는 법률에 의한 명령에 의하여 비공개사항으로 규정된 경우'에 해당한다고 볼 수 없다. (2006. 5. 25. 2006두3049)

113 　환경부는 전국에 유통 중인 생수 7개 제품에서 기준치를 초과하는 발암우려물질이 검출됐다고 발표했다. 그러나 환경부는 신용훼손 등을 이유로 제조사 丙 등의 명단은 발표하지 않았다. 이에 대하여 甲은 환경부장관 乙에게 제조사 명단에 대한 정보공개를 청구하였다. 甲의 정보공개청구에 대하여 乙은 명단의 공개가 「공공기관의 정보공개에 관한 법률」 제9조 제1항 제7호의 '법인·단체 또는 개인의 경영상·영업상 비밀에 관한 사항으로서 공개될 경우 법인등의 정당한 이익을 현저히 해칠 우려가 있다고 인정되는 정보'에 해당된다는 이유로 공개를 거부하였다. (변시 4회)

① 甲은 乙의 거부처분에 대하여 「공공기관의 정보공개에 관한 법률」상의 이의신청절차를 거치지 아니하고 행정심판을 청구할 수 있다. [　]

② 정보공개청구권은 법률상 보호되는 구체적인 권리이므로 甲이 乙에게 정보공개를 청구하였다가 거부처분을 받은 것 자체가 법률상 이익의 침해에 해당한다. [　]

③ 乙은 甲이 공개 청구한 대상정보와 관련이 있는 제3자인 丙에게 그 사실을 지체 없이 통지하여야 한다. [　]

④ 「공공기관의 정보공개에 관한 법률」은 제3자의 권리구제수단에 대해서는 별도의 규정을 두고 있지 않으나, 만일 丙의 비공개 요청에도 불구하고 乙이 공개결정을 하였다면 丙은 그 공개결정에 대한 행정소송을 제기할 수 있다. [　]

⑤ 甲이 공개 청구한 정보가 비공개 대상정보에 해당하는 부분과 공개 가능한 부분이 혼합되어 있는 경우로서 공개 청구의 취지에 어긋나지 않는 범위에서 두 부분을 분리할 수 있는 경우에는 乙은 비공개정보에 해당하는 부분을 제외하고 공개하여야 한다. [　]

정답 및 해설

⑤ [X] 검찰보존사무규칙 제22조와 기록열람·등사에관한업무처리지침 제2조 나항은 기록의 열람·등사에 관한 기준을 제시하고 있을 뿐이므로 검사는 기록 열람·등사신청이 있을 경우 이 사건 규칙 제22조와 이 사건 지침 제2조 나항에 따라 당연히 기록의 열람·등사를 허가하거나 거부하여야 하는 것은 아니며, 위 기준에 따라 수사기록의 내용을 판단하여 허가여부의 결정을 할 수 있고, 따라서 피청구인인 검사의 집행행위를 통하지 아니하고, 이 사건 규칙과 지침이 직접 청구인들의 기본권을 침해하고 있다고 볼 수 없다. (헌재 1998. 2. 27. 97헌마101)

113 ① [O] 공공기관의 정보공개에 관한 법률 제18조, 제19조 제2항
② [O] (2003. 12. 12. 2003두8050)
③ [O] 공공기관의 정보공개에 관한 법률 제11조 제3항
④ [X] 공공기관의 정보공개에 관한 법률 제21조(제3자의 비공개요청 등) ① 제11조제3항의 규정에 의하여 공개청구된 사실을 통지받은 제3자는 통지받은 날부터 3일 이내에 당해 공공기관에 대하여 자신과 관련된 정보를 공개하지 아니할 것을 요청할 수 있다.
② 제1항의 규정에 의한 비공개요청에도 불구하고 공공기관이 공개결정을 하는 때에는 공개결정이유와 공개실시일을 명시하여 지체없이 문서로 통지하여야 하며, 제3자는 당해 공공기관에 문서로 이의신청을 하거나 행정심판 또는 행정소송을 제기할 수 있다. 이 경우 이의신청은 통지를 받은 날부터 7일 이내에 하여야 한다.
③ 공공기관은 제2항의 규정에 의한 공개결정일과 공개실시일의 사이에 최소한 30일의 간격을 두어야 한다.
⑤ [O] 공공기관의 정보공개에 관한 법률 제14조 (부분공개)

114 甲은 A를 강간죄로 고소하였고, 관할 검찰청 검사는 사건을 수사한 후 「성폭력범죄의 처벌 등에 관한 특례법」 위반으로 A를 기소하였다. 그 후 甲은 관할 검찰청 검사장 乙에게 이 사건 공소장의 공개를 요구하는 정보공개청구서를 제출하였다. (다툼이 있는 경우 판례에 의함)
(변시 5회)

① 甲이 청구한 공개대상정보가 공소장 원본일 필요는 없다. [ ]

② 위 공소장의 내용을 인터넷 검색 등을 통하여 쉽게 알 수 있다면, 乙은 그 이유를 들어 甲의 정보공개청구를 거부할 수 있다. [ ]

③ 위 공소장이 폐기되어 존재하지 않게 되었다면, 공소장을 더 이상 보유·관리하고 있지 아니하다는 점에 대한 입증책임은 乙에게 있다. [ ]

④ 乙이 甲의 정보공개청구를 거부한 경우 甲은 「공공기관의 정보공개에 관한 법률」에 따른 이의신청 절차를 거치지 아니하고 행정심판을 청구할 수 있다. [ ]

115 甲은 행정청 乙이 지출한 업무추진비의 예산집행내역과 지출증빙서 등에 관하여 乙에게 정보공개청구를 하였다. (다툼이 있는 경우 판례에 의함) (변시 7회)

① 甲이 사본 또는 복제물의 교부를 원하는 경우에 공개대상 정보의 양이 너무 많아 정상적인 업무수행에 현저한 지장을 초래할 우려가 있는 경우가 아니라면, 乙은 열람의 방식으로 공개할 수 없다. [ ]

정답 및 해설

114 ① [O] 공개청구의 대상이 되는 정보는 공공기관이 보유·관리하고 있는 정보에 한정되며, 문서의 경우는 반드시 원본일 필요는 없다. (2006. 5. 25. 2006두3049)
② [X] 공개청구의 대상이 되는 정보가 이미 다른 사람에게 공개되어 널리 알려져 있다거나 인터넷 등을 통하여 공개되어 인터넷검색 등을 통하여 쉽게 알 수 있다는 사정만으로는 소의 이익이 없다거나 비공개결정이 정당화될 수 없다. (2010. 12. 23. 2008두13101)
③ [O] 공개를 구하는 정보를 공공기관이 한 때 보유·관리하였으나 후에 그 정보가 담긴 문서등이 폐기되어 존재하지 않게 된 것이라면 그 정보를 더 이상 보유관리하고 있지 아니하다는 점에 대한 증명책임은 공공기관에게 있다. (2004. 12. 9. 2003두12707)
④ [O] 공공기관의 정보공개에 관한 법률 제18조, 제19조 제2항

115 ① [O] 공공기관의 정보공개에 관한 법률 제13조 제2항

② 공개청구된 지출증빙서에 간담회 등 행사참석자를 식별할 수 있는 개인정보가 일부 기재되어 있는 경우 乙은 공개청구된 정보에 대해 정보비공개결정을 하여야 한다. [ ]

③ 甲이 공개청구한 정보가 담긴 문서 등이 폐기되어 존재하지 않게 된 경우라면 그 정보를 더 이상 보유·관리하고 있지 않다는 점에 대한 증명책임은 乙에게 있다. [ ]

④ 乙의 정보비공개결정에 대한 甲의 이의신청이 각하 또는 기각되었을 경우에 甲은 행정심판 또는 행정소송을 제기할 수 있고, 또한 정보비공개결정에 대해 이의신청을 거치지 않고 바로 행정심판 또는 행정소송을 제기할 수 있다. [ ]

⑤ 甲이 정보공개거부처분취소심판을 청구하여 인용재결을 받았음에도 乙이 정보공개를 하지 않는 경우, 甲은 「행정심판법」상 간접강제신청을 할 수 있다. [ ]

116 A대학교에 재학 중인 乙은 2015학년도 2학기에 수강한 B과목에서 F학점을 받았다. 그러나 乙은 해당 과목 시험에서 답안을 성실히 작성하였고 담당 시간강사가 요구하는 과제를 제출하였으며 해당 학기에 결석이 1회에 그쳐 자신이 받은 F학점이 부당하다고 생각하였다. 이에 乙은 해당 과목의 채점기준표와 채점이 완료된 자신의 답안지 그리고 자신과 비슷한 내용으로 답안을 작성하였다고 생각되는 丙의 답안지의 공개(복제물의 교부)를 「공공기관의 정보공개에 관한 법률」(이하, '정보공개법'이라 함)에 따라 A대학교 총장인 甲에게 청구하였다. 그러나 甲은 乙이 요청한 자료는 정보공개법상 비공개 대상 정보이고 시간강사가 채점기준표와 답안지를 보관하고 있어 대학이 보유하고 있지 않다는 이유로 자료의 공개를 거부하였다. (다툼이 있는 경우 판례에 의함) (변시 10회)

① 甲의 비공개결정은 거부처분에 해당하여 「행정절차법」상 특별한 사정이 없는 한 사전통지의 대상이 되지 아니한다. [ ]

정답 및 해설

② [X] 공개 청구한 정보가 제9조 제1항 각 호의 어느 하나에 해당하는 부분과 공개 가능한 부분이 혼합되어 있는 경우로서 제9조제1항 각 호의 어느 하나에 해당하는 부분(비공개대상정보)을 제외하고 공개하여야 한다. (공공기관의 정보공개에 관한 법률 제14조)
③ [O] (2004. 12. 9. 2003두12707)
④ [O] 공공기관의 정보공개에 관한 법률 제18조, 제19조, 제20조
⑤ [O] 행정심판법 제49조 제2항, 제50조의2 제1항

116 ① [O] 신청에 대한 거부처분이라고 하더라도 직접 당사자의 권익을 제한하는 것은 아니어서 신청에 대한 거부처분을 여기에서 말하는 '당사자의 권익을 제한하는 처분'에 해당한다고 할 수 없는 것이어서 처분의 사전통지대상이 된다고 할 수 없다. (2003. 11. 28. 2003두674)

② A대학교가 사립대학교라면 乙이 요청한 자료는 정보공개법의 적용대상이 아니다. [   ]

③ B과목에 대한 성적통지가 성적통지서(문서) 교부가 아닌 인터넷으로 확인(전자문서)하는 방식으로 이루어진다고 하더라도 이 전자문서는 정보공개법상 '정보'에 해당한다. [   ]

④ 만약 사안과는 달리 乙의 공개청구가 받아들여진 경우, 복제물의 교부가 아닌 열람만을 허용하는 방식으로 공개방법을 선택할 재량권이 甲에게 인정되지 아니한다. [   ]

⑤ 만약 사안과는 달리 공개청구대상 답안지 및 채점기준표가 A대학교에 의해 일정기간 동안 관리되었지만 문서보존연한이 지나 폐기되었다면, 이들 답안지 및 채점기준표를 더 이상 보유·관리하고 있지 아니하다는 점에 대한 증명책임은 A대학교에 있다. [   ]

정답 및 해설

② [X] 정보공개 의무기관을 정하는 것은 입법자의 입법형성권에 속하고, 이에 따라 입법자는 구 공공기관의 정보공개에 관한 법률 제2조 제3호에서 정보공개 의무기관을 공공기관으로 정하였는바, 공공기관은 국가기관에 한정되는 것이 아니라 지방자치단체, 정부투자기관, 그 밖에 공동체 전체의 이익에 중요한 역할이나 기능을 수행하는 기관도 포함되는 것으로 해석되고, 여기에 정보공개의 목적, 교육의 공공성 및 공사립학교의 동질성, 사립대학교에 대한 국가의 재정지원 및 보조 등 여러 사정을 고려해 보면, 사립대학교에 대한 국비 지원이 한정적·일시적·국부적이라는 점을 고려하더라도, 같은 법 시행령 제2조 제1호가 정보공개의무를 지는 공공기관의 하나로 사립대학교를 들고 있는 것이 모법인 구 공공기관의 정보공개에 관한 법률의 위임 범위를 벗어났다거나 사립대학교가 국비의 지원을 받는 범위 내에서만 공공기관의 성격을 가진다고 볼 수 없다. (2006. 8. 24. 2004두2783)

③ [O] 공공기관의 정보공개에 관한 법률 제2조 (정의) 이 법에서 사용하는 용어의 정의는 다음과 같다.
1. "정보"라 함은 공공기관이 직무상 작성 또는 취득하여 관리하고 있는 문서(전자문서를 포함한다. 이하 같다)·도면·사진·필름·테이프·슬라이드 및 그 밖에 이에 준하는 매체 등에 기록된 사항을 말한다.

④ [O] 정보공개를 청구하는 자가 공공기관에 대해 정보의 사본 또는 출력물의 교부의 방법으로 공개방법을 선택하여 정보공개청구를 한 경우에 공개청구를 받은 공공기관으로서는 「공공기관의 정보공개에 관한 법률」 제8조 제2항에서 규정한 정보의 사본 또는 복제물의 교부를 제한할 수 있는 사유에 해당하지 않는 한 정보공개청구자가 선택한 공개방법에 따라 정보를 공개하여야 하므로 그 공개방법을 선택할 재량권이 없다고 해석함이 상당하다. (2003. 12. 12. 2003두8050)

⑤ [O] 정보공개제도는 공공기관이 보유·관리하는 정보를 그 상태대로 공개하는 제도로서 공개를 구하는 정보를 공공기관이 보유·관리하고 있을 상당한 개연성이 있다는 점에 대하여 원칙적으로 공개청구자에게 증명책임이 있다고 할 것이지만, 공개를 구하는 정보를 공공기관이 한 때 보유·관리하였으나 후에 그 정보가 담긴 문서등이 폐기되어 존재하지 않게 된 것이라면 그 정보를 더 이상 보유·관리하고 있지 아니하다는 점에 대한 증명책임은 공공기관에게 있다. (2004. 12. 9. 2003두12707)

제3절 개인정보보호

117 「개인정보 보호법」은 원칙적으로 민간기관만을 적용대상으로 한다. (22-2) ★　　　　[　]

118 「개인정보 보호법」상 "가명처리"란 개인정보의 일부를 삭제하거나 일부 또는 전부를 대체하는 등의 방법으로 추가 정보가 없이는 특정 개인을 알아볼 수 없도록 처리하는 것을 말한다. (22-2) ★
[　]

119 「개인정보 보호법」에 의하면 통계작성 및 과학적 연구를 위하여는 특정 개인을 알아보기 위한 목적으로 가명정보를 처리할 수 있다. (22-2)　　　　[　]

120 「개인정보 보호법」상 개인정보처리자는 정보주체의 동의가 없더라도 당초 수집 목적과 합리적으로 관련된 범위에서 법령상의 기준에 따른다면 개인정보를 추가적으로 이용할 수 있다. (22-2)
[　]

✏️ 정답 및 해설

117 [X] 개인정보 보호법 제2조(정의) 이 법에서 사용하는 용어의 뜻은 다음과 같다.
　5. "개인정보처리자"란 업무를 목적으로 개인정보파일을 운용하기 위하여 스스로 또는 다른 사람을 통하여 개인정보를 처리하는 공공기관, 법인, 단체 및 개인 등을 말한다.

118 [O] 개인정보 보호법 제2조 제1의2

119 [X] 개인정보 보호법 제28조의2(가명정보의 처리 등)
　① 개인정보처리자는 통계작성, 과학적 연구, 공익적 기록보존 등을 위하여 정보주체의 동의 없이 가명정보를 처리할 수 있다.
　② 개인정보처리자는 제1항에 따라 가명정보를 제3자에게 제공하는 경우에는 특정 개인을 알아보기 위하여 사용될 수 있는 정보를 포함해서는 아니 된다.

120 [O] 개인정보 보호법 제15조(개인정보의 수집·이용)
　③ 개인정보처리자는 당초 수집 목적과 합리적으로 관련된 범위에서 정보주체에게 불이익이 발생하는지 여부, 암호화 등 안전성 확보에 필요한 조치를 하였는지 여부 등을 고려하여 대통령령으로 정하는 바에 따라 정보주체의 동의 없이 개인정보를 이용할 수 있다.

제4편
행정상의 의무이행확보수단

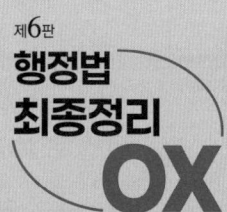

제1장 행정강제

대집행

01 행정대집행의 대상이 되는 대체적 작위의무는 공법상 의무이어야 하고, 이때의 작위의무는 행정처분뿐만 아니라 법령에 의해 직접 부과될 수도 있다. (변시 5회) ★ [   ]

02 「공익사업을 위한 토지 등의 취득 및 보상에 관한 법률」에 의한 협의취득시 건물소유자가 매매대상 건물에 대한 철거의무를 부담하겠다는 취지의 약정을 하였다 하더라도, 이러한 철거의무는 「행정대집행법」에 의한 대집행의 대상이 될 수 없다. (변시 12회) ★★ [   ]

03 대집행의 대상은 원칙적으로 대체적 작위의무에 한하며, 부작위의무위반의 경우 대체적 작위의무로 전환하는 규정을 두고 있지 아니하는 한 대집행의 대상이 되지 않는다. (추가문제) ★★ [   ]

04 단순한 부작위의무의 위반, 즉 관계 법령에 정하고 있는 절대적 금지나 허가를 유보한 상대적 금지를 위반한 경우에는 당해 법령에서 그 위반자에 대하여 위반에 의하여 생긴 유형적 결과의 시정을 명하는 행정처분의 권한을 인정하는 규정을 두고 있지 아니한 이상, 위와 같은 부작위의무로부터 그 의무를 위반함으로써 생긴 결과를 시정하기 위한 작위의무를 당연히 끌어낼 수는 없으며, 또 위 금지규정으로부터 작위의무, 즉 위반결과의 시정을 명하는 권한이 당연히 추론(推論)되는 것도 아니다. (예제문제) [   ]

05 관계 법령에 위반하여 장례식장 영업을 하고 있는 자의 장례식장 사용 중지 의무는 비대체적 부작위 의무에 대한 것이므로, 행정대집행법 제2조의 규정에 의한 대집행의 대상이 아니다. (예제문제) ★ [   ]

정답 및 해설

01 [O] 행정대집행법 제2조는 대집행의 대상이 되는 의무를 '법률(법률의 위임에 의한 명령, 지방자치단체의 조례를 포함한다)에 의하여 직접 명령되었거나 또는 법률에 의거한 행정청의 명령에 의한 행위로서 타인이 대신하여 행할 수 있는 행위'라고 규정하고 있으므로, 대집행계고처분을 하기 위하여는 법령에 의하여 직접 명령되거나 법령에 근거한 행정청의 명령에 의한 의무자의 대체적 작위의무 위반행위가 있어야 한다. (1996. 6. 28. 96누4374)

02 [O] 협의취득시 건물소유자가 매매대상 건물에 대한 철거의무를 부담하겠다는 취지의 약정을 하였다고 하더라도 이러한 철거의무는 공법상의 의무가 될 수 없고, 이 경우에도 행정대집행법을 준용하여 대집행을 허용하는 별도의 규정이 없는 한 위와 같은 철거의무는 행정대집행법에 의한 대집행의 대상이 되지 않는다. (2006. 10. 13. 2006두7096)

03 [O] (1996. 6. 28. 96누4374)

04 [O] (1996. 6. 28. 96누4374)

05 [O] (2005. 9. 28. 2005두7464)

06　수용목적물인 토지나 가옥의 인도의무는 대체적 작위의무라 할 수 없으므로 그 인도의무 불이행에 대해서는 행정대집행을 할 수 없다. (변시 8회) ★　　[　]

07　「공익사업을 위한 토지 등의 취득 및 보상에 관한 법률」상 토지소유자가 수용 또는 사용의 개시일까지 토지를 사업시행자에게 인도하여야 할 의무는 「행정대집행법」에 의한 대집행의 대상이 된다. (변시 12회) (변시 13회) ★★　　[　]

08　행정청이 행정대집행의 방법으로 건물철거의무의 이행을 실현할 수 있는 경우에는 건물철거 대집행 과정에서 부수적으로 건물의 점유자들에 대한 퇴거 조치를 할 수 있다. (예제문제) ★★　　[　]

09　건물의 점유자가 철거의무자일 때에는 건물철거의무에 퇴거의무도 포함되어 있는 것이어서 별도로 퇴거를 명하는 집행권원이 필요하지 않다. (예제문제) ★★　　[　]

10　건물점유자들이 적법한 행정대집행을 위력을 행사하여 방해하더라도 「행정대집행법」이 우선 적용되므로 「형법」상 공무집행방해죄가 성립할 수 없다. (예제문제) ★　　[　]

11　행정청은 필요한 경우 「경찰관 직무집행법」에 근거한 위험발생 방지조치를 위하여 경찰의 도움을 받을 수 있다. (예제문제)　　[　]

12　관계 법령상 행정대집행의 절차가 인정되어 행정청이 행정대집행의 방법으로 건물의 철거 등 대체적 작위의무의 이행을 실현할 수 있는 경우에는 따로 민사소송의 방법으로 그 의무의 이행을 구할 수 없다. (예제문제) ★★　　[　]

정답 및 해설

06 [O] (2005. 8. 19. 2004다2809)

07 [X] '인도'에는 명도도 포함되는 것으로 보아야 하고, 이러한 명도의무는 그것을 강제적으로 실현하면서 직접적인 실력행사가 필요한 것이지 대체적 작위의무라고 볼 수 없으므로 특별한 사정이 없는 한 행정대집행법에 의한 대집행의 대상이 될 수 있는 것이 아니다. (2005. 8. 19. 2004다2809)

08 [O] (2017. 4. 28. 2016다213916)

09 [O] (2017. 4. 28. 2016다213916)

10 [X] 행정청이 행정대집행의 방법으로 건물철거의무의 이행을 실현할 수 있는 경우에는 건물철거 대집행 과정에서 부수적으로 그 건물의 점유자들에 대한 퇴거 조치를 할 수 있는 것이고, 그 점유자들이 적법한 행정대집행을 위력을 행사하여 방해하는 경우 형법상 공무집행방해죄가 성립한다. (2017. 4. 28. 2016다213916)

11 [O] (2017. 4. 28. 2016다213916)

12 [O] (2017. 4. 28. 2016다213916)

13 공법인은 법령에 의하여 행정청의 대집행권한을 위탁받아 대집행을 실시하기 위하여 지출한 비용을 「행정대집행법」상 절차에 따라 징수할 수 있는 것과는 별개로, 민사소송절차에 의하여 그 비용의 상환을 구할 소의 이익이 있다. (변시 12회) ★   [   ]

14 아무런 권원 없이 국유재산에 설치한 시설물에 대하여 행정청이 행정대집행을 할 수 있고 따로 민사소송의 방법으로 그 시설물의 철거를 구하는 것이 허용되지는 않지만, 아무런 권원 없이 국유재산에 설치한 시설물에 대하여 행정청이 행정대집행을 실시하지 않는 경우, 그 국유재산에 대한 사용청구권을 가지고 있는 자가 국가를 대위하여 민사소송으로 그 시설물의 철거를 구할 수 있다. (변시 1회) ★   [   ]

15 건축법에 위반하여 건축한 것이어서 철거의무가 있는 건물이라 하더라도 그 철거의무를 대집행하기 위한 계고처분을 하려면 다른 방법으로는 이행의 확보가 어렵고 불이행을 방치함이 심히 공익을 해하는 것으로 인정될 때에 한하여 허용되고 이러한 요건의 주장·입증책임은 처분 행정청에 있다. (예제문제)   [   ]

16 계고서라는 명칭의 1장의 문서로 일정기간 내에 위법건축물의 자진철거를 명함과 동시에 그 소정기한 내에 자진철거를 하지 아니할 때에는 대집행할 뜻을 미리 계고한 경우 「건축법」에 의한 철거명령과 「행정대집행법」에 의한 계고처분은 독립하여 있는 것으로서 각각 그 요건이 충족된 것으로 본다. (변시 8회) ★★   [   ]

17 행정청이 건물의 소유자에게 위법건축물을 일정 기간까지 철거할 것을 명함과 아울러 불이행할 때에는 대집행한다는 내용의 철거대집행 계고처분을 고지한 후 건물의 소유자가 이에 불응하자, 다시 제2차 계고서를 발송하여 일정 기간까지 자진철거를 촉구하고 불이행하면 대집행을 한다는 뜻을 고지하였다면, 제2차 계고처분은 대집행기한의 연기통지에 불과하므로 행정처분이 아니다. (변시 10회) ★★   [   ]

정답 및 해설

13 [X] 대한주택공사가 구 대한주택공사법 및 구 대한주택공사법 시행령에 의하여 대집행권한을 위탁받아 공무인 대집행을 실시하기 위하여 지출한 비용을 행정대집행법 절차에 따라 국세징수법의 예에 의하여 징수할 수 있음에도 민사소송절차에 의하여 그 비용의 상환을 청구한 사안에서, 행정대집행법이 대집행비용의 징수에 관하여 민사소송절차에 의한 소송이 아닌 간이하고 경제적인 특별구제절차를 마련해 놓고 있으므로, 위 청구는 소의 이익이 없어 부적법하다 (2011. 9. 8. 2010다48240)

14 [O] (2009. 6. 11. 2009다1122)

15 [O] (1996. 10. 11. 96누8086)

16 [O] (1992. 6. 12. 91누13564)

17 [O] (1994. 10. 28. 94누5144)

18 제1차로 창고건물의 철거 및 하천부지에 대한 원상복구명령을 하였음에도 이에 불응하므로 대집행계고를 하면서 다시 자진철거 및 하천부지의 원상복구를 명한 경우, 대집행계고서에 기재된 철거 및 원상복구명령도 취소소송의 대상이 되는 독립한 행정처분이다. (변시 1회) [   ]

19 건물철거 대집행 계고처분을 제1차로 고지한 후 이에 불응하자 다시 제2차, 제3차 계고서를 발송한 경우 「행정대집행법」상의 건물철거의무는 각 회차마다 발생하고, 각 회차의 계고처분이 모두 행정처분에 해당한다. (변시 5회) [   ]

20 행정청이 대집행계고를 함에 있어서 대집행할 행위의 내용 및 범위는 대집행계고서 자체만으로 특정되어야 하는 것이지, 계고처분 전후에 송달된 문서 등을 종합하여 그 특정 여부를 판단할 것은 아니다. (변시 12회) ★ [   ]

21 행정청이 해가 지기 전에 대집행을 착수한 경우라 하더라도 해가 진 후에는 대집행을 할 수 없다. (변시 12회) [   ]

정답 및 해설

18 [X] 위 해설 참고(1994. 10. 28. 94누5144)

19 [X] 위 해설 참고(1994. 10. 28. 94누5144)

20 [X] 행정청이 행정대집행법 제3조 제1항에 의한 대집행계고를 함에 있어서는 의무자가 스스로 이행하지 아니하는 경우에 대집행할 행위의 내용 및 범위가 구체적으로 특정되어야 하지만, 그 행위의 내용 및 범위는 반드시 대집행계고서에 의하여서만 특정되어야 하는 것이 아니고 계고처분 전후에 송달된 문서나 기타 사정을 종합하여 행위의 내용이 특정되거나 대집행 의무자가 그 이행의무의 범위를 알 수 있으면 족하다. (1997. 2. 14. 96누15428)

21 [X] 행정대집행법 제4조(대집행의 실행 등) ① 행정청(제2조에 따라 대집행을 실행하는 제3자를 포함한다. 이하 이 조에서 같다)은 해가 뜨기 전이나 해가 진 후에는 대집행을 하여서는 아니 된다. 다만, 다음 각 호의 어느 하나에 해당하는 경우에는 그러하지 아니하다.
   2. 해가 지기 전에 대집행을 착수한 경우

22

공원관리청 A는 불법으로 국립공원 내에 시설물을 설치한 甲에 대하여 자연공원법 제31조 제1항에 따라 철거명령을 하였으나, 甲이 이를 이행하지 않자 행정대집행법에 따라 대집행을 하고자 한다. 이에 관한 다음 설명 중 옳지 않은 것은? (다툼이 있는 경우 판례에 의함)
(변시 2회)

① 급박한 위험이 있어 위 시설물을 급속히 철거하여야 하는데 계고절차를 거칠 여유가 없을 경우 계고 없이 대집행을 할 수 있다. ★ [ ]

② 대집행계고를 함에 있어 대집행할 행위의 내용 및 범위는 대집행계고서에 의하여 특정되어야 하고, 계고처분 전후의 다른 문서의 송달로써는 불특정의 하자를 치유할 수 없다. [ ]

③ 공원관리청 A가 제1차 철거대집행 계고처분 후 다시 제2차 계고처분을 행한 경우 제2차 계고처분은 새로운 철거의무를 부과하는 것이 아니라 대집행을 하겠다는 기한의 연기 통지에 불과한 것이므로 甲은 제2차 계고처분을 항고소송으로 다툴 수 없다. [ ]

④ 계고처분을 거쳐 대집행 실행이 완료된 경우, 甲은 원칙적으로 계고처분의 취소를 구할 법률상 이익을 가지지 않는다. [ ]

⑤ 대집행비용은 국세징수법의 예에 따라 징수할 수 있다. [ ]

정답 및 해설

22 ① [O] 행정대집행법 제3조(대집행의 절차) ① 전조의 규정에 의한 처분(이하 대집행이라 한다)을 하려함에 있어서는 상당한 이행기한을 정하여 그 기한까지 이행되지 아니할 때에는 대집행을 한다는 뜻을 미리 문서로써 계고하여야 한다.
② 의무자가 전항의 계고를 받고 지정기한까지 그 의무를 이행하지 아니할 때에는 당해 행정청은 대집행영장으로써 대집행을 할 시기, 대집행을 시키기 위하여 파견하는 집행책임자의 성명과 대집행에 요하는 비용의 개산에 의한 견적액을 의무자에게 통지하여야 한다.
③ 비상시 또는 위험이 절박한 경우에 있어서 당해 행위의 급속한 실시를 요하여 전2항에 규정한 수속을 취할 여유가 없을 때에는 그 수속을 거치지 아니하고 대집행을 할 수 있다.

② [X] 건축법위반 건축물의 철거를 명하고 그 의무불이행시 행할 대집행의 계고를 함에 있어서 의무자가 이행하여야 할 행위와 그 의무불이행시 대집행할 행위의 내용 및 범위는 반드시 대집행계고서에 의하여서만 특정되어야 하는 것은 아니고 그 처분 전후에 송달된 문서나 기타 사정을 종합하여 이를 특정할 수 있으면 족하다. (1992. 3. 10. 91누4140)

③ [O] 시장이 무허가건물소유자인 원고들에게 일정기간까지 철거할 것을 명함과 아울러 불이행할 때에는 대집행한다는 내용의 철거대집행계고처분을 고지한 후 원고들이 불응하자 다시 2차 계고서를 발송하여 일정기간까지의 자진철거를 촉구하고 불이행하면 대집행을 한다는 뜻을 고지하였다면 원고들의 행정대집행법상의 건물철거의무는 제1차 철거명령 및 계고처분 으로서 발생하였고 제2차의 계고처분은 원고들에게 새로운 철거의무를 부과하는 것이 아니고 다만 대집행기한의 연기통지에 불과하므로 행정처분이 아니다. (1991. 1. 25. 90누5962)

④ [O] 대집행계고처분 취소소송의 변론종결 전에 대집행영장에 의한 통지절차를 거쳐 사실행위로서 대집행의 실행이 완료된 경우에는 행위가 위법한 것이라는 이유로 손해배상이나 원상회복 등을 청구하는 것은 별론으로 하고 처분의 취소를 구할 법률상 이익은 없다. (1993. 6. 8. 93누6164)

⑤ [O] 행정대집행법 제6조(비용징수) ① 대집행에 요한 비용은 국세징수법의 예에 의하여 징수할 수 있다.

23 甲은 자신의 소유 건물의 3층 부분에 대한 외벽보강공사 및 지붕보수공사를 하면서 허가를 받지 아니하고 위 3층 부분에 무허가증축공사를 시행하였다. 이에 관할 구청장 乙은 무허가증축공사를 중단함과 아울러 무허가 증축된 부분을 철거할 것을 명령하였으나, 甲이 이에 응하지 아니하고 무허가증축공사를 계속하여 이를 완공하고 주택으로 사용하고 있다. (다툼이 있는 경우 판례에 의함) (변시 3회)

① 乙이 계고서라는 명칭의 1장의 문서로써 일정기간 내에 위법건축물의 자진철거를 명함과 동시에 그 소정기한 내에 자진철거를 하지 아니할 때에는 대집행할 뜻을 미리 계고한 경우라도 건축법에 의한 철거명령과 행정대집행법에 의한 계고처분은 독립하여 있는 것으로서 각 그 요건이 충족되었다고 볼 수 있다. [ ]

② 건축법위반 건축물에 대한 철거명령과 그 대집행의 계고에 있어서 의무자가 이행하여야 할 행위와 그 의무 불이행시 대집행할 행위의 내용 및 범위는 반드시 대집행계고서에 의하여 특정되어야 한다. [ ]

③ 甲이 대집행 실행에 저항하는 경우와 관련해서 행정대집행법에서는 이러한 저항을 실력으로 배제할 수 있다는 명문의 규정을 두고 있다. [ ]

④ 乙은 현행 건축법상 위법건축물에 대한 이행강제수단으로 대집행과 이행강제금을 선택적으로 활용할 수 있다. [ ]

정답 및 해설

23 ① [O] (1992. 6. 12. 91누13564)

② [X] 행정청이 행정대집행법 제3조 제1항에 의한 대집행계고를 함에 있어서는 의무자가 스스로 이행하지 아니하는 경우에 대집행할 행위의 내용 및 범위가 구체적으로 특정되어야 하지만, 그 행위의 내용 및 범위는 반드시 대집행계고서에 의하여서만 특정되어야 하는 것이 아니고 계고처분 전후에 송달된 문서나 기타 사정을 종합하여 행위의 내용이 특정되거나 대집행의무자가 그 이행의무의 범위를 알 수 있으면 족하다. (1997. 2. 14. 96누15428)

③ [X] 독일의 행정집행법은 이에 대하여 명문규정을 두고 있으나, 그러한 명문규정이 없는 우리나라에서는 실력에 의한 저항배제를 행정대집행의 일부로 보기는 힘들며 그와 같은 항거가 형법 제136조의 공무집행방해죄의 구성요건에 해당하면 이에 의하고 그 행위가 경찰관직무집행법 제5조의 위험발생의 방지를 위한 경찰권발동요건에 해당된다면 그에 따라 배제할 수 있을 것이다.

④ [O] 양 제도는 각각의 장·단점이 있으므로 행정청은 개별사건에 있어서 위반내용, 위반자의 시정의지 등을 감안하여 대집행과 이행강제금을 선택적으로 활용할 수 있으며, 이처럼 그 합리적인 재량에 의해 선택하여 활용하는 이상 중첩적인 제재에 해당한다고 볼 수 없다. (헌재 2004. 2. 26. 2001헌바80)

이행강제금

24 이행강제금은 집행벌이라고도 하는데 행정벌과 달리 과거의 의무불이행에 대한 제재가 아니라 의무자에게 심리적 압박을 주어 장래의 의무이행을 간접적으로 강제하는 제도이다. (예제문제) ★ [   ]

25 이행강제금은 일정한 기한까지 의무를 이행하지 않을 때에 일정한 금전적 부담을 과할 뜻을 미리 계고함으로써 의무자에게 심리적 압박을 주어 장래에 그 의무를 이행하게 하려는 행정상 간접적인 강제집행 수단의 하나이자 과거의 일정한 법률위반 행위에 대한 제재로서 형벌의 성격을 갖는다. (변시 11회) [   ]

26 이행강제금 납부의무는 상속인 기타의 사람에게 승계될 수 없는 일신전속적인 성질의 것이므로 이미 사망한 사람에게 이행강제금을 부과하는 내용의 처분이나 결정은 당연무효이다. (예제문제) (제14회 변시) ★★ [   ]

27 「건축법」상 위법건축물에 대한 이행강제수단으로 대집행과 이행강제금이 인정되고 있는데, 행정청은 개별사건에 있어서 위반내용, 위반자의 시정의지 등을 감안하여 대집행과 이행강제금을 선택적으로 활용할 수 있고, 합리적인 재량에 의해 선택하여 활용하는 이상 대집행과 이행강제금은 중첩적인 제재에 해당한다고 볼 수 없다. (변시 10회) (변시 11회) (변시 13회) ★★ [   ]

28 「건축법」상 허가권자는 시정기간 내에 시정명령을 이행하지 아니한 건축주등에 대하여 시정명령의 이행에 필요한 상당한 이행기한을 정하여 그 기한까지 시정명령을 이행하지 아니하면 이행강제금을 부과한다. (변시 13회) ★★ [   ]

29 건축법상 이행강제금을 부과하는 경우에 미리 문서로써 계고하여야 한다. (예제문제) [   ]

정답 및 해설

24 [O]

25 [X] 이행강제금은 일정한 기한까지 의무를 이행하지 않을 때에는 일정한 금전적 부담을 과할 뜻을 미리 계고함으로써 의무자에게 심리적 압박을 주어 장래에 그 의무를 이행하게 하려는 행정상 간접적인 강제집행 수단의 하나로서 과거의 일정한 법률위반 행위에 대한 제재로서의 형벌이 아니라 장래의 의무이행의 확보를 위한 강제수단일 뿐이어서 범죄에 대하여 국가가 형벌권을 실행한다고 하는 과벌에 해당하지 아니한다. (2011. 10. 25. 2009헌바140)

26 [O] (2006. 12. 8. 2006마470)

27 [O] (헌재 2011. 10. 25. 2009헌바140)

28 [O] 건축법 제80조(이행강제금) ① 허가권자는 제79조제1항에 따라 시정명령을 받은 후 시정기간 내에 시정명령을 이행하지 아니한 건축주등에 대하여는 그 시정명령의 이행에 필요한 상당한 이행기한을 정하여 그 기한까지 시정명령을 이행하지 아니하면 다음 각 호의 이행강제금을 부과한다.

29 [O] 건축법 제80조 제2항

30   건축주가 장기간 시정명령을 이행하지 아니하였더라도, 그 기간 중에는 시정명령의 이행 기회가 제공되지 아니하였다가 뒤늦게 시정명령의 이행 기회가 제공된 경우라면, 시정명령의 이행 기회 제공을 전제로 한 1회분의 이행강제금만을 부과할 수 있고, 시정명령의 이행 기회가 제공되지 아니한 과거의 기간에 대한 이행강제금까지 한꺼번에 부과할 수는 없다. (변시 11회) ★★ [ ]

31   A가 이행강제금을 반복하여 부과 징수하려는 경우 부과 징수할 때마다 그에 앞서 시정명령 절차를 다시 거칠 필요는 없다. (23-1) [ ]

32   건축법상 이행강제금에 관하여, 허가권자는 최초의 시정명령이 있었던 날을 기준으로 하여 1년에 2회의 범위에서 그 시정명령이 이행될 때까지 반복하여 이행강제금을 부과·징수할 수 있다. (예제문제) ★ [ ]

33   행정청은 의무자가 행정상 의무를 이행할 때까지 이행강제금을 반복하여 부과할 수 있으나, 의무자가 의무를 이행하면 새로운 이행강제금의 부과를 즉시 중지하여야 하며, 이미 부과된 이행강제금도 징수할 수 없다. (변시 13회) ★★ [ ]

34   「건축법」에 의하여 시정명령을 받은 의무자가 이행강제금이 부과되기 전에 그 의무를 이행하였다 하더라도 시정명령에서 정한 기간을 지나서 이행한 이상 행정청은 이행강제금을 부과할 수 있다. (변시 10회) (변시 11회) (변시 14회) ★ [ ]

정답 및 해설

30 [O] 그리고 이를 위반하여 이루어진 이행강제금 부과처분은 과거의 위반행위에 대한 제재가 아니라 행정상의 간접강제 수단이라는 이행강제금의 본질에 반하여 구 건축법 제80조 제1항, 제4항 등 법규의 중요한 부분을 위반한 것으로서, 그러한 하자는 중대할 뿐만 아니라 객관적으로도 명백하다. (2016. 7. 14. 2015두46598)

31 [O] … 규정에 의하면 시정명령을 받은 후 그 시정명령의 이행을 하지 아니한 자에 대하여 이행강제금을 부과할 수 있고, 이행강제금을 부과하기 전에 상당한 기간을 정하여 그 기한까지 이행되지 아니할 때에 이행강제금을 부과·징수한다는 뜻을 문서로 계고하여야 하므로, 이행강제금의 부과·징수를 위한 계고는 시정명령을 불이행한 경우에 취할 수 있는 절차라 할 것이고, 따라서 이행강제금을 부과·징수할 때마다 그에 앞서 시정명령 절차를 다시 거쳐야 할 필요는 없다. (2013. 12. 12. 2012두20397)

32 [O] 건축법 제80조 제4항

33 [X] 행정기본법 제31조(이행강제금의 부과) ⑤ 행정청은 의무자가 행정상 의무를 이행할 때까지 이행강제금을 반복하여 부과할 수 있다. 다만, 의무자가 의무를 이행하면 새로운 이행강제금의 부과를 즉시 중지하되, 이미 부과한 이행강제금은 징수하여야 한다.

34 [X] 건축법상의 이행강제금은 시정명령의 불이행이라는 과거의 위반행위에 대한 제재가 아니라, 의무자에게 시정명령을 받은 의무의 이행을 명하고 그 이행기간 안에 의무를 이행하지 않으면 이행강제금이 부과된다는 사실을 고지함으로써 의무자에게 심리적 압박을 주어 의무의 이행을 간접적으로 강제하는 행정상의 간접강제 수단에 해당한다. 이러한 이행강제금의 본질상 시정명령을 받은 의무자가 이행강제금이 부과되기 전에 그 의무를 이행한 경우에는 비록 시정명령에서 정한 기간을 지나서 이행한 경우라도 이행강제금을 부과할 수 없다. (2018. 1. 25. 2015두35116)

35 장기미등기자가 이행강제금 부과 전에 등기신청의무를 이행하였다면 이행강제금의 부과로써 이행을 확보하고자 하는 목적은 이미 실현된 것이므로 부동산실명법 제6조 제2항에 규정된 기간이 지나서 등기신청의무를 이행한 경우라 하더라도 이행강제금을 부과할 수 없다. (예제문제) [ ]

36 행정청은 이행강제금 부과처분을 받은 자가 이행강제금을 기한 내에 납부하지 아니한 때에는 그 납부를 독촉할 수 있으며, 이행강제금 납부의 최초 독촉은 항고소송의 대상이 되는 행정처분이 될 수 있다. (24-2) [ ]

37 사용자가 이행하여야 할 행정법상 의무의 내용을 초과하는 것을 '불이행 내용'으로 기재한 이행강제금 부과 예고서에 의하여 「근로기준법」상 이행강제금 부과 예고를 한 다음 이를 이행하지 않았다는 이유로 행정청이 사용자에게 이행강제금을 부과하였다면, 초과한 정도가 근소하다는 등의 특별한 사정이 없는 한 이행강제금 부과 예고는 이행강제금 제도의 취지에 반하는 것으로서 위법하고, 이에 터 잡은 이행강제금 부과처분 역시 위법하다. (변시 10회) [ ]

38 시정명령을 받은 의무자가 그 시정명령의 취지에 부합하는 의무를 이행하기 위한 정당한 방법으로 신고를 하였으나 행정청이 위법하게 이를 반려함으로써 결국 반려처분이 취소되었더라도, 행정청은 이행강제금 제도의 취지상 이행강제금을 부과할 수 있다. (변시 11회) (변시 14회) ★ [ ]

39 「부동산 실권리자명의 등기에 관한 법률」은 부동산의 소유권이전을 내용으로 하는 계약을 체결하고 반대급부의 이행을 완료한 날로부터 3년 이내에 소유권이전등기를 신청하지 아니한 등기권리자에 대해 과징금을 부과하도록 하고 과징금부과일부터 1년 이내에도 등기를 이행하지 않으면 이행강제금을 부과하도록 하고 있는데, 위 1년이 경과하더라도 등기권리자가 등기신청의무를 이행한 경우라면 이행강제금을 부과할 수 없다. (예제문제) [ ]

40 건물에 대한 2011. 5. 9.자 건축허가를 받은 甲이 건축 중이던 건물을 乙에게 양도하였는데, 乙이 명의를 변경하지 아니한 채 사용승인 없이 건물을 사용하였다는 사유로 관할 행정청이 甲에게 이행강제금을 부과한 경우, 甲은 이의 제기 후 비송사건절차법에 따른 재판에서 이행강제금 부과의 위법을 주장하여야 한다. (변시 1회) [ ]

정답 및 해설

35 [O] (2016. 6. 23. 2015두36454)
36 [O] (2009. 12. 24. 2009두14507)
37 [O] (2015. 6. 24. 2011두2170)
38 [X] 시정명령을 받은 의무자가 그 시정명령의 취지에 부합하는 의무를 이행하기 위한 정당한 방법으로 행정청에 신청 또는 신고를 하였으나 행정청이 위법하게 이를 거부 또는 반려함으로써 결국 그 처분이 취소되기에 이르렀다면, 특별한 사정이 없는 한 그 시정명령의 불이행을 이유로 이행강제금을 부과할 수는 없다고 보는 것이 위와 같은 이행강제금 제도의 취지에 부합한다. (2018. 1. 25. 2015두35116)
39 [O] (2016. 6. 23. 2015두36454)
40 [X] 건축법상 이행강제금은 행정행위의 성격을 갖기 때문에 행정쟁송의 대상이 된다.

41 행정청의 이행강제금 부과행위는 대부분 취소소송의 대상이 되는 처분이지만 법률에서 특별히 이행강제금부과에 대해 불복하여 이의를 제기하는 경우에는 「비송사건절차법」으로 결정하도록 하고 있는 경우가 있는데 이 경우 이행강제금 부과행위는 취소소송을 제기할 수 있는 행정처분이다. (예제문제) ★   [   ]

42 「농지법」상 농지 처분명령에 대한 이행강제금 부과처분에 불복하는 경우 「비송사건절차법」에 따른 과태료 재판절차에 준하여 재판을 하므로 이때의 이행강제금 부과처분은 항고소송의 대상인 행정처분이 아니다. (예제문제) ★   [   ]

43 이행강제금 부과는 「행정기본법」상 제재처분에 해당하지 않는다. (23-1)   [   ]

정답 및 해설

41 [X] (2019. 4. 11. 2018두42955)

42 [O] (2019. 4. 11. 2018두42955)

43 [O] 행정기본법 제2조(정의) 이 법에서 사용하는 용어의 뜻은 다음과 같다.
  5. "제재처분"이란 법령등에 따른 의무를 위반하거나 이행하지 아니하였음을 이유로 당사자에게 의무를 부과하거나 권익을 제한하는 처분을 말한다. 다만, 제30조제1항 각 호에 따른 행정상 강제는 제외한다.

제30조(행정상 강제) ① 행정청은 행정목적을 달성하기 위하여 필요한 경우에는 법률로 정하는 바에 따라 필요한 최소한의 범위에서 다음 각 호의 어느 하나에 해당하는 조치를 할 수 있다.
  2. 이행강제금의 부과: 의무자가 행정상 의무를 이행하지 아니하는 경우 행정청이 적절한 이행기간을 부여하고, 그 기한까지 행정상 의무를 이행하지 아니하면 금전급부의무를 부과하는 것

제1장 행정강제

44 　구청장 A는 허가 없이 건축물을 불법으로 축조한 甲에게 시정명령을 내렸으나, 甲이 이에 응하지 않자 「건축법」 제80조 제1항 본문에 근거하여 이행강제금을 부과하였다. (다툼이 있는 경우 판례에 의함) (변시 4회)

① 甲의 무허가 건축행위에 대하여 1천만원의 벌금 부과와 별개로 시정명령의 불이행을 이유로 이행강제금을 부과하더라도 이중처벌에 해당하지 않는다. [　]

② 甲이 이행강제금을 부과받은 후 사망한 경우 이행강제금의 납부의무는 甲의 상속인에게 승계되지 않는다. [　]

③ A는 이행강제금 대신 행정대집행을 선택적으로 활용하여 행정목적을 달성할 수 있다. [　]

④ A는 이행강제금을 징수한 후에도 甲이 시정명령을 이행하지 않는 경우 이행할 때까지 법정한도에서 반복하여 부과할 수 있다. [　]

⑤ A의 이행강제금 부과 후 甲이 시정명령을 이행하면 A는 이행강제금의 부과를 즉시 중지해야 하며, 이미 부과된 이행강제금을 징수할 수 없다. [　]

직접강제

45　직접강제는 행정대집행이나 이행강제금 부과의 방법으로는 행정상 의무 이행을 확보할 수 없거나 그 실현이 불가능한 경우에 실시하여야 한다. (23-3) [　]

정답 및 해설

44 ① [O] (헌재 2004. 2. 26. 2001헌바80)
② [O] 이행강제금 납부의무는 상속인 기타의 사람에게 승계될 수 없는 일신전속적인 성질의 것이다. (2006. 12. 8. 2006마470)
③ [O] (헌재 2004. 2. 26. 2001헌바80)
④ [O] 이행강제금은 의무의 이행이 있을 때까지 반복 부과 및 징수가 가능하다. (건축법 제80조 제5항)

⑤ [X] 이미 부과된 이행강제금은 징수하여야 한다. (건축법 제80조 제6항)

45 [O] 행정기본법 제32조(직접강제) ① 직접강제는 행정대집행이나 이행강제금 부과의 방법으로는 행정상 의무 이행을 확보할 수 없거나 그 실현이 불가능한 경우에 실시하여야 한다.

행정상 강제징수

46 국세체납절차의 전제로서 1차 독촉을 한 후 자진납부를 기대하며 재차 독촉하는 경우 1차 독촉만이 징수처분으로서 항고소송의 대상이 된다. (예제문제) ★ [   ]

47 과세관청이 체납처분으로 행한 공매는 항고소송의 대상이 된다. (변시 6회) ★★ [   ]

48 한국자산관리공사의 공매통지는 공매의 요건이 아니라 공매사실 자체를 체납자에게 알려주는 데 불과한 것으로서, 통지받은 상대방의 법적 지위나 권리의무에 직접 영향을 주는 것이 아니라고 할 것이므로 행정처분이 아니다. (변시 2회) ★ [   ]

49 체납자 등에 대한 공매통지는 국가의 강력력에 의하여 진행되는 공매에서 체납자 등의 권리 내지 재산상의 이익을 보호하기 위하여 법률로 규정한 절차적 요건이라고 보아야 하며, 공매처분을 하면서 체납자 등에게 공매통지를 하지 않았거나 공매통지를 하였더라도 그것이 적법하지 아니한 경우에는 절차상의 흠이 있어 그 공매처분은 위법하다. (예제문제) ★ [   ]

50 체납자에 대한 공매통지가 공매에서 체납자의 권리 내지 재산상의 이익을 보호하기 위하여 법률로 규정한 절차적 요건이라고 하더라도, 체납자는 자신에 대한 공매통지의 하자뿐만 아니라 다른 권리자에 대한 공매통지의 하자를 공매처분의 위법사유로 주장할 수 있다. (변시 9회) [   ]

정답 및 해설

46 [O] 그 후에 동일한 내용의 독촉은 민법상 단순한 최고에 불과 (1999. 7. 13. 97누119)

47 [O] 과세관청이 체납처분으로서 행하는 공매는 우월한 공권력의 행사로서 행정소송의 대상이 되는 공법상의 행정처분이다. (1984. 9. 25. 84누201)

48 [O] (2007. 7. 27. 2006두8464) 다만 아래지문에서 보는 것처럼, 이후 판례는 공매통지를 공매의 절차적 요건으로 보고 있다.

49 [O] (2011. 3. 24. 2010두25527) (2012. 7. 26. 2010다50625)

50 [X] 공매처분을 하면서 체납자 등에게 공매통지를 하지 않았거나 공매통지를 하였더라도 그것이 적법하지 아니한 경우에는 절차상의 흠이 있어 그 공매처분은 위법하다. 다만, 공매통지의 목적이나 취지 등에 비추어 보면, 체납자 등은 자신에 대한 공매통지의 하자만을 공매처분의 위법사유로 주장할 수 있을 뿐 다른 권리자에 대한 공매통지의 하자를 들어 공매처분의 위법사유로 주장하는 것은 허용되지 않는다. (2008. 11. 20. 2007두18154)

즉시강제

51 행정상 즉시강제는 긴급성을 고려할 때 법적 근거 없이도 가능하다. (변시 6회) ★ [   ]

52 「경찰관직무집행법」상의 범죄예방을 위한 경찰관의 제지행위는 행정상 즉시강제이자 권력적 사실행위에 해당한다. (변시 6회) [   ]

53 「경찰관 직무집행법」 제6조에 따라 경찰관이 범죄행위가 목전에 행하여지려고 하고 있다고 인정될 때 이를 예방하기 위하여 관계인에게 필요한 경고를 발하고, 그 범죄행위로 인하여 인명·신체에 위해를 미칠 우려가 있어 긴급을 요하는 경우에 그 행위를 제지하는 것은 권력적 사실행위이다. (23-2) [   ]

54 급박한 상황에 대처하기 위한 구 「음반·비디오물 및 게임물에 관한 법률」상 불법게임물의 영장 없는 수거는 그 불가피성과 정당성이 충분히 인정되는 경우이므로, 헌법상 영장주의에 위배되지 않는다. (22-2) ★★ [   ]

정답 및 해설

51 [X] 법치주의가 확립된 오늘날에는 법률에 명시적으로 즉시강제에 대한 수권규정이 마련되어야 한다. 행정상 즉시강제를 일반적으로 인정하는 법은 없으나 각 개별법(경찰관직무집행법, 소방기본법, 전염병예방법, 정신보건법)에서 행정상 즉시강제를 인정하고 있다.

52 [O] 범죄예방을 위한 경찰관의 제지행위(경찰관직무집행법 제6조)

53 [O] (2021. 10. 14. 2018도2993)

54 [O] 행정상 즉시강제는 상대방의 임의이행을 기다릴 시간적 여유가 없을 때 하명 없이 바로 실력을 행사하는 것으로서, 그 본질상 급박성을 요건으로 하고 있어 법관의 영장을 기다려서는 그 목적을 달성할 수 없다고 할 것이므로, 원칙적으로 영장주의가 적용되지 않는다고 보아야 할 것이다. (2002. 10. 31. 2000헌가12)

행정조사

55 "행정조사"란 행정기관이 정책을 결정하거나 직무를 수행하는 데 필요한 정보나 자료를 수집하기 위하여 현장조사 · 문서열람 · 시료채취 등을 하거나 조사대상자에게 보고요구 · 자료제출요구 및 출석 · 진술요구를 행하는 활동을 말한다. (예제문제) [   ]

56 개별 법률에 근거규정이 없다고 하더라도 행정조사기본법에 근거하여 조사대상자의 자발적 협조 없이도 행정조사를 할 수 있다. (예제문제) [   ]

57 유사하거나 동일한 사안에 대하여 행정기관은 공동조사 등을 실시함으로써 행정조사가 중복되지 아니하도록 하여야 한다. (23-3) [   ]

58 행정조사는 법령등의 위반에 대한 처벌보다는 법령등을 준수하도록 유도하는 데 중점을 두어야 한다. (예제문제) ★ [   ]

59 사무실 또는 사업장의 업무시간에 실시하는 현장조사는 해가 뜨기 전이나 해가 진 뒤에는 할 수 없다. (23-3) [   ]

60 조사원이 조사목적의 달성을 위하여 시료채취를 하는 경우에는 그 시료의 소유자 및 관리자의 정상적인 경제활동을 방해하지 아니하는 범위 안에서 최소한도로 하여야 한다. (예제문제) [   ]

61 행정조사를 실시하고자 하는 행정기관의 장은 원칙적으로 출석요구서 등을 조사개시 7일 전까지 조사대상자에게 서면으로 통지하여야 한다. (예제문제) [   ]

정답 및 해설

55 [O] 행정조사기본법 제2조 제1호

56 [X] 행정조사기본법 제5조(행정조사의 근거) 행정기관은 법령등에서 행정조사를 규정하고 있는 경우에 한하여 행정조사를 실시할 수 있다. 다만, 조사대상자의 자발적인 협조를 얻어 실시하는 행정조사의 경우에는 그러하지 아니하다.

57 [O] 행정조사기본법 제4조 제3항

58 [O] 행정조사기본법 제4조 제4항

59 [X] 행정조사기본법 제11조(현장조사) ② 제1항에 따른 현장조사는 해가 뜨기 전이나 해가 진 뒤에는 할 수 없다. 다만, 다음 각 호의 어느 하나에 해당하는 경우에는 그러하지 아니하다.

1. 조사대상자(대리인 및 관리책임이 있는 자를 포함한다)가 동의한 경우
2. 사무실 또는 사업장 등의 업무시간에 행정조사를 실시하는 경우
3. 해가 뜬 후부터 해가 지기 전까지 행정조사를 실시하는 경우에는 조사목적의 달성이 불가능하거나 증거인멸로 인하여 조사대상자의 법령등의 위반 여부를 확인할 수 없는 경우

60 [O] 행정조사기본법 제12조 제1항

61 [O] 행정조사기본법 제17조 제1항

62 조사대상자의 자발적인 협조를 얻어 행정조사를 실시하고자 하는 경우 조사대상자는 문서·전화·구두 등의 방법으로 당해 행정조사를 거부할 수 있다. (예제문제) ★   [   ]

63 조사대상자는 현장 조사원에게 공정한 행정조사를 기대하기 어려운 사정이 있다고 판단되는 경우, 관할 행정기관의 장에게 당해 조사원의 교체를 신청할 수 있다. (23-2)   [   ]

64 행정기관의 장은 법령 등에서 규정하고 있는 조사사항을 조사대상자로 하여금 스스로 신고하도록 하는 자율신고제도를 운영할 수 있다. (예제문제)   [   ]

65 세무조사결정은 납세의무자의 권리·의무에 직접 영향을 미치는 공권력의 행사에 따른 행정작용으로서 항고소송의 대상이 된다. (변시 8회) ★   [   ]

66 세무공무원이 납세자 등을 접촉하여 상당한 시일에 걸쳐 질문검사권을 행사하여 과세요건사실을 조사·확인하고 일정한 기간 과세에 필요한 직접·간접의 자료를 검사·조사하고 수집한 일련의 행위는 특별한 사정이 없는 한 세무조사로 보아야 한다. (예제문제)   [   ]

67 중대한 하자가 있는 세무조사에 의하여 수집된 과세자료를 기초로 과세처분이 이루어진 경우라고 하더라도, 세무조사 절차가 종결되었다면 그 과세처분은 위법하지 않다. (변시 9회) ★★   [   ]

68 같은 세목 및 같은 과세기간에 대하여 중복하여 실시된 위법한 세무조사에 기초하여 이루어진 부가가치세부과처분은 위법하다. (예제문제) ★★   [   ]

69 우편물 통관검사절차에서 이루어지는 우편물의 개봉, 시료채취, 성분분석 등의 검사는 수출입물품에 대한 적정한 통관 등을 목적으로 한 행정조사의 성격을 가지는 것으로서 수사기관의 강제처분이라고 할 수 없으므로, 압수·수색영장 없이 우편물의 개봉, 시료채취, 성분분석 등 검사가 진행되었다 하더라도 특별한 사정이 없는 한 위법하다고 볼 수 없다. (예제문제) ★★   [   ]

정답 및 해설

62 [O] 행정조사기본법 제20조 제1항
63 [O] 행정조사기본법 제22조 제1항
64 [O] 행정조사기본법 제25조 제1항
65 [O] (2011. 3. 10. 2009두23617)
66 [O] (2017. 12. 13. 2015두3805)
67 [X] 세무조사가 과세자료의 수집 또는 신고내용의 정확성 검증이라는 그 본연의 목적이 아니라 부정한 목적을 위하여 행하여진 것이라면 이는 세무조사에 중대한 위법사유가 있는 경우에 해당하고 이러한 세무조사에 의하여 수집된 과세자료를 기초로 한 과세처분 역시 위법하다고 보아야 한다. (2016. 12. 15. 2016두47659)
68 [O] (2006. 6. 2. 2004두12070)
69 [O] (2013. 9. 26. 2013도7718)

제2장 행정벌

70 지방자치단체 소속 공무원이 지방자치단체 고유의 자치사무를 수행하던 중 「도로법」 규정을 위반한 경우 지방자치단체는 「도로법」 상의 양벌규정에 따라 처벌대상이 되는 법인에 해당한다. (변시 7회) (변시 5회) ★ [ ]

71 양벌규정에 의한 영업주의 처벌은 금지위반행위자인 종업원의 처벌에 종속하는 것이 아니라 독립하여 그 자신의 종업원에 대한 선임감독상의 과실로 인하여 처벌되는 것이므로 종업원의 범죄성립이나 처벌이 영업주 처벌의 전제조건이 될 필요는 없다. (변시 7회) ★ [ ]

72 운전면허 행정처분처리대장상 벌점의 배점은 자동차운전면허의 취소, 정지처분의 기초자료로 제공하기 위한 것이고 그 배점 자체만으로는 아직 국민에 대하여 구체적으로 어떤 권리를 제한하거나 의무를 명하는 등 법률적 규제를 하는 효과를 발생하는 요건을 갖춘 것이 아니어서 행정처분이라고 할 수 없다. (예제문제) [ ]

통고처분

73 통고처분은 통고이행을 강제하거나 상대방에게 권리의무를 형성하지 않으므로 행정소송의 대상으로서의 처분에 해당하지 아니한다. (변시 5회) ★ [ ]

74 경찰서장이 범칙행위에 대하여 통고처분을 한 이상, 범칙자의 절차적 지위를 보장하기 위하여 통고처분에서 정한 범칙금 납부기간까지는 원칙적으로 경찰서장은 즉결심판을 청구할 수 없고, 검사도 동일한 범칙행위에 대하여 공소를 제기할 수 없다. (23-2) [ ]

정답 및 해설

70 [O] (2005. 11. 10. 2004도2657)
71 [O] (2006. 2. 24. 2005도7673)
72 [O] (1994. 8. 12. 94누2190)

73 [O] 도로교통법의 통고처분을 받은 자가 그 처분에 대하여 이의가 있는 경우에는 통고처분에 따른 범칙금의 납부를 이행하지 아니함으로써 경찰서장의 즉결심판청구에 의하여 법원의 심판을 받을 수 있게 될 뿐이다. (1995. 6. 29. 95누4674)
74 [O] (2020. 4. 29. 2017도13409)

과태료(행정질서벌)

75 어떤 행정법규 위반행위가 단지 간접적으로 행정상의 질서에 장애를 줄 위험성이 있음에 불과한 경우는 행정질서벌인 과태료의 부과대상인 반면, 직접적으로 행정목적과 사회공익을 침해하는 행위에 해당하는 경우에는 행정형벌의 부과대상이 된다. (예제문제) [   ]

76 「질서위반행위규제법」상의 행정청의 과태료부과처분에 대해 불복하는 당사자는 이의제기 절차를 거치지 않고 항고소송을 통해 다툴 수 있다. (변시 6회) [   ]

77 과태료처분을 받고 이를 납부한 일이 있는데도 그 후에 형사처벌을 하면 일사부재리의 원칙에 위반된다. (변시 7회) [   ]

78 「여객자동차 운수사업법」에서 정하는 과태료처분이나 감차처분 등은 형벌이 아니므로 같은 법이 정하고 있는 처분대상인 위반행위를 유추해석하거나 확대해석하는 것이 가능하다. (변시 7회) [   ]

79 과태료재판의 경우, 법원으로서는 기록상 현출되어 있는 사항에 관하여 직권으로 증거조사를 하고 이를 기초로 하여 판단할 수 있는 것이나, 그 경우 행정청의 과태료부과처분사유와 기본적 사실관계에서 동일성이 인정되는 한도 내에서만 과태료를 부과할 수 있다. (예제문제) [   ]

80 법원이 과태료 재판을 함에 있어서는 관계 법령에서 규정하는 과태료 상한의 범위 내에서 그 동기, 위반의 정도, 결과 등 여러 인자를 고려하여 재량으로 그 액수를 정할 수 있다. (예제문제) [   ]

정답 및 해설

75 [O] 어떤 행정법규위반의 행위에 대하여 이를 단지 간접적으로 행정상의 질서에 장애를 줄 위험성이 있음에 불과한 경우로 보아 행정질서벌인 과태료를 과할 것인지 아니면 직접적으로 행정목적과 공익을 침해한 행위로 보아 행정형벌을 과할 것인지는 기본적으로 입법권자가 제반사정을 고려하여 결정할 입법재량에 속하는 문제이다. (1998. 5. 28. 96헌바83)

76 [X] 건축법에 의하여 부과된 과태료처분의 당부는 최종적으로 비송사건절차법에 의한 절차에 의하여만 판단되어야 한다고 보아야 하므로, 그 과태료처분은 행정소송의 대상이 되는 행정처분이라고 볼 수 없다. (1995. 7. 28. 95누2623)

77 [X] 행정법상의 질서벌인 과태료의 부과처분과 형사처벌은 그 성질이나 목적을 달리하는 별개의 것이므로 행정법상의 질서벌인 과태료를 납부한 후에 형사처벌을 한다고 하여 이를 일사부재리의 원칙에 반하는 것이라고 할 수는 없다. (1996. 4. 12. 96도158)

78 [X] 여객자동차 운수사업법 제76조, 제85조에서 정하는 과태료처분이나 감차처분 등은 규정 위반자에 대하여 처벌 또는 제재를 가하는 것이므로 같은 법이 정하고 있는 처분대상인 위반행위를 함부로 유추해석하거나 확대해석하여서는 아니된다. (2007. 3. 30. 2004두7665)

79 [O] (2012. 10. 19. 2012마1163)

80 [O] (1998. 12. 23. 98마2866))

| 81 | 과태료는 행정형벌이 아닌 행정질서벌이므로 「질서위반행위규제법」은 행위자의 고의 또는 과실이 없더라도 과태료를 부과하도록 하고 있다. (변시 7회) ★★ [ ] |

| 82 | 자신의 행위가 위법하지 아니한 것으로 오인하고 행한 질서위반행위는 그 오인에 정당한 이유가 있는 때에 한하여 과태료를 부과하지 아니한다. (예제문제) [ ] |

| 83 | 심신(心神)장애로 인하여 행위의 옳고 그름을 판단할 능력이 없거나 그 판단에 따른 행위를 할 능력이 없는 자의 질서위반행위는 과태료를 부과하지 아니한다. (예제문제) [ ] |

| 84 | 법인의 대표자, 법인 또는 개인의 대리인·사용인 및 그 밖의 종업원이 업무에 관하여 법인 또는 그 개인에게 부과된 법률상의 의무를 위반한 때에는 법인 또는 그 개인에게 과태료를 부과한다. (변시 7회) [ ] |

| 85 | 신분에 의하여 성립하는 질서위반행위에 신분이 없는 자가 가담한 때에는 신분이 없는 자에 대하여도 질서위반행위가 성립한다. (예제문제) ★★ [ ] |

| 86 | 하나의 행위가 2 이상의 질서위반행위에 해당하는 경우에는 각 질서위반행위에 대하여 정한 과태료 중 가장 중한 과태료를 부과한다. 이 경우를 제외하고 2 이상의 질서위반행위가 경합하는 경우에는 가장 중한 과태료에 그 1/2을 가산한다. 다만, 다른 법령(지방자치단체의 조례를 포함한다.)에 특별한 규정이 있는 경우에는 그 법령으로 정하는 바에 따른다. (변시 8회) ★★ [ ] |

| 87 | 과태료는 행정청의 과태료 부과처분이나 법원의 과태료 재판이 확정된 후 5년간 징수하지 아니하거나 집행하지 아니하면 시효로 인하여 소멸한다. (예제문제) ★ [ ] |

정답 및 해설

81 [X] 질서위반행위규제법 제7조(고의 또는 과실) 고의 또는 과실이 없는 질서위반행위는 과태료를 부과하지 아니한다.

82 [O] 질서위반행위규제법 제8조

83 [O] 질서위반행위규제법 제10조 제1항

84 [O] 질서위반행위규제법 제11조 제1항

85 [O] 질서위반행위규제법 제12조 제2항

86 [X] 질서위반행위규제법 제13조 ① 하나의 행위가 2 이상의 질서위반행위에 해당하는 경우에는 각 질서위반행위에 대하여 정한 과태료 중 가장 중한 과태료를 부과한다.
② 제1항의 경우를 제외하고 2 이상의 질서위반행위가 경합하는 경우에는 각 질서위반행위에 대하여 정한 과태료를 각각 부과한다. 다만, 다른 법령(지방자치단체의 조례를 포함한다. 이하 같다)에 특별한 규정이 있는 경우에는 그 법령으로 정하는 바에 따른다.

87 [O] 질서위반행위규제법 제15조 제1항

88 행정청이 질서위반행위에 대하여 과태료를 부과하고자 하는 때에는 미리 당사자에게 통지하고, 10일 이상의 기간을 정하여 의견을 제출할 기회를 주어야 한다. (예제문제) [   ]

89 질서위반행위자가 납부기한까지 과태료를 납부하지 아니한 경우 행정청은 법령에 따라 가산금과 중가산금을 추가하여 징수한다. (예제문제) [   ]

정답 및 해설

88 [O] 질서위반행위규제법 제16조 제1항

89 [O] 질서위반행위규제법 제24조

제3장 새로운 의무이행확보수단

과징금

90 과징금은 원칙적으로 행정법상의 의무를 위반한 자에 대하여 당해 위반행위로 얻게 된 경제적 이익을 박탈하기 위한 목적으로 부과하는 금전적인 제재이므로, 법이 규정한 범위 내에서 그 부과처분 당시까지 부과관청이 확인한 사실을 기초로 일의적으로 확정되어야 할 것이지, 추후에 부과금 산정기준이 되는 새로운 자료가 나왔다고 하여 새로운 부과처분을 할 수 있는 것은 아니다. (예제문제) ★★ [ ]

91 「여객자동차 운수사업법」상 사업정지처분에 갈음하여 부과하는 과징금은 행정법규위반이라는 객관적 사실에 착안하여 가하는 제재이므로 반드시 현실적인 행위자가 아니라도 법령상 책임자로 규정된 자에게 부과될 수 있다. (변시 6회) [ ]

92 부동산실권리자명의등기에관한법률 제5조에 의하여 부과된 과징금 채무는 일신전속적 의무이므로 위 과징금을 부과받은 자가 사망한 경우 그 상속인에게 승계되지 않는다. (예제문제) [ ]

93 사업자의 여러 위반행위에 대해 사업정지처분을 할 때 사업정지기간의 상한이 법령에 정해져 있는 경우, 행정청이 여러 위반행위 중 일부만 인지하여 사업정지에 갈음하는 과징금 부과처분을 하고 나서 그 과징금 부과처분 시점 이전에 이루어진 다른 위반행위를 인지하였다면 이에 대한 과징금처분은 별개의 처분이므로 이전에 부과한 과징금 액수에 따른 제한을 받지 않는다. (23-2) ★★ [ ]

정답 및 해설

90 [O] (2002. 5. 28. 2000두6121)

91 [O] 반드시 현실적인 행위자가 아니라도 법령상 책임자로 규정된 자에게 부과되고 원칙적으로 위반자의 고의·과실을 요하지 아니하나, 위반 자의 의무 해태를 탓할 수 없는 정당한 사유가 있는 등의 특별한 사정이 있는 경우에는 이를 부과할 수 없다. (2014. 10. 15. 2013두5005)

92 [X] 대체적 급부가 가능한 의무 / 포괄승계 된다. (1999. 5. 14. 99두35)

93 [X] 관할 행정청이 여객자동차운송사업자가 범한 여러 가지 위반행위 중 일부만 인지하여 과징금 부과처분을 하였는데 그 후 과징금 부과처분 시점 이전에 이루어진 다른 위반행위를 인지하여 이에 대하여 별도의 과징금 부과처분을 하게 되는 경우에도 종전 과징금 부과처분의 대상이 된 위반행위와 추가 과징금 부과처분의 대상이 된 위반행위에 대하여 일괄하여 하나의 과징금 부과처분을 하는 경우와의 형평을 고려하여 추가 과징금 부과처분의 처분양정이 이루어져야 한다. 다시 말해, 행정청이 전체 위반행위에 대하여 하나의 과징금 부과처분을 할 경우에 산정되었을 정당한 과징금액에서 이미 부과된 과징금액을 뺀 나머지 금액을 한도로 하여서만 추가 과징금 부과처분을 할 수 있다. 행정청이 여러 가지 위반행위를 언제 인지하였느냐는 우연한 사정에 따라 처분상대방에게 부과되는 과징금의 총액이 달라지는 것은 그 자체로 불합리하기 때문이다. (2021. 2. 4. 2020두48390)

94　甲은 청소년보호법 시행령 [별표]의 과징금 처분기준 및 과태료 처분기준에 따라 과징금부과처분 및 과태료부과처분을 받았다. 甲은 위 각 부과처분이 과중하다고 생각하여 이를 다투고자 한다. (다툼이 있는 경우 판례에 의함) (변시 2회) ★★

① 과징금부과처분 취소소송에서 과징금 처분기준의 위헌·위법 여부가 재판의 전제가 된 경우 법원은 이에 대한 위헌·위법 심사를 할 수 있다.　　　　　　　　　　　　　　　　　　[　]

② 과징금 처분기준을 정한 청소년보호법 시행령 규정은 대외적으로 국민이나 법원을 구속할 힘이 있는 법규명령에 해당한다.　　　　　　　　　　　　　　　　　　　　　　　　[　]

③ 과징금 처분기준이 만약 일정액으로 정해진 것이라면 그 수액은 정액이 아니라 과징금의 최고한도액이라는 것이 판례의 태도이다.　　　　　　　　　　　　　　　　　　　[　]

④ 甲이 과태료부과처분에 불복하여 해당 행정청에 이의제기를 한 경우 행정청은 관할 법원에 통보하여야 하고, 관할 법원은 행정소송절차에 따라 재판한다.　　　　　　　[　]

⑤ 과징금과 함께 과태료를 부과하더라도 이중처벌 금지의 원칙에 위반되는 것은 아니다. [　]

정답 및 해설

94　① [O] 헌법 제107조 제2항
② [O] (2001. 3. 9. 99두5207)
③ [O] 구 청소년보호법 제49조 제1항, 제2항에 따른 같은법 시행령 제40조 [별표 6]의 위반행위의종별에따른과징금처분기준은 법규명령이기는 하나 … 여러 요소를 종합적으로 고려하여 사안에 따라 적정한 과징금의 액수를 정하여야 할 것이므로 그 수액은 정액이 아니라 최고한도액이다. (2001. 3. 9. 99두5207)
④ [X] 행정청의 과태료 부과에 불복하는 당사자는 과태료 부과 통지를 받은 날부터 60일 이내에 해당 행정청에 서면으로 이의를 제기할 수 있다. (질서위반행위규제법 제20조 제1항) 이의제기를 받은 행정청은 이의제기를 받은 날부터 14일 이내에 이에 대한 의견 및 증빙서류를 첨부하여 관할 법원에 통보하여야 한다. (동법 제21조 제1항) 과태료 부과권자는 개별법률에서 별도로 규정함이 없으면 법원이 비송사건절차에 따라 행한다.
⑤ [O] 과징금과 과태료는 국가의 형벌권 실행으로서의 과벌이 아니므로 이중처벌금지원칙에 위반되지 않는다.

95 乙구청장은 휴게음식점 영업자인 甲에 대해 「청소년보호법」 및 같은 법 시행령 [별표]의 위반행위의 종별에 따른 과징금 부과처분기준에 따라 1,000만 원의 과징금 부과처분을 하였고, 甲은 과징금 부과처분을 소송상 다투려고 한다. (변시 5회) ★★

① 규정형식상 부령인 시행규칙으로 정한 과징금 부과처분의 기준은 행정청 내부의 사무처리준칙을 규정한 행정규칙에 지나지 않지만, 대통령령으로 정한 위 과징금 부과처분기준은 대외적 구속력이 있는 법규명령에 해당한다. [ ]

② 甲이 제기한 과징금 부과처분에 대한 취소소송에서 수소법원이 1,000만 원의 과징금 부과금액이 과도하다고 판단하는 경우, 수소법원은 적정하다고 인정하는 금액을 초과하는 부분만 취소할 수 있다. [ ]

③ 甲이 과징금 부과처분이 위법함을 이유로 국가배상청구소송을 제기하였다면, 수소법원은 과징금 부과처분의 취소판결이 없더라도 동 처분의 위법 여부를 판단할 수 있다. [ ]

④ 일정액으로 규정되어 있는 위 과징금 부과처분기준을 적용함에 있어서 모법의 위임규정의 내용과 취지, 헌법상 과잉금지의 원칙과 평등의 원칙 등에 비추어 여러 요소를 종합적으로 고려하여 사안에 따라 적정한 과징금의 액수를 정하여야 할 것이므로 과징금 부과처분기준 상의 금액은 정액이 아니라 최고한도액이라고 보아야 한다. [ ]

관허사업의 제한

96 세무서장 등은 납세자가 허가·인가·면허 및 등록을 받은 사업과 관련된 소득세, 법인세 및 부가가치세를 대통령령으로 정하는 사유 없이 체납하였을 때에는 해당 사업의 주무관서에 그 납세자에 대하여 허가 등의 갱신과 그 허가 등의 근거 법률에 따른 신규 허가 등을 하지 아니할 것을 요구할 수 있다. (추가문제) [ ]

정답 및 해설

95 ① [O] (2001. 3. 9. 99두5207)
② [X] 과징금부과처분이나 영업정지처분과 같이 재량행위인 경우에는 처분청의 재량권을 존중하여야 하고, 법원이 직접 처분을 하는 것은 인정되지 않으므로 전부취소를 하여야 한다. (2009. 6. 23. 2007두18062)

③ [O] 위법한 행정대집행이 완료되면 그 처분의 무효확인 또는 취소를 구할 소의 이익은 없다 하더라도, 미리 그 행정처분의 취소판결이 있어야만, 그 행정처분의 위법임을 이유로 한 손해배상 청구를 할 수 있는 것은 아니다. (1972. 4. 28. 72다337)
④ [O] (2001. 3. 9. 99두5207)
96 [O] 국세징수법 제112조 제1항

97 헌법재판소는 납세자가 정당한 사유 없이 국세를 체납하였을 경우 세무서장이 허가, 인가, 면허 및 등록과 그 갱신이 필요한 사업의 주무관서에 그 납세자에 대하여 허가 등을 하지 않을 것을 요구할 수 있도록 한 국세징수법상 관허사업 제한 규정이 부당결부금지 원칙에 반하여 위헌이라고 판단하였다. (추가문제) [ ]

그 밖에 제재처분

98 행정법규 위반에 대한 제재로서 가하는 영업정지처분은 반드시 현실적인 행위자가 아니라도 법령상 책임자로 규정된 자에게 부과되고, 특별한 사정이 없는 한 위반자에게 고의나 과실이 없더라도 부과할 수 있다. (변시 5회) ★★ [ ]

99 거짓·부정을 이유로 하는 쌀소득 등 보전 직접 지불금 추가징수는 침익적 행정처분이고, 침익적 행정처분의 근거가 되는 행정법규는 엄격하게 해석·적용하여야 하며, 그 의미가 불명확한 경우 행정처분의 상대방에게 불리한 방향으로 해석·적용하여서는 아니 된다. (22-1) [ ]

100 서울특별시 노원구 소재 국유지에 설치된 태릉 국제사격장 내 클레이사격장에서 기준치 이상의 납이 검출되었을 경우 노원구청장이 토지소유자인 국가에 대하여 오염토양 정화조치명령을 발하는 것이 가능하다. (23-1) [ ]

101 서울특별시가 국유지인 국회의 대지 일부를 도로로 무단 사용하였을 경우 국회사무총장은 서울특별시에 대해 변상금부과처분을 할 수 있다. (23-1) [ ]

정답 및 해설

97 [X] 관허사업제한에 관한 국세징수법 제7조의 규정은 당해 사업과 직접 관련된 국세뿐만 아니라 전혀 관련 없는 국세체납의 경우에도 확대적용되므로 부당결부금지원칙에 반한다는 비판이 있다. 그러나 이에 대해 헌법재판소의 위헌결정례는 존재하지 않는다.

98 [O] 행정법규 위반에 대하여 가하는 제재조치는 행정목적의 달성을 위하여 행정법규 위반이라는 객관적 사실에 착안하여 가하는 제재이므로 반드시 현실적인 행위자가 아니라도 법령상 책임자로 규정된 자에게 부과되고 원칙적으로 위반자의 고의·과실을 요하지 아니하나, 위반자의 의무 해태를 탓할 수 없는 정당한 사유가 있는 등의 특별한 사정이 있는 경우에는 이를 부과할 수 없다. (2014. 10. 15. 2013두5005)

99 [O] (2019. 2. 21. 2014두12697)

100 [O] 토양환경보전법 제15조 제3항

101 [O] 지방자치단체도 국가와의 관계에서는 행정객체가 될 수 있으므로, 변상금부과대상이 될 수 있다.

102 「식품위생법」상 영업허가를 받아 영업을 하는 식품접객영업자 甲은 영업시간 제한을 2차 위반하였음을 이유로 다음의 규정에 근거하여 영업정지 1개월의 처분을 받았다. (다툼이 있는 경우 판례에 의함) (변시 12회)

(※ 아래 조항은 현행 법령 중 필요한 부분만 발췌한 것임)

「식품위생법」

제43조(영업 제한) ① 구청장은 영업 질서와 선량한 풍속을 유지하는 데에 필요한 경우에는 영업자 중 식품접객영업자와 그 종업원에 대하여 영업시간 및 영업행위를 제한할 수 있다.
② 제1항에 따른 제한 사항은 대통령령으로 정하는 범위에서 해당 특별자치시·특별자치도·시·군·구의 조례로 정한다.

제75조(허가취소 등) ① 구청장은 영업자가 다음 각 호의 어느 하나에 해당하는 경우에는 대통령령으로 정하는 바에 따라 영업허가를 취소하거나 6개월 이내의 기간을 정하여 그 영업의 전부 또는 일부를 정지할 수 있다.
  12. 제43조에 따른 영업 제한을 위반한 경우

제95조(벌칙) 다음 각 호의 어느 하나에 해당하는 자는 5년 이하의 징역 또는 5천만원 이하의 벌금에 처하거나 이를 병과할 수 있다.
  3. 제43조에 따른 영업 제한을 위반한 자

제100조(양벌규정) 개인의 종업원이 개인의 업무에 관하여 제95조에 해당하는 위반행위를 하면 행위자를 벌하는 외에 개인에게도 5천만원 이하의 벌금에 처한다.

「식품위생법 시행규칙」[별표 23] 행정처분기준(제89조 관련)
  3. 식품접객업

위반사항	근거법령	행정처분기준		
		1차 위반	2차 위반	3차 위반
9. 법 제43조에 따른 영업시간 제한을 위반하여 영업한 경우	법 제71조 및 제75조	영업정지 15일	영업정지 1개월	영업정지 2개월

① 영업 제한에 관한 사항을 조례에 위임하고 있는 「식품위생법」 제43조 제2항은 포괄위임금지원칙에 위배된다. [   ]

② 甲에 대한 처분이 위 [별표 23]상 처분 기준에 부합하는 것이라고 하더라도 위법한 처분이 될 수 있다. [   ]

③ 「식품위생법」상 양벌규정에 따라 영업 제한 위반을 이유로 甲을 처벌하려는 경우, 위반행위자인 종업원을 처벌할 수 없다면 영업주 甲도 처벌할 수 없다. [ ]

④ 관할 구청장이 甲의 영업시간 준수 여부를 확인할 목적으로 甲의 영업장에 출입하여 현장조사를 하기 위해서는 「식품위생법」에 근거가 있어야 하며, 만일 이 법에 현장조사에 관한 근거가 없다면 甲의 자발적인 협조가 있더라도 현장조사를 할 수 없다. [ ]

⑤ 만일 甲에 대한 영업정지 1개월의 처분 후에 처분의 근거가 되는 법령이 쟁송절차를 통해 무효로 선언된다면, 甲에 대한 영업정지처분은 당연무효가 된다. [ ]

정답 및 해설

102 ① **[X]** 법률이 주민의 권리의무에 관한 사항에 관하여 구체적으로 범위를 정하지 않은 채 조례로 정하도록 포괄적으로 위임한 경우에도 지방자치단체는 법령에 위반되지 않는 범위 내에서 각 지역의 실정에 맞게 주민의 권리의무에 관한 사항을 조례로 제정할 수 있다. (2019. 10. 17. 2018두40744)

② **[O]** 처분이 적법한지는 행정규칙에 적합한지 여부가 아니라 상위법령의 규정과 입법 목적 등에 적합한지 여부에 따라 판단해야 한다. 처분이 행정규칙을 위반하였다고 하여 그러한 사정만으로 곧바로 위법하게 되는 것은 아니고, 처분이 행정규칙을 따른 것이라고 하여 적법성이 보장되는 것도 아니다. (2020. 12. 24. 2018두45633)

③ **[X]** 양벌규정에 의한 영업주의 처벌은 금지위반행위자인 종업원의 처벌에 종속하는 것이 아니라 독립하여 그 자신의 종업원에 대한 선임감독상의 과실로 인하여 처벌되는 것이므로 영업주의 위 과실책임을 묻는 경우 금지위반행위자인 종업원에게 구성요건상의 자격이 없다고 하더라도 영업주의 범죄성립에는 아무런 지장이 없다. (1987. 11. 10. 87도1213)

④ **[X]** 행정조사기본법 제5조(행정조사의 근거) 행정기관은 법령등에서 행정조사를 규정하고 있는 경우에 한하여 행정조사를 실시할 수 있다. 다만, 조사대상자의 자발적인 협조를 얻어 실시하는 행정조사의 경우에는 그러하지 아니하다.

⑤ **[X]** 일반적으로 법률이 헌법에 위반된다는 사정은 헌법재판소의 위헌 결정이 있기 전에는 객관적으로 명백한 것이라고 할 수는 없으므로, 특별한 사정이 없는 한 이러한 하자는 그 행정처분의 취소 사유에 해당할 뿐 당연무효 사유는 아니라 할 것이다. (1995. 12. 5. 95다39137)

121

甲은 X토지를 소유하고 있는데, X토지에 인접한 토지로서 등기부상 乙의 명의임이 명백한 Y토지에 대한 재산세가 2024. 2. 1. 甲에게 부과되었다. 자기 토지의 위치를 정확히 기억하지 못하고 있던 甲은 이를 납부하지 않고 있다가 2024. 4. 1. 「지방세징수법」상 독촉을 받았고, 2024. 5. 1.과 2024. 6. 3.에도 재차 독촉을 받은 후, 2024. 6. 17. 세금을 납부하였다. 甲은 자신이 재산세를 납부할 의무자가 아니라는 사실을 알고 쟁송을 통해 구제받고자 한다. (제14회 변시)

① 「지방세법」에 따른 재산세 부과처분에 관한 조세심판사항에는 「행정절차법」이 적용되지 아니한다. [ ]

② 「지방세징수법」상 지방자치단체장은 납세자가 재산세를 체납하면 허가등이 필요한 사업의 주무관청에 대하여 그 납세자에게 허가등을 하지 아니할 것을 요구할 수 있다. [ ]

③ 독촉에 대하여 쟁송절차로 다툴 경우 그 대상이 되는 것은 맨 마지막에 한 2024. 6. 3.자 독촉이다. [ ]

④ 2024. 2. 1. 甲에 대한 재산세 부과처분은 의무자가 아닌 자에게 납부의무를 부여한 것이므로 당연무효에 해당한다. [ ]

정답 및 해설

121 ① **[O]** 행정절차법 제3조 제2항 제9호, 동법 시행령 제2조 제5호(조세관계법령에 의한 조세의 부과·징수에 관한 사항은 행정절차법 적용×)

② **[O]** 지방세징수법 제7조(관허사업의 제한) ① 지방자치단체의 장은 납세자가 대통령령으로 정하는 사유 없이 지방세를 체납하면 허가·인가·면허·등록 및 대통령령으로 정하는 신고와 그 갱신(이하 "허가등"이라 한다)이 필요한 사업의 주무관청에 그 납세자에게 허가등을 하지 아니할 것을 요구할 수 있다.

③ **[X]** 보험자 또는 보험자단체가 부당이득금 또는 가산금의 납부를 독촉한 후 다시 동일한 내용의 독촉을 하는 경우 최초의 독촉만이 징수처분으로서 항고소송의 대상이 되는 행정처분이 된다. (1999.7.13. 97누119)

④ **[O]** 납세의무자가 아닌 원고에게 한 이 사건 처분은 그 하자가 중대하고 명백하여 당연무효라고 보아야 한다. (2016.12.29. 2014두2980)

제5편 행정구제법

제1장 개 설
제2장 행정상 손해전보

제1절 국가배상

01 생명·신체의 침해로 인한 국가배상을 받을 권리는 양도하거나 압류하지 못한다. (변시 9회) ★ [ ]

02 「국가배상법」 제7조가 정하는 상호보증은 반드시 당사국과의 조약이 체결되어 있을 필요는 없지만, 당해 외국에서 구체적으로 우리나라 국민에게 국가배상청구를 인정한 사례가 있어 실제로 국가배상이 상호 인정될 수 있는 상태가 인정되어야 한다. (변시 9회) ★ [ ]

03 판례는 구 「국가배상법」(67. 3. 3. 법률 제1899호) 제3조의 배상액 기준은 배상심의회 배상액 결정의 기준이 될 뿐 배상 범위를 법적으로 제한하는 규정이 아니므로 법원을 기속하지 않는다고 보았다. (추가문제) ★ [ ]

04 국가나 지방자치단체에 대한 배상신청사건을 심의하기 위하여 법무부에 본부심의회를 두지만, 군인이나 군무원이 타인에게 입힌 손해에 대한 배상신청사건을 심의하기 위하여는 국방부에 특별심의회를 둔다. (22-1) [ ]

정답 및 해설

01 [O] 국가배상법 제4조

02 [X] 상호보증은 외국의 법령, 판례 및 관례 등에 의하여 발생요건을 비교하여 인정되면 충분하고 반드시 당사국과의 조약이 체결되어 있을 필요는 없으며, 당해 외국에서 구체적으로 우리나라 국민에게 국가배상청구를 인정한 사례가 없더라도 실제로 인정될 것이라고 기대할 수 있는 상태이면 충분하다. (2015. 6. 11. 2013다208388)

03 [O] 구 국가배상법(1967. 3. 3. 법률 제1899호) 제3조 제1항과 제3항의 손해배상의 기준은 배상심의회의 배상금지급기준을 정함에 있어서의 하나의 기준을 정한 것에 지나지 아니하는 것이고 이로써 배상액의 상한을 제한한 것으로 볼 수 없다 할 것이며 따라서 법원이 국가배상법에 의한 손해배상액을 산정함에 있어서 그 기준에 구애되는 것이 아니라 할 것이니 이 규정은 국가 또는 공공단체에 대한 손해배상청구권을 규정한 구 헌법(1962. 12. 26. 개정헌법) 제26조에 위반된다고 볼 수 없다. (1970. 1. 29. 69다1203)

04 [O] 국가배상법 제10조 제1항

공무원의 직무상 불법행위로 인한 손해배상

05 「국가배상법」 제2조 소정의 '공무원'이라 함은 「국가공무원법」이나 「지방공무원법」에 의하여 공무원으로서의 신분을 가진 자에 국한하지 않고 널리 공무를 위탁받아 실질적으로 공무에 종사하고 있는 일체의 자를 가리키나, 공무의 위탁이 일시적이고 한정적인 사항에 관한 활동을 위한 것인 경우는 이에 포함되지 않는다. (변시 11회) ★★ [   ]

06 지방자치단체가 교통자원봉사자에게 공무를 위탁하여 그가 교통안내 등의 업무를 하던 중 위탁받은 범위를 넘어서 교차로 중앙에서 교통정리를 하다가 교통사고를 발생시킨 경우 국가배상법 제2조에 의하여 피해자가 지방자치단체에 대하여 배상책임을 물을 수 있다. (변시 1회) ★ [   ]

07 한국토지공사는 「공익사업을 위한 토지 등의 취득 및 보상에 관한 법률」, 구 「한국토지공사법」 및 동법 시행령의 위탁에 의하여 대집행을 수권받은 자로서 공무인 대집행을 실시함에 따르는 권리·의무 및 책임이 귀속되는 행정주체의 지위에 있다고 볼 것이지 지방자치단체 등의 기관으로서 「국가배상법」 제2조 소정의 공무원에 해당한다고 볼 것은 아니다. (변시 13회) ★★ [   ]

08 지방자치단체로부터 대집행권한을 위탁받은 한국토지주택공사가 수탁 공무인 대집행을 실행하면서 불법행위로 손해를 끼친 경우 국가배상책임은 해당 지방자치단체에게 발생한다. (23-1) [   ]

09 대한변호사협회는 공법인으로서 위탁받은 공행정사무에 관한 행정주체의 지위에서 배상책임을 부담한다. (22-2) [   ]

10 공법인이 국가로부터 위탁받은 공행정사무를 집행하는 과정에서 공법인의 임직원이나 피용인이 고의 또는 과실로 법령을 위반하여 타인에게 손해를 입힌 경우, 공법인의 임직원이나 피용인은 「국가배상법」 제2조에서 정한 공무원에 해당하므로 고의 또는 중과실이 있는 경우에만 배상책임을 부담한다. (변시 14회) ★ [   ]

정답 및 해설

05 [X] 국가배상법 제2조 소정의 '공무원'이라 함은 국가공무원법이나 지방공무원법에 의하여 공무원으로서의 신분을 가진 자에 국한하지 않고, 널리 공무를 위탁받아 실질적으로 공무에 종사하고 있는 일체의 자를 가리키는 것으로서, 공무의 위탁이 일시적이고 한정적인 사항에 관한 활동을 위한 것이어도 달리 볼 것은 아니다. (2001. 1. 5. 98다39060)

06 [O] (2001. 1. 5. 98다39060)

07 [O] (2010. 1. 28. 2007다82950)

08 [X] 위 문제 참고 (2010. 1. 28. 2007다82950)

09 [O] (2021. 1. 28. 2019다260197)

10 [O] 공법인은 위탁받은 공행정사무에 관한 행정주체의 지위에서 배상책임을 부담하여야 하지만, 공법인의 임직원이나 피용인은 실질적인 의미에서 공무를 수행한 사람으로서 국가배상법 제2조에서 정한 공무원에 해당하므로 고의 또는 중과실이 있는 경우에만 배상책임을 부담하고 경과실이 있는 경우에는 배상책임을 면한다. (2021.1.28. 2019다260197)

11   공무원의 중과실이란 공무원에게 통상 요구되는 정도의 상당한 주의를 하지 않더라도 약간의 주의를 한다면 손쉽게 위법·유해한 결과를 예견할 수 있는 경우임에도 만연히 이를 간과한 경우와 같이, 거의 고의에 가까운 현저한 주의를 결여한 상태를 의미한다. (22-2)   [   ]

12   어떠한 행정처분이 항고소송에서 위법한 것으로서 취소되었다면 이로써 당해 행정처분은 공무원의 고의 또는 과실에 의한 불법행위를 구성한다. (변시 7회) ★   [   ]

13   행정청이 구 공중위생법 시행규칙상의 행정처분기준에 따라 영업허가취소처분을 하였으나, 그 취소처분이 행정심판에서 재량하자를 이유로 취소된 경우 국가배상법 제2조에 의하여 피해자가 국가나 지방자치단체에 대하여 배상책임을 물을 수 있다. (변시 1회)   [   ]

14   행정입법에 관여한 공무원이 입법 당시의 상황에서 다양한 요소를 고려하여 나름대로 합리적인 근거를 찾아 어느 하나의 견해에 따라 경과규정을 두는 등의 조치 없이 새 법령을 그대로 시행하거나 적용한 경우, 그와 같은 공무원의 판단이 나중에 대법원이 내린 판단과 같지 않다고 하더라도 국가배상책임의 성립요건인 공무원의 과실이 있다고 할 수는 없다. (변시 9회)   [   ]

15   행정청이 관계 법령의 해석이 확립되기 전에 어느 한 설을 취하여 업무를 처리한 것이 결과적으로 위법하게 되어 그 법령의 부당집행이라는 결과를 빚었다고 하더라도 처분 당시 그와 같은 처리 방법 이상의 것을 성실한 평균적 공무원에게 기대하기 어려웠던 경우라면 특별한 사정이 없는 한 이를 두고 공무원의 과실로 인한 것이라고는 할 수 없다. (예제문제) ★★   [   ]

16   행정청의 유선업 경영신고에 대한 반려처분이 후에 항고소송에서 취소되었더라도, 행정청이 항만시설의 관리청인 항만청에 관련 질의를 하여 그 회신 결과를 토대로 파생되는 문제점을 다각적으로 검토한 끝에 반려처분을 하였다면 직무상 과실을 인정할 수 없다. (22-3)   [   ]

정답 및 해설

11 [O] (2011. 9. 8. 2011다34521)

12 [X] 어떠한 행정처분이 후에 항고소송에서 취소되었다고 할지라도 그 기판력에 의하여 당해 행정처분이 곧바로 공무원의 고의 또는 과실로 인한 것으로서 불법행위를 구성한다고 단정할 수는 없는 것이고, 그 행정처분의 담당공무원이 보통 일반의 공무원을 표준으로 하여 볼 때 객관적 주의의무를 결여하여 그 행정처분이 객관적 정당성을 상실하였다고 인정될 정도에 이른 경우에 비로소 국가배상법 제2조 소정의 국가배상책임의 요건을 충족하였다고 봄이 상당하다. (2003. 11. 27. 2001다33789)

13 [X] 위 해설 참고 (1994. 11. 8. 94다26141)

14 [O] (2013. 4. 26. 2011다14428)

15 [O] (1997. 7. 11. 97다7608)

16 [O] (1999. 9. 17. 96다53413)

17 　법령에 대한 해석이 복잡, 미묘하여 워낙 어렵고, 이에 대한 학설, 판례조차 귀일되어 있지 않는 등의 특별한 사정이 없는 한 일반적으로 공무원이 관계 법규를 알지 못하거나 필요한 지식을 갖추지 못하고 법규의 해석을 그르쳐 행정처분을 하였다면 그가 법률전문가가 아닌 행정직 공무원이라고 하여 과실이 없다고는 할 수 없다. (예제문제) [　　]

18 　어떤 행정처분을 할 것인가에 관하여 행정청 내부에 일응의 기준을 정해 두고 그 기준에 따른 행정처분을 하였다고 하더라도 관계공무원이 공익성, 합목적성의 인정·판단을 잘못하여 그 재량권의 범위를 넘어선 행정행위를 한 경우 이에 관여한 공무원에게 직무상의 과실이 인정된다. (예제문제) [　　]

19 　공무원에 대한 전보인사가 법령이 정한 기준과 원칙에 위배되거나 인사권을 부적절하게 행사한 것이라면 그 전보인사는 당연히 당해 공무원에 대한 관계에서 손해배상책임이 인정되는 불법행위를 구성한다. (변시 11회) ★ [　　]

20 　행정절차는 그 자체가 독립적으로 의미를 가지는 것이라기보다는 행정의 공정성과 적정성을 보장하는 공법적 수단으로서의 의미가 크므로, 관련 행정처분의 성립이나 무효·취소 여부 등을 따지지 않은 채 주민들이 일시적으로 행정절차에 참여할 권리를 침해받았다는 사정만으로 곧바로 국가나 지방자치단체가 주민들에게 정신적 손해에 대한 배상의무를 부담한다고 단정할 수 없다. (변시 13회) ★★ [　　]

정답 및 해설

17 [O] (1981. 8. 25. 80다1598)

18 [X] 편의재량(공익재량, 합목적재량)의 경우에는 공익상의 필요, 합목적성의 여부는 행정청의 자유재량에 따라 결정하고 그에 적합하다고 인정되는 처분을 선택하는 것이므로 후자의 경우에 한 처분에 있어 관계공무원이 공익성, 합목적성의 인정, 판단을 잘못하여 그 재량권의 범위를 넘어선 행정행위를 한 경우가 있다 하더라도 공익성 및 합목적성의 적절여부의 판단기준은 구체적 사안에 따라 각각 동일하다 할 수 없을 뿐만 아니라 구체적인 경우 어느 행정처분을 할 것인가에 관하여 행정청 내부에 일응의 기준을 정해둔경우 그 기준에 따른 행정처분을 하였다면 이에 관여한 공무원에게 그 직무상의 과실이 있다고 할 수 없다. (1984. 7. 24. 84다카597)

19 [X] 공무원에 대한 전보인사가 법령이 정한 기준과 원칙에 위배되거나 인사권을 다소 부적절하게 행사한 것으로 볼 여지가 있다 하더라도 그러한 사유만으로 그 전보인사가 당연히 불법행위를 구성한다고 볼 수는 없고, 인사권자가 당해 공무원에 대한 보복감정 등 다른 의도를 가지고 인사재량권을 일탈·남용하여 객관적 정당성을 상실하였음이 명백한 경우 등 전보인사가 우리의 건전한 사회통념이나 사회상규상 도저히 용인될 수 없음이 분명한 경우에, 그 전보인사는 위법하게 상대방에게 정신적 고통을 가하는 것이 되어 당해 공무원에 대한 관계에서 불법행위를 구성한다. (2009. 5. 28. 2006다16215)

20 [O] (2021. 7. 29. 2015다221668)

21 국가가 처분절차를 진행하는 과정에서 주민들의 의견제출 등 절차적 권리를 보장하지 않은 위법이 있는 경우 그 후 행정소송을 통하여 그 처분이 취소되거나 처분의 무효를 확인하는 판결이 확정되었다고 하더라도 특별한 사정이 없는 한 절차적 권리 침해로 인한 정신적 고통에 대한 국가배상책임이 인정된다. (23-1) ★   [   ]

22 국가나 지방자치단체가 행정절차를 진행하는 과정에서 주민들의 의견제출 등 절차적 권리를 보장하지 않은 위법이 있어서 그 후 이를 시정하여 절차를 다시 진행한 경우, 이러한 조치로도 주민들의 절차적 권리 침해로 인한 정신적 고통이 여전히 남아 있다고 볼 특별한 사정이 있다면 국가나 지방자치단체는 그 정신적 고통으로 인한 손해를 배상할 책임이 있고, 이때 특별한 사정이 있다는 사실에 대한 주장·증명책임은 이를 청구하는 주민들에게 있다. (변시 14회)   [   ]

23 국·공립대학 교원에 대한 재임용거부처분이 재량권을 일탈·남용한 것으로 평가되어 그것이 불법행위가 됨을 이유로 국·공립대학 교원임용권자에게 손해배상책임을 묻기 위해서는 당해 재임용거부가 국·공립대학 교원 임용권자의 고의 또는 과실로 인한 것이라는 점이 인정되어야한다. (추가문제)   [   ]

24 경찰관이 소년 등 사회적 약자인 피의자의 진술을 조서화하는 과정에서 고의 또는 과실로 조서의 객관성을 유지할 직무상 의무를 위반하여 피의자신문조서를 작성함으로써 피의자의 방어권이 실질적으로 침해되었다고 인정된다면, 국가는 그로 인하여 피의자가 입은 손해를 배상하여야 한다. (22-3)   [   ]

25 국가 소속 전투경찰들이 시위진압을 함에 있어서 합리적이고 상당하다고 인정되는 정도를 넘어 최루탄을 사용하는 등 합리적이고 상당하다고 인정되는 정도를 넘어 지나치게 과도한 방법으로 시위진압을 한 잘못으로 시위 참가자로 하여금 사망에 이르게 하였다면, 가해 전투경찰이 특정되지 않는다 하더라도 국가의 손해배상책임이 인정된다. (예제문제)   [   ]

정답 및 해설

21 [X] 국가가 행정절차 진행 과정에서 절차적 권리를 보장하지 않은 위법이 있다고 하더라도, 종국적으로 행정처분 단계까지 이르지 않은 경우 특별한 사정이 없는 한 절차적 권리 침해로 인한 정신적 고통에 대한 국가배상책임은 인정되지 않는다. (2021. 7. 29. 2015다221668)

22 [O] (2021.7.29. 2015다221668)
23 [O] (2011. 1. 27. 2009다30946)
24 [O] (2020. 4. 29. 2015다224797)
25 [O] (1995. 11. 10. 95다23897)

26 경매담당공무원이 매각물건명세서를 작성하면서 매각으로 소멸되지 않는 최선순위 전세권이 매수인에게 인수된다는 취지의 기재를 하지 아니한 경우 국가배상법 제2조에 의하여 피해자가 국가나 지방자치단체에 대하여 배상책임을 물을 수 있다. (변시 1회) [ ]

27 담당공무원이 내부전산망을 통해 후보자에 대한 범죄경력자료를 조회하여 구「공직선거 및 선거부정방지법」위반죄로 실형을 선고받는 등 실효된 4건의 금고형 전과가 있음을 확인하고도 후보자의 공직선거 후보자용 범죄경력조회 회보서에 이를 기재하지 않은 경우 국가배상법 제2조에 의하여 피해자가 국가나 지방자치단체에 대하여 배상책임을 물을 수 있다. (변시 1회) [ ]

28 국세가 확정되기 전에 보전압류를 한 후 보전압류에 의하여 징수하려는 국세의 전부 또는 일부가 확정되지 못하였다면 보전압류로 인하여 납세자가 입은 손해에 대하여 특별한 반증이 없는 한 과세관청의 담당공무원에게 고의 또는 과실이 있다고 사실상 추정되므로, 국가는 부당한 보전압류로 인한 손해를 배상할 책임이 있다. (22-3) [ ]

29 국가배상청구의 요건인 '공무원의 직무'에는 국가나 지방자치단체의 권력적 작용뿐만 아니라 비권력적 작용도 포함되지만, 단순한 사경제주체로서 하는 작용은 포함되지 않는다. (변시 6회) ★★
[ ]

30 행위 자체의 외관을 객관적으로 관찰하여 공무원의 직무행위로 보여진다 하더라도 그것이 실질적으로 직무행위에 해당하지 않는다면 그 행위는 '직무를 집행하면서' 행한 것으로 볼 수 없다. (변시 6회) ★★ [ ]

31 공무원의 행위가 실질적으로 공무집행행위가 아니라는 사정을 피해자가 알았다 하더라도 국가책임이 부인되지 않는다. (예제문제) [ ]

정답 및 해설

26 [O] 매각물건명세서의 잘못된 기재로 인하여 위 전세권이 매수인에게 인수되지 않은 것으로 오인한 상태에서 매수신고가격을 결정하고 매각대상 부동산을 매수하였다가 위 전세권을 인수하여 그 전세금을 반환하여야 하는 손해를 입은 매수인에 대하여 경매담당 공무원 등의 직무집행상의 과실로 인한 국가배상책임을 인정한 사례. (2010. 6. 24. 2009다40790)

27 [O] 담당공무원의 중과실을 인정하여 국가배상책임 외에 공무원 개인의 배상책임까지 인정한 원심판단을 수긍한 사례. (2011. 9. 8. 2011다34521)

28 [O] (2015. 10. 29. 2013다209534)

29 [O] (1998. 7. 10. 96다38971)

30 [X] 행위 자체의 외관을 객관적으로 관찰하여 공무원의 직무행위로 보여질 때에는 비록 그것이 실질적으로 직무행위가 아니거나 또는 행위자로서는 주관적으로 공무집행의 의사가 없었다고 하더라도 그 행위는 공무원이 "직무를 집행함에 당하여" 한 것으로 보아야 한다. (1995. 4. 21. 93다14240)

31 [O] (1966. 6. 28. 66다781)

32 공무원증 및 재직증명서 발급 업무를 담당하는 공무원이 다른 공무원의 공무원증을 위조한 행위는 그 실질이 직무행위에 속하지 아니하므로 「국가배상법」 제2조 제1항 소정의 직무집행에 해당하지 아니한다. (변시 7회) ★　　　　　　　　　　　　　　　　　　　　　　　　　　　　　　　　　　　　[　]

33 「국가배상법」 제2조의 직무관련성은 직무의 범위 내에 속한 행위를 의미하므로 육군중사 甲이 훈련에 대비하여 사전 정찰차 훈련지역 일대를 살피고 귀대하던 중 교통사고가 일어났다면, 실질적·객관적으로 위 운전행위는 직무와 밀접한 관련이 없다. (24-2)　　　　　　　　　　　　　[　]

34 「국가배상법」 제2조 제1항의 '법령에 위반하여'라고 함은 엄격하게 형식적 의미의 법령에 명시적으로 공무원의 행위의무가 정하여져 있음에도 이를 위반하는 경우만을 의미하는 것이 아니고, 널리 그 행위가 객관적인 정당성을 결여하고 있는 경우도 포함한다. (변시 9회) (변시 11회) ★★ [　]

35 공무원의 부작위로 인한 국가배상책임을 인정하기 위한 조건인 '법령에 위반하여'라고 함은 엄격하게 형식적 의미의 법령에 명시적으로 공무원의 작위의무가 정하여져 있음에도 이를 위반하는 경우만을 의미하는 것은 아니고, 인권존중·권력남용금지·신의성실과 같이 공무원으로서 마땅히 지켜야 할 준칙이나 규범을 지키지 아니하고 위반한 경우를 포함하여 널리 그 행위가 객관적인 정당성을 결여하고 있는 경우도 포함한다. (변시 3회) ★★ [　]

36 국가가 초법규적·일차적으로 위험배제에 나서지 아니하면 국민의 생명·신체·재산 등을 보호할 수 없는 경우 그 위험을 배제할 공무원의 작위의무가 인정되며, 그러한 작위의무 위반도 「국가배상법」 제2조 제1항의 법령위반에 해당한다. (변시 5회) ★★　　　　　　　　　　　　　　　　　　[　]

정답 및 해설

32 [X] 공무원들의 공무원증 및 재직증명서 발급업무를 하는 공무원이 다른 공무원의 공무원증 등을 위조하는 행위는 비록 그것이 실질적으로는 직무행위에 속하지 아니한다 할지라도 적어도 외관상으로는 공무원증과 재직증명서를 발급하는 행위로서 직무집행으로 보여지므로 결국 소외인의 공무원증 등 위조행위는 국가배상법 제2조 제1항 소정의 공무원이 직무를 집행함에 당하여 한 행위로 인정된다. (2005. 1. 14. 2004다26805)

33 [X] 직무수행의 수단으로써 또는 직무행위에 부수하여 행하여지는 행위로서 직무와 밀접한 관련이 있는 것도 포함되는바, 육군중사가 자신의 개인소유 오토바이 뒷좌석에 같은 부대 소속 군인을 태우고 다음 날부터 실시예정인 훈련에 대비하여 사전정찰차 훈련지역 일대를 살피고 귀대하던 중 교통사고가 일어났다면, 그가 비록 개인소유의 오토바이를 운전한 경우라 하더라도 실질적, 객관적으로 위 운전행위는 그에게 부여된 훈련지역의 사전정찰임무를 수행하기 위한 직무와 밀접한 관련이 있다고 보아야 한다. (1994.5.27. 94다6741)

34 [O] (2012. 7. 26. 2010다95666)

35 [O] (2009. 12. 24. 2009다70180)

36 [O] (2012. 7. 26. 2010다95666)

37 공무원의 직무집행이 법령이 정한 요건과 절차에 따라 이루어졌다 하더라도 그 과정에서 개인의 권리가 침해되는 일이 생긴다면 그 직무집행의 법령적합성은 인정되지 아니한다. (22-1) [   ]

38 공무원의 직무집행이 법령이 정한 요건과 절차에 따라 이루어진 것이라면, 그 과정에서 개인의 권리가 침해되는 일이 생긴다고 하더라도, 특별한 사정이 없는 한 그 직무집행의 법령적합성이 곧바로 부정되는 것은 아니다. (변시 12회) [   ]

39 국가배상법 상 '법령 위반'은 널리 객관적인 정당성을 결여한 경우를 의미하는 것으로 공무원의 조치가 행정규칙을 위반하였다면 특별한 사정이 없는 한 그러한 사정만으로도 위법성이 인정된다. (23-1) [   ]

40 국민의 생명·신체·재산 등에 대하여 절박하고 중대한 위험상태가 발생하였거나 발생할 상당한 우려가 있는 경우가 아닌 한, 원칙적으로 공무원이 관련법령에서 정하여진 대로 직무를 수행하였다면 손해방지조치를 제대로 이행하지 않은 부작위를 가지고 '고의 또는 과실로 법령에 위반'하였다고 할 수는 없다. (변시 9회) [   ]

41 구치소 등 교정시설의 혼거실에 과밀수용된 경우(1인당 도면상 면적이 2㎡ 미만인 혼거실에 수용된 경우) 국가배상책임을 인정할 수 있다. (23-2) [   ]

정답 및 해설

37 [X] 국가배상책임은 공무원의 직무집행이 법령에 위반한 것임을 요건으로 하는 것으로서, 공무원의 직무집행이 법령이 정한 요건과 절차에 따라 이루어진 것이라면 특별한 사정이 없는 한 이는 법령에 적합한 것이고 그 과정에서 개인의 권리가 침해되는 일이 생긴다고 하여 그 법령 적합성이 곧바로 부정되는 것은 아니라고 할 것이다. (1997. 7. 25. 94다2480)

38 [O] (1997. 7. 25. 94다2480)

39 [X] 상급행정기관이 소속 공무원이나 하급행정기관에 대하여 업무처리지침이나 법령의 해석·적용 기준을 정해 주는 '행정규칙'은 일반적으로 행정조직 내부에서만 효력을 가질 뿐 대외적으로 국민이나 법원을 구속하는 효력이 없다. 공무원의 조치가 행정규칙을 위반하였다고 해서 그러한 사정만으로 곧바로 위법하게 되는 것은 아니고, 공무원의 조치가 행정규칙을 따른 것이라고 해서 적법성이 보장되는 것도 아니다. 공무원의 조치가 적법한지는 행정규칙에 적합한지 여부가 아니라 상위법령의 규정과 입법 목적 등에 적합한지 여부에 따라 판단해야 한다. (2020. 5. 28. 2017다211559)

40 [O] (2012. 7. 26. 2010다95666)

41 [O] 국가배상책임에서 공무원의 가해행위는 법령을 위반한 것이어야 하는데, 여기서 법령을 위반하였다 함은 엄격한 의미의 법령 위반뿐 아니라 인권존중, 권력남용금지, 신의성실과 같이 공무원으로서 마땅히 지켜야 할 준칙이나 규범을 지키지 않고 위반한 경우를 포함하여 널리 그 행위가 객관적인 정당성을 결여하고 있음을 뜻한다. 따라서 교정시설 수용행위로 인하여 수용자의 인간으로서의 존엄과 가치가 침해되었다면 그 수용행위는 공무원의 법령을 위반한 가해행위가 될 수 있다. (2022. 7. 14. 2017다266771)

42 경찰관에게 권한을 부여한 법규의 취지와 목적에 비추어 볼 때 구체적인 사정에 따라 경찰관이 그 권한을 행사하여 필요한 조치를 취하지 아니하는 것이 현저하게 불합리하다고 인정되는 경우에는 권한의 불행사는 직무상의 의무를 위반한 것이 되어 위법하게 된다. (변시 5회) ★ [ ]

43 군대의 특성상 군대 내에서 장병의 자살을 예방할 의무에 관한 명시적인 법률 및 구체적인 규정이 있는 경우에만 지휘관 등 상급자에게 자살 장병에 대한 직무상 의무위반 및 과실을 인정할 수 있다. (22-3) [ ]

44 경찰관이 교통법규 등을 위반하고 도주하는 차량을 순찰차로 추적하는 직무를 집행하는 중에 그 도주차량의 주행에 의하여 제3자가 손해를 입었다고 하더라도 특별한 사정이 없는 한 그 추적행위를 위법하다고 할 수는 없다. (24-3) [ ]

45 공무원이 고의 또는 과실로 그에게 부과된 직무상 의무를 위반하였을 경우라고 하더라도 국가는 그러한 직무상의 의무 위반과 피해자가 입은 손해 사이에 상당인과관계가 인정되는 범위 내에서만 배상책임을 지는 것이고, 이 경우 상당인과관계가 인정되기 위하여는 공무원에게 부과된 직무상 의무의 내용이 단순히 공공 일반의 이익을 위한 것이거나 행정기관 내부의 질서를 규율하기 위한 것이 아니고 전적으로 또는 부수적으로 사회구성원 개인의 안전과 이익을 보호하기 위하여 설정된 것이어야 한다. (변시 3회) ★★ [ ]

정답 및 해설

42 [O] (2004. 9. 23. 2003다49009)

43 [X] '법령 위반'이란 엄격하게 형식적 의미의 법령에 명시적으로 공무원의 작위의무가 규정되어 있는데도 이를 위반하는 경우만을 의미하는 것은 아니고, 인권존중·권력남용금지·신의성실과 같이 공무원으로서 마땅히 지켜야 할 준칙이나 규범을 지키지 않고 위반한 경우를 포함하여 널리 객관적인 정당성이 없는 행위를 한 경우를 포함한다. 국민의 생명·신체·재산 등에 관하여 절박하고 중대한 위험상태가 발생하였거나 발생할 우려가 있어서 국민의 생명·신체·재산 등을 보호하는 것을 본래적 사명으로 하는 국가가 초법규적, 일차적으로 그 위험 배제에 나서지 않으면 국민의 생명·신체·재산 등을 보호할 수 없는 경우에는 형식적 의미의 법령에 근거가 없더라도 국가나 관련 공무원에 대하여 그러한 위험을 배제할 작위의무를 인정할 수 있다. 그러나 그와 같이 절박하고 중대한 위험상태가 발생하였거나 발생할 우려가 없는 경우에는 원칙적으로 공무원이 관련 법령을 준수하여 직무를 수행하였다면 공무원의 부작위를 가지고 '고의 또는 과실로 법령을 위반'하였다고 할 수는 없다. 따라서 공무원의 부작위로 인한 국가배상책임을 인정할 것인지 여부가 문제 되는 경우에 관련 공무원에 대하여 작위의무를 명하는 법령 규정이 없다면 공무원의 부작위로 인하여 침해된 국민의 법익 또는 국민에게 발생한 손해가 어느 정도 심각하고 절박한 것인지, 관련 공무원이 그와 같은 결과를 예견하여 결과를 회피하기 위한 조치를 취할 가능성이 있는지 등을 종합적으로 고려하여 판단하여야 한다. (2020. 5. 28. 2017다211559)

44 [O] 경찰관이 교통법규 등을 위반하고 도주하는 차량을 순찰차로 추적하는 직무를 집행하는 중에 그 도주차량의 주행에 의하여 제3자가 손해를 입었다고 하더라도 그 추적이 당해 직무 목적을 수행하는 데에 불필요하다거나 또는 도주차량의 도주의 태양 및 도로교통상황 등으로부터 예측되는 피해발생의 구체적 위험성의 유무 및 내용에 비추어 추적의 개시·계속 혹은 추적의 방법이 상당하지 않다는 등의 특별한 사정이 없는 한 그 추적행위를 위법하다고 할 수는 없다. (2000.11.10. 2000다26807)

45 [O] (2011. 9. 8. 2011다34521)

46 공무원이 직무를 수행하면서 근거되는 법령의 규정에 따라 구체적으로 의무를 부여받았어도 그것이 직접 국민 개개인의 이익을 위한 것이 아니라 전체적으로 공공 일반의 이익을 도모하기 위한 것이라면 그 의무를 위반하여 국민에게 손해를 가하여도 국가 또는 지방자치단체는 배상책임을 부담하지 아니한다. (변시 11회) ★★   [   ]

47 공무원에게 부과된 직무상 의무의 내용이 단순히 공공일반의 이익을 위한 것이거나 행정청 내부의 질서를 규율하기 위한 것이라면, 공무원의 그와 같은 직무상 의무위반에 대해서는 국가배상책임이 성립하지 않는다. (변시 5회)   [   ]

48 개별공시지가 산정업무 담당공무원이 직무상 의무에 위반하여 현저하게 불합리한 개별공시지가가 결정되도록 함으로써 국민 개개인의 재산권을 침해한 경우, 그 손해에 대하여 상당인과관계 있는 범위 내에서 그 담당공무원이 소속된 지방자치단체가 「국가배상법」상 배상책임을 진다. (변시 12회)   [   ]

49 주민등록사무를 담당하는 공무원이 개명과 같은 사유로 甲의 주민등록상 성명정정을 본적지 관할관청에 통보하지 아니하여 甲과 같은 이름으로 개명허가를 받은 듯이 호적등본을 위조하여 주민등록상 성명을 위법하게 정정한 乙이 甲의 부동산에 관하여 불법적으로 근저당권설정등기를 경료한 경우, 공무원의 의무위반과 甲이 입은 손해 사이에는 상당인과관계가 있다. (예제문제)   [   ]

50 甲이 乙과 동일한 이름으로 개명허가를 받은 것처럼 호적등본을 위조하여 주민등록상 성명을 위법하게 정정하고, 乙 명의의 주민등록증을 발급받아 乙의 부동산에 관하여 근저당권설정등기를 마친 경우, 주민등록사무를 담당하는 공무원이 위와 같은 성명정정 사실을 甲의 본적지 관할관청에 통보하지 아니한 직무상 의무위배행위와 乙이 입은 손해 사이에 상당인과관계를 인정할 수 없다. (변시 12회)   [   ]

51 소방공무원의 행정권한행사가 관계 법률의 규정 형식상 소방공무원의 재량에 맡겨져 있는 경우에 소방공무원이 권한을 행사하지 아니한 것이 현저하게 합리성을 잃어 사회적 타당성이 없다면 소방공무원의 직무상 의무를 위반한 것으로서 위법하게 된다. (추가문제)   [   ]

정답 및 해설

46 [O] (2001. 10. 23. 99다36280)
47 [O] (2003. 4. 25. 2001다59842)
48 [O] (2010. 7. 22. 2010다13527)
49 [O] (2003. 4. 25. 2001다59842)
50 [X] 위 문제 참고
51 [O] (2008. 4. 10. 2005다48994)

52 유흥주점에 감금된 채 윤락을 강요받으며 생활하던 여종업원들이 유흥주점에 화재가 났을 때 미처 피신하지 못하고 유독가스에 질식해 사망한 사안에서, 소방공무원이 위 화재 전 유흥주점에 대하여 구 소방법상 시정조치를 명하지 않은 직무상 의무 위반과 위 사망의 결과 사이에는 상당인과관계가 인정된다. (예제문제) ★   [   ]

53 유흥주점에 감금된 채 윤락을 강요받으며 생활하던 여종업원들이 유흥주점에 화재가 났을 때 미처 피신하지 못하고 유독가스에 질식해 사망한 사안에서, 지방자치단체의 담당 공무원이 위 유흥주점의 용도변경, 무허가 영업 및 시설기준에 위배된 개축에 대하여 시정명령 등 식품위생법상 취하여야 할 조치를 게을리 한 직무상 의무위반행위와 위 종업원들의 사망 사이에 상당인과관계가 존재한다. (추가문제) ★   [   ]

54 국가 또는 지방자치단체가 법령이 정하는 상수원수 수질기준 유지의무를 다하지 못하고, 법령이 정하는 고도의 정수처리방법이 아닌 일반적 정수처리방법으로 수돗물을 생산·공급하였다는 사유만으로 그 수돗물을 마신 개인에 대하여 손해배상책임을 부담하지는 않는다. (예제문제)   [   ]

55 산업기술혁신 촉진법령에 따른 중앙행정기관과 지방자치단체 등의 인증신제품 구매의무는 공공일반의 전체적인 이익을 도모하기 위한 것으로 봄이 타당하고, 신제품 인증을 받은 자의 재산상 이익은 법령이 보호하고자 하는 이익으로 보기는 어려우므로, 지방자치단체가 위 법령에서 정한 인증신제품 구매의무를 위반하였다고 하더라도, 이를 이유로 신제품 인증을 받은 자에 대하여 국가배상책임을 지는 것은 아니다. (변시 6회)   [   ]

정답 및 해설

52 [O] (2008. 4. 10. 2005다48994)

53 [X] 이 사건 화재 발생 후 이 사건 유흥주점들 중 '대가'의 1층 내부에 있던 인화성이 강한 실내장식물 등으로 인하여 유독가스가 발생되어 망인들이 1층 출입문이나 2층을 통하여 미처 피신하지 못하고 질식사에 이른 이 사건에서, 이 사건 상고인 원고들이 주장하는 바와 같이 피고 군산시의 담당 공무원이 이 사건 유흥주점들에 관한 용도변경, 무허가 영업 및 시설기준에 위배된 개축에 대하여 시정명령 등 식품위생법상 취하여야 하는 조치를 게을리 한 직무상의 의무위반행위와 망인들의 사망이라는 결과 사이에 상당한 인과관계가 있다고 할 수 없다고 본 원심판단은 수긍할 수 있고, 거기에 상고이유로 주장하는 바와 같이 국가배상법상 지방자치단체의 배상책임 발생요건으로서의 상당인과관계 판단에 관한 법리를 오해한 위법 등은 없다. (2008. 4. 10. 2005다48994)

54 [O] 국가 등에게 일정한 기준에 따라 상수원수의 수질을 유지하여야 할 의무를 부과하고 있는 법령의 규정은 국민에게 양질의 수돗물이 공급되게 함으로써 국민 일반의 건강을 보호하여 공공 일반의 전체적인 이익을 도모하기 위한 것이지, 국민 개개인의 안전과 이익을 직접적으로 보호하기 위한 규정이 아니다. (2001. 10. 23. 99다36280)

55 [O] 인증신제품 구매의무는 기업에 신기술개발제품의 판로를 확보하여 줌으로써 산업기술개발을 촉진하기 위한 국가적 지원책의 하나로 국민경제의 지속적인 발전과 국민의 삶의 질 향상이라는 공공 일반의 이익을 도모하기 위한 것 (2015. 5. 28. 2013다41431)

56 금융감독원 및 그 직원들의 직무집행이 위법하여 저축은행의 후순위사채에 투자한 투자자들이 손해를 입은 경우, 금융감독원에 금융기관에 대한 검사감독의무를 부과한 근거법령의 목적이 금융상품에 투자한 투자자 개인의 이익을 직접 보호하기 위한 것이라고 할 수 없으므로 국가배상을 청구할 수 없다. (22-3) [ ]

57 국회의원의 입법행위는 그 입법 내용이 헌법의 문언에 명백히 위배됨에도 불구하고 국회가 굳이 당해 입법을 한 것과 같은 특수한 경우가 아닌 한 「국가배상법」 제2조 제1항의 법령위반에 해당하지 않는다. (변시 5회) (변시 12회) [ ]

58 법관의 재판에 법령의 규정을 따르지 아니한 잘못이 있다하더라도 이로써 바로 「국가배상법」 제2조 제1항의 법령위반이 되는 것은 아니며, 국가배상책임이 성립하기 위해서는 당해 법관이 위법 또는 부당한 목적을 가지고 재판을 하는 등 법관이 그에게 부여된 권한의 취지에 명백히 어긋나게 이를 행사하였다고 인정할 만한 특별한 사정이 있어야 한다. (변시 5회) [ ]

59 법관이 행하는 재판사무의 특수성과 그 재판과정의 잘못에 대하여는 따로 불복절차에 의하여 시정될 수 있는 제도적 장치가 마련되어 있는 점 등에 비추어 보면, 특별한 경우가 아닌 한 법관의 재판에 법령의 규정을 따르지 아니한 잘못이 있다 하더라도 이로써 바로 그 재판상 직무행위가 「국가배상법」 제2조 제1항에서 말하는 위법한 행위로 되어 국가의 손해배상책임이 발생하는 것은 아니다. (변시 10회) ★★ [ ]

60 재판에 대하여 따로 불복절차 또는 시정절차가 마련되어 있는 경우에는, 불복에 의한 시정을 구할 수 없었던 것 자체가 공무원의 귀책사유로 인한 것이라는 등의 특별한 사정이 없는 한, 스스로 시정을 구하지 아니한 결과 권리 내지 이익을 회복하지 못한 사람은 원칙적으로 국가배상에 의한 권리구제를 받을 수 없다. (변시 12회) [ ]

정답 및 해설

56 [O] (2015. 12. 23. 2015다210194)
57 [O] (1997. 6. 13. 96다56115)
58 [O] (2003. 7. 11. 99다24218)
59 [O] (2001. 4. 24. 2000다16114)
60 [O] (2003. 7. 11. 99다24218)

61 헌법재판소 재판관이 헌법소원심판의 청구기간을 잘못 산정하여 각하결정을 한 경우, 본안판단을 하였더라도 어차피 청구가 기각되었을 것이라는 사정이 있는 경우에는 국가배상책임이 인정될 수 없다. (변시 5회) (변시 1회) ★★ [   ]

62 국가에게 국가배상책임이 있는 경우에, 경과실이 있는 공무원이 피해자에 대하여 손해배상책임을 부담하지 아니함에도 피해자에게 손해를 배상하였다면 경과실이 있는 그 공무원은 특별한 사정이 없는 한 국가에 대하여 자신이 변제한 금액에 관하여 구상권을 취득한다. (변시 6회) ★★ [   ]

63 국가 등의 가해 공무원에 대한 구상권은 손해의 공평한 부담이라는 견지에서 신의칙상 상당하다고 인정되는 한도 내에서만 인정된다. (예제문제) ★ [   ]

64 국가배상청구권의 소멸시효기간이 지났으나, 국가가 소멸시효완성을 주장하는 것이 신의성실의 원칙에 반하는 권리남용으로 허용될 수 없어 배상책임을 이행한 경우에는, 그 소멸시효 완성 주장이 권리남용에 해당하게 된 원인행위와 관련하여 해당 공무원이 그 원인이 되는 행위를 적극적으로 주도하였다는 등의 특별한 사정이 없는 한, 국가의 해당 공무원에 대한 구상권 행사는 신의칙상 허용되지 않는다. (변시 6회) ★ [   ]

정답 및 해설

61 [X] 재판에 대하여 따로 불복절차 또는 시정절차가 마련되어 있는 경우에는 … 스스로 그와 같은 시정을 구하지 아니한 결과 권리 내지 이익을 회복하지 못한 사람은 원칙적으로 국가배상에 의한 권리구제를 받을 수 없다고 봄이 상당하다고 하겠으나, 재판에 대하여 불복절차 내지 시정절차 자체가 없는 경우에는 부당한 재판으로 인하여 불이익 내지 손해를 입은 사람은 국가배상 이외의 방법으로는 자신의 권리 내지 이익을 회복할 방법이 없으므로, 이와 같은 경우에는 배상책임의 요건이 충족되는 한 국가배상책임을 인정하지 않을 수 없다. 헌법재판소 재판관이 청구기간 내에 제기된 헌법소원심판청구 사건에서 청구기간을 오인하여 각하결정을 한 경우, 이에 대한 불복절차 내지 시정절차가 없는 때에는 국가배상책임(위법성)을 인정할 수 있다고 한 사례. (2003. 7. 11. 99다24218)

62 [O] 공무원이 직무수행 중 불법행위로 타인에게 손해를 입힌 경우에 국가 등이 국가배상책임을 부담하는 외에 공무원 개인도 고의 또는 중과실이 있는 경우에는 불법행위로 인한 손해배상책임을 지고, 공무원에게 경과실이 있을 뿐인 경우에는 공무원 개인은 손해배상책임을 부담하지 아니한다. 이처럼 경과실이 있는 공무원이 피해자에 대하여 손해배상책임을 부담하지 아니함에도 피해자에게 손해를 배상하였다면 그것은 채무자 아닌 사람이 타인의 채무를 변제한 경우에 해당하고, 이는 민법 제469조의 '제3자의 변제' 또는 민법 제744조의 '도의관념에 적합한 비채변제'에 해당하여 피해자는 공무원에 대하여 이를 반환할 의무가 없고, 그에 따라 피해자의 국가에 대한 손해배상청구권이 소멸하여 국가는 자신의 출연 없이 채무를 면하게 되므로, 피해자에게 손해를 직접 배상한 경과실이 있는 공무원은 특별한 사정이 없는 한 국가에 대하여 국가의 피해자에 대한 손해배상책임의 범위 내에서 공무원이 변제한 금액에 관하여 구상권을 취득한다고 봄이 타당하다. (2014. 8. 20. 2012다54478)

63 [O] (1996. 4. 9. 95다52611)

64 [O] (2016. 6. 10. 2015다217843)

65 불법행위로 영업을 중단한 자가 영업 중단에 따른 손해배상을 구하는 경우 영업을 중단하지 않았으면 얻었을 순이익과 이와 별도로 영업 중단과 상관없이 불가피하게 지출해야 하는 비용도 특별한 사정이 없는 한 손해배상의 범위에 포함될 수 있다. (추가문제) [ ]

공공시설 등의 하자로 인한 손해배상

66 「국가배상법」상 영조물의 설치·관리상의 하자로 인한 책임은 무과실책임이고 나아가 「민법」 제758조 소정의 공작물의 점유자의 책임과는 달리 면책사유도 규정되어 있지 않으므로, 국가 또는 지방자치단체는 영조물의 설치·관리상의 하자로 인하여 타인에게 손해를 가한 경우에 그 손해의 방지에 필요한 주의를 해태하지 아니하였다 하여 면책을 주장할 수 없다. (22-1) [ ]

67 '공공의 영조물'이라 함은 국가 또는 지방자치단체에 의하여 특정 공공의 목적에 공여된 유체물 내지 물적 설비를 말하며, 국가 또는 지방자치단체가 소유권, 임차권 그 밖의 권한에 기하여 관리하는 경우는 이에 해당하나 사실상 관리하는 경우는 이에 해당하지 아니한다. (변시 13회) (변시 2회) (변시 3회) (변시 7회) ★★ [ ]

68 '영조물의 설치 또는 관리의 하자'란 공공의 목적에 공여된 영조물이 그 용도에 따라 통상 갖추어야 할 안전성을 갖추지 못한 상태에 있음을 말한다. (변시 13회) (변시 2회) ★★ [ ]

정답 및 해설

65 [O] 불법행위로 영업을 중단한 자가 영업 중단에 따른 손해배상을 구하는 경우 영업을 중단하지 않았으면 얻었을 순이익과 이와 별도로 영업 중단과 상관없이 불가피하게 지출해야 하는 비용도 특별한 사정이 없는 한 손해배상의 범위에 포함될 수 있다. 위와 같은 순이익과 비용의 배상을 인정하는 것은 이중배상에 해당하지 않는다. 이러한 법리는 환경정책기본법 제44조 제1항에 따라 그 피해의 배상을 인정하는 경우에도 적용된다. 가해행위와 피해자 측의 요인이 경합하여 손해가 발생하거나 확대된 경우에는 피해자 측의 귀책사유와 무관한 것이라고 할지라도 가해자에게 손해의 전부를 배상시키는 것이 공평의 이념에 반하는 경우에는, 법원은 그 배상액을 정하면서 과실상계의 법리를 유추 적용하여 손해의 발생 또는 확대에 기여한 피해자 측의 요인을 참작할 수 있다. 불법행위로 인한 손해배상청구 사건에서 책임감경사유에 관한 사실인정이나 비율을 정하는 것은 그것이 형평의 원칙에 비추어 현저히 불합리하다고 인정되지 않는 한 사실심의 전권사항에 속한다. (2018. 9. 13. 2016다35802)

66 [O] (1994. 11. 22. 94다32924)

67 [X] 국가배상법 제5조 제1항 소정의 '공공의 영조물'이라 함은 국가 또는 지방자치단체에 의하여 특정 공공의 목적에 공여된 유체물 내지 물적 설비를 말하며, 국가 또는 지방자치단체가 소유권, 임차권 그 밖의 권한에 기하여 관리하고 있는 경우뿐만 아니라 사실상의 관리를 하고 있는 경우도 포함된다. (1998. 10. 23. 98다17381)

68 [O] (2007. 10. 26. 2005다51235)

69   A지방자치단체가 甲회사에게 옹벽시설공사를 도급 주어 甲회사가 옹벽공사 중에 있었으나 아직 옹벽이 완성되지 아니하여 일반 공중의 이용에 제공되지 않고 있던 중 지나던 행인이 공사를 시행하다가 파놓은 구덩이에 추락하여 상해를 입은 경우, A지방자치단체는 「국가배상법」상 영조물의 설치·관리상의 하자로 인한 손해배상책임을 진다. (22-1)   [   ]

70   영조물이 완전무결한 상태에 있지 않고 기능상 어떠한 결함이 있었다면 객관적으로 보아 시간적, 장소적으로 그 기능상 결함으로 인한 손해발생의 예견가능성, 회피가능성이 없어도 국가배상법 제5조 제1항 책임이 발생한다. (변시 2회) (변시 14회) ★★   [   ]

71   도로의 설치 후 제3자의 행위에 의하여 그 본래 목적인 통행상의 안전에 결함이 발생한 경우에는 도로에 그와 같은 결함이 있다는 것만으로 성급하게 도로의 보존상 하자를 인정하여서는 안 되고, 당해 도로의 구조, 장소적 환경과 이용상황 등 제반 사정을 종합하여 그와 같은 결함을 제거하여 원상으로 복구할 수 있는데도 이를 방치한 것인지를 개별적, 구체적으로 심리하여 하자의 유무를 판단하여야 한다. (변시 13회)   [   ]

정답 및 해설

69 [X] 이 사건 사고가 발생한 공사현장은 원래 잡목이 우거진 자연상태의 비탈사면인 언덕으로서, 피고가 현장조사 결과 사면의 부분적 훼손 및 기초 부분의 균열로 인하여 붕괴의 위험이 있음을 발견하고 위 언덕을 붕괴위험지구로 지정하여 관리대장을 작성하고 산하 공무원을 관리책임자로 지정하여 이를 관리하여 오다가, 붕괴를 예방하기 위하여 언덕에 옹벽을 설치하기로 하고 1994. 4. 21. 소외 회사에게 옹벽시설공사를 도급 주어 소외 회사가 공사를 시행하게 되었고, 원고 박정식은 공사 도중인 1994. 5. 13. 공사현장 주변을 지나가다가 흙이 무너져 내리면서 소외 회사가 공사시행 과정에서 파놓은 깊이 3m의 구덩이로 추락하여 원심 판시와 같은 상해를 입었다는 것인바, 이와 같이 이 사건 사고 당시 설치하고 있던 옹벽은 소외 회사가 그 공사를 도급받아 공사 중에 있었을 뿐만 아니라 아직 완성도 되지 아니하여 일반 공중의 이용에 제공되지 않고 있었던 이상 원심 판시와 같이 국가배상법 제5조 제1항 소정의 영조물에 해당한다고 할 수 없고, 따라서 이 사건 사고를 영조물의 설치상의 하자로 인하여 발생한 것이라고는 볼 수 없다고 할 것이다. (1998. 10. 23. 98다17381)

70 [X] 국가배상법 제5조 제1항에 정해진 영조물의 설치 또는 관리의 하자라 함은 영조물이 그 용도에 따라 통상 갖추어야 할 안전성을 갖추지 못한 상태에 있음을 말하는 것이며, 다만 영조물이 완전무결한 상태에 있지 아니하고 그 기능상 어떠한 결함이 있다는 것만으로 영조물의 설치 또는 관리에 하자가 있다고 할 수 없고, 위와 같은 안전성의 구비 여부를 판단함에 있어서는 당해 영조물의 용도, 그 설치장소의 현황 및 이용 상황 등 제반 사정을 종합적으로 고려하여 설치·관리자가 그 영조물의 위험성에 비례하여 사회통념상 일반적으로 요구되는 정도의 방호조치의무를 다하였는지 여부를 그 기준으로 삼아야 할 것이며, 만일 객관적으로 보아 시간적·장소적으로 영조물의 기능상 결함으로 인한 손해발생의 예견가능성과 회피가능성이 없는 경우, 즉 그 영조물의 결함이 영조물의 설치·관리자의 관리행위가 미칠 수 없는 상황 아래에 있는 경우임이 입증되는 경우라면 영조물의 설치·관리상의 하자를 인정할 수 없다고 할 것이다. (2007. 10. 26. 2005다51235)

71 [O] (1998. 2. 10. 97다32536)

72 「국가배상법」상 영조물의 설치 또는 관리상의 하자로 인한 사고라 함은 영조물의 설치 또는 관리상의 하자만이 손해발생의 원인이 되는 경우로 제한적으로 해석해야 하므로, 다른 자연적 사실이나 제3자의 행위 또는 피해자의 행위와 경합하여 손해가 발생하는 경우에는 「국가배상법」이 적용되지 않는다. (22-1) [   ]

73 영조물 설치의 하자 유무는 객관적 견지에서 본 안전성의 문제이고 그 설치자의 재정사정이나 영조물의 사용목적에 의한 사정은 안전성을 결정지을 절대적 요건에는 해당하지 않는다. (변시 2회) ★ [   ]

74 '영조물의 설치 또는 관리의 하자'에는 영조물이 공공의 목적에 이용됨에 있어 그 이용상태 및 정도가 일정한 한도를 초과하여 제3자에게 사회통념상 수인할 것이 기대되는 한도를 넘는 피해를 입히는 경우까지 포함된다. (변시 13회) ★★ [   ]

75 공항에서 발생하는 소음 등으로 인근주민들이 피해를 입었다면 수인한도를 넘는지 여부를 불문하고 도로의 경우와 같이 '공공의 영조물'에 관한 일반적인 설치·관리상의 하자에 대한 판단방법에 따라 국가책임이 인정된다. (변시 7회) [   ]

정답 및 해설

72 [X] 영조물의 설치 또는 관리상의 하자로 인한 사고라 함은 영조물의 설치 또는 관리상의 하자만이 손해발생의 원인이 되는 경우만을 말하는 것이 아니고, 다른 자연적 사실이나 제3자의 행위 또는 피해자의 행위와 경합하여 손해가 발생하더라도 영조물의 설치 또는 관리상의 하자가 공동원인의 하나가 되는 이상 그 손해는 영조물의 설치 또는 관리상의 하자에 의하여 발생한 것이라고 해석함이 상당하다. (1994. 11. 22. 94다32924)

73 [O] 참작사유에는 해당할지언정 절대적 요건에는 해당하지 아니한다. (1967. 2. 21. 66다1723)

74 [O] (2004. 3. 12. 2002다14242)

75 [X] 국가배상법 제5조 제1항에 정하여진 '영조물의 설치 또는 관리의 하자'라 함은 공공의 목적에 공여된 영조물이 그 용도에 따라 갖추어야 할 안전성을 갖추지 못한 상태에 있음을 말하고, 안전성을 갖추지 못한 상태, 즉 타인에게 위해를 끼칠 위험성이 있는 상태라 함은 당해 영조물을 구성하는 물적 시설 그 자체에 있는 물리적·외형적 흠결이나 불비로 인하여 그 이용자에게 위해를 끼칠 위험성이 있는 경우뿐만 아니라, 그 영조물이 공공의 목적에 이용됨에 있어 그 이용상태 및 정도가 일정한 한도를 초과하여 제3자에게 사회통념상 수인할 것이 기대되는 한도를 넘는 피해를 입히는 경우까지 포함된다고 보아야 한다. (2005. 1. 27. 2003다49566)

76 비행장 소음을 이유로 인근주민이 영조물책임을 묻는 것과 관련하여 그 주민이 비행장 인근으로 이주할 당시 위험이 존재하는 사실을 정확히 알 수 없더라도 주민의 과실이 크므로 비행장 관리자의 면책을 인정하여야 한다. (예제문제) ★★ [ ]

77 사격장에서 발생하는 소음 등으로 지역 주민들이 입은 피해가 사회통념상 참을 수 있는 정도를 넘는 것이라면 사격장의 설치 또는 관리에 하자가 있다고 볼 수 있다. (예제문제) [ ]

78 관리청이 하천법 등 관련 규정에 의해 책정한 하천정비기본계획 등에 따라 개수를 완료한 하천 또는 아직 개수 중이라 하더라도 개수를 완료한 부분에 있어서는 하천정비기본계획 등에서 정한 계획홍수량 및 계획홍수위를 충족하여 하천이 관리되고 있다면 당초부터 계획홍수량 및 계획홍수위를 잘 못 책정하였다거나 그 후 이를 시급히 변경해야 할 사정이 생겼음에도 불구하고 이를 해태하였다는 등의 특별한 사정이 없는 한 그 하천은 용도에 따라 통상 갖추어야 할 안전성을 갖추고 있다고 볼 수 있다. (변시 3회) ★ [ ]

79 100년 발생빈도의 강우량을 기준으로 책정된 계획홍수위를 초과하여 600년 또는 1,000년 발생빈도의 강우량에 의한 하천의 범람은 예측가능성 및 회피가능성이 없는 불가항력적인 재해로서 영조물의 관리청에게 책임을 물을 수 없다. (변시 13회) ★ [ ]

80 집중호우로 제방도로가 유실되면서 그 곳을 걸어가던 보행자가 강물에 휩쓸려 익사한 경우, 사고 당일의 집중호우가 50년 빈도의 최대강우량에 해당한다는 사실만으로 불가항력에 기인한 것으로 볼 수 없으므로, 제방도로의 설치·관리상의 하자가 인정된다. (예제문제) ★ [ ]

정답 및 해설

76 [X] 소음 등을 포함한 공해 등의 위험지역으로 이주하여 들어가서 거주하는 경우와 같이 위험의 존재를 인식하면서 그로 인한 피해를 용인하며 접근한 것으로 볼 수 있는 경우에, 그 피해가 직접 생명이나 신체에 관련된 것이 아니라 정신적 고통이나 생활방해의 정도에 그치고 그 침해행위에 고도의 공공성이 인정되는 때에는, 위험에 접근한 후 실제로 입은 피해 정도가 위험에 접근할 당시에 인식하고 있었던 위험의 정도를 초과하는 것이거나 위험에 접근한 후에 그 위험이 특별히 증대하였다는 등의 특별한 사정이 없는 한 가해자의 면책을 인정하여야 하는 경우도 있을 수 있을 것이나, 일반인이 공해 등의 위험지역으로 이주하여 거주하는 경우라고 하더라도 위험에 접근할 당시에 그러한 위험이 존재하는 사실을 정확하게 알 수 없는 경우가 많고, 그 밖에 위험에 접근하게 된 경위와 동기 등의 여러 가지 사정을 종합하여 그와 같은 위험의 존재를 인식하면서 굳이 위험으로 인한 피해를 용인하였다고 볼 수 없는 경우에는 손해배상액의 산정에 있어 형평의 원칙상 과실상계에 준하여 감액사유로 고려하는 것이 상당하다. (2005. 1. 27. 2003다49566)

77 [O] (2004. 3. 12. 2002다14242)
78 [O] (2007. 9. 21. 2005다65678)
79 [O] (2003. 10. 23. 2001다48057)
80 [O] (2000. 5. 26. 99다53247)

| 81 | 고등학교 3학년 학생이 교사의 단속을 피해 담배를 피우기 위하여 3층 건물 화장실 밖의 학생들이 출입할 수 없는 난간을 지나다가 실족하여 사망한 경우 학교시설의 설치·관리상의 하자가 있다. (변시 7회) ★ [ ] |

| 82 | 편도 2차로 도로의 1차로 상에 교통사고의 원인이 될 수 있는 크기의 돌멩이가 방치되어 있었고 이로 인하여 사고가 발생하였다면, 도로의 점유·관리자의 관리 가능성과 무관하게 이는 도로 관리·보존상의 하자에 해당한다. (변시 7회) [ ] |

| 83 | 가변차로에 설치된 두 개의 신호등이 서로 모순되는 신호가 들어오는 오작동으로 인하여 발생한 사고에 대하여, 그 오작동이 적정전압보다 낮은 저전압이 원인이 되어 발생한 것으로 그 고장은 현재의 기술수준상 부득이한 것이라도 예견가능성이 없다고 단정할 수 없다. (예제문제) ★ [ ] |

| 84 | 보행자 신호기가 고장난 횡단보도 상에서 교통사고가 발생한 사안에서, 적색등의 전구가 단선되어 있었던 위 보행자 신호기는 그 용도에 따라 통상 갖추어야 할 안전성을 갖추지 못한 관리상의 하자가 있다면 지방자치단체의 배상책임이 인정된다. (예제문제) [ ] |

| 85 | 국도상에 떨어진 쇠파이프로 인한 사고발생시 사고발생 직전 순찰차량이 사고현장을 순찰하고 지나갔으나 발견하지 못한 경우, 순찰간격을 더 짧게 하여 순찰을 하여 낙하물을 제거하는 것은 현실적으로 불가능하므로 도로 보존상 하자가 있다고 할 수 없다. (예제문제) [ ] |

| 86 | 겨울철에 눈이 내린 직후에 산간 지역의 도로를 통행하는 운전자로서는 지형에 따라 노면이 결빙되어 미끄러운 곳이 있으리라는 것을 충분히 예상하거나 인식할 수 있는 것이므로 도로관리자가 그러한 도로상황에 대한 경고나 위험표지판 등을 설치하지 않았다고 하여 도로 관리에 하자가 있다고 할 수는 없다. (예제문제) ★ [ ] |

정답 및 해설

81 [X] 고등학교 3학년 학생이 교사의 단속을 피해 담배를 피우기 위하여 3층 건물 화장실 밖의 난간을 지나다가 실족하여 사망한 사안에서 학교 관리자에게 그와 같은 이례적인 사고가 있을 것을 예상하여 복도나 화장실 창문에 난간으로의 출입을 막기 위하여 출입금지장치나 추락위험을 알리는 경고표지판을 설치할 의무가 있다고 볼 수는 없다는 이유로 학교시설의 설치·관리상의 하자가 없다. (1997. 5. 16. 96다54102)

82 [X] 편도 2차선 도로의 1차선 상에 교통사고의 원인이 될 수 있는 크기의 돌멩이가 방치되어 있는 경우, 도로의 점유·관리자가 그에 대한 관리 가능성이 없다는 입증을 하지 못하는 한 이는 도로의 관리·보존상의 하자에 해당한다. (1998. 2. 10. 97다32536)

83 [O] (2001. 7. 27. 2000다56822)

84 [O] (2007. 10. 26. 2005다51235)

85 [O] (1997. 4. 22. 97다3194)

86 [O] (2000. 4. 25. 99다54998)

87 국가배상법 제5조 제1항의 영조물의 설치·관리상의 하자로 인한 손해가 발생한 경우 같은 법 제3조 제1항 내지 제5항의 해석상 피해자의 위자료 청구권이 반드시 배제되는 것은 아니다. (예제문제) [ ]

관용차의 운행으로 인한 손해배상

88 「자동차손해배상 보장법」상의 책임성립요건인 '운행자성'은 국가가 자기를 위하여 자동차를 운행하는 자의 지위에 있어야 함을 의미하고, 이는 사회통념상 당해 자동차에 대한 운행을 지배하여 그 이익을 향수하는 책임주체로서의 지위에 있다고 할 수 있는 자를 말한다. (24-2) [ ]

89 공무원이 그 직무를 집행하기 위하여 국가 또는 지방자치단체 소유의 공용차를 운행하는 경우, 그 자동차에 대한 운행지배나 운행이익은 그 공무원이 소속한 국가 또는 지방자치단체에 귀속된다고 할 것이고 그 공무원 자신이 개인적으로 그 자동차에 대한 운행지배나 운행이익을 가지는 것이라고는 볼 수 없으므로, 그 공무원이 자기를 위하여 공용차를 운행하는 자로서 같은 법조 소정의 손해배상책임의 주체가 될 수는 없다. (예제문제) [ ]

90 국가가 자동차손해배상보장법 제3조에 따라 운행자책임을 지는 경우, 공무원의 고의·과실이 없더라도 피해자는 국가를 상대로 손해배상청구를 할 수 있다. (예제문제) [ ]

정답 및 해설

87 [O] (1990. 11. 13. 90다카25604)
88 [O] (1992.6.23. 91다28177)
89 [O] (1994. 12. 27. 94다31860)
90 [O]

비용부담자 책임

91 공공의 영조물의 설치·관리를 맡은 자뿐만 아니라 그 비용부담자도 본조의 배상책임을 진다. (변시 2회) ★ [ ]

92 국가배상법 제6조 제1항 소정의 '공무원의 봉급·급여 기타의 비용'이란 공무원의 인건비만을 가리키는 것이 아니라 당해사무에 필요한 일체의 경비를 의미한다고 할 것이고, 적어도 대외적으로 그러한 경비를 지출하는 자는 경비의 실질적·궁극적 부담자가 아니더라도 그러한 경비를 부담하는 자에 포함된다. (예제문제) ★★ [ ]

93 지방자치단체의 장이 기관위임된 국가행정사무를 처리하는 경우 그에 소요되는 경비의 실질적·궁극적 부담자는 국가라고 하더라도 당해 지방자치단체는 국가로부터 내부적으로 교부된 금원으로 그 사무에 필요한 경비를 대외적으로 지출하는 자이므로, 이러한 경우 지방자치단체는 「국가배상법」 제6조 제1항 소정의 비용부담자로서 공무원의 불법행위로 인한 같은 법에 의한 손해를 배상할 책임이 있다. (변시 6회) [ ]

94 도로법 제22조 제2항에 의하여 지방자치단체의 장인 시장이 국도의 관리청이 되었다 하더라도 이는 시장이 국가로부터 관리업무를 위임받아 국가행정기관의 지위에서 집행하는 것이므로 국가는 도로관리상 하자로 인한 손해배상책임을 면할 수 없다. (예제문제) [ ]

95 자동차운전면허시험 관리업무는 국가행정사무이고 지방자치단체의 장인 서울특별시장은 국가로부터 그 관리업무를 기관위임 받아 국가행정기관의 지위에서 그 업무를 집행하므로, 국가는 면허 시험장의 설치 및 보존의 하자로 인한 손해배상책임을 부담한다. (추가문제) [ ]

정답 및 해설

91 [O] 국가배상법 제6조 제1항 (1999. 6. 25. 99다11120)

92 [O] (1994. 12. 9. 94다38137)

93 [O] (1994. 12. 9. 94다38137)

94 [O] (1993. 1. 26. 92다2684)

95 [O] (1991. 12. 24. 91다34097)

이중배상금지

96 경찰공무원 등이 '전투·훈련 등 직무집행과 관련하여' 순직 등을 한 경우, 전투·훈련 또는 이에 준하는 직무집행뿐만 아니라 '일반 직무집행'에 관하여도 이중배상금지원칙이 적용되어 국가나 지방자치단체의 배상책임이 제한된다. (예제문제) ★★ [ ]

97 직무집행과 관련하여 공상을 입은 군인은 「보훈보상대상자 지원에 관한 법률」에 따른 보상을 지급받을 수 있는 때에도 보상금청구권을 행사하지 않았다면 국가배상을 청구할 수 있다. (예제문제) [ ]

98 군인·군무원 등에 관한 「국가배상법」 제2조 제1항 단서 규정은, 다른 법령에 보상제도가 규정되어 있고 그 법령에 규정된 요건에 해당되어 위 단서 규정에 열거된 사람에게 보상을 받을 수 있는 권리가 발생한 이상, 실제로 그 권리를 행사하였는지 또는 그 권리를 행사하고 있는지 여부에 관계없이 적용된다. (변시 14회) [ ]

99 「보훈보상대상자 지원에 관한 법률」에 따른 보상을 지급받을 수 있는 때에도 보상금청구권이 시효로 소멸되었다면 국가배상을 청구할 수 있다. (예제문제) [ ]

100 「국가유공자 등 예우 및 지원에 관한 법률」은 「국가배상법」 제2조 제1항 단서의 '다른 법령'에 해당할 수 있다. (예제문제) [ ]

101 「군인연금법」이 「국가배상법」 제2조 제1항 단서에서 정한 '다른 법령'에 해당한다고 하여, 구 「공무원연금법」도 「군인연금법」과 동일하게 취급되어야 하는 것은 아니다. (예제문제) [ ]

정답 및 해설

96 [O] (2011. 3. 10. 2010다85942)

97 [X] 국가배상법 제2조 제1항 단서 규정은 다른 법령에 보상제도가 규정되어 있고, 그 법령에 규정된 상이등급 또는 장애등급 등의 요건에 해당되어 그 권리가 발생한 이상, 실제로 그 권리를 행사하였는지 또는 그 권리를 행사하고 있는지 여부에 관계없이 적용된다고 보아야 하고, 그 각 법률에 의한 보상금청구권이 시효로 소멸되었다 하여 적용되지 않는다고 할 수는 없다. (2002. 5. 10. 2000다39735)

98 [O] (2015.11.26. 2015다226137)

99 [X] 위 해설 참고

100 [O] (2019. 5. 30. 2017다16174)

101 [O] (2019. 5. 30. 2017다16174)

102 직무집행과 관련하여 공상을 입은 경찰공무원이 구 「공무원연금법」에 따라 공무상 요양비를 지급받을 수 있는 경우라도 국가배상을 청구할 수 있다. (예제문제) ★ [   ]

103 직무집행과 관련하여 공상을 입은 군인이 먼저 「국가배상법」에 따라 손해배상금을 지급받은 다음 「보훈보상대상자 지원에 관한 법률」이 정한 보상금 지급을 청구하는 경우, 국가보훈처장은 「국가배상법」에 따라 손해배상을 받았다는 이유로 그 지급을 거부할 수 있다. (예제문제) ★★ [   ]

104 헌법재판소는 「국가배상법」 제2조 제1항 단서를, 일반국민이 직무집행 중인 군인과의 공동불법행위로 직무집행 중인 다른 군인에게 공상을 입혀 그 피해자에게 공동의 불법행위로 인한 손해를 배상한 다음 공동불법행위자인 군인의 부담부분에 관하여 국가에 대하여 구상권을 행사하는 것을 허용하지 아니한다고 해석하는 한 헌법에 위반된다고 판단하였다. (변시 7회) ★★ [   ]

정답 및 해설

102 [O] 구 공무원연금법에 따라 각종 급여를 지급하는 제도는 공무원의 생활안정과 복리향상에 이바지하기 위한 것이라는 점에서 국가배상법 제2조 제1항 단서에 따라 손해배상금을 지급하는 제도와 그 취지 및 목적을 달리하므로, 경찰공무원인 피해자가 구 공무원연금법의 규정에 따라 공무상 요양비를 지급받는 것은 국가배상법 제2조 제1항 단서에서 정한 '다른 법령의 규정'에 따라 보상을 지급받는 것에 해당하지 않는다. 다만 경찰공무원인 피해자가 구 공무원연금법에 따라 공무상 요양비를 지급받은 후 추가로 국가배상법에 따라 치료비의 지급을 구하는 경우나 반대로 국가배상법에 따라 치료비를 지급받은 후 추가로 구 공무원연금법에 따라 공무상 요양비의 지급을 구하는 경우, 공무상 요양비와 치료비는 실제 치료에 소요된 비용에 대하여 지급되는 것으로서 같은 종류의 급여라고 할 것이므로, 치료비나 공무상 요양비가 추가로 지급될 때 구 공무원연금법 제33조 등을 근거로 먼저 지급된 공무상 요양비나 치료비 상당액이 공제될 수 있을 뿐이다. 한편 군인연금법과 구 공무원연금법은 취지나 목적에서 유사한 면이 있으나, 별도의 규정체계를 통해 서로 다른 적용대상을 규율하고 있는 만큼 서로 상이한 내용들로 규정되어 있기도 하므로, 군인연금법이 국가배상법 제2조 제1항 단서에서 정한 '다른 법령'에 해당한다고 하여, 구 공무원연금법도 군인연금법과 동일하게 취급되어야 하는 것은 아니다. (2019. 5. 30. 2017다16174)

103 [X] 국가배상법 제2조 제1항 단서가 보훈보상자법 등에 의한 보상을 받을 수 있는 경우 국가배상법에 따른 손해배상청구를 하지 못한다는 것을 넘어 국가배상법상 손해배상금을 받은 경우 보훈보상자법상 보상금 등 보훈급여금의 지급을 금지하는 것으로 해석하기는 어려운 점 등에 비추어, 국가보훈처장은 국가배상법에 따라 손해배상을 받았다는 사정을 들어 보상금 등 보훈급여금의 지급을 거부할 수 없다. (2017. 2. 3. 2015두60075)

104 [O] (헌재 1994. 12. 29. 93헌바21)

105 대법원은 공무원의 직무상 불법행위로 인하여 직무집행과 관련하여 피해를 입은 군인 등에 대하여 그 불법행위와 관련하여 공동불법행위책임을 지는 일반국민은 자신의 귀책부분을 초과하는 부분까지도 손해배상의무를 부담하며, 이를 전부 배상한 경우 다른 공동불법행위자인 군인의 부담부분에 관하여 국가를 상대로 구상권을 행사할 수 있다고 판단하였다. (변시 7회) ★★ [　]

106 운전병인 군인 甲은 전투훈련 중 같은 부대 소속 군인 丙을 태우고 군용차량을 운전하여 훈련지로 이동하다가 민간인 乙이 운전하던 차량과 쌍방과실로 충돌하였고, 이로 인해 군인 丙이 사망하였다. (단, 자동차손해보험과 관련된 법적 책임은 고려하지 않음) (변시 1회)

① 현행법상 丙의 유족이 다른 법령에 따라 유족연금 등 보상을 받은 경우에는 국가배상청구를 할 수 없다. [　]

② 대법원은 甲이 고의·중과실이 있는 경우에만 丙의 유족에 대한 손해배상책임을 부담하고, 甲에게 경과실만 인정되는 경우에는 丙의 유족에 대한 손해배상책임을 부담하지 않는다고 보았다. [　]

③ 대법원은 공동불법행위의 일반적인 경우와 달리 乙은 자신의 부담부분만을 丙의 유족에게 배상하면 된다고 하였다. [　]

④ 대법원은 만일 乙이 손해배상액 전부를 丙의 유족에게 배상한 경우에는 자신의 귀책부분을 넘는 금액에 대해 국가에 구상청구를 할 수 있다고 하였다. [　]

⑤ 헌법재판소는 乙이 공동불법행위자로서 丙의 유족에게 전액 손해배상한 후에 甲의 부담부분에 대해 국가에 구상청구하는 것을 부인하는 것은 헌법상 국가배상청구권 규정과 평등의 원칙을 위반하는 것이며, 비례의 원칙에 위배하여 재산권을 침해하는 것이라고 판시하였다. [　]

정답 및 해설

105 [X] 공동불법행위자 등이 부진정연대채무자로서 각자 피해자의 손해 전부를 배상할 의무를 부담하는 공동불법행위의 일반적인 경우와 달리 예외적으로 민간인은 피해 군인 등에 대하여 그 손해 중 국가 등이 민간인에 대한 구상의무를 부담한다면 그 내부적인 관계에서 부담하여야 할 부분을 제외한 나머지 자신의 부담부분에 한하여 손해배상의무를 부담하고, 한편 국가 등에 대하여는 그 귀책부분의 구상을 청구할 수 없다고 해석함이 상당하다 할 것이고, 이러한 해석이 손해의 공평·타당한 부담을 그 지도원리로 하는 손해배상제도의 이상에도 맞는다 할 것이다. (2001. 2. 15. 96다42420)

106 ① [O] 국가배상법 제2조 제1항 단서
② [O] (1996. 2. 15. 95다38677)
③ [O] (1996. 2. 15. 95다38677)
④ [X] 국가 등에 대하여는 그 귀책부분의 구상을 청구할 수 없다. (2001. 2. 15. 96다42420)
⑤ [O] (헌재 1994. 12. 29. 93헌바21)

107 다음 사례에서 甲, 乙, 丙의 권리구제에 관한 설명 중 옳지 않은 것은? (다툼이 있는 경우 판례에 의함) (변시 4회)

○ 군인 甲은 영외작업 후 부대복귀 중 작업병의 차출을 둘러싸고 언쟁을 하다가 소속부대 선임하사 A로부터 구타당하여 부상을 입었다.
○ 乙은 경찰청 소속의 의무경찰대원으로서 순찰업무를 수행하기 위하여 동료 의무경찰대원 B가 운전하던 오토바이 뒷좌석에 타고 가던 중 B의 오토바이와 민간인 C가 운전하던 트럭이 쌍방의 과실로 충돌하는 사고가 발생하여 상해를 입었다. 한편, C가 운전하던 트럭의 보험자인 D보험회사가 상해를 입은 의무경찰대원 乙의 손해를 전부 배상하였다.
○ 주민자치센터에 근무하는 사회복무요원(구 공익근무요원) 丙은 공무수행 중 차량전복사고로 상해를 입었다.

① 甲은 「군인연금법」 또는 「국가유공자 등 예우 및 지원에 관한 법률」에 의하여 별도의 보상을 받을 수 없는 경우에도 「국가배상법」에 따른 배상을 청구할 수 없다. [ ]

② 乙은 「국가배상법」상 직무집행 중인 경찰공무원에 해당한다. [ ]

③ 헌법재판소는 D가 C의 귀책부분을 넘는 B의 부담부분에 관하여 국가를 상대로 구상권을 행사하는 것이 부인되는 경우, 이는 헌법상 평등원칙, 재산권보장규정 및 헌법 제37조 제2항 등의 헌법규정에 반한다고 보았다. [ ]

④ 대법원 판례에 의하면 D는 국가를 상대로 C의 귀책부분을 넘는 B의 부담부분에 대한 구상을 청구할 수 없다. [ ]

⑤ 丙은 「국가배상법」상 손해배상청구가 제한되는 군인 등에 해당하지 않는다. [ ]

정답 및 해설

107 ① [X] 다른 법령에 따라 재해보상금·유족연금·상이연금 등의 보상을 지급받을 수 있을 때에는 이 법 및 「민법」에 따른 손해배상을 청구할 수 없다. (국가배상법 2조 1항)
② [O] 의무경찰대원은 「국가배상법」상 경찰공무원에 해당한다. (2001. 2. 15. 96다42420)
③ [O] (헌재 1994. 12. 29. 93헌바21 한정위헌)
④ [O] (2001. 2. 15. 96다42420)
⑤ [O] 공익근무요원은 국가배상법 제2조 제1항 단서의 규정에 의하여 국가배상법상 손해배상청구가 제한되는 군인·군무원·경찰공무원 또는 향토예비군대원에 해당한다고 할 수 없다. (1997. 3. 28. 97다4036)

제2절 행정상의 손실보상

제3절 행정상 손해전보제도의 흠결과 그 보완

제4절 공법상의 부당이득반환청구권

108 국세 과오납금의 환급 여부에 관한 과세관청의 결정은 항고소송의 대상이 되는 처분이 아니므로 설사 과세관청이 환급거부결정을 하더라도 거부처분취소소송으로 다툴 수 없다. (변시 5회) ★ [ ]

109 조세부과처분이 당연무효임을 전제로 하여 이미 납부한 세금의 반환을 청구하는 과오납금반환청구소송은 공법상 당사자소송으로 취급되고 있다. (변시 1회) (변시 13회) ★★ [ ]

110 환급가산금의 내용에 대한 세법상의 규정은 부당이득 반환범위에 관한 「민법」 규정에 대하여 특칙으로서의 성질을 가지므로 환급가산금은 수익자인 국가의 선의·악의를 불문하고 각각의 세법 규정에서 정한대로 확정된다. (변시 5회) [ ]

정답 및 해설

108 [O] 국세기본법 제51조의 오납액과 초과납부액은 조세채무가 처음부터 존재하지 않거나 그 후 소멸되었음에도 불구하고 국가가 법률상 원인 없이 수령하거나 보유하고 있는 부당이득에 해당하고 … 항고소송의 대상이 되는 처분이라고 볼 수 없다. (2009. 11. 26. 2007두4018)

109 [X] 조세부과처분이 당연무효임을 전제로 하여 이미 납부한 세금의 반환을 청구하는 것은 민사상의 부당이득반환청구로서 민사소송절차에 따라야 한다. (1995. 4. 28. 94다55019)

110 [O] 조세환급금은 조세채무가 처음부터 존재하지 않거나 그 후 소멸하였음에도 불구하고 국가가 법률상 원인 없이 수령하거나 보유하고 있는 부당이득에 해당하고, 환급가산금은 그 부당이득에 대한 법정이자로서의 성질을 가진다. (대법원 2008. 1. 10. 선고 2007다79534 판결 참조) (2009. 9. 10. 2009다11808)

제3장 행정쟁송

제1절 개 설

제2절 행정심판

111 행정심판은 행정청의 처분이나 부작위를 대상으로 하나, 대통령의 처분 또는 부작위에 대하여는 다른 법률에서 행정심판을 청구할 수 있도록 정한 경우 외에는 행정심판을 청구할 수 없다. (예제문제) [   ]

112 민원사무처리에 관한 법률에서 정한 이의신청은 민원사무처리를 거부한 처분청이 민원인의 신청사항을 다시 심사하여 잘못이 있는 경우 스스로 시정하도록 한 절차로서, 행정심판 아닌 이의신청에 해당한다. (예제문제) ★ [   ]

113 「국가유공자 등 예우 및 지원에 관한 법률」은 국가유공자 등록신청을 거부한 경우 신청대상자가 이의신청을 제기할 수 있도록 규정하고 있는데, 행정청이 그 이의신청을 받아들이지 아니하는 내용의 결정을 한 경우 그 결정은 원결정과 별개로 항고소송의 대상이 되지 않는다. (변시 9회) [   ]

114 「감염병의 예방 및 관리에 관한 법률」상 예방접종 피해보상 거부처분에 대하여 법령의 규정 없이 제기한 이의신청은 행정심판으로 볼 수 없으므로, 그 거부처분에 대한 신청인의 이의신청에 대해 기각결정이 내려진 경우에는 그 기각결정을 새로운 거부처분으로 본다. (변시 9회) ★★ [   ]

✏️ 정답 및 해설

111 [O] 행정심판법 제3조 제2항

112 [O] (2012. 11. 15. 2010두8676)

113 [O] 이의신청인의 권리·의무에 새로운 변동을 가져오는 공권력의 행사나 이에 준하는 행정작용이라고 할 수 없으므로 원결정과 별개로 항고소송의 대상이 되지는 않는다. (2016. 7. 27. 2015두45953)

114 [O] 수익적 행정행위 신청에 대한 거부처분은 당사자의 신청에 대하여 관할 행정청이 거절하는 의사를 대외적으로 명백히 표시함으로써 성립되고, 거부처분이 있은 후 당사자가 다시 신청을 한 경우에는 신청의 제목 여하에 불구하고 그 내용이 새로운 신청을 하는 취지라면 관할 행정청이 이를 다시 거절하는 것은 새로운 거부처분으로 봄이 원칙이다. 감염병예방법령에는 이의신청에 관한 명문의 규정이 없고, 소멸시효 또는 권리 행사기간의 제한에 관한 규정도 없으므로, 원고는 언제든지 재신청을 할 수 있다. (중략) 피고는 원고의 이의신청에 따라 추가로 제출된 자료 등을 예방접종피해보상 전문위원회에서 새로 심의하도록 하여 그 의견을 들은 후 제2차 거부통보를 하였다. 따라서 이와 같이 원고가 당초에 쟁송대상으로 삼은 제2차 거부통보의 처분성을 인정할 수 있다. (2019. 4. 3. 2017두52764)

115 수익적 행정행위 신청에 대한 거부처분은 당사자의 신청에 대하여 관할 행정청이 거절하는 의사를 대외적으로 명백히 표시함으로써 성립되고, 거부처분이 있은 후 당사자가 다시 신청을 한 경우에는 신청의 제목 여하에 불구하고 그 내용이 새로운 신청을 하는 취지라면 관할 행정청이 이를 다시 거절하는 것은 새로운 거부처분으로 봄이 원칙이다. (예제문제) ★★   [   ]

116 어떠한 처분이 수익적 행정처분을 구하는 신청에 대한 거부처분이 아니라고 하더라도, 해당 처분에 대한 이의신청의 내용이 새로운 신청을 하는 취지로 볼 수 있는 경우에는, 그 이의신청에 대한 거부 결정의 통보를 새로운 처분으로 볼 수 있다. (23-2) ★★   [   ]

117 개별공시지가에 대하여 「부동산 가격공시에 관한 법률」에 따른 이의신청을 하여 그 결과 통지를 받은 후 다시 행정심판을 거친 경우 행정소송의 제소기간은 그 행정심판 재결서 정본을 송달받은 날부터 기산한다. (변시 9회)   [   ]

118 도로점용료 부과처분에 대한 「지방자치법」상의 이의신청은 행정심판과는 구별되는 제도이므로, 이의신청을 제기해야 할 사람이 처분청에 표제를 '행정심판청구서'로 한 서류를 제출한 경우 이를 처분에 대한 이의신청으로 볼 수 없다. (변시 9회) ★   [   ]

119 행정심판청구는 엄격한 형식을 요하지 않는 서면행위로 해석되므로, 위법·부당한 행정처분으로 인하여 권리나 이익을 침해당한 자로부터 그 처분의 취소나 변경을 구하는 시면이 제출되었을 때에는 그 표제와 제출기관의 여하를 불문하고 이를 행정소송법 제18조 소정의 행정심판청구로 보아야 한다. (예제문제) ★   [   ]

정답 및 해설

115 [O] (2019. 4. 3. 2017두52764)

116 [O] (2022. 3. 17. 2021두53894)

117 [O] 이의신청을 하여 그 결과 통지를 받은 후 다시 행정심판을 거쳐 행정소송을 제기할 수도 있다고 보아야 하고, 이 경우 행정소송의 제소기간은 그 행정심판 재결서 정본을 송달받은 날부터 기산한다. (2010. 1. 28. 2008두19987)

118 [X] 지방자치법 제140조 제3항에서 정한 이의신청은 행정청의 위법·부당한 처분에 대하여 행정기관이 심판하는 행정심판과는 구별되는 별개의 제도이나, 이의신청과 행정심판은 모두 본질에 있어 행정처분으로 인하여 권리나 이익을 침해당한 상대방의 권리구제에 목적이 있고, 행정소송에 앞서 먼저 행정기관의 판단을 받는 데에 목적을 둔 엄격한 형식을 요하지 않는 서면행위이므로, 이의신청을 제기해야 할 사람이 처분청에 표제를 '행정심판청구서'로 한 서류를 제출한 경우라 할지라도 서류의 내용에 이의신청 요건에 맞는 불복취지와 사유가 충분히 기재되어 있다면 표제에도 불구하고 이를 처분에 대한 이의신청으로 볼 수 있다. (2012. 3. 29. 2011두26886)

119 [O] 심판청구인은 일반적으로 전문적 법률지식을 갖지 못하여 제출된 서면의 취지가 불명확한 경우가 적지 않을 것이나, 이러한 경우 행정청으로서는 그 서면을 가능한 한 제출자에게 이익이 되도록 해석하고 처리하여야 한다. (2007. 6. 1. 2005두11500)

120 청구문서의 제목이 '진정서'로 되어 있고 행정심판법 소정의 사항들을 구분하여 기재하고 있지 아니하여 행정심판청구서로서의 형식을 다 갖추고 있다고 볼 수 없더라도, 피청구인인 처분청과 청구인의 이름과 주소가 기재되어 있고, 청구인의 기명이 되어 있으며, 문서의 기재 내용에 의하여 심판청구의 대상이 되는 행정처분의 내용과 심판청구의 취지 및 이유 처분이 있는 것을 안 날을 알 수 있는 경우 처분을 한 행정청의 고지의 유무 등의 내용과 날인 등의 불비한 점이 보정가능하다면 위 문서를 행정처분에 대한 행정심판청구로 볼 수 있다. (23-1) [ ]

121 처분청의 변상금부과처분에 대하여 처분의 상대방이 '답변서'란 표제로, 토지를 점유한 사실이 없으므로 변상금을 납부할 수 없다는 취지의 서면을 제출하였다면, 그 서면에 피신청인인 처분청과 청구인의 이름이 기재되어 있고 청구인의 기명날인이 있다고 하더라도 이를 행정심판의 청구로 볼 수 없다. (24-2) [ ]

122 행정심판청구서에 불비된 사항이 보정가능한 때에는 보정을 명하고 보정이 불가능하거나 보정명령에 따르지 아니한 때에 비로소 부적법 각하를 하여야 한다. (예제문제) [ ]

123 무효등확인심판은 심판청구기간의 제한이 없고, 사정재결도 인정되지 아니한다. (변시 1회) ★ [ ]

124 행정심판의 종류로 행정청의 위법 또는 부당한 거부처분이나 부작위에 대하여 일정한 처분을 하도록 하는 의무이행심판이 인정되는데, 이러한 의무이행심판은 심판청구기간의 제한을 받지 않는다. (예제문제) ★ [ ]

125 집행정지 신청은 행정심판을 청구한 후에는 할 수 없다. (변시 6회) [ ]

정답 및 해설

120 [O] (2000. 6. 9. 98두2621)

121 [X] 행정심판청구는 엄격한 형식을 요하지 아니하는 서면행위이므로 행정청의 위법·부당한 처분으로 인하여 권리나 이익을 침해당한 사람이 당해 행정청에 그 처분의 취소나 변경을 구하는 취지의 서면을 제출하였다면 서면의 표제나 형식 여하에 불구하고 행정심판청구로 봄이 옳다. 지방자치단체의 변상금부과처분에 대하여 '답변서'란 표제로 토지 점유 사실이 없어 변상금을 납부할 수 없다는 취지의 서면을 제출한 경우, 행정심판청구로 보아야 한다. (1999.6.22. 99두2772)

122 [O] (2000. 6. 9. 98두2621)

123 [O] 행정심판법 제27조 제7항, 제44조 제3항

124 [X] 거부처분에 대한 의무이행심판은 심판청구기간이 적용된다.

행정심판법 제27조(심판청구의 기간) ⑦ 제1항부터 제6항까지의 규정은 무효등확인심판청구와 부작위에 대한 의무이행심판청구에는 적용하지 아니한다.

125 [X] 집행정지 신청은 심판청구와 동시에 또는 심판청구에 대한 제7조 제6항 또는 제8조 제7항에 따른 위원회나 소위원회의 의결이 있기 전까지, 집행정지 결정의 취소신청은 심판청구에 대한 제7조 제6항 또는 제8조 제7항에 따른 위원회나 소위원회의 의결이 있기 전까지 신청의 취지와 원인을 적은 서면을 위원회에 제출하여야 한다. 다만, 심판청구서를 피청구인에게 제출한 경우로서 심판청구와 동시에 집행정지 신청을 할 때에는 심판청구서 사본과 접수증명서를 함께 제출하여야 한다. (행정심판법 제30조 제5항)

126 행정심판위원회는 처분 또는 부작위가 위법·부당하다고 상당히 의심되는 경우로서 그로 인하여 당사자가 받을 우려가 있는 중대한 불이익을 막기 위하여 임시지위를 정하여야 할 필요가 있을 때에는 임시처분을 결정할 수 있다. (변시 1회) ★ [ ]

127 행정심판에서는 가구제제도로 집행정지와 임시처분이 인정되는데, 집행정지는 심판청구와 동시에도 신청할 수 있고, 집행정지로 목적을 달성할 수 있는 경우에는 임시처분이 허용되지 않는다. (예제문제) ★★ [ ]

128 행정심판위원회는 처분 또는 부작위가 위법·부당하다고 상당히 의심되는 경우로서 처분 또는 부작위 때문에 당사자가 받을 우려가 있는 중대한 불이익이나 당사자에게 생길 급박한 위험을 막기 위하여 임시지위를 정하여야 할 필요가 있는 경우에는 당사자의 신청이 있는 경우에 한하여 임시처분을 결정할 수 있다. (변시 6회) [ ]

129 행정심판 절차에서 청구인들이 당사자가 아닌 사람을 선정대표자로 선정한 바 있더라도 당사자가 아닌 사람에 대한 선정행위는 그 효력을 갖는 것은 아니어서 그 선정된 사람이 위 행정심판 절차의 당사자가 되는 것은 아니다. (23-1) [ ]

130 심판청구의 대상과 관계되는 권리나 이익을 양수한 자는 행정심판위원회의 허가를 받아 청구인의 지위를 승계할 수 있고, 위 위원회가 이를 허가하지 않으면 이의신청을 할 수 있다. (변시 1회) [ ]

131 심판청구의 대상과 관계되는 권한이 다른 행정청에 승계된 경우에는 권한을 승계한 행정청을 피청구인으로 하여야 한다. (변시 6회) ★ [ ]

132 피청구인을 경정하는 결정이 있으면 그 경정결정 시에 새로운 피청구인에 대한 행정심판이 청구된 것으로 본다. (변시 6회) ★ [ ]

정답 및 해설

126 [O] 행정심판법 제31조 제1항
127 [O] 행정심판법 제31조 제3항
128 [X] 직권으로 또는 당사자의 신청에 의하여 (행정심판법 제31조 제1항)
129 [O] (1991. 1. 25. 90누7791)
130 [O] 행정심판법 제16조 제5항, 제8항
131 [O] 행정심판법 제17조 제1항 단서
132 [X] 경정결정이 있으면 종전의 피청구인에 대한 심판청구는 취하되고 종전의 피청구인에 대한 행정심판이 청구된 때에 새로운 피청구인에 대한 행정심판이 청구된 것으로 본다. (행정심판법 제17조 제4항)

133 취소심판의 청구가 이유 있다고 인정할때는 행정심판위원회는 처분을 취소 또는 변경하거나 처분청에게 취소 또는 변경할 것을 명한다. (예제문제) [ ]

134 행정심판위원회는 취소심판의 청구가 이유가 있다고 인정하면 처분을 취소 또는 다른 처분으로 변경하거나 처분을 취소 또는 다른 처분으로 변경할 것을 피청구인에게 명한다. (23-1) ★ [ ]

135 행정청이 처분을 하면서 행정심판법상 고지의무를 이행하지 아니하였다고 하더라도 행정심판의 제기기간이 연장될 수 있는 것에 그치고 이로 인하여 심판의 대상이 되는 행정처분에 어떤 하자가 수반된다고 할 수 없다. (예제문제) ★★ [ ]

136 이미 제소기간이 지나 불가쟁력이 발생한 후에 행정청이 행정심판청구를 할 수 있다고 잘못 알린 경우, 그 안내에 따라 청구된 행정심판 재결서 정본을 송달받은 날부터 다시 취소소송의 제소기간이 기산되는 것은 아니다. (예제문제) [ ]

137 행정심판 제기기간에 관하여 행정청으로부터 법정 심판청구기간보다 긴 기간으로 잘못 통지받은 경우에 이에 대한 신뢰이익은 행정소송을 제기한 경우에까지 확대되므로, 그 기간 내에 행정소송을 제기하였다면 「행정소송법」상 법정 제소기간을 도과하였더라도 적법한 소의 제기로 볼 수 있다. (23-2) ★ [ ]

138 제3자인 이해관계인은 해당 처분이 행정심판의 대상이 되는 처분인지, 행정심판의 대상이 되는 경우 소관위원회 및 심판청구 기간에 대하여 행정청에 서면으로 알려줄 것을 요구할 수 있다. (예제문제) [ ]

정답 및 해설

133 [X] 취소명령재결은 행정심판법의 개정으로 삭제되었다. (행정심판법 제43조 제3항 참고)

134 [X] 취소심판의 인용재결의 종류에는 취소재결, 변경재결, 변경명령재결이 있고, 취소명령재결은 존재하지 않는다.
행정심판법 제43조(재결의 구분) ③ 위원회는 취소심판의 청구가 이유가 있다고 인정하면 처분을 취소 또는 다른 처분으로 변경하거나 처분을 다른 처분으로 변경할 것을 피청구인에게 명한다.

135 [O] (1987. 11. 24. 87누529)

136 [O] 불가쟁력이 발생하여 더 이상 불복청구를 할 수 없는 처분에 대하여 행정청의 잘못된 안내가 있었다고 하여 처분 상대방의 불복청구 권리가 새로이 생겨나거나 부활한다고 볼 수는 없기 때문이다. (2012. 9. 27. 2011두27247)

137 [X] 행정청이 법정 심판청구기간보다 긴 기간으로 잘못 알린 경우에 그 잘못 알린 기간 내에 심판청구가 있으면 그 심판청구는 법정 심판청구기간 내에 제기된 것으로 본다는 취지의 행정심판법 제18조 제5항의 규정은 행정심판 제기에 관하여 적용되는 규정이지, 행정소송 제기에도 당연히 적용되는 규정이라고 할 수는 없다. (2001. 5. 8. 2000두6916)

138 [O] 행정심판법 제58조 제2항

139 행정심판의 경우 행정처분의 직접상대방이 아닌 제3자는 처분이 있음을 곧 알 수 없는 처지이므로 위 제3자가 행정심판 청구기간 내에 처분이 있음을 알았거나 쉽게 알 수 있었다는 특별한 사정이 없는 한 '처분이 있었던 날부터 180일'의 심판청구기간의 적용을 배제할 정당한 사유가 있는 때에 해당한다. (변시 2회) ★★ [ ]

140 교도소에 복역 중인 甲이 A지방검찰청 검사장 乙에게 자신에 대한 불기소사건 수사기록의 공개를 청구하였다. 乙이 비공개 결정을 한 경우 甲은 직근 상급행정기관인 중앙행정심판위원회에 행정심판을 청구할 수 있다. (24-2) [ ]

141 행정소송에서는 행정심판과는 달리 구두변론이 원칙이나, 행정심판에서도 당사자가 구술심리를 신청하면 행정심판위원회의 허가 여부 결정 없이도 구술심리가 허용된다. (22-2) [ ]

142 「행정심판법」에는 「행정소송법」과는 달리 당사자의 합의에 의하여 성립하는 조정에 대한 규정이 존재한다. (22-2) [ ]

143 행정심판법의 개정으로 시·도행정심판위원회의 재결에 불복하는 경우 청구인은 그 재결 및 같은 처분 또는 부작위에 대하여 중앙행정심판위원회에 재심사를 청구할 수 있다. (변시 1회) (변시 6회) ★★ [ ]

144 동일한 처분에 대하여 행정심판과 행정소송을 동시에 제기할 수 있다. (예제문제) [ ]

정답 및 해설

139 [O] (1992. 7. 28. 91누12844)

140 [O] 행정심판법 제6조(행정심판위원회의 설치) ④ 제2항제1호에도 불구하고 대통령령으로 정하는 국가행정기관 소속 특별지방행정기관의 장의 처분 또는 부작위에 대한 심판청구에 대하여는 해당 행정청의 직근 상급행정기관에 두는 행정심판위원회에서 심리·재결한다.
행정심판법 시행령 제3조(중앙행정심판위원회에서 심리하지 아니하는 특별지방행정기관의 처분 등) 법 제6조제4항에서 "대통령령으로 정하는 국가행정기관 소속 특별지방행정기관"이란 법무부 및 대검찰청 소속 특별지방행정기관(직근 상급행정기관이나 소관 감독행정기관이 중앙행정기관인 경우는 제외한다)을 말한다.

141 [X] 행정심판법 제40조(심리의 방식) ② 위원회는 제1항 단서에 따라 구술심리 신청을 받으면 그 허가 여부를 결정하여 신청인에게 알려야 한다.

142 [O] 행정심판법 제43조의2

143 [X] 행정심판법 제51조(행정심판 재청구의 금지) 심판청구에 대한 재결이 있으면 그 재결 및 같은 처분 또는 부작위에 대하여 다시 행정심판을 청구할 수 없다.

144 [O] 행정심판과 행정소송이 동시에 제기되어 진행 중 행정심판의 인용재결이 행해지면 동일한 처분 등을 다투는 행정소송은 소의 이익을 상실하지만, 기각재결이 있으면 동일한 처분 등을 다투는 행정소송에 영향이 없다.

145 행정심판의 재결은 준사법절차로서 판결에서와 같이 기판력이 인정되므로 재결이 확정된 경우에는 처분의 기초가 된 사실관계나 법률적 판단이 확정되고 당사자들이나 법원은 이에 기속되어 모순되는 주장이나 판단을 할 수 없다. (23-1) ★ [ ]

146 행정심판의 재결은 청구인에게 재결서의 정본이 송달되었을 때 효력이 생긴다. (예제문제) [ ]

147 헌법 제107조 제3항은 사법절차의 심급제에 따른 불복할 권리까지 준용되어야 한다는 취지는 아니므로 행정심판인용재결의 기속력을 규정한 「행정심판법」 제49조 제1항은 헌법 제107조 제3항에 위배되지 아니한다. (예제문제) [ ]

148 국·공립학교 교원의 심사청구를 인용하거나 원 징계처분을 변경하는 위원회의 결정은 징계권자에 대하여 기속력을 가지고 이는 그 결정의 주문에 포함된 사항뿐 아니라 그 전제가 된 요건사실의 인정과 판단에까지 미친다. (변시 11회) ★★ [ ]

149 행정심판위원회는 당사자의 신청을 거부하거나 부작위로 방치한 처분의 이행을 명하는 재결이 있었음에도 당해 행정청이 재결의 취지에 따른 처분을 하지 아니하는 때에는 당사자의 신청에 의하여 시정을 명하고 불이행시 직접 당해 처분을 행할 수도 있다. (변시 1회) ★★ [ ]

정답 및 해설

145 [X] 행정처분이나 행정심판 재결이 불복기간의 경과로 인하여 확정될 경우 확정력은 처분으로 인하여 법률상 이익을 침해받은 자가 처분이나 재결의 효력을 더 이상 다툴 수 없다는 의미일 뿐 판결에 있어서와 같은 기판력이 인정되는 것은 아니어서 처분의 기초가 된 사실관계나 법률적 판단이 확정되고 당사자들이나 법원이 이에 기속되어 모순되는 주장이나 판단을 할 수 없게 되는 것은 아니다. (1993. 4. 13. 선고 92누17181)

146 [O] 행정심판법 제48조 제2항

147 [O] (2014. 6. 26. 2013헌바122)

148 [O] 교원소청심사위원회(이하 '위원회'라 한다)의 결정은 처분청에 대하여 기속력을 가지고 이는 그 결정의 주문에 포함된 사항뿐 아니라 그 전제가 된 요건사실의 인정과 판단, 즉 처분 등의 구체적 위법사유에 관한 판단에까지 미친다. (2013. 7. 25. 2012두12297)

149 [O] 행정심판법 제49조 제2항, 제50조 제1항

150 「음악산업진흥에 관한 법률」 제30조는 동법 소정의 의무위반을 이유로 노래연습장의 등록을 취소하고자 하는 경우에는 청문을 실시하여야 한다는 취지로 규정하고 있다. 이에 관할 시장은 甲에 대해 동법 소정의 의무위반을 이유로 청문을 실시하고 2014. 8. 4. 등록취소처분을 하였으나, 청문을 실시함에 있어서 「행정절차법」에서 보장하는 10일의 기간을 준수하지 않고 청문 개시일 7일 전에야 비로소 청문에 관한 통지를 하였다. 甲은 청문기일에 출석하여 의견진술을 하였으나 받아들여지지 않았다. 甲은 노래연습장 등록취소처분을 다투는 취소심판을 제기하였으나 2014. 10. 2. 기각재결서 정본을 송달받았다. 이에 甲은 2015. 1. 5. 노래연습장 등록취소처분의 취소를 구하는 행정소송을 제기하였다. (다툼이 있는 경우 판례에 의함) (변시 4회)

① 甲이 이의를 제기하지 아니하고 청문일에 출석하여 그 의견을 진술하고 변명하는 등 방어의 기회를 충분히 가졌다면 절차상 하자는 치유되었다. [ ]

② 甲은 노래연습장 등록취소처분취소소송의 제소기간을 준수하였다. [ ]

③ 만일 甲이 제기한 취소심판에서 인용재결이 내려졌다면 처분청은 인용재결을 대상으로 취소소송을 제기할 수 있다. [ ]

정답 및 해설

150 ① [O] (1992. 10. 23. 92누2844)

② [X] 사안의 경우 2014. 10. 2. 기각재결서 정본을 송달받은 날부터 90일 이내(2014.12.31.까지)에 행정소송을 제기하여야 함에도 불구하고 그 기간이 경과한 2015. 1. 5. 노래연습장 등록취소처분의 취소를 구하는 행정소송을 제기한 것은 제소기간을 도과한 것으로 각하될 것이다. (행정소송법 제20조 제1항 참고)

③ [X] 행정심판법 제49조 제1항에 "재결은 피청구인인 행정청과 그 밖의 관계행정청을 기속한다"고 규정하고 있으므로, 이에 따라 처분행정청은 인용재결에 기속되어 재결에 취지에 따른 처분의무를 부담하게 되므로 이에 불복하여 항고소송을 제기할 수 없다. (1998. 5. 8. 97누15432)

151 甲은 2016. 3. 8. 「학교보건법」(현행 「교육환경보호에 관한 법률」)에 따라 지정된 학교환경위생정화구역(현행 '교육환경보호구역') 내에서 위 법이 금지하는 당구장업을 하기 위해 금지행위 및 금지시설의 해제를 신청하였다. 관할 행정청은 「학교보건법」상 학교환경위생정화위원회(현행 '지역교육환경보호위원회')의 심의를 거치지 아니하고, 2016. 3. 15. '학생의 안전보호'를 이유로 해제신청을 거부하는 결정을 하였고 이 결정이 2016. 3. 16. 甲에게 도달하였다. 관할 행정청은 처분을 하면서 甲에게 행정심판 청구기간을 고지하지 아니하였다. 甲은 거부처분에 대해 행정심판을 제기하고자 한다. (다툼이 있는 경우 판례에 의함) (변시 7회)

① 학교환경위생정화구역 내에서의 금지행위 및 금지시설의 해제신청에 대하여 신청을 인용하거나 거부하는 처분은 재량행위에 속한다. [   ]

② 학교환경위생정화위원회의 심의를 거치지 아니하고 내려진 거부처분의 흠은 행정처분의 효력에 아무런 영향을 주지 않는다거나 경미한 정도에 불과하다고 볼 수 없으므로 특별한 사정이 없는 한 거부처분을 위법하게 하는 취소사유에 해당한다. [   ]

③ 甲이 2016. 7. 20. 취소심판을 제기하는 경우 청구기간이 도과하지 않은 것이므로 적법하다. [   ]

④ 관할 행정청이 행정심판단계에서 '학생의 안전보호'라는 처분사유를 '학생의 보건·위생보호'로 변경하고자 할 경우 기본적 사실관계의 동일성이 있으면 처분사유의 변경이 허용된다. [   ]

⑤ 「체육시설의 설치·이용에 관한 법률」에 따른 당구장업의 신고요건을 갖춘 甲은 학교환경위생정화구역 내에서 「학교보건법」에 따른 별도 요건을 충족하지 아니하고도 적법한 신고를 할 수가 있다. [   ]

정답 및 해설

151 ① [O] (2010. 3. 11. 2009두17643)

② [O] (2007. 3. 15. 2006두15806)

③ [O] 행정청이 행정심판 청구기간을 알리지 아니한 경우에는 행정심판법 제27조 제3항에 규정된 기간에 심판청구를 할 수 있다. (행정심판법 제27조 제6항) 즉 이 경우, 행정심판법 제27조 제1항은 적용되지 않지만 행정심판법 제27조 제3항은 적용되므로 처분이 있었던 날부터 180일 이내에 행정심판을 제기하면 청구기간을 준수한 것이 된다.

④ [O] 행정처분의 취소를 구하는 항고소송에서 처분청은 당초 처분의 근거로 삼은 사유와 기본적 사실관계가 동일성이 있다고 인정되는 한도 내에서만 다른 사유를 추가 또는 변경할 수 있고 … 이러한 법리는 행정심판 단계에서도 그대로 적용된다. (2014. 5. 16. 2013두26118)

⑤ [X] 학교보건법과 체육시설의설치이용에관한법률은 그 입법목적·규정사항·적용범위 등을 달리하고 있어서 당구장의 설치에 관하여 체육시설의설치·이용에관한법률이 학교보건법에 우선하여 배타적으로 적용되는 관계에 있다고 해석되지 아니하므로 체육시설의설치이용에관한법률에 따른 당구장업의 신고요건을 갖춘 자라 할지라도 학교보건법 제5조 소정의 학교환경위생정화구역 내에서는 같은 법 제6조에 의한 별도의 요건을 충족하지 아니하는 한 적법한 신고를 할 수 없다고 보아야 한다. (1991. 7. 12. 90누8350)

152 甲은 A시 B구 소재 점포에 관하여 종전 영업자(식품위생법령상 일반음식점영업자)인 X로부터 영업자지위승계를 받아 2021. 11. 9. 신고하였는데, B구 구청장 乙은 X가 2021. 8. 26. 유흥접객원을 고용하여 유흥접객행위를 하였다는 이유로 2022. 12. 26. 甲에 대하여 3월의 영업정지처분을 하였다. 이에 대하여 甲이 취소심판을 청구함에 따라, 행정심판위원회는 2023. 3. 6. 甲에 대하여 3월의 영업정지처분을 2월의 영업정지처분에 갈음하는 560만 원의 과징금부과처분으로 변경하라는 취지의 일부인용재결을 하였고, 그 취지에 따라 乙은 2023. 3. 13. 과징금부과처분을 하였다. 甲은 乙의 처분에 대하여 취소소송을 제기하여 다투려고 한다. (변시 14회)

① 행정심판위원회의 2023. 3. 6.자 재결에 대해 乙이 따르지 않을 경우 행정심판위원회가 「행정심판법」 제50조에 의하여 직접 甲에게 과징금부과처분을 하는 것은 허용되지 않는다. [ ]

② 甲은 2023. 3. 13.자 과징금부과처분을 대상으로 취소소송을 제기하여야 한다. [ ]

정답 및 해설

152 ① [O] 당사자의 신청을 거부하거나 부작위로 방치한 처분의 이행을 명하는 재결이 있으면 행정청은 지체 없이 이전의 신청에 대하여 재결의 취지에 따라 처분을 하여야 하고(행정심판법 제49조 제3항), 행정심판위원회는 피청구인이 제49조제3항에도 불구하고 처분을 하지 아니하는 경우에는 당사자가 신청하면 기간을 정하여 서면으로 시정을 명하고 그 기간에 이행하지 아니하면 직접 처분을 할 수 있다(제50조 제1항). 사안에서는 이에 해당하지 않으므로 직접처분을 할 수는 없다.

② [X] 행정청이 식품위생법령에 따라 영업자에게 행정제재처분을 한 후 그 처분을 영업자에게 유리하게 변경하는 처분을 한 경우, 변경처분에 의하여 당초 처분은 소멸하는 것이 아니고 당초부터 유리하게 변경된 내용의 처분으로 존재하는 것이므로, 변경처분에 의하여 유리하게 변경된 내용의 행정제재가 위법하다 하여 그 취소를 구하는 경우 그 취소소송의 대상은 변경된 내용의 당초 처분이지 변경처분은 아니고, 제소기간의 준수 여부도 변경처분이 아닌 변경된 내용의 당초 처분을 기준으로 판단하여야 한다. (2007.4.27. 2004두9302)

제3절 행정소송

제1항 개 설
제2항 항고소송

처분성(대상적격)

153 행정소송의 대상이 되는 행정처분이란 행정청 또는 그 소속기관이나 법령에 의하여 행정권한의 위임 또는 위탁을 받은 공공단체 등이 국민의 권리·의무에 관계되는 사항에 관하여 직접 효력을 미치는 공권력의 발동으로서 하는 공법상의 행위를 말하며, 그것이 상대방의 권리를 제한하는 행위라 하더라도 행정청 또는 그 소속기관이나 권한을 위임받은 공공단체 등의 행위가 아닌 한 이를 행정처분이라고 할 수 없다. (23-2)   [   ]

154 행정처분의 외부적 성립은 행정의사가 외부에 표시되어 행정청이 자유롭게 취소·철회할 수 없는 구속을 받게 되는 시점을 확정하는 의미를 가지므로, 어떠한 처분의 외부적 성립 여부는 행정청에 의해 행정의사가 공식적인 방법으로 외부에 표시되었는지를 기준으로 판단하여야 한다. (예제문제) ★ [   ]

155 법무부장관의 입국금지결정이 공식적인 방법으로 외부에 표시된 것이 아니라 단지 그 정보를 내부 전산망인 '출입국관리정보시스템'에 입력하여 관리한 것에 지나지 않는 경우라면, 위 입국금지결정은 항고소송의 대상이 될 수 있는 처분에 해당하지 않는다. (변시 12회) ★ [   ]

처분성 긍정례

156 대법원은, 항정신병 치료제의 요양급여에 관한 보건복지부 고시가 구체적 집행행위의 개입 없이 그 자체로서 직접 국민에 대하여 구체적 효과를 발생하여 특정한 권리의무를 형성하게 하는 경우라 하더라도 항고소송의 대상이 될 수 없다고 한다. (변시 8회) ★★ [   ]

정답 및 해설

153 [O] (2008. 1. 31. 2005두8269)
154 [O] (2017. 7. 11. 2016두35120)
155 [O] (2019. 7. 11. 2017두38874)
156 [X] 항정신병 치료제의 요양급여 인정기준에 관한 보건복지부 고시는 다른 집행행위의 매개 없이 그 자체로서 제약회사, 요양기관, 환자 및 국민건강보험공단 사이의 법률관계를 직접 규율하기 때문에 항고소송의 대상이 되는 행정처분에 해당한다. (2003. 10. 9. 2003무23)

157 어떠한 행정청의 행위의 근거가 법령이 아니라 행정규칙에 규정되어 있으면 그 행위는 항고소송의 대상이 될 수 없다. (예제문제) ★★ [ ]

158 행정규칙에 의한 '불문경고조치'는 법률상의 징계처분은 아니지만, 이로 인하여 차후 다른 징계처분이나 경고를 받게 될 경우 징계감경사유로 사용될 수 있었던 표창공적의 사용가능성이 소멸되는 등의 효과가 있으면 항고소송의 대상이 되는 행정처분에 해당한다. (변시 5회) ★★ [ ]

159 甲이 국민권익위원회에 「부패방지 및 국민권익위원회의 설치와 운영에 관한 법률」에 따른 신고와 신분보장조치를 요구하였고, 국민권익위원회가 甲의 소속 기관장인 乙시·도선거관리위원회 위원장에게 '甲에 대한 중징계요구를 취소하고 향후 신고로 인한 신분상 불이익처분 및 근무조건상의 차별을 하지 말 것'을 요구하는 내용의 조치요구를 한 행위는 항고소송의 대상이 된다. (예제문제) ★★ [ ]

160 지방자치단체가 건축물을 건축하기 위하여 「건축법」에 따라 미리 건축물의 소재지를 관할하는 허가권자인 지방자치단체의 장과 건축협의를 하는 경우, 지방자치단체의 장이 건축협의를 취소하는 행위는 상대방이 지방자치단체이더라도 항고소송의 대상이 되는 처분에 해당한다. (예제문제) ★★ [ ]

161 지방자치단체인 원고는 건축물 소재지 관할 허가권자인 타 지방자치단체의 장을 상대로 항고소송을 통해 건축협의 취소의 취소를 구할 수 있다. (예제문제) [ ]

162 법무부장관이 안양시장에게 안양교도소 재건축을 위한 건축협의를 신청하였는데 불가통보를 받은 경우 행정의 상대방은 다른 행정주체인 국가이므로 국가가 안양시장을 상대로 불가통보를 다투어야 한다. (23-1) ★ [ ]

정답 및 해설

157 [X] 항고소송의 대상이 되는 행정처분이라 함은 원칙적으로 행정청의 공법상 행위로서 특정 사항에 대하여 법규에 의한 권리의 설정 또는 의무의 부담을 명하거나 기타 법률상 효과를 발생하게 하는 등으로 일반 국민의 권리 의무에 직접 영향을 미치는 행위를 가리키는 것이지만, 어떠한 처분의 근거나 법적인 효과가 행정규칙에 규정되어 있다고 하더라도, 그 처분이 행정규칙의 내부적 구속력에 의하여 상대방에게 권리의 설정 또는 의무의 부담을 명하거나 기타 법적인 효과를 발생하게 하는 등으로 그 상대방의 권리 의무에 직접 영향을 미치는 행위라면, 이 경우에도 항고소송의 대상이 되는 행정처분에 해당한다. (2002. 7. 26. 2001두3532)

158 [O] (2002. 7. 26. 2001두3532)
159 [O] (2013. 7. 25. 2011두1214)
160 [O] (2014. 2. 27. 2012두22980)
161 [O] (2014. 2. 27. 2012두22980)
162 [O] (2014. 3. 13. 2013두15934)

163 지방의회 의장에 대한 불신임 의결은 지방의회의 내부적 결정에 불과하므로 행정처분이 아니다. (변시 2회) ★
[ ]

164 대법원은, 국회의원에 대한 징계처분에 대하여 법원에 제소할 수 없다고 규정하고 있는 헌법 제64조 제4항과 같은 특별규정이 없다 하더라도, 지방자치제도를 둔 헌법의 취지에 비추어 볼 때 지방의회의원에 대한 징계의결도 항고소송의 대상이 되지 않는다고 한다. (변시 8회) (변시 12회) ★
[ ]

165 금융감독원장으로부터 문책경고를 받은 금융기관의 임원이 일정기간 금융업종 임원선임의 자격제한을 받도록 관계법령에 규정되어 있는 경우, 그 문책경고는 그 상대방의 권리의무에 직접 영향을 미치는 행위이므로 행정처분에 해당한다. (변시 2회) (변시 3회) (변시 9회) ★
[ ]

166 관리청이 국유재산법에 따라 행정재산의 무단점유자에 대하여 변상금을 부과하는 행위는 항고소송의 대상이 된다. (변시 1회) ★
[ ]

167 국가인권위원회가 성희롱 행위자로 결정된 자에 대하여 한 성희롱결정과 이에 따른 시정조치의 권고는 항고소송의 대상이 된다. (변시 1회) (변시 10회) ★★
[ ]

168 「교육공무원법」상 승진후보자 명부에 의한 승진심사 방식으로 행해지는 승진임용에서 승진후보자 명부에 포함되어 있던 후보자를 승진임용인사발령에서 제외하는 행위는 불이익처분으로서 항고소송의 대상인 처분에 해당한다. (변시 9회) ★★
[ ]

정답 및 해설

163 [X] 지방의회를 대표하고 의사를 정리하며 회의장 내의 질서를 유지하고 의회의 사무를 감독하며 위원회에 출석하여 발언할 수 있는 등의 직무권한을 가지는 지방의회 의장에 대한 불신임의결은 의장으로서의 권한을 박탈하는 행정처분의 일종으로서 항고소송의 대상이 된다. (1994. 10. 11. 94두23)

164 [X] 지방자치법 제78조 내지 제81조의 규정에 의거한 지방의회의 의원징계의결은 그로 인해 의원의 권리에 직접 법률효과를 미치는 행정처분의 일종으로서 행정소송의 대상이 된다. (1993. 11. 26. 93누7341)

165 [O] (2005. 2. 17. 2003두14765)

166 [O] (1988. 2. 23. 87누1046·1047)

167 [O] 성희롱 행위자로 결정된 자의 인격권에 영향을 미침과 동시에 공공기관의 장 또는 사용자에게 일정한 법률상의 의무를 부담시키는 것이므로 국가인권위원회의 성희롱결정 및 시정조치권고는 행정소송의 대상이 되는 행정처분에 해당한다. (2005. 7. 8. 2005두487)

168 [O] 임용권자는 3배수의 범위 안에 들어간 후보자들을 대상으로 승진임용 여부를 심사하여야 하고, 이에 따라 승진후보자 명부에 포함된 후보자는 임용권자로부터 정당한 심사를 받게 될 것에 관한 절차적 기대를 하게 된다. (2018. 3. 27. 2015두47492)

169 구 「표시·광고의 공정화에 관한 법률」 위반을 이유로 한 공정거래위원회의 경고의결은 당해 표시·광고의 위법을 확인만하되 구체적인 조치까지는 명하지 않는 것으로서 구체적이고 직접적인 권리·의무에의 영향이 없으므로 항고소송의 대상인 처분이 아니다. (예제문제) ★ [   ]

170 원천징수의무자인 법인에 대한 소득금액변동통지는 법인의 납세의무에 직접 영향을 미치므로 항고소송의 대상이 되는 처분이다. (추가문제) ★ [   ]

171 「도로교통법」상 운전적성판정을 위한 운동능력측정검사 불합격처분은 그 자체가 청구인에게 직접 법률상의 불이익을 초래하는 행위로서 행정처분에 해당하므로 헌법소원의 대상이 되지 아니한다. (예제문제) [   ]

정답 및 해설

169 [X] 구 표시·광고의 공정화에 관한 법률(2011. 9. 15. 법률 제11050호로 개정되기 전의 것) 위반을 이유로 한 공정거래위원회의 경고의결은 당해 표시·광고의 위법을 확인하되 구체적인 조치까지는 명하지 않는 것으로 사업자가 장래 다시 표시·광고의 공정화에 관한 법률 위반행위를 할 경우 과징금 부과 여부나 그 정도에 영향을 주는 고려사항이 되어 사업자의 자유와 권리를 제한하는 행정처분에 해당한다. (2013. 12. 26. 2011두4930)

170 [O] 원천징수의무자인 법인에 대한 소득금액변동통지는 원천징수의무자인 법인의 납세의무에 직접 영향을 미치는 조세행정처분으로서, 원천징수의무자인 법인은 소득금액변동통지서를 받은 날에 그 통지서에 기재된 소득의 귀속자에게 당해 소득금액을 지급한 것으로 의제되어 그때 원천징수하는 소득세 또는 법인세의 납세의무가 성립함과 동시에 확정되고, 원천징수의무자인 법인으로서는 소득금액변동통지서에 기재된 소득처분의 내용에 따라 원천징수세액을 그 다음 달 10일까지 관할 세무서장 등에게 납부하여야 할 의무를 부담한다. 이러한 원천징수의무자인 법인에 대한 소득금액변동통지의 성격과 효과, 그리고 구 법인세법 및 소득세법 시행령 등이 소득금액변동통지서에 '소득자의 성명·주소 등'과 소득금액을 기재하도록 규정하고 있는 점 등에 비추어 보면, 과세관청이 소득금액변동통지서에 소득의 귀속자나 소득의 귀속자별 소득금액을 특정하여 기재하지 않은 채 소득금액변동통지를 하였다면 특별한 사정이 없는 한 그 소득금액변동통지는 위법하다. (2013. 9. 26. 2011두12917)

비교판례 구 소득세법 시행령 제192조 제1항 단서의 취지, 소득처분에 따른 원천납세의무의 성립요건 및 성립시기, 소득의 귀속자는 소득세 부과처분에 대한 취소소송은 물론 구 국세기본법 제45조의2 제1항 등에 따른 경정청구를 통해서도 소득처분에 따른 원천납세의무의 존부나 범위를 충분히 다툴 수 있는 점 등에 비추어 보면, 구 소득세법 시행령 제192조 제1항 단서에 따른 소득의 귀속자에 대한 소득금액변동통지는 원천납세의무자인 소득 귀속자의 법률상 지위에 직접적인 법률적 변동을 가져오는 것이 아니므로, 항고소송의 대상이 되는 행정처분이라고 볼 수 없다. (2014. 7. 24. 2011두14227))

171 [O] (2005. 3. 31. 2003헌마746)

172 지방자치단체의 장이 「공유재산 및 물품관리법」에 근거하여 기부채납 및 사용·수익허가 방식으로 민간투자사업을 추진함에 있어, 사업시행자를 지정하기 위한 전(前)단계에서 공모제안을 받아 일정한 심사를 거쳐 우선협상대상자를 선정하는 행위는 항고소송의 대상이 되는 처분에 해당하지 않는다. (변시 12회) ★ [ ]

173 근로복지공단이 사업주에 대하여 하는 '개별 사업장의 사업종류 변경결정'만으로는 사업주의 권리·의무에 직접적인 변동이나 불이익이 발생한다고 볼 수 없고, 국민건강보험공단이 보험료 부과처분을 함으로써 비로소 사업주에게 현실적인 불이익이 발생하게 되므로, 위 사업종류 변경결정은 항고소송의 대상이 되는 처분에 해당하지 않는다. (변시 12회) (변시 14회) ★★ [ ]

174 구 노동조합 및 노동관계조정법령에 토대한 법외노조 통보는 이미 법률에 의하여 법외노조가 된 것을 사후적으로 고지하거나 확인하는 행위이다. (22-3) ★★ [ ]

175 법외노조 통보는 적법하게 설립된 노동조합의 법적 지위를 박탈하는 중대한 침익적 처분으로서 원칙적으로 국민의 대표자인 입법자가 스스로 형식적 법률로써 규정하여야 할 사항이고, 행정입법으로 이를 규정하기 위하여는 반드시 법률의 명시적이고 구체적인 위임이 있어야 한다. (변시 13회) ★★ [ ]

정답 및 해설

172 [X] 지방자치단체의 장이 공유재산법에 근거하여 기부채납 및 사용·수익허가 방식으로 민간투자사업을 추진하는 과정에서 사업시행자를 지정하기 위한 전 단계에서 공모제안을 받아 일정한 심사를 거쳐 우선협상대상자를 선정하는 행위와 이미 선정된 우선협상대상자를 그 지위에서 배제하는 행위는 민간투자사업의 세부내용에 관한 협상을 거쳐 공유재산법에 따른 공유재산의 사용·수익허가를 우선적으로 부여받을 수 있는 지위를 설정하거나 또는 이미 설정한 지위를 박탈하는 조치이므로 모두 항고소송의 대상이 되는 행정처분으로 보아야 한다. (2020. 4. 29. 2017두31064)

173 [X] 근로복지공단이 사업주에 대하여 하는 '개별 사업장의 사업종류 변경결정'은 행정청이 행하는 구체적 사실에 관한 법집행으로서의 공권력의 행사인 '처분'에 해당한다고 보아야 한다. … 사업종류별 산재보험료율은 고용노동부장관이 매년 정하여 고시하므로, 개별 사업장의 사업종류가 구체적으로 결정되면 그에 따라 해당 사업장에 적용할 산재보험료율이 자동적으로 정해진다. 고용산재보험료징수법은 개별 사업장의 사업종류 결정의 절차와 방법, 결정기준에 관하여 구체적으로 규정하거나 하위법령에 명시적으로 위임하지는 않았으나, 고용산재보험료징수법의 사업종류 변경신고에 관한 규정들과 근로복지공단의 사실조사에 관한 규정들은 개별 사업장의 구체적인 특성을 고려하여 사업종류가 결정되고 그에 따라 산재보험료율이 결정되어야 함을 전제로 하고 있다. 따라서 근로복지공단이 개별 사업장의 사업종류를 결정하는 것은 고용산재보험료징수법을 집행하는 과정에서 이루어지는 행정작용이다. … 이러한 사업종류 결정의 주체, 내용과 결정기준을 고려하면, 개별 사업장의 사업종류 결정은 구체적 사실에 관한 법집행으로서 공권력을 행사하는 '확인적 행정행위'라고 보아야 한다. (2020. 4. 9. 2019두61137)

174 [X] 법외노조 통보는 이미 법률에 의하여 법외노조가 된 것을 사후적으로 고지하거나 확인하는 행위가 아니라 그 통보로써 비로소 법외노조가 되도록 하는 형성적 행정처분이다. (2020. 9. 3. 2016두32992)

175 [O] (2020. 9. 3. 2016두32992)

176 지방법무사회는 법무사 감독 사무를 수행하기 위하여 법률에 의하여 설립과 법무사의 회원 가입이 강제된 공법인으로서 법무사 사무원 채용승인에 관한 한 공권력 행사의 주체라고 보아야 한다. (변시 13회) ★　　　　　　　　　　　　　　　　　　　　　　　　　　　　　　　[　　]

177 산업단지관리공단이 구 「산업집적활성화 및 공장설립에 관한 법률」에 따른 입주변경계약을 취소한 것은 행정청인 관리권자로부터 관리업무를 위탁받은 산업단지관리공단이 우월적 지위에서 입주기업체들에게 일정한 법률상 효과를 발생하게 하는 것으로서 항고소송의 대상이 되는 행정처분이다. (변시 14회) ★★　　　　　　　　　　　　　　　　　　　　　　　　　　　　　　[　　]

178 관할 행정청은 여객자동차운수사업법에 따른 면허 발급 이후에도 운송사업자의 동의하에 여객자동차운송사업의 질서 확립을 위하여 운송사업자가 준수할 의무를 정하고 이를 위반할 경우 감차명령을 할 수 있다는 내용의 면허 조건을 붙일 수 있고, 운송사업자가 조건을 위반하였다면 여객자동차법에 따라 감차명령을 할 수 있으며, 감차명령은 항고소송의 대상이 되는 처분에 해당한다. (24-2)　　　　　　　　　　　　　　　　　　　　　　　　　　　　　　　　　　　[　　]

처분성 부정례

179 「국가공무원법」상 공무원이 소정의 정년에 달하여 정년퇴직발령을 하는 경우, 이는 공무원의 법적 지위에 관하여 직접 효력을 미치는 공권력의 발동으로서 공법상의 행위인 처분에 해당하므로 행정소송의 대상이 된다. (23-2) ★★　　　　　　　　　　　　　　　　　　　　　　　　[　　]

정답 및 해설

176 [O] (2020. 4. 9. 2015다34444)

177 [O] 피고의 지위, 입주계약해지의 절차, 그 해지통보에 수반되는 법적 의무 및 그 의무를 불이행한 경우의 형사적 내지 행정적 제재 등을 종합적으로 고려하면, 이 사건 해지통보는 단순히 대등한 당사자의 지위에서 형성된 공법상계약을 계약당사자의 지위에서 종료시키는 의사표시에 불과하다고 볼 것이 아니라 행정청인 관리권자로부터 관리업무를 위탁받은 피고가 우월적 지위에서 원고에게 일정한 법률상 효과를 발생하게 하는 것으로서 항고소송의 대상이 되는 행정처분에 해당한다고 보아야 할 것이다. (2011.6.30. 2010두23859)

178 [O] (2016. 11. 24. 2016두45028)

179 [X] 국가공무원법 제74조에 의하면 공무원이 소정의 정년에 달하면 그 사실에 대한 효과로서 공무담임권이 소멸되어 당연히 퇴직되고 따로 그에 대한 행정처분이 행하여져야 비로소 퇴직되는 것은 아니라 할 것이며 피고(영주지방철도청장)의 원고에 대한 정년퇴직 발령은 정년퇴직 사실을 알리는 이른바 관념의 통지에 불과하므로 행정소송의 대상이 되지 아니한다. (1983. 2. 8. 81누263)

180 상표원부에 상표권자인 법인에 대한 청산종결등기가 되었음을 이유로 한 상표권의 말소등록은 상표권이 소멸하였음을 확인하는 사실적·확인적 행위에 지나지 않고 말소등록으로 비로소 상표권 소멸의 효력이 발생하는 것도 아니어서 항고소송의 대상인 처분이 아니다. (예제문제) [ ]

181 군의관은 행정청이라고 볼 수 없고, 신체등위판정 자체만으로는 권리의무가 정하여지는 것이 아니고 병역처분에 의하여 비로소 병역의무의 종류가 정하여지므로 군의관이 하는 신체등위판정은 행정처분이 아니다. (변시 2회) ★ [ ]

182 과세관청이 사업자등록을 관리하는 과정에서 위장사업자의 사업자명의를 직권으로 실사업자의 명의로 정정하는 행위는 사업자로서의 지위에 중대한 변동을 가져오는 것으로서 항고소송의 대상이 되는 행정처분으로 볼 수 있다. (예제문제) [ ]

183 甲이 A시 소재 임야에 4층 이하의 공동주택을 건축하기 위하여 A시 시장 乙에게 「민원 처리에 관한 법률」상의 사전심사청구를 하였고, 乙이 이에 대해 사전심사결과(건축허가 내지 개발행위허가 불가) 통지를 하였다면, 甲은 이 통지를 항고소송으로 다툴 수 있다. (변시 12회) [ ]

184 구 금융산업의 구조개선에 관한 법률 과 구 상호저축은행법 에 의한 금융감독위원회는 부실금융기관에 대하여 파산을 신청할 수 있는 권한을 보유하고 있는데, 그 파산신청 자체는 국민의 권리 의무에 어떤 영향을 미치는 것이 아니므로 행정처분이라 할 수 없다. (23-1) [ ]

정답 및 해설

180 [O] (2015. 10. 29. 2014두2362)

181 [O] (1993. 8. 27. 93누3356)

182 [X] 부가가치세법상의 사업자등록은 과세관청으로 하여금 부가가치세의 납세의무자를 파악하고 그 과세자료를 확보하게 하려는 데 제도의 취지가 있는바, 이는 단순한 사업사실의 신고로서 사업자가 관할세무서장에게 소정의 사업자등록신청서를 제출함으로써 성립하는 것이고, 사업자등록증의 교부는 이와 같은 등록사실을 증명하는 증서의 교부행위에 불과한 것이다. 나아가 구 부가가치세법 제5조 제5항에 의한 과세관청의 사업자등록 직권말소행위도 폐업사실의 기재일 뿐 그에 의하여 사업자로서의 지위에 변동을 가져오는 것이 아니라는 점에서 항고소송의 대상이 되는 행정처분으로 볼 수 없다. 이러한 점에 비추어 볼 때, 과세관청이 사업자등록을 관리하는 과정에서 위장사업자의 사업자명의를 직권으로 실사업자의 명의로 정정하는 행위 또한 당해 사업사실 중 주체에 관한 정정기재일 뿐 그에 의하여 사업자로서의 지위에 변동을 가져오는 것이 아니므로 항고소송의 대상이 되는 행정처분으로 볼 수 없다. (2011. 1. 27. 2008두2200)

183 [X] 행정청은 사전심사결과 불가능하다고 통보하였더라도 사전심사결과에 구애되지 않고 민원사항을 처리할 수 있으므로 불가능하다는 통보가 민원인의 권리의무에 직접적 영향을 미친다고 볼 수 없고, 통보로 인하여 민원인에게 어떠한 법적 불이익이 발생할 가능성도 없는 점 등 여러 사정을 종합해 보면, 구 민원사무처리법이 규정하는 사전심사결과 통보는 항고소송의 대상이 되는 행정처분에 해당하지 아니한다. (2014. 4. 24. 2013두7834)

184 [O] (2006. 7. 28. 2004두13219)

185 「독점규제 및 공정거래에 관한 법률」상 공정거래위원회의 고발조치는 수사의 단서를 제공하는 조치이고 형벌권 행사를 요구하는 행정기관 상호간의 행위에 불과하여 행정처분이 아니며 그 고발 의결도 행정청 내부의 의사결정에 불과하여 역시 행정처분이 될 수 없다. (23-1) [   ]

변경처분

186 선행처분의 주요 부분을 실질적으로 변경하는 내용으로 후행처분을 한 경우에 선행처분은 특별한 사정이 없는 한 그 효력을 상실하지만, 후행처분이 있었다고 하여 일률적으로 선행처분이 존재하지 않게 되는 것은 아니고 선행처분의 내용 중 일부만을 소폭 변경하는 정도에 불과한 경우에는 선행처분이 소멸한다고 볼 수 없다. (예제문제) ★★ [   ]

187 집단에너지사업허가의 주요 부분을 실질적으로 변경하는 내용으로 사업변경허가를 한 경우에 본래의 집단에너지사업허가는 특별한 사정이 없는 한 그 효력을 상실한다. (변시 13회) [   ]

188 선행처분이 후행처분에 의하여 변경되지 아니한 범위 내에서 존속하고 후행처분은 선행처분의 내용 중 일부를 변경하는 범위 내에서 효력을 가지는 경우에, 선행처분에만 존재하는 취소사유를 이유로 후행처분의 취소를 청구할 수 있다. (변시 13회) [   ]

189 기존의 행정처분을 변경하는 내용의 행정처분이 뒤따르는 경우, 후속처분의 내용이 종전처분의 유효를 전제로 내용 중 일부만을 추가·철회·변경하는 것이고 추가·철회·변경된 부분이 내용과 성질상 나머지 부분과 불가분적인 것이 아닌 경우에는 후속처분에도 불구하고 종전처분이 여전히 항고소송의 대상이 된다. (예제문제) ★ [   ]

정답 및 해설

185 [O] (1995. 5. 12. 94누13794)
186 [O] (2012. 12. 13. 2010두20782)
187 [O] (2012. 12. 13. 2010두20782)
188 [X] 선행처분이 후행처분에 의하여 변경되지 아니한 범위 내에서 존속하고 후행처분은 선행처분의 내용 중 일부를 변경하는 범위 내에서 효력을 가지는 경우에, 선행처분의 취소를 구하는 소를 제기한 후 후행처분의 취소를 구하는 청구를 추가하여 청구를 변경하였다면 후행처분에 관한 제소기간 준수 여부는 청구변경 당시를 기준으로 판단하여야 하나, 선행처분에만 존재하는 취소사유를 이유로 후행처분의 취소를 청구할 수는 없다. (2012. 12. 13. 2010두20782등)
189 [O] (2015. 11. 19. 2015두295)

190 주택재건축사업조합이 새로이 조합설립인가처분을 받는 것과 동일한 요건과 절차를 거쳐 조합설립변경인가처분을 받는 경우 당초 조합설립인가처분의 유효를 전제로 당해 주택재건축사업조합이 사업시행계획의 수립, 관리처분계획의 수립과 같은 후속 행위를 하였다면, 당초 조합설립인가처분은 변경인가처분에 흡수되어 소멸되므로 당초 처분을 다툴 소의 이익이 인정되지 아니한다. (22-3)   [ ]

191 영업정지처분을 영업자에게 유리하게 변경하는 처분을 한 경우 당초의 영업정지처분은 변경처분에 흡수되어 독립한 존재가치를 잃게 된다. (변시 13회) ★★   [ ]

192 행정청이 식품위생법령에 따라 영업자에게 행정제재처분을 한 후 그 처분을 영업자에게 유리하게 변경하는 처분을 한 경우, 변경처분에 의하여 유리하게 변경된 내용의 행정제재가 위법하다 하여 그 취소를 구하는 경우 제소기간의 준수 여부는 변경처분이 아닌 변경된 내용의 당초 처분을 기준으로 판단하여야 한다. (23-2) ★★   [ ]

거부처분

193 국민의 적극적 행위 신청에 대하여 행정청이 그 신청에 따른 행위를 하지 않겠다고 거부한 행위가 항고소송의 대상이 되는 행정처분에 해당하는 것이라고 하려면, 그 신청한 행위가 공권력의 행사 또는 이에 준하는 행정작용이어야 하고, 그 거부행위가 신청인의 법률관계에 어떤 변동을 일으키는 것이어야 하며, 그 국민에게 그 행위발동을 요구할 법규상 또는 조리상의 신청권이 있어야 한다. (예제문제) ★★   [ ]

정답 및 해설

190 [X] 주택재건축사업조합이 새로이 조합설립인가처분을 받는 것과 동일한 요건과 절차를 거쳐 조합설립변경인가 처분을 받는 경우 당초 조합설립인가 처분의 유효를 전제로 해당 주택재건축사업조합이 매도청구권 행사, 시공자 선정에 관한 총회 결의, 사업시행계획의 수립, 관리처분계획의 수립 등과 같은 후속행위를 하였다면, 당초 조합설립인가 처분이 무효로 확인되거나 취소될 경우 그것이 유효하게 존재하는 것을 전제로 이루어진 위와 같은 후속행위 역시 소급하여 효력을 상실하게 되므로, 특별한 사정이 없는 한 위와 같은 형태의 조합설립변경인가가 있다고 하여 당초 조합설립인가 처분의 무효확인을 구할 소의 이익이 소멸된다고 볼 수는 없다. (2014. 5. 16. 2011두27094)

191 [X] 행정청이 식품위생법령에 따라 영업자에게 행정제재처분을 한 후 그 처분을 영업자에게 유리하게 변경하는 처분을 한 경우, 변경처분에 의하여 당초 처분은 소멸하는 것이 아니고 당초부터 유리하게 변경된 내용의 처분으로 존재하는 것이다. (2007. 4. 27. 2004두9302)

192 [O] (2007. 4. 27. 2004두9302)

193 [O] (2007. 10. 11. 2007두1316)

194 국민이 그 신청에 따른 행정행위를 해 줄 것을 요구할 수 있는 법규상 또는 조리상 권리에 의하지 아니한 경우 그 신청을 행정청이 받아들이지 아니하고 거부한 행위는 항고소송의 대상인 행정처분이 아니다. (예제문제) [ ]

195 거부처분의 처분성을 인정하기 위한 전제요건이 되는 신청권의 존부는 구체적 사건에서 신청인이 누구인가를 고려하여 관계 법규의 해석에 의하여 신청 대상자에게 그러한 신청권을 인정하고 있는가를 살펴 구체적으로 결정하여야 한다. (추가문제) ★ [ ]

196 신청에 대한 거부행위가 항고소송의 대상인 처분이 되기 위해서는 단순히 신청권의 존재 여부를 넘어서 구체적으로 그 신청이 인용될 수 있는 정도에 이르러야 한다. (변시 9회) ★ [ ]

197 행정청이 국민의 신청에 대하여 한 거부행위가 행정처분이 되려면, 그 거부행위가 신청인의 실체상 권리관계에 직접적인 변동을 일으키는 경우이어야 하며, 신청인이 실체적 권리자로서 권리를 행사함에 중대한 지장을 초래하는 경우는 포함되지 않는다. (예제문제) ★ [ ]

198 처분청이 직권취소를 할 수 있는 경우에는 이해관계인에게 처분청에 대하여 그 취소를 요구할 신청권이 부여된 것으로 보아야 한다. (변시 9회) [ ]

199 세무조사에 기초한 조세부과처분에 따라 납세자가 자진납부한 후 해당 처분에 대해 취소쟁송을 제기할 수 있는 기간이 도과하여 취소쟁송을 제기하지 못하자 대신 과오납금 환급청구를 하였는데 행정청이 이를 거부한 경우 그 거부행위는 취소소송의 대상인 처분에 해당한다. (예제문제) ★ [ ]

정답 및 해설

194 [O] (1991. 2. 26. 90누5597)

195 [X] 거부처분의 처분성을 인정하기 위한 전제요건이 되는 신청권의 존부는 구체적 사건에서 신청인이 누구인가를 고려하지 않고 관계 법규의 해석에 의하여 일반 국민에게 그러한 신청권을 인정하고 있는가를 살펴 추상적으로 결정되는 것이다. (2009. 9. 10. 2007두20638)

196 [X] 거부처분의 처분성을 인정하기 위한 전제요건이 되는 신청권의 존부는 구체적 사건에서 신청인이 누구인가를 고려하지 않고 관계 법규의 해석에 의하여 일반 국민에게 그러한 신청권을 인정하고 있는가를 살펴 추상적으로 결정되는 것이고, 신청인이 신청에 따른 단순한 응답을 받을 권리를 넘어서 신청의 인용이라는 만족적 결과를 얻을 권리를 의미하는 것은 아니다. (2006. 6. 30. 2004두701)

197 [X] 여기에서 '신청인의 법률관계에 어떤 변동을 일으키는 것'이라는 의미는 신청인의 실체상의 권리관계에 직접적인 변동을 일으키는 것은 물론 그렇지 않다 하더라도 신청인이 실체상의 권리자로서 권리를 행사함에 중대한 지장을 초래하는 것도 포함한다고 해석함이 상당하다. (2002. 11. 22. 2000두9229)

198 [X] 행정처분을 한 처분청은 그 처분에 하자가 있는 경우에는 원칙적으로 별도의 법적 근거가 없더라도 스스로 이를 직권으로 취소할 수 있지만, 그와 같이 직권취소를 할 수 있다는 사정만으로 이해관계인에게 처분청에 대하여 그 취소를 요구할 신청권이 부여된 것으로 볼 수는 없다. (2006. 6. 30. 2004두701)

199 [X] 제소기간이 도과하여 불가쟁력이 생긴 행정처분에 대하여는 국민에게 그 변경을 구할 신청권이 없다. (2007. 4. 26. 2005두11104)

200 지방자치단체장이 공장시설을 신축하는 회사에 대하여 사업승인 당시 부가하였던 조건을 이행할 때까지 신축공사를 중지하라는 명령을 한 경우, 위 회사에게는 중지명령의 원인사유가 해소되었다고 하여 이를 이유로 당해 공사중지명령의 해제를 요구할 수 있는 권리가 인정되는 것은 아니다. (변시 5회) ★ [   ]

201 폐기물처리업의 허가를 받기 위하여 먼저 허가권자로부터 사업계획에 대한 적정통보를 받아야 하고 그 적정통보를 받은 자만이 허가신청을 할 수 있다 하더라도, 그 적정여부 통보절차는 중간단계에 지나지 아니하므로 사업계획 부적정통보는 항고소송의 대상이 될 수 없다. (변시 8회) [   ]

202 개발부담금을 부과할 때는 가능한 한 개발부담금 부과처분 후에 지출한 개발비용도 공제함이 마땅하므로, 이미 부과처분에 따라 납부한 개발부담금 중 부과처분 후 납부한 개발비용인 학교용지부담금에 해당하는 금액에 대하여는 조리상 그 취소나 변경 등 환급에 필요한 처분을 신청할 권리가 인정되므로, 그 환급신청 거절회신은 항고소송의 대상이 된다. (변시 8회) [   ]

203 건축주가 토지소유자로부터 토지사용승낙서를 받아 그 토지 위에 건축물을 건축하는 건축허가를 받았다가 착공하기 전에 건축주의 귀책사유로 그 토지사용권을 상실한 경우 토지소유자는 건축허가의 철회를 신청할 수 있고, 그 신청을 거부한 행위는 항고소송의 대상이 된다. (변시 9회) ★★
[   ]

정답 및 해설

200 [X] 그 원인사유가 해소되는 경우에는 잠정적으로 내린 당해 공사중지명령의 해제를 요구할 수 있는 권리를 위 명령의 상대방에게 인정하고 있다고 할 것이므로, 위 회사에게는 조리상으로 그 해제를 요구할 수 있는 권리가 인정된다. (1997. 12. 26. 96누17745)

201 [X] 그 적정통보를 받은 자만이 일정기간 내에 시설, 장비, 기술능력, 자본금을 갖추어 허가신청을 할 수 있으므로, 결국 부적정통보는 허가신청 자체를 제한하는 등 개인의 권리 내지 법률상의 이익을 개별적이고 구체적으로 규제하고 있어 행정처분에 해당한다. (1998. 4. 28. 97누21086)

202 [O] 개발사업시행자가 납부한 개발부담금 중 그 부과처분 후에 납부한 학교용지부담금에 해당하는 금액에 대하여는 조리상 개발부담금 부과처분의 취소나 변경 등 개발부담금의 환급에 필요한 처분을 할 것을 신청할 권리를 인정함이 타당하다. (2016. 1. 28. 2013두2938)

203 [O] (2017. 3. 15. 2014두41190)

204 구 「기반시설부담금에 관한 법률」에 근거하여 이미 납부한 기반시설부담금의 환급신청에 대한 행정청의 환급거부는 항고소송의 대상인 행정처분에 해당하지 아니한다. (예제문제) [ ]

205 대법원장의 예비판사임용거부는 항고소송의 대상이 되는 행정처분이므로 헌법소원의 대상이 아니다. (예제문제) [ ]

206 기간제로 임용되어 임용기간이 만료된 국립대학 조교수는 심사기준에 부합되면 특별한 사정이 없는 한 재임용되리라는 기대를 가지고 재임용 여부에 관하여 합리적인 기준에 의한 공정한 심사를 요구할 법규상 또는 조리상 신청권을 가진다. (변시 5회) ★ [ ]

207 기간제로 임용되어 임용기간이 만료된 국·공립대학의 조교수에 대하여 재임용하지 않기로 결정하고 임용기간이 만료되었다는 취지의 통지를 했더라도, 위 결정 및 통지가 행정소송의 대상이 되는 행정처분이라 할 수 없다. (변시 1회) (변시 8회) ★ [ ]

정답 및 해설

204 [X] 기반시설부담금 부과처분을 할 당시에 이미 납부의무자에게 구 기반시설부담금에 관한 법률(이하 '법'이라 한다) 제8조 제4항과 제5항에서 정한 공제사유가 있었음에도 행정청이 해당 금액을 공제하지 않은 채 기반시설부담금 부과처분을 하였다면, 그 부과처분의 상대방인 납부의무자는 행정청의 공제의무 불이행을 위법사유로 주장하면서 취소소송을 제기하여 권리구제를 받을 수 있다. 납부의무자가 적법하게 부과된 기반시설부담금을 납부한 후에 법 제8조 제4항, 제5항, 제17조 제1항에서 정한 환급사유가 발생한 경우에는 증명자료를 첨부하여 행정청에 환급신청을 할 수 있고, 이에 대하여 행정청이 전부 또는 일부 환급을 거부하는 경우에, 납부의무자가 환급액에 관하여 불복이 있으면 환급 거부결정에 대하여 취소소송을 제기하여 권리구제를 받을 수 있게 하는 것이 행정소송법 및 기반시설부담금 환급 제도의 입법 취지에도 부합한다. 따라서 납부의무자의 환급신청에 대하여 행정청이 전부 또는 일부 환급을 거부하는 결정은 행정청이 공권력의 주체로서 행하는 구체적 사실에 관한 법집행으로서 납부의무자의 권리·의무에 직접 영향을 미치므로 항고소송의 대상인 처분에 해당한다고 보아야 한다. 행정청의 환급 거부대상이 기반시설부담금 그 자체가 아니라 그 납부지체로 발생한 지체가산금인 경우에도 달리 볼 것은 아니다. 정당한 환급액 내지 행정청의 환급의무의 범위는 취소소송의 본안에서 심리·판단할 사항이지, 소송요건 심사 단계에서 고려할 요소가 아니다. (2018. 6. 28. 2016두50990)

205 [O] 대법원은 1991. 2. 12. 선고 90누5825 검사임용거부처분취소 사건에서 검사 지원자 중 한정된 수의 임용대상자에 대한 임용결정만을 하는 경우 임용대상에서 제외된 자에 대하여 임용거부의 소극적 의사표시를 한 것으로 보아야 하고 이러한 검사임용거부처분은 항고소송의 대상이 된다고 판시한 바 있으므로, 대법원장의 청구인에 대한 2001. 2. 12.자 예비판사임용거부는 항고소송의 대상이 되는 행정처분에 해당된다고 판단되고, 실제로 청구인은 위 예비판사임용거부처분에 대하여 행정심판을 거쳐 2001. 5. 12. 서울행정법원에 행정소송을 제기(2001구18076 예비판사임용거부처분 무효확인 등)한 상태이다. 따라서 이 사건은 법원의 재판관할하에 있는 사건으로서 헌법소원의 대상이 아니라 할 것이어서 부적법한 심판청구라고 할 것이다. (헌재 2001. 12. 20. 2001헌마245)

206 [O] (2004. 4. 22. 2000두7735)

207 [X] 임용권자가 임용기간이 만료된 조교수에 대하여 재임용을 거부하는 취지로 한 임용기간만료의 통지는 위와 같은 대학교원의 법률관계에 영향을 주는 것으로서 행정소송의 대상이 되는 처분에 해당한다. (2004. 4. 22. 2000두7735)

208 처분상대방은 합리적인 기준에 의한 공정한 심사를 받아 그 기준에 부합되면 특별한 사정이 없는 한 갱신되리라는 기대를 가지고 갱신 여부에 관하여 합리적인 기준에 의한 공정한 심사를 요구할 권리를 가진다. (22-3) ★ [   ]

209 중요무형문화재 보유자의 추가인정 여부는 행정청의 재량에 속하고, 특정 개인에게 자신을 보유자로 인정해 달라는 법규상 또는 조리상 신청권이 있다고 할 수 없어, 중요무형문화인 경기민요 보유자 추가인정 신청에 대한 거부는 항고소송의 대상이 되지 않는다. (변시 8회) [   ]

210 업무상 재해를 당한 甲의 요양급여 신청에 대하여 근로복지공단이 요양승인 처분을 하면서 사업주를 乙주식회사로 보아 요양승인 사실을 통지하자, 乙주식회사가 甲이 자신의 근로자가 아니라고 주장하면서 근로복지공단에 사업주 변경을 신청하였으나 이를 거부하는 통지를 받은 경우, 근로복지공단의 결정에 따라 산업재해보상보험의 가입자지위가 발생하는 것이 아니므로 乙주식회사에게 법규상 또는 조리상 사업주 변경 신청권이 인정되지 않아, 위 거부통지는 항고소송의 대상이 되지 않는다. (변시 8회) [   ]

211 서울대공원 시설을 기부채납한 자가 무상사용기간 만료 후 확약 사실에 근거하여 10년의 유상사용허가를 신청하였으나 서울대공원 관리사업소장이 신청서를 반려하고 대신에 1년의 임시사용허가처분을 통보하였다면, 이는 10년의 유상사용허가신청에 대한 거부처분이 아니라 부작위로 보아야 한다. (변시 11회) [   ]

정답 및 해설

208 [O] (2020. 12. 24. 2018두45633)

209 [O] 추가인정에 관한 법령의 규정이 중요무형문화재의 보존이라는 공익 이외에 중요무형문화재의 보유자로 인정될 개인의 이익도 함께 보호하고 있다고 해석되지 아니한다. (2015. 12. 10. 2013두20585)

210 [O] 근로복지공단이 신청을 거부하였더라도 을 회사의 권리나 법적 이익에 어떤 영향을 미치는 것은 아니어서, 위 통지는 항고소송의 대상이 되는 행정처분이 되지 않는다. (2016. 7. 14. 2014두47426)

211 [X] 서울대공원 시설을 기부채납한 사람이 무상사용기간 만료 후 확약 사실에 근거하여 10년 유상사용 등의 허가를 구하는 확정적인 취지의 신청을 한 사안에서, 서울대공원 관리사업소장이 그 신청서를 반려하고 조건부 1년의 임시사용허가처분을 통보한 것은 사실상 거부처분에 해당한다. (2008. 10. 23. 2007두6212)

원처분주의

212 위법한 원처분을 소송의 대상으로 하여 다투는 것보다 행정심판에 대한 재결을 다투는 것이 당사자 권리구제에 더 효율적이고 판결의 적정성을 보장할 수 있는 경우에는 행정심판 재결에 대해서만 제소하도록 하는 것이 국민의 재판청구권 보장이라는 측면에서 더욱 바람직한 경우도 있으므로 개별법률에서 이러한 취지를 정하는 때에는 이른바 재결주의가 인정된다. (예제문제) [ ]

213 재결 자체에 고유한 위법에는 재결 자체의 주체, 절차, 형식상의 위법뿐만 아니라 재결 자체의 내용상의 위법도 포함된다. (변시 2회) ★★ [ ]

214 재결에 고유한 위법이 없음에도 재결에 대해 제기된 취소소송은 각하된다. (예제문제) ★★ [ ]

215 행정심판청구가 부적법하지 않음에도 각하한 재결은 심판청구인의 실체심리를 받을 권리를 박탈한 것으로서 재결에 고유한 하자가 있는 경우에 해당하여 재결 자체가 취소소송의 대상이 된다. (변시 2회) [ ]

216 행정청이 골프장 사업계획승인을 얻은 자의 사업시설 착공계획서를 수리한 것에 불복하여 인근주민들이 그 수리처분의 취소를 구하는 행정심판을 청구한 것에 대하여, 재결청이 처분성의 결여를 이유로 위 취소심판청구를 부적법 각하하여야 함에도 불구하고 이를 각하하지 않고 심판청구를 인용하여 취소재결을 하였다면 재결 자체에 고유한 하자가 있는 것이다. (변시 2회) [ ]

217 공무원인 원고에 대한 감봉 1월의 징계처분을 관할 소청심사위원회가 견책으로 변경하는 소청결정을 내린 경우, 원고가 위 소청결정 중 견책에 처한 조치는 재량권의 일탈·남용이 있어 위법하다는 사유를 들어 다툰다면 이는 위 소청결정 자체에 고유한 위법이 있는 경우에 해당한다. (변시 2회) ★★ [ ]

정답 및 해설

212 [O] (2001. 6. 28. 2000헌바77)

213 [O] (2001. 7. 27. 99두2970)

214 [X] 재결 자체에 고유한 위법이 없는 경우에는 원처분의 당부와는 상관없이 당해 재결취소소송은 이를 기각하여야 한다. (1994. 1. 25. 93누16901)

215 [O] (2001. 7. 27. 99두2970)

216 [O] (2001. 5. 29. 99두10292)

217 [X] 징계혐의자에 대한 감봉 1월의 징계처분을 견책으로 변경한 소청결정 중 그를 견책에 처한 조치는 재량권의 남용 또는 일탈로서 위법하다는 사유는 소청결정 자체에 고유한 위법을 주장하는 것으로 볼 수 없어 소청결정의 취소사유가 될 수 없다. (1993. 8. 24. 93누5673)

218 원처분인 의약품제조품목허가처분에 대하여 제3자가 행정심판을 청구하여 재결청이 원처분을 취소하는 형성재결을 하여 확정된 후, 처분청이 다시 원처분을 취소하는 행위는 항고소송의 대상이 되는 처분이다. (변시 3회) ★★ [ ]

219 의약품제조품목허가처분에 대하여 원처분의 상대방이 아닌 제3자가 행정심판을 청구하여 재결청이 원처분을 취소하는 형성재결을 한 경우에 그 원처분의 상대방은 그 재결에 대하여 항고소송을 제기할 수밖에 없는데, 이 경우 위 재결은 원처분과 내용을 달리하는 것이어서 재결의 취소를 구하는 것은 원처분에 없는 재결 고유의 위법을 주장하는 것이 된다. (변시 2회) ★★ [ ]

220 사립학교 교원에 대한 징계처분에 대해 교원소청심사위원회의 소청심사를 거쳐 행정소송을 제기하려고 하는 경우에는 심사절차에 위법사유가 있다는 등 고유의 위법이 있는 경우에 한하여 위원회의 결정이 소송의 대상이 된다. (예제문제) [ ]

221 국·공립학교 교원에 대한 징계처분의 경우에는 원 징계처분 자체가 행정처분이므로 그에 대하여 위원회에 소청심사를 청구하고 위원회의 기각결정이 있은 후 그에 불복하는 행정소송이 제기되더라도 그 심판대상은 원 징계처분이 되는 것이 원칙이다. (변시 11회) [ ]

정답 및 해설

218 [X] 당해 의약품제조품목허가처분취소재결은 보건복지부장관이 재결청의 지위에서 스스로 제약회사에 대한 위 의약품제조품목허가처분을 취소한 이른바 형성재결임이 명백하므로, 위 회사에 대한 의약품제조품목허가처분은 당해 취소재결에 의하여 당연히 취소소멸되었고, 그 이후에 다시 위 허가처분을 취소한 당해 처분은 당해 취소재결의 당사자가 아니어서 그 재결이 있었음을 모르고 있는 위 회사에게 위 허가처분이 취소소멸되었음을 확인하여 알려주는 의미의 사실 또는 관념의 통지에 불과할 뿐 위 허가처분을 취소소멸시키는 새로운 형성적 행위가 아니므로 항고소송의 대상이 되는 처분이라고 할 수 없다. (1998. 4. 24. 97누17131)

219 [O] (1998. 4. 24. 97누17131)

220 [X] 사립학교 교원에 대한 징계처분은 항고소송의 대상이 되는 처분이 아니므로, 사립학교 교원이 교원소청심사위원회의 소청심사를 거쳐 행정소송을 제기하는 경우, 소청심사위원회의 결정만이 유일한 처분으로서 항고소송의 대상이 된다.

221 [O] 국·공립학교 교원에 대한 징계처분의 경우에는 원 징계처분 자체가 행정처분이므로 그에 대하여 위원회에 소청심사를 청구하고 위원회의 결정이 있은 후 그에 불복하는 행정소송이 제기되더라도 그 심판대상은 교육감 등에 의한 원 징계처분이 되는 것이 원칙이다. (2013. 7. 25. 2012두12297)

222 A국립대학교 교원인 甲은 소속 대학교의 총장으로부터 해임처분을 받았다. 甲은 이에 불복하여 「교원지위향상을 위한 특별법」에 따라 교원소청심사위원회에 소청심사를 청구하였으나 동 청구는 기각되었다. 이에 甲은 교원소청심사위원회의 결정에 불복하여 취소소송을 제기하려고 한다. (다툼이 있는 경우 판례에 의함) (변시 5회)

① 교원소청심사위원회의 결정은 행정심판의 재결의 성격을 가진다. [ ]

② 甲이 소청심사결정의 취소를 구하는 소송을 제기하는 경우에는 교원소청심사위원회를 피고로 하여야 한다. [ ]

③ 소청심사결정의 취소를 구하는 소송에서는 원처분인 A국립대학교 총장의 해임처분의 하자를 주장할 수 없다. [ ]

④ 甲이 소청심사결정의 취소를 구하는 소송을 통해 교원소청심사위원회의 기각결정에 사실오인이나 재량권 일탈·남용의 위법이 있다고 주장하는 경우, 이는 소청심사결정 자체의 고유한 위법을 주장하는 것으로 볼 수 있다. [ ]

취소소송의 원고적격

223 처분의 직접 상대방이 아닌 제3자가 해당 처분과 간접적·사실적·경제적인 이해관계를 가지는 데 불과한 경우에는 처분의 취소를 구할 원고적격이 인정되지 않는다. (변시 14회) [ ]

정답 및 해설

222 ① [O] 소청심사위원회는 특별행정심판기관에 해당한다.

② [O] 재결취소소송의 피고는 재결청인 행정심판위원회(=교원소청심사위원회)가 된다.

③ [O] 소청심사청구를 기각한 소청심사결정 자체에 대한 항고소송은 원처분의 하자를 이유로 주장할 수 없고, 그 소청심사결정 자체에 고유한 주체, 절차, 형식 또는 내용상의 위법이 있는 경우, 즉 원처분에는 없고 소청심사결정에만 있는 교원소청심사위원회의 권한 또는 구성의 위법, 소청심사결정의 절차나 형식의 위법, 내용의 위법 등이 존재하는 때에 한한다. (2009. 10. 15. 2009두11829)

④ [X] 신청을 기각하는 소청심사결정에 사실오인이나 재량권 남용·일탈 등의 위법이 있다는 사유는 소청심사결정 자체에 고유한 위법을 주장하는 것으로 볼 수 없다. (2009. 10. 15. 2009두11829)

223 [O] 불이익처분의 상대방은 직접 개인적 이익의 침해를 받은 자로서 원고적격이 인정된다. 처분의 직접 상대방이 아닌 제3자라 하더라도 처분의 근거 법규 또는 관련 법규에 의하여 개별적·직접적·구체적으로 보호되는 이익이 있는 경우에는 처분의 취소를 구할 원고적격이 인정되지만, 제3자가 해당 처분과 간접적·사실적·경제적인 이해관계를 가지는 데 불과한 경우에는 처분의 취소를 구할 원고적격이 인정되지 않는다. (1999.10.12. 99두6026)

원고적격 인정례

224 시·도 선거관리위원회의 위원장은 국민권익위원회가 그에게 소속 직원에 대한 중징계 요구를 취소하라는 등의 조치요구를 한 것에 대하여 취소소송을 제기할 당사자능력을 가진다. (예제문제) ★★
[   ]

225 국민권익위원회가 소방청장에게 인사와 관련하여 부당한 지시를 한 사실이 인정된다며 이를 취소할 것을 의결하고 그 내용을 통지한 경우, 소방청장이 국민권익위원회 조치요구에 대하여 항고소송으로 취소를 구할 원고적격이 인정된다. (23-2) ★★
[   ]

226 체납자는 자신이 점유하는 제3자 소유의 동산에 대한 압류처분의 취소나 무효확인을 구할 원고적격이 있다. (추가문제) ★
[   ]

227 납세자가 아닌 제3자의 재산을 대상으로 한 압류처분은 그 처분의 내용이 법률상 실현될 수 없는 것이어서 당연무효이다. (23-2)
[   ]

정답 및 해설

224 [O] (2013. 7. 25. 2011두1214)

225 [O] 법률에서 행정기관 사이의 기관소송을 허용하는 규정을 두고 있지 않으므로 이러한 조치요구를 이행할 의무를 부담하는 행정기관의 장으로서는 기관소송으로 조치요구를 다툴 수 없고, 위 조치요구에 관하여 정부 조직 내에서 그 처분의 당부에 대한 심사·조정을 할 수 있는 다른 방도도 없으며, 국민권익위원회는 헌법 제111조 제1항 제4호에서 정한 '헌법에 의하여 설치된 국가기관'이라고 할 수 없으므로 그에 관한 권한쟁의심판도 할 수 없고, 별도의 법인격이 인정되는 국가기관이 아닌 소방청장은 질서위반행위규제법에 따른 구제를 받을 수도 없는 점, 부패방지 및 국민권익위원회의 설치와 운영에 관한 법률은 소방청장에게 국민권익위원회의 조치요구에 따라야 할 의무를 부담시키는 외에 별도로 그 의무를 이행하지 않을 경우 과태료나 형사처벌까지 정하고 있으므로 위와 같은 조치요구에 불복하고자 하는 '소속기관 등의 장'에게는 조치요구를 다툴 수 있는 소송상의 지위를 인정할 필요가 있는 점에 비추어, 처분성이 인정되는 국민권익위원회의 조치요구에 불복하고자 하는 소방청장으로서는 조치요구의 취소를 구하는 항고소송을 제기하는 것이 유효·적절한 수단으로 볼 수 있으므로 소방청장은 예외적으로 당사자능력과 원고적격을 가진다 (2018. 8. 1. 2014두35379)

226 [O] 국세징수법 제38조, 제39조의 규정에 의하면 동산의 압류는 세무공무원이 점유함으로써 행하되, 다만 일정한 경우 체납자로 하여금 보관하게 하고 그 사용 또는 수익을 허가할 수 있을 뿐이며, 여기서의 점유는 목적물에 대한 체납자의 점유를 전면적으로 배제하고 세무공무원이 이를 직접 지배, 보관하는 것을 뜻하므로, 과세관청이 조세의 징수를 위하여 체납자가 점유하고 있는 제3자의 소유 동산을 압류한 경우, 그 체납자는 그 압류처분에 의하여 당해 동산에 대한 점유권의 침해를 받은 자로서 그 압류처분에 대하여 법률상 직접적이고 구체적인 이익을 가지는 것이어서 그 압류처분의 취소나 무효확인을 구할 원고적격이 있다. (납세자 아닌 제3자의 재산을 대상으로 한 체납 압류처분의 효력(무효)) (2006. 4. 13. 2005두15151)

227 [O] (2001. 2. 23. 2000다68924)

228 「법무사규칙」이 이의신청 절차를 규정한 것은 채용승인을 신청한 법무사뿐만 아니라 사무원이 되려는 사람의 이익도 보호하려는 취지로 볼 수 있으므로, 지방법무사회의 사무원 채용승인 거부처분에 대해서는 처분상대방인 법무사뿐만 아니라 그 때문에 사무원이 될 수 없게 된 사람도 이를 다툴 원고적격이 인정된다. (변시 12회) ★ [   ]

229 교육부장관이 사학분쟁조정위원회의 심의를 거쳐 甲 대학교를 설치·운영하는 甲 학교법인의 이사를 선임한 데 대하여 총학생회 乙이 이사선임처분의 취소를 구하고자 하는 경우 법률상 이익이 인정된다. (22-2) [   ]

230 법인의 주주는 당해 법인에 대한 행정처분에 관하여 사실상이나 간접적인 이해관계를 가질 뿐이어서 스스로 그 처분의 취소를 구할 원고적격이 없는 것이 원칙이라고 할 것이지만, 그 처분으로 인하여 궁극적으로 주식이 소각되거나 주주의 법인에 대한 권리가 소멸하는 등 주주의 지위에 중대한 영향을 초래하게 되는 데도 그 처분의 성질상 당해 법인이 이를 다툴 것을 기대할 수 없고 달리 주주의 지위를 보전할 구제방법이 없는 경우에는 주주도 그 처분의 취소를 구할 원고적격이 있다. (변시 3회) ★ [   ]

231 법인에 대한 행정처분으로 인하여 법인이 더 이상 영업 전부를 행할 수 없게 되고, 영업에 대한 인·허가의 취소 등을 거쳐 해산·청산되는 절차 또한 처분 당시 이미 예정되어 있으며, 그 후속절차가 취소되더라도 그 처분의 효력이 유지되는 한 당해 법인이 종전에 행하던 영업을 다시 행할 수 없는 예외적인 경우에는 법인의 주주도 법인에 대한 행정처분에 관하여 그 효력을 다툴 원고적격이 있다. (22-2) [   ]

정답 및 해설

228 [O] (2020. 4. 9. 2015다34444)

229 [O] 헌법 제31조 제4항에 정한 교육의 자주성과 대학의 자율성에 근거한 甲 대학교 교수협의회와 총학생회의 학교운영참여권을 구체화하여 이를 보호하고 있다고 해석되므로, 甲 대학교 교수협의회와 총학생회는 이사선임처분을 다툴 법률상 이익을 가지지만, 고등교육법령은 교육받을 권리나 학문의 자유를 실현하는 수단으로서 학생회와 교수회와는 달리 학교의 직원으로 구성된 노동조합의 성립을 예정하고 있지 아니하고, 노동조합은 근로자가 주체가 되어 자주적으로 단결하여 근로조건의 유지·개선 기타 근로자의 경제적·사회적 지위의 향상을 도모하기 위하여 조직된 단체인 점 등을 고려할 때, 학교의 직원으로 구성된 노동조합이 교육받을 권리나 학문의 자유를 실현하는 수단으로서 직접 기능한다고 볼 수는 없으므로, 개방이사에 관한 구 사립학교법과 구 사립학교법 시행령 및 乙 법인 정관 규정이 학교직원들로 구성된 전국대학노동조합 乙 대학교지부의 법률상 이익까지 보호하고 있는 것으로 해석할 수는 없다. (2015. 7. 23. 2012두19496)

230 [O] (2004. 12. 23. 2000두2648)

231 [O] (2005. 1. 27. 2002두5313)

232 교육감이 사립학교법인의 이사장 및 학교장에게 소속 직원들의 유사경력 호봉환산이 과다하게 반영되었다는 이유로 호봉이 과다하게 산정된 직원들의 호봉정정에 따른 급여 환수명령 및 미이행 시 해당 직원들에 대한 보조금 지원을 중단하겠다는 내용의 시정명령을 하고, 정정된 호봉으로 호봉 재획정 처리를 하고 조치결과를 제출하라는 명령을 한 사안에서, 이는 사립학교 직원들이 각 소속 사립학교법인들에 대한 위 각 명령으로 인하여 법률상 보호되는 이익을 침해당한 경우에 해당한다. (변시 14회)   [   ]

원고적격 부정례

233 재단법인 甲 수녀원은 쾌적한 환경에서 생활할 수 있는 이익을 향수할 수 있는 주체가 아니므로 매립목적을 택지조성에서 조선시설용지로 변경하는 내용의 공유수면매립목적 변경 승인처분으로 인하여 법률상 보호되는 환경상 이익을 침해받았다면서 행정청을 상대로 처분의 무효확인을 구하는 소송을 제기할 법률상의 이익이 인정되지 않는다. (예제문제) ★   [   ]

234 개발제한구역 중 일부 취락을 개발제한구역에서 해제하는 내용으로 도시관리계획변경의 결정·고시가 있는 사안에서, 해제대상에서 누락된 개발제한구역 내 토지의 소유자는 위 결정·고시의 취소를 구할 법률상 이익이 있다. (변시 14회) ★   [   ]

정답 및 해설

232 [O] 구 사립학교법이 사립학교 직원들의 보수를 정관으로 정하도록 하고, 원고들이 소속된 각 학교법인의 정관이 그 직원들의 보수를 공무원의 예에 따르도록 한 것은, 사립학교 소속 사무직원들의 보수의 안정성 및 예측가능성을 담보하여 사립학교 교육이 공공의 목적에 부합하는 방향으로 원활하게 수행될 수 있도록 하는 한편, 그 사무직원의 경제적 생활안정과 복리향상을 보장하고자 함에 있으므로, 사립학교사무직원의 이익을 개별적·직접적·구체적으로 보호하고 있는 규정으로 볼 수 있다. 나아가 이 사건 각 명령은 학교법인들에 대하여 그 사무직원들의 호봉을 재획정하고, 그에 따라 초과 지급된 급여를 5년 범위 내에서 환수하도록 명하고 있는데, 이로 인하여 원고들은 급여가 실질적으로 삭감되거나 기지급된 급여를 반환하여야 하는 직접적이고 구체적인 손해를 입게 되므로, 원고들은 이 사건 각 명령을 다툴 개별적·직접적·구체적 이해관계가 있다고 볼 수 있다. (2023.1.12. 2022두56630)

233 [O] (2012. 6. 28. 2010두2005)

234 [X] 원고의 청구취지와 같이 이 사건 도시관리계획변경결정 중 중리취락 부분이 취소된다 하더라도 그 결과 이 사건 도시관리계획변경결정으로 개발제한구역에서 해제된 제3자 소유의 토지들이 종전과 같이 개발제한구역으로 남게 되는 결과가 될 뿐, 원고 소유의 이 사건 토지가 개발제한구역에서 해제되는 것도 아니다. 따라서 원고에게 제3자 소유의 토지에 관한 이 사건 도시관리계획변경결정의 취소를 구할 직접적이고 구체적인 이익이 있다고 할 수 없다. (2008.7.10. 2007두10242) (2008. 7. 10. 2007두10242)

235 甲 교통주식회사는 노사 간의 임금협정을 통하여 운전기사의 합승행위 등으로 회사에 대하여 과징금이 부과되면 당해 운전기사에 대한 상여금지급시 그 금액상당을 공제하기로 하였다. 운전기사 乙의 합승행위를 이유로 甲회사에 과징금이 부과되어 乙의 상여금지급이 제한되자, 乙이 과징금부과처분의 취소를 구하고자 하는 경우 법률상 이익이 인정된다. (22-2) [ ]

236 도로를 일반적으로 이용하는 사람은 원칙적으로 도로의 용도폐지를 다툴 법률상의 이익이 없다. (변시 2회) ★ [ ]

237 甲이 乙 소유의 도로를 공로에 이르는 유일한 통로로 이용하였으나, 甲 소유의 대지에 연접하여 새로운 공로가 개설되어 그 쪽 출입문을 내어 바로 새로운 공로에 이를 수 있게 된 경우, 甲이 乙 소유의 도로에 대한 도로폐지허가처분의 취소를 구할 법률상 이익이 없다. (22-2) ★★ [ ]

238 한의사들이 가지는 한약조제권을 한약조제시험을 통하여 약사에게도 인정함으로써 감소하게 되는 한의사들의 영업상 이익은 법률에 의하여 보호되는 이익이라 볼 수 없다. (변시 5회) ★ [ ]

경업자 소송

239 甲은 신규로 담배구내소매인지정을 받았는데, 甲의 영업소는 기존 담배일반소매인 乙의 영업소로부터 처분의 근거법령에서 정하고 있는 소매인 영업소 간 제한거리 이내에 위치하였다. 乙이 甲에 대한 담배소매인지정처분의 취소를 구하고자 하는 경우 법률상 이익이 인정된다. (22-2) ★★ [ ]

정답 및 해설

235 [X] 과징금부과처분의 직접 당사자 아닌 당해 운전기사로서는 그 처분의 취소를 구할 직접적이고 구체적인 이익이 있다고 볼 수 없다. (1994. 4. 12. 93누24247)

236 [O] 일반적인 시민생활에 있어 도로를 이용만 하는 사람은 그 용도폐지를 다툴 법률상의 이익이 있다고 말할 수 없지만, … 특별한 사정이 있는 경우에는 그와 같은 이익은 법률상 보호되어야 할 것이고, 따라서 도로의 용도폐지처분에 관하여 이러한 직접적인 이해관계를 가지는 사람이 그와 같은 이익을 현실적으로 침해당한 경우에는 그 취소를 구할 법률상 이익이 있다. (1992. 9. 22. 91누13212)

237 [O] (1999. 12. 7. 97누12556)

238 [O] 한의사 면허는 경찰금지를 해제하는 명령적 행위(강학상 허가)에 해당하고, 한약조제시험을 통하여 약사에게 한약조제권을 인정함으로써 한의사인 원고들의 영업상 이익이 감소되었다고 하더라도 이러한 이익은 사실상의 이익에 불과하다. (1998. 3. 10. 97누4289)

239 [X] 구내소매인과 일반소매인 사이에서는 구내소매인의 영업소와 일반소매인의 영업소 간에 거리제한을 두지 아니할 뿐 아니라 … 일반소매인의 입장에서 구내소매인과의 과당경쟁으로 인한 경영의 불합리를 방지하는 것을 그 목적으로 할 수 있다고 보기 어려우므로, 일반소매인으로 지정되어 영업을 하고 있는 기존업자의 신규 구내소매인에 대한 이익은 법률상 보호되는 이익이 아니라 단순한 사실상의 반사적 이익이라고 해석함이 상당하므로, 기존 일반소매인은 신규 구내소매인 지정처분의 취소를 구할 원고적격이 없다. (2008. 4. 10. 2008두402)

240 관할 행정청이 A에 대하여 A 소유 건물의 4, 5층에 객실을 설비할 수 있도록 숙박업구조변경허가를 하였는데 그곳으로부터 700m 정도의 거리에서 여관을 경영하는 甲이 주거안녕과 생활환경 침해를 이유로 A에 대한 숙박업구조변경허가처분의 무효확인소송을 제기한 경우, 무효확인을 구할 소익이 있다. (변시 13회) ★ [   ]

경원자 소송

241 면허나 인·허가 등의 수익적 행정처분의 근거가 되는 법률이 해당 업자들 사이의 과당경쟁으로 인한 경영의 불합리를 방지하는 것을 그 목적으로 하고 있는 경우라도 다른 업자에 대한 면허나 인·허가 등의 수익적 행정처분에 대하여 미리 같은 종류의 면허나 인·허가 등의 수익적 행정처분을 받아 영업을 하고 있는 기존의 업자는 경업자에 대하여 이루어진 면허나 인·허가 등 행정처분의 상대방이 아니므로 당해 행정처분의 취소를 구할 원고적격이 없다. (변시 3회) ★★ [   ]

242 인·허가 등의 수익적 행정처분을 신청한 수인이 서로 경쟁관계에 있어서 일방에 대한 허가 등의 처분이 타방에 대한 불허가 등으로 귀결될 수밖에 없는 때 허가 등의 처분을 받지 못한 자는 자신에 대한 불허가처분 등의 취소를 구하면 되는 것이지, 경원자에 대하여 이루어진 허가 등 처분의 상대방이 아니므로 당해 처분의 취소를 구할 원고적격이 없다. (변시 3회) ★★ [   ]

정답 및 해설

240 [X] 이 사건 건물의 4, 5층 일부에 객실을 설비할 수 있도록 숙박업구조변경허가를 함으로써 그곳으로부터 50미터 내지 700미터 정도의 거리에서 여관을 경영하는 원고들이 받게 될 불이익이 간접적이거나 사실적, 경제적인 불이익에 지나지 아니하므로 그것만으로는 원고들에게 위 숙박업구조변경허가처분의 무효확인 또는 취소를 구할 소익이 있다고 할 수 없다. (1990. 8. 14. 89누7900)

241 [X] 일반적으로 면허나 인·허가 등의 수익적 행정처분의 근거가 되는 법률이 해당 업자들 사이의 과당경쟁으로 인한 경영의 불합리를 방지하는 것도 그 목적으로 하고 있는 경우, 다른 업자에 대한 면허나 인·허가 등의 수익적 행정처분에 대하여 미리 같은 종류의 면허나 인·허가 등의 수익적 행정처분을 받아 영업을 하고 있는 기존의 업자는 경업자에 대하여 이루어진 면허나 인·허가 등 행정처분의 상대방이 아니라 하더라도 당해 행정처분의 취소를 구할 당사자적격이 있다. (2002. 10. 25. 2001두4450)

242 [X] 인·허가 등의 수익적 행정처분을 신청한 여러 사람이 서로 경쟁관계에 있어 일방에 대한 허가 등의 처분이 타방에 대한 불허가 등으로 될 수밖에 없는 때에는 허가 등의 처분을 받지 못한 사람은 처분의 상대방이 아니라 하더라도 당해 처분의 취소를 구할 당사자적격이 있고, 다만 구체적인 경우에 있어서 그 처분이 취소된다 하더라도 허가 등의 처분을 받지 못한 불이익이 회복된다고 볼 수 없을 때에는 당해 처분의 취소를 구할 정당한 이익이 없다. (1998. 9. 8. 98두6272)

243 인·허가 등의 수익적 행정처분을 신청한 수인이 서로 경쟁관계에 있어서 일방에 대한 허가 등의 처분이 타방에 대한 불허가 등으로 귀결될 수밖에 없는 때에도, 허가 등의 처분을 받지 못한 자가 명백한 법적 장애로 인하여 자신의 신청이 인용될 가능성이 처음부터 배제되어 있는 경우에는 당해 처분의 취소를 구할 원고적격이 없다. (22-2) ★★ [ ]

244 허가 등 처분을 신청한 甲과 乙이 서로 경원관계에 있는 경우, 행정청이 甲에게 허가 등을 거부하는 처분(이하 '이 사건 거부처분'이라 함)을 함과 동시에 乙에게 허가 등 처분을 하였다면, 이 사건 거부처분에 대한 취소판결이 확정되더라도 乙에 대한 허가 등 처분이 취소되거나 효력이 소멸되는 것은 아니므로, 甲은 이 사건 거부처분의 취소를 구할 소의 이익이 없다. (변시 12회) ★★ [ ]

인인 소송

245 행정처분의 근거 법규 또는 관련 법규에 그 처분으로써 이루어지는 행위 등 사업으로 인하여 환경상 침해를 받으리라고 예상되는 영향권의 범위가 구체적으로 규정되어 있는 경우에는, 그 영향권 내의 주민들에 대하여는 당해 처분으로 인하여 직접적이고 중대한 환경피해를 입으리라고 예상할 수 있고, 이와 같은 환경상의 이익은 주민 개개인에 대하여 개별적으로 보호되는 직접적·구체적 이익으로서 그들에 대하여는 특단의 사정이 없는 한 환경상 이익에 대한 침해 또는 침해 우려가 있는 것으로 사실상 수정되어 법률상 보호되는 이익으로 인정됨으로써 원고적격이 인정된다. (변시 3회) (변시 12회) ★★ [ ]

정답 및 해설

243 [O] (1992. 5. 8. 91누13274)

244 [X] 인가·허가 등 수익적 행정처분을 신청한 여러 사람이 서로 경원관계에 있어서 한 사람에 대한 허가 등 처분이 다른 사람에 대한 불허가 등으로 귀결될 수밖에 없을 때 허가 등 처분을 받지 못한 사람은 신청에 대한 거부처분의 직접 상대방으로서 원칙적으로 자신에 대한 거부처분의 취소를 구할 원고적격이 있고, 취소판결이 확정되는 경우 판결의 직접적인 효과로 경원자에 대한 허가 등 처분이 취소되거나 효력이 소멸되는 것은 아니더라도 행정청은 취소판결의 기속력에 따라 판결에서 확인된 위법사유를 배제한 상태에서 취소판결의 원고와 경원자의 각 신청에 관하여 처분요건의 구비 여부와 우열을 다시 심사하여야 할 의무가 있으며, 재심사 결과 경원자에 대한 수익적 처분이 직권취소되고 취소판결의 원고에게 수익적 처분이 이루어질 가능성을 완전히 배제할 수는 없으므로, 특별한 사정이 없는 한 경원관계에서 허가 등 처분을 받지 못한 사람은 자신에 대한 거부처분의 취소를 구할 소의 이익이 있다. (2015. 10. 29. 2013두27517)

245 [O] (2010. 4. 15. 2007두16127)

246 폐기물처리시설 설치촉진 및 주변지역지원 등에 관한 법령 상 폐기물매립시설 부지경계선으로부터 2km 이내, 폐기물소각시설 부지경계선으로부터 300m 이내에 거주하는 주민으로 주민지원협의체를 구성하여 주변영향지역결정에 관해 협의하도록 정하고 있는 상황에서 그 구역 내 지역주민인 丙이 주변영향지역결정처분의 취소소송을 제기한 경우, 원고적격이 인정된다. (변시 13회) ★ [ ]

247 「원자력안전법」의 취지는 원자로 등 건설사업이 방사성물질 및 그에 의하여 오염된 물질에 의한 인체·물체·공공의 재해를 발생시키지 아니하는 방법으로 시행되도록 함으로써 방사성물질 등에 의한 생명·건강상의 위해를 받지 아니할 이익을 일반적 공익으로서 보호하려는 데 그치는 것이 아니라, 방사성물질에 의하여 보다 직접적이고 중대한 피해를 입으리라고 예상되는 지역 내의 주민들의 위와 같은 이익을 직접적·구체적 이익으로서도 보호하려는 데에 있다 할 것이므로, 위와 같은 지역 내의 주민들에게는 방사성물질 등에 의한 생명·신체의 안전침해를 이유로 이 사건 처분의 취소를 구할 원고적격이 있다. (예제문제) [ ]

248 헌법 제35조 제1항에서 정하고 있는 환경권에 관한 규정만으로는 그 권리의 주체·대상·내용·행사방법 등이 구체적으로 정립되어 있다고 볼 수 없으므로, 환경영향평가 대상지역 밖에 거주하는 주민에게 헌법상의 환경권에 근거하여 공유수면매립면허처분과 농지개량사업시행인가처분의 무효확인을 구할 원고적격은 인정될 수 없다. (변시 1회) ★ [ ]

249 광업권설정허가처분과 그에 따른 광산 개발로 인하여 재산상·환경상 이익의 침해를 받거나 받을 우려가 있는 토지나 건축물의 소유자와 점유자 또는 이해관계인 및 주민들은 그 처분 전과 비교하여 수인한도를 넘는 재산상·환경상 이익의 침해를 받거나 받을 우려가 있다는 것을 증명함으로써 그 처분의 취소를 구할 원고적격을 인정받을 수 있다. (변시 3회) [ ]

250 개발제한구역 안에서의 공장설립을 승인한 처분이 위법하다는 이유로 쟁송취소되었지만 그 승인처분에 기초한 공장건축허가처분이 잔존하는 경우, 인근 주민들은 여전히 공장건축허가처분의 취소를 구할 법률상 이익이 있다. (변시 14회) [ ]

정답 및 해설

246 [O] (2018. 8. 1. 2014두42520)
247 [O] (1998. 9. 4. 97누19588)
248 [O] (2006. 3. 16. 2006두330)
249 [O] (2008. 9. 11. 2006두7577)
250 [O] (2018. 7. 12. 2015두3485)

251 환경부장관이 생태·자연도 1등급으로 지정되었던 지역을 2등급 또는 3등급으로 변경하는 내용의 생태·자연도 수정·보완을 고시하자, 인근 주민 甲이 생태·자연도 등급변경처분의 무효 확인을 청구한 경우, 甲은 무효 확인을 구할 원고적격이 있다. (예제문제) [　]

252 A국 국적의 외국인 甲은 결혼이민(F-6) 사증발급을 신청하였다가 A국 소재 한국총영사관 총영사로부터 사증발급을 거부당하였다. A국 출입국 관련법령에서는 외국인의 사증발급 거부에 대하여 불복하지 못하도록 하는 규정을 두고 있다. 한편, B국 국적의 재외동포 乙은 재외동포(F-4) 사증발급을 신청하였다. 법무부장관은 취업자격으로 체류하는 외국인 중 불법체류자의 상당수가 단순기능인력이고, 불법체류자가 많이 발생하는 국가에서 비전문취업(E-9) 또는 방문취업(H-2) 외국인의 수가 많다는 점을 고려하여 불법체류가 많이 발생하는 국가를 고시하고 있다. 법무부장관은 위 고시에서 정한 국가에 B국이 포함된다는 이유로 乙에게 단순노무행위 등 취업활동에 종사하지 않을 것임을 소명하는 서류를 제출할 것을 요구하였다. (다툼이 있는 경우 판례에 의함) (변시 9회)

① A국 소재 한국총영사관 총영사가 甲에 대하여 사증발급을 거부하는 처분을 함에 있어 「행정절차법」상 처분의 사전통지를 하여야 하는 것은 아니다. [　]

② 행정처분에 대한 취소소송에서의 원고적격과 관련된 법률상 이익이라 함은 당해 처분의 근거 법률에 의하여 보호되는 직접적이고 구체적인 이익을 말하는 것인데, 甲은 사증발급 거부처분의 직접 상대방이므로 그 취소를 구할 법률상 이익이 있다. ★★ [　]

정답 및 해설

251 [X] 생태·자연도는 토지이용 및 개발계획의 수립이나 시행에 활용하여 자연환경을 체계적으로 보전·관리하기 위한 것일 뿐, 1등급 권역의 인근 주민들이 가지는 생활상 이익을 직접적이고 구체적으로 보호하기 위한 것이 아님이 명백하고, 1등급 권역의 인근 주민들이 가지는 이익은 환경보호라는 공공의 이익이 달성됨에 따라 반사적으로 얻게 되는 이익에 불과하다. (2014. 2. 21. 2011두29052)

252 ① [O] 거부처분은 사전통지 및 의견제출 기회 부여의 대상이 아님(2019. 7. 11. 2017두38874)

② [X] 사증발급의 법적 성질, 출입국관리법의 입법 목적, 사증발급 신청인의 대한민국과의 실질적 관련성, 상호주의원칙 등을 고려하면, 우리 출입국관리법의 해석상 외국인에게는 사증발급 거부처분의 취소를 구할 법률상 이익이 인정되지 않는다. (2018. 5. 15. 2014두42506)

취소소송의 협의의 소의 이익

소의 이익 긍정례

253 취소판결을 받더라도 해당 처분으로 발생한 위법상태를 원상으로 회복시킬 수 없는 경우에는 그 취소를 구할 소의 이익이 인정되지 않는 것이 원칙이나, 그 취소로써 회복할 수 있는 다른 이익이 남아 있거나 또는 불분명한 법률문제의 해명이 필요한 경우에는 예외적으로 소의 이익을 인정할 수 있다. (변시 11회) ★★ [   ]

254 금융위원회가 「공인회계사법」의 해석을 잘못하여 甲 회계법인에 대하여 업무정지처분을 하였는데 甲 회계법인이 이를 다투지 않는 동안 업무정지기간이 이미 도과하였더라도 향후 동일한 사유로 위법한 처분을 다른 회계법인에 반복할 위험이 인정된다면 甲 회계법인은 위 업무정지처분의 취소를 구할 소의 이익이 있다. (22-3) ★★ [   ]

255 丁이 영업정지처분을 받았고 그 정지기간이 지났으나 시행규칙의 형식으로 정한 처분기준에서 제재적 행정처분을 받은 것을 가중사유로 삼아 장래의 제재적 행정처분을 하도록 정하고 있고 이러한 시행규칙이 법령에 근거를 두고 있으며 가중된 제재처분을 받을 우려가 있는 상황에서, 정지기간이 이미 경과한 영업정지처분에 대하여 취소소송을 제기한 경우, 취소를 구할 법률상 이익이 있다. (변시 13회) ★★ [   ]

정답 및 해설

253 [O] (2020. 12. 24. 2020두30450)

254 [O] 여기에서 '그 행정처분과 동일한 사유로 위법한 처분이 반복될 위험성이 있는 경우'란 불분명한 법률문제에 대한 해명이 필요한 상황에 대한 대표적인 예시일 뿐이며, 반드시 '해당 사건의 동일한 소송당사자 사이에서' 반복될 위험이 있는 경우만을 의미하는 것은 아니다. (2020. 12. 24. 2020두30450)

255 [O] 규칙이 법령에 근거를 두고 있는 이상 그 법적 성질이 대외적·일반적 구속력을 갖는 법규명령인지 여부와는 상관없이, 관할 행정청이나 담당공무원은 이를 준수할 의무가 있으므로 이들이 그 규칙에 정해진 바에 따라 행정작용을 할 것이 당연히 예견되고, 그 결과 행정작용의 상대방인 국민으로서는 그 규칙의 영향을 받을 수밖에 없다. 따라서 그러한 규칙이 정한 바에 따라 선행처분을 받은 상대방이 그 처분의 존재로 인하여 장래에 받을 불이익, 즉 후행처분의 위험은 구체적이고 현실적인 것이므로, 상대방에게는 선행처분의 취소소송을 통하여 그 불이익을 제거할 필요가 있다. … 규칙이 정한 바에 따라 선행처분을 가중사유 또는 전제요건으로 하는 후행처분을 받을 우려가 현실적으로 존재하는 경우에는, 선행처분을 받은 상대방은 비록 그 처분에서 정한 제재기간이 경과하였다 하더라도 그 처분의 취소소송을 통하여 그러한 불이익을 제거할 권리보호의 필요성이 충분히 인정된다고 할 것이므로, 선행처분의 취소를 구할 법률상 이익이 있다고 보아야 한다. (2006. 6. 22. 2003두1684)

256　해임처분 무효확인 또는 취소소송 계속 중 해당 공무원의 임기가 만료되어 해임처분의 무효확인 또는 취소로 지위를 회복할 수 없는 경우 그 무효확인 또는 취소로 해임처분일부터 임기만료일까지 기간에 대한 보수지급을 구할 수 있더라도 해임처분의 무효확인 또는 취소를 구할 법률상 이익이 없다. (변시 6회) (변시 13회) ★★　[　]

257　지방의회 의원에 대한 제명의결 취소소송 계속중 의원의 임기가 만료된 사안에서, 제명의결의 취소로 의원의 지위를 회복할 수는 없다 하더라도 제명의결시부터 임기만료일까지의 기간에 대한 월정수당의 지급을 구할 수 있는 등 여전히 그 제명의결의 취소를 구할 법률상 이익이 있다. (예제문제) ★　[　]

258　고등학교 졸업은 단지 대학입학자격이나 학력인정으로서의 의미만 있으므로, 고등학교 퇴학처분을 받은 후 고등학교 졸업학력 검정고시에 합격하였다면 고등학교 퇴학처분을 받은 자로서는 퇴학처분의 취소를 구할 소의 이익이 없다. (변시 6회) ★　[　]

259　현역입영대상자가 현역병입영통지처분을 받고 현실적으로 입영을 하였다고 하더라도, 입영 이후의 법률관계에 영향을 미치고 있는 현역병입영통지처분의 취소를 구할 소의 이익이 있다. (변시 6회) ★　[　]

260　교육부장관이 X학교법인의 이사 甲에 대해 임원취임승인취소처분을 하고 임시이사로 乙을 선임한 후 甲이 임원취임승인취소처분 취소소송을 제기하였으나 소송계속 중 자신의 임기가 만료되었다면, 甲이 임원취임승인취소처분을 다툴 법률상 이익은 더 이상 인정되지 않는다. (22-1) ★★ [　]

정답 및 해설

256 [X] 그 무효확인 또는 취소로 해임처분일부터 임기만료일까지 기간에 대한 보수 지급을 구할 수 있는 경우에는 해임처분의 무효확인 또는 취소를 구할 법률상 이익이 있다. (2012. 2. 23. 2011두5001)

257 [O] (2009. 1. 30. 2007두13487)

258 [X] 고등학교졸업학력검정고시에 합격하였다 하여 고등학교 학생으로서의 신분과 명예가 회복될 수 없는 것이니 퇴학처분을 받은 자로서는 퇴학처분의 위법을 주장하여 그 취소를 구할 소송상의 이익이 있다. (1992. 7. 14. 91누4737)

259 [O] (2003. 12. 26. 2003두1875)

260 [X] 비록 취임승인이 취소된 학교법인의 정식이사들에 대하여 원래 정해져 있던 임기가 만료되고 임원결격사유기간마저 경과하였다 하더라도, 그 임원취임승인취소처분이 위법하다고 판명되고 나아가 임시이사들의 지위가 부정되어 직무권한이 상실되면, 그 정식이사들은 후임이사 선임시까지 민법 제691조의 유추적용에 의하여 직무수행에 관한 긴급처리권을 가지게 되고 이에 터잡아 후임 정식이사들을 선임할 수 있게 되는 바, 이는 감사의 경우에도 마찬가지이다. … 그러므로 취임승인이 취소된 학교법인의 정식이사들로서는 그 취임승인취소처분 및 임시이사 선임처분에 대한 각 취소를 구할 법률상 이익이 있다. (2007. 7. 19. 2006두19297)

261 경업자에 대한 행정처분이 경업자에게 불리한 내용이라면 그와 경쟁관계에 있는 기존의 업자에게는 특별한 사정이 없는 한 유리할 것이므로 기존의 업자가 그 행정처분의 무효확인 또는 취소를 구할 이익은 없다고 보아야 한다. (추가문제) ★★ [   ]

소의 이익 부정례

262 행정처분의 무효확인 또는 취소를 구하는 소가 제소 당시에는 소의 이익이 있어 적법하였더라도, 소송 계속 중 처분청이 다툼의 대상이 되는 행정처분을 직권으로 취소하면 그 처분은 효력을 상실하여 더 이상 존재하지 않는 것이므로, 존재하지 않는 처분을 대상으로 한 항고소송은 원칙적으로 소의 이익이 소멸하여 부적법하다. (추가문제) [   ]

263 관할 지방병무청장이 병역의무 기피를 이유로 그 인적사항 등을 공개할 대상자를 1차로 결정하고 그에 이어 병무청장의 최종 공개결정이 있는 경우, 지방병무청장의 1차 공개결정은 병무청장의 최종 공개결정과는 별도로 항고소송의 대상이 된다. (변시 9회) [   ]

264 위법한 건축허가에 대해 취소소송으로 다투는 도중에 건축공사가 완료된 경우 그 취소를 구할 소의 이익이 인정된다. (변시 6회) [   ]

265 소음·진동배출시설에 대한 설치허가가 취소된 후 그 배출시설이 어떠한 경위로든 철거되어 다시 복구 등을 통하여 배출시설을 가동할 수 없는 상태라면 이는 배출시설 설치허가의 대상이 되지 아니하므로 외형상 설치허가 취소행위가 잔존하고 있다고 하여도 특단의 사정이 없는 한 이제 와서 굳이 위 처분의 취소를 구할 법률상의 이익이 없다. (추가문제) [   ]

정답 및 해설

261 [O] 일반적으로 면허나 인허가 등의 수익적 행정처분의 근거가 되는 법률이 해당 업자들 사이의 과당경쟁으로 인한 경영의 불합리를 방지하는 것도 목적으로 하고 있는 경우, 다른 업자에 대한 면허나 인허가 등의 수익적 행정처분에 대하여 미리 같은 종류의 면허나 인허가 등의 수익적 행정처분을 받아 영업을 하고 있는 기존의 업자는 경업자에 대하여 이루어진 면허나 인허가 등 행정처분의 상대방이 아니라고 하더라도 당해 행정처분의 무효확인 또는 취소를 구할 이익이 있다. 그러나 경업자에 대한 행정처분이 경업자에게 불리한 내용이라면 그와 경쟁관계에 있는 기존의 업자에게는 특별한 사정이 없는 한 유리할 것이므로 기존의 업자가 그 행정처분의 무효확인 또는 취소를 구할 이익은 없다고 보아야 한다. (2020. 4. 9. 2019두49953)

262 [O] (2020. 4. 9. 2019두49953)

263 [X] 공개 대상자는 병무청장의 최종적 공개결정만을 다투는 것으로 충분하고, 관할 지방병무청장의 공개 대상자 결정을 별도로 다툴 소의 이익은 없어진다고 보아야 한다. (2019. 6. 27. 2018두49130)

264 [X] 이미 건축공사가 완료되었다면 인접한 대지의 소유자로서는 위 건축허가처분의 취소를 구할 소의 이익이 없다. (1992. 4. 24. 91누11131)

265 [O] (2002. 1. 11. 2000두2457)

266 치과의사국가시험 불합격처분 이후 새로 실시된 국가시험에 합격한 자들로서는 더 이상 불합격처분의 취소를 구할 법률상의 이익이 없다. (예제문제) [ ]

267 법인세 과세표준과 관련하여 과세관청이 법인의 소득처분 상대방에 대한 소득처분을 경정하면서 증액과 감액을 동시에 한 결과 전체로서 소득처분금액이 감소된 경우, 법인이 소득금액변동통지의 취소를 구할 소의 이익이 없다. (추가문제) [ ]

268 당초의 과징금 부과처분을 한 후 그 과징금 액수를 감액하는 처분을 한 경우, 감액처분은 당초처분과 별개인 독립의 과징금 부과처분이 아니라 그 실질은 당초 과징금의 일부취소라는 유리한 결과를 가져오는 처분에 불과하므로 독립한 항고소송의 대상이 되지 않는다. (변시 13회) ★ [ ]

269 공정거래위원회가 부당한 공동행위를 한 사업자에게 과징금 부과처분을 한 뒤 다시 자진신고 등을 이유로 과징금 감면처분을 하였다면, 선행 과징금 부과처분은 일종의 잠정적 처분으로서 후행 과징금 감면처분에 흡수되어 소멸한다. (변시 8회) ★★ [ ]

270 원고가 취소소송을 통해 처분이 위법하다는 점에 대한 판결을 받아 국가배상청구소송에서 이를 원용할 수 있는 이익은 사실적·경제적 이익에 불과하여 소의 이익이 인정되지 않는다. (예제문제) [ ]

271 행정심판과 취소소송이 동시에 제기되어 행정심판에서 먼저 인용재결이 있었다면, 재결로 인해 대상 처분은 소급하여 효력을 잃게 되므로 처분의 취소를 구하는 소는 소익이 없으므로 각하해야 한다. (예제문제) [ ]

정답 및 해설

266 [O] (1993. 11. 9. 93누6867)

267 [O] 전체로서 소득처분금액이 감소된 경우에는 그에 따른 소득금액변동통지가 납세자인 당해 법인에 불이익을 미치는 처분이 아니므로 당해 법인은 그 소득금액변동통지의 취소를 구할 이익이 없다. (2012. 4. 13. 2009두5510)

268 [O] (2017. 1. 12. 2015두2352)

269 [O] 따라서 위와 같은 경우에 선행처분의 취소를 구하는 소는 이미 효력을 잃은 처분의 취소를 구하는 것으로 부적법하다. (2015. 2. 12. 2013두987)

270 [O] (2002. 1. 11. 2000두2457)

271 [O] (1997. 5. 30. 96누18632)

272 신청에 대한 거부처분을 취소하는 인용재결이 있은 후, 행정청이 재결에 따라 신청을 인용하는 재처분을 한 경우 이해관계 있는 제3자는 재결의 취소를 구할 법률상 이익이 없다. (예제문제) ★★

[　]

정답 및 해설

272 [O] 당사자의 신청을 받아들이지 않은 거부처분이 재결에서 취소된 경우에 행정청은 종전 거부처분 또는 재결 후에 발생한 새로운 사유를 내세워 다시 거부처분을 할 수 있다. 그 재결의 취지에 따라 이전의 신청에 대하여 다시 어떠한 처분을 하여야 할지는 처분을 할 때의 법령과 사실을 기준으로 판단하여야 하기 때문이다. 또한 행정청이 재결에 따라 이전의 신청을 받아들이는 후속처분을 하였더라도 후속처분이 위법한 경우에는 재결에 대한 취소소송을 제기하지 않고도 곧바로 후속처분에 대한 항고소송을 제기하여 다툴 수 있다. 나아가 거부처분을 취소하는 재결이 있더라도 그에 따른 후속처분이 있기까지는 제3자의 권리나 이익에 변동이 있다고 볼 수 없고 후속처분 시에 비로소 제3자의 권리나 이익에 변동이 발생하며, 재결에 대한 항고소송을 제기하여 재결을 취소하는 판결이 확정되더라도 그와 별도로 후속처분이 취소되지 않는 이상 후속처분으로 인한 제3자의 권리나 이익에 대한 침해 상태는 여전히 유지된다. 이러한 점들을 종합하면, 거부처분이 재결에서 취소된 경우 재결에 따른 후속처분이 아니라 그 재결의 취소를 구하는 것은 실효적이고 직접적인 권리구제수단이 될 수 없어 분쟁해결의 유효적절한 수단이라고 할 수 없으므로 법률상 이익이 없다. (2009. 10. 15. 2009두11829)

273 甲은 식품위생법령상 적합한 시설을 갖추어 유흥주점 영업허가를 받아 업소를 경영하던 중 청소년을 출입시켜 주류를 제공하였음을 이유로 A시장으로부터 영업정지 2개월의 처분을 받았다. 이에 대해 甲은 해당 처분이 사실을 오인한 것임을 들어 다투고자 하였으나, 미처 취소소송을 제기하기 전에 영업정지기간이 도과되어 버렸다(「식품위생법 시행규칙」은 같은 이유로 2차 위반 시 영업정지 3개월의 제재처분을 하도록 규정하고 있다.). (다툼이 있는 경우 판례에 의함) (변시 8회) (변시 3회)

① A시장은 유흥주점 영업허가를 하는 때에는 필요한 조건을 붙일 수 있다. [ ]

② A시장이 甲에 대하여 내린 영업정지처분의 적법 여부는 「식품위생법 시행규칙」의 행정처분기준에 적합한지의 여부만에 따라 판단할 것이 아니라 법의 규정 및 그 취지에 적합한 것인가의 여부에 따라 판단하여야 한다. [ ]

③ 甲에 대한 2개월의 영업정지처분은 그 기간의 경과로 이미 효력이 상실되었으므로, 甲에게는 그 처분의 취소를 구할 법률상 이익이 인정되지 아니한다. [ ]

④ 甲이 위 영업정지처분으로 인하여 재산적 손해를 입었다고 주장하며 국가배상소송을 제기하는 경우 수소법원은 위 처분에 대하여 「국가배상법」상 법령의 위반사유가 있는지 독자적으로 판단할 수 있다. [ ]

정답 및 해설

273 ① [O] 식품위생법 제37조(영업허가 등) ② 식품의약품안전처장 또는 특별자치시장·특별자치도지사·시장·군수·구청장은 제1항에 따른 영업허가를 하는 때에는 필요한 조건을 붙일 수 있다.

② [O] 제재적 처분기준을 정한 시행규칙은 행정규칙에 불과함. (1995. 10. 17. 94누14148)

③ [X] 제재적 행정처분이 그 처분에서 정한 제재기간의 경과로 인하여 그 효과가 소멸되었으나, 부령인 시행규칙 또는 지방자치단체의 규칙의 형식으로 정한 처분기준에서 제재적 행정처분(이하 '선행처분'이라고 한다)을 받은 것을 가중사유나 전제요건으로 삼아 장래의 제재적 행정처분(이하 '후행처분'이라고 한다)을 하도록 정하고 있는 경우, 제재적 행정처분의 가중사유나 전제요건에 관한 규정이 법령이 아니라 규칙의 형식으로 되어 있다고 하더라도, 그러한 규칙이 법령에 근거를 두고 있는 이상 그 법적 성질이 대외적·일반적 구속력을 갖는 법규명령인지 여부와는 상관없이, 관할 행정청이나 담당공무원은 이를 준수할 의무가 있으므로 이들이 그 규칙에 정해진 바에 따라 행정작용을 할 것이 당연히 예견되고, 그 결과 행정작용의 상대방인 국민으로서는 그 규칙의 영향을 받을 수밖에 없다. 따라서 그러한 규칙이 정한 바에 따라 선행처분을 받은 상대방이 그 처분의 존재로 인하여 장래에 받을 불이익, 즉 후행처분의 위험은 구체적이고 현실적인 것이므로, 상대방에게는 선행처분의 취소소송을 통하여 그 불이익을 제거할 필요가 있다. (2006. 6. 22. 2003두1684)

④ [O] 국가배상청구소송에서 선결문제로서 행정행위의 위법성 판단은 행정행위의 효력을 부인하는 것이 아니라 단순한 위법성 심사에 그치는 것이므로 행정행위의 구성요건적 효력(혹은 공정력)에 반하지 않는다.

274 甲은 A시에서 숙박업을 하는 자로서, 청소년에 대하여 이성혼숙을 하게 하였다. 관할 A시장은 「공중위생관리법」 제11조 제1항을 근거로 같은 법 시행규칙 제19조 및 [별표 7]에 따라 甲에게 2월의 영업정지처분을 하였다. 甲은 영업정지처분에 승복할 수가 없어 취소소송을 제기하였으나 소송 계속 중 2월의 영업정지기간이 경과하였다. (다툼이 있는 경우 판례에 의함) (변시 6회)

「공중위생관리법 시행규칙」

[별표 7] 행정처분기준(제19조관련) Ⅱ. 개별기준 1. 숙박업

위반사항	근거 법령	행정처분기준		
		1차 위반	2차 위반	3차 위반
4) 청소년에 대하여 이성혼숙을 하게 하는 등 풍기를 문란하게 하는 영업행위를 하거나 그를 목적으로 장소를 제공한 때	법 제11조 제1항	영업정지 2월	영업정지 3월	영업장 폐쇄명령

① 「공중위생관리법 시행규칙」 [별표 7] 행정처분기준은 행정기관 내부의 사무처리준칙을 규정한 행정규칙이다. [ ]

② 영업정지처분이 적법한지 여부는 「공중위생관리법 시행규칙」 [별표 7]에 합치하는 것인지 여부에 따라 판단되어야 한다. [ ]

③ 영업정지기간의 경과로 영업정지처분의 효력은 상실되므로 甲이 제기한 소송은 소의 이익(권리보호의 필요)이 인정될 수 없다. [ ]

④ 甲에게 소의 이익(권리보호의 필요)이 인정될 수 있는지 여부는 「공중위생관리법 시행규칙」 [별표 7]의 법적 성격이 법규명령인지 또는 행정규칙인지 여부와 무관하다. [ ]

정답 및 해설

274 ① [O] 제재적 처분기준을 정한 시행규칙은 행정규칙에 불과함. (1995. 10. 17. 94누14148)

② [X] 제재적 행정처분의 기준이 부령의 형식으로 규정되어 있더라도 그것은 행정청 내부의 사무처리준칙을 정한 것에 지나지 아니하여 대외적으로 국민이나 법원을 기속하는 효력이 없고, 당해 처분의 적법 여부는 위 처분기준만이 아니라 관계 법령의 규정 내용과 취지에 따라 판단되어야 하므로, 위 처분기준에 적합하다하여 곧바로 당해 처분이 적법한 것이라고 할 수는 없지만, 위 처분기준이 그 자체로 헌법 또는 법률에 합치되지 아니하거나 위 처분기준에 따른 제재적 행정처분이 그 처분사유가 된 위반행위의 내용 및 관계 법령의 규정 내용과 취지에 비추어 현저히 부당하다고 인정할만한 합리적인 이유가 없는 한 섣불리 그 처분이 재량권의 범위를 일탈하였거나 재량권을 남용한 것이라고 판단해서는 안 된다. (2007. 9. 20. 2007두6946)

③ [X] 판례는 제재적 처분의 기준을 부령 형식으로 정한 행정규칙에 대하여는 행정규칙에 불과하다고 판시하고 있다. 다만 당해처분이 기간을 경과하여 처분의 효력이 상실되었더라도 제재적 처분에 대한 장래의 제재적 가중처분 기준이 될 수 있으므로 그 취소를 구할 소의 이익이 있다고 보고 있다. (2006. 6. 22. 2003두1684)

④ [O] 위 해설 참고

취소소송의 피고적격

275 개별법령에 합의제 행정청의 장을 피고로 한다는 명문규정이 없는 한 합의제 행정청 명의로 한 행정처분의 취소소송의 피고적격자는 합의제 행정청의 장이 아닌 당해 합의제 행정청이다. (변시 3회) ★★ [ ]

276 합의제행정기관이 한 처분에 대하여는 그 기관 자체가 피고가 되는 것이 원칙이므로 중앙노동위원회의 처분에 대한 소는 중앙노동위원회를 피고로 하여야 한다. (변시 4회) ★★ [ ]

277 행정처분에 해당하는 조례에 대하여 행정소송을 제기할 때는 지방자치단체의 장을 피고로 한다. (예제문제) ★★ [ ]

278 지방의회의원에 대한 징계의결 취소소송과 지방의회 의장선임의결의 무효확인을 구하는 소송의 피고는 모두 지방의회 의장이다. (변시 4회) ★ [ ]

279 광역시장의 권한을 사실상 행사하도록 내부위임 받은 구청장은 광역시장의 이름으로 권한을 행사하여야 한다. (변시 4회) ★ [ ]

280 내부위임에 따라 수임관청이 위임관청의 이름으로 처분을 한 경우 그 처분의 취소나 무효확인을 구하는 소송의 피고는 위임관청으로 삼아야 한다. (변시 4회) ★★ [ ]

281 농림축산식품부장관이 농지보전부담금을 부과함에 있어 한국농어촌공사가 장관을 대행하여 장관 명의로 한 부담금부과처분에 대하여 행정소송을 제기할 때는 장관을 피고로 한다. (예제문제) [ ]

정답 및 해설

275 [O]

276 [X] 노동위원회법 제27조(중앙노동위원회의 처분에 대한 소) ① 중앙노동위원회의 처분에 대한 소는 중앙노동위원회위원장을 피고로 하여 처분의 통지를 받은 날부터 15일 이내에 이를 제기하여야 한다.

277 [O] (1996. 9. 20. 95누8003)

278 [X] 지방의회의원에 대한 징계의결은 지방의회의 이름으로 행하여지는 처분이므로 이에 대한 취소소송의 피고는 합의제 행정청으로서의 지방의회가 된다. 지방의회 의장선임의결의 무효확인을 구하는 소송의 피고 역시 지방의회가 된다.

279 [O] 내부위임의 경우에는 권한이 이양되지 않는다.

280 [O] (1994. 8. 12. 94누2763)

281 [O] (2018. 10. 25. 2018두43095)

282 행정처분을 행할 적법한 권한 있는 상급행정청으로부터 내부위임을 받은 데 불과한 하급행정청이 권한 없이 자기의 명의로 행정처분을 한 경우 그 취소소송에서는 실제로 그 처분을 행한 하급행정청이 아니라 그 처분을 행할 적법한 권한 있는 상급행정청을 피고로 하여야 한다. (변시 3회) ★ [ ]

283 행정관청 내부의 사무처리규정인 전결규정을 위반하여 원래의 전결권자가 아닌 보조기관 등이 처분권자인 행정관청의 이름으로 행정처분을 하였다면, 그 처분은 권한 없는 자에 의하여 행하여진 것으로서 무효이다. (변시 4회) (변시 7회) ★★ [ ]

284 도지사로부터 대리권을 수여받은 시장이 대리관계를 밝히지 않고 자신의 명의로 행정처분을 한 경우에도 항고소송의 피고는 도지사가 되어야 하는 것이 원칙이다. (변시 4회) ★ [ ]

285 서울주택도시공사는 「지방공기업법」에 따라 서울특별시가 전액 출자하여 설립한 공공단체로서, 그 설립행위 등을 통해 서울특별시로부터 서울특별시의 개발사업 시행 권한을 위임받은 행정청으로 볼 수 있다. (변시 13회) [ ]

정답 및 해설

282 [X] 행정처분의 취소 또는 무효확인을 구하는 행정소송은 다른 법률에 특별한 규정이 없는 한 그 처분을 행한 행정청을 피고로 하여야 하며, 행정처분을 행할 적법한 권한 있는 상급행정청으로부터 내부위임을 받은 데 불과한 하급행정청이 권한 없이 행정처분을 한 경우에도 실제로 그 처분을 행한 하급행정청을 피고로 하여야 할 것이지 그 처분을 행할 적법한 권한 있는 상급행정청을 피고로 할 것은 아니다. (1994. 8. 12. 94누2763)

283 [X] 전결규정을 위반하여 원래의 전결권자가 아닌 보조기관 등이 처분권자인 행정관청의 이름으로 행정처분을 하였다고 하여도 그러한 처분이 무효라고 할 수 없다. (2004. 5. 27. 2003추68)

284 [X] 권한의 대리는 권한의 귀속자체의 변경을 발생시키지 않기 때문에 원칙적으로 피대리청이 피고가 된다. 그러나 대리기관이 대리관계를 밝힘이 없이 자신의 명의로 처분을 하였다면 대리기관이 피고가 된다. 다만 비록 대리관계를 명시적으로 밝히지는 아니하였다 하더라도 처분명의자가 피대리청 산하의 행정기관으로서 실제로 피대리청으로부터 대리권한을 수여받아 피대리청을 대리한다는 의사로 행정처분을 하였고, 처분명의자는 물론 그 상대방도 그 행정처분이 피대리청을 대리하여 한 것임을 알고서 이를 받아들인 예외적인 경우에는 피대리청이 피고가 되어야 한다. (2006. 2. 23. 2005부4)

285 [O] (2019. 8. 30. 2016다252478)

피고경정

286 원고가 피고를 잘못 지정한 경우 피고경정은 취소소송과 당사자소송 모두에서 사실심 변론종결에 이르기까지 허용된다. (변시 3회) ★★ [ ]

287 「행정소송법」은 취소소송에서 원고가 피고를 잘못 지정한 경우 피고가 본안에서 변론을 한 이후에는 피고의 동의를 얻어야 피고경정이 가능하다고 규정하고 있다. (변시 4회) [ ]

288 피고경정으로 인한 피고의 변경은 당사자의 동일성을 바꾸는 것이므로 피고를 경정하는 경우 제소기간의 준수 여부는 피고를 경정한 때를 기준으로 한다. (변시 4회) ★★ [ ]

289 당사자소송의 원고가 피고를 잘못 지정하여 피고경정신청을 한 경우 법원은 결정으로써 피고의 경정을 허가할 수 있다. (변시 4회) [ ]

290 당사자소송에서 원고가 피고를 잘못 지정한 것으로 보이는 경우, 피고경정은 원고의 신청에 의하여야 하므로 법원으로서는 원고의 피고경정신청이 없는 경우 소를 각하하면 족하고 석명권을 행사하여 원고로 하여금 정당한 피고로 경정하게 할 필요는 없다. (변시 2회) ★★ [ ]

정답 및 해설

286 [O] 행정소송규칙 제6조(피고경정) 법 제14조제1항에 따른 피고경정은 사실심 변론을 종결할 때까지 할 수 있다.

287 [X] 행정소송은 민사소송(민사소송법 제260조 제1항 단서)과 달리 피고의 동의가 필요하다는 제한이 존재하지 않는다.

288 [X] 행정소송법 제14조(피고경정) ④ 제1항의 규정에 의한 결정이 있은 때에는 새로운 피고에 대한 소송은 처음에 소를 제기한 때에 제기된 것으로 본다.

289 [O] 행정소송법 제44조(준용규정) ① 제14조 … 규정은 당사자소송의 경우에 준용한다.

290 [X] 원고가 피고를 잘못 지정한 것으로 보이는 경우 법원으로서는 마땅히 석명권을 행사하여 원고로 하여금 정당한 피고로 경정하게 하여 소송을 진행케 하여야 할 것이지, 그러한 조치를 취하지 아니한 채 피고의 지정이 잘못되었다는 이유로 막바로 소를 각하할 것은 아니다. (2006. 11. 9. 2006다23503)

제소기간

291 고시 또는 공고에 의하여 행정처분을 하는 경우에는 고시 또는 공고가 효력이 발생하여도 그날 이해관계인이 그 처분이 있음을 바로 알 수 없으므로 이해관계인이 실제로 그 고시 또는 공고된 처분이 있음을 알게 된 날을 제소기간의 기산점으로 삼아야 한다. (변시 2회) ★★ [ ]

292 甲에 대한 처분을 주소불명을 이유로 송달할 수 없어 관보에 공고한 경우, 공고가 효력을 발생한 날부터 70일째 처분이 있었음을 현실적으로 알게 된 甲이 이로부터 30일째에 제기한 취소소송은 적법하다. (예제문제) [ ]

293 보충역편입처분에 따라 공익근무요원으로 소집되어 근무 중 보충역편입처분을 취소당한 후 공익근무요원 복무중단처분 및 현역병입영대상편입처분이 순차로 내려지자, 원고가 보충역편입처분취소처분의 취소를 구하는 소를 제기하였다가 공익근무요원 복무중단처분의 취소 및 현역병입영대상편입처분의 취소를 청구취지로 추가한 경우, 추가된 부분의 제소기간은 청구취지의 추가신청이 있은 때를 기준으로 계산한다. (변시 2회) ★ [ ]

294 선행 처분의 취소를 구하는 소를 제기하였다가 이후 후행 처분의 취소를 구하는 청구취지를 추가한 경우, 당초 선행 처분에 존재한다고 주장되는 위법사유가 후행 처분에도 마찬가지로 존재할 수 있는 관계여서 선행 처분의 취소를 구하는 소에 후행 처분의 취소를 구하는 취지도 포함되어 있다고 볼 수 있다면, 후행 처분의 취소를 구하는 소의 제소기간은 선행 처분의 취소를 구하는 최초의 소가 제기된 때를 기준으로 정하여야 한다. (추가문제) ★ [ ]

정답 및 해설

291 [X] 통상 고시 또는 공고에 의하여 행정처분을 하는 경우에는 그 처분의 상대방이 불특정 다수인이고, 그 처분의 효력이 불특정 다수인에게 일률적으로 적용되는 것이므로, 그 행정처분에 이해관계를 갖는 자는 고시 또는 공고가 있었다는 사실을 현실적으로 알았는지 여부에 관계없이 고시가 효력을 발생하는 날에 행정처분이 있음을 알았다고 보아야 하고, 따라서 그에 대한 취소소송은 그 날로부터 90일 이내에 제기하여야 한다. (2006. 4. 14. 2004두3847)

292 [O] 행정소송법 제20조 제1항 소정의 제소기간 기산점인 '처분이 있음을 안 날'이라 함은 당사자가 통지, 공고 기타의 방법에 의하여 당해 처분이 있었다는 사실을 현실적으로 안 날을 의미하는바, 특정인에 대한 행정처분을 주소불명 등의 이유로 송달할 수 없어 관보·공보·게시판·일간신문 등에 공고한 경우에는, 공고가 효력을 발생하는 날에 상대방이 그 행정처분이 있음을 알았다고 볼 수는 없고, 상대방이 당해 처분이 있었다는 사실을 현실적으로 안 날에 그 처분이 있음을 알았다고 보아야 한다(2006. 4. 28. 2005두14851).

293 [O] 추가적으로 병합한 경우 … 소제기 기간의 준수 여부는 각 그 청구취지의 추가·변경신청이 있은 때를 기준으로 개별적으로 판단하여야 한다. (2004. 12. 10. 2003두12257)

294 [O] (2018. 11. 15. 2016두48737)

295 | 동일한 행정처분에 대하여 무효확인의 소를 제기하였다가 그 후 그 처분의 취소를 구하는 소를 추가적으로 병합한 경우, 주된 청구인 무효확인의 소가 적법한 제소기간 내에 제기되었다면 추가로 병합된 취소청구의 소도 적법하게 제기된 것으로 볼 수 있다. (예제문제) ★★ [   ]

296 | 甲이 처분이 있음을 안 날부터 100일째에 무효확인소송을 제기하였다가 소의 계속 중 당해 처분의 취소를 구하는 소를 추가적으로 병합한 경우, 甲이 추가로 병합한 취소소송은 적법하다. (예제문제) [   ]

297 | 행정처분의 당연무효를 선언하는 의미에서 그 취소를 구하는 행정소송을 제기하는 경우 제소기간의 준수 등 취소소송의 제소요건을 갖추어야 하는 것은 아니다. (제14회 변시) ★ [   ]

298 | 처분 당시에는 취소소송의 제기가 법제상 허용되지 않아 소송을 제기할 수 없다가 위헌결정으로 인하여 비로소 취소소송을 제기할 수 있게 된 경우, 객관적으로는 '위헌결정이 있은 날', 주관적으로는 '위헌결정이 있음을 안 날' 비로소 취소소송을 제기할 수 있게 되어 이때를 제소기간의 기산점으로 삼아야 한다. (예제문제) [   ]

299 | 처분이 있음을 안 날부터 90일을 넘겨 청구한 부적법한 행정심판청구에 대한 재결이 있은 후 재결서를 송달받은 날부터 90일 이내에 원래의 처분에 대하여 취소소송을 제기하였다고 하여 취소소송이 다시 제소기간을 준수한 것으로 되는 것은 아니다. (23-2) ★ [   ]

정답 및 해설

295 [O] (2005. 12. 23. 2005두3554)

296 [X] 동일한 행정처분에 대하여 무효확인의 소를 제기하였다가 그 후 그 처분의 취소를 구하는 소를 추가적으로 병합한 경우, 주된 청구인 무효확인의 소가 적법한 제소기간 내에 제기되었다면 추가로 병합된 취소청구의 소도 적법하게 제기된 것으로 봄이 상당하다(2005. 12. 23. 2005두3554). 사안의 경우 무효확인의 소가 90일이 경과된 후 제기되었으므로, 甲이 추가로 병합한 취소소송은 제소기간을 도과하여 부적법하다.

297 [X] 행정처분의 당연무효를 선언하는 의미에서 그 취소를 청구하는 행정소송을 제기하는 경우에도 소원의 전치와 제소기간의 준수등 취소소송의 제소요건을 갖추어야 한다. (1984.5.29. 84누175)

298 [O] (2008. 2. 1. 2007두20997)

299 [O] 처분이 있음을 안 날부터 90일 이내에 행정심판을 청구하지도 않고 취소소송을 제기하지도 않은 경우에는 그 후 제기된 취소소송은 제소기간을 경과한 것으로서 부적법하고, 처분이 있음을 안 날부터 90일을 넘겨 청구한 부적법한 행정심판청구에 대한 재결이 있은 후 재결서를 송달받은 날부터 90일 이내에 원래의 처분에 대하여 취소소송을 제기하였다고 하여 취소소송이 다시 제소기간을 준수한 것으로 되는 것은 아니다. (2011. 11. 24. 2011두18786)

300 「행정소송법」에 의하면, 취소소송은 처분 등이 있음을 안 날부터 90일, 처분 등이 있은 날부터 1년 이내에 제기하여야 한다. 행정심판 청구를 하지 않은 경우, 취소소송의 제소기간에 관한 설명으로 옳지 않은 것은? (다툼이 있는 경우 판례에 의함) (변시 12회)

① '처분 등이 있음을 안 날'이란 통지·공고 기타의 방법에 의하여 해당 처분이 있었음을 현실적·구체적으로 안 날을 말한다. 또한 행정처분이 있었다는 사실을 알면 족하고, 구체적으로 그 위법 여부에 대한 판단까지 요하는 것은 아니다. [ ]

② 제소기간이 도과한 후에 소를 제기한 경우에 있어서 피고 행정청이 이를 다투지 않고 변론에 응하더라도 제소기간에 대한 요건의 흠결은 치유되지 않는다. [ ]

③ 甲은 2022. 8. 26. 지방보훈청장으로부터 '재심신체검사 무변동처분 통보서'를 송달받았다. 그런데 甲은 위 통보서를 송달받기 전에 자신의 의무기록에 관한 정보공개를 청구하여 2022. 5. 28. 위 통보서를 포함한 일체의 서류를 교부받은 바 있다. 甲이 위 재심신체검사 무변동처분의 취소를 구하는 소를 제기함에 있어 제소기간의 기산점이 되는 '처분 등이 있음을 안 날'은 2022. 8. 26.이다. [ ]

④ 처분서가 처분상대방의 주소지에 송달되는 등 사회통념상 처분이 있음을 처분상대방이 알 수 있는 상태에 놓인 때에는 반증이 없는 한 처분상대방이 처분이 있음을 알았다고 추정할 수 있다. [ ]

⑤ 특정인에 대한 행정처분을 주소불명 등의 이유로 송달할 수 없어 관보·공보·게시판·일간신문 등에 공고한 경우에는, 공고가 효력을 발생하는 날에 상대방이 그 행정처분이 있음을 알았다고 보아야 한다. [ ]

정답 및 해설

300 ① [O] (1991. 6. 28. 90누6521)

② [O] 취소소송의 제소기간은 불변기간이므로(행정소송법 제20조 제3항), 제소기간이 도과한 후에 소를 제기한 경우에 있어서 피고 행정청이 이를 다투지 않고 변론에 응하더라도 제소기간에 대한 요건의 흠결은 치유되지 않는다.

③ [O] 상대방이 있는 행정처분의 경우에는 특별한 규정이 없는 한 의사표시의 일반적 법리에 따라 행정처분이 상대방에게 고지되어야 효력을 발생하게 되므로, 행정처분이 상대방에게 고지되어 상대방이 이러한 사실을 인식함으로써 행정처분이 있다는 사실을 현실적으로 알았을 때 행정소송법 제20조 제1항이 정한 제소기간이 진행한다고 보아야 한다. 지방보훈청장이 허혈성심장질환이 있는 甲에게 재심 서면판정 신체검사를 실시한 다음 종전과 동일하게 전(공)상군경 7급 국가유공자로 판정하는 '고엽제후유증전환 재심신체검사 무변동처분' 통보서를 송달하자 甲이 위 처분의 취소를 구한 사안에서, 위 처분이 甲에게 고지되어 처분이 있다는 사실을 현실적으로 알았을 때 행정소송법 제20조 제1항에서 정한 제소기간이 진행한다고 보아야 함에도, 甲이 통보서를 송달받기 전에 자신의 의무기록에 관한 정보공개를 청구하여 위 처분을 하는 내용의 통보서를 비롯한 일체의 서류를 교부받은 날부터 제소기간을 기산하여 위 소는 90일이 지난 후 제기한 것으로서 부적법하다고 본 원심판결에 법리를 오해한 위법이 있다. (2014. 9. 25. 2014두8254)

④ [O] (2017. 3. 9. 2016두60577)

⑤ [X] 특정인에 대한 행정처분을 주소불명 등의 이유로 송달할 수 없어 관보·공보·게시판·일간신문 등에 공고한 경우에는, 공고가 효력을 발생하는 날에 상대방이 그 행정처분이 있음을 알았다고 볼 수는 없고, 상대방이 당해 처분이 있었다는 사실을 현실적으로 안 날에 그 처분이 있음을 알았다고 보아야 한다. (2006. 4. 28. 2005두14851)

전심절차

301 다른 법률에 당해 처분에 대한 행정심판의 재결을 거치지 아니하면 취소소송을 제기할 수 없다는 규정이 있음에도 불구하고 「행정소송법」상 행정심판을 제기함이 없이 취소소송을 제기할 수 있는 사유에 해당하는 것은? (변시 7회)

① 동종사건에 관하여 이미 행정심판의 기각재결이 있은 때 [ ]

② 서로 내용상 관련되는 처분 또는 같은 목적을 위하여 단계적으로 진행되는 처분 중 어느 하나가 이미 행정심판의 재결을 거친 때 [ ]

③ 행정청이 사실심의 변론종결 후 소송의 대상인 처분을 변경하여 당해 변경된 처분에 관하여 소를 제기하는 때 [ ]

④ 처분을 행한 행정청이 행정심판을 거칠 필요가 없다고 잘못 알린 때 [ ]

⑤ 처분의 집행 또는 절차의 속행으로 생길 중대한 손해를 예방하여야 할 긴급한 필요가 있는 때 [ ]

⑥ 법령의 규정에 의한 행정심판기관이 의결 또는 재결을 하지 못할 사유가 있는 때 [ ]

정답 및 해설

301 ① [O] 행정소송법 제18조(행정심판과의 관계) ③ 제1항 단서의 경우에 다음 각호의 1에 해당하는 사유가 있는 때에는 행정심판을 제기함이 없이 취소소송을 제기할 수 있다. (제1호 사유)

② [O] 제3항 제2호

③ [O] 제3항 제3호

④ [O] 제3항 제4호

⑤ [X] 행정소송법 제18조(행정심판과의 관계) ② 제1항 단서의 경우에도 다음 각호의 1에 해당하는 사유가 있는 때에는 행정심판의 재결을 거치지 아니하고 취소소송을 제기할 수 있다. (제2호 사유)

⑥ [X] 제2항 제3호

행정소송의 재판관할

302 조합설립결의의 하자를 다투는 소송을 「행정소송법」상 당사자소송이 아닌 민사소송으로 제기한 경우 수소법원이 행정소송의 관할권이 없는 때에는 수소법원으로서는 부적법 각하 결정을 할 것이 아니라 정당한 관할권이 있는 행정법원으로 이송하여야 한다. (예제문제) ★ [   ]

303 행정청이 그 관할에 속하지 아니하는 사안을 접수하였을 때에는 지체 없이 이를 관할 행정청에 이송하여야 하나 그 사실을 신청인에게 통지하여야 하는 것은 아니다. (23-1) [   ]

304 관할 행정청이 「농지법」에 의한 농지 처분명령에 대한 이행강제금 부과처분을 하면서 재결청에 행정심판을 청구하거나 관할 행정법원에 행정소송을 할 수 있다고 잘못 안내하거나 관할 행정심판위원회가 각하재결이 아닌 기각재결을 하면서 관할 법원에 행정소송을 할 수 있다고 잘못 안내하였다면 그 법원이 관할권을 갖는다. (23-2) [   ]

관련청구소송의 이송 및 병합

305 취소소송과 그와 관련되는 손해배상·부당이득반환·원상회복 등 청구소송(이하 '관련청구소송'이라고 함)이 각각 다른 법원에 계속되고 있는 경우에 관련청구소송이 계속된 법원이 상당하다고 인정하는 때에는 당사자의 신청 또는 직권에 의하여 이를 취소소송이 계속된 법원으로 이송할 수 있다. (변시 9회) ★★ [   ]

정답 및 해설

302 [O] (1999. 11. 26. 97다42250)

303 [X] 행정절차법 제6조(관할) ① 행정청이 그 관할에 속하지 아니하는 사안을 접수하였거나 이송받은 경우에는 지체 없이 이를 관할 행정청에 이송하여야 하고 그 사실을 신청인에게 통지하여야 한다. 행정청이 접수하거나 이송받은 후 관할이 변경된 경우에도 또한 같다.

304 [X] 농지법 제62조 제6항, 제7항이 위와 같이 이행강제금 부과처분에 대한 불복절차를 분명하게 규정하고 있으므로, 이와 다른 불복절차를 허용할 수는 없다. 설령 관할청이 이행강제금 부과처분을 하면서 재결청에 행정심판을 청구하거나 관할 행정법원에 행정소송을 할 수 있다고 잘못 안내하거나 관할 행정심판위원회가 각하재결이 아닌 기각재결을 하면서 관할 법원에 행정소송을 할 수 있다고 잘못 안내하였다고 하더라도, 그러한 잘못된 안내로 행정법원의 항고소송 재판관할이 생긴다고 볼 수도 없다. (2019. 4. 11. 2018두42955)

305 [O] 행정소송법 제10조 제1항

306 관련청구소송이 취소소송과 병합되기 위해서는 그 청구의 내용 또는 발생원인이 취소소송의 대상인 처분등과 법률상 또는 사실상 공통되거나, 그 처분의 효력이나 존부가 선결문제로 되는 등의 관계에 있어야 하는 것이 원칙이다. (변시 9회) ★★ [ ]

307 취소소송에 병합할 수 있는 당해 처분과 관련되는 부당이득반환소송에는 당해 처분의 취소를 선결문제로 하는 부당이득반환청구가 포함되고, 이러한 부당이득반환청구가 인용되기 위해서는 그 소송절차에서 판결에 의해 당해 처분이 취소되면 충분하고 그 처분의 취소가 확정되어야 하는 것은 아니라고 보아야 한다. (예제문제) ★★ [ ]

308 관련청구소송의 병합은 본래의 취소소송이 적법할 것을 요건으로 하는 것이어서 본래의 취소소송이 부적법하여 각하되면 그에 병합된 관련청구도 소송요건을 흠결한 부적법한 것으로 각하되어야 한다. (변시 9회) ★★ [ ]

309 관련청구소송의 이송 및 병합은 항고소송과 민사소송의 관할법원이 다르다는 전제에서 공통되거나 관련되는 쟁점에 관한 심리의 효율을 위하여 인정되는 것으로 관련청구소송의 이송 및 병합에 관한 「행정소송법」 제10조의 규정은 항고소송 이외에 당사자소송에는 준용되지 않는다. (변시 9회) [ ]

310 당사자소송에 관련청구소송인 민사소송을 병합할 수 있지만, 민사소송에는 당사자소송을 병합할 수 없다. (변시 6회) ★ [ ]

제3자의 소송참가

311 행정소송법 제16조 소정의 제3자의 소송참가가 허용되기 위하여는 당해 소송의 결과에 따라 제3자의 권리 또는 이익이 침해되어야 하고, 이 때의 이익은 법률상 이익을 말하며 단순한 사실상의 이익이나 경제상의 이익은 포함되지 않는다. (예제문제) ★ [ ]

정답 및 해설

306 [O] (2000. 10. 27. 99두561)
307 [O] (2009. 4. 9. 2008두23153)
308 [O] (2011. 9. 29. 2009두10963)
309 [X] 행정소송법 제44조(준용규정) ② 제10조의 규정은 당사자소송과 관련청구소송이 각각 다른 법원에 계속되고 있는 경우의 이송과 이들 소송의 병합의 경우에 준용한다.
310 [O] 행정소송법 제44조 제2항, 제10조
311 [O] (2008. 5. 29. 2007두23873)

312 「행정소송법」상 제3자 소송참가의 경우 참가인이 상소를 하였더라도, 소송당사자 본인인 피참가인은 참가인의 의사에 반하여 상소취하나 상소포기를 할 수 있다. (추가문제) ★★ [ ]

소의 변경

313 원고가 고의 또는 중대한 과실 없이 당사자소송으로 제기하여야 할 것을 항고소송으로 잘못 제기한 경우에, 당사자소송으로서의 소송요건을 결하고 있음이 명백하여 당사자소송으로 제기되었더라도 어차피 부적법하게 되는 경우가 아닌 이상, 법원으로서는 원고로 하여금 당사자소송으로 소 변경을 하도록 하여 심리·판단하여야 한다. (변시 6회) (변시 10회) ★★ [ ]

314 법원은 당사자소송을 취소소송으로 변경하는 것이 상당하다고 인정할 때에는 청구의 기초에 변경이 없는 한 사실심의 변론종결시까지 원고의 신청에 의하여 결정으로써 소의 변경을 허가할 수 있는데, 이때 제소기간은 애초에 당사자소송을 제기한 시점을 기준으로 계산한다. (변시 2회) ★★ [ ]

315 취소소송은 처분 등이 있음을 안 날부터 90일 이내에 제기하여야 하고, 처분 등이 있은 날부터 1년을 경과하면 제기하지 못하며, 청구취지를 변경하여 구 소가 취하되고 새로운 소가 제기된 것으로 변경되었을 때에 새로운 소에 대한 제소기간의 준수 등은 당사자에게 유리하게 구 소가 제기된 때를 기준으로 하여야 한다. (23-2) ★ [ ]

정답 및 해설

312 [X] 행정소송 사건에서 참가인이 한 보조참가가 행정소송법 제16조가 규정한 제3자의 소송참가에 해당하지 않는 경우에도, 판결의 효력이 참가인에게까지 미치는 점 등 행정소송의 성질에 비추어 보면 그 참가는 민사소송법 제78조에 규정된 공동소송적 보조참가라고 볼 수 있다. 민사소송법 제78조의 공동소송적 보조참가에는 필수적 공동소송에 관한 민사소송법 제67조 제1항, 즉 "소송목적이 공동소송인 모두에게 합일적으로 확정되어야 할 공동소송의 경우에 공동소송인 가운데 한 사람의 소송행위는 모두의 이익을 위하여서만 효력을 가진다."라고 한 규정이 준용되므로, 피참가인의 소송행위는 모두의 이익을 위하여서만 효력을 가지고, 공동소송적 보조참가인에게 불이익이 되는 것은 효력이 없으므로, 참가인이 상소를 할 경우에 피참가인이 상소취하나 상소포기를 할 수는 없다. (2017. 10. 12. 2015두36836)

313 [O] (2016. 5. 24. 2013두14863)

314 [O] (1992. 12. 24. 92누3335) 한편 행정소송법 제42조는 동법 제21조의 규정은 당사자소송을 항고소송으로 변경하는 경우에도 준용한다고 보고 있다.

315 [X] 행정소송법상 취소소송은 처분 등이 있음을 안 날부터 90일 이내에 제기하여야 하고, 처분 등이 있은 날부터 1년을 경과하면 제기하지 못한다(행정소송법 제20조 제1항, 제2항). 그리고 청구취지를 변경하여 구 소가 취하되고 새로운 소가 제기된 것으로 변경되었을 때에 새로운 소에 대한 제소기간의 준수 등은 원칙적으로 소의 변경이 있은 때를 기준으로 하여야 한다. (2019. 7. 4. 2018두58431)

316 민사소송에서 항고소송으로의 소 변경이 허용되는 이상, 공법상 당사자소송과 민사소송이 서로 다른 소송절차에 해당한다는 이유만으로 청구기초의 동일성이 없다고 해석하여 양자 간의 소 변경을 허용하지 않을 이유가 없다. (변시 14회) [ ]

집행정지

317 처분이 가분적인 경우라 하더라도 처분의 일부에 대한 집행정지는 허용되지 아니한다. (22-3) [ ]

318 행정처분의 집행정지를 구하는 신청사건에서는 「행정소송법」 제23조에서 정한 요건의 존부만이 판단의 대상이 되므로 집행정지사건 자체에 의하여도 신청인의 본안청구가 적법한 것이어야 한다는 것을 집행정지의 요건에 포함시켜서는 아니 된다. (변시 7회) ★★ [ ]

319 본안소송인 취소소송이 제기되었는데 그 소송의 대상인 행위가 처분이 아니라는 이유로 각하될 경우라도 긴급한 필요 등에 근거한 집행정지 제도의 취지에 비추어 집행정지는 허용된다. (변시 13회) ★ [ ]

320 집행정지결정을 한 후에라도 본안소송이 취하되어 소송이 계속되지 않게 되면 이에 따라 집행정지결정의 효력은 당연히 소멸되는 것이고 별도의 취소조치가 필요한 것은 아니다. (변시 4회) (변시 7회) ★★ [ ]

정답 및 해설

316 [O] (2023.6.29. 2022두44262)

317 [X] 행정소송법 제23조(집행정지) ② 취소소송이 제기된 경우에 처분등이나 그 집행 또는 절차의 속행으로 인하여 생길 회복하기 어려운 손해를 예방하기 위하여 긴급한 필요가 있다고 인정할 때에는 본안이 계속되고 있는 법원은 당사자의 신청 또는 직권에 의하여 처분등의 효력이나 그 집행 또는 절차의 속행의 전부 또는 일부의 정지를 결정할 수 있다. 다만, 처분의 효력정지는 처분등의 집행 또는 절차의 속행을 정지함으로써 목적을 달성할 수 있는 경우에는 허용되지 아니한다.

318 [X] 집행정지는 행정처분의 집행부정지원칙의 예외로서 인정되는 것이고, 또 본안에서 원고가 승소할 수 있는 가능성을 전제로 한 권리보호수단이라는 점에 비추어 보면, 집행정지사건 자체에 의하여도 신청인의 본안청구가 적법한 것이어야 한다는 것을 집행정지의 요건에 포함시키는 것이 옳다. (2010. 11. 26. 2010무137)

319 [X] 행정소송법 제23조에 의한 행정처분의 집행정지는 이에 대한 본안소송이 법원에 제기되어 계속 중임을 요건으로 한다고 할 것이다 (2013. 3. 28. 2012아43)

320 [O] (1975. 11. 11. 75누97)

321 　집행정지 요건인 '회복하기 어려운 손해'라 함은 특별한 사정이 없는 한 금전으로 보상할 수 없는 손해로서 이는 금전보상이 불능인 경우 내지는 금전보상으로는 사회관념상 행정처분을 받은 당사자가 참고 견딜 수 없거나 또는 참고 견디기가 곤란한 경우의 유형, 무형의 손해를 일컫는다. (예제문제) ★★　　　　　　　　　　　　　　　　　　　　　　　　　　　　　　[　]

322 　사업자가 집행정지를 신청하면서 재산상의 손해 또는 기업 이미지 및 신용 훼손을 주장하는 경우 그 손해가 「행정소송법」 제23조 제2항에서 정하고 있는 '회복하기 어려운 손해'에 해당한다고 하기 위해서는 그 경제적 손실이나 기업 이미지 및 신용의 훼손으로 인하여 사업자의 자금 사정이나 경영 전반에 미치는 파급효과가 매우 중대하여 사업 자체를 계속할 수 없거나 중대한 경영상의 위기를 맞게 될 것으로 보이는 등의 사정이 존재하여야 한다. (제14회 변시)　[　]

323 　항정신병 치료제의 요양급여 인정기준에 관한 보건복지부 고시의 효력이 계속 유지됨으로 인한 제약회사의 단순한 경제적 손실, 기업 이미지 및 신용의 훼손은 집행정지의 요건인 '회복하기 어려운 손해'에 해당하지 않는다. (22-3)　　　　　　　　　　　　　　　　　[　]

324 　'처분 등이나 그 집행 또는 절차의 속행으로 인하여 생길 회복하기 어려운 손해를 예방하기 위하여 긴급한 필요'가 있는지는 처분의 성질과 태양 및 내용, 처분 상대방이 입게 될 손해의 성질·내용 및 정도, 원상회복·금전배상의 방법 및 난이 등은 물론 본안청구의 승소가능성 정도 등을 종합적으로 고려하여 구체적·개별적으로 판단하여야 한다. (변시 7회) ★★　　　　[　]

325 　「행정소송법」 제23조 제2항의 '처분 등이나 그 집행 또는 절차의 속행으로 인하여 생길 회복하기 어려운 손해를 예방하기 위하여 긴급한 필요'가 있는지를 판단할 때 본안청구의 승소가능성 정도까지 고려하는 것은 집행정지의 본질상 적절하지 않다. (변시 14회)　　　　　　　[　]

326 　집행정지의 소극적 요건으로서 '공공복리에 중대한 영향을 미칠 우려가 없을 것'이라고 할 때의 공공복리는 그 처분의 집행과 관련된 구체적·개별적인 공익을 말하고, 피신청인인 행정청이 공공복리에 중대한 영향을 미칠 우려가 있다는 점을 주장·소명하여야 한다. (변시 7회) (변시 4회) (변시 13회) (변시 14회) ★★　　　　　　　　　　　　　　　　　　　　　[　]

정답 및 해설

321 [O] (2003. 4. 25. 2003무2)
322 [O] (2003.4.25. 2003무2)
323 [O] (2003. 10. 9. 2003무23)
324 [O] (2010. 5. 14. 2010무48)
325 [X] 위문제 참고
326 [O] (2004. 5. 12. 2003무41)

327 행정처분의 효력정지를 구하는 신청사건에 있어서는 행정처분 자체의 적법 여부는 궁극적으로 본안판결에서 심리를 거쳐 판단할 성질의 것이므로 원칙적으로는 판단할 것이 아니고, 그 행정처분의 효력을 정지할 것인가에 대한 행정소송법상 집행정지에 관한 규정에서 정한 요건의 존부만이 판단의 대상이 되나, 본안소송에서의 처분의 취소가능성이 없음에도 불구하고 처분의 효력정지를 인정한다는 것은 제도의 취지에 반하므로, 효력정지사건 자체에 의하여도 신청인의 본안청구가 이유 없음이 명백할 때에는 행정처분의 효력정지를 명할 수 없다. (변시 3회) (변시 7회) ★★
[   ]

328 신청에 대한 거부처분의 효력을 정지하더라도 거부처분이 없었던 것과 같은 상태로 되돌아가는 데에 불과하고, 신청에 따른 처분을 하여야 할 행정청의 의무가 생기는 것은 아니므로, 거부처분의 효력정지는 이를 구할 이익이 없다. (제14회 변시) ★★
[   ]

329 영업정지처분이 그 효력정지결정으로 효력이 정지되어 있을 동안에 영업정지기간이 경과되면 원칙적으로 그 처분의 취소를 구할 소송상 이익이 소멸한다. (예제문제)
[   ]

330 행정처분의 무효란 행정처분이 처음부터 아무런 효력도 발생하지 아니한다는 의미이므로 무효등확인소송에서는 집행정지가 인정되지 아니한다. (변시 4회) ★
[   ]

331 「행정소송법」상 집행정지는 취소소송과 무효등확인소송 이외에 부작위위법확인소송에서도 인정된다. (22-3) ★
[   ]

정답 및 해설

327 [O] (1997. 4. 28. 96두75)

328 [O] 신청에 대한 거부처분의 효력을 정지하더라도 거부처분이 없었던 것과 같은 상태, 즉 거부처분이 있기 전의 신청시의 상태로 되돌아가는 데에 불과하고 행정청에게 신청에 따른 처분을 하여야 할 의무가 생기는 것이 아니므로, 거부처분의 효력정지는 그 거부처분으로 인하여 신청인에게 생길 손해를 방지하는 데 아무런 보탬이 되지 아니하여 그 효력정지를 구할 이익이 없다. (1995.6.21. 95두26)

329 [X] 영업정지처분에 대하여 그 효력정지결정이 있으면 그 처분의 집행자체 또는 그 효력발생이 정지되고 그 효력정지결정이 취소되거나 실효되면 그때부터 다시 영업정지기간이 진행되는 것이므로 영업정지처분이 그 효력정지결정으로 효력이 정지되어 있을 동안에 영업정지기간이 경과되었다고 하여도 그 처분의 취소를 구할 소송상 이익이 있다. (1982. 6. 22. 81누375)

330 [X] 무효인 행정처분도 처분으로서의 외관이 존재하고 무효원인과 취소원인의 구별이 상대적이기 때문에 행정청에 의하여 집행될 우려가 있다. 이에 따라 행정소송법은 취소소송에 있어 집행정지결정에 관한 규정의 준용을 인정하고 있다. (법 23조·38조 1항)

331 [X] 집행정지는 무효등확인소송에서는 인정되나, 부작위위법확인소송에서는 인정되지 않는다.

332 어업면허 취소처분에 대한 효력정지 결정을 받고 나서 본안소송에서 면허취소처분 취소판결이 확정된 경우 면허취소 후 효력정지 결정까지 사이에 어장을 그대로 유지한 행위는 무면허어업행위로서 형사처벌 대상에 해당한다. (예제문제) [ ]

333 영업정지처분 후 정지기간이 일부 진행된 상황에서 그에 대한 효력정지 결정을 받고 나서 본안소송에서 영업정지처분에 취소사유가 인정되어 취소판결이 확정된 경우 영업정지처분 후 효력정지 결정까지 사이에 영업하였음을 사유로 한 영업허가취소처분은 당연무효이다. (예제문제) [ ]

334 처분의 효력을 정지하는 집행정지결정이 이루어지면 결정 주문에서 정한 정지기간 중에는 처분이 없었던 원래의 상태와 같은 상태가 되며 처분청이 처분을 실현하기 위한 조치를 할 수 없다. (변시 11회) ★★ [ ]

335 효력기간이 정해져 있는 제재적 행정처분에 대한 취소소송에서 법원이 본안소송의 판결 선고 시까지 집행을 정지하는 결정을 한 경우, 해당 처분에서 정해 둔 효력기간의 시기와 종기가 집행정지기간 중에 모두 경과하면, 경과와 동시에 해당 처분은 실효된다. (제14회 변시) [ ]

336 법원이 집행정지결정을 하면서 그 주문에서 당해 법원에 계속 중인 본안소송의 판결선고시까지 효력을 정지한 경우, 원고패소판결이 선고되면 그 본안판결의 선고시에 집행정지결정의 효력은 별도의 취소조치 없이 소멸하고 처분의 효력이 부활한다. (변시 4회) ★★ [ ]

정답 및 해설

332 [X] 무면허어업행위라고 보아서 처벌할 수는 없다. (1991. 5. 14. 91도627)

333 [X] 영업정지처분을 받고도 법원의 집행정지 결정이 있기 전에 영업을 한 이상 그 후 법원에서 집행정지 결정이 내려지고 본안소송에서 그 처분이 위법함을 이유로 취소되었다 하더라도 원래의 영업정지 처분이 당연무효의 하자를 가지고 있는 처분이 아닌 한 그 영업정지기간 중에 영업하였음을 사유로 한 영업허가취소처분은 당연무효가 아니다. (1995. 11. 24. 95누9402)

334 [O] 행정소송법 제23조에 따른 집행정지결정이 있으면 결정 주문에서 정한 정지기간 중에는 처분을 실현하기 위한 조치를 할 수 없다. 특히 처분의 효력을 정지하는 집행정지결정이 있으면 결정 주문에서 정한 정지기간 중에는 처분이 없었던 원래의 상태와 같은 상태가 된다. (2020. 9. 3. 2020두34070)

335 [X] 행정소송법 제23조에 따른 집행정지결정의 효력은 결정 주문에서 정한 종기까지 존속하고, 그 종기가 도래하면 당연히 소멸한다. 따라서 효력기간이 정해져 있는 제재적 행정처분에 대한 취소소송에서 법원이 본안소송의 판결 선고 시까지 집행정지결정을 하면, 처분에서 정해 둔 효력기간(집행정지결정 당시 이미 일부 집행되었다면 그 나머지 기간)은 판결 선고 시까지 진행하지 않다가 판결이 선고되면 그때 집행정지결정의 효력이 소멸함과 동시에 처분의 효력이 당연히 부활하여 처분에서 정한 효력기간이 다시 진행한다. 이는 처분에서 효력기간의 시기(始期)와 종기(終期)를 정해 두었는데, 그 시기와 종기가 집행정지기간 중에 모두 경과한 경우에도 특별한 사정이 없는 한 마찬가지이다. (2022.2.11. 2021두40720)

336 [O] (1993. 8. 24. 92누18054)

337	집행정지결정의 효력은 결정주문에서 정한 기간까지 존속하다가 그 기간의 만료와 동시에 당연히 소멸한다. (변시 11회) ★★ [ ]
338	항고소송을 제기한 원고가 본안소송에서 패소확정판결을 받은 경우에는 집행정지결정의 효력이 소급적으로 소멸한다. (변시 11회) ★ [ ]
339	집행정지는 행정쟁송절차에서 실효적 권리구제를 확보하기 위한 잠정적 조치일 뿐이므로, 본안 확정판결로 해당 제재처분이 적법하다는 점이 확인되었다면 처분청은 제재처분의 상대방이 집행 정지가 이루어지지 않은 경우와 비교하여 제재를 덜 받게 되는 결과가 초래되도록 해서는 안 된 다. (변시 11회) (변시 13회) ★ [ ]
340	제재처분에 대한 행정쟁송절차에서 집행정지결정이 이루어졌더라도 본안에서 해당 처분이 최종적 으로 적법한 것으로 확정되어 집행정지결정이 실효되고 해당 처분을 다시 집행할 수 있게 되면, 처분청으로서는 당초 집행정지결정이 없었던 경우와 동등한 수준으로 해당 처분이 집행되도록 필 요한 조치를 취하여야 한다. (제14회 변시) ★ [ ]
341	처분상대방이 집행정지결정을 받지 못했으나 본안소송에서 해당 제재처분이 위법함이 확인되어 취소하는 판결이 확정되면, 처분청은 그 제재처분으로 처분상대방에게 초래된 불이익한 결과를 제거하기 위하여 필요한 조치를 취하여야 한다. (변시 11회) [ ]
342	보조금 교부결정 취소처분에 대하여 법원이 효력정지 결정을 한 후 보조금을 교부하였으나 본안 에서 취소처분이 적법하다는 원고청구기각판결이 선고되어 확정된 경우 특별한 사정이 없는 한 행정청은 효력정지기간 중에 교부된 보조금에 대하여 반환명령을 하여야 한다. (예제문제) [ ]
343	집행정지결정 또는 기각결정에 대하여는 즉시항고를 할 수 있고, 집행정지결정에 대한 즉시항고 에는 결정의 집행을 정지하는 효력이 없다. (변시 4회) [ ]

정답 및 해설

337 [O] (2017. 7. 11. 2013두25498)

338 [X] 집행정지결정의 효력은 결정 주문에서 정한 기간까지 존속하다가 그 기간이 만료되면 장래에 향하여 소멸한다. 항고소송을 제기한 원고가 본안소송에서 패소확정판결을 받았더라도 집행정지결정의 효력이 소급하여 소멸하지 않는다. (2020. 9. 3. 2020두34070)

339 [O] (2020. 9. 3. 2020두34070)

340 [O] (2020. 9. 3. 2020두34070)

341 [O] (2020. 9. 3. 2020두34070)

342 [O] (2017. 7. 11. 2013두25498)

343 [O] 행정소송법 제23조 제5항

344 집행정지결정의 취소사유는 특별한 사정이 없는 한 집행정지결정이 확정된 이후에 발생한 것이어야 한다. (변시 13회) [ ]

345 甲은 관할 행정청 乙로부터 2009. 8. 3.을 납부기한으로 하는 과징금부과처분을 같은 해 6. 1. 고지 받았으나, 이에 불복하여 과징금부과처분 취소소송을 제기하고 동시에 과징금부과처분에 대한 집행정지도 신청하였다. 법원은 2009. 7. 2. 위 본안소송에 대한 판결선고시까지 과징금부과처분의 집행을 정지한다는 결정을 내렸으나 甲이 2011. 6. 21. 결국 본안소송에서 패소하였다. 이에 甲이 2011. 6. 27. 당초 고지된 과징금을 납부하자 乙은 2009. 8. 3.의 납부기한을 도과하였으므로 그때부터 2011. 6. 27.까지의 체납에 따른 가산금도 납부하라는 징수처분을 하였다. (다툼이 있는 경우 판례에 의함) (변시 1회)

① 집행정지결정은 단지 징수권자가 징수집행을 하지 못하게 할 뿐 납부기간의 진행을 막을 수는 없으므로 甲은 마땅히 가산금을 납부하여야 한다. [ ]

② 본안소송에서 乙이 한 당초의 과징금부과처분이 적법하다고 판결이 내려진 이상 과징금부과처분에 기초하여 기간도과를 이유로 부과된 가산금징수처분에 중대하고 명백한 하자가 있다고 볼 수는 없다. 따라서 甲은 乙의 가산금징수처분에 대하여 취소소송으로 다툴 수 있음은 별론으로 하고 가산금을 일단 납부하여야 한다. [ ]

③ 집행정지결정이 있으면 납부기간의 진행도 중단되기는 하지만 甲이 본안소송에서 패소하면 집행정지결정이 실효되므로 납부기간 중단의 효력도 소급하여 상실되어 甲이 가산금납부의무를 면할 수는 없다. [ ]

④ 甲의 집행정지신청이 받아들여지지 않았다 하더라도 과징금부과처분에 대한 취소소송이 진행되고 있는 동안에는 甲은 과징금을 납부할 의무가 없고, 따라서 과징금체납에 따른 가산금의 납부의무도 없다. [ ]

⑤ 집행정지결정으로 납부기간의 진행도 함께 중단되므로 본안소송에서 패소한 때부터 이미 진행된 기간을 제외한 나머지 기간이 다시 진행되어 甲의 납부는 납부기한 내에 납부한 것이 되고 가산금납부의무는 없다. [ ]

정답 및 해설

344 [O] 행정소송법 제24조 제1항에서 규정하고 있는 집행정지 결정의 취소사유는 특별한 사정이 없는 한 집행정지 결정이 확정된 이후에 발생한 것이어야 하고, 그 중 '집행정지가 공공복리에 중대한 영향을 미치는 때'라 함은 일반적·추상적인 공익에 대한 침해의 가능성이 아니라 당해 집행정지 결정과 관련된 구체적·개별적인 공익에 중대한 해를 입힐 개연성을 말하는 것이다. (2005. 7. 15. 2005무16)

345 ① **[X]** 일정한 납부기한을 정한 과징금부과처분에 대하여 '회복하기 어려운 손해'를 예방하기 위하여 긴급한 필요가 있고 달리 공공복리에 중대한 영향을 미치지 아니한다는 이유로 집행정지결정이 내려졌다면 그 집행정지기간 동안은 과징금부과처분에서 정한 과징금의 납부기간은 더 이상 진행되지 아니하고 집행정지결정이 당해 결정의 주문에 표시된 시기의 도래로 인하여 실효되면 그 때부터 당초의 과징금부과처분에서 정한 기간(집행정지결정 당시 이미 일부 진행되었다면 그 나머지 기간)이 다시 진행하는 것으로 보아야 한다. (2003. 7. 11. 2002다48023)

가처분

346 처분 등이나 부작위가 위법하다는 현저한 의심이 있는 경우로서 임시의 지위를 정하여야 할 긴급한 필요가 있는 때에는 본안이 계속되고 있는 법원은 당사자의 신청에 따라 결정으로서 가처분을 할 수 있다. (예제문제) ★★ [   ]

심리

347 어떠한 처분에 법령상 근거가 있는지, 「행정절차법」에서 정한 처분 절차를 준수하였는지는 본안에서 해당 처분이 적법한가를 판단하는 단계에서 고려할 요소이지, 소송요건 심사단계에서 고려할 요소가 아니다. (23-1) ★★ [   ]

348 행정소송에 있어서 처분청의 처분권한 유무는 직권조사 사항이 아니다. (추가문제) [   ]

349 행정소송에서 쟁송의 대상이 되는 행정처분의 존부에 관한 사항이 상고심에서 비로소 주장된 경우에 행정처분의 존부에 관한 사항은 상고심의 심판범위에 해당한다. (추가문제) ★ [   ]

정답 및 해설

② [X] 위 해설 참고
③ [X] 위 해설 참고
④ [X] 행정소송법 제23조(집행정지) ① 취소소송의 제기는 처분등의 효력이나 그 집행 또는 절차의 속행에 영향을 주지 아니한다.
⑤ [O] (2003. 7. 11. 2002다48023)

346 [X] 민사소송법상의 보전처분은 민사판결절차에 의하여 보호받을 수 있는 권리에 관한 것이므로, 민사소송법상의 가처분으로써 행정청의 어떠한 행정행위의 금지를 구하는 것은 허용될 수 없다 할 것이다. (1992. 7. 6. 92마54)

347 [O] (2020. 4. 9. 2015다34444)

348 [O] 처분청이 처분권한을 가지고 있는가 하는 점은 직권조사사항이 아니다. (1996. 6. 25. 96누570)

349 [O] 행정소송에서 쟁송의 대상이 되는 행정처분의 존부는 소송요건으로서 직권조사사항이고, 자백의 대상이 될 수 없는 것이므로, 설사 그 존재를 당사자들이 다투지 아니한다 하더라도 그 존부에 관하여 의심이 있는 경우에는 이를 직권으로 밝혀 보아야 할 것이고, 사실심에서 변론종결시까지 당사자가 주장하지 않던 직권조사사항에 해당하는 사항을 상고심에서 비로소 주장하는 경우 그 직권조사사항에 해당하는 사항은 상고심의 심판범위에 해당한다. (2004. 12. 24. 2003두15195)

350 행정소송에서 법원은 당사자의 신청이 있는 때에는 결정으로써 재결을 행한 행정청에 대하여 행정심판에 관한 기록의 제출을 명할 수 있으며, 제출명령을 받은 행정청은 지체없이 당해 행정심판에 관한 기록을 법원에 제출하여야 한다. (22-1) ★ [ ]

351 당사자가 제출한 소송자료에 의하여 법원이 처분의 적법 여부에 관한 합리적인 의심을 품을 수 있음에도 단지 구체적 사실에 관한 주장을 하지 아니하였다는 이유만으로 당사자에게 석명 또는 직권에 의한 심리·판단을 하지 아니하는 것은 허용될 수 없다. (변시 7회) [ ]

352 행정소송의 수소법원은 특별한 사정이 없는 한 관련 확정판결에서 인정한 사실과 반대되는 사실을 인정할 수 없다. (추가문제) [ ]

353 행정소송의 경우 직권심리주의에 따라 변론주의가 완화되므로 행정의 적법성 보장과 국민의 권리보호를 위하여 당사자가 주장하지 않은 법률효과에 관한 요건사실이나 공격방어방법이라도 이를 시사하고 그 제출을 권유하는 것이 민사소송과 달리 허용된다. (변시 7회) ★★ [ ]

354 금전 부과처분 취소소송에서 사실심 변론종결시까지 제출된 자료에 의하여 적법하게 부과될 정당한 부과금액이 산출되는 경우에는 처분청이 정당한 부과금액이 얼마인지 주장·증명하지 않고 있더라도 법원은 적극적으로 정당한 부과금액을 산출하여 정당한 부과금액을 초과하는 부분만 일부 취소하여야 한다. (24-2) [ ]

정답 및 해설

350 [O] 행정소송법 제25조 제1항, 제2항

351 [O] 행정소송법 제26조 참고 (2010. 2. 11. 2009두18035)

352 [O] 행정소송의 수소법원이 관련 확정판결의 사실인정에 구속되는 것은 아니지만, 관련 확정판결에서 인정한 사실은 행정소송에서도 유력한 증거자료가 되므로, 행정소송에서 제출된 다른 증거들에 비추어 관련 확정판결의 사실 판단을 채용하기 어렵다고 인정되는 특별한 사정이 없는 한, 이와 반대되는 사실은 인정할 수 없다. (2019. 7. 4. 2018두66869)

353 [X] 법원의 석명권 행사는 당사자의 주장에 모순된 점이 있거나 불완전·불명료한 점이 있을 때에 이를 지적하여 정정·보충할 수 있는 기회를 주고, 계쟁사실에 대한 증거의 제출을 촉구하는 것을 그 내용으로 하는 것으로, 당사자가 주장하지도 아니한 법률효과에 관한 요건사실이나 독립된 공격방어방법을 시사하여 그 제출을 권유함과 같은 행위를 하는 것은 변론주의의 원칙에 위배되는 것으로 석명권 행사의 한계를 일탈하는 것이 된다. (2001. 1. 16. 99두8107)

354 [X] 일반적으로 금전 부과처분 취소소송에서 부과금액 산출과정의 잘못 때문에 부과처분이 위법한 것으로 판단되더라도 사실심 변론종결 시까지 제출된 자료에 의하여 적법하게 부과될 정당한 부과금액이 산출되는 때에는 부과처분 전부를 취소할 것이 아니라 정당한 부과금액을 초과하는 부분만 취소하여야 하지만, 처분청이 처분 시를 기준으로 정당한 부과금액이 얼마인지 주장·증명하지 않고 있는 경우에도 법원이 적극적으로 직권증거조사를 하거나 처분청에게 증명을 촉구하는 등의 방법으로 정당한 부과금액을 산출할 의무까지 부담하는 것은 아니다. (2016.7.14. 2015두4167)

355 「행정소송법」 제26조는 취소소송의 직권심리를 규정하고 있으므로 실기한 공격 또는 방어의 방법의 각하에 관한 「민사소송법」 제149조는 취소소송에 준용될 수 없다. (예제문제) [　]

356 항고소송에서 원고는 전심절차에서 주장하지 아니한 공격방어방법이라도 이전의 주장과 전혀 별개의 것이 아닌 한 이를 소송절차에서 주장할 수 있고 법원은 이를 심리하여 행정처분의 적법여부를 판단할 수 있다. (변시 7회) ★ [　]

357 원고는 전심절차에서 주장하지 아니한 공격방어방법이라도 소송절차에서 주장할 수 있으므로, 원고가 취소소송 중에 전심절차에서는 주장하지 않았던, 과세처분에 절차상 하자가 있다는 주장을 하였더라도 법원은 이 주장사실을 심리할 수 있다. (예제문제) [　]

358 일정한 법규위반사실이 행정처분의 전제사실이 되는 한편 이와 동시에 형사법규의 위반사실이 되는 때, 형사판결이 확정되지 않았음에도 이에 앞서 그 위반사실을 들어 행정처분을 하는 것은 허용되지 않는다. (변시 8회) ★ [　]

359 乙시장의 영업정지처분에 대해 甲이 취소심판이나 취소소송을 제기하여 요청하면 행정심판위원회는 관련 규정에 따라 영업정지처분을 과징금처분으로 변경하는 결정을 할 수 있지만 법원은 그러한 판결을 하지 못한다. (예제문제) [　]

정답 및 해설

355 [X] 행정소송에 관하여 행정소송법에 특별한 규정이 없는 사항에 대하여는 민사소송법의 규정이 준용되므로(행정소송법 제8조 제2항), 원칙적으로 변론주의가 지배하는 행정소송에서도 직권조사사항에 관한 것이 아닌 이상 실기한 공격 또는 방어의 방법의 각하에 관한 민사소송법 제149조 제1항이 준용된다고 할 것이고, 행정소송법 제26조가 있다고 하여 달리 볼 것은 아니다. (2003. 4. 25. 2003두988)

356 [O] 항고소송에 있어서 원고는 전심절차에서 주장하지 아니한 공격방어방법을 소송절차에서 주장할 수 있고 법원은 이를 심리하여 행정처분의 적법여부를 판단할 수 있다. (1984. 6. 12. 84누211)

357 [O] (1987. 5. 26. 86누136)

358 [X] 일정한 법규 위반 사실이 행정처분의 전제사실이자 형사법규의 위반 사실이 되는 경우, 동일한 행위에 관하여 독립적으로 행정처분이나 형벌을 과하거나 병과할 수 있고, 형사판결 확정에 앞서 일정한 위반사실을 들어 행정처분을 하였다고 하여 절차적 위반이 있다고 할 수 없다. (2017. 6. 15. 2015두39156)

359 [O] 취소심판에서의 '변경'은 적극적 변경을 의미하지만, 취소소송에서의 '변경'은 소극적 변경만을 의미한다.

입증책임

360 산업단지 입주계약을 취소하는 경우 취소의 필요성에 대한 증명책임은 행정청에 있다. (예제문제) ★★
[   ]

361 수익적 행정처분에 하자가 있다고 하더라도 이를 취소하여야 할 필요성에 관한 증명책임은 행정처분의 상대방이 아니라 처분청에 있다. (변시 11회)
[   ]

362 행정청이 폐기물처리사업계획서 부적합 통보를 하면서 처분서에 불확정개념으로 규정된 법령상의 허가기준 등을 충족하지 못하였다는 취지만을 간략히 기재하였다면, 부적합 통보에 대한 취소소송절차에서 행정청은 그 처분을 하게 된 판단 근거나 자료 등을 제시하여 구체적 불허가사유를 분명히 하여야 한다. (추가문제)
[   ]

363 항고소송의 경우 피고가 당해 처분의 적법성에 관하여 합리적으로 수긍할 수 있는 일응의 입증을 하였다면 이와 상반되는 주장과 입증의 책임은 원고에게 돌아간다. (변시 7회)
[   ]

364 항고소송의 경우에는 처분의 적법성을 주장하는 행정청에게 그 적법사유에 대한 증명책임이 있으므로, 그 처분이 재량권의 일탈·남용이 없다는 점을 증명할 책임도 행정청이 부담한다. (변시 9회) ★★
[   ]

정답 및 해설

360 [O] (2017. 6. 15. 2014두46843)

361 [O] (2012. 3. 29. 2011두23375)

362 [O] 행정청이 폐기물처리사업계획서 부적합 통보를 하면서 처분서에 불확정개념으로 규정된 법령상의 허가기준 등을 충족하지 못하였다는 취지만을 간략히 기재하였다면, 부적합 통보에 대한 취소소송절차에서 행정청은 그 처분을 하게 된 판단 근거나 자료 등을 제시하여 구체적 불허가사유를 분명히 하여야 한다. 이러한 경우 재량행위인 폐기물처리사업계획서 부적합 통보의 효력을 다투는 원고로서는 행정청이 제시한 구체적인 불허가사유에 관한 판단과 근거에 재량권 일탈·남용의 위법이 있음을 밝히기 위하여 소송절차에서 추가적인 주장을 하고 자료를 제출할 필요가 있다.

(2019. 12. 24. 2019두45579)

363 [O] (1984. 7. 24. 84누124)

364 [X] 민사소송법의 규정이 준용되는 행정소송에 있어서 입증책임은 원칙적으로 민사소송의 일반원칙에 따라 당사자간에 분배되고 항고소송의 경우에는 그 특성에 따라 당해 처분의 적법을 주장하는 피고에게 그 적법사유에 대한 입증책임이 있다. (1984. 7. 24. 84누124) 자유재량에 의한 행정처분이 그 재량권의 한계를 벗어난 것이어서 위법하다는 점은 그 행정처분의 효력을 다투는 자가 이를 주장·입증하여야 하고 처분청이 그 재량권의 행사가 정당한 것이었다는 점까지 주장·입증할 필요는 없다. (1987. 12. 8. 87누861)

365 행정처분의 당연무효를 주장하여 그 무효확인을 구하는 행정소송에서 그 행정처분이 무효인 사유를 주장·입증할 책임은 원고에게 있다. (변시 8회) ★★ [ ]

366 입증책임은 피고 행정청에 있으므로 피고는 당해 행정처분에 중대·명백한 하자가 없어 무효가 아니라는 입증을 하여야 한다. (변시 1회) [ ]

367 행정소송에 있어서 특단의 사정이 있는 경우를 제외하면 당해 행정처분의 적법성에 관하여는 당해 처분청이 이를 주장·입증하여야 할 것이나 행정소송에 있어서 직권주의가 가미되어 있다고 하여도 여전히 변론주의를 기본 구조로 하는 이상 행정처분의 위법을 들어 그 취소를 청구함에 있어서는 직권조사사항을 제외하고는 그 취소를 구하는 자가 위법사유에 해당하는 구체적인 사실을 먼저 주장하여야 한다. (22-1) [ ]

368 「보훈보상대상자 지원에 관한 법률」에 따른 보상을 받음에 있어 교육훈련 또는 직무수행과 부상·질병 사이의 인과관계에 대한 증명책임은 보상 신청인에 있다. (예제문제) [ ]

369 개인택시 운전면허에 있어 발급요건인 운전경력에 대한 증명책임은 면허 신청인에 있다. (예제문제) [ ]

370 국가유공자 인정과 관련하여, 공무수행으로 상이(傷痍)를 입었다는 점이나 그로 인한 신체장애의 정도가 법령에 정한 등급 이상에 해당한다는 점에 관한 증명책임은 국가유공자 등록신청인에게 있지만, 그 상이가 '불가피한 사유 없이 본인의 과실이나 본인의 과실이 경합된 사유로 입은 것'이라는 사정에 관한 증명책임은 피고인 처분청에게 있다. (변시 8회) [ ]

정답 및 해설

365 [O] (1992. 3. 10. 91누6030)
366 [X] 위 문제 참고 (1984. 2. 28. 82누154)
367 [O] (2001. 1. 16. 99두8107)
368 [O] (2018. 9. 13. 2016두59263)
369 [O] (2009. 8. 20. 2008두19871)
370 [O] (2013. 8. 22. 2011두26589)

위법판단의 기준시

371 처분의 위법 여부는 처분 당시의 법령과 사실 상태를 기준으로 판단하여야 하므로, 법원은 처분 당시에 행정청이 알고 있었던 자료만을 기초로 처분 당시 존재하였던 객관적 사실을 확정하여 처분의 위법 여부를 판단하여야 한다. (변시 11회) ★★ [ ]

372 허가신청 후 처분 전에 관계 법령이 개정시행된 경우 신법령 부칙에 경과규정을 두지 아니한 이상 당연히 허가신청 당시의 법령에 의하여 허가 여부를 판단하여야 하는 것은 아니며, 소관 행정청이 허가신청을 수리하고도 정당한 이유 없이 처리를 늦추어 그 사이에 법령 및 허가기준이 변경된 것이 아닌 한 변경된 법령 및 허가기준에 따라서 한 불허가처분은 적법하다. (변시 3회) ★ [ ]

373 행정소송에서 행정처분의 위법 여부는 원칙적으로 행정처분이 행하여졌을 때의 법령과 사실상태를 기준으로 하여 판단하여야 하고, 처분 후 법령의 개폐나 사실상태의 변동에 의하여 영향을 받지는 않는다. (변시 3회) ★ [ ]

374 개정 전 법령의 존속에 대한 국민의 신뢰가 개정 법령의 적용에 관한 공익상의 요구보다 더 보호가치가 있다고 인정되는 경우, 국민의 신뢰를 보호하기 위하여 개정 법령의 적용이 제한될 수 있는 여지가 있다. (변시 3회) [ ]

375 거부처분취소소송의 경우 그 실질이 의무이행소송과 유사한 성격을 갖기 때문에 이행소송의 일반적인 법리에 따라 위법성 판단기준시점을 판결시로 보는 것이 대법원의 입장이다. (예제문제) ★ [ ]

정답 및 해설

371 [X] 항고소송에서 행정처분의 위법 여부는 행정처분이 있을 때의 법령과 사실 상태를 기준으로 판단하여야 한다. 이는 처분 후에 생긴 법령의 개폐나 사실상태의 변동에 영향을 받지 않는다는 뜻이지, 처분 당시 존재하였던 자료나 행정청에 제출되었던 자료만으로 위법 여부를 판단한다는 의미는 아니다. 따라서 법원은 행정처분 당시 행정청이 알고 있었던 자료뿐만 아니라 사실심 변론종결 당시까지 제출된 모든 자료를 종합하여 처분 당시 존재하였던 객관적 사실을 확정하고 그 사실에 기초하여 처분의 위법 여부를 판단할 수 있다. (2018. 6. 28. 2015두58195)

372 [O] (1992. 12. 8. 92누13813)

373 [O] (1993. 5. 27. 92누19033)

374 [O] (2000. 12. 5. 2000구16448)

375 [X] 거부처분 취소소송의 경우 위법성 판단기준시점은 '처분시'이다.

| 376 | 건설업자가 시공자격 없는 자에게 전문공사를 하도급한 행위에 대하여 과징금 부과처분을 하는 경우, 구체적인 부과기준에 대하여 처분시의 법령이 행위시의 법령보다 불리하게 개정되었고 어느 법령을 적용할 것인지에 대하여 특별한 규정이 없다면 처분시의 법령을 적용하여야 한다. (변시 3회) [ ] |

| 377 | 조세법령이 일단 효력을 발생하였다가 폐지 또는 개정된 경우 조세법령이 정한 과세요건 사실이 폐지 또는 개정된 당시까지 완료된 때에는 다른 경과규정이 없는 한 그 과세요건 사실에 대하여는 종전의 조세법령이 계속 효력을 가지므로, 조세법령의 폐지 또는 개정 전에 종결된 과세요건 사실에 대하여 폐지 또는 개정 전의 조세법령을 적용하는 것이 조세법률주의의 원칙에 위배된다고 할 수 없다. (변시 3회) [ ] |

| 378 | 처분시설에 의하면, 처분 당시 적법한 경우라면 그 후의 사정변경에 의하여 판결시에는 위법하다 하더라도 법원은 기각판결을 내려야 한다. (예제문제) [ ] |

| 379 | 판결시설에 의하면, 보조금지급신청에 대한 거부처분시에는 보조금신청 자격을 갖추지 못했으나 소송진행 중에 관계법령 개정으로 보조금신청자격을 갖추게 된 경우 거부처분은 위법한 것이 되어 인용판결을 받게 된다. (예제문제) [ ] |

| 380 | 부작위위법확인소송의 위법성 판단시점은 처분의 신청시이다. (예제문제) ★ [ ] |

| 381 | 법령등을 위반한 행위 후 법령등의 변경에 의하여 그 행위가 법령등을 위반한 행위에 해당하지 아니하거나 제재처분 기준이 가벼워진 경우로서 해당 법령등에 특별한 규정이 없는 경우에는 변경된 법령등을 적용한다. (23-2) ★★ [ ] |

정답 및 해설

376 [X] 구 건설업법 시행 당시에 건설업자가 도급받은 건설공사 중 전문공사를 그 전문공사를 시공할 자격 없는 자에게 하도급한 행위에 대하여 건설산업기본법 시행 이후에 과징금 부과처분을 하는 경우, 과징금의 부과상한은 건설산업기본법 부칙 제5조 제1항에 의하여 피적용자에게 유리하게 개정된 건설산업기본법 제82조 제2항에 따르되, 구체적인 부과기준에 대하여는 처분시의 시행령이 행위시의 시행령보다 불리하게 개정되었고 어느 시행령을 적용할 것인지에 대하여 특별한 규정이 없으므로, 행위시의 시행령을 적용하여야 한다. (2002. 12. 10. 2001두3228)

행정기본법 제14조(법 적용의 기준) ③ 법령등을 위반한 행위의 성립과 이에 대한 제재처분은 법령등에 특별한 규정이 있는 경우를 제외하고는 법령등을 위반한 행위 당시의 법령등에 따른다. 다만, 법령등을 위반한 행위 후 법령등의 변경에 의하여 그 행위가 법령등을 위반한 행위에 해당하지 아니하거나 제재처분 기준이 가벼워진 경우로서 해당 법령등에 특별한 규정이 없는 경우에는 변경된 법령등을 적용한다.

377 [O] (1993. 5. 11. 92누18399)

378 [O]

379 [O]

380 [X] 부작위 위법여부에 대한 법원의 판단은 '판결시'이다.

381 [O] 행정기본법 제14조 제3항 단서

처분사유의 추가변경

382 상고심에서는 처분사유를 추가할 수 없다. (예제문제) ★ [ ]

383 행정내부적 시정절차인 이의신청 절차에서 당초 과징금부과처분의 근거로 삼은 사유와 기본적 사실관계의 동일성이 인정되지 않는 사유를 처분사유로 추가·변경할 수 있다. (예제문제) ★ [ ]

384 주택신축을 위한 산림형질변경허가신청에 대하여 행정청이 거부처분을 하면서 당초 준농림지역에서의 행위제한이라는 사유를 들었다가, 취소소송에서 자연경관 및 생태계의 교란, 국토 및 자연의 유지와 환경보전 등 중대한 공익상의 필요라는 처분사유를 추가한 경우, 기본적 사실관계의 동일성이 인정되어 처분사유의 추가·변경이 허용된다. (변시 4회) [ ]

385 과세관청이 종합소득세부과처분을 하면서 종합소득세 과세대상 소득 중 특정소득을 이자소득으로 보았다가 취소소송에서 이를 이자소득이 아니라 대금업에 의한 사업소득에 해당한다고 처분사유를 변경한 경우, 기본적 사실관계의 동일성이 인정되어 처분사유의 추가·변경이 허용된다. (변시 4회) [ ]

386 원고를 비롯한 동종업체들이 「국가를 당사자로 한 계약에 관한 법률」에 기한 입찰 실시 과정에서 입찰에 참가하지 않거나 소외 1개 업체만이 단독 응찰하도록 하는 등 담합행위를 한 사안에서, 원고에게 부정당업자제재처분을 하면서 위 행위가 위 법률 시행령 제76조 제1항 제12호('담합을 주도하거나 담합하여 입찰을 방해하였다')에 해당한다는 것을 처분사유로 하였다가, 취소소송 중 그 법률적 평가를 달리하여 같은 항 제7호('특정인의 낙찰을 위하여 담합한 자')에 해당한다는 것으로 처분사유를 변경한 경우, 기본적 사실관계의 동일성이 인정되어 처분사유의 추가·변경이 허용된다. (변시 4회) [ ]

정답 및 해설

382 [O] 행정청은 기본적 사실관계의 동일성이 있다고 인정되는 한도 내에서만 다른 처분사유를 추가, 변경할 수 있다고 할 것이나 이는 사실심 변론종결시까지만 허용된다. (1999. 8. 20. 98두17043)

383 [O] 행정내부적 시정절차인 이의신청 절차에서는 기본적 사실관계의 동일성이 인정되지 않더라도 처분사유의 추가변경이 인정된다.

384 [O] 그 내용이 모두 이 사건 임야가 준농림지역에 위치하고 있다는 점을 공통으로 하고 있을 뿐 아니라 그 취지 또한 자연환경의 보전을 위하여 개발행위를 제한할 필요가 있어서 산림형질변경을 불허한다는 것으로서 기본적 사실관계에 있어서 동일성이 인정된다. (2004. 11. 26. 2004두4482)

385 [O] (2002. 3. 12. 2000두2181)

386 [O] 그 변경 전후에 있어서 같은 행위에 대한 법률적 평가만 달리하는 것일 뿐 기본적 사실관계를 같이 하는 것이므로 허용된다. (2008. 2. 28. 2007두13791)

387 음주운전으로 운전면허가 취소되었음을 이유로 개인택시운송사업면허취소처분을 하면서, 처음에는 구 「자동차운수사업법」 제31조 제1항 제3호의 면허취소사유에 해당한다고 하였다가, 그 후 구체적 사실은 변경하지 아니한 채 적용법조를 위 법 제31조와 같은 법 시행규칙 제5조를 추가하여 통고한 경우, 기본적 사실관계의 동일성이 인정되어 처분사유의 추가·변경이 허용된다. (예제문제) [　]

388 액화석유가스판매사업불허가처분을 하면서, 처음에는 허가기준에 따라 검토한 결과 허가기준에 맞지 않다고 했다가, 나중에 이격거리 기준에 위배된다고 한 경우, 기본적 사실관계의 동일성이 인정되어 처분사유의 추가·변경이 허용된다. (예제문제) [　]

389 B구청장은 乙이 '사실상의 도로'로서 인근 주민들의 통행로로 이용되고 있는 토지에 새 건물을 신축하겠다는 내용으로 건축허가를 신청하자, 위 사실상 도로가 「건축법」상 도로에 해당함을 전제로 乙의 건축계획이 도로를 침범한다는 사유로 건축불허가처분을 하였는데, 乙이 취소소송을 제기하자 소송 중 '위 사실상 도로가 인근 주민들의 통행로로 이용되어 왔는데, 건물을 신축하는 경우 인근 토지들이 맹지가 되므로 건축을 허용하는 것은 공익상 요구에 반한다.'라는 사유를 처분의 근거로 추가하였다. B구청장이 추가한 사유는 기존의 처분사유와 기본적 사실관계의 동일성이 인정되지 않는다. (예제문제) [　]

390 A시민단체가 금융위원회위원장에 대하여 외국 금융기관인 B의 국내은행 주식취득 관련 심사정보의 공개를 구한 것에 대하여, 금융위원회위원장이 거부처분을 하면서 위 정보가 대법원에 계속 중인 사건의 관련정보라는 사유를 들었다가, 취소소송에서 다시 위 정보가 서울중앙지방법원에 계속 중인 별개의 사건의 관련정보라는 처분사유를 추가한 경우, 기본적 사실관계의 동일성이 인정되어 처분사유의 추가·변경이 허용된다. (변시 4회) [　]

391 변상금부과처분을 하면서, 당초에는 「도로법」 제94조를 근거로 하였다가, 나중에 국유부분에 대해서는 「국유재산법」 제51조와 시행령으로, 시유부분에 대해서는 「공유재산 및 물품관리법」 제81조와 시행령으로 변경한 경우, 기본적 사실관계의 동일성이 인정되어 처분사유의 추가·변경이 허용된다. (예제문제) [　]

정답 및 해설

387 [O] (1988. 1. 19. 87누603)

388 [O] (1989. 7. 25. 88두11926)

389 [X] 구청장이 원심에서 추가한 처분사유는 당초 처분사유와 기본적 사실관계가 동일하고, 정당하여 결과적으로 위 처분이 적법한 것으로 볼 여지가 있다. (2019. 10. 31. 2017두74320)

390 [X] 위 정보가 대법원 재판과 별개 사건인 서울중앙지방법원에 진행 중인 재판에 관련된 정보에도 해당한다며 처분사유를 추가로 주장하는 것은 당초의 처분사유와 기본적 사실관계가 동일하다고 할 수 없는 사유를 추가하는 것이어서 허용될 수 없다. (2011. 11. 24. 2009두19021)

391 [X] 도로법과 구 국유재산법령 및 구 공유재산 및 물품관리법령의 해당 규정은 별개 법령에 규정되어 입법 취지가 다르고, 해당 규정내용을 비교하여 보면 변상금의 징수목적, 산정 기준금액, 징수 재량 유무, 징수절차 등이 서로 달라 위와 같이 근거 법령을 변경하는 것은 종전 도로법 제94조에 의한 변상금 부과처분과 동일성을 인정할 수 없는 별개의 처분을 하는 것과 다름 없어 허용될 수 없다. (2011. 5. 26. 2010두28106)

사정판결

392 취소소송에서 당사자의 명백한 주장이 없는 경우에도 법원은 기록에 나타난 여러 사정을 기초로 직권으로 사정판결을 할 수 있다. (변시 8회) ★ [ ]

393 취소소송에 대한 다음과 같은 판결주문이 있다. 이러한 판결에 관한 설명 중 옳은 것은? (다툼이 있는 경우 판례에 의함) (변시 5회) ★★

> 1. 원고의 청구를 기각한다.
> 2. 다만, 피고가 2015. 3. 3. 원고에 대하여 한 ○○처분은 위법하다.
> 3. 소송비용은 (   )의 부담으로 한다.

① 위 판결은 취소소송에서만 허용되고 무효등확인소송에는 허용되지 않는다. [ ]

② 원고는 피고 행정청이 속하는 국가 또는 공공단체를 상대로 손해배상의 청구를 당해 취소소송이 계속된 법원에 병합하여 제기할 수 있다. [ ]

③ 소송비용은 패소자 부담이 원칙이므로 판결주문 3.의 (   )에 들어가는 것은 원고이다. [ ]

④ 위 판결주문에서 ○○처분의 위법 여부의 판단은 처분시를 기준으로 하지만, 청구기각판결을 하여야 할 공공복리 적합성의 판단시점은 변론종결시이다. [ ]

⑤ 위 판결은 기각판결의 일종이므로 원고는 상소할 수 있지만, 피고는 상소할 수 없다. [ ]

정답 및 해설

392 [O] (2006. 9. 22. 2005두2506)

393 ① [O] (1996. 3. 22. 95누5509)

② [O] 행정소송법 제26조 제3항

③ [X] 행정소송법 제32조(소송비용의 부담) 취소청구가 제28조의 규정(사정판결)에 의하여 기각되거나 행정청이 처분등을 취소 또는 변경함으로 인하여 청구가 각하 또는 기각된 경우에는 소송비용은 피고의 부담으로 한다.

④ [O] 사정판결은 처분시에는 위법하였으나 사후의 변화된 사정을 고려하는 제도이기 때문에 사정판결이 필요한가의 판단의 기준시점은 '판결시점'이 된다.

⑤ [X] 처분 등이 위법하여 원고의 청구가 이유가 있음에도 불구하고 원고의 청구는 기각된다. 사정판결도 일반 기각판결과 성질상 다를 것이 없으므로, 사정판결에 대하여 패소자인 원고가 상소(上訴)할 수 있다. 또한 사정판결의 경우 판결주문에 처분의 위법성이 명시된다는 점에서 이에 불복하는 피고도 상소할 수 있다.

일부취소판결

394 「공중위생관리법」을 위반한 공중위생영업자에 대한 과징금부과처분 취소심판에서 부과처분에 재량하자의 위법이 있고 적정한 과징금의 산정이 가능한 경우, 일부취소가 허용된다. (변시 4회) ★★ [ ]

395 공무원에 대한 3개월의 정직처분의 취소를 구하는 소청에서 정직처분이 재량권 남용에 해당하고 그 3분의 1에 해당하는 1개월의 정직처분이 정당하다고 판단되는 경우, 일부취소가 허용된다. (변시 4회) [ ]

396 처분에 관하여 재량이 인정되는 과징금 납부명령에 대하여 그 명령이 재량권을 일탈하였을 경우 법원으로서는 재량권의 범위 내에서 적정한 과징금 액수를 판단하여 그 액수를 초과한 부분만 취소할 수 있다. (변시 9회) ★★ [ ]

397 자동차운수사업면허조건을 위반한 甲에 대하여 A행정청이 부과한 과징금부과처분이 법이 정한 한도액을 초과하여 위법한 때, 법원이 그 한도액을 초과한 부분만을 취소하는 것은 허용되지 않는다. (변시 8회) [ ]

398 정당한 세액을 초과하여 부과된 과세처분에 대한 취소소송에서 당사자가 제출한 자료에 의하여 적법하게 부과될 정당한 세액이 산출되는 경우, 일부취소가 허용된다. (변시 4회) [ ]

399 개발부담금부과처분 취소소송에서 당사자가 제출한 자료에 의하여 적법하게 부과될 정당한 부과금액을 산출할 수 있는 경우, 일부취소가 허용된다. (변시 4회) [ ]

정답 및 해설

394 [O] 행정심판(소청과 같은 특별행정심판 포함하여)은 행정소송에 비해 권력분립적 제한이 적으므로 과징금부과처분이라든가 징계처분과 같은 재량행위라 할지라도 일부취소가 가능하다.

395 [O] 행정심판에서는 재량행위에 대하여도 일부취소가 가능하다.

396 [X] 과징금 납부명령에 대하여 그 명령이 재량권을 일탈하였을 경우, 법원으로서는 재량권의 일탈 여부만 판단할 수 있을 뿐이지 재량권의 범위 내에서 어느 정도가 적정한 것인지에 관하여는 판단할 수 없어 그 전부를 취소할 수밖에 없고, 법원이 적정하다고 인정하는 부분을 초과한 부분만 취소할 수는 없다. (2009. 6. 23. 2007두18062)

397 [O] (1998. 4. 10. 98두2270)

398 [O] 과세처분취소소송의 처분의 적법 여부는 과세액이 정당한 세액을 초과하느냐의 여부에 따라 판단되는 것으로서 … 적법하게 부과될 정당한 세액이 산출되는 때에는 그 정당한 세액을 초과하는 부분만 취소하여야 할 것이고 전부를 취소할 것이 아니다. (2000. 6. 13. 98두5811)

399 [O] 개발부담금부과처분 취소소송에 있어 당사자가 제출한 자료에 의하여 적법하게 부과될 정당한 부과금액을 산출할 수 없을 경우에는 부과처분 전부를 취소할 수밖에 없으나, 그렇지 않은 경우에는 그 정당한 금액을 초과하는 부분만 취소하여야 한다. (2004. 7. 22. 2002두868)

판결의 효력

400 취소판결의 효력은 원칙적으로 소급적이므로, 취소판결에 의해 취소된 영업허가취소처분 이후의 영업행위는 무허가영업에 해당하지 않는다. (추가문제) ★ [ ]

401 행정청이 의료법인의 이사에 대한 이사취임승인취소처분(제1처분)을 직권으로 취소(제2처분)한 경우에는 그로 인하여 이사가 소급하여 이사로서의 지위를 회복하고, 그 처분들 사이에 법원이 선임결정한 임시이사들의 지위는 당연히 소멸된다. (23-2) [ ]

취소판결의 기판력

402 행정소송법은 기판력에 관한 명문규정을 두고 있지 않으나, 민사소송법의 규정이 준용될 수 있다. (예제문제) [ ]

403 취소판결의 기판력은 판결의 주문과 판결이유 중에 설시된 개개의 위법사유에까지 미친다. (예제문제) ★★ [ ]

404 과세처분의 취소소송에서 청구가 기각된 확정판결의 기판력은 그 과세처분의 무효확인을 구하는 소송에도 미친다. (변시 9회) ★★ [ ]

정답 및 해설

400 [O] (1993. 6. 25. 93도277)

401 [O] 행정처분이 취소되면 그 소급효에 의하여 처음부터 그 처분이 없었던 것과 같은 효과를 발생하게 되는바, 행정청이 의료법인의 이사에 대한 이사취임승인취소처분(제1처분)을 직권으로 취소(제2처분)한 경우에는 그로 인하여 이사가 소급하여 이사로서의 지위를 회복하게 되고, 그 결과 위 제1처분과 제2처분 사이에 법원에 의하여 선임결정된 임시이사들의 지위는 법원의 해임결정이 없더라도 당연히 소멸된다. (1997. 1. 21. 96누3401)

402 [O] 행정소송법 제8조 제2항

403 [X] 확정판결은 판결주문에 포함된것에 한하여 기판력을 갖는다. (민사소송법 제216조 제1항) 따라서 판결이유 중에 적시된 구체적인 위법사유에 관한 판단에는 미치지 않는다.

404 [O] 과세처분의 취소소송은 과세처분의 실체적, 절차적 위법을 그 취소원인으로 하는 것으로서 그 심리의 대상은 과세관청의 과세처분에 의하여 인정된 조세채무인 과세표준 및 세액의 객관적 존부, 즉 당해 과세처분의 적부가 심리의 대상이 되는 것이며, 과세처분 취소청구를 기각하는 판결이 확정되면 그 처분이 적법하다는 점에 관하여 기판력이 생기고 그 후 원고가 이를 무효라 하여 무효확인을 소구할 수 없는 것이어서 과세처분의 취소소송에서 청구가 기각된 확정판결의 기판력은 그 과세처분의 무효확인을 구하는 소송에도 미친다. (2003. 5. 16. 2002두3669)

405 취소소송에서 기각판결이 확정된 경우에는 처분이 적법하다는 점에 기판력이 발생하므로, 패소한 당사자는 해당 처분에 관한 무효확인소송에서 그 처분이 위법하다고 주장할 수 없다. (변시 10회) ★ [ ]

406 계쟁처분의 취소소송에서 청구를 기각하는 확정판결의 기판력은 그 계쟁처분의 무효확인을 구하는 소송에도 미치므로, 취소소송에서 기각판결이 확정된 후 다시 동일한 처분에 대해 무효확인소송이 제기된 경우에는 법원은 당사자의 주장이 없더라도 기판력에 저촉되는지 여부를 직권으로 심리판단하여 청구를 기각하여야 한다. (예제문제) ★ [ ]

407 甲이 국가배상청구소송과 취소소송을 모두 제기한 상태에서 국가배상청구소송의 인용판결이 먼저 있는 경우라고 하더라도 취소소송에서의 위법성 판단에 기판력이 미치지 않는다. (23-2) [ ]

408 취소된 행정처분을 기초로 하여 새로 형성된 제3자의 권리가 취소판결 자체의 효력에 의해 당연히 그 행정처분 전의 상태로 환원되는 것은 아니다. (추가문제) [ ]

정답 및 해설

405 [O] (1996. 6. 25. 95누1880)

406 [O] (1993. 4. 27. 92누9777)

407 [O] 취소소송의 기판력이 국가배상청구소송에 미치지 않는다고 본 판례: 어떠한 행정처분이 항고소송에서 취소되었다고 할지라도 그 기판력으로 곧바로 국가배상책임이 인정될 수는 없고, '공무원이 직무를 집행하면서 고의 또는 과실로 법령을 위반하여 타인에게 손해를 입힌 때'라고 하는 국가배상법 제2조 제1항의 요건이 충족되어야 한다. (2022. 4. 28. 2017다233061)

408 [O] 행정처분을 취소하는 확정판결이 제3자에 대하여도 효력이 있다고 하더라도 일반적으로 판결의 효력은 주문에 포함한 것에 한하여 미치는 것이니 그 취소판결 자체의 효력으로써 그 행정처분을 기초로 하여 새로 형성된 제3자의 권리까지 당연히 그 행정처분 전의 상태로 환원되는 것이라고는 할 수 없고, 단지 취소판결의 존재와 취소판결에 의하여 형성되는 법률관계를 소송당사자가 아니었던 제3자라 할지라도 이를 용인하지 않으면 아니된다는 것을 의미하는 것에 불과하다 할 것이며, 따라서 취소판결의 확정으로 인하여 당해 행정처분을 기초로 새로 형성된 제3자의 권리관계에 변동을 초래하는 경우가 있다 하더라도 이는 취소판결 자체의 형성력에 기한 것이 아니라 취소판결의 위와 같은 의미에서의 제3자에 대한 효력의 반사적 효과로서 그 취소판결이 제3자의 권리관계에 대하여 그 변동을 초래할 수 있는 새로운 법률요건이 되는 까닭이라 할 것이다. (1986. 8. 19. 83다카2022)

취소판결의 기속력

409 취소판결의 기속력은 취소청구가 인용된 판결에서 인정되는 것으로서 당사자인 행정청과 그 밖의 관계행정청에 확정판결의 취지에 따라 행동하여야 할 의무를 부과한다. (변시 10회) ★★ [ ]

410 취소소송에서 처분 등을 취소하는 확정판결의 기속력은 주로 판결의 실효성 확보를 위하여 인정되는 효력으로서 판결의 주문뿐만 아니라 그 전제가 되는 처분 등의 구체적 위법사유에 관한 이유 중의 판단에 대하여도 인정된다. (예제문제) ★★ [ ]

411 취소판결이 확정되면 당사자인 행정청과 그 밖의 관계행정청은 확정판결에 저촉되는 처분을 할 수 없다. 그러나 기본적 사실관계의 동일성이 없는 다른 처분사유를 들어 동일한 내용의 처분을 하는 것은 기속력에 반하지 않는다. (변시 8회) ★★ [ ]

412 취소판결의 기속력은 판결의 주문 및 전제가 되는 처분 등의 구체적 위법사유에 관한 판단에도 미치나, 종전 처분이 판결에 의하여 취소되었더라도 종전 처분과 다른 사유를 들어서 새로이 처분을 하는 것은 기속력에 저촉되지 않는다. (변시 10회) ★★ [ ]

413 새로운 처분의 처분사유가 종전 처분의 처분사유와 기본적 사실관계에서 동일하지 않은 다른 사유에 해당하더라도, 처분사유가 종전 처분 당시 이미 존재하고 있었고 당사자가 이를 알고 있었다면 이를 내세워 새로이 처분을 하는 것은 확정판결의 기속력에 저촉된다. (변시 10회) [ ]

414 주민 등의 도시관리계획 입안 제안을 거부한 처분을 취소하는 판결이 확정된 후 행정청이 새로이 수립한 도시관리계획에 대해 제기된 취소소송에서, 도시관리계획의 내용이 취소판결의 기속력에 위배되지는 않는다고 하더라도 법원은 계획재량의 한계를 일탈한 것인지 여부를 별도로 심리·판단하여야 한다. (변시 14회) [ ]

정답 및 해설

409 [O] (2016. 3. 24. 2015두48235)

410 [O] (2001. 3. 23. 99두5238)

411 [O] (2016. 3. 24. 2015두48235)

412 [O] (2016. 3. 24. 2015두48235)

413 [X] 행정처분의 위법 여부는 행정처분이 행하여진 때의 법령과 사실을 기준으로 판단하므로, 확정판결의 당사자인 처분 행정청은 종전 처분 후에 발생한 새로운 사유를 내세워 다시 처분을 할 수 있고, 새로운 처분의 처분사유가 종전 처분의 처분사유와 기본적 사실관계에서 동일하지 않은 다른 사유에 해당하는 이상, 처분사유가 종전 처분 당시 이미 존재하고 있었고 당사자가 이를 알고 있었더라도 이를 내세워 새로이 처분을 하는 것은 확정판결의 기속력에 저촉되지 않는다. (2016. 3. 24. 2015두48235)

414 [O] 취소판결의 기속력 위배 여부와 계획재량의 한계 일탈 여부는 별개의 문제이므로, 행정청이 적극적으로 수립한 도시관리계획의 내용이 취소판결의 기속력에 위배되지는 않는다고 하더라도 계획재량의 한계를 일탈한 것인지의 여부는 별도로 심리·판단하여야 한다. (2020.6.25. 2019두57404)

415 행정처분의 적법여부는 그 행정처분이 행하여진 때의 법령과 사실을 기준으로 하여 판단하는 것이므로 거부처분 후에 법령이 개정·시행된 경우에는 개정된 법령 및 허가기준을 새로운 사유로 들어 다시 이전의 신청에 대한 거부처분을 할 수 있다. (변시 8회) ★★ [　]

416 거부처분에 대하여 취소판결이 확정된 경우, 행정청의 재처분은 신청 내용을 그대로 인정하는 처분이 되어야 한다. 따라서 행정청은 판결의 취지를 존중하여 반드시 신청한 내용대로 처분을 하여야 한다. (변시 8회) ★★ [　]

417 거부처분 후 법령이 개정·시행된 경우에 거부처분 취소의 확정판결을 받은 행정청이 개정법령상의 새로운 사유를 내세워 다시 거부처분을 하는 것은 행정소송법상의 재처분의무에 반한다. (변시 1회) [　]

418 거부처분의 취소사유가 행정처분의 절차상 하자로 인한 것이라면 그 처분 행정청은 그 확정판결의 취지에 따라 그 위법사유를 보완하여 다시 종전의 신청에 대한 거부처분을 할 수 있고, 그러한 처분도 행정소송법 제30조 제2항의 재처분에 해당한다. (예제문제) ★ [　]

419 거부처분을 취소하는 판결이 확정된 경우 그 취소사유가 행정처분의 절차, 방법의 위법으로 인한 것이라면 그 처분 행정청은 확정판결의 취지에 따라 위법사유를 보완하여 다시 종전의 신청에 대한 거부처분을 할 수 있다. (변시 14회) [　]

420 취소판결의 기속력에 위반하여 행한 행정청의 행위는 위법하나, 이는 무효사유가 아니라 취소사유에 해당한다. (변시 8회) ★★ [　]

421 취소판결의 당사자인 행정청이 행정소송의 사실심 변론종결 이전의 사유를 내세워 다시 확정판결과 저촉되는 행정처분을 하는 경우, 이러한 행정처분은 그 하자가 중대하고도 명백한 것이어서 당연무효이다. (변시 10회) [　]

정답 및 해설

415 [O] 그러한 처분도 행정소송법 제30조 제2항에 규정된 재처분에 해당된다. (1998. 1. 7. 97두22)

416 [X] 거부처분에 대하여 취소판결이 확정된 경우, 행정청의 재처분은 특별한 사정이 없는 한 인용처분이 될 것이다. 다만 행정청은 판결의 취지를 존중하면 되는 것이지 반드시 신청한 내용대로 처분을 하여야 하는 것은 아니므로 경우에 따라서는 거부처분이 될 수도 있다.

417 [X] 위 문제 참고 (1998. 1. 7. 97두22)

418 [O] (2005. 1. 14. 2003두13045)

419 [O] (2005.1.14. 2003두13045)

420 [X] 취소판결이 확정된 후에 그 기속력에 위반하여 같은 사유에 의한 동일한 내용의 처분은 그 하자가 중대하고도 명백하여 당연무효이다. (1990. 12. 11. 90누3560)

421 [O] (1990. 12. 11. 90누3560)

간접강제

422 행정청이 거부처분 취소판결의 취지에 따른 재처분의무를 이행하지 아니하는 때에는 제1심수소법원은 당사자의 신청에 의하여 결정으로써 상당한 기간을 정하고 행정청이 그 기간내에 이행하지 아니하는 때에는 그 지연기간에 따라 일정한 배상을 할 것을 명하거나 즉시 손해배상을 할 것을 명할 수 있다. (예제문제) ★★　　[　]

423 간접강제결정은 처분청이 '판결의 취지'에 따라 재처분을 하지 않는 경우에 할 수 있는 것으로, 원심판결의 이유가 위법하지만 결론이 정당하다는 이유로 상고기각판결이 선고되어 원심판결이 확정된 경우라면, 이때 '판결의 취지'는 원심판결의 이유와 원심판결의 결론을 의미한다. (변시 9회) [　]

424 거부처분에 대하여 무효확인판결이 내려진 경우 행정청에 판결의 취지에 따른 재처분의무가 인정될 뿐만 아니라 그에 대하여 간접강제도 허용된다. (변시 9회) ★★　　　　　　　　　　　　　　　　　[　]

425 건축허가신청 반려처분의 취소판결이 확정되었음에도 처분청이 확정판결의 취지에 따른 재처분을 하지 아니하여 간접강제절차가 진행 중에 상급행정청이 새로이 그 지역에 「건축법」에 따른 건축허가제한 공고를 하였고, 처분청이 그에 따라 다시 거부처분을 하였다면 이는 유효한 재처분에 해당하므로 간접강제가 허용되지 않는다. (변시 9회)　　　　　　　　　　　　　　　　　　[　]

426 간접강제결정에서 정한 의무이행기한이 경과하였다면 그 이후 확정판결의 취지에 따른 재처분의 이행이 있더라도 처분상대방은 간접강제결정에 기한 배상금을 추심할 수 있다. (변시 9회) ★★　　　　　[　]

정답 및 해설

422 [O] 행정소송법 제34조 제1항

423 [X] 원심판결의 이유는 위법하지만 결론이 정당하다는 이유로 상고기각판결이 선고되어 원심판결이 확정된 경우 행정소송법 제30조 제2항에서 규정하고 있는 '판결의 취지'는 상고심판결의 이유와 원심판결의 결론을 의미한다. (2004. 1. 15. 2002두2444)

424 [X] 행정소송법 제38조 제1항이 무효확인 판결에 관하여 취소판결에 관한 규정을 준용함에 있어서 같은 법 제30조 제2항을 준용한다고 규정하면서도 같은 법 제34조는 이를 준용한다는 규정을 두지 않고 있으므로, 행정처분에 대하여 무효확인 판결이 내려진 경우에는 그 행정처분이 거부처분인 경우에도 행정청에 판결의 취지에 따른 재처분의무가 인정될 뿐 그에 대하여 간접강제까지 허용되는 것은 아니라고 할 것이다. (1998. 12. 24. 98무37)

425 [O] 이는 행정소송법 제30조 제2항 소정의 재처분에 해당한다. (2004. 1. 15. 2002무30)

426 [X] 간접강제결정에 기한 배상금은 재처분의 지연에 대한 제재나 손해배상이 아니고 재처분의 이행에 관한 심리적 강제수단에 불과한 것으로 보아야 하므로, 간접강제결정에서 정한 의무이행기한이 경과한 후에라도 확정판결의 취지에 따른 재처분이 행하여지면 배상금을 추심함으로써 심리적 강제를 꾀한다는 당초의 목적이 소멸하여 처분상대방이 더 이상 배상금을 추심하는 것이 허용되지 않는다. (2010. 12. 23. 2009다37725)

427 간접강제결정은 피고 또는 참가인이었던 행정청에 효력을 미치며 그 행정청이 소속하는 국가 또는 공공단체에 효력을 미치는 것은 아니다. (변시 9회) [ ]

428 甲은 공동주택 및 근린생활시설을 건축하는 내용의 주택건설사업계획승인신청을 하였으나 행정청 乙은 거부처분을 하였다. 이에 甲이 거부처분취소소송을 제기하여 승소판결을 받았고, 그 판결은 확정되었다. (다툼이 있는 경우 판례에 의함) (변시 5회)

① 乙이 판결의 취지에 따른 재처분의무를 이행하지 않는 경우 甲은 제1심 수소법원에 간접강제를 신청할 수 있다. [ ]

② 乙이 재처분을 하더라도 그것이 거부처분에 대한 취소의 확정판결의 기속력에 위반되는 경우 甲은 간접강제를 신청할 수 있다. ★★ [ ]

③ 乙이 재처분의무를 이행하지 않아 간접강제결정이 행하여진 경우 간접강제결정에서 정한 의무이행기한이 경과한 후라도 乙이 판결의 취지에 따른 재처분의무를 이행하면 더 이상 배상금의 추심은 허용되지 않는다. [ ]

④ 위 취소소송 계속중에 관련 법령이 개정되었고, 개정 법령에 이미 주택건설사업계획 승인을 신청 중인 사안에 대해서는 종전 규정에 따른다는 경과규정이 있음에도 거부처분취소판결이 확정된 후 乙이 개정 법령을 적용하여 다시 거부처분을 한 경우, 甲은 간접강제를 신청할 수 있다. [ ]

⑤ 만약 甲이 乙의 거부처분에 대해 무효확인소송을 제기하여 무효확인판결이 확정된 경우, 취소판결의 재처분의무에 관한 규정과 간접강제에 관한 규정이 준용된다. [ ]

정답 및 해설

427 [X] 행정소송법 제33조(소송비용에 관한 재판의 효력) 소송비용에 관한 재판이 확정된 때에는 피고 또는 참가인이었던 행정청이 소속하는 국가 또는 공공단체에 그 효력을 미친다.
제34조(거부처분취소판결의 간접강제) ② 제33조와 민사집행법 제262조의 규정은 제1항의 경우에 준용한다.

428 ① [O] 행정소송법 제30조 제2항, 제34조 제1항, 제2항

② [O] 재처분을 하였다 하더라도 그것이 종전 거부처분에 대한 취소의 확정판결의 기속력에 반하는 등으로 당연무효라면 이는 아무런 재처분을 하지 아니한 때와 마찬가지 (2002. 12. 11. 2002무22)

③ [O] (2003. 1. 15. 2002두2444)

④ [O] 종전 규정에 따른다는 경과규정을 두고 있으므로 위 사업승인신청에 대하여는 종전 규정에 따른 재처분을 하여야 함에도 불구하고 개정 법령을 적용하여 새로운 거부처분을 한 것은 확정된 종전 거부처분 취소판결의 기속력에 저촉되어 당연무효이다.(2002. 12. 11. 2002무22)

⑤ [X] 무효확인 판결이 내려진 경우에는 그 행정처분이 거부처분인 경우에도 행정청에 판결의 취지에 따른 재처분의무가 인정될 뿐 그에 대하여 간접강제까지 허용되는 것은 아니다. (1998. 12. 24. 98무37)

취소소송 종합문제

429 甲이 식품위생법에 근거하여 유흥주점의 영업허가를 신청하였다. (다툼이 있는 경우 판례에 의함) (변시 2회)

① 유흥주점의 영업허가는 이른바 일반적 금지의 해제이기 때문에 행정청에 폭넓은 재량이 인정된다. [   ]

② 신청이 거부된 경우 甲은 권리의무에 아무런 침해를 입은 것이 아니기 때문에 취소소송으로 이를 다툴 수 없다. [   ]

③ 기존에 허가받은 유흥주점업자는 통상적으로 甲이 받은 영업허가에 대하여 취소소송을 제기할 법률상 이익이 없다. [   ]

④ 영업허가 후 甲의 유흥주점의 위생상태가 악화되어 영업정지처분을 했음에도 甲이 영업을 계속하고 있는 경우에는 관할 행정청이 대집행을 할 수 있다. [   ]

정답 및 해설

429 ① [X] 강학상 허가인 영업허가는 일반적 금지의 해제를 의미하는바 법령에 특별한 규정이 없는 한 기속행위이다.

② [X] 신청이 거부되어 영업의 자유를 침해받고 있으므로, 공권력 행사의 거부에 해당하여 취소소송으로 다툴 수 있다. (행정소송법 제2조 제1항 제1호, 제19조)

③ [O] 甲이 영업허가로 인하여 누리는 영업상 이익은 반사적 이익에 불과하다. 따라서 행정처분의 상대방이 아닌 제3자에 해당하는 기존에 허가받은 유흥주점업자는 취소소송을 제기할 법률상 이익이 없다.

④ [X] 영업정지의무는 타인이 대신할 수 있는 대체적 작위의무가 아니고, 비대체적 부작위의무에 불과하므로 대집행의 대상이 되지 않는다. (2005. 9. 28. 2005두7464)

430 甲은 건물 1층에서 담배소매인 지정을 받아 담배소매업을 하고 있었는데, 관할 구청장 A는 법령상의 거리제한 규정을 위반하여 그 영업소에서 30미터 떨어진 인접 아파트 상가에서 乙이 담배소매업을 할 수 있도록 담배소매인 신규지정처분을 하였다. 丙과 丁은 같은 상가의 1층과 2층에서 각각 담배소매업을 하고자 관할 구청장 B에게 담배소매인 지정신청을 하였으나, B는 丁에게만 담배소매인지정처분을 하였다.(단, 담배소매인지정처분의 법적 성격은 강학상 '특허'임을 전제로 하며, 다툼이 있는 경우 판례에 의함) (변시 4회)

① 甲은 乙에게 발령된 담배소매인 신규지정처분에 대한 취소소송을 제기하면서 그 신규지정처분의 위법을 이유로 하는 손해배상청구소송을 그 취소소송에 병합하여 제기할 수 있다. [　　]

② 甲이 자신에 대한 담배소매인지정처분을 통하여 기존에 누렸던 이익은 乙 등 제3자에 대한 신규지정처분이 발령되지 않음으로 인한 사실상의 이익에 해당한다. [　　]

③ 丙이 자신에 대한 담배소매인 지정거부를 취소소송으로 다투면서 집행정지를 신청한다면 법원은 이를 인용하게 될 것이다. [　　]

④ 丁에 대한 담배소매인지정처분을 대상으로 丙이 제기한 취소소송에서 丁이 「행정소송법」상 소송참가를 하였으나 본안에서 丙이 승소판결을 받아 확정되었다면, 丁은 「행정소송법」 제31조에 의한 재심을 통해 이를 다툴 수 있다. [　　]

⑤ 丙이 丁에 대한 담배소매인지정처분 취소심판을 제기하여 취소재결을 받은 후 B가 丁에게 담배소매인지정처분의 취소를 통지하였다면, 丁은 취소소송을 제기할 경우 취소재결이 아니라 B가 행한 담배소매인 지정취소처분을 소의 대상으로 하여야 한다. [　　]

정답 및 해설

430 ① [O] 행정소송법 제10조(관련청구소송의 이송 및 병합) 제1항 제1호

② [X] 일반소매인 간의 과당경쟁으로 인한 불합리한 경영을 방지함으로써 일반소매인의 경영상 이익을 보호하는 데에도 그 목적이 있다고 보이므로, 일반소매인으로 지정되어 영업을 하고 있는 기존업자의 신규 일반소매인에 대한 이익은 단순한 사실상의 반사적 이익이 아니라 법률상 보호되는 이익이라고 해석함이 상당하다. (2008. 3. 27. 2007두2381)

③ [X] 대법원은 거부처분에 대한 집행정지신청을 이익흠결로 각하하였다. (1991. 5. 2. 91두15)

④ [X] 행정소송법 제31조(제3자에 의한 재심청구) ① 처분등을 취소하는 판결에 의하여 권리 또는 이익의 침해를 받은 제3자는 자기에게 책임없는 사유로 소송에 참가하지 못함으로써 판결의 결과에 영향을 미칠 공격 또는 방어방법을 제출하지 못한 때에는 이를 이유로 확정된 종국판결에 대하여 재심의 청구를 할 수 있다.

⑤ [X] 이른바 복효적 행정행위, 특히 제3자효를 수반하는 행정행위에 대한 행정심판청구에 있어서 그 청구를 인용하는 내용의 재결로 인하여 비로소 권리이익을 침해받게 되는 자는 그 인용재결에 대하여 다툴 필요가 있고, 그 인용재결은 원처분과 내용을 달리하는 것이므로 그 인용재결의 취소를 구하는 것은 원처분에는 없는 재결에 고유한 하자를 주장하는 셈이어서 당연히 항고소송의 대상이 된다. (2001. 5. 29. 99두10292)

431 甲은 2013. 3. 6. 산림 내에서의 토석채취허가신청을 하였는데 허가권자인 A는 2013. 4. 1. 인근 주민들의 동의서를 제출하지 않았다는 사유로 이를 반려하였다. 이에 甲은 2013. 5. 1. 인근주민들의 동의서를 받지 못한 것은 사실이나 위 사유는 적법한 반려사유가 아니라는 이유로 서울행정법원에 위 반려처분의 취소를 구하는 소를 제기하였고, 서울행정법원은 2013. 9. 6. 변론을 종결하고 2013. 9. 20. 위 반려처분을 취소하는 판결을 선고하였으며, 그 후 위 판결은 확정되었다. (다툼이 있는 경우 판례에 의함) (변시 3회)

① 행정소송에서 쟁송의 대상이 되는 행정처분의 존부는 소송요건으로서 직권조사사항이고, 자백의 대상이 될 수 없는 것이므로, 당사자들이 위 반려처분의 존재를 다투지 아니한다 하더라도 그 존부에 관하여 의심이 있는 경우에는 수소법원은 이를 직권으로 밝혀보아야 한다. [ ]

② 행정소송은 민사소송과 달리 공법상 권리관계를 다루는 소송이어서 원칙적으로 변론주의가 적용되지 않으므로, 수소법원은 인근 주민들의 동의서를 제출하지 않았다는 사실에 대하여 당사자 사이에 다툼이 없더라도 증거를 조사하여 그 사실을 확정해야 한다. [ ]

③ 수소법원은 위 반려처분 당시 A가 알고 있었던 자료뿐만 아니라 변론종결 당시까지 제출된 모든 자료를 종합하여 처분 당시 존재하였던 객관적 사실을 확정하고 그 사실에 기초하여 위 반려처분의 위법 여부를 판단할 수 있다. [ ]

④ A가 소송 계속 중에 '토석채취를 하게 되면 자연경관이 심히 훼손되고 토석운반차량의 통행시 일어나는 소음, 먼지의 발생, 토석채취장에서 흘러내리는 토사가 부근의 농경지를 매몰할 우려가 있는 등 공익에 미치는 영향이 지대하기 때문에 위 반려처분이 적법하다'는 사유를 새로이 처분사유로 추가하는 것은 당초의 처분사유와 기본적 사실관계의 동일성이 없는 별개의 처분사유를 주장하는 것이므로 허용되지 아니한다. [ ]

⑤ A는 위 확정 판결의 취지에 따라 이전의 신청에 대하여 재처분할 의무가 있으므로, 위 소송의 변론종결 이후에 발생한 새로운 사유를 내세워 다시 이전의 신청에 대하여 거부처분을 할 수 없고 토석채취허가를 해야 한다. [ ]

✎ 정답 및 해설

431 ① [O] (2004. 12. 24. 2003두15195)

② [X] 행정소송법 제26조의 규정이 변론주의의 일부 예외를 인정하고 있으므로, 행정소송에서는 법원이 필요하다고 인정할 때에는 당사자가 명백하게 주장하지 않는 사실이라 할지라도 기록에 나타난 자료를 기초로 하여 직권으로 심리조사하고 이를 토대로 판단할 수 있다. (1995. 2. 14. 94누5069)

432 시내버스 운수사업자 甲이 유류사용량을 실제보다 부풀려 유가보조금을 과다지급 받은 데 대하여 관할 시장 乙이 「여객자동차운수사업법」 제51조 제3항에 따라 부정수급기간 동안 지급된 유가보조금 전액을 회수하는 처분을 하자, 甲은 회수처분의 취소를 구하는 소송을 제기하였다. (다툼이 있는 경우 판례에 의함) (변시 6회)

① 乙이 회수처분의 근거법률을 적용함에 있어 그 법률관계나 사실관계에 대하여 그 법률의 규정을 적용할 수 없다는 법리가 명백히 밝혀지지 아니하여 그 해석에 다툼의 여지가 있었다면, 乙이 이를 잘못 해석하여 행정처분을 하였더라도 이는 그 처분 요건사실을 오인한 것에 불과하여 그 하자가 명백하다고 할 수 없다. [ ]

② 甲이 위 회수처분에 대해 행정심판을 거쳐 취소소송을 제기한 경우, 행정심판절차에서 주장하지 아니한 공격방어방법을 취소소송 절차에서 주장할 수 있으며, 법원은 이를 심리하여 처분의 적법 여부를 판단할 수 있다. [ ]

③ 甲의 취소청구를 기각하는 판결이 확정된 후 甲이 다시 위 회수처분에 대해 무효확인소송을 제기한 경우, 그 기각판결의 기판력은 무효확인소송에도 미친다. [ ]

④ 만약 乙이 甲의 취소소송 제기 전에 보조금 회수액을 감액하는 감액처분을 하였고, 甲이 감액처분으로도 아직 취소되지 않고 남은 부분에 대해 불복하여 취소소송을 제기하는 경우, 제소기간의 준수여부는 당초 처분이 아닌 감액처분을 기준으로 판단하여야 한다. [ ]

정답 및 해설

③ [O] 항고소송에 있어서 행정처분의 위법 여부를 판단하는 기준 시점에 대하여 판결시가 아니라 처분시라고 하는 의미는 행정처분이 있을 때의 법령과 사실상태를 기준으로 하여 위법 여부를 판단할 것이며 처분 후 법령의 개폐나 사실상태의 변동에 영향을 받지 않는다는 뜻이고 처분 당시 존재하였던 자료나 행정청에 제출되었던 자료만으로 위법 여부를 판단한다는 의미는 아니므로, 처분 당시의 사실상태 등에 대한 입증은 사실심 변론종결 당시까지 할 수 있고, 법원은 행정처분 당시 행정청이 알고 있었던 자료뿐만 아니라 사실심 변론종결 당시까지 제출된 모든 자료를 종합하여 처분 당시 존재하였던 객관적 사실을 확정하고 그 사실에 기초하여 처분의 위법 여부를 판단할 수 있다. (1993. 5. 27. 92누19033)

④ [O] (1992. 8. 18. 91누3659)

⑤ [X] 행정소송법 제30조 제2항에 의하면, 행정청의 거부처분을 취소하는 판결이 확정된 경우에는 그 처분을 행한 행정청은 판결의 취지에 따라 이전의 신청에 대하여 재처분할 의무가 있고, 이 경우 확정판결의 당사자인 처분 행정청은 그 행정소송의 사실심 변론종결 이후 발생한 새로운 사유를 내세워 다시 이전의 신청에 대하여 거부처분을 할 수 있으며, 그러한 처분도 이 조항에 규정된 재처분에 해당한다. (1999. 12. 28. 98두1895)

432 ① [O] (2012. 8. 23. 2010두13463)

② [O] (1999. 11. 26. 99두9407)

③ [O] 취소소송의 기각판결이 확정된 경우에는 그 처분의 적법·유효함이 확정되어 그 기판력이 무효확인소송에도 미친다. (1998. 7. 24. 98다10854)

④ [X] 감액처분으로도 아직 취소되지 않고 남아 있는 부분이 위법하다 하여 다투고자 하는 경우, 감액처분을 항고소송의 대상으로 할 수는 없고, 당초 징수결정 중 감액처분에 의하여 취소되지 않고 남은 부분을 항고소송의 대상으로 할 수 있을 뿐이며, 그 결과 제소기간의 준수 여부도 감액처분이 아닌 당초 처분을 기준으로 판단해야 한다. (2012. 9. 27. 2011두27247)

433 　甲은 공유수면에 주차장 부지 조성을 목적으로, 관할 시장으로부터 허가 기간을 3년으로 하는 공유수면 점용·사용허가를 받아 이를 매립하여 주차장 부지를 조성하였다. 이후 甲이 기간만료 전에 연장신청을 하였으나, 관할 시장은 아무런 응답을 하지 않다가 기간만료 후에 甲에 대해 공유수면 점용·사용허가 기간이 만료되었음을 이유로 원상회복명령을 하였다. (다툼이 있는 경우 판례에 의함) (변시 7회)

① 甲에 대한 공유수면 점용·사용허가는 특정인에게 공유수면 이용권이라는 독점적 권리를 설정하여 주는 처분이다. [ ]

② 甲이 받은 공유수면 점용·사용허가 기간이 그 사업의 성질상 부당하게 짧다고 인정되면 허가는 기간만료로 당연히 실효되는 것이 아니다. [ ]

③ 공유수면 점용·사용허가로 인하여 인접한 토지를 적정하게 이용할 수 없게 되는 등의 피해를 받을 우려가 있는 인접 토지 소유자 등은 공유수면 점용·사용허가 처분의 취소소송 또는 무효등확인소송의 원고적격이 인정된다. [ ]

④ 甲이 원상회복명령에 대해 이의제기를 하지 않아서 불가쟁력이 발생한 이후에도 관할 시장은 이 명령에 하자가 있음을 이유로 직권으로 효력을 소멸시킬 수 있다. [ ]

⑤ 관할 시장의 원상회복명령이 쟁송제기기간의 경과로 확정된 이후에는 당사자들이나 법원은 그 처분의 기초가 된 사실관계나 법률적 판단에 기속되어 모순되는 주장이나 판단을 할 수 없다. [ ]

정답 및 해설

433 ① [O] (2004. 5. 28. 2002두5016)

② [O] 일반적으로 행정처분에 효력기간이 정하여져 있는 경우에는 그 기간의 경과로 그 행정처분의 효력은 상실되지만, 허가에 붙은 기한이 그 허가된 사업의 성질상 부당하게 짧은 경우에는 이를 그 허가 자체의 존속기간이 아니라 그 허가조건의 존속기간으로 보아 그 기한이 도래함으로써 그 조건의 개정을 고려한다는 뜻으로 해석할 수 있다. (2005. 11. 10. 2004다7873)

③ [O] 공유수면 점용·사용허가로 인하여 인접한 토지를 적정하게 이용할 수 없게 되는 등의 피해를 받을 우려가 있는 인접 토지 소유자 등의 개별적·직접적·구체적 이익까지도 보호하려는 것이라고 할 수 있다. (2014. 9. 4. 2014두2164)

④ [O] 행정행위에 대한 쟁송제기기간이 경과한 경우에는 더 이상 그에 대해서 다툴 수 없는 하는 행정행위의 효력을 불가쟁력이라고 하며, 행정행위를 한 행정청이 당해 행정행위를 직권으로 취소 또는 변경할 수 없는 힘을 불가변력이라고 한다. 불가쟁력이 생겼다고 해서 당연히 불가변력이 인정되는 것은 아니므로, 불가쟁력이 발생한 행위도 불가변력이 발생하지 않는 한, 권한 있는 기관에 의하여 취소 또는 철회될 수 있다.

⑤ [X] 행정처분이나 행정심판재결이 불복기간의 경과로 확정된 경우, 불가쟁력은 그 처분으로 인하여 법률상 이익을 침해받은 자가 당해 처분이나 재결의 효력을 더 이상 다툴 수 없다는 의미일 뿐, 더 나아가 판결에 있어서와 같은 기판력이 인정되는 것은 아니어서 그 처분의 기초가 된 사실관계나 법률적 판단이 확정되고 당사자들이나 법원이 이에 기속되어 모순되는 주장이나 판단을 할 수 없게 되는 것은 아니다. (1994. 11. 8. 93누21927)

434　　국토교통부 산하 A시설공단은 「공공기관의 운영에 관한 법률」의 적용을 받는 법인격 있는 공기업이다. A시설공단은 시설물 설치를 위한 지반공사를 위해 「국가를 당사자로 하는 계약에 관한 법률」이 정하는 바에 따라 甲건설회사와 공사도급계약을 체결하였다. 그런데 甲건설회사가 공사를 하는 과정에서 규격에 미달하는 저급한 자재를 사용하여 지반이 침하하는 사고가 발생하였고, A시설공단은 계약의 부실 이행을 이유로 「공공기관의 운영에 관한 법률」 제39조 제2항에 따라 甲건설회사에 대해 3개월간 입찰참가자격을 제한한다는 통보를 하였다. (다툼이 있는 경우 판례에 의함) (변시 5회)

① A시설공단과 甲건설회사 간의 공사도급계약은 사법상(私法上) 계약이며, 그 내용에 관한 분쟁의 해결은 민사소송에 의한다.　　　　　　　　　　　　　　　　　　　　　　　　[　]

② 甲건설회사가 위 입찰참가자격 제한조치에 대해 취소소송을 제기하는 경우 피고는 국토교통부장관이 아니라 A시설공단으로 하여야 한다.　　　　　　　　　　　　　　　　　　　[　]

③ 입찰참가자격 제한조치에 대한 취소소송의 계속중 피고는 甲건설회사가 부실공사를 무마하기 위해 관계 공무원에게 뇌물을 공여한 사실이 있음을 처분사유로 추가할 수 없다.　[　]

정답 및 해설

434 ① [O] 국가를 당사자로 하는 계약에 관한 법률 제5조 제1항 참고

② [O] 행정소송법 제13조 제1항, 제2조 제2항 참고

③ [O] 기본적 사실관계의 동일성이 없다. (1999. 3. 9. 98두18565)

435 甲회사는 한국철도시설공단(이하 '공단'이라 함)이 「국가를 당사자로 하는 계약에 관한 법률」에 따라 발주하는 시설공사의 입찰서류로 제출한 공사실적증명서가 허위라는 이유로 공단으로부터 기획재정부령인 「공기업·준정부기관 계약사무규칙」 제12조에 따라 공단이 제정한 「공사낙찰적격심사세부기준」에 근거하여 향후 2년간 공사낙찰적격심사 시 종합취득점수의 10/100을 감점한다는 내용의 공사낙찰적격심사 감점조치를 통보받았다. 甲회사는 감점조치 통보에 대해 취소소송을 제기하면서 동시에 감점조치에 대한 효력정지를 신청하였다. (다툼이 있는 경우 판례에 의함) (변시 8회)

> [참고]
> 「공기업·준정부기관 계약사무규칙」 제12조(적격심사기준의 작성) 기관장은 입찰참가자의 계약이행능력의 심사에 관하여 「국가를 당사자로 하는 계약에 관한 법률 시행령」 제42조 제5항 본문에 따라 기획재정부장관이 정하는 심사기준에 따라 세부심사기준을 정할 수 있다.

① 공단이 제정한 「공사낙찰적격심사세부기준」은 대외적 구속력이 없다. [ ]

② 공단이 甲회사에 대해 행한 감점조치는 취소소송의 대상이 되는 처분이다. [ ]

③ 甲회사의 효력정지신청은 집행정지요건을 갖추지 못하여 부적법하다. [ ]

④ 국가를 당사자로 하는 계약에 관한 법령에 따라 공단과 甲회사가 계약을 체결할 때 계약서를 작성해야 하는 경우, 해당 법령상의 요건과 절차를 충족하지 아니하면 그 계약은 효력이 없다. [ ]

정답 및 해설

435 ① [O] 이러한 규정은 공공기관이 사인과 사이의 계약관계를 공정하고 합리적·효율적으로 처리할 수 있도록 관계 공무원이 지켜야 할 계약사무처리에 관한 필요한 사항을 규정한 것으로서 공공기관의 내부규정에 불과하여 대외적 구속력이 없는 것임을 알 수 있다. (2014. 12. 24. 2010두6700)

② [X] 피고가 원고에 대하여 한 이 사건 감점조치는 행정청이나 그 소속 기관 또는 그 위임을 받은 공공단체의 공법상의 행위가 아니라 장차 그 대상인 원고가 피고가 시행하는 입찰에 참가하는 경우에 그 낙찰적격자 심사 등 계약 사무를 처리함에 있어 피고 내부규정인 이 사건 세부기준에 의하여 종합취득점수의 10/100을 감점하게 된다는 뜻의 사법상의 효력을 가지는 통지행위에 불과하다 할 것이고, … 이 사건 감점조치는 행정소송의 대상이 되는 행정처분이라고 할 수 없다. (2014. 12. 24. 2010두6700)

③ [O] 집행정지사건 자체에 의하여도 신청인의 본안청구가 적법한 것이어야 한다는 것을 집행정지의 요건에 포함시켜야 한다. (1999. 11. 26. 99부3)

④ [O] 구 국가를 당사자로 하는 계약에 관한 법률(이하 '국가계약법'이라 한다) 제11조 규정 내용과 국가가 일방당사자가 되어 체결하는 계약의 내용을 명확히 하고 국가가 사인과 계약을 체결할 때 적법한 절차에 따를 것을 담보하려는 규정의 취지 등에 비추어 보면, 국가가 사인과 계약을 체결할 때에는 국가계약법령에 따른 계약서를 따로 작성하는 등 요건과 절차를 이행하여야 할 것이고, 설령 국가와 사인 사이에 계약이 체결되었더라도 이러한 법령상 요건과 절차를 거치지 아니한 계약은 효력이 없다. (2015. 1. 15. 2013다215133)

436 「공유수면 관리 및 매립에 관한 법률」(이하, '공유수면법'이라 함)에 따라 A도지사는 甲에게 택지조성을 매립목적으로 하는 공유수면매립면허를 부여하였다. 甲은 당초 매립목적과 달리 조선(造船)시설용지지역으로 매립지를 이용하고자 A도지사에게 준공인가 전에 공유수면매립목적 변경신청을 하였고, 이에 A도지사는 甲의 변경신청을 승인하였다. 그런데 이 매립지의 인근에는 가공식품을 만들어 판매하고 있는 B재단법인이 있었다. (다툼이 있는 경우 판례에 의함) (변시 10회)

① A도지사의 甲에 대한 공유수면매립면허처분 및 공유수면매립목적 변경 승인처분은 각각 강학상 허가와 강학상 특허에 해당한다. [ ]

② B는 공유수면매립목적 변경 승인처분으로 자신의 직원들이 쾌적한 환경에서 생활할 수 있는 환경상 이익을 침해받았음을 이유로 B 자신의 이름으로 그 변경 승인처분에 대하여 항고소송을 제기할 수 있다. [ ]

③ 공유수면매립면허처분과 관련하여 법령상 요구되는 환경영향평가를 실시하지 않은 경우 환경영향평가지역 밖에 거주하는 주민들에 대해서도 환경상 이익에 대한 침해 또는 침해 우려가 있는 것으로 사실상 추정된다. [ ]

④ 해당 매립지가 귀속될 지방자치단체를 결정할 때 행정안전부장관은 관계 지방의회의 의견청취 절차를 거쳐야 한다. [ ]

정답 및 해설

436 ① [X] 공유수면매립면허는 설권행위인 특허의 성질을 갖는 것이므로 원칙적으로 행정청의 자유재량에 속하며, 일단 실효된 공유수면매립면허의 효력을 회복시키는 행위도 특단의 사정이 없는 한 새로운 면허부여와 같이 면허관청의 자유재량에 속한다고 할 것이므로 공유수면매립법 부칙 제4항의 규정에 의하여 위 법시행전에 같은 법 제25조 제1항의 규정에 의하여 효력이 상실된 매립면허의 효력을 회복시키는 처분도 특단의 사정이 없는 한 면허관청의 자유재량에 속하는 행위라고 봄이 타당하다. (1989. 9. 12. 88누9206)

② [X] 재단법인 甲 수녀원이, 매립목적을 택지조성에서 조선시설용지로 변경하는 내용의 공유수면매립목적 변경 승인처분으로 인하여 법률상 보호되는 환경상 이익을 침해받았다면서 행정청을 상대로 처분의 무효 확인을 구하는 소송을 제기한 사안에서, 공유수면매립목적 변경 승인처분으로 甲 수녀원에 소속된 수녀 등이 쾌적한 환경에서 생활할 수 있는 환경상 이익을 침해받는다고 하더라도 이를 가리켜 곧바로 甲 수녀원의 법률상 이익이 침해된다고 볼 수 없고, 자연인이 아닌 甲 수녀원은 쾌적한 환경에서 생활할 수 있는 이익을 향수할 수 있는 주체가 아니므로 甲 수녀원에 처분의 무효 확인을 구할 원고적격이 없다고 한 사례 (2012. 6. 28. 2010두2005)

③ [X] 환경영향평가 대상지역 밖의 주민이라 할지라도 공유수면매립면허처분 등으로 인하여 그 처분 전과 비교하여 수인한도를 넘는 환경피해를 받거나 받을 우려가 있는 경우에는, 공유수면매립면허처분 등으로 인하여 환경상 이익에 대한 침해 또는 침해우려가 있다는 것을 입증함으로써 그 처분 등의 무효확인을 구할 원고적격을 인정받을 수 있다. (2006. 3. 16. 2006두330)

④ [X] 지방자치법 제4조 제2항, 제3항, 제7항에 따르면, 안전행정부장관은 공유수면 관리 및 매립에 관한 법률에 따른 매립지가 속할 지방자치단체를 지방자치법 제4조 제4항부터 제7항까지의 규정 및 절차에 따라 결정하면 되고, 관계 지방의회의 의견청취 절차를 반드시 거칠 필요는 없다. (2013. 11. 14. 2010추73)

⑤ 공유수면매립면허처분 이후에 매립실시계획이 승인되면, 공유수면법에 의해 다른 법률상의 인가·허가가 의제될 수 있는데, 이 경우 의제된 인가·허가는 통상적인 인가·허가와 동일한 효력을 가진다. [   ]

437 甲은 「산업집적활성화 및 공장설립에 관한 법률」(이하 '법'이라 함)에 따라 산업단지관리공단과 A시 소재 산업단지 입주계약을 체결하였으나, 이후 산업단지관리공단은 甲의 계약위반을 이유로 입주계약을 해지하였다. 이에 관한 설명 중 옳은 것은? (다툼이 있는 경우 판례에 의함) (변시 11회)

> **참고** 법(현행법을 사례에 맞게 단순화하였음)
>
> 제42조(입주계약의 해지 등) ① 산업단지관리공단은 입주기업체가 입주계약을 위반한 경우에는 그 입주계약을 해지할 수 있다.
>
> 제43조(입주계약 해지 후의 재산처분 등) ① 제42조제1항에 따라 입주계약이 해지된 자는 그가 소유하는 산업용지 및 공장등을 산업통상자원부령으로 정하는 기간에 처분하여야 한다.
>
> 제55조(과태료) ① 시장·군수·구청장은 제43조제1항에 따른 기간에 산업용지 또는 공장등을 양도하지 아니한 자에게는 500만원 이하의 과태료를 부과한다.

① 甲이 산업단지관리공단을 상대로 입주계약의 해지를 다투려면 당사자소송에 의하여야 한다. [   ]

② 산업단지관리공단이 甲에 대하여 입주계약을 해지하는 경우, 법에 특별한 규정이 없다면 「행정절차법」의 적용을 받지 않는다. [   ]

정답 및 해설

⑤ **[O]** 사업계획승인으로 의제된 인허가는 통상적인 인허가와 동일한 효력을 가지므로, 그 효력을 제거하기 위한 법적 수단으로 의제된 인허가의 취소나 철회가 허용될 필요가 있다. (2018. 7. 12. 2017두48734)

437 ① **[X]** 산업단지관리공단의 지위, 입주계약 및 변경계약의 효과, 입주계약 및 변경계약 체결 의무와 그 의무를 불이행한 경우의 형사적 내지 행정적 제재, 입주계약해지의 절차, 해지통보에 수반되는 법적 의무 및 그 의무를 불이행한 경우의 형사적 내지 행정적 제재 등을 종합적으로 고려하면, 입주변경계약 취소는 행정청인 관리권자로부터 관리업무를 위탁받은 산업단지관리공단이 우월적 지위에서 입주기업체들에게 일정한 법률상 효과를 발생하게 하는 것으로서 항고소송의 대상이 되는 행정처분에 해당한다. (2017. 6. 15. 2014두46843)

② **[X]** 위 산업단지관리공단의 입주계약해지는 침익적 행정처분에 해당하므로, 행정절차법 적용예외에 해당하지 않는한 원칙적으로 행정절차법이 적용된다.

③ 산업단지관리공단이 甲에 대하여 입주계약을 해지하는 경우, 해지하여야 할 공익상의 필요와 해지로 인한 甲의 기득권, 신뢰보호 및 법률생활 안정의 침해 등 불이익에 대한 이익형량이 요구된다. [   ]

④ 甲이 입주계약의 해지에 대하여 행정소송으로 다투고 있는 중에는 산업단지관리공단은 입주계약의 해지를 직권으로 취소할 수 없다. [   ]

⑤ 甲이 일정기간 산업용지를 양도하지 않자 관할 A시장이 甲에게 과태료를 부과한 경우, 甲은 과태료부과처분 취소소송을 통해 다툴 수 있다. [   ]

정답 및 해설

③ [O] 일정한 행정처분으로 국민이 일정한 이익과 권리를 취득하였을 경우에 종전 행정처분에 하자가 있음을 전제로 직권으로 이를 취소하는 행정처분은 이미 취득한 국민의 기존 이익과 권리를 박탈하는 별개의 행정처분으로, 취소될 행정처분에 하자가 있어야 하고, 나아가 행정처분에 하자가 있다고 하더라도 취소해야 할 공익상 필요와 취소로 당사자가 입게 될 기득권과 신뢰보호 및 법률생활 안정의 침해 등 불이익을 비교·교량한 후 공익상 필요가 당사자가 입을 불이익을 정당화할 만큼 강한 경우에 한하여 취소할 수 있는 것이며, 하자나 취소해야 할 필요성에 관한 증명책임은 기존 이익과 권리를 침해하는 처분을 한 행정청에 있다. (2017. 6. 15. 2014두46843)

④ [X] 행정청은 행정소송이 계속되고 있는 때에도 직권으로 그 처분을 변경할 수 있고, 행정소송법 제22조 제1항은 이를 전제로 처분변경으로 인한 소의 변경에 관하여 규정하고 있다. (2019. 1. 17. 2016두56721)

⑤ [X] 옥외광고물등관리법 제20조 제1, 3, 4항 등의 규정에 의하면 옥외광고물등관리법에 의하여 부과된 과태료처분의 당부는 최종적으로 비송사건절차법에 의한 절차에 의하여만 판단되어야 한다고 보아야 할 것이므로 위와 같은 과태료처분은 행정소송의 대상이 되는 행정처분이라고 볼 수 없다. (1993. 11. 23. 93누16833)

438 甲은 주유소를 운영하던 중 가짜 석유제품을 저장·판매하여 「석유사업법」을 위반한 사실이 2차 적발되었고, 「석유사업법 시행규칙」 [별표 1]로 정한 처분기준에 따라 행정청으로부터 6개월의 사업정지처분(이하 '이 사건 처분'이라 함)을 받았다. 이에 관한 설명 중 옳은 것은? (다툼이 있는 경우 판례에 의함) (변시 11회)

참고 「석유사업법 시행규칙」 [별표 1] 행정처분기준

위반행위	근거 법조문	행정처분기준		
		1회 위반	2회 위반	3회 위반
가짜 석유제품을 제조·수입·저장·운송·보관 또는 판매한 경우	법○○조	사업정지 3개월	사업정지 6개월	등록취소 또는 영업장 폐쇄

① 이 사건 처분에서 정한 사업정지기간이 경과하여 그 효력이 소멸한 이후에는 甲은 이 사건 처분에 대한 취소소송을 제기할 법률상 이익이 없다. [ ]

② 甲이 청구한 행정심판에서 이 사건 처분을 3개월의 사업정지처분에 갈음하는 과징금으로 변경하는 재결이 있었으나, 여전히 甲이 처분사유가 부존재함을 주장하여 다투고자 한다면 甲은 재결을 대상으로 하여 취소소송을 제기하여야 한다. [ ]

③ 甲의 위반사실이 명백하다면 이 사건 처분을 하면서 甲에게 법령상 사업정지기간의 감경에 관한 참작 사유가 있음에도 이를 전혀 고려하지 않았다고 하여 그 자체로 재량권을 일탈·남용한 위법한 처분이 되는 것은 아니다. [ ]

④ 행정법규 위반에 대하여 甲에게 고의나 과실이 없는 경우에는 이 사건 처분을 할 수 없다. [ ]

⑤ 행정법규 위반에 대한 제재조치는 행정목적의 달성을 위하여 행정법규 위반이라는 객관적 사실에 착안하여 가하는 제재이므로, 甲이 고용한 직원이 위반행위를 한 경우라도 법령상 책임자인 甲에게 이 사건 처분을 할 수 있다. [ ]

✎ 정답 및 해설

438 ① [X] 제재적 행정처분이 그 처분에서 정한 제재기간의 경과로 인하여 그 효과가 소멸되었으나, 부령인 시행규칙 또는 지방자치단체의 규칙(이하 이들을 '규칙'이라고 한다)의 형식으로 정한 처분기준에서 제재적 행정처분(이하 '선행처분'이라고 한다)을 받은 것을 가중사유나 전제요건으로 삼아 장래의 제재적 행정처분(이하 '후행처분'이라고 한다)을 하도록 정하고 있는 경우, 제재적 행정처분의 가중사유나 전제요건에 관한 규정이 법령이 아니라 규칙의 형식으로 되어 있다고 하더라도, 그러한 규칙이 법령에 근거를 두고 있는 이상 그 법적 성질이 대외적·일반적 구속력을 갖는 법규명령인지 여부와는 상관없이, 관할 행정청이나 담당공무원은 이를 준수할 의무가 있으므로 이들이 그 규칙에 정해진 바에 따라 행정작용을 할 것이 당연히 예견되고, 그 결과 행정작용의 상대방인 국민으로서는 그 규칙의 영향을 받을 수밖에 없다. 따라서 그러한 규칙이 정한 바에 따라 선행처분을 받은 상대방이 그 처분의 존재로 인하여 장래에 받을 불이익, 즉 후행처분의 위험은 구체적이고 현실적인 것이므로, 상대방에게는 선행처분의 취소소송을 통하여 그 불이익을 제거할 필요가 있다. … 이상의 여러 사정과 아울러, 국민의 재판청구권을 보장한 헌법 제27조 제1항의 취지와 행정처분으로 인한 권익침해를 효과적으로 구제하려는 행정소송법의 목적 등에 비추어 행정처분의 존재로 인하여 국민의 권익이 실제로 침해되고 있는 경우는 물론이고 권익침해의 구체적·현실적 위험이 있는 경우에도 이를 구제하는 소송이 허용되어야 한다는 요청을 고려하면, 규칙이 정한 바에 따라 선행처분을 가중사유 또는 전제요건으로 하는 후행처분을 받을 우려가 현실적으로 존재하는 경우에는, 선행처분을 받은 상대방은 비록 그 처분에서 정한 제재기간이 경과하였다 하더라도 그 처분의 취소소송을 통하여 그러한 불이익을 제거할 권리보호의 필요성이 충분히 인정된다고 할 것이므로, 선행처분의 취소를 구할 법률상 이익이 있다고 보아야 한다. (2006. 6. 22. 2003두1684)

② [X] 행정청이 식품위생법령에 따라 영업자에게 행정제재처분을 한 후 그 처분을 영업자에게 유리하게 변경하는 처분을 한 경우, 변경처분에 의하여 당초 처분은 소멸하는 것이 아니고 당초부터 유리하게 변경된 내용의 처분으로 존재하는 것이므로, 변경처분에 의하여 유리하게 변경된 내용의 행정제재가 위법하다 하여 그 취소를 구하는 경우 그 취소소송의 대상은 변경된 내용의 당초 처분이지 변경처분은 아니고, 제소기간의 준수 여부도 변경처분이 아닌 변경된 내용의 당초 처분을 기준으로 판단하여야 한다. … 피고는 2002. 12. 26. 원고에 대하여 3월의 영업정지처분이라는 이 사건 당초처분을 하였고, 이에 대하여 원고가 행정심판청구를 하자 재결청은 2003. 3. 6. "피고가 2002. 12. 26. 원고에 대하여 한 3월의 영업정지처분을 2월의 영업정지에 갈음하는 과징금부과처분으로 변경하라"는 일부기각(일부인용)의 이행재결을 하였으며, … 이 사건 후속 변경처분에 의하여 유리하게 변경된 내용의 행정제재인 과징금부과가 위법하다 하여 그 취소를 구하는 이 사건 소송에 있어서 위 청구취지는 이 사건 후속 변경처분에 의하여 당초부터 유리하게 변경되어 존속하는 2002. 12. 26.자 과징금부과처분의 취소를 구하고 있는 것으로 보아야 한다. (2007. 4. 27. 2004두9302)

③ [X] 행정청이 법 및 시행령의 규정에 따라 건설업자에 대하여 영업정지 처분을 함에 있어 건설업자에게 영업정지 기간의 감경에 관한 참작 사유가 존재하는 경우, 행정청이 그 사유까지 고려하고도 영업정지 기간을 감경하지 아니한 채 시행령 제80조 제1항 [별표 6] '2. 개별기준'이 정한 영업정지 기간대로 영업정지 처분을 한 때에는 이를 위법하다고 단정할 수 없고, 다만 위와 같은 사유가 있음에도 이를 전혀 고려하지 않거나 그 사유에 해당하지 않는다고 오인한 나머지 영업정지 기간을 감경하지 아니하였다면 그 영업정지 처분은 재량권을 일탈·남용한 것으로서 위법하다. (2017. 10. 12. 2017두43968)

④ [X] 행정법규 위반에 대한 제재처분은 행정목적의 달성을 위하여 행정법규 위반이라는 객관적 사실에 착안하여 가하는 제재이므로, 반드시 현실적인 행위자가 아니라도 법령상 책임자로 규정된 자에게 부과되고, 특별한 사정이 없는 한 위반자에게 고의나 과실이 없더라도 부과할 수 있다. (2020. 7. 9. 2020두36472)

⑤ [O] 위 해설 참고 (2020. 7. 9. 2020두36472)

439 甲은 乙을 명예훼손 등 혐의로 고소하였다. 검사 丙은 乙에 대하여 불기소결정을 하였으나, 甲에게 그 결과를 통지하지 않았다. 甲은 대검찰청에 丙이 자신의 고소사건 처리를 태만히 하고 있으니 징계하여 달라는 진정서를 제출하였다. 이에 검찰총장은 丙이 직무를 태만히 하여 甲에게 「형사소송법」에 의한 처분결과를 통지하지 아니한 잘못이 있으나 그 정도가 중하지 않으므로 「검사징계법」상 징계사유에는 해당하지 않는다고 판단하였다. 그러나 장래에 동일한 잘못을 되풀이하지 않도록 엄중히 경고할 필요가 있다고 판단하여, 丙에 대하여 대검찰청 내부규정에 근거하여 경고조치를 하였다. 이에 관한 설명 중 옳지 않은 것을 모두 고른 것은? (다툼이 있는 경우 판례에 의함) (변시 11회)

① 丙의 불기소결정은 고소사건에 관하여 공권력의 행사인 공소제기를 거부하는 거부처분에 해당하므로, 甲은 취소소송을 제기하는 방식으로 불복할 수 있다. [ ]

② 丙이 불기소결정을 하면서 甲에게 「형사소송법」에 의한 처분결과 통지를 하지 않음으로써 행정청의 의사가 외부에 표시되지 아니하여 아직 거부처분이 성립하였다고 볼 수 없으므로, 甲은 부작위위법확인소송을 제기하는 방식으로 불복할 수 있다. [ ]

③ 대검찰청 내부규정에서 검찰총장의 경고조치를 받은 검사에 대하여 직무성과급 지급이나 승진·전보인사에서 불이익을 주도록 규정하고 있다면, 丙은 검찰총장의 경고조치에 대하여 취소소송을 제기하는 방식으로 불복할 수 있다. [ ]

④ 丙의 직무상 의무 위반의 정도가 중하지 않아 「검사징계법」상 징계사유에 해당하지 않는데도 검찰총장이 대검찰청 내부규정에 근거하여 경고조치를 한 것은 법률유보원칙에 반하므로 허용될 수 없다. [ ]

정답 및 해설

439 ① [X] '처분'이란 행정소송법상 항고소송의 대상이 되는 처분을 의미하는 것으로서, 행정소송법 제2조의 처분의 개념 정의에는 해당한다고 하더라도 그 처분의 근거 법률에서 행정소송 이외의 다른 절차에 의하여 불복할 것을 예정하고 있는 처분은 항고소송의 대상이 될 수 없다. 검사의 불기소결정에 대해서는 검찰청법에 의한 항고와 재항고, 형사소송법에 의한 재정신청에 의해서만 불복할 수 있는 것이므로, 이에 대해서는 행정소송법상 항고소송을 제기할 수 없다. (2018. 9. 28. 2017두47465)

② [X] 이 사건 신청은 형사소송법 제258조 제1항의 '처분결과 통지' 의무의 이행을 요구하는 내용이고, 이러한 처분결과 통지는 사실행위로서 그 자체가 별도의 독립한 처분이 된다고 볼 수는 없으므로, 이 사건 신청에 대한 피고의 부작위 또는 거부는 행정소송법상 부작위위법확인소송의 대상인 '처분의 부작위' 또는 거부처분취소소송의 대상인 '거부처분'에 해당하지 않는다. (2018. 9. 28. 2017두47465)

③ [O] 검사에 대한 경고조치 관련 규정을 관련 법리에 비추어 살펴보면, 검찰총장이 사무검사 및 사건평정을 기초로 「대검찰청 자체감사규정」 제23조 제3항, 「검찰공무원의 범죄 및 비위 처리지침」 제4조 제2항 제2호 등에 근거하여 검사에 대하여 하는 '경고조치'는 일정한 서식에 따라 검사에게 개별통지를 하고 이의신청을 할 수 있으며, 검사가 검찰총장의 경고를 받으면 1년 이상 감찰관리 대상자로 선정되어 특별관리를 받을 수 있고, 경고를 받은 사실이 인사자료로 활용되어 복무평정, 직무성과금 지급, 승진·전보인사에서도 불이익을 받게 될 가능성이 높아지며, 향후 다른 징계사유로 징계처분을 받게 될 경우에 징계양정에서 불이익을 받게 될 가능성이 높아지므로, 검사의 권리 의무에 영향을 미치는 행위로서 항고소송의 대상이 되는 처분이라고 보아야 한다. (2021. 2. 10. 2020두47564)

440 A세무서장 甲은 「주류 면허 등에 관한 법률」(이하 '주류면허법'이라 함)에 따라 乙에게 종합주류도매업면허(이하 '이 사건 면허'라 함)를 발급하면서 "무면허 주류판매업자에게 주류를 판매할 경우에는 면허를 취소할 수 있다."라는 취소권유보의 조건을 부가하였다. 그 후 乙이 무면허 주류판매업자에게 주류를 판매한 사실이 확인되어 甲은 이 사건 면허를 취소하면서 乙에게 "상기 주류도매업사업장은 무면허 주류판매업자에게 주류를 판매하였으므로 주류면허법 제6조(주류 제조 및 판매업 면허의 조건) 및 제12조(주류 판매 정지 등)에 따라 이 사건 면허를 취소한다."라는 내용의 통지서를 발송하였다. (다툼이 있는 경우 판례에 의함) (변시 12회)

① 甲의 이 사건 면허는 형성적 행위로서 乙에게 영업상의 권리 혹은 지위를 설정하여 주는 강학상의 특허이다. [ ]

② 乙이 자신과 주류를 거래한 상대방이 무면허 주류판매업자라는 사실을 모르고 상대방에게 주류를 판매하였다고 하더라도 乙의 의무 해태를 탓할 수 없는 정당한 사유가 있는 등 특별한 사정이 없는 한, 甲은 乙의 이 사건 면허를 취소할 수 있다. [ ]

③ 위 취소권유보의 실질은 철회권의 유보이고, 이 사건 면허 발급시 철회권이 유보되어 있다 하더라도 甲이 철회권을 행사함에 있어서 이익형량의 원칙에 의한 제한을 받는다. [ ]

④ 甲의 이 사건 면허 취소처분에 이유제시의 하자가 있다면 甲은 乙의 불복 여부 결정 및 불복 신청에 편의를 줄 수 있는 상당한 기간까지 그 하자를 치유할 수 있다. [ ]

⑤ 甲의 이 사건 면허 취소에 대해 乙이 취소소송을 제기하여 당초의 이유제시에 하자가 있다는 이유로 승소확정판결을 받은 경우, 甲이 이유제시의 위법사유를 보완하여 다시 면허 취소를 하였다고 해도 이는 이전의 면허 취소와 다른 별개의 처분이라 할 것이다. [ ]

정답 및 해설

④ [X] 검찰총장의 경고처분은 검사징계법에 따른 징계처분이 아니라 검찰청법 제7조 제1항, 제12조 제2항에 근거하여 검사에 대한 직무감독권을 행사하는 작용에 해당하므로, 검사의 직무상 의무 위반의 정도가 중하지 않아 검사징계법에 따른 '징계사유'에는 해당하지 않더라도 징계처분보다 낮은 수준의 감독조치로서 '경고처분'을 할 수 있고, 법원은 그것이 직무감독권자에게 주어진 재량권을 일탈·남용한 것이라는 특별한 사정이 없는 한 이를 존중하는 것이 바람직하다. (2021. 2. 10. 2020두47564)

440 ① [X] 주류판매업 면허는 설권적 행위가 아니라 주류판매의 질서유지, 주세 보전의 행정목적 등을 달성하기 위하여 개인의 자연적 자유에 속하는 영업행위를 일반적으로 제한하였다가 특정한 경우에 이를 회복하도록 그 제한을 해제하는 강학상의 허가로 해석되므로 주세법 제10조 제1호 내지 제11호에 열거된 면허제한사유에 해당하지 아니하는 한 면허 관청으로서는 임의로 그 면허를 거부할 수 없다. (1995. 11. 10. 95누5714)

② [O] 행정법규 위반에 대하여 가하는 제재조치는 행정목적의 달성을 위하여 행정법규 위반이라는 객관적 사실에 착안하여 가하는 제재이므로 위반자의 의무 해태를 탓할 수 없는 정당한 사유가 있는 등의 특별한 사정이 없는 한 위반자에게 고의나 과실이 없다고 하더라도 부과될 수 있다. (2003. 9. 2. 2002두5177)

③ [O] 행정기본법 제19조(적법한 처분의 철회) ② 행정청은 제1항에 따라 처분을 철회하려는 경우에는 철회로 인하여 당사자가 입게 될 불이익을 철회로 달성되는 공익과 비교·형량하여야 한다.

④ [O] (1983. 7. 26. 82누420)

⑤ [O] (1992. 5. 26. 91누5242)

441 A구 구청장은 관내에서 음식점을 운영하고 있는 甲이 청소년에게 주류를 판매하였다는 이유로, 甲에게 영업정지처분을 할 것을 고려하고 있다. (다툼이 있는 경우 판례에 의함) (변시 12회)

① 구청장이 영업정지처분을 하였고, 이에 대하여 甲이 취소소송을 제기하면서 집행정지를 신청한 경우, 甲이 제기한 취소소송이 적법하여야 한다는 것이 집행정지의 요건에 포함된다. [ ]

② 甲이 적발 당시 위반사실을 시인하였다면, 이는 「행정절차법」 소정의 '의견청취가 현저히 곤란하거나 명백히 불필요하다고 인정될 만한 상당한 이유가 있는 경우'에 해당한다. [ ]

③ 구청장이 청소년 주류판매를 이유로 甲에게 영업정지 2개월의 처분을 하였고, 이에 대하여 甲이 취소소송을 제기하여 원고(甲) 승소판결이 확정되었는데, 그 후 구청장이 영업시간제한 위반을 이유로 재차 甲에게 영업정지 2개월의 처분을 한 경우, 후행 영업정지처분은 취소판결의 기속력에 반하지 아니한다. [ ]

④ 甲은 영업정지처분을 받고 이에 대해 취소소송을 제기하였으나 집행정지 신청을 하지 아니하였다. 이 경우 甲이 영업정지기간 동안 영업을 계속하였다면, 위 영업정지처분이 나중에 행정쟁송절차에 의해 취소되더라도 甲은 영업정지명령 위반을 이유로 한 형사처벌을 면할 수 없다. [ ]

정답 및 해설

441 ① [O] 신청인의 본안청구가 적법한 것이어야 한다는 것을 집행정지의 요건에 포함시켜야 한다. (1999. 11. 26. 99부3)

② [X] '의견청취가 현저히 곤란하거나 명백히 불필요하다고 인정될 만한 상당한 이유가 있는 경우'에 해당하는지는 해당 행정처분의 성질에 비추어 판단하여야 하며, 처분상대방이 이미 행정청에 위반사실을 시인하였다거나 처분의 사전통지 이전에 의견을 진술할 기회가 있었다는 사정을 고려하여 판단할 것은 아니다. (2016. 10. 27. 2016두41811)

③ [O] 종전 처분과 다른 사유를 들어서 새로이 처분을 하는 것은 기속력에 저촉되지 않는다. (2016. 3. 24. 2015두48235)

④ [X] 영업의 금지를 명한 영업허가취소처분 자체가 나중에 행정쟁송절차에 의하여 취소되었다면 그 영업허가취소처분은 그 처분시에 소급하여 효력을 잃게 되며, 그 영업허가취소처분에 복종할 의무가 원래부터 없었음이 확정되었다고 봄이 타당하고, 영업허가취소처분이 장래에 향하여서만 효력을 잃게 된다고 볼 것은 아니므로 그 영업허가취소처분 이후의 영업행위를 무허가영업이라고 볼 수는 없다. (1993. 6. 25. 93도277)

442
- 甲은 「공중위생관리법」상 숙박업을 하는 자로서 관할 구청장 乙로부터 2022. 1. 5. 영업정지 3개월의 처분(이하 '이 사건 처분'이라 한다)을 받고 처분의 취소를 구하는 소(이하 '이 사건 소'라 한다)를 제기하였다.
- 이 사건 소는 2023. 12. 7. 항소심에서 변론종결되었다.
- A 사유: 甲이 숙박자에게 성매매를 알선하였다(2022. 1. 5.자 당초 처분사유).
- B 사유: 甲이 숙박자에게 음란행위를 알선하였다.
- A 사유와 B 사유는 이 사건 처분 당시에 있었던 일을 내용으로 하고 기본적 사실관계가 동일하다. (다툼이 있는 경우 판례에 의함)

(변시 13회)

① 이 사건 처분의 위법 여부를 판단하는 시점은 처분시이므로, 법원은 이 사건 처분 당시 행정청이 알고 있었던 자료에 기초하여 이 사건 처분의 위법 여부를 판단할 수 있을 뿐이고 이와 달리 사실심 변론종결시까지 제출된 모든 자료를 종합하여 처분 당시 존재하였던 객관적 사실을 확정하고 그 사실에 기초하여 이 사건 처분의 위법 여부를 판단할 수는 없다. [ ]

② 乙은 2023. 12. 7. 이후라도 판결선고 전이라면 이 사건 처분사유를 A 사유에서 B 사유로 변경할 수 있다. [ ]

③ 乙이 이 사건 처분 당시에 적시한 A 사유를 변경하지 아니한 채 처분의 근거 법령만을 변경하더라도 이는 처분사유의 변경이라고 보아야 하고, 처분의 근거 법령을 변경하는 것이 별개의 처분을 하는 것과 다름없는 경우에도 마찬가지이다. [ ]

정답 및 해설

442 ① [X] 행정처분의 위법 여부를 판단하는 기준 시점에 대하여 판결시가 아니라 처분시라고 하는 의미는 행정처분이 있을 때의 법령과 사실상태를 기준으로 하여 위법 여부를 판단할 것이며 처분 후 법령의 개폐나 사실상태의 변동에 영향을 받지 않는다는 뜻이지 처분 당시 존재하였던 자료나 행정청에 제출되었던 자료만으로 위법 여부를 판단한다는 의미는 아니므로 처분 당시의 사실상태 등에 대한 입증은 사실심 변론종결 당시까지 할 수 있고, 법원은 행정처분 당시 행정청이 알고 있었던 자료뿐만 아니라 사실심 변론종결 당시까지 제출된 모든 자료를 종합하여 처분 당시 존재하였던 객관적 사실을 확정하고 그 사실에 기초하여 처분의 위법 여부를 판단할 수 있다. (1995. 11. 10. 95누8461)

② [X] 행정청은 기본적 사실관계의 동일성이 있다고 인정되는 한도 내에서만 다른 처분사유를 추가, 변경할 수 있다고 할 것이나 이는 사실심 변론종결시까지만 허용된다. (1999. 8. 20. 98두17043)

③ [X] 처분청이 처분 당시에 적시한 구체적 사실을 변경하지 아니하는 범위 내에서 단지 그 처분의 근거 법령만을 추가·변경하는 것에 불과한 경우에는 새로운 처분사유의 추가라고 볼 수 없으므로 행정청이 처분 당시에 적시한 구체적 사실에 대하여 처분 후에 추가·변경한 법령을 적용하여 그 처분의 적법 여부를 판단할 수 있다. 그러나 처분의 근거 법령을 변경하는 것이 종전 처분과 동일성을 인정할 수 없는 별개의 처분을 하는 것과 다름없는 경우에는 허용될 수 없다. (2021. 7. 29. 2021두34756)

④ 사실심 변론종결시에 甲에게 법률상 이익이 인정되었다면, 상고심에서 법률상 이익이 존속하지 않더라도 부적법한 소가 되지 아니한다. [ ]

⑤ A 사유가 인정되지 않는다는 이유로 법원의 확정판결에 의하여 이 사건 처분이 취소되었으나, 乙이 B 사유로 동일한 내용의 처분을 하는 것은 확정판결의 기속력에 저촉된다. [ ]

정답 및 해설

④ [X] 소송요건은 법원의 직권조사사항에 해당하고, 그 직권조사사항에 해당하는 사항은 상고심의 심판범위에 해당한다(2004. 12. 24. 2003두15195). 따라서 상고심에서 법률상 이익이 존속하지 않는 경우, 해당 소는 부적법한 소가 된다.

⑤ [O] 취소 확정판결의 기속력은 판결의 주문 및 전제가 되는 처분 등의 구체적 위법사유에 관한 판단에도 미치나, 종전 처분이 판결에 의하여 취소되었더라도 종전 처분과 다른 사유를 들어서 새로이 처분을 하는 것은 기속력에 저촉되지 않는다. 여기에서 동일 사유인지 다른 사유인지는 확정판결에서 위법한 것으로 판단된 종전 처분사유와 기본적 사실관계에서 동일성이 인정되는지 여부에 따라 판단되어야 한다(2016. 3. 24. 2015두48235). A 사유와 B사유는 기본적 사실관계가 동일하므로, A 사유가 인정되지 않는다는 이유로 법원의 확정판결에 의하여 이 사건 처분이 취소된 경우 乙이 B 사유로 동일한 내용의 처분을 하는 것은 확정판결의 기속력에 저촉된다.

무효등 확인소송

443 항고소송인 행정처분에 관한 무효확인소송을 제기하려면 행정소송법에 규정된 '무효확인을 구할 법률상 이익'이 있어야 하는바, 행정처분의 근거 법률에 의하여 보호되는 직접적이고 구체적인 이익이 있는 경우에는 행정소송법상 '무효확인을 구할 법률상 이익'이 있다고 보아야 하고, 이와 별도로 무효확인소송의 보충성이 요구되는 것은 아니므로 행정처분의 무효를 전제로 한 이행소송 등과 같은 직접적인 구제수단이 있는지 여부를 따질 필요가 없다. (변시 3회) (변시 1회) (변시 11회) ★★ [　]

444 항고소송인 행정처분에 관한 무효확인소송에 있어서 무효확인소송의 보충성이 요구된다. (변시 6회) ★★ [　]

445 행정처분 무효확인소송에서 원고의 청구가 이유있다고 인정하는 경우에도 처분의 무효를 확인하는 것이 현저히 공공복리에 적합하지 아니하다고 인정하는 때에는 법원은 원고의 청구를 기각할 수 있다. (변시 3회) ★★ [　]

446 일반적으로 행정처분의 무효확인을 구하는 소에는 원고가 그 처분의 취소는 구하지 아니 한다고 밝히고 있지 아니하는 이상 그 처분이 만약 당연무효가 아니라면 그 취소를 구하는 취지도 포함되어 있는 것으로 볼 것이나 행정심판절차를 거치지 아니한 까닭에 행정처분 취소의 소를 무효확인의 소로 변경한 경우에는 무효확인을 구하는 취지속에 그 처분이 당연무효가 아니라면 그 취소를 구하는 취지까지 포함된 것으로 볼 여지가 전혀 없다고 할 것이므로 법원으로서는 그 처분이 당연무효인기 여부만 심리판단하면 족하다고 할 것이다. (예제문제) ★★ [　]

447 무효확인소송의 경우에는 행정심판을 거친 경우에도 제소기간의 적용이 없다. (예제문제) ★★ [　]

448 다른 법률에 당해 처분에 대한 행정심판의 재결을 거치지 아니하면 취소소송을 제기할 수 없다는 규정이 있는 경우, 행정심판의 재결을 거치지 아니하더라도 무효확인소송을 제기하는 것은 허용된다. (예제문제) ★★ [　]

정답 및 해설

443 [O] (2008. 3. 20. 2007두6342)

444 [X] 위 문제 참고 (2008. 3. 20. 2007두6342)

445 [X] 당연무효의 행정처분을 소송목적물로 하는 행정소송에서는 존치시킬 효력이 있는 행정행위가 없기 때문에 행정소송법 제28조 소정의 사정판결을 할 수 없다고 할 것이다. (1996. 3. 22. 95누5509)

446 [O] (1987. 4. 28. 86누887)

447 [O] 무효확인소송에는 전심절차(행정소송법 제18조) 및 제소기간(행정소송법 제20조) 규정이 준용되지 않는다. 따라서 행정심판을 거친 경우에도 제소기간의 적용이 없다.

448 [O] 위 해설 참고

449 무효확인판결에도 기속력이 인정된다. (예제문제) [ ]

450 거부처분에 대해 무효확인판결이 내려진 경우, 판결의 취지에 따른 재처분 의무가 인정되고, 간접강제 규정도 준용된다. (예제문제) ★★ [ ]

정답 및 해설

449 [O] 행정소송법 제38조 제1항, 제30조

450 [X] 행정소송법 제38조 제1항이 무효확인 판결에 관하여 취소판결에 관한 규정을 준용함에 있어서 같은 법 제30조 제2항을 준용한다고 규정하면서도 같은 법 제34조는 이를 준용한다는 규정을 두지 않고 있으므로, 행정처분에 대하여 무효확인 판결이 내려진 경우에는 그 행정처분이 거부처분인 경우에도 행정청에 판결의 취지에 따른 재처분의무가 인정될 뿐 그에 대하여 간접강제까지 허용되는 것은 아니라고 할 것이다. (1998. 12. 24. 98무37)

451 A행정청은 미성년자에게 주류를 판매하였다는 이유로 甲에게 영업정지처분에 갈음하는 과징금부과처분을 하였다. 甲은 이에 대하여 행정소송을 제기할 것을 고려하고 있다. (다툼이 있는 경우 판례에 의함) (변시 10회)

① 甲이 제기하는 무효확인과 취소청구의 소는 주위적·예비적 청구로서만 병합이 가능하고 선택적 청구로서의 병합이나 단순병합은 허용되지 아니한다. ★★ [ ]

② 甲이 과징금부과처분에 대하여 무효확인의 소를 제기하였다가 그 후 취소청구의 소를 추가적으로 병합한 경우, 무효확인의 소가 적법한 제소기간 내에 제기되었다면 추가로 병합된 취소청구의 소도 적법하게 제기된 것이다. [ ]

③ 甲이 과징금부과처분에 대하여 무효확인의 소를 제기하면서 위 처분의 취소를 구하지 아니한다고 밝히지 아니하였다면, 무효확인의 소에는 그 처분이 당연무효가 아니라면 그 취소를 구하는 취지도 포함되어 있는 것으로 보아야 한다. [ ]

④ 甲이 과징금부과처분의 하자가 취소사유임에도 A행정청을 상대로 무효확인의 소를 제기하였는데 만약 취소소송의 제기요건을 구비하지 못하였다면 무효확인청구는 기각된다. [ ]

⑤ 甲이 만일 부과된 과징금을 납부한 후 과징금부과처분에 대하여 무효확인의 소를 제기하였다면, 甲은 부당이득반환청구의 소로써 직접 위법상태를 제거할 수 있으므로 甲이 제기한 무효확인의 소는 법률상 이익이 없다. [ ]

정답 및 해설

451 ① [O] 행정처분에 대한 무효확인과 취소청구는 서로 양립할 수 없는 청구로서 주위적·예비적 청구로서만 병합이 가능하고 선택적 청구로서의 병합이나 단순 병합은 허용되지 아니한다. (1999. 8. 20. 97누6889)

② [O] 하자 있는 행정처분을 놓고 이를 무효로 볼 것인지 아니면 단순히 취소할 수 있는 처분으로 볼 것인지는 동일한 사실관계를 토대로 한 법률적 평가의 문제에 불과하고, 행정처분의 무효확인을 구하는 소에는 특단의 사정이 없는 한 그 취소를 구하는 취지도 포함되어 있다고 보아야 하는 점 등에 비추어 볼 때, 동일한 행정처분에 대하여 무효확인의 소를 제기하였다가 그 후 그 처분의 취소를 구하는 소를 추가적으로 병합한 경우, 주된 청구인 무효확인의 소가 적법한 제소기간 내에 제기되었다면 추가로 병합된 취소청구의 소도 적법하게 제기된 것으로 봄이 상당하다. (2005. 12. 23. 2005두3554)

③ [O] (1987. 4. 28. 86누887)

④ [O] 행정처분의 무효확인을 구하는 청구에는 특별한 사정이 없는 한 그 처분의 취소를 구하는 취지까지도 포함되어 있다고 볼 수는 있으나 위와 같은 경우에 취소청구를 인용하려면 먼저 취소를 구하는 항고소송으로서의 제소요건을 구비한 경우에 한한다. (1986. 9. 23. 85누838)

⑤ [X] 무효확인소송의 보충성이 요구되는 것은 아니므로 행정처분의 무효를 전제로 한 이행소송 등과 같은 직접적인 구제수단이 있는지 여부를 따질 필요가 없다고 해석함이 상당하다. (2008. 3. 20. 2007두6342)

부작위위법확인소송

452 어떠한 처분에 대하여 그 근거 법률에서 행정소송 이외의 다른 절차에 의하여 불복할 것을 예정하고 있는 경우, 그 처분이 「행정소송법」상 처분의 개념에 해당한다고 하더라도 그 처분의 부작위는 부작위위법확인소송의 대상이 될 수 없다. (추가문제) ★★   [   ]

453 행정청의 부작위상태를 소멸시키는 행정청으로부터의 일정한 처분, 특히 거부처분이 있었다고 하기 위하여는 그 처분을 위한 의사결정이 어떠한 형식으로든 행정청의 권한 있는 자에 의하여 외부로 표시되고 그 신청이 거부 내지 각하되었다는 취지가 신청자에게 오해없이 정확하게 전달되어 이를 알 수 있는 상태에 놓여진 경우에 한한다. (예제문제)   [   ]

454 위법한 압수행위에 따른 압수물환부신청에 대하여 아무런 결정이나 통지를 하지 않고 있는 부작위는 부작위위법확인소송의 대상이 되는 부작위에 해당하지 않는다. (예제문제) ★   [   ]

455 어떠한 행정처분에 대한 법규상 또는 조리상의 신청권이 인정되지 않는 경우, 그 처분의 신청에 대한 행정청의 무응답이 위법하다고 하여 제기된 부작위위법확인소송은 적법하지 않다. (추가문제) ★★   [   ]

456 취소소송의 제소기간에 관한 규정은 부작위위법확인소송에 준용되지 않으므로 행정심판 등 전심절차를 거친 경우에도 부작위위법확인소송에 있어서는 제소기간의 제한을 받지 않는다. (추가문제) ★★   [   ]

457 부작위위법확인소송에 있어서의 판결은 행정청의 특정 부작위의 위법 여부를 확인하는 데 그치고, 적극적으로 행정청에 대하여 일정한 처분을 할 의무를 직접 명하지는 않는다. (추가문제) ★★ [   ]

정답 및 해설

452 [O] (2018. 9. 28. 2017두47465)

453 [O] (1990. 9. 25. 89누4758)

454 [O] 형사본안사건에서 무죄가 선고되어 확정되었다면 형사소송법 제332조 규정에 따라 검사가 압수물을 제출자나 소유자 기타 권리자에게 환부하여야 할 의무가 당연히 발생한 것이고, 권리자의 환부신청에 대한 검사의 환부결정 등 어떤 처분에 의하여 비로소 환부의무가 발생하는 것은 아니므로 압수가 해제된 것으로 간주된 압수물에 대하여 피압수자나 기타 권리자가 민사소송으로 그 반환을 구함은 별론으로 하고 검사가 피압수자의 압수물 환부신청에 대하여 아무런 결정이나 통지도 하지 아니하고 있다고 하더라도 그와 같은 부작위는 현행 행정소송법상의 부작위위법확인소송의 대상이 되지 아니한다. (1995. 3. 10. 94누14018)

455 [O] (1999. 12. 7. 97누17568)

456 [X] 부작위위법확인의 소는 부작위상태가 계속되는 한 그 위법의 확인을 구할 이익이 있다고 보아야 하므로 원칙적으로 제소기간의 제한을 받지 않는다. 그러나 행정소송법 제38조 제2항이 제소기간을 규정한 같은 법 제20조를 부작위위법확인소송에 준용하고 있는 점에 비추어 보면, 행정심판 등 전심절차를 거친 경우에는 행정소송법 제20조가 정한 제소기간 내에 부작위위법확인의 소를 제기하여야 한다. (2009. 7. 23. 2008두10560)

457 [O] (1993. 4. 23. 92누17099)

458 처분의 신청 후에 원고에게 생긴 사정의 변화로 인하여, 그 처분에 대한 부작위가 위법하다는 확인을 받아도 종국적으로 침해되거나 방해받은 원고의 권리·이익을 보호·구제받는 것이 불가능하게 되었다면, 법원은 각하판결을 내려야 한다. (추가문제) [ ]

459 부작위위법확인소송에서는 사실심 변론종결시를 기준으로 부작위의 위법 여부를 판단하여야 하고, 사실심 변론종결 전에 거부처분이 이루어져 부작위 상태가 해소된 경우에는 소의 이익이 소멸하므로 원고가 거부처분 취소소송으로 소변경을 하지 않는 이상 법원은 소를 각하하여야 한다. (변시 11회) [ ]

460 부작위위법확인소송의 인용판결을 받는 경우 행정청은 판결의 취지에 따른 재처분 의무가 인정되고, 간접강제 규정도 준용된다. (예제문제) ★ [ ]

정답 및 해설

458 [O] (2002. 6. 28. 2000두4750)
459 [O] (1990. 9. 25. 89누4758)
460 [O] 행정소송법 제38조 제2항, 제30조, 제34조

461 甲은 자신의 영업소 인근 도로에 광고물을 설치하기 위해 관할 도로관리청인 A시장에게 도로점용허가를 신청하였으나 A시장은 신청 후 상당한 기간이 경과하였음에도 아무런 조치를 취하고 있지 않다. (다툼이 있는 경우 판례에 의함) (변시 8회)

① 甲은 의무이행심판뿐만 아니라 부작위위법확인심판을 청구할 수 있으며, 이때 의무이행심판 인용재결의 기속력에 관한 「행정심판법」 규정은 부작위위법확인심판에 준용된다. [ ]

② 甲이 청구한 의무이행심판에 대하여 처분의 이행을 명하는 재결이 있음에도 불구하고 A시장이 재결의 취지에 따른 처분을 하지 않는 경우, 甲은 관할 행정심판위원회에 간접강제를 신청할 수 있다. [ ]

③ 행정심판을 거치지 않고 부작위위법확인소송을 제기하는 경우 甲은 도로점용허가 신청 후 상당한 기간이 경과한 때부터 1년 내에 제소해야 한다. [ ]

④ 甲은 A시장의 부작위에 대해 행정심판을 거친 후 부작위위법확인의 소를 제기하려면 행정심판 재결서의 정본을 송달받은 날부터 60일 이내에 제기하여야 한다. [ ]

⑤ 甲이 제기한 부작위위법확인소송에서 A시장의 부작위가 위법한지 여부는 甲의 허가신청시를 기준으로 판단되어야 한다. [ ]

정답 및 해설

461 ① [X] 현행 행정심판법상 '부작위위법확인심판'이라는 제도는 없다.

② [O] 행정심판법 제49조 제3항, 제50조의2 제1항

③ [X] 부작위위법확인의 소는 부작위상태가 계속되는 한 그 위법의 확인을 구할 이익이 있다고 보아야 하므로 원칙적으로 제소기간의 제한을 받지 않는다. 그러나 행정소송법 제38조 제2항이 제소기간을 규정한 같은 법 제20조를 부작위위법확인소송에 준용하고 있는 점에 비추어 보면, 행정심판 등 전심절차를 거친 경우에는 행정소송법 제20조가 정한 제소기간 내에 부작위위법확인의 소를 제기하여야 한다. (2009. 7. 23. 2008두10560)

④ [X] 90일 내에 제기하여야 한다. (위 해설 참고)

⑤ [X] 부작위위법확인의 소는 행정청이 국민의 법규상 또는 조리상의 권리에 기한 신청에 대하여 상당한 기간내에 그 신청을 인용하는 적극적 처분 또는 각하하거나 기각하는 등의 소극적 처분을 하여야 할 법률상의 응답의무가 있음에도 불구하고 이를 하지 아니하는 경우, 판결(사실심의 구두변론 종결)시를 기준으로 그 부작위의 위법을 확인함으로써 행정청의 응답을 신속하게 하여 부작위 내지 무응답이라고 하는 소극적인 위법상태를 제거하는 것을 목적으로 하는 것이다. (1990. 9. 25. 89누4758)

462　甲은 A시에 흐르는 X하천에서 목초를 채취하려 한다. 이에 甲은 X하천의 관리청인 A시 시장 乙에게 하천법령에 따른 하천의 점용허가를 신청하였다. 그러나 乙은 甲의 신청을 받고도 상당한 기간이 지나도록 아무런 응답을 하지 않고 있다. 이에 甲은 乙을 상대로 부작위위법확인의 소를 제기하려 한다. (제14회 변시)

① 甲이 乙에 대하여 하천점용허가를 할 의무의 이행이나 확인을 구하는 행정소송은 허용될 수 없다. [ ]

② 甲이 제기한 부작위위법확인소송 계속 중 乙이 甲의 하천점용허가 신청을 거부하는 처분을 한 경우 그 부작위위법확인의 소는 소의 이익을 잃어 부적법하게 된다. [ ]

③ 甲이 전심절차를 거쳐 부작위위법확인의 소를 제기하였으나 그 후 乙의 거부처분이 있다고 보아 거부처분취소소송으로 소를 교환적으로 변경한 후 여기에 부작위위법확인의 소를 추가적으로 병합한 경우, 최초의 부작위위법확인의 소가 적법한 제소기간 내에 제기된 이상 그 후 거부처분취소소송으로의 교환적 변경과 거부처분취소소송에의 추가적 변경 등의 과정을 거쳤다고 하더라도 여전히 제소기간을 준수한 것으로 보아야 한다. [ ]

④ 甲의 부작위위법확인 청구가 인용되어 그 판결이 확정되는 경우 취소판결 등의 기속력을 정한 「행정소송법」 제30조가 준용되므로, 乙은 甲이 신청한 대로 하천점용허가를 하여야 한다. [ ]

정답 및 해설

462　① [O] 현행법상 의무이행소송은 인정되지 않는다.

② [O] 부작위위법확인소송은 처분의 신청을 한 자로서 부작위의 위법확인을 구할 법률상 이익이 있는 자만이 제기할 수 있다 할 것이며 이를 통하여 구하는 행정청의 응답행위는 행정소송법 제2조 제1항 제1호 소정의 처분에 관한 것이라야 하므로 당사자가 행정청에 대하여 어떠한 행정행위를 하여 줄 것을 신청하지 아니하였거나 신청을 하였더라도 당사자가 행정청에 대하여 그러한 행정행위를 하여 줄 것을 요구할 수 있는 법규상 또는 조리상 권리를 갖고 있지 아니하든지 또는 행정청이 당사자의 신청에 대하여 거부처분을 한 경우에는 원고적격이 없거나 항고소송의 대상인 위법한 부작위가 있다고 볼 수 없어 그 부작위위법확인의 소는 부적법하다. (1993.4.23. 92누17099)

③ [O] 당사자가 동일한 신청에 대하여 부작위위법확인의 소를 제기하였으나 그 후 소극적 처분이 있다고 보아 처분취소소송으로 소를 교환적으로 변경한 후 여기에 부작위위법확인의 소를 추가적으로 병합한 경우, 최초의 부작위위법확인의 소가 적법한 제소기간 내에 제기된 이상 그 후 처분취소소송으로의 교환적 변경과 처분취소소송에의 추가적 변경 등의 과정을 거쳤다고 하더라도 여전히 제소기간을 준수한 것으로 봄이 상당하다. (2009.7.23. 2008두10560)

④ [X] 부작위위법확인의 소는 행정청이 당사자의 법규상 또는 조리상의 권리에 기한 신청에 대하여 상당한 기간 내에 신청을 인용하는 적극적 처분 또는 각하하거나 기각하는 등의 소극적 처분을 하여야 할 법률상 응답의무가 있음에도 불구하고 이를 하지 아니하는 경우 그 부작위가 위법하다는 것을 확인함으로써 행정청의 응답을 신속하게 하여 부작위 또는 무응답이라고 하는 소극적 위법상태를 제거하는 것을 목적으로 하는 제도이다. (2000.2.25. 99두11455) 부작위위법확인 청구가 인용되어 그 판결이 확정되는 경우 행정청은 처분의무가 발생하나, 이때 반드시 원고가 신청한 대로 처분을 할 필요는 없고, 거부처분 등을 하여 부작위 또는 무응답을 제거하기만 하면 충분하다.

제3항 당사자소송

463 행정소송법 제39조는, "당사자소송은 국가·공공단체 그 밖의 권리주체를 피고로 한다."라고 규정하고 있는 바, 이때 피고적격이 인정되는 '권리주체'는 행정주체에 한정된다. (추가문제) ★★ [　]

464 당사자소송에는 취소소송의 제소기간 규정이 준용되지 않으나, 법령에 제소기간이 정해져 있는 경우에 그 기간은 불변기간이다. (예제문제) [　]

465 당사자소송에는 「행정소송법」상 집행정지에 관한 규정은 준용되지 않으나 「민사집행법」상의 가처분에 관한 규정이 준용된다. (예제문제) ★★ [　]

466 당사자소송의 경우에도 취소소송에서의 직권심리 원칙을 규정한 행정소송법 제26조가 준용된다. (변시 2회) [　]

467 「행정소송법」상 취소소송에 관한 행정심판기록의 제출명령 규정은 당사자소송에 준용된다. (변시 6회) [　]

468 취소판결의 기속력은 그 성질상 항고소송에서만 인정되므로 당사자소송에는 기속력에 관한 내용이 준용되지 않는다. (22-1) [　]

정답 및 해설

463 [X] 행정소송법 제39조는, "당사자소송은 국가·공공단체 그 밖의 권리주체를 피고로 한다."라고 규정하고 있다. 이것은 당사자소송의 경우 항고소송과 달리 '행정청'이 아닌 '권리주체'에게 피고적격이 있음을 규정하는 것일 뿐, 피고적격이 인정되는 권리주체를 행정주체로 한정한다는 취지가 아니므로, 이 규정을 들어 사인을 피고로 하는 당사자소송을 제기할 수 없다고 볼 것은 아니다. 그리고 당사자소송에 대하여는 행정소송법 제8조 제2항에 따라 민사집행법상 가처분에 관한 규정이 준용되므로, 사업시행자는 민사집행법 제300조 제2항에 따라 현저한 손해를 피하기 위해 필요한 경우 '임시의 지위를 정하기 위한 가처분'을 통하여 공익사업을 신속하고 원활하게 수행할 수 있다. (2019. 9. 9. 2016다262550)

464 [O] 행정소송법 제41조

465 [O] (2015. 8. 21. 2015무26)

466 [O] 행정소송법 제44조 제1항, 제26조

467 [O] 행정소송법 제44조 제1항

468 [X] 행정소송법 제44조(준용규정) ①제14조 내지 제17조, 제22조, 제25조, 제26조, 제30조제1항, 제32조 및 제33조의 규정은 당사자소송의 경우에 준용한다.

제30조(취소판결등의 기속력) ①처분등을 취소하는 확정판결은 그 사건에 관하여 당사자인 행정청과 그 밖의 관계행정청을 기속한다.

469 공법상 당사자소송에서는 이행소송이라는 직접적인 권리구제방법이 있다면 확인소송은 허용되지 않는다. (변시 11회) ★★ [ ]

470 교육공무원 甲이 자신에게 당연퇴직사유가 발생하였는지 여부와 관련하여 다툼이 있자 "甲이 교육공무원의 지위에 있음을 확인한다"라는 청구취지로 당사자소송을 제기할 수 있다. (23-2) [ ]

471 계약직공무원이 계약기간 만료 이전에 채용계약 해지 등의 불이익을 받은 후 그 계약기간이 만료된 경우 해지의사표시의 무효확인청구는 과거의 법률관계의 확인청구에 해당할지라도 즉시확정의 이익이 있으면 허용된다. (예제문제) [ ]

472 시립무용단원의 위촉은 공법상 계약에 해당하지만, 해촉에 대하여는 민사상 근로자지위확인소송으로 다툴 수 있다. (예제문제) ★★ [ ]

473 전문직공무원인 공중보건의사 채용계약 해지의 의사표시에 대하여는 대등한 당사자 간의 소송형식인 공법상의 당사자소송으로 그 의사표시의 무효확인을 청구할 수 있는 것이지, 이를 항고소송의 대상이 되는 행정처분이라는 전제하에서 그 취소를 구하는 항고소송을 제기할 수는 없다. (변시 3회) (변시 14회) ★★ [ ]

정답 및 해설

469 [O] 공법상 계약의 무효확인을 구하는 당사자소송은 항고소송인 처분무효확인소송과 달리 보충성의 제한을 받는다.

470 [O] 원고의 이 사건 소는 교육청 교육장의 당연퇴직 조치가 행정처분임을 전제로 그 취소나 무효의 확인을 구하는 항고소송이 아니라 원고의 지방공무원으로서의 지위를 다투는 피고에 대하여 그 지위확인을 구하는 공법상의 당사자소송에 해당함이 분명하므로, … (1998. 10. 23. 98두12932)

471 [O] 지방자치단체와 채용계약에 의하여 채용된 계약직공무원이 그 계약기간 만료 이전에 채용계약 해지 등의 불이익을 받은 후 그 계약기간이 만료된 때에는 그 채용계약 해지의 의사표시가 무효라고 하더라도, 지방공무원법이나 지방계약직공무원규정 등에서 계약기간이 만료되는 계약직공무원에 대한 재계약 의무를 부여하는 근거규정이 없으므로 계약기간의 만료로 당연히 계약직공무원의 신분을 상실하고 계약직공무원의 신분을 회복할 수 없는 것이므로, 그 해지의사표시의 무효확인청구는 과거의 법률관계의 확인청구에 지나지 않는다 할 것이고, 한편 과거의 법률관계라 할지라도 현재의 권리 또는 법률상 지위에 영향을 미치고 있고 현재의 권리 또는 법률상 지위에 대한 위험이나 불안을 제거하기 위하여 그 법률관계에 관한 확인판결을 받는 것이 유효 적절한 수단이라고 인정될 때에는 그 법률관계의 확인소송은 즉시확정의 이익이 있다고 보아야 할 것이나, 계약직공무원에 대한 채용계약이 해지된 경우에는 공무원 등으로 임용되는 데에 있어서 법령상의 아무런 제약사유가 되지 않을 뿐만 아니라, 계약기간 만료 전에 채용계약이 해지된 전력이 있는 사람이 공무원 등으로 임용되는 데에 있어서 그러한 전력이 없는 사람보다 사실상 불이익한 장애사유로 작용한다고 하더라도 그것만으로는 법률상의 이익이 침해되었다고 볼 수는 없으므로 그 무효확인을 구할 이익이 없다. (2002. 11. 26. 2002두1496)

472 [X] 서울특별시립무용단 단원의 위촉은 공법상의 계약이라고 할 것이고, 따라서 그 단원의 해촉에 대하여는 공법상의 당사자소송으로 그 무효확인을 청구할 수 있다. (1995. 12. 22. 95누4636)

473 [O] 공법상 당사자소송으로 그 의사표시의 무효확인을 청구할 수 있음. (1996. 5. 31. 95누10617)

474 '서울특별시 시민감사옴부즈만 운영 및 주민감사청구에 관한 조례'에 따라 계약직으로 구성하는 옴부즈만 공개채용과정에서 최종합격자로 공고된 자에 대해 서울특별시장이 인사위원회의 심의결과에 따라 채용하지 아니하겠다고 통보한 경우, 그 불채용통보는 항고소송을 통해 다툴 수 없다. (변시 6회) [ ]

475 지방전문직공무원 채용계약 해지의 의사표시는 지방자치단체장의 처분에 해당하므로 지방자치단체를 상대로 당사자소송으로 해지 의사표시의 무효확인을 청구할 수 없다. (변시 5회) [ ]

476 지방자치단체가 보조금 지급결정을 하면서 일정 기한 내에 보조금을 반환하도록 하는 교부조건을 부가한 경우, 보조사업자의 지방자치단체에 대한 보조금 반환의무는 보조사업자가 지방자치단체에 부담하는 공법상 의무이므로, 보조사업자에 대한 지방자치단체의 보조금반환청구소송은 당사자소송에 해당한다. (변시 2회) ★★ [ ]

477 석탄가격안정지원금지급청구권은 석탄사업법령에 의하여 정책적으로 부여되는 공법상의 권리이므로 공법상 당사자소송의 대상에 해당한다. (예제문제) ★★ [ ]

478 중소기업 정보화지원사업에 따른 지원금 출연을 위하여 관계 행정기관의 장이 사인과 체결하는 협약은 공법상 대등한 당사자 사이의 의사표시 합치로 성립하는 공법상 계약에 해당한다. (변시 8회) ★★ [ ]

정답 및 해설

474 [O] 지방계약직공무원인 이 사건 옴부즈만 채용행위는 공법상 대등한 당사자 사이의 의사표시의 합치로 성립하는 공법상 계약에 해당한다. … 행정처분에 해당한다고 볼 수는 없다. (2014. 4. 24. 2013두6244)

475 [X] 지방전문직공무원 채용계약 해지의 의사표시에 대하여는 대등한 당사자간의 소송형식인 공법상 당사자소송으로 그 의사표시의 무효확인을 청구할 수 있다. (1993. 9. 14. 92누4611)

476 [O] (2011. 6. 9. 2011다2951)

477 [O] 위와 같은 지원금은 석탄의 수요 감소와 열악한 사업환경 등으로 점차 경영이 어려워지고 있는 석탄광업의 안정 및 육성을 위하여 국가정책적 차원에서 지급하는 지원비의 성격을 갖는 것이고, 석탄광업자가 피고에 대하여 가지는 이와 같은 지원금지급청구권은 석탄사업법령에 의하여 정책적으로 당연히 부여되는 공법상의 권리라고 할 것이므로, 석탄광업자가 피고를 상대로 석탄산업법령 및 위 석탄가격안정지원금 지급요령에 의하여 지원금의 지급을 구하는 소송은 공법상의 법률관계에 관한 소송인 공법상의 당사자소송에 해당한다고 할 것이다. (1997. 5. 30. 95다28960)

478 [O] 중소기업 정보화지원사업에 따른 지원금 출연을 위하여 중소기업청장이 체결하는 협약은 공법상 대등한 당사자 사이의 의사표시의 합치로 성립하는 공법상 계약에 해당하는 점, 구 중소기업 기술혁신 촉진법 제32조 제1항은 제10조가 정한 기술혁신사업과 제11조가 정한 산학협력 지원사업에 관하여 출연한 사업비의 환수에 적용될 수 있을 뿐 이와 근거 규정을 달리하는 중소기업 정보화지원사업에 관하여 출연한 지원금에 대하여는 적용될 수 없고 달리 지원금 환수에 관한 구체적인 법령상 근거가 없는 점 등을 종합하면, 협약의 해지 및 그에 따른 환수통보는 공법상 계약에 따라 행정청이 대등한 당사자의 지위에서 하는 의사표시로 보아야 하고, 이를 행정청이 우월한 지위에서 행하는 공권력의 행사로서 행정처분에 해당한다고 볼 수는 없다. (2015. 8. 27. 2015두41449)

479 중소기업기술정보진흥원장이 甲 주식회사와 체결한 중소기업 정보화지원사업 지원대상인 사업의 지원에 관한 협약을 그 협약에서 정한 해지사항에 따라 해지한 경우, 그 해지의 효과는 전적으로 협약이 정한 바에 따라 정해질 뿐, 달리 협약 해지의 효과 또는 이에 수반되는 행정상 제재 등에 관하여 관련 법령에 아무런 규정을 두고 있지 아니하더라도, 국민의 권리구제를 위해 그 협약해지는 행정청이 우월한 지위에서 행하는 공권력의 행사로서 행정처분에 해당한다고 보아야 한다. (변시 6회) [ ]

480 공무원연금법령상 퇴직수당 등의 급여를 받으려고 하는 자는 우선 공무원연금관리공단에 급여지급을 신청하여 공단의 급여지급결정을 받아야 하고, 공단의 급여지급결정 없이 바로 당사자소송으로 급여의 지급을 구하는 것은 허용되지 아니한다. (변시 5회) ★★ [ ]

481 「공무원연금법」상 급여를 받으려고 하는 자는 관계 법령에 따라 공무원연금공단에 급여지급을 신청하지 않고도 곧바로 공무원연금공단을 상대로 한 당사자소송으로 권리의 확인이나 급여의 지급을 소구할 수 있다. (변시 10회) ★★ [ ]

482 공무원연금공단의 결정에 의하여 퇴직연금을 지급받아 오던 자가 공무원연금법령의 개정으로 퇴직연금 중 일부의 지급이 정지된 경우에 공무원연금공단이 퇴직연금의 일부에 대한 지급거부에 대하여 지급을 구하는 소송은 항고소송에 해당한다. (예제문제) ★★ [ ]

정답 및 해설

479 [X] 위 해설 참고 (2015. 8. 27. 2015두41449)

480 [O] 공무원연금법령상 급여를 받으려고 하는 자는 우선 관계 법령에 따라 공단에 급여지급을 신청하여 공무원연금관리공단이 이를 거부하거나 일부 금액만 인정하는 급여지급결정을 하는 경우 그 결정을 대상으로 항고소송을 제기하는 등으로 구체적 권리를 인정받은 다음 비로소 당사자소송으로 그 급여의 지급을 구하여야 하고, 구체적인 권리가 발생하지 않은 상태에서 곧바로 공무원연금관리공단 등을 상대로 한 당사자소송으로 급여의 지급을 소구하는 것은 허용되지 않는다. (2010. 5. 27. 2008두5636)

481 [X] 공무원연금법령상 급여를 받으려고 하는 자는 우선 관계 법령에 따라 공무원연금공단에 급여지급을 신청하여 공무원연금공단이 이를 거부하거나 일부 금액만 인정하는 급여지급결정을 하는 경우 그 결정을 대상으로 항고소송을 제기하는 등으로 구체적 권리를 인정받아야 하고, 구체적인 권리가 발생하지 않은 상태에서 곧바로 공무원연금공단을 상대로 한 당사자소송으로 권리의 확인이나 급여의 지급을 소구하는 것은 허용되지 아니한다. (2017. 2. 9. 2014두43264)

482 [X] 공무원연금관리공단의 인정에 의하여 퇴직연금을 지급받아 오던 중 공무원연금법령의 개정 등으로 퇴직연금 중 일부 금액의 지급이 정지된 경우에는 당연히 개정된 법령에 따라 퇴직연금이 확정되는 것이지 구 공무원연금법 제26조 제1항에 정해진 공무원연금관리공단의 퇴직연금 결정과 통지에 의하여 비로소 그 금액이 확정되는 것이 아니므로, 공무원연금관리공단이 퇴직연금 중 일부 금액에 대하여 지급거부의 의사표시를 하였다고 하더라도 그 의사표시는 퇴직연금 청구권을 형성·확정하는 행정처분이 아니라 공법상의 법률관계의 한쪽 당사자로서 그 지급의무의 존부 및 범위에 관하여 나름대로의 사실상·법률상 의견을 밝힌 것에 불과하다고 할 것이어서, 이를 행정처분이라고 볼 수는 없고, 그리고 이러한 미지급 퇴직연금에 대한 지급청구권은 공법상 권리로서 그 지급을 구하는 소송은 공법상의 법률관계에 관한 소송인 공법상 당사자소송에 해당한다. (2004. 12. 24. 2003두15195)

483 명예퇴직한 법관이 미지급 명예퇴직수당액에 대하여 가지는 권리는 명예퇴직수당 지급대상자 결정 절차를 거쳐 명예퇴직수당규칙에 의하여 확정된 공법상 법률관계에 관한 권리로서, 그 지급을 구하는 소송은 행정소송법의 당사자소송에 해당하며, 그 법률관계의 당사자인 국가를 상대로 제기하여야 한다. (변시 10회) ★　　　　　　　　　　　　　　　　　　　　　　　　　　[　]

484 구 「소방공무원법」상 지방소방공무원이 자신이 소속된 지방자치단체를 상대로 법령의 규정에 의하여 직접 그 존부나 범위가 정해진 초과근무수당의 지급을 청구하는 경우 당사자소송의 절차에 따라야 한다. (변시 13회) ★　　　　　　　　　　　　　　　　　　　　　　　　　[　]

485 「5.18민주화운동 관련자 보상 등에 관한 법률」은 광주민주화운동과 관련하여 생명 또는 신체에 관하여 피해를 입은 자 등에 대한 보상원칙을 선언하고 그 보상의 대상과 범위를 정한 다음 보상금 등의 지급을 위한 절차로서 보상심의위원회의 결정을 거치도록 규정하고 있는데 이는 보상금 지급에 관한 소송을 제기하기 위한 전치요건에 불과하고, 위 법률에 따른 보상에 관한 권리는 동법이 특별히 인정하고 있는 공법상의 권리라고 하여야 할 것이므로 당사자소송에 의하여야 한다. (예제문제) ★★　　　　　　　　　　　　　　　　　　　　　　　　　　　　　　　[　]

486 「민주화운동관련자 명예회복 및 보상 등에 관한 법률」에 따라 보상금 등의 지급신청을 한 자가 '민주화운동관련자 명예회복 및 보상 심의위원회'의 보상금 등 지급에 관한 결정을 다투고자 하는 경우에는 곧바로 보상금 등의 지급을 구하는 소송을 당사자소송의 형식으로 제기할 수 있다. (변시 13회) ★★　　　　　　　　　　　　　　　　　　　　　　　　　　　　　　　　[　]

487 납세의무부존재확인의 소는 공법상의 법률관계 그 자체를 다투는 소송으로서 당사자소송이라 할 것이므로 과세관청이 아니라 그 법률관계의 한쪽 당사자인 국가·공공단체 그 밖의 권리주체가 피고적격을 가진다. (변시 3회) ★　　　　　　　　　　　　　　　　　　　　　　　　　　　　[　]

정답 및 해설

483 [O] (2016. 5. 24. 2013두14863)

484 [O] 지방소방공무원의 초과근무수당 지급청구권은 법령의 규정에 의하여 직접 그 존부나 범위가 정하여지고 법령에 규정된 수당의 지급요건에 해당하는 경우에는 곧바로 발생한다고 할 것이므로, 지방소방공무원이 자신이 소속된 지방자치단체를 상대로 초과근무수당의 지급을 구하는 청구에 관한 소송은 행정소송법 제3조 제2호에 규정된 당사자소송의 절차에 따라야 한다. (2013. 3. 28. 2012다102629) (행정소송규칙 제19조 제2호 마목 참고)

485 [O] (1992. 12. 24. 92누3335)

486 [X] 보상금 등의 지급에 관한 소송은 '민주화운동관련자 명예회복 및 보상 심의위원회'의 보상금 등의 지급신청에 관하여 전부 또는 일부를 기각하는 결정에 대한 불복을 구하는 소송이므로 취소소송을 의미한다고 보아야 한다. (2008. 4. 17. 2005두16185)

487 [O] (2000. 9. 8. 99두2765)

488 국가 등 과세주체가 당해 확정된 조세채권의 소멸시효 중단을 위하여 납세의무자를 상대로 제기한 조세채권존재확인의 소는 민사소송에 해당한다. (추가문제) ★ [ ]

489 甲지방자치단체의 장인 乙은 甲지방자치단체가 설립·운영하는 A고등학교에 영상음악 과목을 가르치는 산학겸임교사로 丙을 채용하는 계약을 체결하였다. 그런데 계약 기간 중에 乙은 일방적으로 丙에게 위 계약을 해지하는 통보를 하였다. (다툼이 있는 경우 판례에 의함) (변시 9회)

① 丙을 채용하는 계약은 공법상 계약에 해당하므로, 계약해지의사표시가 무효임을 다투는 당사자소송의 피고적격은 乙에게 있다. [ ]

② 丙이 계약해지 의사표시의 무효확인을 당사자소송으로 청구한 경우, 당사자소송은 항고소송과 달리 확인소송의 보충성이 요구되므로 그 확인소송이 권리구제에 유효적절한 수단이 될 때에 한하여 소의 이익이 있다. [ ]

③ 乙의 계약해지 통보는 그 실질이 징계해고와 유사하므로 「행정절차법」에 의하여 사전통지를 하고, 그 근거와 이유를 제시하여야 한다. [ ]

정답 및 해설

488 [X] 국가 등 과세주체가 당해 확정된 조세채권의 소멸시효 중단을 위하여 납세의무자를 상대로 제기한 조세채권존재확인의 소는 공법상 당사자소송에 해당한다. (2020. 3. 2. 2017두41771)

489 ① [X] … 공법상 근로계약에 해당하므로, 그 갱신 거절의 무효확인을 구하는 소의 피고적격은 피고 경기도에 있다.(2015. 4. 9. 2013두11499) ⇒ 당사자소송은 국가·공공단체 그 밖의 권리주체를 피고로 하므로(행정소송법 제39조), 피고적격은 乙이 아닌 甲지방자치단체에게 있다.

② [O] 이 사건과 같이 이미 채용기간이 만료되어 소송 결과에 의해 법률상 그 직위가 회복되지 않는 이상 채용계약 해지의 의사표시의 무효확인만으로는 당해 소송에서 추구하는 권리구제의 기능이 있다고 할 수 없고, 침해된 급료지급청구권이나 사실상의 명예를 회복하는 수단은 바로 급료의 지급을 구하거나 명예훼손을 전제로 한 손해배상을 구하는 등의 이행청구소송으로 직접적인 권리구제방법이 있는 이상 무효확인소송은 적절한 권리구제수단이라 할 수 없어 확인소송의 또 다른 소송요건을 구비하지 못하고 있다 할 것이며, 위와 같이 직접적인 권리구제의 방법이 있는 이상 부효확인 소송을 허용하지 않는다고 해서 당사자의 권리구제를 봉쇄하는 것도 아니다.(2008. 6. 12. 2006두16328) ⇒ 공법상 계약의 무효확인을 구하는 당사자소송은 항고소송인 처분무효확인소송과 달리 보충성의 제한을 받는다.

③ [X] 계약직공무원에 관한 현행 법령의 규정에 비추어 볼 때, 계약직공무원 채용계약해지의 의사표시는 일반공무원에 대한 징계처분과는 달라서 항고소송의 대상이 되는 처분 등의 성격을 가진 것으로 인정되지 아니하고, 일정한 사유가 있을 때에 국가 또는 지방자치단체가 채용계약 관계의 한쪽 당사자로서 대등한 지위에서 행하는 의사표시로 취급되는 것으로 이해되므로, 이를 징계해고 등에서와 같이 그 징계사유에 한하여 효력 유무를 판단하여야 하거나, 행정처분과 같이 행정절차법에 의하여 근거와 이유를 제시하여야 하는 것은 아니다.(2002. 11. 26. 2002두5948) ⇒ 「행정절차법」에 의하여 사전통지를 하고 그 근거와 이유를 제시하는 절차는 항고소송의 대상이 되는 '처분'을 하는 경우에만 요구된다.

490　사업주가 당연가입자가 되는 고용보험 및 산재보험에서 보험료 납부의무 부존재확인의 소는 공법상의 법률관계 자체를 다투는 소송으로서 공법상 당사자소송이다. (예제문제)　[　]

491　민간투자사업 실시협약을 체결한 당사자가 그 협약에 따른 재정지원금의 지급을 구하는 당사자소송을 제기한 경우에, 수소법원은 주무관청이 재정지원금액을 산정한 절차 등에 위법이 있는지 여부를 심사할 수 있을 뿐, 적정한 재정지원금액이 얼마인지까지 심리·판단할 수는 없다. (예제문제)　[　]

민사소송, 항고소송과의 구별

492　지방재정법에 따라 지방자치단체가 당사자가 되어 체결하는 계약은 사법상의 계약일 뿐, 공권력을 행사하는 것이거나 공권력 작용과 일체성을 가진 것은 아니라고 할 것이므로 이에 관한 분쟁은 행정소송의 대상이 될 수 없다. (변시 3회) ★★　[　]

493　「국가를 당사자로 하는 계약에 관한 법률」에 따라 체결된 계약은 공법상 계약이므로, 동법 및 동법 시행령상의 입찰절차나 낙찰자 결정기준에 관한 규정은 단순히 국가의 내부규정에 불과한 것이라고 할 수 없다. (변시 14회)　[　]

494　국가를 당사자로 하는 계약에 관한 법률에 의한 입찰보증금의 국고귀속조치는 국가가 사법상의 재산권의 주체로서 행위하는 것이지 공권력을 행사하는 것이거나 공권력작용과 일체성을 가진 것이 아니라 할 것이므로 이에 관한 분쟁은 행정소송이 아닌 민사소송의 대상이다. (예제문제) ★★　[　]

정답 및 해설

490 [O] (2016. 10. 13. 2016다221658)

491 [X] 수소법원은 단순히 주무관청이 재정지원금액을 산정한 절차 등에 위법이 있는지 여부를 심사하는 데 그쳐서는 아니 되고, 실시협약에 따른 적정한 재정지원금액이 얼마인지를 구체적으로 심리·판단하여야 한다. (2019. 1. 31. 2017두46455)

492 [O] (1996. 12. 20. 96누14708)

493 [X] 국가를 당사자로 하는 계약에 관한 법률에 따라 체결된 계약은 사법상 계약이고, 동법 및 동법 시행령상의 입찰절차나 낙찰자 결정기준에 관한 규정은 국가가 사인과의 사이의 계약관계를 공정하고 합리적·효율적으로 처리할 수 있도록 관계 공무원이 지켜야 할 계약사무처리에 관한 필요한 사항을 규정한 것으로, 국가의 내부규정에 불과하다 할 것이다. (2001.12.11. 2001다33604)

494 [O] (1983. 12. 27. 81누366)

495 국가를 당사자로 하는 계약에 관한 법령상 낙찰자 결정기준에 관한 규정은 국가가 사인과의 사이의 계약관계를 공정하고 합리적·효율적으로 처리할 수 있도록 관계 공무원이 지켜야 할 계약사무처리에 관한 필요한 사항을 규정한 것으로 국가의 내부규정에 불과하고, 위 법령에 기한 계약의 본질적인 내용은 사인간의 계약과 다를 바가 없다. (예제문제) [ ]

496 지방자치단체가 일방 당사자가 되는 이른바 '공공계약'은 사경제의 주체로서 상대방과 대등한 위치에서 체결하는 사법상 계약에 해당하는 경우라도 사적 자치와 계약자유의 원칙 등 사법의 원리가 그대로 적용될 수 없다. (예제문제) [ ]

497 조달청장이 「조달사업에 관한 법률」에 따라 수요기관으로부터 계약 체결을 요청받아 그에 따라 체결하는 계약(요청조달계약)은, 국가가 당사자가 되고 수요기관은 수익자에 불과한 '제3자를 위한 계약'에 해당한다. (예제문제) [ ]

498 요청조달계약에 적용되는 「국가를 당사자로 하는 계약에 관한 법률」 조항은 국가가 사경제 주체로서 국민과 대등한 관계에 있음을 전제로 한 사법(私法)관계에 관한 규정에 한정되고, 고권적 지위에서 국민에게 침익적 효과를 발생시키는 행정처분에 관한 규정까지 당연히 적용되는 것은 아니다. (예제문제) [ ]

정답 및 해설

495 [O] (2001. 12. 11. 2001다33604)

496 [X] 지방자치단체가 일방 당사자가 되는 이른바 '공공계약'이 사경제의 주체로서 상대방과 대등한 위치에서 체결하는 사법상 계약에 해당하는 경우 그에 관한 법령에 특별한 정함이 있는 경우를 제외하고는 사적 자치와 계약자유의 원칙 등 사법의 원리가 그대로 적용된다. (2018. 2. 13. 2014두11328)

497 [O] (2017. 6. 29. 2014두14389)

498 [O] (2017. 6. 29. 2014두14389)

499 폐기물처리업의 허가를 받은 甲은 A시 시장 乙과 「지방자치단체를 당사자로 하는 계약에 관한 법률」에 따라 재활용품의 수집·운반 업무를 대행하는 계약을 체결하였다. (다툼이 있는 경우 판례에 의함) (변시 12회)

① 甲이 乙과 체결한 계약은 공법상 계약에 해당한다. [ ]

② 甲이 乙과 체결한 계약에 대해서는 법령에 특별한 규정이 없는 한 사적 자치와 계약자유의 원칙 등 사법의 원리가 그대로 적용된다. [ ]

③ 甲이 乙과 체결한 계약은 「국가배상법」상 국가배상청구의 요건인 공무원의 '직무'에 포함되지 않는다. [ ]

④ 甲이 乙과 체결한 계약의 효력에 대해 무효확인을 구하는 소송을 제기하는 경우에는 즉시확정의 이익 내지 확인의 이익이 요구되지 않는다. [ ]

500 공기업·준정부기관이 법령 또는 계약에 근거하여 선택적으로 입찰참가자격 제한 조치를 할 수 있는 경우, 계약상대방에 대한 입찰참가자격 제한 조치가 법령에 근거한 행정처분인지 아니면 계약에 근거한 권리행사인지는 원칙적으로 의사표시 해석의 문제이다. (변시 12회) ★★ [ ]

501 공기업·준정부기관이 입찰을 거쳐 계약을 체결한 상대방에 대해 「공공기관의 운영에 관한 법률」에 따라 계약조건 위반을 이유로 입찰참가자격제한처분을 하기 위해서는 입찰공고와 계약서에 미리 계약조건과 그 계약조건을 위반할 경우 입찰참가자격 제한을 받을 수 있다는 사실을 모두 명시해야 한다. (24-1) [ ]

정답 및 해설

499 ① [X] 국가를 당사자로 하는 계약에 관한 법률에 따라 국가가 당사자가 되는 이른바 공공계약은 사경제 주체로서 상대방과 대등한 위치에서 체결하는 사법상 계약으로서 본질적인 내용은 사인 간의 계약과 다를 바가 없으므로, 그에 관한 법령에 특별한 정함이 있는 경우를 제외하고는 사적 자치와 계약자유의 원칙 등 사법의 원리가 그대로 적용된다. (2020. 5. 14. 2018다298409)

② [O] (2020. 5. 14. 2018다298409)

③ [O] 국가배상청구의 요건인 '공무원의 직무'에는 권력적 작용만이 아니라 비권력적 작용도 포함되며 단지 행정주체가 사경제주체로서 하는 활동만 제외된다. (2001. 1. 5. 98다39060)

④ [X] 위 계약은 사법상 계약에 해당하므로, 계약의 효력에 대해 무효확인을 구하는 소송은 민사소송에 해당한다. 따라서 확인의 이익이 요구된다.

500 [O] (2018. 10. 25. 2016두33537)

501 [O] 계약상대방이 입찰공고와 계약서에 기재되어 있는 계약조건을 위반한 경우에도 공기업·준정부기관이 입찰공고와 계약서에 미리 계약조건을 위반할 경우 입찰참가자격이 제한될 수 있음을 명시해 두지 않았다면, 위 규정들을 근거로 입찰참가자격제한처분을 할 수 없다. (2021.11.11. 2021두43491)

502 조달청장이 수요기관을 대신하여 「국가를 당사자로 하는 계약에 관한 법률」에 규정된 입찰참가자격 제한 처분을 하기 위해서 그에 관한 수권의 취지가 포함된 업무 위탁에 관한 근거가 법률에 별도로 마련되어 있어야 하는 것은 아니다. (예제문제) ★   [   ]

503 조달청이 계약상대자에 대하여 나라장터 종합쇼핑몰에서의 거래를 일정 기간 정지하는 조치를 추가특수조건이라는 사법상 계약에 근거하여 행한 경우, 이러한 거래정지조치는 항고소송의 대상이 되는 처분에 해당하지 아니한다. (23-1) ★   [   ]

504 요청조달계약의 수요기관이 「공공기관의 운영에 관한 법률」상의 기타공공기관인 경우, 조달청장은 「국가를 당사자로 하는 계약에 관한 법률」에 의한 입찰참가자격 제한 처분을 할 수 없다. (예제문제) ★   [   ]

505 구 「공공기관의 운영에 관한 법률」에 따라 입찰참가자격 제한기준을 정하고 있는 구 「공기업·준정부기관 계약사무규칙」, 구 「국가를 당사자로 하는 계약에 관한 법률 시행규칙」 별표 등은 비록 부령의 형식으로 되어 있으나 그 규정의 성질과 내용이 행정청 내부의 재량준칙을 정한 것에 지나지 아니하여 국민이나 법원을 기속하는 효력은 없다. (예제문제) ★   [   ]

정답 및 해설

502 [X] 조달청장이 수요기관을 대신하여 국가계약법 제27조 제1항에 규정된 입찰참가자격 제한 처분을 할 수 있기 위해서는 그에 관한 수권의 취지가 포함된 업무 위탁에 관한 근거가 법률에 별도로 마련되어 있어야 한다. (2017. 6. 29. 2014두14389)

503 [X] 조달청이 계약상대자에 대하여 나라장터 종합쇼핑몰에서의 거래를 일정기간 정지하는 조치는 전자조달의 이용 및 촉진에 관한 법률, 조달사업에 관한 법률 등에 의하여 보호되는 계약상대자의 직접적이고 구체적인 법률상 이익인 나라장터를 통하여 수요기관의 전자입찰에 참가하거나 나라장터 종합쇼핑몰에서 등록된 물품을 수요기관에 직접 판매할 수 있는 지위를 직접 제한하거나 침해하는 행위에 해당하는 점 등을 종합하면, 위 거래정지 조치는 비록 추가특수조건이라는 사법상 계약에 근거한 것이지만 행정청인 조달청이 행하는 구체적 사실에 관한 법집행으로서의 공권력의 행사로서 그 상대방인 갑 회사의 권리·의무에 직접 영향을 미치므로 항고소송의 대상이 되는 행정처분에 해당한다. (2018. 11. 29. 2015두52395)

504 [O] 공공기관의 운영에 관한 법률 제44조 제2항은 "공기업·준정부기관은 필요하다고 인정하는 때에는 수요물자 구매나 시설공사계약의 체결을 조달청장에게 위탁할 수 있다."라고 규정함으로써, 공기업·준정부기관에 대해서는 입찰참가자격 제한 처분의 수권 취지가 포함된 업무 위탁에 관한 근거 규정을 두고 있는 반면, 기타공공기관은 여기에서 제외하고 있음을 알 수 있다. 따라서 수요기관이 기타공공기관인 요청조달계약의 경우에 관하여는 입찰참가자격 제한 처분의 수권 등에 관한 법령상 근거가 없으므로, 조달청장이 국가계약법 제27조 제1항에 의하여서는 계약상대방에 대하여 입찰참가자격 제한 처분을 할 수는 없고, 그 밖에 그러한 처분을 할 수 있는 별도의 법적 근거도 없다. (2017. 6. 29. 2014두14389)

505 [O] (2014. 11. 27. 2013두18964)

506 구 「국가를 당사자로 하는 계약에 관한 법률 시행규칙」에서 수 개의 위반행위에 대하여 그 중 가장 무거운 제한기준에 의하여 제재처분을 하도록 규정하고 있더라도 행정청이 입찰참가자격 제한처분을 한 후 그 처분 전의 위반행위를 알게 되어 다시 입찰참가자격 제한처분을 하는 경우에는 이 규정이 적용되지 않는다. (예제문제) [   ]

507 1차 처분의 사유인 1차 위반행위와 2차 위반행위의 입찰참가자격 제한기준이 동일하며, 행정청은 1차 처분에서 입찰참가자격 제한기준상 제재기간을 감경하지 아니하고 그대로 처분함으로써 추가로 제재할 여지가 없는 경우, 사무처리기준상 1차 처분 전의 위반행위인 2차 위반행위에 대하여는 더 이상 제재할 수 없다. (예제문제) [   ]

508 임원 및 직원에 대한 징계처분은 위 공사 사장이 공권력 발동주체로서 행정처분을 행한 것으로 볼 수 없으므로 이에 대한 불복절차는 민사소송절차에 의하여야 할 것이지 행정소송에 의할 수는 없는 것이다. (변시 4회) ★ [   ]

509 한국마사회가 조교사 또는 기수의 면허를 부여하거나 취소하는 것은 국가 기타 행정기관으로부터 위탁받은 행정청으로서의 권한 행사이다. (변시 13회) [   ]

정답 및 해설

506 [X] 한국전력공사가, 甲 주식회사가 광섬유복합가공지선 구매입찰에서 담합행위(1차 위반행위)를 하였다는 이유로 6개월의 입찰참가자격 제한처분(1차 처분)을 한 다음, 1차 처분이 있기 전에 전력선 구매입찰에서 담합행위(2차 위반행위)를 하였다는 이유로 甲 회사에 다시 6개월의 입찰참가자격 제한처분(2차 처분)을 한 사안에서, 수 개의 위반행위에 대하여 그 중 가장 무거운 제한기준에 의하여 제재처분을 하도록 규정한 '국가를 당사자로 하는 계약에 관한 법률 시행규칙' 제76조 제3항은 규정의 취지 등을 고려할 때, 공기업·준정부기관(이하 '행정청'이라 한다)이 입찰참가자격 제한처분을 한 후 그 처분 전의 위반행위를 알게 되어 다시 입찰참가자격 제한처분을 하는 경우에도 적용된다고 보아야 하고, 1차 위반행위와 2차 위반행위의 제한기준이 동일하며, 행정청 내부의 사무처리기준상 1차 처분 전의 2차 위반행위에 대하여는 추가로 제재할 수 없다는 이유로, 甲 회사에 대한 2차 처분은 재량권을 일탈·남용하여 위법하다고 한 사례. (2014. 11. 27. 2013두18964)

507 [O] (2014. 11. 27. 2013두18964)

508 [O] 서울특별시지하철공사의 임원과 직원의 근무관계의 사법관계에 속하므로 … 징계처분에 대한 불복절차는 민사소송에 의할 것이지 행정소송에 의할 수는 없다. (1989. 9. 12. 89누2103)

509 [X] 한국마사회가 조교사 또는 기수의 면허를 부여하거나 취소하는 것은 경마를 독점적으로 개최할 수 있는 지위에서 우수한 능력을 갖추었다고 인정되는 사람에게 경마에서의 일정한 기능과 역할을 수행할 수 있는 자격을 부여하거나 이를 박탈하는 것에 지나지 아니하므로, 이는 국가 기타 행정기관으로부터 위탁받은 행정권한의 행사가 아니라 일반 사법상의 법률관계에서 이루어지는 단체 내부에서의 징계 내지 제재처분이다. (2008. 1. 31. 2005두8269)

510 행정청이 자신과 상대방 사이의 법률관계를 일방적인 의사표시로 종료시킨 경우 그 의사표시가 행정처분이라고 단정할 수 없고, 관계 법령이 상대방의 법률관계에 관하여 구체적으로 어떻게 규정하고 있는지에 따라 의사표시가 행정처분에 해당하는지 아니면 공법상 계약관계의 일방 당사자로서 대등한 지위에서 행하는 의사표시인지를 개별적으로 판단하여야 한다. (변시 6회) ★ [   ]

511 지방자치단체에 근무하는 청원경찰이 뇌물을 받아 직무상 의무를 위반하였다는 이유로 파면을 당한 경우에, 청원경찰은 청원주와 사법상 근로계약을 체결함으로써 임용되는 것이므로 위 파면의 정당성에 대해서는 민사소송으로 다투어야 한다. (변시 8회) ★ [   ]

512 국가나 지방자치단체에 근무하는 청원경찰에 대한 징계처분의 시정을 구하는 소송은 행정소송에 해당한다. (변시 4회) [   ]

513 「지방공무원법」이 준용되는 지방계약직공무원에 대하여 채용계약상 특별한 약정이 없는 한, 지방공무원법령이 정한 징계절차에 의하지 않고서는 보수를 삭감할 수 없다. (예제문제) ★ [   ]

514 재단법인 한국연구재단이 과학기술기본법령에 따라 연구개발비의 회수 및 관련자에 대한 국가연구개발사업 참여제한을 내용으로 하여 '2단계 두뇌한국(BK) 21 사업협약'을 해지하는 통보를 하였다면, 그 통보는 행정처분에 해당한다. (변시 6회) ★★ [   ]

515 「과학기술기본법」 및 「국가연구개발사업의 관리 등에 관한 규정」에 따라 중앙행정기관의 장과 민간기업이 체결한 연구개발협약에 관한 분쟁은 행정소송의 대상이다. (예제문제) [   ]

정답 및 해설

510 [O] (2015. 8. 27. 2015두41449)

511 [X] 국가나 지방자치단체에 근무하는 청원경찰은 국가공무원법이나 지방공무원법상의 공무원은 아니지만, 다른 청원경찰과는 달리 그 임용권자가 행정기관의 장이고, 국가나 지방자치단체로부터 보수를 받으며, 산업재해보상보험법이나 근로기준법이 아닌 공무원연금법에 따른 재해보상과 퇴직급여를 지급받고, 직무상의 불법행위에 대하여도 민법이 아닌 국가배상법이 적용되는 등의 특질이 있으며 그외 임용자격, 직무, 복무의무 내용 등을 종합하여 볼때, 그 근무관계를 사법상의 고용계약관계로 보기는 어려우므로 그에 대한 징계처분의 시정을 구하는 소는 행정소송의 대상이지 민사소송의 대상이 아니다. (1993. 7. 13. 92다47564)

512 [O] (1993. 7. 13. 92다47564)

513 [O] (2008. 6. 12. 2006두16328)

514 [O] 과학기술기본법령상 사업 협약의 해지 통보는 단순히 대등 당사자의 지위에서 형성된 공법상계약을 계약사자의 지위에서 종료시키는 의사표시에 불과한 것이 아니라 행정청이 우월적 지위에서 연구개발비의 회수 및 관련자에 대한 국가연구개발사업 참여제한 등의 법률상 효과를 발생시키는 행정처분에 해당한다. (2014. 12. 11. 2012두28704)

515 [O] (2014. 12. 11. 2012두28704)

516 재단법인 한국연구재단이 甲대학교 총장에게 연구개발비의 부당집행을 이유로 해당 연구팀장 乙에 대한 대학자체 징계를 요구한 행위는 항고소송의 대상이 된다. (예제문제) ★ [   ]

517 재단법인 A 연구재단이 B 대학교 총장에게 연구개발비의 부당집행을 이유로 국가연구개발사업인 BK21 사업 협약을 해지하고 연구팀장 甲에 대한 국가연구개발사업의 3년간 참여제한 등을 명하는 통보를 한 경우, 甲은 위 협약 해지 통보의 효력을 다툴 법률상 이익이 있다. (변시 14회) [   ]

518 국립의료원 부설 주차장에 관한 위탁관리용역운영계약과 관련하여 사용료의 미납을 이유로 가산금이 부과된 경우, 가산금 지급채무의 부존재를 주장하여 권리구제를 받으려면 공법상 당사자소송을 통하여 다투어야 한다. (예제문제) ★★ [   ]

519 지방자치단체에 대한 금전채권의 소멸시효를 5년의 단기로 정하고 있는 「지방재정법」의 규정은 공법상 금전채권에만 적용된다. (추가문제) ★★ [   ]

정답 및 해설

516 [X] 재단법인 한국연구재단이 甲 대학교 총장에게 乙에 대한 대학 자체징계를 요구한 것은 법률상 구속력이 없는 권유 또는 사실상의 통지로서 乙의 권리, 의무 등 법률상 지위에 직접적인 법률적 변동을 일으키지 않는 행위에 해당하므로, 항고소송의 대상인 행정처분에 해당하지 않는다. (2014. 12. 11. 2012두28704)

517 [O] 이로 인하여 자신의 법률상 지위에 영향을 받는 연구자 등은 적어도 그 이해관계를 대변하는 연구팀장을 통해서 협약 해지 통보의 효력을 다툴 개별적·직접적·구체적 이해관계가 있다고 보이는 점 등 제반 사정을 살펴보면, 이 사건 사업의 연구팀장인 원고는 이 사건 사업에 관한 협약의 해지 통보의 효력을 다툴 법률상 이익이 있다. (2014.12.11. 2012두28704)

518 [X] 국유재산 등의 관리청이 하는 행정재산의 사용수익에 대한 허가는 순전히 사경제주체로서 행하는 사법상의 행위가 아니라 관리청이 공권력을 가진 우월적 지위에서 행하는 행정처분으로서 특정인에게 행정재산을 사용할 수 있는 권리를 설정하여 주는 강학상 특허에 해당한다. (2006. 3. 9. 2004다31074)

519 [X] 지방재정법 제69조(현 82조)의 취지는 금전급부의 발생원인이 공법상의 것이든 사법상의 것이든 가리지 아니하고 지방자치단체의 권리나 지방자치단체에 대한 권리는 다른 법률에 이보다 짧은 기간의 소멸시효의 규정이 있는 경우 외에는 모두 소멸시효기간을 5년으로 한다는 것이므로, 지방자치단체가 사인에 대하여 부담하는 본래의 채무가 금전의 지급을 목적으로 하는 것이 아니어서 지방재정법 소정의 5년의 소멸시효기간이 적용되는 경우가 아니라고 하더라도, 일단 본래의 채무가 지방자치단체의 귀책사유에 의하여 이행불능상태에 이르게 되면 채권자인 사인은 채무자인 지방자치단체에 대하여 손해배상을 청구할 수 있고, 이러한 손해배상청구권이 금전의 지급을 목적으로 하는 이상 지방재정법 소정의 5년의 소멸시효기간이 적용된다. (1995. 2. 28. 94다42020)

제4항 객관소송

520 「공직선거법」상 선거소송은 민중소송에 해당한다. (추가문제) [ ]

521 「행정소송법」은 기관소송에 대해서는 법률이 정한 경우에 법률이 정한 자에 한하여 제기하도록 하는 법정주의를 취하고 있으나, 민중소송에 대해서는 이러한 제한을 두지 않아 민중소송의 제기 가능성은 일반적으로 인정된다. (추가문제) [ ]

522 민중소송 또는 기관소송으로써 처분 등의 취소를 구하는 소송에는 그 성질에 반하지 아니하는 한 취소소송에 관한 규정을 준용한다. (추가문제) [ ]

정답 및 해설

520 [O] 현행법상 인정되는 민중소송으로는 선거법상 선거무효소송(제222조) 및 당선무효소송(제223조), 국민투표법상 국민투표무효소송(제92조), 주민투표법상 주민투표소송(제25조), 지방자치법상 주민소송(제22조), 주민소환에 관한 법률상 주민소환투표소송(제24조 제1항)이 있다.

행정소송법 제3조(행정소송의 종류) 행정소송은 다음의 네가지로 구분한다.

3. 민중소송: 국가 또는 공공단체의 기관이 법률에 위반되는 행위를 한 때에 직접 자기의 법률상 이익과 관계없이 그 시정을 구하기 위하여 제기하는 소송

521 [X] 행정소송법 제45조(소의 제기) 민중소송 및 기관소송은 법률이 정한 경우에 법률에 정한 자에 한하여 제기할 수 있다.

522 [O] 행정소송법 제46조 제1항

제6편 행정조직법

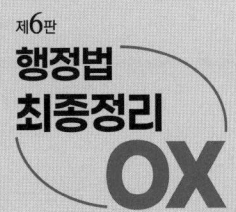

제1장 행정조직법의 의의

제1절 개 설

제2절 행정주체와 행정기관

제3절 행정청

01 행정권한의 내부위임은 법률이 위임을 허용하고 있지 아니한 경우에도 행정관청의 내부적인 사무처리의 편의를 도모하기 위하여 그의 보조기관 또는 하급행정관청으로 하여금 그의 권한을 사실상 행사하게 하는 것이다. (예제문제) [ ]

02 행정권한의 위임은 법률이 위임을 허용하고 있는 경우에 한하여 인정된다. (추가문제) ★ [ ]

03 행정권한의 재위임과 관련하여 「정부조직법」과 이에 기한 「행정권한의 위임 및 위탁에 관한 규정」의 관련조항이 재위임에 관한 일반적인 근거규정이 될 수 없다. (변시 7회) ★★ [ ]

04 국가사무가 시·도지사에게 기관위임된 경우에 시·도지사가 이를 구청장 등에게 재위임하기 위해서는 시·도 조례에 의하여야 한다. (변시 7회) ★★ [ ]

05 민간위탁을 한 행정기관의 장은 사무처리결과에 대하여 감사를 하여야 하며, 위법·부당한 사항이 있는 경우에는 적절한 조치를 취할 수 있고, 관계 임직원의 문책을 요구할 수 있다. (변시 7회) [ ]

정답 및 해설

01 [O] (1995. 11. 28. 94누6475)

02 [O]

03 [X] 도지사 등은 정부조직법 제5조 제1항에 기하여 제정된 행정권한의위임및위탁에관한규정에 정한 바에 의하여 위임기관의 장의 승인이 있으면 그 규칙이 정하는 바에 의하여 그 수임된 권한을 시장, 군수 등 소속기관의 장에게 다시 위임할 수 있다. (1990. 6. 26. 88누12158)

04 [X] 행정권한의 위임 및 위탁에 관한 규정 제4조(재위임) 특별시장·광역시장·특별자치시장·도지사 또는 특별자치도지사(특별시·광역시·특별자치시·도 또는 특별자치도의 교육감을 포함한다. 이하 같다)나 시장·군수 또는 구청장(자치구의 구청장을 말한다. 이하 같다)은 행정의 능률향상과 주민의 편의를 위하여 필요하다고 인정될 때에는 수임사무의 일부를 그 위임기관의 장의 승인을 받아 규칙으로 정하는 바에 따라 시장·군수·구청장(교육장을 포함한다) 또는 읍·면·동장, 그 밖의 소속기관의 장에게 다시 위임할 수 있다.

05 [O] 행정권한의 위임 및 위탁에 관한 규정 제16조 제2항(처리 상황의 감사)

협의와 동의

06 「군사시설보호법」에서는 건축허가 소관청이 건축허가시 미리 관할부대장과 협의하도록 하고 있는데, 이 때의 협의는 동의를 의미하므로 관할 부대장의 동의가 없는 한 건축은 금지된다. (예제문제) ★ [   ]

07 건축허가권자가 건축불허가처분을 하면서 소방법령상 소방서장의 건축부동의를 사유로 들고 있는 경우, 그 건축불허가처분을 받은 사람은 소방서장의 부동의처분에 대해 취소소송을 제기할 수 있다. (예제문제) ★ [   ]

08 건축불허가처분을 하면서 건축불허가 사유뿐만 아니라 구 「소방법」에 따른 소방서장의 건축부동의 사유를 들고 있는 경우, 그 건축불허가처분에 관한 쟁송에서 「건축법」상의 건축불허가 사유뿐만 아니라 소방서장의 부동의 사유에 관하여도 다툴 수 있다. (23-1) ★ [   ]

09 아래 규정에 관한 설명 중 옳지 않은 것은? (다툼이 있는 경우 판례에 의함) (23-2)

> 「소방시설 설치 및 관리에 관한 법률」 제6조(건축허가등의 동의 등) ① 건축물 등의 신축·증축·개축·재축(再築)·이전·용도변경 또는 대수선(大修繕)의 허가·협의 및 사용승인의 권한이 있는 행정기관은 건축허가등을 할 때 미리 그 건축물 등의 시공지(施工地) 또는 소재지를 관할하는 소방본부장이나 소방서장의 동의를 받아야 한다.
>
> 「군사기지 및 군사시설 보호법」 제13조(행정기관의 처분에 관한 협의 등) ① 관계 행정기관의 장은 보호구역 안에서 다음 각 호의 어느 하나에 해당하는 사항에 관한 허가나 그 밖의 처분을 하려는 때에는 대통령령으로 정하는 협의절차와 국방부장관이 정하는 작전성 검토 등 협의기준에 따라 국방부장관 또는 관할부대장등과 협의하여야 한다.
>   1. 건축물의 신축·증축 또는 공작물의 설치와 건축물의 용도변경 (이하 생략)
>
> 「택지개발촉진법」 제3조(택지개발지구의 지정 등) ④ 지정권자가 제1항 또는 제3항에 따라 택지개발지구를 지정하려는 경우에는 미리 관계 중앙행정기관의 장과 협의하고 해당 시장·군수 또는 자치구의 구청장의 의견을 들은 후 「주거기본법」 제9조에 따른 시·도 주거정책심의위원회의 심의를 거쳐야 한다.

정답 및 해설

06 [O] (1995. 3. 10. 94누12739)

07 [X] 그 건축불허가처분 외에 별개로 건축부동의처분이 존재하는 것이 아니므로, 그 건축불허가처분을 받은 사람은 그 건축불허가처분에 관한 쟁송에서 건축법상의 건축불허가 사유뿐만 아니라 소방서장의 부동의 사유에 관하여도 다툴 수 있다. (2004. 10. 15. 2003두6573)

08 [O] (2004. 10. 15. 2003두6573)

① 「소방시설 설치 및 관리에 관한 법률」상 동의는 허가의 필요적 요건이므로 허가 관청은 소방서장 등의 동의 없이는 허가를 할 수 없다. [   ]

② 건축허가신청인은 「소방시설 설치 및 관리에 관한 법률」상 소방서장 등의 부동의에 대하여 직접 취소소송으로 다툴 수 있다. [   ]

③ 「군사기지 및 군사시설 보호법」에 있어서 관할부대장 등과의 협의는 '동의'를 의미하므로 군사시설보호구역으로 지정된 토지에서 관할부대장 등의 동의가 없는 한 건축이 금지된다. ★ [   ]

④ 「택지개발촉진법」에 있어서 관계 중앙행정기관의 장과의 협의는 '자문'을 구하라는 것이지 그 의견을 따라 처분하라는 의미는 아니다. ★ [   ]

⑤ 「택지개발촉진법」에 있어서 관계 중앙행정기관의 장과의 협의를 거치지 않고 처분을 한 경우 그 하자는 당연무효사유가 아니라 취소사유에 해당한다. [   ]

정답 및 해설

09 ① [O]

② [X] 건축허가권자가 건축불허가처분을 하면서 그 처분사유로 건축불허가 사유뿐만 아니라 구 소방법(2003. 5. 29. 법률 제6916호로 개정되기 전의 것) 제8조 제1항에 따른 건축부동의 사유를 들고 있다고 하여 그 건축불허가처분 외에 별개로 건축부동의처분이 존재하는 것이 아니므로, 그 건축허가처분을 받은 사람은 그 건축불허가처분에 관한 쟁송에서 건축법상의 건축불허가 사유뿐만 아니라 소방서장의 부동의 사유에 관하여도 다툴 수 있다. (2004. 10. 15. 2003두6573)

③ [O] 여기서 협의는 동의를 뜻한다 할 것이며, 같은 조 제3항에 의하면, 관계 행정청이 이러한 협의를 거치지 않거나 협의를 한 경우에도 협의조건을 이행하지 아니하고 건축허가 등을 한 경우에는 당해 행정청에 대하여 그 허가의 취소 등을 요구할 수 있고, 그 요구를 받은 행정청은 이에 응하여야 한다고 규정하고 있으므로, 군사시설보호구역으로 지정된 토지는 군 당국의 동의가 없는 한 건축 또는 사용이 금지된다 할 것이다. (1995. 3. 10. 94누12739)

④ [O] 같은 법 제3조에서 건설부장관이 택지개발예정지구를 지정함에 있어 미리 관계중앙행정기관의 장과 협의를 하라고 규정한 의미는 그의 자문을 구하라는 것이지 그 의견을 따라 처분을 하라는 의미는 아니라 할 것이므로 이러한 협의를 거치지 아니하였다고 하더라도 이는 위 지정처분을 취소할 수 있는 원인이 되는 하자 정도에 불과하고 위 지정처분이 당연무효가 되는 하자에 해당하는 것은 아니다. (2000. 10. 13. 99두653)

⑤ [O] 위 문제 해설 참조

제2장 국가행정조직법

감사원

10 감사원의 변상판정에 대하여 회계관계 직원은 행정심판에 해당하는 재심의를 청구할 수 있고, 재심의판정에 대하여 불복하는 경우에는 원처분인 변상판정에 대하여 항고소송으로 다투어야 한다. (예제문제) ★★ [　]

11 A시장이 감사원으로부터 「감사원법」에 따라 A시 소속 공무원에 대한 징계 요구를 받게 된 경우, 감사원의 징계 요구는 '징계 요구, 징계절차 회부, 징계'의 단계로 이어지는 독립된 처분의 일종으로서 항고소송의 대상이 된다. (변시 8회) ★★ [　]

정답 및 해설

10 [X] 감사원의 변상판정처분에 대하여서는 행정소송을 제기할 수 없고, 재결에 해당하는 재심의 판정에 대하여서만 감사원을 피고로 하여 행정소송을 제기할 수 있다. (1984. 4. 10. 84누91)

11 [X] 甲 시장이 감사원으로부터 감사원법 제32조에 따라 乙에 대하여 징계의 종류를 정직으로 정한 징계 요구를 받게 되자 감사원법 제36조 제2항에 따라 감사원에 징계 요구에 대한 재심의를 청구하였고, 감사원이 재심의청구를 기각하자 乙이 감사원의 징계 요구와 그에 대한 재심의결정의 취소를 구하고 甲 시장이 감사원의 재심의결정 취소를 구하는 소를 제기한 사안에서, 징계 요구는 징계 요구를 받은 기관의 장이 요구받은 내용대로 처분하지 않더라도 불이익을 받는 규정도 없고, 징계 요구 내용대로 효과가 발생하는 것도 아니며, 징계 요구에 의하여 행정청이 일정한 행정처분을 하였을 때 비로소 이해관계인의 권리관계에 영향을 미칠 뿐, 징계 요구 자체만으로는 징계 요구 대상 공무원의 권리·의무에 직접적인 변동을 초래하지도 아니하므로, 행정청 사이의 내부적인 의사결정의 경로로서 '징계 요구, 징계 절차 회부, 징계'로 이어지는 과정에서의 중간처분에 불과하여, 감사원의 징계 요구와 재심의결정이 항고소송의 대상이 되는 행정처분이라고 할 수 없고, 감사원법 제40조 제2항을 甲 시장에게 감사원을 상대로 한 기관소송을 허용하는 규정으로 볼 수는 없고 그 밖에 행정소송법을 비롯한 어떠한 법률에도 甲 시장에게 '감사원의 재심의 판결'에 대하여 기관소송을 허용하는 규정을 두고 있지 않으므로, 甲 시장이 제기한 소송이 기관소송으로서 감사원법 제40조 제2항에 따라 허용된다고 볼 수 없다. (2016. 12. 27. 2014두5637)

제3장 지방자치법

제1절 개 설

12 지방자치법상 지방의회의원에게 지급하는 월정수당은 지방의회의원의 직무활동에 대하여 매월 지급되는 것이기는 하나, 이는 지방의회의원이 명예직으로서 주민을 대표하여 의정활동을 하는 데 사용되는 비용을 보전하는 성격을 가지고 있으므로 지방의회의원의 직무활동에 대한 대가로 지급되는 보수의 일종으로 볼 수 없다. (변시 3회) [ ]

13 지방자치단체의 의회와 집행기관에 관한 「지방자치법」의 규정에도 불구하고 따로 법률로 정하는 바에 따라 지방자치단체의 장의 선임방법을 포함한 지방자치단체의 기관구성 형태를 달리 할 수 있다. (22-2) [ ]

14 2개 이상의 지방자치단체가 특정한 목적을 위하여 공동으로 사무를 처리할 필요가 있어 특별지방자치단체를 설치하는 경우, 구성 지방자치단체의 장의 협의를 거쳐 기초 지방자치단체의 경우에는 광역 지방자치단체장의 승인을, 광역 지방자치단체의 경우에는 행정안전부장관의 승인을 받아야 한다. (22-2) [ ]

정답 및 해설

12 [X] 지방자치법 제40조 제1항 제2호 월정수당은 지방의회 의원의 직무활동에 대하여 매월 지급되는 것으로서, 지방의회 의원이 전문성을 가지고 의정활동에 전념할 수 있도록 하는 기틀을 마련하고자 하는 데에 그 입법 취지가 있다는 점을 고려해 보면, 지방의회 의원에게 지급되는 비용 중 적어도 월정수당(제3호)은 지방의회 의원의 직무활동에 대한 대가로 지급되는 보수의 일종으로 봄이 상당하다. (2009. 1. 30. 2007두13487)

13 [O] 지방자치법 제4조 제1항

14 [X] 지방자치법 제199조(설치) ① 2개 이상의 지방자치단체가 공동으로 특정한 목적을 위하여 광역적으로 사무를 처리할 필요가 있을 때에는 특별지방자치단체를 설치할 수 있다. 이 경우 특별지방자치단체를 구성하는 지방자치단체(이하 "구성 지방자치단체"라 한다)는 상호 협의에 따른 규약을 정하여 구성 지방자치단체의 지방의회 의결을 거쳐 행정안전부장관의 승인을 받아야 한다.

제2절 지방자치단체의 구성요소 : 구역·주민·조례

구역

15 지방자치단체의 구역은 「지방자치법」 제정 이전의 '종전'과 같이 하며, 새로 설치되는 지방자치단체의 구역은 해당 지역에 거주하는 주민의 투표를 거쳐 지방의회의 조례로 정한다.
(예제문제) ★   [   ]

16 매립지가 속할 지방자치단체를 정하는 결정에 대하여 대법원에 소송을 제기할 수 있는 주체는 관계 지방자치단체의 장일 뿐 지방자치단체가 아니다. (예제문제) ★   [   ]

17 대법원은 새만금 방조제 내의 매립지의 귀속과 관련하여 종래 지형도상 해상경계선을 기준으로 삼아왔던 행정관행의 관습법적 효력이 변경되거나 제한되었다고 하였다. (예제문제)   [   ]

주민

주민투표

18 주민투표는 특정한 사항에 대하여 찬성 또는 반대의 의사표시를 하는 형태로 실시하여야 하고, 두 가지 사항중 하나를 선택하는 형식으로 실시할 수 없다. (예제문제)   [   ]

정답 및 해설

15 [X] 지방자치법 제5조(지방자치단체의 명칭과 구역) ① 지방자치단체의 명칭과 구역은 종전과 같이 하고, 명칭과 구역을 바꾸거나 지방자치단체를 폐지하거나 설치하거나 나누거나 합칠 때에는 법률로 정한다.

16 [O] 지방자치단체의 구역에 관하여 지방자치법은, 공유수면 관리 및 매립에 관한 법률에 따른 매립지가 속할 지방자치단체는 행정안전부장관이 결정한다고 규정하면서(제5조 제4항), 관계 지방자치단체의 장은 그 결정에 이의가 있으면 결과를 통보받은 날로부터 15일 이내에 대법원에 소송을 제기할 수 있다고 규정하고 있다. (제5조 제9항) (2013. 11. 14. 2010추73)

17 [O] (2013. 11. 14. 2010추73)

18 [X] 주민투표법 제15조(주민투표의 형식) 주민투표는 특정한 사항에 대하여 찬성 또는 반대의 의사표시를 하거나 두 가지 사항중 하나를 선택하는 형식으로 실시하여야 한다.

19 한국수력원자력 주식회사(이하 '한수원' 이라 함)는 A시 관내에 원자력발전소 1·2호기를 건설하려는 계획을 갖고 있다. 관할 A시장은 「주민투표법」 제8조 제1항에 기한 산업통상자원부장관의 요구에 따라 원자력발전소 건설문제를 주민투표에 부쳐, 투표권자 과반수의 찬성표가 나왔다. 지방자치단체의 장 및 지방의회는 주민투표의 결과 확정된 내용대로 행정·재정상의 필요한 조치를 하여야 한다. (변시 7회) [   ]

20 주민투표의 효력에 이의가 있는 주민투표권자는 소청을 거쳐 관할 선거관리위원회위원장을 피고로 하여 소송을 제기할 수 있으나, 국가정책사항에 관한 주민투표에 대해서는 주민투표소송을 제기할 수 없다. (예제문제) [   ]

21 미군부대이전은 지방자치단체의 장의 권한에 의하여 결정할 수 있는 사항이 아님이 명백하므로 지방자치법 제13조의2 소정의 주민투표의 대상이 될 수 없다. (예제문제) [   ]

조례 제정·개정·폐지청구

22 주민은 지방자치단체의 조례를 제정하거나 개정하거나 폐지할 것을 해당 지방자치단체의 장에게 청구할 수 있다. (22-2) [   ]

23 주민이 「지방자치법」에 근거하여 조례제정을 청구할 경우 행정기구를 설치하거나 변경하는 것에 관한 사항이나 공공시설의 설치를 반대하는 사항은 청구대상이 될 수 없다. (예제문제) ★ [   ]

정답 및 해설

19 [X] 원칙적으로 지방자치단체의 장 및 지방의회는 주민투표결과 확정된 내용대로 행정·재정상의 필요한 조치를 하여야 한다.(주민투표법 제24조 제5항) 다만 중앙행정기관의 장이 지방자치단체의 장에게 주민투표의 실시를 요구한 경우에는 주민투표법 제24조 제5항이 적용되지 않는다.(주민투표법 제8조 제4항)

20 [O] 주민투표법 제8조 제4항, 제25조

21 [O] (2002. 4. 26. 2002추23)

22 [X] 주민조례발안에 관한 법률 제2조(주민조례청구권자) 18세 이상의 주민으로서 다음 각 호의 어느 하나에 해당하는 사람(「공직선거법」 제18조에 따른 선거권이 없는 사람은 제외한다. 이하 "청구권자"라 한다)은 해당 지방자치단체의 의회(이하 "지방의회"라 한다)에 조례를 제정하거나 개정 또는 폐지할 것을 청구(이하 "주민조례청구"라 한다)할 수 있다.

23 [O] 주민조례발안에 관한 법률 제4조 제4호

24　지방자치단체의 주민은 공공시설의 설치를 반대하는 내용의 조례의 제정이나 개폐를 청구할 수 없다. (변시 8회)　[　]

주민소송

25　주민소송은 구체적인 권익의 침해 없이도 제기할 수 있는 소송으로서 「행정소송법」상 민중소송에 해당한다. (23-2)　[　]

26　지방의회의원이 위법한 재정지출에 관여한 경우, 해당 지방의회의원을 상대방으로 하는 주민소송을 통해 손해배상청구를 할 수 있다. (예제문제)　[　]

27　주민소송의 대상이 되는 위법한 행위나 해태사실은 감사청구한 사항과 동일하여야 하고 관련성이 있는 것으로는 부족하다. (23-2) ★★　[　]

28　재무회계와 관련이 없는 행위는 그것이 지방자치단체의 재정에 어떤 영향을 미친다고 하더라도, 주민소송의 대상이 되는 '재산의 관리·처분에 관한 사항' 또는 '공금의 부과·징수를 게을리한 사항'에 해당하지 않는다. (예제문제) ★★　[　]

29　「지방자치법」이 정한 재무회계사항이 아닌 사항을 대상으로 하여 제기된 주민소송은 원칙적으로 부적법하여 각하되어야 한다. (23-2)　[　]

정답 및 해설

24 [O] 주민조례발안에관한법률 제4조 4호

25 [O]

26 [X] 주민소송의 피고는 지방자치단체의 장이 되고, 지방의회의원은 피고가 될 수 없다. (지방자치법 제22조 제1항 참고)

27 [X] 주민감사청구가 '지방자치단체와 그 장의 권한에 속하는 사무의 처리'를 대상으로 하는 데 반하여, 주민소송은 '그 감사청구한 사항과 관련이 있는 위법한 행위나 업무를 게을리한 사실'에 대하여 제기할 수 있는 것이므로, 주민소송의 대상은 주민감사를 청구한 사항과 관련이 있는 것으로 충분하고, 주민감사를 청구한 사항과 반드시 동일할 필요는 없다. (2020. 7. 29. 2017두63467)

28 [O] (2015. 9. 10. 2013두16746)

29 [O] 이 사건 청구 중 이행강제금 부과에 관한 부분을 제외한 나머지 부분, 즉 사용승인처분, 사용승인의 취소 또는 시정명령, 건축물대장에의 위반내용 기재처분, 원상회복, 대집행, 시정조치 등과 관련한 부분은 주민소송의 대상이 되는 재무회계 행위에 해당하지 아니함이 명백하므로, 이에 관한 소는 부적법하다. (2015. 9. 10. 2013두16746)

30 도로 등 공물이나 공공용물을 특정 사인이 배타적으로 사용하도록 하는 점용허가가 도로 등의 본래 기능 및 목적과 무관하게 그 사용가치를 실현·활용하기 위한 것으로 평가되는 경우에는 주민소송의 대상이 되는 재산의 관리·처분에 해당한다. (23-3) ★★ [　]

31 이행강제금의 부과·징수를 게을리한 행위는 주민소송의 대상이 되는 공금의 부과·징수를 게을리한 사항에 해당한다. (예제문제) (제14회 변시) ★★ [　]

32 주민소송의 대상으로서 '공금의 지출에 관한 사항'이란 지출원인행위 즉, 지방자치단체의 지출원인이 되는 계약 그 밖의 행위로서 당해 행위에 의하여 지방자치단체가 지출의무를 부담하는 예산집행의 최초 행위와 그에 따른 지급명령 및 지출 등에 한정되고, 특별한 사정이 없는 한 이러한 지출원인행위 등에 선행하여 그러한 지출원인행위를 수반하게 하는 당해 지방자치단체의 장 및 직원, 지방의회 의원의 결정 등과 같은 행위는 포함되지 않는다고 보아야 한다. (예제문제) ★ [　]

33 주민소송에서 다툼의 대상이 된 처분의 위법성은 객관적 법질서를 구성하는 모든 법규범에 위반되는지 여부를 기준으로 판단하여야 하고 해당 처분으로 인하여 지방자치단체에 재정상 손실이 발생하였는지만을 기준으로 판단할 것은 아니다. (23-2) ★★ [　]

34 주민소송에서 당사자는 법원의 허가를 받지 아니하고는 소의 취하, 소송의 화해 또는 청구의 포기를 할 수 없다. 이 경우 법원은 허가하기 전에 감사청구에 연서한 다른 주민에게 이를 알려야 한다. (예제문제) [　]

정답 및 해설

30 [O] 주민소송 제도는 지방자치단체 주민이 지방자치단체의 위법한 재무회계행위의 방지 또는 시정을 구하거나 그로 인한 손해의 회복 청구를 요구할 수 있도록 함으로써 지방자치단체의 재무행정의 적법성과 지방재정의 건전하고 적정한 운영을 확보하려는 데 목적이 있다. (2016. 5. 27. 2014두8490)

31 [O] 이행강제금은 지방자치단체의 재정수입을 구성하는 재원 중 하나로서 '지방세외수입금의 징수 등에 관한 법률'에서 이행강제금의 효율적인 징수 등에 필요한 사항을 특별히 규정하는 등 그 부과·징수를 재무회계 관점에서도 규율하고 있다. (2015. 9. 10. 2013두16746)

32 [O] (2011. 12. 22. 2009두14309)

33 [O] 주민소송에서 다툼의 대상이 된 처분의 위법성은 행정소송법상 항고소송에서와 마찬가지로 헌법, 법률, 그 하위의 법규명령, 법의 일반원칙 등 객관적 법질서를 구성하는 모든 법규범에 위반되는지 여부를 기준으로 판단하여야 하는 것이지, 해당 처분으로 지방자치단체의 재정에 손실이 발생하였는지만을 기준으로 판단할 것은 아니다. (2019. 10. 17. 2018두104)

34 [O] 지방자치법 제22조 제14항, 제15항

35 A구 주민들이 적법한 주민감사청구를 하였음에도 감사기관이 해당 주민감사청구가 부적법하다고 오인하여 각하하는 결정을 한 경우, 감사청구한 주민은 위법한 각하결정 자체를 별도의 항고소송으로 다투어야 한다. (22-3) ★★ [ ]

36 A시의 시장 甲이 교통난 해소를 위하여 도로확장공사계획을 수립한 후 건설회사와 공사도급계약을 체결하여 공사를 마쳤으나, 해당 도로가 「군사기지 및 군사시설 보호법」상 공작물의 설치가 금지되는 비행안전구역에 개설되어 개통을 못하게 되었다. 그러자 A시 주민 乙 등은 시장 甲이 도로개설사업을 강행함으로써 예산을 낭비하였다는 이유로 시장 甲을 피고로 하여 「지방자치법」 제17조 제2항 제4호에 따라 손해배상청구를 할 것을 요구하는 소송을 제기하려 한다. (다툼이 있는 경우 판례에 의함) (변시 4회)

① 乙 등은 위 소송을 제기하기 전에 A시 조례로 정하는 주민 수 이상의 연서(連署)로 감사청구를 하여야 한다. [ ]

② 감사청구는 甲의 권한에 속하는 사무의 처리가 법령에 위반된다고 인정되면 가능하지만, 손해배상청구를 할 것을 요구하는 소송은 법률이 정하는 사항에 한한다. [ ]

③ 감사청구한 乙 등은 감사기관이 법률이 정한 기간 내에 감사를 끝내지 아니한 경우 바로 소송을 제기할 수 있다. [ ]

④ 손해배상청구를 할 것을 요구하는 소송이 진행 중이더라도 乙 등을 제외한 다른 주민은 같은 사항에 대하여 별도의 소송을 제기할 수 있다. [ ]

⑤ 손해배상청구를 명하는 판결이 확정되면 지방의회의장은 이 사업의 강행으로 예산을 낭비한 시장 甲에게 그 판결에 따라 결정된 손해배상금의 지불을 청구하여야 한다. ★★ [ ]

정답 및 해설

35 [X] 지방자치법 제22조 제1항은 주민감사를 청구한 주민에 한하여 주민소송을 제기할 수 있도록 하여 '주민감사청구 전치'를 주민소송의 소송요건으로 규정하고 있으므로, 주민감사청구 전치 요건을 충족하였는지 여부는 주민소송의 수소법원이 직권으로 조사하여 판단하여야 한다. 주민소송이 주민감사청구 전치 요건을 충족하였다고 하려면 주민감사청구가 지방자치법 제21조에서 정한 적법요건을 모두 갖추고, 나아가 지방자치법 제22조 제1항 각호에서 정한 사유에도 해당하여야 한다. 지방자치법 제22조 제1항 제2호에 정한 '감사결과'에는 감사기관이 주민감사청구를 수리하여 일정한 조사를 거친 후 주민감사청구사항의 실체에 관하여 본안판단을 하는 내용의 결정을 하는 경우뿐만 아니라, 감사기관이 주민감사청구가 부적법하다고 오인하여 위법한 각하결정을 하는 경우까지 포함한다. 주민감사청구가 지방자치법에서 정한 적법요건을 모두 갖추었음에도, 감사기관이 해당 주민감사청구가 부적법하다고 오인하여 더 나아가 구체적인 조사·판단을 하지 않은 채 각하하는 결정을 한 경우에는, 감사청구한 주민은 위법한 각하결정 자체를 별도의 항고소송으로 다툴 필요 없이, 지방자치법이 규정한 다음 단계의 권리구제절차인 주민소송을 제기할 수 있다고 보아야 한다. (2020. 6. 25. 2018두67251)

36 ① [O] 지방자치법 제21조, 제22조 제1항
② [O] 지방자치법 제21조, 제22조 제1항
③ [O] 지방자치법 제22조 제1항 제1호
④ [X] 제2항 각 호의 소송이 진행 중이면 다른 주민은 같은 사항에 대하여 별도의 소송을 제기할 수 없다. (지방자치법 제22조 제5항)
⑤ [O] 지방자치법 제23조 제1항37

37

X시의 시장 A는 관할 구역 내 구역정비계획을 수립·확정하고 이에 따라 B에게 시 소유 도로 일부에 대하여 도로점용허가(이하 '이 사건 허가'라 함)를 하였다. 이에 X시의 주민 甲, 乙, 丙 등은 B에 대한 이 사건 허가가 과도한 특혜라고 주장하며 「지방자치법」에 따라 주민감사청구를 하였고, 주민소송을 제기하려 한다. 이에 관한 설명 중 옳은 것은? (다툼이 있는 경우 판례에 의함) (변시 11회)

① 감사결과에 불복하더라도 甲은 단독으로 이 사건 허가에 대하여 주민소송을 제기할 수는 없다. [ ]

② 이 사건 허가에 대하여 「행정소송법」에서 정한 취소소송의 제소기간이 도과하여 불가쟁력이 발생한 이후에는 이 사건 허가의 취소를 요구하는 주민소송은 허용되지 않는다. ★★ [ ]

③ 주민소송의 대상은 주민감사를 청구한 사항과 관련이 있는 것만으로는 불충분하고, 주민감사를 청구한 사항과 동일하여야 한다. [ ]

④ 이 사건 허가가 도로 등의 본래 기능 및 목적과 무관하게 그 사용가치를 실현·활용하기 위한 것으로 평가되는 경우에는 주민소송의 대상이 되는 재산의 관리·처분에 해당한다. [ ]

⑤ 이 사건 허가에 대한 주민소송의 계속 중에 소송을 제기한 주민이 사망하더라도 소송절차는 중단되지 아니한다. [ ]

정답 및 해설

37 ① [X] 감사청구와 달리 주민소송의 제기에는 인원 제한이 없다. (지방자치법 제21조 제1항, 제22조 제1항 참고)

② [X] 취소소송과 주민소송은 별개의 절차이므로, 취소소송의 제소기간이 도과했다고 하더라도 지방자치법상 주민소송의 제소기간이 남아있다면 주민소송을 청구할 수 있다. (지방자치법 제22조 제1항, 제4항 참고)

③ [X] 주민감사청구가 '지방자치단체와 그 장의 권한에 속하는 사무의 처리'를 대상으로 하는 데 반하여, 주민소송은 '그 감사청구한 사항과 관련이 있는 위법한 행위나 업무를 게을리한 사실'에 대하여 제기할 수 있는 것이므로, 주민소송의 대상은 주민감사를 청구한 사항과 관련이 있는 것으로 충분하고, 주민감사를 청구한 사항과 반드시 동일할 필요는 없다. 주민감사를 청구한 사항과 관련성이 있는지는 주민감사청구사항의 기초인 사회적 사실관계와 기본적인 점에서 동일한지에 따라 결정되는 것이며 그로부터 파생되거나 후속하여 발생하는 행위나 사실은 주민감사청구사항과 관련이 있다고 보아야 한다. (2020. 7. 29. 2017두63467)

④ [O] (2016. 5. 27. 2014두8490)

⑤ [X] 지방자치법 제22조(주민소송) ⑥ 소송의 계속(繫屬) 중에 소송을 제기한 주민이 사망하거나 제16조에 따른 주민의 자격을 잃으면 소송절차는 중단된다. 소송대리인이 있는 경우에도 또한 같다.

38 甲은 A광역시 B구 구청장으로부터 B구 소유의 도로인 ○○길 지하 일부에 대한 도로점용허가(이하 '이 사건 처분'이라 함)를 받은 다음, 종교시설 건물을 신축하였다. A광역시 B구에 거주하는 일부 주민들이 이 사건 처분을 「지방자치법」상 주민소송으로 다투려 한다. (다툼이 있는 경우 판례에 의함) (변시 12회)

① 「지방자치법」상 주민소송에서 당사자는 법원의 허가를 받지 아니하고는 소를 취하할 수 없다. ★   [ ]

② 이 사건 처분이 지방재정에 손해를 초래한 바 없다 하더라도 주민소송의 대상이 될 수 있다.   [ ]

③ 이 사건 처분의 취소를 구하는 주민소송에 대해서는 「행정소송법」에서 정한 취소소송의 제소기간이 적용된다.   [ ]

④ 이 사건 처분의 취소를 구하는 주민소송을 제기하려는 주민은 먼저 이 사건 처분과 관련하여 주민감사청구를 하여야 한다.   [ ]

⑤ 이 사건 처분의 취소를 구하는 주민소송에서 처분을 취소하는 판결이 확정되면, 구청장은 취소판결의 기속력에 따라 위법한 결과를 제거하는 조치의 일환으로서 甲에 대하여 이 사건 도로의 점용을 중지하고 원상회복할 것을 명령하는 것이 가능하게 된다.   [ ]

정답 및 해설

38 ① [O] 지방자치법 제22조(주민소송) ⑭ 제2항에 따른 소송에서 당사자는 법원의 허가를 받지 아니하고는 소의 취하, 소송의 화해 또는 청구의 포기를 할 수 없다.

② [O] 주민소송에서 다툼의 대상이 된 처분의 위법성은 행정소송법상 항고소송에서와 마찬가지로 헌법, 법률, 그 하위의 법규명령, 법의 일반원칙 등 객관적 법질서를 구성하는 모든 법규범에 위반되는지 여부를 기준으로 판단하여야 하는 것이지, 해당 처분으로 지방자치단체의 재정에 손실이 발생하였는지만을 기준으로 판단할 것은 아니다. (2019. 10. 17. 2018두104)

③ [X] 주민감사청구 및 이를 전제로 한 주민소송에 대해서는 지방자치법 제22조 제4항의 주민소송 제소기간을 준수하면 되고, 행정소송법 제20조 제1항에서 정한 일반 취소소송의 제소기간이 적용되지 않는다. (2019. 10. 17. 2018두104)

④ [O] 지방자치법 제22조 제1항에 따라 감사청구 전치주의가 적용된다.

⑤ [O] (2019. 10. 17. 2018두104)

39 　甲 교회는 2009. 6. 1. 당시 교회 건물을 신축하는 과정에서, 지하 공간에 건축되는 예배당 시설 부지의 일부로 사용할 목적으로 A시 B구청장에게 B구 소유의 도로 지하 부분에 대한 도로점용허가를 신청하였다. 이에 B구청장은 2010. 4. 6. 위 도로 중 일부(이하 '이 사건 도로') 지하 부분을 2010. 4. 9.부터 2019. 12. 31.까지 甲 교회가 점용할 수 있도록 하는 내용의 도로점용허가처분(이하 '이 사건 처분')을 하였고, 甲 교회는 이 사건 처분 이후 이 사건 도로 지하 부분을 포함한 신축 교회 건물 지하에 건축허가를 받아 지하 1층부터 지하 5층까지 예배당 등의 시설을 설치하였다. 이에 B구 주민이 「지방자치법」상의 주민소송으로 이 사건 처분을 다투려고 한다. (제14회 변시)

① 주민감사청구를 한 B구 주민이면 누구나 주민소송을 제기할 수 있는데, 1인의 제소도 가능하다. [　]

② 객관소송의 성격을 지니는 주민소송의 경우, 계쟁처분의 위법성은 항고소송에서의 '처분의 위법성 일반'과 마찬가지로 해석하여야 한다. [　]

③ 주민소송에 관해서는 「지방자치법」에 규정된 것 외에는 「행정소송법」에 따르므로, 주민소송에서도 사정판결을 내리는 것이 허용된다. [　]

④ 주민소송으로 이 사건 처분의 무효확인을 구하는 경우에는 항고소송인 무효확인소송에서와는 달리 「지방자치법」상 제소기간의 적용을 받는다. [　]

⑤ 사안에서 이 사건 처분에 기하여 발해진 건축허가의 효력을 주민이 직접 다툴 수 없는 사정이 확인된다면, 주민소송을 통해 이 사건 처분을 다툴 소의 이익은 부정된다. [　]

정답 및 해설

39 ① [O] 주민소송의 대상이 되는 사항에 대하여 감사청구한 주민이라면 누구나 원고가 될 수 있으며, 1인에 의한 제소도 가능하다.

② [O] (2019.10.17. 2018두104)

③ [O] 지방자치법 제17조 제17항은 주민소송에 관하여 지방자치법에 특별히 규정된 것 외에는 행정소송법을 따르도록 규정하고 있고, 행정소송법 제46조 제1항은 민중소송으로서 처분의 취소를 구하는 소송에는 그 성질에 반하지 아니하는 한 취소소송에 관한 규정을 준용하도록 규정하고 있다. (2019.10.17. 2018두104) 따라서, 주민소송에서도 사정판결을 하는 것은 허용된다.

④ [O] 주민감사청구 및 이를 전제로 한 주민소송에 대해서는 행정소송법 제20조 제1항에서 정한 일반 취소소송의 제소기간이 적용되지 않는다. (2019.10.17. 2018두104)

⑤ [X] 이 사건 주민소송에서 이 사건 건축허가에 대한 취소청구 부분을 각하하는 판결이 확정되어 원고들이 이 사건 건축허가의 효력을 직접 다툴 수 없게 되었다고 하더라도 이 사건 도로점용허가의 취소를 구할 소의 이익까지 소멸하는 것은 아니다. (2019.10.17. 2018두104)

주민소환

40 지방자치법에 의하면 지방자치단체의 주민은 그 지방자치단체의 장 및 비례대표 지방의회의원을 포함한 지방의회의원에 대해 소환할 권리를 가진다. (변시 3회) ★ [ ]

41 A시(市)의 시장은 빈약한 시의 재정을 확충하고 시의 경기를 활성화하고자 공업단지를 신규로 조성하기로 하고 이를 위한 재원을 마련한다는 취지로 시 관내에 광역화장장(火葬場)을 유치하기로 결정하였다. 또한 시의회 의원 10명(비례대표의원 2명 포함)이 의회운영공동경비를 전용하여 친목등산회에서 신을 등산화를 구입한 사실이 언론을 통해 보도되었다. 그러자 시민들은 시장의 광역화장장 유치결정과 시의회의 예산낭비를 비판하며 연일 맹렬한 시위를 하는 한편, 주민대책위원회는 위 사태에 대응하기 위한 법적 조치를 준비하고 있다. 이 상황에서 A시의 시민들이 지금 곧바로 취할 수 있는 법적 대응에 해당하는 것과 해당하지 않는 것을 구분하시오. (A시의 시장과 위 시의회 의원들은 각 취임한 지 1년이 경과하였고 잔여 임기가 1년 이상임) (변시 2회)

① 시장에 대하여 직접 주민소환을 하는 것 [ ]

② 등산화를 구입한 8명의 시의원(비례대표의원 2명 제외)에 대하여 직접 주민소환을 하는 것 [ ]

③ 시의회의 의회운영공동경비 사용 등에 관하여 주민감사청구를 하는 것 [ ]

④ 시의회 의원 10명에 대하여 직접 부당이득의 반환을 청구하는 주민소송을 제기하는 것 [ ]

⑤ 광역화장장의 유치 여부에 관하여 주민투표를 청구하는 것 [ ]

✎ 정답 및 해설

40 [X] 지방자치법 제25조(주민소환) ① 주민은 그 지방자치단체의 장 및 지방의회의원(비례대표 지방의회의원은 제외한다)을 소환할 권리를 가진다.

41 ① **[O]** 주민소환에 관한 법률 제7조, 제8조

② **[O]** 주민소환에 관한 법률 제7조, 제8조

③ **[O]** 주민감사청구의 대상이 되는 사무는 지방자치단체 또는 지방자치단체의 장에 의해 행해지는 모든 사무로 자치사무, 단체위임사무, 기관위임사무 모두가 주민감사청구의 대상이 된다. 따라서 지방자치법 제21조의 요건을 갖추면 사안의 시의회의 의회운영공동경비 사용 등에 관하여 주민감사를 청구할 수 있다.

④ **[X]** 지방자치법 제22조에 의거하여 주민이 지방자치단체의 위법한 재무회계행위를 시정하기 위하여 법원에 소송을 제기할 수 있다. 사안의 시의회 의원 10명이 의회운영공동경비를 전용하여 등산화를 구입한 것에 대하여 부당이득의 반환을 청구하는 주민소송을 제기할 수 있다.(동법 제22조 제2항 제4호) 그러나 동법 제22조 제1항에 의해 주민소송의 피고는 해당 지방자치단체의 장에 국한되므로 의원을 상대로 직접 주민소송을 제기할 수 없다.

조례

42 조례에 대한 항고소송에서는 조례의 의결기관인 지방의회가 피고적격을 가진다. (변시 4회) ★★ [ ]

조례의 한계

43 헌법 제117조 제1항이 조례제정권의 한계로 정하고 있는 '법령'에는 상위법령과 결합하여 대외적인 구속력을 갖는 법규명령으로서 기능하는 행정규칙이 포함된다. (변시 6회) ★ [ ]

44 헌법 제117조 제1항과 「지방자치법」 제28조에 의하면 지방자치단체는 법령의 범위 안에서 그 사무에 관하여 자치조례를 제정할 수 있다. 여기서 그 사무란 「지방자치법」에서 규정하는 지방자치단체의 자치사무와 법령에 의하여 지방자치단체에 속하게 된 단체위임사무, 그리고 국가사무가 지방자치단체의 장에게 위임된 기관위임사무를 말한다. (변시 5회) ★★ [ ]

45 지방자치단체가 자치조례를 제정할 수 있는 사항은 지방자치단체의 고유사무인 자치사무와 개별법령에 의하여 지방자치단체에 위임된 단체위임사무에 한하는 것이고, 국가사무가 지방자치단체의 장에게 위임된 기관위임사무는 원칙적으로 자치조례의 제정범위에 속하지 않는다 할 것이지만, 기관위임사무에 있어서도 그에 관한 개별법령에서 일정한 사항을 조례로 정하도록 위임하고 있는 경우에는 위임받은 사항에 관하여 개별법령의 취지에 부합하는 범위 내에서 이른바 위임조례를 정할 수 있다. (변시 1회) ★★ [ ]

정답 및 해설

⑤ [O] 지방자치법 제18조 및 주민투표법에 의거하여 지방자치단체의 주요 결정사항 또는 국가정책 중 지방자치단체와 중대한 이해관계가 있는 사항 등을 주민투표에 부칠 수 있다. 사안의 광역화장장의 유치여부는 주요 결정사항에 해당하므로 주민투표를 청구할 수 있다.

42 [X] 조례가 개별적·구체적 성질을 갖고 있어 항고소송의 대상이 되는 처분적 조례에 해당하는 경우에는 조례안을 의결한 지방의회가 피고가 되는 것이 아니고 조례를 공포한 지방자치단체장이 피고가 되며, 교육·학예에 관한 조례는 시·도교육감이 피고가 된다.

43 [O] (헌재 2002. 10. 31. 2001헌라1)

44 [X] 기관위임사무는 자치조례 제정대상에 포함되지 않는다.

45 [O] (2000. 5. 30. 99추85)

46 지방자치단체의 장에게 위임된 국가사무인 기관위임사무에 대하여 개별법령에서 그에 관한 일정한 사항을 조례로 정하도록 하는 것은 기관위임사무의 성질상 허용될 수 없다. (변시 8회) ★★ [ ]

47 지방자치법상 지방자치단체는 법령의 범위 안에서 그 사무에 관하여 조례를 제정할 수 있으며, 다만 주민의 권리 제한 또는 의무 부과에 관한 사항이나 벌칙을 정할 때에는 법률의 위임이 있어야 한다. (변시 1회) ★★ [ ]

48 지방자치단체가 고유사무인 자치사무에 관하여 자치조례를 제정하는 경우에도 주민의 권리제한 또는 의무부과에 관한 사항에 해당하는 조례를 제정할 경우에는 법률의 위임이 있어야 하고 그러한 위임 없이 제정된 조례는 효력이 없다. (변시 11회) [ ]

49 지방자치단체는 조례의 실효성을 확보하기 위한 수단으로 조례위반행위에 대한 벌칙을 정할 수 있는데, 여기서 말하는 벌칙의 개념에는 별도의 제한이 없으므로, 지방자치단체는 법률의 위임이 없이도 조례위반행위에 대한 벌칙으로서 벌금, 구류, 과료와 같은 형벌을 정하여 부과할 수 있다. (변시 1회) [ ]

50 지방자치행정에 있어서는 침익적 행정을 법률의 수권 없이 조례에 근거하여 행할 수 있다. (변시 6회) [ ]

51 영유아 보육시설 종사자의 정년을 조례로 규정하고자 하는 경우에는 법률이 위임이 필요 없다. (추가문제) [ ]

정답 및 해설

46 [X] 기관위임사무에 있어서도 그에 관한 개별 법령에서 일정한 사항을 조례로 정하도록 위임하고 있는 경우에는 지방자치단체의 자치조례 제정권과 무관하게 이른바 위임조례를 정할 수 있다고 하겠으나 이 때에도 그 내용은 개별 법령이 위임하고 있는 사항에 관한 것으로서 개별 법령의 취지에 부합하는 것이라야만 하고, 그 범위를 벗어난 경우에는 위임조례로서의 효력도 인정할 수 없다. (1999. 9. 17. 99추30)

47 [O] 지방자치법 제28조 제1항

48 [O] (2007. 12. 13. 2006추52)

49 [X] 지방자치단체가 벌칙을 정할 때에는 법률의 위임이 있어야 한다. (지방자치법 28조 제1항 단서)

50 [X] 국민의 자유와 재산을 침해하는 침익적 행정의 경우 법률유보가 필요하다는 점에 대해서는 이견이 없다. 특히 침익적 행정에 있어서 법률유보의 강도는 다른 행정분야보다 높이 요구되며, 일반 국민들이 이러한 침해를 사전에 충분히 예견하고 고려할 수 있도록 침해의 목적·내용·범위가 명확하게 규율될 것이 요구된다. 따라서 침익적 행정을 법률의 수권 없이 조례에 근거하여 행할 수 없다.

51 [X] 영유아보육법이 보육시설 종사자의 정년에 관한 규정을 두거나 이를 지방자치단체의 조례에 위임한다는 규정을 두고 있지 않음에도 보육시설 종사자의 정년을 규정한 '서울특별시 중구 영유아 보육조례 일부개정조례안' 제17조 제3항은, 법률의 위임 없이 헌법이 보장하는 직업을 선택하여 수행할 권리의 제한에 관한 사항을 정한 것이어서 그 효력을 인정할 수 없으므로, 위 조례안에 대한 재의결은 무효라고 한 사례. (2009. 5. 28. 2007추134)

52 담배소매업을 영위하는 주민들에게 자판기 설치를 제한하는 것을 내용으로 하는 조례는 주민의 권리·의무에 관한 사항을 규율하는 조례라고 할 수 있으므로 지방자치단체가 이러한 조례를 제정함에 있어서는 법률의 위임을 필요로 한다. (추가문제) [ ]

53 지방자치단체가 제정한 정보공개조례안은 주민의 권리의 제한 또는 의무의 부과에 관한 사항인지 여부와 상관없이 법률의 개별적 위임이 없는 한 위법하다. (예제문제) [ ]

54 군민의 출산을 장려하기 위하여 세 자녀 이상 세대 중 세 번째 이후 자녀에게 양육비 등을 지원할 수 있도록 하는 조례의 제정에는 법률의 위임이 필요 없다. (추가문제) [ ]

55 지방자치단체는 조례를 위반한 행위에 대하여 조례로써 1천만원 이하의 벌금을 부과할 수 있다. (예제문제) ★ [ ]

56 특정 사안과 관련하여 법령에서 조례에 위임을 한 경우 조례가 위임의 한계를 준수하였는지를 판단할 때는 당해 법령 규정의 입법 목적과 규정 내용 규정의 체계 다른 규정과의 관계 등을 종합적으로 살펴야 하고, 수권 규정에서 사용하고 있는 용어의 의미를 넘어 그 범위를 확장하거나 축소하여 위임 내용을 구체화하는 단계를 벗어나 새로운 입법을 하였는지 등도 아울러 고려하여야 한다. (23-1) [ ]

정답 및 해설

52 [O] (헌재 1995. 4. 20. 92헌마264)

53 [X] 지방자치단체는 그 내용이 주민의 권리의 제한 또는 의무의 부과에 관한 사항이거나 벌칙에 관한 사항이 아닌 한 법률의 위임이 없더라도 조례를 제정할 수 있다 할 것인데 청주시의회에서 의결한 청주시행정정보공개조례안은 행정에 대한 주민의 알 권리의 실현을 그 근본내용으로 하면서도 이로 인한 개인의 권익침해 가능성을 배제하고 있으므로 이를 들어 주민의 권리를 제한하거나 의무를 부과하는 조례라고는 단정할 수 없고 따라서 그 제정에 있어서 반드시 법률의 개별적 위임이 따로 필요한 것은 아니다. (1992. 6. 23. 92추17)

54 [O] 지방자치법 제28조 제1항에 의하면 지방자치단체는 그 내용이 주민의 권리의 제한 또는 의무의 부과에 관한 사항이거나 벌칙에 관한 사항이 아닌 한 법률의 위임이 없더라도 그의 사무에 관하여 조례를 제정할 수 있는바, 지방자치단체의 세자녀 이상 세대 양육비 등 지원에 관한 조례안은 저출산 문제의 국가적·사회적 심각성을 십분 감안하여 향후 지방자치단체의 출산을 적극 장려토록 하여 인구정책을 보다 전향적으로 실효성 있게 추진하고자 세 자녀 이상 세대 중 세 번째 이후 자녀에게 양육비 등을 지원할 수 있도록 하는 것으로서, 위와 같은 사무는 지방자치단체 고유의 자치사무 중 주민의 복지증진에 관한 사무를 규정한 지방자치법 제9조 제2항 제2호 (라)목에서 예시하고 있는 아동·청소년 및 부녀의 보호와 복지증진에 해당되는 사무이고, 또한 위 조례안에는 주민의 편의 및 복리증진에 관한 내용을 담고 있어 그 제정에 있어서 반드시 법률의 개별적 위임이 따로 필요한 것은 아니다. (2006. 10. 12. 2006추38)

55 [X] 벌금X 과태료O (지방자치법 제34조 제1항)

56 [O] (2019. 10. 17. 2018두40744)

57 지방자치법 제28조 제1항 본문의 '법령의 범위 안에서'란 '법령에 위반되지 아니하는 범위 내에서'를 말하므로, 지방자치단체가 제정한 조례가 법령에 위배되는 경우에는 효력이 없다. (예제문제) ★ [ ]

58 시·군 및 자치구의 조례나 규칙은 시·도의 조례나 규칙을 위반하여서는 아니 되고 위반되는 시·군 및 자치구의 조례나 규칙은 무효가 된다. (예제문제) [ ]

59 조례가 규율하는 특정사항에 관하여 그것을 규율하는 국가의 법령이 이미 존재하는 경우에도, 조례가 법령과 별도의 목적에 기하여 규율함을 의도하는 것으로서 그 적용에 의하여 법령의 규정이 의도하는 목적과 효과를 전혀 저해하는 바가 없는 때, 또는 양자가 동일한 목적에서 출발한 것이라고 할지라도 국가의 법령이 반드시 그 규정에 의하여 전국에 걸쳐 일률적으로 동일한 내용을 규율하려는 취지가 아니고 각 지방자치단체가 그 지방의 실정에 맞게 별도로 규율하는 것을 용인하는 취지라고 해석되는 때에는 그 조례가 국가의 법령에 위배되는 것은 아니라고 보아야 한다. (변시 1회) (변시 8회) ★★ [ ]

60 「생활보호법」 소정의 자활보호대상자 중에서 사실상 생계유지가 어려운 자에게 「생활보호법」과는 별도로 생계비를 지원하는 것을 내용으로 하는 조례안은 「생활보호법」에 저촉된다. (변시 4회) [ ]

정답 및 해설

57 [O] (2009. 4. 9. 2007추103)

58 [O] 지방자치법 제30조(조례와 규칙의 입법한계) 시·군 및 자치구의 조례나 규칙은 시·도의 조례나 규칙을 위반하여서는 아니 된다.

59 [O] (1997. 4. 25. 96추244)

60 [X] 지방자치단체가 그 재정권에 의하여 확보한 재화는 구성원인 주민의 희생으로 이룩된 것이므로 이를 가장 효율적으로 사용함으로써 건전한 재정의 운영을 하여야 하는 것이나, 주민의 복리에 관한 사무를 처리하는 권한과 의무를 가지는 지방자치단체의 기관인 지방의회가 미리 지방자치단체장의 의견을 들은 후 당해 지방자치단체의 재정능력범위 내에서 생활보호법과는 별도로 생활곤궁자를 보호하는 내용의 조례를 제정·시행하는 것은 지방자치제도의 본질에 부합하는 것으로서 이로 인하여 당해 지방자치단체 재정의 건전한 운영에 지장을 초래하는 것이 아닌 한 이를 탓할 수는 없는바, 생활보호법에 모순저촉되지 않는 별도의 생활보호제도를 두는 것을 내용으로 한 조례안이 생계비 지급대상이 되는 자활보호대상자의 구체적인 선정 기준(보호대상자의 범위 및 선정 기준)은 규칙으로 정하도록 하고, 보호대상자에게 지급되는 생계비의 액수 또한 당해 지방자치단체 예산의 범위 내에서만 정하도록 규정함으로써 자치단체장에게 생활보호에 소요되는 예산의 규모를 결정할 수 있는 권한을 부여하고 있다면 당해 조례안의 시행으로 인하여 당해 지방자치단체 재정의 건전한 운영에 지장을 초래할 것으로 보이지도 아니하므로, 그 조례에 의하여 결정된 보호대상자에 대한 생계보조에 소요되는 재원의 전액을 당해 자치단체의 출연에 의하도록 하였다는 점만을 들어 당해 조례안이 보호대상자에 대한 보호업무의 비용을 국가와 지방자치단체가 분담하도록 규정하고 있는 생활보호법 제36조에 위배된다고 볼 수 없다. (1997. 4. 25. 96추244)

61 조례가 지방의회의 의결로 제정되는 지방자치단체의 자주법이라고 하더라도 그것이 법률의 위임에 따라 제정되는 것인 이상, 조례도 위임명령과 마찬가지로 포괄적 위임은 허용될 여지가 없다. (변시 1회) ★★ [ ]

62 「지방자치법」제28조 제1항 단서에 따라 주민의 권리제한 또는 의무부과에 관한 사항을 법률에서 조례에 위임하는 경우, 위임입법의 한계에 관한 헌법 제75조의 포괄위임금지원칙에 따라 법률에 의한 개별적이고 구체적인 수권이 필요하다. (변시 5회) [ ]

63 법률에서 위임받은 사항을 전혀 규정하지 않고 재위임하는 것은 복위임금지 원칙에 반할 뿐 아니라 위임명령의 제정 형식에 관한 수권법의 내용을 변경하는 것이 되므로 허용되지 않으나 위임받은 사항에 관하여 대강을 정하고 그 중의 특정사항을 범위를 정하여 하위법령에 다시 위임하는 경우에는 재위임이 허용된다. 이러한 법리는 조례가 지방자치법 제22조 단서에 따라 주민의 권리제한 또는 의무부과에 관한 사항을 법률로부터 위임받은 후, 이를 다시 지방자치단체장이 정하는 '규칙'이나 '고시' 등에 재위임하는 경우에도 마찬가지이다. (예제문제) ★ [ ]

조례의 하자

64 지방자치단체장이 지방의회가 재의결한 조례안이 법령에 위반된다는 이유로 대법원에 제소하는 경우, 재의결된 조례안의 일부 조항만이 위법하더라도 그 재의결 전부의 효력이 부인된다. (변시 5회) ★★ [ ]

정답 및 해설

61 [X] 법률이 주민의 권리의무에 관한 사항에 관하여 구체적으로 아무런 범위도 정하지 아니한 채 조례로 정하도록 포괄적으로 위임하였다고 하더라도, 행정관청의 명령과는 달라, 조례도 주민의 대표기관인 지방의회의 의결로 제정되는 지방자치단체의 자주법인 만큼, 지방자치단체가 법령에 위반되지 않는 범위 내에서 주민의 권리의무에 관한 사항을 조례로 제정할 수 있는 것이다. (1991. 8. 27. 90누6613)

62 [X] 위 해설 참고 (1991. 8. 27. 90누6613)
63 [O] (2015. 1. 15. 2013두14238)
64 [O] (2001. 11. 27. 2001추57)

조례의 통제

65 지방의회의 의결이 법령에 위반되거나 공익을 현저히 해친다고 판단되면 시·도에 대하여는 주무부장관이, 시·군 및 자치구에 대하여는 시·도지사가 재의를 요구하게 할 수 있고, 재의요구를 받은 지방자치단체의 장은 의결사항을 이송받은 날부터 20일 이내에 지방의회에 이유를 붙여 재의를 요구하여야 한다. (예제문제) ★ [   ]

66 재의 요구에 대하여 재의의 결과 재적의원 과반수의 출석과 출석의원 3분의 2 이상의 찬성으로 전과 같은 의결을 하면 그 의결사항은 확정된다. (예제문제) [   ]

67 주무부장관이나 시·도지사는 재의결된 사항이 법령에 위반된다고 판단됨에도 불구하고 해당 지방자치단체의 장이 소(訴)를 제기하지 아니하면 그 지방자치단체의 장에게 제소를 지시하거나 직접 제소 및 집행정지결정을 신청할 수 있다. (예제문제) ★★ [   ]

68 시·군 및 자치구 의회의 조례안 재의결이 법령에 위반된다고 판단됨에도 시장·군수·구청장이 소를 제기하지 아니한 경우 시·도지사뿐만 아니라 주무부장관도 대법원에 제소할 수 있다. (변시 7회) ★★ [   ]

69 Y구 의회가 의결하여 Y구청장에게 이송한 개정조례안에 대하여 X광역시장이 재의요구를 지시하기 전에 Y구청장이 개정조례안을 공포하였더라도 X광역시장은 「지방자치법」에 정하여진 기간 이내에 대법원에 직접 제소할 수 있다. (22-3) ★ [   ]

정답 및 해설

65 [O] 지방자치법 제120조 제1항

66 [O] 지방자치법 제120조 제2항

67 [O] 지방자치법 제192조 제5항

68 [O] 기존 판례는 "지방의회 재의결에 대하여 제소를 지시하거나 직접 제소할 수 있는 주체로 규정된 '주무부장관이나 시·도지사'는 시도에 대하여는 주무부장관을, 시군 및 자치구에 대하여는 시·도지사를 각 의미한다(대법원 2016. 9. 22. 2014추521)."고 보았으나, 전부개정된 지방자치법 제192조 제2항, 제5항에 따르면 시·군 및 자치구의회의 의결이 법령에 위반된다고 판단됨에도 시·도지사가 재의를 요구하게 하지 아니한 경우 주무부장관이 시장·군수 및 자치구의 구청장에게 재의를 요구하게 할 수 있고(제2항), 재의결된 사항이 법령에 위반된다고 판단됨에도 해당 지방자치단체의 장이 소를 제기하지 아니하면 주무부장관이 직접 제소할 수 있다.

69 [O] 지방자치법 제192조(지방의회 의결의 재의와 제소) ⑧ 제1항 또는 제2항에 따라 지방의회의 의결이 법령에 위반된다고 판단되어 주무부장관이나 시·도지사로부터 재의 요구 지시를 받은 해당 지방자치단체의 장이 재의를 요구하지 아니하는 경우(법령에 위반되는 지방의회의 의결사항이 조례안인 경우로서 재의 요구 지시를 받기 전에 그 조례안을 공포한 경우를 포함한다)에는 주무부장관이나 시·도지사는 제1항 또는 제2항에 따른 기간이 지난 날부터 7일 이내에 대법원에 직접 제소 및 집행정지 결정을 신청할 수 있다.

70 A광역시 의회는 A광역시 소유의 행정재산에 관하여 「공유재산 및 물품 관리법」(이하 '공유재산법'이라 한다)에 따라 사용허가를 받은 임차인들이 그 행정재산을 양도·양수 또는 전대하는 것을 허용하는 내용의 「A광역시 행정재산 관리 운영 조례」 개정안을 의결하였다. 행정안전부장관은 위 개정안이 공유재산법에 위반된다는 이유로 A광역시장에게 재의요구를 지시하였다. (다툼이 있는 경우 판례에 의함) (변시 13회)

① 공유재산법상 행정재산의 사용허가를 받은 자는 그 행정재산을 다른 자에게 사용·수익하게 하여서는 아니 되므로, 임차인이 그 사용허가를 받은 행정재산을 양도·양수 또는 전대하는 것을 허용하는 내용의 위 개정안은 상위법령에 위반된다. [ ]

② A광역시 주민은 A광역시장을 상대로 조례안의결무효확인을 구하는 소송을 적법하게 제기할 수 있다. [ ]

③ A광역시장이 행정안전부장관의 재의요구 지시에 불응하는 경우, 행정안전부장관은 A광역시 의회를 상대로 대법원에 조례안의결무효확인을 구하는 소송을 제기할 수 있다. [ ]

④ A광역시장이 A광역시 의회에 재의를 요구하였으나 A광역시 의회가 원안대로 재의결한다면, 위 개정안의 일부가 공유재산법에 위반되어 그 효력이 인정되지 않는다고 하여도 위 개정안에 대한 재의결의 효력 전부가 부인되는 것은 아니다. [ ]

정답 및 해설

70 ① [O] 지방자치법 제28조 제1항 본문은 "지방자치단체는 법령의 범위 안에서 그 사무에 관하여 조례를 제정할 수 있다."고 규정하는바, 여기서 말하는 '법령의 범위 안에서'란 '법령에 위반되지 않는 범위 내에서'를 가리키므로 지방자치단체가 제정한 조례가 법령에 위반되는 경우에는 효력이 없다. (2002. 4. 26. 2002추23)

② [X] 주민들은 조례에 대해 사후적·구체적 규범통제로서 구체적 사건이 계속 중인 경우 명령규칙심사제도를 활용하거나, 해당 조례가 처분성을 띨 때 처분에 대한 항고소송을 제기할 수 있다. 그러나 사전적·추상적으로 조례안의결 무효확인소송을 제기할 수는 없다.

③ [O] 지방자치법 제192조(지방의회 의결의 재의와 제소) ② 시·군 및 자치구의회의 의결이 법령에 위반된다고 판단됨에도 불구하고 시·도지사가 제1항에 따라 재의를 요구하게 하지 아니한 경우 주무부장관이 직접 시장·군수 및 자치구의 구청장에게 재의를 요구하게 할 수 있고, 재의 요구 지시를 받은 시장·군수 및 자치구의 구청장은 의결사항을 이송받은 날부터 20일 이내에 지방의회에 이유를 붙여 재의를 요구하여야 한다.
⑧ 제1항 또는 제2항에 따라 지방의회의 의결이 법령에 위반된다고 판단되어 주무부장관이나 시·도지사로부터 재의 요구 지시를 받은 해당 지방자치단체의 장이 재의를 요구하지 아니하는 경우(법령에 위반되는 지방의회의 의결사항이 조례안인 경우로서 재의 요구 지시를 받기 전에 그 조례안을 공포한 경우를 포함한다)에는 주무부장관이나 시·도지사는 제1항 또는 제2항에 따른 기간이 지난 날부터 7일 이내에 대법원에 직접 제소 및 집행정지 결정을 신청할 수 있다.

④ [X] 재의결의 내용 전부가 아니라 그 일부만이 위법한 경우에도 그 재의결 전부의 효력을 부인하여야 한다. (1994. 5. 10. 93추144)

지방의회와 집행기관과의 관계

71 지방자치단체의 자치사무에 해당하더라도 특별한 규정이 없는 한 「지방자치법」이 규정하고 있는 지방자치단체의 집행기관과 지방의회의 고유권한에 관하여는 조례로 이를 제한할 수 없고, 나아가 지방자치단체장의 고유권한이 아닌 사항에 대하여도 그 사무집행에 관한 권한을 본질적으로 제한하는 조례제정은 허용되지 아니한다. (변시 5회) ★★ [   ]

72 「지방자치법」은 지방의회와 지방자치단체의 장에게 독자적 권한을 부여하고 상호 견제와 균형을 이루도록 하고 있으므로 법률에 특별한 규정이 없는 한 지방의회는 견제의 범위를 넘어서 조례로써 지방자치단체의 장의 고유권한을 침해하는 규정을 둘 수 없다. (변시 8회) ★★ [   ]

73 지방자치단체의 집행기관의 사무집행에 관한 감시·통제기능은 지방의회의 고유권한이므로 이러한 지방의회의 권한을 제한·박탈하거나 제3의 기관 또는 집행기관 소속의 어느 특정 행정기관에 일임하는 내용의 조례를 제정한다면 이는 지방의회의 권한을 본질적으로 침해하거나 그 권한을 스스로 저버리는 내용의 것으로서 지방자치법령에 위반되어 무효이다. (변시 3회) ★★ [   ]

74 「정부업무평가 기본법」에 따라 지방자치단체의 장의 권한으로 정하는 자체평가업무에 관한 사항에 대하여 사전에 적극적으로 개입하는 내용을 지방의회가 조례로 정하는 것은 정당한 통제수단으로서 허용된다. (예제문제) [   ]

75 도지사 소속 행정불만처리조정위원회 위원의 위촉·해촉에 도의회의 동의를 받도록 한 조례안은 사후에 소극적으로 개입하는 것으로서 적법하나, 위원의 일부를 도의회 의장이 위촉하도록 한 조례안은 위법하다. (변시 4회) [   ]

정답 및 해설

71 [O] (2001. 11. 27. 2001추57)

72 [O] (2007. 2. 9. 2006추45)

73 [O] (1997. 4. 11. 96추138)

74 [X] 정부업무평가기본법 제18조에서 지방자치단체의 장의 권한으로 정하고 있는 자체평가업무에 관한 사항에 대하여 지방의회가 견제의 범위 내에서 소극적·사후적으로 개입한 정도가 아니라 사전에 적극적으로 개입하는 내용을 지방자치단체의 조례로 정하는 것은 허용되지 않는다. (2007. 2. 9. 2006추45)

75 [O] 지방의회가 집행기관의 인사권에 관하여 소극적 사후적으로 개입하는것은 그것이 견제의 범위 안에 드는 경우에는 허용되나, 집행기관의 인사권을 독자적으로 행사하거나 동등한 지위에서 합의하여 행사할 수는 없으며, 사전에 적극적으로 개입하는 것도 원칙적으로 허용되지 아니하므로 조례안에 규정된 행정불만처리조정위원회 위원의 위촉, 해촉에 지방의회의 동의를 받도록 한 것은 사후에 소극적으로 개입하는 것으로서 지방의회의 집행기관에 대한 견제권의 범위에 드는 적법한 규정이라고 보아야 될 것이나, 그 일부를 지방의회 의장이 위촉하도록 한 것은 지방의회가 집행기관의 인사권에 사전에 적극적으로 개입하는 것으로서 지방자치법이 정한 의결기관과 집행기관 사이의 권한분리 및 배분의 취지에 배치되는 위법한 규정이며, 또 집행기관의 인사권에 의장 개인의 자격으로는 관여할 수 있는 권한이 없고 조례로써 이를 허용할 수도 없으며, 따라서 의장 개인이 위원의 일부를 위촉하도록 한 조례안의 규정은 그 점에서도 위법하다. (1994. 4. 26. 93추175)

76 '서울특별시 중구 사무의 민간위탁에 관한 조례안' 제4조 제3항 등이 지방자치단체 사무의 민간위탁에 관하여 지방의회의 사전 동의를 받도록 한 것과 지방자치단체장이 동일 수탁자에게 위탁사무를 재위탁하거나 기간연장 등 기존 위탁계약의 중요한 사항을 변경하고자 할 때 지방의회의 동의를 받도록 한 것은, 지방자치단체장의 집행권한을 본질적으로 침해하는 것으로 볼 수 없다. (예제문제)   [   ]

77 주민투표의 대상이 되는 사항이라 하더라도 주민투표의 시행 여부는 지방자치단체의 장의 임의적 재량에 맡겨져 있으므로, 지방의회가 조례로 정한 특정한 사항에 관하여는 일정한 기간 내에 반드시 투표를 실시하도록 규정한 조례안은 지방자치단체의 장의 고유권한을 침해하는 규정이다. (예제문제)   [   ]

제3절 지방자치단체의 사무

78 법령상 지방자치단체의 장이 처리하도록 하고 있는 사무가 자치사무인지 아니면 기관위임사무인지를 판단하기 위해서는 그에 관한 법령의 규정 형식과 취지를 우선 고려하여야 하지만, 그 밖에 그 사무의 성질이 전국적으로 통일적인 처리가 요구되는 사무인지, 그에 관한 경비부담과 최종적인 책임귀속의 주체가 누구인지 등도 함께 고려하여야 한다. (변시 3회) ★★   [   ]

79 학교법인 임원취임의 승인취소권은 교육감이 지방자치단체의 교육·학예에 관한 사무의 특별집행기관으로서 가지는 권한이고 정부조직법상의 국가행정기관의 일부로서 가지는 권한이라고 할 수 없으므로 자치사무에 해당한다. (예제문제)   [   ]

80 지방의회의원에 대하여 유급 보좌 인력을 두는 것은 지방의회의원의 신분·지위 및 처우에 관한 현행 법령상의 제도에 중대한 변경을 초래하는 것으로서 국회의 법률로 규정하여야 할 입법사항이다. (변시 7회) ★   [   ]

정답 및 해설

76 [O] 지방자치단체장의 민간위탁에 대한 일방적인 독주를 제어하여 민간위탁의 남용을 방지하고 그 효율성과 공정성을 담보하기 위한 장치에 불과하고, 민간위탁의 권한을 지방자치단체장으로부터 박탈하려는 것이 아니다. (2011. 2. 10. 2010추11)

77 [O] (2002. 4. 26. 2002추23)

78 [O] (2003. 4. 22. 2002두10483)

79 [O] (1997. 6. 19. 95누8669)

80 [O] (2017. 3. 30. 2016추5087)

81 교육감이 담당 교육청 소속 국가공무원인 교사에 대하여 하는 징계의결 요구사무는 국가위임사무이며, 또한 사립 초등·중·고등학교 교사 징계에 관하여 규정한 교육감의 징계요구권은 국가사무로서 시·도 교육감에 위임된 사무이다. (추가문제) ★ [   ]

82 법령의 위임 없이, 교원인사에 관한 사항을 심의하기 위하여 공립학교에 교원인사자문위원회를 두도록 하고 그 심의사항에 관하여 규정한 조례는 조례제정권의 한계를 벗어나 위법하다. (변시 8회) ★ [   ]

83 학교의 장이 행하는 학교생활기록의 작성에 관한 교육감의 지도·감독사무는 국가사무이고, 교육능력개발평가사무는 기관위임사무에 해당한다. (추가문제) [   ]

정답 및 해설

81 [O] [2] 교육공무원 징계사무의 성격, 그 권한의 위임에 관한 교육공무원법령의 규정 형식과 내용 등에 비추어 보면, 국가공무원인 교사에 대한 징계는 국가사무이고, 그 일부인 징계의결요구 역시 국가사무에 해당한다고 보는 것이 타당하다. 따라서 교육감이 담당 교육청 소속 국가공무원인 교사에 대하여 하는 징계의결요구 사무는 국가위임사무라고 보아야 한다.
[3] 사립학교 교원의 복무나 징계 등은 국·공립학교 교원과 같이 전국적으로 통일하여 규율되어야 한다. 이를 고려할 때, 구 사립학교법(2012. 1. 26. 법률 제11216호로 개정되기 전의 것) 제54조 제3항이 사립 초등·중·고등학교 교사의 징계에 관하여 규정한 교육감의 징계요구 권한은 위 사립학교 교사의 자질과 복무태도 등을 국·공립학교 교사와 같이 일정 수준 이상 유지하기 위한 것으로서 국·공립학교 교사에 대한 징계와 균형 있게 처리되어야 할 국가사무로서 시·도 교육감에 위임된 사무라고 보아야 한다. (2013. 6. 27. 2009추206)

82 [O] 교원의 지위에 관한 사항은 법률로 정하여 전국적으로 통일적인 규율이 필요하고 또 국가가 이를 위하여 상당한 경비를 부담하고 있으므로, 이에 관한 사무는 국가사무로 보아야 한다 … '광주광역시 학교자치에 관한 조례안'에 대하여 교육부장관의 재의요구지시에 따라 교육감이 재의를 요구하였으나 시의회가 원안대로 재의결한 사안에서, 위 조례안은 국가사무에 관하여 법령의 위임 없이 조례로 정한 것으로 조례제정권의 한계를 벗어나 위법하다. (2016. 12. 29. 2013추36)

83 [O] ㉠ 학교생활기록에 관한 초·중등교육법, 고등교육법 및 각 시행령의 규정 내용에 의하면, 어느 학생이 시·도를 달리하여 또는 국립학교와 공립·사립학교를 달리하여 전출하는 경우에 학교생활기록의 체계·통일적인 관리가 필요하고, 중학생이 다른 시·도 지역에 소재한 고등학교에 진학하는 경우에도 학교생활기록은 고등학교의 입학전형에 반영되며, 고등학생의 학교생활기록은 교육부장관의 지도·감독을 받는 대학교의 입학전형자료로 활용되므로, 학교의 장이 행하는 학교생활기록의 작성에 관한 사무는 국민 전체의 이익을 위하여 통일적으로 처리되어야 할 성격의 사무이다. 따라서 전국적으로 통일적 처리를 요하는 학교생활기록의 작성에 관한 사무에 대한 감독관청의 지도·감독 사무도 국민 전체의 이익을 위하여 통일적으로 처리되어야 할 성격의 사무라고 보아야 하므로, 공립·사립학교의 장이 행하는 학교생활기록부 작성에 관한 교육감의 지도·감독 사무는 국가사무로서 교육감에 위임된 사무이다. (2014. 2. 27. 2012추183)
㉡ 교육수준을 전국적으로 향상시킬 책무가 있는 피고로서는 교원능력개발평가사업을 시행하면서 그 실시 및 평가의 균일성·공정성의 확보를 도모할 필요가 있으므로, 교원능력개발평가 사무는 전국적으로 통일적 실시가 필요한 업무라 할 것이다. 이러한 교원능력개발평가 사무와 관련된 법령의 규정 내용과 취지, 그 사무의 내용 및 성격 등을 앞서 본 법리에 비추어 보면, 교원능력개발평가는 국가사무로서 각 시·도 교육감에게 위임된 기관위임사무라고 봄이 타당하다. (2013. 5. 23. 2011추56)

제4절 지방자치단체에 대한 국가의 관여

지방자치단체 상호간의 분쟁조정

84 지방자치단체의 자치사무라도 당해 지방자치단체에 내부적인 효과만을 발생시키는 것이 아니라 그 사무로 인하여 다른 지방자치단체나 그 주민의 보호할 만한 가치가 있는 이익을 침해하는 경우에는 「지방자치법」에서 정한 분쟁조정위원회의 분쟁조정 대상 사무가 될 수 있다. (변시 7회) ★
[   ]

85 행정안전부장관이 지방자치단체 상호간의 사무비용 분담에 관한 다툼에 대하여 분쟁조정결정을 한 경우 그 후속의 이행명령과 별도로 분쟁조정결정 자체의 취소를 구하는 소송을 대법원에 제기하는 것은 「지방자치법」상 허용되지 아니한다. (변시 7회) ★
[   ]

시정명령 및 취소 정지

86 지방자치법에 의하면 지방자치단체의 사무에 관한 그 장의 명령이나 처분이 법령에 위반되거나 현저히 부당하여 공익을 해친다고 인정되면 시·도(특별시, 광역시, 특별자치시, 도, 특별자치도를 말함)에 대하여는 주무부장관이 기간을 정하여 서면으로 시정할 것을 명하고, 그 기간에 이행하지 아니하면 이를 취소하거나 정지할 수 있다. 이 경우 자치사무에 관한 명령이나 처분에 대하여는 법령을 위반하는 것에 한한다. (변시 3회) ★★
[   ]

정답 및 해설

84 [O] 지방자치법 제165조 제1항, 제3항, 제4항 참고 (2016. 7. 22. 2012추121)

85 [O] 행정자치부장관이나 시·도지사의 분쟁조정결정에 대하여는 후속의 이행명령을 기다려 대법원에 이행명령을 다투는 소를 제기한 후 그 사건에서 이행의무의 존부와 관련하여 분쟁조정결정의 위법까지 함께 다투는 것이 가능할 뿐, 별도로 분쟁조정결정 자체의 취소를 구하는 소송을 대법원에 제기하는 것은 지방자치법상 허용되지 아니한다. (2015. 9. 24. 2014추613) 지방자치법 제165조 제4항, 제7항, 제189조 제3항 참고

86 [O] 지방자치법 제188조 제1항

87 구 지방자치법 제157조 제1항(현 제188조 제1항, 제5항)은 "지방자치단체의 사무에 관한 그 장의 명령이나 처분이 법령에 위반되거나 현저히 부당하여 공익을 해한다고 인정될 때에는 시·도에 대하여는 주무부장관이, … 기간을 정하여 서면으로 시정을 명하고 그 기간 내에 이행하지 아니할 때에는 이를 취소하거나 정지할 수 있다. 이 경우 자치사무에 관한 명령이나 처분에 있어서는 법령에 위반하는 것에 한한다."고 규정하고 있는바, 지방자치단체의 사무에 관한 그 장의 명령이나 처분이 법령에 위반되는 경우라 함은 그 장의 사무의 집행이 명시적인 법령의 규정을 구체적으로 위반한 경우만을 말하고, 그러한 사무의 집행이 재량권을 일탈·남용하여 위법하게 되는 경우는 포함되지 아니한다. (변시 1회) ★★ [　]

88 시장·군수·구청장이 당해 지방자치단체 소속 공무원에 대하여 한 승진처분이 재량권을 일탈·남용하여 위법한 경우 시·도지사는 그에 대하여 시정할 것을 명하고, 시정명령이 이행되지 않으면 승진처분을 취소할 수 있다. (변시 7회) ★★ [　]

89 교육부장관이 교육감의 교육·학예에 관한 사무 중 '자치사무'에 대한 명령이나 처분에 대하여 취소하거나 정지하려면 법령 위반 사항이 있어야 하는데, 여기에는 교육감의 사무 집행이 명시적인 법령의 규정을 구체적으로 위반한 경우뿐만 아니라 그러한 사무의 집행이 재량권을 일탈·남용하여 위법하게 되는 경우를 포함한다. (추가문제) [　]

90 주무부장관이 「지방자치법」에 따라 시·도에 대하여 행한 시정명령에 대하여 해당 시·도지사는 대법원에 시정명령의 취소를 구하는 소송을 제기할 수 있다. (변시 6회) ★★ [　]

정답 및 해설

87 [X] 아래 해설 참고 (2007. 3. 22. 2005추62)

88 [O] 지방자치법 제169조 제1항 전문 및 후문(현 제188조 제1항, 제5항)에서 규정하고 있는 지방자치단체의 사무에 관한 그 장의 명령이나 처분이 법령에 위반되는 경우라 함은 명령이나 처분이 현저히 부당하여 공익을 해하는 경우, 즉 합목적성을 현저히 결하는 경우와 대비되는 개념으로, 시·군·구의 장의 사무의 집행이 명시적인 법령의 규정을 구체적으로 위반한 경우뿐만 아니라 그러한 사무의 집행이 재량권을 일탈·남용하여 위법하게 되는 경우를 포함한다고 할 것이므로, 시·군·구의 장의 자치사무의 일종인 당해 지방자치단체 소속 공무원에 대한 승진처분이 재량권을 일탈·남용하여 위법하게 된 경우 시·도지사는 지방자치법 제169조 제1항 후문에 따라 그에 대한 시정명령이나 취소 또는 정지를 할 수 있다. (2007. 3. 22. 2005추62)

89 [O] (2018. 7. 12. 2014추33)

90 [X] 지방교육자치에 관한 법률 제3조에 의하여 준용되는 지방자치법 제169조 제2항은(현 제188조 제5항) 자치사무에 관한 명령이나 처분의 취소 또는 정지에 대하여서만 소를 제기할 수 있다고 규정하고, 주무부장관이 지방자치법 제169조 제1항에 따라 시·도에 대하여 행한 시정명령에 대하여도 대법원에 소를 제기할 수 있다는 규정을 두고 있지 않으므로, 시정명령의 취소를 구하는 소송은 허용되지 않는다. (2014. 2. 27. 2012추183)

91 교원능력개발평가는 전국적으로 통일적인 처리가 요구되는 사무이다. 이와 관련하여 전라북도 교육감이 수립한 추진계획에 대하여 교육부장관은 「지방자치법」 제188조에 따른 시정명령을 발할 수 있다. (23-1) ★ [   ]

정답 및 해설

91 [X] 구 교원 등의 연수에 관한 규정(2011. 10. 25. 대통령령 제23246호로 개정되기 전의 것) 제18조에 따른 교원능력개발평가 사무와 관련된 법령의 규정 내용과 취지, 그 사무의 내용 및 성격 등에 비추어 보면, 교원능력개발평가는 국가사무로서 각 시·도 교육감에게 위임된 기관위임사무라고 보는 것이 타당하다. … (2013. 5. 23. 2011추56)

한편 시정명령의 대상은 자치사무와 단체위임사무에 한하고, 기관위임사무는 시정명령의 대상이 될 수 없다.

92 A도 B군의회는 X사무에 관하여 조례안을 의결하여 B군수에게 이송하였다. A도지사는 위 조례안이 법령의 위임이 없는 위법한 것임을 이유로 B군수에게 재의요구를 지시하였고, B군수의 재의요구에 대해 B군의회는 원안대로 재의결을 하였다. (다툼이 있는 경우 판례에 의함) (변시 9회)

① X사무가 국가사무인 경우에는 법령의 위임이 있어야 B군의회가 조례를 제정할 수 있으며, 이 때의 위임은 포괄적 위임으로도 족하다. [ ]

② A도지사가 조례안재의결 무효확인소송을 제기한 경우, 심리대상은 재의요구 요청에서 이의사항으로 지적한 것에 한하지 않으며, 법원은 재의결이 법령에 위반될 수 있는 모든 사정에 관하여 심리할 수 있다. [ ]

③ B군의회의 재의결이 법령에 위반된다고 판단됨에도 A도지사가 이에 대해 제소하지 않는 경우에는 행정안전부장관이 직접 대법원에 제소할 수 있다. ★★ [ ]

④ X사무가 자치사무인 경우 X사무에 관한 B군수의 처분이 법령에 위반됨을 이유로 A도지사는 그 처분을 직권취소할 수 있으며, 이때 직권취소의 대상은 「행정소송법」상 처분으로 한정된다. ★★ [ ]

⑤ A도지사가 X사무에 관한 B군수의 처분에 대해 시정명령을 발한 경우, B군수는 시정명령에 대하여 대법원에 제소할 수 없다. [ ]

정답 및 해설

92 ① [X] 기관위임사무에 있어서도 그에 관한 개별법령에서 일정한 사항을 조례로 정하도록 위임하고 있는 경우에는 위임받은 사항에 관하여 개별법령의 취지에 부합하는 범위 내에서 이른바 위임조례를 정할 수 있다.(2008. 1. 17. 2007다59295) ⇨ 포괄적 위임은 자치사무에 관한 조례(이른바 자치조례)에서만 허용된다.

② [X] 조례안재의결 무효확인소송에서의 심리대상은 지방자치단체의 장이 지방의회에 재의를 요구할 당시 이의사항으로 지적하여 재의결에서 심의의 대상이 된 것에 국한된다. (2015. 5. 14. 2013추98)

③ [X] 시·군 및 자치구의회의 의결이 법령에 위반된다고 판단됨에도 불구하고 시·도지사가 제1항에 따라 재의를 요구하게 하지 아니한 경우 주무부장관이 직접 시장·군수 및 자치구의 구청장에게 재의를 요구하게 할 수 있고(지방자치법 제192조 제2항), 이후 재의결된 사항이 법령에 위반된다고 판단됨에도 불구하고 해당 지방자치단체의 장이 소를 제기하지 아니하면 주무부장관이 직접 제소 할 수 있다(제5항).
사안의 경우, A도지사가 B군수에게 재의요구를 지시하였을 뿐 행정안전부장관은 재의요구 지시를 한 적이 없으므로, 지방자치법 제192조 제2항, 제5항에 따라 행정안전부장관은 이후 재의결에 대해 대법원에 제소할 수 없다.

④ [X] 행정소송법상 항고소송은 행정청이 행하는 구체적 사실에 관한 법집행으로서의 공권력의 행사 또는 거부와 그 밖에 이에 준하는 행정작용을 대상으로 하여 위법상태를 배제함으로써 국민의 권익을 구제함을 목적으로 하는 것과 달리, 지방자치법 제169조 제1항(현 제188조 제1항)은 지방자치단체의 자치행정 사무처리가 법령 및 공익의 범위 내에서 행해지도록 감독하기 위한 규정이므로 적용대상을 항고소송의 대상이 되는 행정처분으로 제한할 이유가 없다. (2017. 3. 30. 2016추5087)

⑤ [O] 지방자치법 제169조 제2항(현 제188조 제6항)은 '시군 및 자치구의 자치사무에 관한 지방자치단체의 장의 명령이나 처분에 대하여 시·도지사가 행한 취소 또는 정지'에 대하여 해당 지방자치단체의 장이 대판에 소를 제기할 수 있다고 규정하고 있을 뿐 '시·도지사가 지방자치법 제169조 제1항(현 제188조 제1항)에 따라 시·군 및 자치구에 대하여 행한 시정명령'에 대하여도 대법원에 소를 제기할 수 있다고 규정하고 있지 않으므로, 이러한 시정명령의 취소를 구하는 소송은 허용되지 않는다. (2017. 10. 12. 2016추5148)

93　　A도 B시의 단체장인 甲은 불법파업에 참가한 소속 지방공무원 乙을 사무관으로 승진 발령하였다(이하, '승진처분'이라 함). 한편, A도의 도지사 丙은 甲이 乙에 대하여 B시 인사위원회에 불법파업 참가를 이유로 징계의결을 요구하여야 함에도 불구하고 이를 하지 아니한 채 승진시킨 것은 문제가 있다고 판단한다. (다툼이 있는 경우 판례에 의함) (변시 10회)

① 승진처분이 현저히 부당하여 공익을 해한다고 인정되면 丙은 甲에 대하여 서면으로 시정명령을 할 수 있다. [ ]

② 丙이 甲에 대하여 승진처분을 시정할 것을 명한 경우, 甲은 丙의 시정명령에 대하여 대법원에 제소할 수 없다. [ ]

③ 甲이 丙으로부터 시정명령을 받고 기간 내에 시정하지 아니한 경우, 丙은 승진처분에 재량권의 일탈·남용이 있다면 이를 취소할 수 있다. [ ]

④ 丙이 승진처분을 취소한 경우, 甲은 丙의 취소처분에 대하여 행정법원에 제소할 수 없다. [ ]

⑤ 丙의 甲에 대한 시정명령의 적용대상은 항고소송의 대상이 되는 행정처분으로 제한되지 않는다. [ ]

정답 및 해설

93 ① **[X]** 지방공무원에 대한 승진처분은 자치사무이므로(2007. 3. 22. 2005추62), 법령을 위반한 경우에만 시정명령을 할 수 있다.
지방자치법 제188조(위법·부당한 명령이나 처분의 시정) ① 지방자치단체의 사무에 관한 지방자치단체의 장(제103조제2항에 따른 사무의 경우에는 지방의회의 의장을 말한다. 이하 이 조에서 같다)의 명령이나 처분이 법령에 위반되거나 현저히 부당하여 공익을 해친다고 인정되면 시·도에 대해서는 주무부장관이, 시·군 및 자치구에 대해서는 시·도지사가 기간을 정하여 서면으로 시정할 것을 명하고, 그 기간에 이행하지 아니하면 이를 취소하거나 정지할 수 있다.
⑤ 제1항부터 제4항까지의 규정에 따른 자치사무에 관한 명령이나 처분에 대한 주무부장관 또는 시·도지사의 시정명령, 취소 또는 정지는 법령을 위반한 것에 한정한다.
② **[O]** 지방자치법 제169조 제2항(현 제188조 제6항)은 자치사무에 관한 명령이나 처분의 취소 또는 정지에 대하여서만 소를 제기할 수 있다고 규정하고, 주무부장관이 지방자치법 제169조 제1항(현 제188조 제1항)에 따라 시·도에 대하여 행한 시정명령에 대하여도 대법원에 소를 제기할 수 있다는 규정을 두고 있지 않으므로, 시정명령의 취소를 구하는 소송은 허용되지 않는다. (2014. 2. 27. 2012추183)
③ **[O]** 지방자치법 제169조 제1항 전문 및 후문(현 제188조 제1항, 제5항)에서 규정하고 있는 지방자치단체의 사무에 관한 그 장의 명령이나 처분이 법령에 위반되는 경우라 함은 명령이나 처분이 현저히 부당하여 공익을 해하는 경우, 즉 합목적성을 현저히 결하는 경우와 대비되는 개념으로, 시·군·구의 장의 사무의 집행이 명시적인 법령의 규정을 구체적으로 위반한 경우뿐만 아니라 그러한 사무의 집행이 재량권을 일탈·남용하여 위법하게 되는 경우를 포함한다고 할 것이므로, 시·군·구의 장의 자치사무의 일종인 당해 지방자치단체 소속 공무원에 대한 승진처분이 재량권을 일탈·남용하여 위법하게 된 경우 시·도지사는 지방자치법 제169조 제1항 후문(현 제188조 제5항)에 따라 그에 대한 시정명령이나 취소 또는 정지를 할 수 있다. (2007. 3. 22. 2005추62)
④ **[O]** 지방자치법 제188조(위법·부당한 명령이나 처분의 시정) ⑥ 지방자치단체의 장은 제1항, 제3항 또는 제4항에 따른 자치사무에 관한 명령이나 처분의 취소 또는 정지에 대하여 이의가 있으면 그 취소처분 또는 정지처분을 통보받은 날부터 15일 이내에 대법원에 소를 제기할 수 있다.
⑤ **[O]** 지방자치법 제169조 제1항(현 제188조 제5항)은 지방자치단체의 자치행정 사무처리가 법령 및 공익의 범위 내에서 행해지도록 감독하기 위한 규정이므로 적용대상을 항고소송의 대상이 되는 행정처분으로 제한할 이유가 없다. (2017. 3. 30. 2016추5087)

직무이행명령

94 지방자치단체의 장이 법령에 따라 그 의무에 속하는 국가위임사무나 시·도위임사무의 관리와 집행을 명백히 게을리하고 있다고 인정되면 시·도에 대해서는 주무부장관이, 시·군 및 자치구에 대해서는 시·도지사가 기간을 정하여 서면으로 이행할 사항을 명령할 수 있다. (24-1) ★★ [   ]

95 「지방자치법」상 지방자치단체의 장에 대한 직무이행명령의 대상은 기관위임사무이다. (변시 10회) ★★ [   ]

96 국가는 지방자치단체의 장의 기관위임사무의 처리에 관하여 해당 지방자치단체의 장을 상대로 취소소송을 제기하여 다툴 수 있다. (변시 6회) ★ [   ]

97 법령의 규정에 따라 지방자치단체의 장에게 특정 국가위임사무를 관리·집행할 의무가 있는지 여부의 판단대상에는 그 법령상 의무의 존부뿐만 아니라, 지방자치단체의 장이 그 사무의 관리·집행을 하지 아니한 데 합리적 이유가 있는지 여부도 포함된다. (변시 10회) ★ [   ]

✎ 정답 및 해설

94 [O] 지방자치법 제189조 제1항

95 [O] 지방교육자치에 관한 법률 제3조, 지방자치법 제170조 제1항(현 제189조 제1항)에 따르면, 교육부장관이 교육감에 대하여 할 수 있는 직무이행명령의 대상사무는 '국가위임사무의 관리와 집행'이다. 그 규정의 문언과 함께 직무이행명령 제도의 취지, 즉 교육감이나 지방자치단체의 장 등, 기관에 위임된 국가사무의 통일적 실현을 강제하고자 하는 점 등을 고려하면, 여기서 국가위임사무란 교육감 등에 위임된 국가사무, 즉 기관위임 국가사무를 뜻한다고 보는 것이 타당하다. (2013. 6. 27. 2009추206)

96 [X] 건설교통부장관은 지방자치단체의 장이 기관위임사무인 국토이용계획 사무를 처리함에 있어 자신과 의견이 다를 경우 행정협의조정위원회에 협의·조정 신청을 하여 그 협의·조정 결정에 따라 의견불일치를 해소할 수 있고, 법원에 의한 판결을 받지 않고서도 행정권한의 위임 및 위탁에 관한 규정이나 구 지방자치법에서 정하고 있는 지도·감독을 통하여 직접 지방자치단체의 장의 사무처리에 대하여 시정명령을 발하고 그 사무처리를 취소 또는 정지할 수 있으며, 지방자치단체의 장에게 기간을 정하여 직무이행명령을 하고 지방자치단체의 장이 이를 이행하지 아니할 때에는 직접 필요한 조치를 할 수도 있으므로, 국가가 국토이용계획과 관련한 지방자치단체의 장의 기관위임사무의 처리에 관하여 지방자치단체의 장을 상대로 취소소송을 제기하는 것은 허용되지 않는다. (2007. 9. 20. 2005두6935)

97 [X] 직무이행명령의 요건 중 '법령의 규정에 따라 지방자치단체의 장에게 특정 국가위임사무를 관리·집행할 의무가 있는지' 여부의 판단대상은 문언대로 그 법령상 의무의 존부이지, 지방자치단체의 장이 그 사무의 관리·집행을 하지 아니한 데 합리적 이유가 있는지 여부가 아니다. (2013. 6. 27. 2009추206)

98	지방자치단체의 장은 그 의무에 속한 국가위임사무를 이행하는 것이 원칙이므로, 지방자치단체의 장이 특별한 사정 없이 그 의무를 이행하지 아니한 때에는 '국가위임사무의 관리와 집행을 명백히 게을리하고 있다'는 요건을 충족한다고 해석하여야 한다. (변시 10회) ★ [ ]
99	지방자치단체의 장이 특정 국가위임사무를 관리·집행할 의무가 있는지 여부에 관하여 주무부장관과 다른 견해를 취하여 이를 이행하고 있지 아니한 사정은 의무불이행의 정당한 이유가 되지 못한다. (변시 10회) [ ]
100	주무부장관이나 시·도지사는 해당 지방자치단체의 장이 이행명령의 기간에 이행명령을 이행하지 아니하면 그 지방자치단체의 비용부담으로 대집행할 수 있다. (변시 10회) [ ]

기타

101	지방의회의 의장은 지방의회 사무직원을 지휘·감독하고 법령과 조례·의회규칙으로 정하는 바에 따라 그 임면·교육·훈련·복무·징계 등에 관한 사항을 처리한다. (22-2) [ ]
102	지방자치단체는 국가의 외교·통상 정책과 배치되지 아니하는 범위에서 국제교류·협력, 통상·투자 유치를 위하여 외국의 지방자치단체, 민간기관, 국제연합과 협력을 추진할 수 있다. (22-2) [ ]

정답 및 해설

98 [O] 지방자치법 제170조 제1항(현 제189조 제1항)에 따르면, 주무부장관은 지방자치단체의 장이 그 의무에 속하는 국가위임사무의 관리와 집행을 명백히 게을리하고 있다고 인정되면 해당 지방자치단체의 장에게 이행할 사항을 명할 수 있다. 여기서 '국가위임사무의 관리와 집행을 명백히 게을리하고 있다'는 요건은 국가위임사무를 관리·집행할 의무가 성립함을 전제로 하는데, 지방자치단체의 장은 그 의무에 속한 국가위임사무를 이행하는 것이 원칙이므로, 지방자치단체의 장이 특별한 사정이 없이 그 의무를 이행하지 아니한 때에는 이를 충족한다고 해석하여야 한다. 여기서 특별한 사정이란, 국가위임사무를 관리·집행할 수 없는 법령상 장애사유 또는 지방자치단체의 재정상 능력이나 여건의 미비, 인력의 부족 등 사실상의 장애사유를 뜻한다고 보아야 하고, 지방자치단체의 장이 특정 국가위임사무를 관리·집행할 의무가 있는지 여부에 관하여 주무부장관과 다른 견해를 취하여 이를 이행하고 있지 아니한 사정은 이에 해당한다고 볼 것이 아니다. 왜냐하면, 직무이행명령에 대한 이의소송은 그와 같은 견해의 대립을 전제로 지방자치단체의 장에게 제소권을 부여하여 성립하는 것이므로, 그 소송의 본안판단에서 그 사정은 더는 고려할 필요가 없기 때문이다. (2013. 6. 27. 2009추206)

99 [O] 위 해설 참고
100 [O] 지방자치법 제189조 제2항
101 [O] 지방자치법 제103조 제2항
102 [O] 지방자치법 제193조

제4장 공무원법

103 대통령의 징계처분에 대하여 행정소송을 제기할 때는 대통령을 피고로 한다. (예제문제) ★ [　]

104 행정청의 공무원에 대한 의원면직처분은 공무원의 사직의사를 수리하는 소극적 행정행위에 불과하고, 당해 공무원의 사직의사를 확인하는 확인적 행정행위의 성격이 강하며 재량의 여지가 거의 없기 때문에 의원면직처분에서의 행정청의 권한유월 행위는 무권한의 행위로서 당연무효에 해당하고 취소할 수 있는 경우란 상정하기 어렵다. (예제문제) [　]

105 5급 이상의 국가정보원 직원에 대하여 임면권자인 대통령이 아닌 국가정보원장이 행한 의원면직처분은 당연무효이다. (변시 10회) ★★ [　]

106 공무원이 국가를 상대로 실질이 보수에 해당하는 금원의 지급을 구하려면 공무의 '근무조건 법정주의'에 따라 국가공무원법령 등 공무원의 보수에 관한 법률에 그 지급근거가 되는 명시적 규정이 존재하여야 하고, 나아가 해당보수 항목이 국가예산에도 계상되어 있어야만 한다. (예제문제) [　]

107 공무원관계는 관련 규정에 의한 채용후보자 명부에 등록한 때 설정되는 것이므로 공무원임용 결격사유가 있는지의 여부는 채용후보자 명부에 등록한 당시에 시행되던 법률을 기준으로 하여 판단하여야 한다. (변시 1회) ★ [　]

정답 및 해설

103 [X] 국가공무원법 제16조(행정소송과의 관계) ② 제1항에 따른 행정소송을 제기할 때에는 대통령의 처분 또는 부작위의 경우에는 소속 장관(대통령령으로 정하는 기관의 장을 포함한다. 이하 같다)을, 중앙선거관리위원회위원장의 처분 또는 부작위의 경우에는 중앙선거관리위원회사무총장을 각각 피고로 한다.

104 [X] 행정청의 권한에는 사무의 성질 및 내용에 따르는 제약이 있고, 지역적·대인적으로 한계가 있으므로 이러한 권한의 범위를 넘어서는 권한유월의 행위는 무권한 행위로서 원칙적으로 무효라고 할 것이나, 행정청의 공무원에 대한 의원면직처분은 공무원의 사직의사를 수리하는 소극적 행정행위에 불과하고, 당해 공무원의 사직의사를 확인하는 확인적 행정행위의 성격이 강하며 재량의 여지가 거의 없기 때문에 의원면직처분에서의 행정청의 권한유월 행위를 다른 일반적인 행정행위에서의 그것과 반드시 같이 보아야 할 것은 아니다. (2007. 7. 26. 2005두15748)

105 [X] 5급 이상의 국가정보원직원에 대한 의원면직처분이 임면권자인 대통령이 아닌 국가정보원장에 의해 행해진 것으로 위법하고, 나아가 국가정보원직원의 명예퇴직원 내지 사직서 제출이 직위해제 후 1년여에 걸친 국가정보원장 측의 종용에 의한 것이었다는 사정을 감안한다 하더라도 그러한 하자가 중대한 것이라고 볼 수는 없으므로 대통령의 내부결재가 있었는지에 관계없이 당연무효는 아니다. (2007. 7. 26. 2005두15748)

106 [O] (2018. 2. 28. 2017두64606)

107 [X] 국가공무원법에 규정되어 있는 공무원임용결격사유는 공무원으로 임용되기 위한 절대적인 소극적 요건으로서 공무원관계는 국가공무원법 제38조, 공무원임용령 제11조의 규정에 의한 채용후보자 명부에 등록한 때가 아니라 국가의 임용이 있는 때에 설정되는 것이므로 공무원임용결격사유가 있는지의 여부는 채용후보자 명부에 등록한 때가 아닌 임용당시에 시행되던 법률을 기준으로 하여 판단하여야 한다. (1987. 4. 14. 86누459)

108 공무원법령에 의하여 시험승진후보자명부에 등재되어 있던 자가 그 명부에서 삭제됨으로써 승진임용의 대상에서 제외된 경우에 이러한 삭제행위는 그 자체가 공무원 승진임용에 관한 권리나 의무를 설정하거나 법률상 이익에 직접적인 변동을 초래하는 별도의 행정처분이 된다. (변시 1회) ★
[   ]

109 교육부장관이 대학에서 추천한 복수의 총장 후보자들 전부 또는 일부를 임용제청에서 제외하는 행위는 제외된 후보자들에 대한 불이익처분으로서 항고소송의 대상이 되는 처분에 해당한다. (추가문제) ★★
[   ]

110 4급 공무원이 당해 지방자치단체 인사위원회의 심의를 거쳐 3급 승진대상자로 결정되고 임용권자가 그 사실을 대내외에 공표까지 하였다면 그 공무원은 3급 승진임용 신청을 할 조리상의 권리가 있다. (예제문제)
[   ]

정답 및 해설

108 [X] 시험승진후보자명부에 등재되어 있던 자가 그 명부에서 삭제됨으로써 승진임용의 대상에서 제외되었다 하더라도, 그와 같은 시험승진후보자명부에서의 삭제행위는 결국 그 명부에 등재된 자에 대한 승진 여부를 결정하기 위한 행정청 내부의 준비과정에 불과하고, 그 자체가 어떠한 권리나 의무를 설정하거나 법률상 이익에 직접적인 변동을 초래하는 별도의 행정처분이 된다고 할 수 없다. (1997. 11. 14. 97누7325)

109 [O] 대학의 장 임용에 관하여 교육부장관의 임용제청권을 인정한 취지는 대학의 자율성과 대통령의 실질적인 임용권 행사를 조화시키기 위하여 대통령의 최종적인 임용권 행사에 앞서 대학의 추천을 받은 총장 후보자들의 적격성을 일차적으로 심사하여 대통령의 임용권 행사가 적정하게 이루어질 수 있도록 하기 위한 것이다. 대학의 추천을 받은 총장 후보자는 교육부장관으로부터 정당한 심사를 받을 것이라는 기대를 하게 된다. 만일 교육부장관이 자의적으로 대학에서 추천한 복수의 총장 후보자들 전부 또는 일부를 임용제청하지 않는다면 대통령으로부터 임용을 받을 기회를 박탈하는 효과가 있다. 이를 항고소송의 대상이 되는 처분으로 보지 않는다면, 침해된 권리 또는 법률상 이익을 구제받을 방법이 없다. 따라서 교육부장관이 대학에서 추천한 복수의 총장 후보자들 전부 또는 일부를 임용제청에서 제외하는 행위는 제외된 후보자들에 대한 불이익처분으로서 항고소송의 대상이 되는 처분에 해당한다고 보아야 한다. 다만 교육부장관이 특정 후보자를 임용제청에서 제외하고 다른 후보자를 임용제청함으로써 대통령이 임용제청된 다른 후보자를 총장으로 임용한 경우에는, 임용제청에서 제외된 후보자는 대통령이 자신에 대하여 총장 임용 제외처분을 한 것으로 보아 이를 다투어야 한다.(대통령의 처분의 경우 소속 장관이 행정소송의 피고가 된다. 국가공무원법 제16조 제2항) 이러한 경우에는 교육부장관의 임용제청 제외처분을 별도로 다툴 소의 이익이 없어진다. (2018. 6. 15. 2016두57564)

110 [O] (2008. 4. 10. 2007두18611)

111 공무원법에 규정되어 있는 공무원임용 결격사유는 공무원으로 임용되기 위한 절대적인 소극적 요건이지만, 임용 당시 이러한 결격사유가 있었음에도 임용권자가 과실로 임용결격자임을 밝혀내지 못하였고 임용 후 70일 만에 사면으로 결격사유가 소멸되었다면 그 임용의 하자는 치유된 것이다. (변시 1회) ★★ [   ]

112 임용 당시 공무원임용 결격사유가 있었다면 비록 임용권자의 과실에 의하여 임용 결격자임을 밝혀내지 못하였다 하더라도 그 임용행위는 당연무효이다. (변시 5회) ★★ [   ]

113 임용 당시 공무원임용결격사유가 있었다면 그 임용행위는 당연무효이지만, 국가의 과실에 의하여 임용결격자임을 밝혀내지 못했던 경우라면 당연무효라고 볼 수 없다. (예제문제) [   ]

114 국가가 임용결격자에 대하여 결격사유가 있는 것을 알지 못하고 공무원으로 임용하였다가 사후에 결격사유가 있음을 발견하고 당초의 임용처분을 취소하는 것은 신의칙 내지 신뢰의 원칙에 위반된다. (변시 12회) [   ]

115 국가공무원이 당연퇴직 사유에 해당하는 금고 이상의 형의 집행유예를 선고 받은 후 그 선고가 실효되거나 취소됨이 없이 유예기간을 경과하여 형의 선고의 효력을 잃게 되었다 하더라도 이미 발생한 당연퇴직의 효력에는 영향이 없다. (변시 8회) [   ]

정답 및 해설

111 [X] 경찰공무원으로 임용된 후 70일 만에 선고받은 형이 사면 등으로 실효되어 결격사유가 소멸된 후 30년 3개월 동안 사실상 공무원으로 계속 근무를 하였다고 하더라도 그것만으로는 임용권자가 묵시적으로 새로운 임용처분을 한 것으로 볼 수 없고, 임용 당시 결격자였다는 사실이 밝혀졌는데도 서울특별시 경찰국장이 일반사면령 등의 공포로 현재 결격사유에 해당하지 아니한다는 이유로 당연퇴직은 불가하다는 조치를 내려서 그 후 정년퇴직시까지 계속 사실상 근무하도록 한 것이 임용권자가 일반사면령의 시행으로 공무원자격을 구비한 후의 근무행위를 유효한 것으로 추인하였다거나 장래에 향하여 그를 공무원으로 새로 임용하는 효력이 있다고 볼 수 없을 뿐만 아니라, 1982. 당시 경장이었던 그의 임용권자는 당시 시행된 경찰공무원법 및 경찰공무원임용령의 규정상 서울특별시장이지 경찰국장이 아니었음이 분명하여, 무효인 임용행위를 임용권자가 추인하였다거나 장래에 향하여 공무원으로 임용하는 새로운 처분이 있었던 것으로 볼 수 없다고 한 사례. (1996. 2. 27. 95누9617)

112 [O] (2005. 7. 28. 2003두469)

113 [X] (1987. 4. 14. 86누459)

114 [X] 국가가 공무원임용결격사유가 있는 자에 대하여 결격사유가 있는 것을 알지 못하고 공무원으로 임용하였다가 사후에 결격사유가 있는 자임을 발견하고 공무원 임용행위를 취소하는 것은 당사자에게 원래의 임용행위가 당초부터 당연무효이었음을 통지하여 확인시켜 주는 행위에 지나지 아니하는 것이므로, 그러한 의미에서 당초의 임용처분을 취소함에 있어서는 신의칙 내지 신뢰의 원칙을 적용할 수 없고 또 그러한 의미의 취소권은 시효로 소멸하는 것도 아니다. (1987. 4. 14. 86누459)

115 [O] 국가공무원법 제69조에서 규정하고 있는 당연퇴직제도는 같은 법 제33조 제1항 각 호에 규정되어 있는 결격사유가 발생하는 것 자체에 의하여 임용권자의 의사표시 없이 결격사유에 해당하게 된 시점에 당연히 그 공무원으로서의 신분을 상실하게 하는 것이고, 당연퇴직의 효력이 생긴 후에 당연퇴직사유가 소멸한다는 것은 있을 수 없다. (2002. 7. 26. 2001두205)

116 임용결격사유의 발생 사실을 알지 못하고 직위해제되어 있던 중 임용결격사유가 발생하여 당연퇴직된 자에게 임용권자가 복직처분을 하였다고 하더라도 이로 인해 그 자가 공무원의 신분을 회복하는 것은 아니다. (변시 1회) [   ]

117 당연무효인 임용결격자에 대한 임용행위에 의하여는 공무원의 신분을 취득하거나 근로고용관계가 성립될 수 없는 것이므로 임용결격자가 공무원으로 임명되어 사실상 근무하여 왔다 하더라도 퇴직금 청구를 할 수 없다. (변시 8회) ★★ [   ]

118 학력요건을 갖추지 못한 甲이 허위의 고등학교 졸업증명서를 제출하여 하사관에 지원했다는 이유로 하사관 임용일로부터 30년이 지나서 한 임용취소처분은 적법하며, 甲이 위 처분에 불복하여 신뢰이익을 원용할 수 없음은 물론 행정청이 이를 고려하지 아니하였다고 하여도 재량권의 남용이 되지 않는다. (변시 8회) [   ]

119 지방공무원 甲이 그에 대한 임명권자를 달리하는 지방자치단체로의 전출명령이 동의 없이 이루어진 것으로서 위법하다고 주장하면서 전출 받은 근무지에 출근하지 아니하자 이에 대하여 감봉 3월의 징계처분이 내려진 경우, 위 전출명령은 위법한 것으로서 취소되어야 하므로, 위 전출명령이 적법함을 전제로 내려진 위 징계처분은 비록 위 전출명령이 공정력에 의하여 취소되기 전까지는 유효한 것으로 취급되어야 한다고 하더라도 징계양정에 있어서는 결과적으로 재량권을 일탈한 위법이 있다. (변시 3회) (변시 5회) ★★ [   ]

120 공무원의 품위유지의무는 직무 외 사생활에 있어서도 적용된다. (예제문제) ★ [   ]

121 공무원의 성실의무는 법적 의무로서 위반 시 징계의 대상이 될 수 있으며, 이는 근무시간 외에 근무지 밖에서 적용될 여지는 없다. (추가문제) ★ [   ]

정답 및 해설

116 [O] (1997. 7. 8. 96누4275)

117 [O] (1995. 9. 29. 95누7833)
  비교판례 공무원임용행위가 국가공무원법에 위배되어 당연무효임에도 계속 근무해 온 경우, 임용 시부터 퇴직 시까지의 근로는 법률상 원인 없이 제공된 부당이득이므로 임금을 목적으로 계속하여 근로를 제공하여 온 퇴직자는 퇴직급여 중 적어도 근로기준법에 따른 퇴직금에 상당하는 금액은 그가 재직기간 중 제공한 근로에 대한 대가로서 청구할 수 있다.
(2004. 7. 22. 2004다10350)

118 [O] (2002. 2. 5. 2001두5286)

119 [O] (2001. 12. 11. 99두1823)

120 [O] (1998. 2. 27. 97누18172)

121 [X] 국가공무원법상 공무원의 성실의무는 경우에 따라 근무시간 외에 근무지 밖에까지 미칠 수도 있다. (1997. 2. 11. 96누2125)

| 122 | 비밀엄수의무의 대상이 되는 비밀은 행정기관이 비밀이라고 형식적으로 정한 것에 따를 것이 아니라 실질적으로 비밀로 보호할 가치가 있는지를 기준으로 판단하여야 한다. (23-1) ★ [ ] |

| 123 | 사직원을 제출하였다 하더라도 아직 수리되지 아니한 상태에서 출근하지 아니한 것은 직장이탈금지의무에 위반되는 행위이다. (23-1) ★ [ ] |

| 124 | 국가공무원이 그 법정 연가일수의 범위 내에서 연가를 신청하였다고 할지라도 그에 대한 소속 행정기관장의 허가가 있기 이전에 근무지를 이탈한 행위는 특단의 사정이 없는 한 「국가공무원법」에 위반되는 행위로서 징계사유가 된다. (변시 5회) ★ [ ] |

| 125 | 공무원에게 징계사유가 인정되는 이상, 관련된 형사사건이 아직 유죄로 확정되지 아니하였다 하더라도 징계처분을 할 수 있다. (예제문제) [ ] |

| 126 | 직위해제처분은 공무원에 대한 불이익한 처분이기 때문에 동일한 사유에 대하여 직위해제처분이 있은 후 다시 해임처분이 있었다면 일사부재리의 법리에 위반된다. (변시 5회) [ ] |

| 127 | 경찰공무원에 대한 징계위원회 심의과정에서 감경사유에 해당하는 공적(功績) 사항이 제시되지 아니한 경우에는 징계양정 결과가 적정한지 여부와 무관하게 징계처분은 위법하다. (변시 9회) ★ [ ] |

| 128 | 상관의 지시나 명령 그 자체에는 따르면서도 그것이 위헌·위법이라는 이유로 헌법소원 등 재판청구권을 행사하는 것은 상관의 지시나 명령을 따르지 않겠다는 의사를 표명한 것으로 볼 수 있어 공무원의 복종의무위반으로 평가된다. (예제문제) ★ [ ] |

정답 및 해설

122 [O] (1996. 5. 10. 95도780)

123 [O] (1985. 6. 25. 85누52)

124 [O] (1996. 6. 14. 96누2521)

125 [O] (1986. 11. 11. 86누59)

126 [X] 직위해제처분과 면직처분은 각 별개의 독립된 처분으로서, 면직처분이 직위해제처분의 유효 여부에 따라 영향을 받는 것이 아니다. (1984. 9. 11. 84누191)

127 [O] (2015. 11. 12. 2014두35638)

128 [X] 군인이 상관의 지시나 명령에 대하여 재판청구권을 행사하는 경우에 그것이 위법·위헌인 지시와 명령을 시정하려는 데 목적이 있을 뿐, 군 내부의 상명하복관계를 파괴하고 명령불복종 수단으로서 재판청구권의 외형만을 빌리거나 그 밖에 다른 불순한 의도가 있지 않다면, 정당한 기본권의 행사이므로 군인의 복종의무를 위반하였다고 볼 수 없다. (2018. 3. 22. 2012두26401)

129 수사기관에의 확인결과 퇴직을 희망하는 공무원이 파면, 해임, 강등 또는 정직에 해당하는 징계사유가 있는 경우 징계의결요구권자는 지체 없이 징계의결등을 요구하여야 하고, 퇴직을 허용하여서는 아니 된다. (예제문제) [ ]

130 「지방공무원법」상 보장되는 고충심사제도에 의한 고충심사결정은 당사자의 권리·의무에 영향을 미치는 결정이므로 행정상 쟁송의 대상이 되는 행정처분에 해당한다. (24-1) [ ]

131 甲은 「지방공무원법」 제31조에 정한 공무원 임용결격사유가 있는 자임에도 불구하고 지방공무원으로 임용되어 25년간 큰 잘못없이 근무하다가 위 사실이 발각되어 임용권자로부터 당연퇴직통보를 받았다. 「지방공무원법」 제61조는 같은 법 제31조의 임용결격사유를 당연퇴직사유로 규정하고 있다. (다툼이 있는 경우 판례에 의함) (변시 6회)

① 甲의 부정행위가 없는 한 甲에 대한 임용행위는 취소할 수 있는 행위일 뿐 당연무효인 행위는 아니다. [ ]

② 임용 당시 임용권자의 과실로 임용결격자임을 밝혀내지 못한 경우에는 甲에 대한 임용행위는 유효하다. [ ]

③ 甲이 공무원으로 사실상 근무 중 甲의 임용결격사유가 해소된 경우에는 甲의 공무원으로서의 신분이 그 때부터 당연히 인정된다. [ ]

④ 甲이 새로이 공무원으로 특별임용된 경우, 甲이 특별임용되기 이전에 사실상 공무원으로 계속 근무하여 온 과거의 재직기간은 「공무원연금법」상의 재직기간에 합산될 수 없다. [ ]

⑤ 甲에 대한 당연퇴직의 통보는 취소소송의 대상이 되는 행정처분이다. [ ]

정답 및 해설

129 [O] 국가공무원법 제78조의4 제2항

130 [X] 고충심사제도는 공무원으로서의 권익을 보장하고 적정한 근무환경을 조성하여 주기 위하여 근무조건 또는 인사관리 기타 신상문제에 대하여 법률적인 쟁송의 절차에 의하여서가 아니라 사실상의 절차에 의하여 그 시정과 개선책을 청구하여 줄 것을 임용권자에게 청구할 수 있도록 한 제도로서, 고충심사결정 자체에 의하여는 어떠한 법률관계의 변동이나 이익의 침해가 직접적으로 생기는 것은 아니므로 고충심사의 결정은 행정상 쟁송의 대상이 되는 행정처분이라고 할 수 없다. (1987.12.8. 87누657)

131 ① **[X]** 결격사유 있는 자에 대한 임용은 당연무효 (1996. 2. 27. 95누9617)

② **[X]** 결격사유 있는 자에 대한 임용은 임용권자의 과실여부 불문, 당연무효(1996. 2. 27. 95누9617)

③ **[X]** 결격사유가 소멸된 후 장기간 사실상 공무원으로 계속 근무를 하였다고 하더라도 그것만으로는 임용권자가 묵시적으로 새로운 임용처분을 한 것으로 볼 수 없다. (1996. 2. 27. 95누9617)

④ **[O]** 당연퇴직사유에 해당되어 공무원으로서의 신분을 상실한 자가 그 이후 사실상 공무원으로 계속 근무하여 왔다고 하더라도 당연퇴직 후의 사실상의 근무기간은 공무원연금법상의 재직기간에 합산될 수 없다. (2003. 5. 16. 2001다61012)

132 임용권자인 장관 乙은 "'파면·해임·강등 또는 정직에 해당하는 징계 의결이 요구 중인 자'에게는 직위를 부여하지 아니할 수 있다."라고 규정하고 있는 「국가공무원법」에 따라 소속 공무원 甲에게 직위해제처분을 하였다. 이후 甲의 직위해제기간이 만료된 후, 乙은 甲에게 다시 직권면직처분을 하였다. (제14회 변시)

① 「국가공무원법」상 직위해제는 해당 공무원에게 보수·승진·승급 등 다양한 측면에서 직·간접적으로 불리한 효력을 발생시키는 침익적 처분이라는 점에서 징벌적 제재로서의 징계 등에서 요구되는 것과 같은 동일한 절차적 보장이 요구된다. [ ]

② 직위해제처분은 단순히 파면·해임·강등 또는 정직에 해당하는 징계의결 요구가 있었다는 형식적 이유만으로 정당화될 수는 없고, 이런 징계처분을 받을 고도의 개연성이 인정되어야 한다. [ ]

③ 甲이 직위해제처분에 대해서 소청심사청구를 제기하지 않았다면, 甲은 이후 직권면직처분의 취소를 구하는 소송에서 직위해제처분의 당연무효가 아닌 취소사유를 들어 직권면직처분의 위법을 주장할 수 없다. [ ]

④ 乙이 새로운 직위해제사유에 기하여 甲에게 직위해제처분을 한 경우 그 이전에 한 직위해제처분은 묵시적으로 철회되었다고 봄이 상당하다. [ ]

133 교원소청심사위원회의 결정에 대하여 피청구인인 사립학교의 장은 항고소송을 제기할 수 없다. (예제문제) [ ]

정답 및 해설

⑤ [X] 당연퇴직의 통보는 법률상 당연히 발생하는 퇴직사유를 공적으로 확인하여 알려 주는 사실의 통보에 불과한 것이지 그 통보자체가 징계파면이나 직권면직과 같이 공무원의 신분을 상실시키는 새로운 형성적 행위는 아니므로 항고소송의 대상이 되는 독립한 행정처분이 될 수는 없다. (1985. 7. 23. 84누374)

132 ① [X] 한편 국가공무원법 제73조의3 제1항에 규정한 직위해제는 일시적인 인사조치로서 당해 공무원에게 직위를 부여하지 아니함으로써 직무에 종사하지 못하도록 하는 잠정적이고 가처분적인 성격을 가진 조치이다. 따라서 그 성격상 과거공무원의 비위행위에 대한 공직질서 유지를 목적으로 행하여지는 징벌적 제재로서의 징계 등에서 요구되는 것과 같은 동일한 절차적 보장을 요구할 수는 없다. (2014.5.16. 2012두26180)

② [O] (2022.10.14. 2022두45623)

③ [O] (1984.9.11.84누191)

④ [O] (2003.10.10. 2003두5945)

133 [X] 교원소청심사위원회의 결정에 대하여 행정소송을 제기할 수 있는 자에는 교원지위 향상을 위한 특별법 제10조 제3항에서 명시하고 있는 교원, 사립학교법 제2조에 의한 학교법인, 사립학교 경영자뿐 아니라 소청심사의 피청구인이 된 학교의 장도 포함된다고 보는 것이 타당하다. (2011. 6. 24. 2008두9317)

134 사립학교 교원의 임용을 위한 계약은 공교육의 일부를 담당하는 「사립학교법」 소정의 절차에 따라 이루어지는 것이므로, 그 법적 성질은 단순히 사법상의 고용계약으로 볼 수 없으며, 교수 임용계약의 취소는 징계처분 또는 징계처분적 성질을 가지는 것이어서 「교육공무원법」상 소정의 징계절차를 거쳐야 한다. (23-2) [ ]

135 사립학교 교원에 대한 징계처분의 경우에는 학교법인 등의 징계처분은 행정처분이 아니므로 그에 대한 소청심사청구에 따라 위원회가 한 결정이 행정처분이고, 행정소송에서의 심판대상은 학교법인 등의 원 징계처분이 아니라 위원회의 결정이 되며, 따라서 피고도 행정청인 위원회가 된다. (변시 11회) ★★ [ ]

136 각급학교 교원이 징계처분을 받은 때에는 교원소청심사위원회(이하 '위원회'라 함)에 소청심사를 청구할 수 있고, 위원회가 그 심사청구를 기각하거나 원 징계처분을 변경하는 결정을 한 때에는 법원에 행정소송을 제기할 수 있다. (변시 11회) ★ [ ]

137 위원회가 사립학교 교원의 심사청구를 인용하거나 원 징계처분을 변경하는 결정을 한 때에는 징계권자는 이에 기속되고 위원회의 결정에 불복할 수 없다. (변시 11회) ★★ [ ]

정답 및 해설

134 [X] 사립학교 교원의 임용을 위한 계약은 사립학교법 소정의 절차에 따라 이루어지는 것이지만 그 법적 성질은 사법상의 고용계약에 다름 아닌 것으로, 그 계약체결에 관한 당사자들의 의사표시에 무효 또는 취소의 사유가 있으면 그 상대방은 이를 이유로 당연히 그 임용계약의 무효 또는 취소를 주장하여 그에 따른 법률효과의 발생을 부정하거나 소멸시킬 수 있는 것이므로, 부교수 임용계약의 취소는 결국 사법상의 고용계약의 취소에 불과하고, 부교수 임용계약의 취소가 징계처분 또는 징계처분적 성질을 가지는 것이어서 소정의 징계절차를 거쳐야 하는 것은 아니다. (1996. 7. 30. 95다11689)

135 [O] 사립학교 교원에 대한 징계처분의 경우에는 학교법인 등의 징계처분은 행정처분성이 없는 것이고 그에 대한 소청심사청구에 따라 위원회가 한 결정이 행정처분이고 교원이나 학교법인 등은 그 결정에 대하여 행정소송으로 다투는 구조가 되므로, 행정소송에서의 심판대상은 학교법인 등의 원 징계처분이 아니라 위원회의 결정이 되고, 따라서 피고도 행정청인 위원회가 되는 것이며, 법원이 위원회의 결정을 취소한 판결이 확정된다고 하더라도 위원회가 다시 그 소청심사청구사건을 재심사하게 될 뿐 학교법인 등이 곧바로 위 판결의 취지에 따라 재징계 등을 하여야 할 의무를 부담하는 것은 아니다. (2013. 7. 25. 2012두12297)

136 [O] 각급학교 교원이 징계처분을 받은 때에는 위원회에 소청심사를 청구할 수 있고, 위원회가 그 심사청구를 기각하거나 원 징계처분을 변경하는 처분을 한 때에는 다시 법원에 행정소송을 제기할 수 있다. (2013. 7. 25. 2012두12297)

137 [X] 위원회가 교원의 심사청구를 인용하거나 원 징계처분을 변경하는 처분을 한 때에는 처분권자는 이에 기속되고 원 징계처분이 국공립학교 교원에 대한 것이면 처분청은 불복할 수도 없지만, 사립학교 교원에 대한 것이면 그 학교법인 등은 위원회 결정에 불복하여 법원에 행정소송을 제기할 수 있다. (2013. 7. 25. 2012두12297)

138 불리한 처분을 받은 사립학교 교원의 소청심사청구에 대하여 교원소청심사위원회가 그 사유 자체가 인정되지 않는다는 이유로 처분을 취소하는 결정을 하고, 그에 대하여 학교법인 등이 제기한 행정소송 절차에서 심리한 결과 처분사유 중 일부 사유는 인정된다고 판단되는 경우, 법원은 교원소청심사위원회의 결정을 취소하여야 한다. (예제문제) [ ]

139 불리한 처분을 받은 사립학교 교원의 소청심사청구에 대하여 교원소청심사위원회가 학교법인 등이 교원에 대하여 불리한 처분을 한 근거인 내부규칙이 위법하여 효력이 없다는 이유로 학교법인 등의 처분을 취소하는 결정을 하고, 그에 대하여 학교법인 등이 제기한 행정소송 절차에서 심리한 결과 내부규칙은 적법하지만 교원이 내부규칙을 위반하였다고 볼 증거가 없다고 판단한 경우, 법원은 교원소청심사위원회의 결정을 취소할 필요 없이 학교법인 등의 청구를 기각할 수 있다. (예제문제) [ ]

140 「공무원연금법」상 연금급여제한사유가 있음에도 수급자에게 퇴직연금이 잘못 지급된 경우에 과오급된 퇴직연금의 환수를 위한 공무원연금공단의 환수통지는 처분의 성질을 가지는 것이어서 항고소송으로 다투어야 한다. (예제문제) [ ]

✎ 정답 및 해설

138 [O] (2018. 7. 12. 2017두65821)

139 [O] (2018. 7. 12. 2017두65821)

140 [O] 과다하게 지급된 급여의 환수를 위한 행정청의 환수통지는 당사자에게 새로운 의무를 과하거나 권익을 제한하는 것으로서 행정처분에 해당한다. (2009. 5. 14. 2007두16202)

제7편
특별행정작용법

제1장 경찰행정법

제1절 개 설
제2절 경찰작용의 근거

01 「경찰관직무집행법」제2조 제7호(그 밖에 공공의 안녕과 질서 유지)를 일반적 혹은 개괄적 수권 조항이라고 볼 때 이 조항은 경찰권 발동의 가장 본질적인 근거 및 한계와 관련되므로 이 조항에 따른 경찰권 발동이 개별적 혹은 특별한 수권조항에 따른 경찰권 발동보다 우선하여 행해진다. (예제문제) [ ]

02 경찰권의 발동에 관한 개괄적 수권조항이 인정되지 않으므로 경찰청장이 명문의 규정 없이 지문 정보를 보관하는 행위는 법률유보원칙에 위배된다는 것이 헌법재판소의 다수의견이다. (예제문제) [ ]

03 군(郡) 도시과 단속계 요원인 청원경찰관이 「경찰관 직무집행법」제2조에 따라 허가 없이 창고를 주택으로 개축하는 것을 단속하는 것은 정당한 공무집행에 해당하지 않는다. (예제문제) ★ [ ]

04 경찰관이 피구호자를 보호조치의 근거조항인 「경찰관직무집행법」제4조 제1항의 '술에 취한 상태'에 빠져 있다고 판단하였다고 하더라도 피구호자의 가족 등에게 피구호자를 인계할 수 있다면 특별한 사정이 없는 한 경찰관서에서 피구호자를 보호하는 것은 허용되지 않는다. (예제문제) [ ]

정답 및 해설

01 [X] 경찰관직무집행법 제2조 제7호가 일반적 수권조항인지 여부에 관하여 견해가 대립하는데, 판례는 "경찰관직무집행법 제2조에 의하면 경찰관은 범죄의 예방, 진압 및 수사, 경비요인, 경호 및 대간첩작전 수행, 치안정보의 수집작성 및 배포, 교통의 단속과 위해의 방지, 기타 공공의 안녕과 질서유지등을 그 직무로 하고 있는 터이므로 청원경찰관이 허가없이 창고를 주택으로 개축하는 것을 단속하는 것은 그의 정당한 공무집행에 속한다고 할 것이므로 이를 폭력으로 방해하는 소위는 공무집행방해죄에 해당된다. (1986. 1. 28. 85도2448)"라고 하여 긍정설로 평가된다. 한편 개별적 혹은 특별한 수권조항이 존재한다면 이는 일반적 수권조항보다 우선하여 적용되어야 한다.

02 [X] 경찰청장이 지문정보를 보관하는 행위는 공공기관의개인정보보호에관한법률 제5조, 제10조 제2항 제6호에 근거한 것으로 볼 수 있고, 그 밖에 주민등록법 제17조의8 제2항 본문, 제17조의10 제1항, 경찰법 제3조 및 경찰관직무집행법 제2조에도 근거하고 있다. (2005. 5. 26. 99헌마513)

03 [X] 청원경찰법 제3조, 경찰관직무집행법 제2조 규정에 비추어 보면 군 도시과 단속계 요원으로 근무하고 있는 청원경찰관이 허가없이 창고를 주택으로 개축하는 것을 단속하는 것은 그의 정당한 공무집행에 속한다고 할 것이므로 이를 폭력으로 방해하는 소위는 공무집행방해죄에 해당된다. (1986. 1. 28. 85도2448)

04 [O] (2012. 12. 13. 2012도11162)

05 경찰관이 임의동행요구에 응하지 않는다 하여 강제연행하려고 대상자의 양팔을 잡아 끈 행위는 적법한 공무집행이라고 할 수 없다. (예제문제) [ ]

06 특정지역에서의 불법집회에 참석하는 것을 방지하기 위하여 시간적·장소적으로 근접하지 않은 다른 지역에서 그 집회장소로 이동하는 것을 제지하는 행위는 경찰관이 목전에 행해지는 범죄행위를 예방하고 제지할 수 있도록 한「경찰관 직무집행법」제6조에 따른 적법한 직무집행이라 할 수 없다. (예제문제) [ ]

07 야간에 집에서 음악을 크게 틀어놓는 등 인근 소란행위를 하면서도 경찰관의 개문 요청을 거부하는 자를 집 밖으로 나오게 하기 위해 일시적으로 전기를 차단한 것은「경찰관직무집행법」에 따른 적법한 직무집행으로 볼 수 없다. (예제문제) [ ]

08 경찰관의 적법한 직무집행으로 인하여 손실발생의 원인에 대하여 책임이 없는 자가 경찰관의 직무집행에 자발적으로 협조하여 신체에 손실을 입은 경우 국가는 그에 대하여 정당한 보상을 하여야 한다. (예제문제) [ ]

09 경찰권은 적극적으로 공공복리의 증진을 위해서가 아니라 소극적으로 위험방지·질서유지를 위해서만 발동될 수 있다는 원칙을 경찰소극의 원칙이라고 한다. (예제문제) [ ]

정답 및 해설

05 [O] (1992. 5. 26. 91다38334)

06 [O] (2009. 6. 11. 2009도2114)

07 [X] 경찰관 직무집행법은 경찰관이 국민의 자유와 권리를 보호하고 사회공공의 질서를 유지하기 위하여 직무 수행에 필요한 사항을 정하면서 경찰관의 직권은 직무 수행에 필요한 최소한도에서 행사되어야 한다고 정하고 있다.(제1조). 경찰관 직무집행법 제2조는 경찰관 직무의 범위로 국민의 생명·신체·재산의 보호(제1호), 범죄의 예방·진압·수사(제2호), 범죄피해자 보호(제2호의2), 공공의 안녕과 질서 유지(제7호)를 포함하고 있다. … 경찰관 직무집행법 제6조에 따른 경찰관의 제지 조치가 적법한 직무집행으로 평가되기 위해서는, 형사처벌의 대상이 되는 행위가 눈앞에서 막 이루어지려고 하는 것이 객관적으로 인정될 수 있는 상황이고, 그 행위를 당장 제지하지 않으면 곧 인명·신체에 위해를 미치거나 재산에 중대한 손해를 끼칠 우려가 있는 상황이어서, 직접 제지하는 방법 외에는 위와 같은 결과를 막을 수 없는 절박한 사태이어야 한다. 다만, 경찰관의 제지 조치가 적법한지는 제지 조치 당시의 구체적 상황을 기초로 판단하여야 하고 사후적으로 순수한 객관적 기준에서 판단할 것은 아니다. (대법원 2013. 6. 13. 선고 2012도9937 판결 등 참조). […] 주거지에서 음악 소리를 크게 내거나 큰 소리로 떠들어 이웃을 시끄럽게 하는 행위는 경범죄 처벌법 제3조 제21호에서 경범죄로 정한 '인근소란 등'에 해당한다. 경찰관은 경찰관 직무집행법에 따라 경범죄에 해당하는 행위를 예방·진압·수사하고, 필요한 경우 제지할 수 있다. (2018. 12. 13. 2016두19417)

08 [O] 경찰관직무집행법 제11조의2

09 [O]

제2장 급부행정법

10 지방자치단체가 개인 소유의 부동산을 매수한 후 유지를 조성하여 공용개시를 하였다고 하더라도 법률의 규정에 의하여 등기를 거칠 필요 없이 부동산의 소유권을 취득하는 특별한 경우가 아닌 한 부동산에 대한 소유권이전등기를 거치기 전에는 소유권을 취득할 수 없는 것이므로 이를 지방자치단체 소유의 공공용물이라고 볼 수 없다. (변시 3회) [ ]

11 토지의 지목이 도로이고 국유재산대장에 등재되어 있다는 사정만으로 바로 그 토지가 도로로서 행정재산에 해당한다고 할 수는 없다. (변시 5회) (변시 11회) ★★ [ ]

12 국·공유나 사유 여부를 불문하고 사실상 도로로 사용되고 있었다면 도로의 노선인정의 공고 기타 공용개시가 없었다고 하여도 「국가배상법」 제5조의 배상책임이 인정된다. (변시 7회) ★★ [ ]

13 도로구역의 결정·고시는 있었지만 아직 도로의 형태를 갖추지는 못한 국유토지도 그 토지를 포함한 일단의 토지에 대하여 도로확장공사 실시계획이 수립되어 일부 공사가 진행 중인 경우에는 시효취득의 대상이 될 수 없다. (변시 5회) ★★ [ ]

14 행정목적을 위하여 공용되는 행정재산은 공용폐지가 되지 않는 한 사법상 거래의 대상이 될 수 없으므로 취득시효의 대상도 되지 않는 것이고, 공물의 용도폐지 의사표시는 명시적이든 묵시적이든 불문하나 적법한 의사표시여야 한다. (변시 3회) ★★ [ ]

정답 및 해설

10 [O] (1992. 11. 24. 92다26574)

11 [O] 국유재산법상의 행정재산이란 국가가 소유하는 재산으로서 직접 공용, 공공용, 또는 기업용으로 사용하거나 사용하기로 결정한 재산을 말하는 것이고(국유재산법 제4조 제2항 참조), 그 중 도로와 같은 인공적 공공용 재산은 법령에 의하여 지정되거나 행정처분으로써 공공용으로 사용하기로 결정한 경우, 또는 행정재산으로 실제로 사용하는 경우의 어느 하나에 해당하여야 비로소 행정재산이 되는 것인데, 특히 도로는 도로로서의 형태를 갖추고, 도로법에 따른 노선의 지정 또는 인정의 공고 및 도로구역 결정·고시를 한 때 또는 도시계획법 또는 도시재개발법 소정의 절차를 거쳐 도로를 설치하였을 때에 공공용물로서 공용개시행위가 있다고 할 것이므로, 토지의 지목이 도로이고 국유재산대장에 등재되어 있다는 사정만으로 바로 그 토지가 도로로서 행정재산에 해당한다고 할 수는 없다. (2009. 10. 15. 2009다41533)

12 [X] 국가배상법 제5조 소정의 공공의 영조물이란 공유나 사유임을 불문하고 행정주체에 의하여 특정공공의 목적에 공여된 유체물 또는 물적 설비를 의미하므로 사실상 군민의 통행에 제공되고 있던 도로 옆의 암벽으로부터 떨어진 낙석에 맞아 소외인이 사망하는 사고가 발생하였다고 하여도 동 사고지점 도로가 피고 군에 의하여 노선인정 기타 공용개시가 없었으면 이를 영조물이라 할 수 없다. (1981. 7. 7. 80다2478)

13 [O] 도로구역의 결정, 고시 등의 공물지정행위는 있었지만 아직 도로의 형태를 갖추지 못하여 완전한 공공용물이 성립되었다고는 할 수 없으므로 일종의 예정공물이라고 볼 수 있는데, … 예정공물인 토지도 일종의 행정재산인 공공용물에 준하여 취급하는 것이 타당하다고 할 것이므로 구 국유재산법 제5조 제2항이 준용되어 시효취득의 대상이 될 수 없다. (1994. 5. 10, 93다23442)

14 [O] (1998. 11. 10. 98다42974)

15 공유수면으로서 자연공물인 바다의 일부가 매립에 의하여 토지로 변경된 경우에 공용폐지가 가능하며, 이 경우 공용폐지의 의사표시는 명시적 의사표시뿐만 아니라 묵시적 의사표시도 무방하다. (변시 12회) ★★ [   ]

16 공용폐지의 의사표시는 묵시적인 방법으로도 가능한바, 행정재산이 본래의 용도에 제공되지 않는 상태에 있다면 그 자체로 묵시적인 공용폐지의 의사표시가 있다고 보아야 한다. (변시 2회) ★★ [   ]

17 행정재산이 공용폐지되어 시효취득의 대상이 된다는 점에 대한 증명책임은 시효취득을 주장하는 자에게 있다. (변시 2회) (변시 5회) ★ [   ]

18 이른바 자연공물은 자연의 상태 그대로 공공용에 제공될 수 있는 실체를 갖추고 있는 것으로서 별도의 공용개시행위가 없더라도 행정재산이 된다. (예제문제) ★ [   ]

19 공유수면의 일부가 매립되어 사실상 대지화되었다고 하면, 관리청이 공용폐지를 하지 아니하더라도 법적으로 더 이상 공유수면으로서의 성질을 보유하지 못한다. (변시 5회) ★★ [   ]

20 국유 하천부지는 자연공물로서 본래의 용도에 공여되지 않는 상태에 놓여 있는 경우 용도폐지가 없더라도 당연히 일반재산이 된다. (변시 12회) ★★ [   ]

정답 및 해설

15 [O] (2009. 12. 10. 2006다87538)

16 [X] 공용폐지의 의사표시는 명시적이든 묵시적이든 상관없으나 적법한 의사표시가 있어야 하며, 행정재산이 사실상 본래의 용도에 사용되고 있지 않다는 사실만으로 공용폐지의 의사표시가 있었다고 볼 수 없고, 원래의 행정재산이 공용폐지되어 취득시효의 대상이 된다는 입증책임은 시효취득을 주장하는 자에게 있다. (1997. 8. 22. 96다10737)

17 [O] (1997. 8. 22. 96다10737)

18 [O] (2007. 6. 1. 2005도7523)

19 [X] 공유수면은 소위 자연공물로서 그 자체가 직접 공공의 사용에 제공되는 것이므로 공유수면의 일부가 사실상 매립되어 대지화되었다 하더라도 국가가 공유수면으로서의 공용폐지를 하지 아니하는 이상 법률상으로는 여전히 공유수면으로서의 성질을 보유하고 있다. (1995. 12. 5. 95누10327)

20 [X] 국유 하천부지는 자연의 상태 그대로 공공용에 제공될 수 있는 실체를 갖추고 있는 이른바 자연공물로서 별도의 공용개시행위가 없더라도 행정재산이 되고 그 후 본래의 용도에 공여되지 않는 상태에 놓여 있더라도 국유재산법령에 의한 용도폐지를 하지 않은 이상 당연히 잡종재산으로 된다고는 할 수 없으며, 농로나 구거와 같은 이른바 인공적 공공용 재산은 법령에 의하여 지정되거나 행정처분으로 공공용으로 사용하기로 결정한 경우, 또는 행정재산으로 실제 사용하는 경우의 어느 하나에 해당하면 행정재산이 된다. (2007. 6. 1. 2005도7523)

21 관리청이 착오로 행정재산을 다른 재산과 교환하였더라도 그러한 사정만으로 적법한 공용폐지의 의사표시가 있다고 볼 수 없다. (변시 5회) ★ [ ]

22 「국유재산법」과 「공유재산 및 물품관리법」에 따르면 행정재산은 처분할 수 없고, 대부나 교환 및 양여·신탁 등이 일체 금지되며 사권을 설정할 수 없다. (예제문제) [ ]

23 국유재산법상 행정재산에 대해서도 사권설정이 인정될 수 있으므로 이에 대한 강제집행이 가능하다. (변시 3회) [ ]

24 「도로법」이나 「하천법」에 따르면 도로나 하천에 대해서는 사권을 행사할 수는 없으나, 다만 소유권이전의 대상이 되고 저당권을 설정할 수도 있다. (예제문제) [ ]

정답 및 해설

21 [O] 행정재산은 공용폐지가 되지 아니한 상태에서는 사법상 거래의 대상이 될 수 없으므로 관계당국이 착오로 행정재산을 다른 재산과 교환하였다 하여 그러한 사정만으로 적법한 공용폐지의 의사표시가 있다고 볼 수도 없다. (1998. 11. 10. 98다42974)

22 [X] 국유재산법 제27조(처분의 제한) ① 행정재산은 처분하지 못한다. 다만, 다음 각 호의 어느 하나에 해당하는 경우에는 교환하거나 양여할 수 있다.
1. 공유(公有) 또는 사유재산과 교환하여 그 교환받은 재산을 행정재산으로 관리하려는 경우
2. 대통령령으로 정하는 행정재산을 직접 공용이나 공공용으로 사용하려는 지방자치단체에 양여하는 경우

공유재산 및 물품관리법 제19조(처분 등의 제한) ① 행정재산은 대부·매각·교환·양여·신탁 또는 대물변제하거나 출자의 목적으로 하지 못하며, 이에 사권을 설정하지 못한다. 다만, 다음 각 호의 어느 하나에 해당하는 경우에는 그러하지 아니하다. (각 호 생략)

23 [X] 도로 및 하천에 대한 강제집행은 도로법 제5조 및 하천법 제4조 제2항이 소유권의 이전 및 저당권의 설정을 인정하므로 인정된다고 볼 수도 있으나 민사소송법이 국가에 대한 강제집행은 국고금의 압류에 의한다고 규정하고 있으므로 국유의 도로에 대하여는 강제집행이 인정되지 않고, 국유재산법이나 공유재산법에 의하면 국유·공유공물에 대하여는 사권 설정이 인정되지 않으므로 국공유공물은 강제집행의 대상이 될 수 없고, 사유공물만이 강제집행의 대상이 된다.

24 [O] 도로법 제4조(사권의 제한) 도로를 구성하는 부지, 옹벽, 그 밖의 시설물에 대해서는 사권(私權)을 행사할 수 없다. 다만, 소유권을 이전하거나 저당권을 설정하는 경우에는 사권을 행사할 수 있다.

하천법 제4조(하천관리의 원칙) ② 하천을 구성하는 토지와 그 밖의 하천시설에 대하여는 사권(私權)을 행사할 수 없다. 다만, 다음 각 호의 어느 하나에 해당하는 경우에는 그러하지 아니하다.
1. 소유권을 이전하는 경우
2. 저당권을 설정하는 경우
3. 제33조에 따른 하천점용허가(소유권자 외의 자는 소유권자의 동의를 얻은 경우에 한정한다)를 받아 그 허가받은 목적대로 사용하는 경우

25 「문화재보호법」상 지정문화재는 「국유재산법」과 「공유재산 및 물품관리법」상 행정재산과 달리 소유권의 이전이 허용되지만 사용·수익은 할 수 없다. (예제문제)   [   ]

26 사인 소유의 토지가 도로관리청의 공용개시로 인해 도로가 되었다면 사권행사가 제한되므로, 「도로법」 제99조에 의해 손실보상의 대상이 된다. (예제문제)   [   ]

27 공물의 인접주민은 다른 일반인보다 인접공물의 일반사용에 있어 특별한 이해관계를 가지는 경우가 있고, 그러한 의미에서 다른 사람에게 인정되지 아니하는 이른바 고양된 일반사용권이 보장될 수 있다. (변시 3회) ★   [   ]

28 공물의 인접주민의 고양된 일반사용권이 침해된 경우 다른 개인과의 관계에서 민법상으로도 보호될 수 있으므로 구체적으로 공물을 사용하였는지 여부와는 무관하게 그 공물의 인접주민이라는 사정만으로 그 공물에 대한 고양된 일반사용권이 인정될 수 있다. (23-1)   [   ]

정답 및 해설

25 [X] 문화재보호법 제66조(양도 및 사권설정의 금지) 국유문화재(그 부지를 포함한다)는 이 법에 특별한 규정이 없으면 이를 양도하거나 사권(私權)을 설정할 수 없다. 다만, 그 관리·보호에 지장이 없다고 인정되면 공공용, 공용 또는 공익사업에 필요한 경우에 한정하여 일정한 조건을 붙여 그 사용을 허가할 수 있다.

26 [X] 도로의 공용개시행위로 인하여 공물로 성립한 사인 소유의 도로부지 등에 대하여 도로법 제5조에 따라 사권의 행사가 제한됨으로써 그 소유자가 손실을 받았다고 하더라도 이와 같은 사권의 제한은 건설교통부장관 또는 기타의 행정청이 행한 것이 아니라 도로법이 도로의 공물로서의 특성을 유지하기 위하여 필요한 범위 내에서 제한을 가하는 것이므로, 이러한 경우 도로부지 등의 소유자는 국가나 지방자치단체를 상대로 하여 부당이득반환청구나 손해배상청구를 할 수 있음은 별론으로 하고 도로법 제79조에 의한 손실보상청구를 할 수는 없다. (2006. 9. 28. 2004두13639)

도로법 제99조(공용부담으로 인한 손실보상) ① 이 법에 따른 처분이나 제한으로 손실을 입은 자가 있으면 국토교통부장관이 행한 처분이나 제한으로 인한 손실은 국가가 보상하고, 행정청이 한 처분이나 제한으로 인한 손실은 그 행정청이 속해 있는 지방자치단체가 보상하여야 한다.

27 [O] (2006. 12. 22. 2004다68311)

28 [X] 공물의 인접주민은 다른 일반인보다 인접공물의 일반사용에 있어 특별한 이해관계를 가지는 경우가 있고, 그러한 의미에서 다른 사람에게 인정되지 아니하는 이른바 고양된 일반사용권이 보장될 수 있으며, 이러한 고양된 일반사용권이 침해된 경우 다른 개인과의 관계에서 민법상으로도 보호될 수 있으나, 그 권리도 공물의 일반사용의 범위 안에서 인정되는 것이므로, 특정인에게 어느 범위에서 이른바 고양된 일반사용권으로서의 권리가 인정될 수 있는지의 여부는 당해 공물의 목적과 효용, 일반사용관계, 고양된 일반사용권을 주장하는 사람의 법률상의 지위와 당해 공물의 사용관계의 인접성, 특수성 등을 종합적으로 고려하여 판단하여야 한다. 따라서 구체적으로 공물을 사용하지 않고 있는 이상 그 공물의 인접주민이라는 사정만으로는 공물에 대한 고양된 일반사용권이 인정될 수 없다. (2006. 12. 22. 2004다68311)

29 도로의 지표뿐만 아니라 지하도 도로법상의 도로점용의 대상이 된다. (변시 2회) ★   [ ]

30 「도로법」상 도로의 점용은 도로의 지표뿐만 아니라 그 지하나 지상공간의 특정 부분을 유형적, 고정적으로 특정한 목적을 위하여 사용하는 특별사용이다. (변시 11회) ★★   [ ]

31 도로의 특별사용은 반드시 독점적, 배타적인 것이 아니며 도로의 일반사용과 병존이 가능하다. (예제문제) ★★   [ ]

32 「하천법」에 의한 하천수 사용권은 특허에 의한 공물사용권의 일종이다. (변시 11회)   [ ]

33 공물관리권은 적극적으로 공물 본래의 목적을 달성시킴을 목적으로 하며, 공물경찰권은 소극적으로 공물상의 안녕과 질서에 대한 위해를 방지함을 목적으로 한다. (추가문제)   [ ]

34 공유재산의 관리청이 행정재산의 사용·수익에 대한 허가를 하는 것은 사경제주체로서 행하는 사법(私法)상의 행위이다. (변시 2회) ★★   [ ]

35 국유재산인 토지상에 근로자 종합복지관 등을 건축하여 점유·사용하고 있는 甲시에 대해 해당 국유지의 관리청인 乙시가 국유재산에 대한 사용료 또는 점용료를 부과하기 위해서는 乙시가 甲시에 국유재산의 점용·사용을 허가하였거나 그에 관한 협의 또는 승인이 있었던 경우라야 한다. (예제문제) ★   [ ]

정답 및 해설

29 [O] (1998. 9. 22. 96누7342)
30 [O] (1998. 9. 22. 96누7342)
31 [O] (1991. 4. 9. 90누8855)
32 [O] (2018. 12. 27. 2014두11601)
33 [O]

34 [X] 공유재산의 관리청이 하는 행정재산의 사용·수익에 대한 허가는 순전히 사경제주체로서 행하는 사법상의 행위가 아니라 관리청이 공권력을 가진 우월적 지위에서 행하는 행정처분이다. (2001. 6. 15. 99두509)
35 [O] (2017. 4. 27. 2017두31248)

| 36 | 토지의 원소유자가 토지의 일부를 도로부지로 무상 제공함으로써 이에 대한 독점적이고 배타적인 사용수익권을 포기하고 이에 따라 주민들이 그 토지를 무상으로 통행하게 된 이후에 그 토지의 소유권을 경매, 매매 등에 의하여 특정승계한 자는 그 토지의 일부를 도로로서 점유·관리하고 있는 지방자치단체에게 부당이득반환청구를 할 수 있다. (예제문제) [ ] |

| 37 | 도로를 고의로 무단점용한 자에 대하여 도로의 관리청은 그 도로부지의 소유권 취득 여부와는 관계없이 변상금을 부과할 수 있다. (변시 11회) ★ [ ] |

| 38 | 사용·수익허가 없이 행정재산을 유형적·고정적으로 특정한 목적을 위하여 사용·수익하거나 점유하는 경우 공유재산법 제81조 제1항에서 정한 변상금 부과대상인 '무단점유'에 해당한다. (추가문제) ★ [ ] |

| 39 | 사용·수익허가 없이 행정재산을 유형적·고정적으로 특정한 목적을 위하여 사용·수익하거나 점유하는 경우 변상금 부과대상인 '무단점유'에 해당하고, 반드시 그 사용이 독점적·배타적일 필요는 없으며, 점유 부분이 동시에 일반 공중의 이용에 제공되고 있다고 하여 점유가 아니라고 할 수는 없다. (24-1) [ ] |

| 40 | 「국유재산법」상 국유재산의 무단점유자에 대한 변상금의 부과는 「민법」상 부당이득반환청구권의 행사로 볼 수 있으므로 사법상의 법률행위에 해당한다. (변시 8회) ★ [ ] |

| 41 | 교육자치 지원을 위한 국가의 재정지원의 범위를 벗어나 지방자치단체가 법률상 원인 없이 국유재산을 학교부지로 임의 사용하는 경우에는 「민법」상 부당이득이 성립될 수 있다. (예제문제) [ ] |

정답 및 해설

36 [X] 토지의 원소유자가 토지의 일부를 도로부지로 무상 제공함으로써 이에 대한 독점적이고 배타적인 사용수익권을 포기하고 이에 따라 주민들이 그 토지를 무상으로 통행하게 된 이후에 그 토지의 소유권을 경매, 매매, 대물변제 등에 의하여 특정승계한 자는 그와 같은 사용·수익의 제한이라는 부담이 있다는 사정을 용인하거나 적어도 그러한 사정이 있음을 알고서 그 토지의 소유권을 취득하였다고 봄이 상당하므로 도로로 제공된 토지 부분에 대하여 독점적이고 배타적인 사용수익권을 행사할 수 없고, 따라서 지방자치단체가 그 토지의 일부를 도로로서 점유관리하고 있다고 하더라도 그 자에게 어떠한 손해가 생긴다고 할 수 없으며 지방자치단체도 아무런 이익을 얻은 바가 없으므로 이를 전제로 부당이득반환청구를 할 수 없다. (1998. 5. 8. 97다52844)

37 [O] (2005. 11. 25. 2003두7194)

38 [O] (2019. 9. 9. 2018두48298)

39 [O] (2019.9.9. 2018두48298)

40 [X] 국유재산의 관리청이 그 무단점유자에 대하여 하는 변상금부과처분은 순전히 사경제 주체로서 행하는 사법상의 법률행위라 할 수 없고 이는 관리청이 공권력을 가진 우월적 지위에서 행한 것으로서 행정소송의 대상이 되는 행정처분이라고 보아야 한다. (1988. 2. 23. 87누1046)

41 [O] 지방자치단체가 설립·경영하는 학교의 부지 확보, 부지의 사용료 지급 등의 사무는 특별한 사정이 없는 한 지방교육자치의 주체인 지방자치단체의 고유사무인 자치사무라 할 것이고, 국가는 법률과 예산의 범위 안에서 지방교육자치를 실현하고 있는 지방자치단체에게 재정을 지원할 의무가 있다고 할 것이며, 이러한 국가의 지원범위를 벗어나 지방자치단체가 법률상 원인 없이 국유재산을 학교부지로 임의 사용하는 경우에는 민법상 부당이득이 성립될 수 있다고 할 것이다. (2014. 12. 24. 2011다92497)

42 처분청이 변상금 부과처분을 함에 있어서 그 납부고지서 또는 적어도 사전통지서에 그 산출근거를 밝히지 아니하였다면 위법하다. (예제문제) [ ]

43 국유재산의 무단점유자에 대하여 국유재산법에 의한 변상금 부과·징수권의 행사와 별도로 민사상 부당이득반환청구의 소를 제기할 수 있다. (예제문제) [ ]

44 한국자산관리공사가 국유재산의 무단점유자에 대하여 변상금 부과·징수권을 행사하는 것과 별도로 동일 금액 범위 내에서 민사상 부당이득반환청구권을 행사하는 것도 가능하고, 이 경우 변상금의 부과·징수가 민사상 부당이득반환청구권의 소멸시효 중단사유가 되는 것도 아니다. (예제문제) [ ]

45 국유재산법에 의한 변상금 부과·징수권과 민사상 부당이득반환청구권은 동일한 금액 범위 내에서 경합하여 병존하게 되고, 민사상 부당이득반환청구권이 만족을 얻어 소멸하면 그 범위 내에서 변상금 부과·징수권도 소멸하는 관계에 있다. (예제문제) ★ [ ]

46 변상금부과처분이 당연무효인 경우, 당해 변상금부과처분에 의하여 납부한 오납금에 대한 납부자의 부당이득반환청구권의 소멸시효는 변상금부과처분의 부과시부터 진행한다. (추가문제) ★ [ ]

47 일반재산(구 잡종재산)인 국유림을 대부하는 행위는 법률이 대부계약의 취소사유나 대부료의 산정방법 등을 정하고 있고, 대부료의 징수에 관하여 「국세징수법」중 체납처분에 관한 규정을 준용하도록 정하고 있더라도 사법관계로 파악된다. (변시 4회) [ ]

48 산림청장이나 그로부터 권한을 위임받은 행정청이 구 산림법」등이 정하는 바에 따라 국유임야를 대부하는 행위는 사법상 계약이고 따라서 이 대부계약에 의한 대부료부과조치도 사법상 채무이행을 구하는 것이므로 행정처분이 될 수 없다. (23-1) ★ [ ]

정답 및 해설

42 [O] (2000. 10. 13. 99두2239)

43 [O] (2014. 7. 16. 2011다76402)

44 [O] (2014. 9. 4. 2013다3576)

45 [O] (2014. 9. 4. 2012두5688)

46 [X] 지방재정법 제87조 제1항에 의한 변상금부과처분이 당연무효인 경우에 이 변상금부과처분에 의하여 납부자가 납부하거나 징수당한 오납금은 지방자치단체가 법률상 원인 없이 취득한 부당이득에 해당하고, 이러한 오납금에 대한 납부자의 부당이득반환청구권은 처음부터 법률상 원인이 없이 납부 또는 징수된 것이므로 납부 또는 징수시에 발생하여 확정되며, 그 때부터 소멸시효가 진행한다. (2005. 1. 27. 2004다50143)

47 [O] 일반재산을 대부하는 행위는 국가가 사경제 주체로서 상대방과 대등한 위치에서 행하는 사법상의 계약이다. (2000. 2. 11. 99다61675)

48 [O] (1993. 12. 7. 91누11612)

49 하천의 점용허가권은 특허에 의한 공물사용권의 일종으로서 하천의 관리주체에 대하여 일정한 특별사용을 청구할 수 있는 채권에 지나지 아니하고 대세적 효력이 있는 물권이라 할 수 없다. (변시 3회) (변시 11회) (변시 12회) ★★   [   ]

50 행정재산에 대하여 사용허가처분을 하였을 경우에 인정되는 사용료 부과처분과 같은 침익적 행정처분의 근거가 되는 행정법규는 엄격하게 해석·적용되어야 하므로, 행정재산이 용도폐지로 일반재산이 된 경우 용도폐지되기 이전의 행정재산에 대하여 한 사용허가는 소멸되며 더 이상 사용료 부과처분을 할 수 없다. (변시 9회)   [   ]

51 구청장 乙이 도로점용허가를 하면서 특별사용의 필요가 없는 부분을 점용장소 및 점용면적에 포함하는 것은 그 재량권 행사의 기초가 되는 사실인정에 잘못이 있는 경우에 해당하므로 그 도로점용허가 중 특별사용의 필요가 없는 부분은 위법하다. (22-3)   [   ]

52 점용료 부과처분에 취소사유에 해당하는 흠이 있는 경우 도로관리청으로서는 당초 처분 자체를 취소하고 흠을 보완하여 새로운 부과처분을 하거나, 흠 있는 부분에 해당하는 점용료를 감액하는 처분을 할 수 있다. (추가문제) ★★   [   ]

53 도로점용허가를 받은 자가 구 도로법 제68조의 감면사유에 해당하는 경우 도로관리청은 감면 여부에 관한 재량을 갖지만, 도로관리청이 감면사유로 규정된 것 이외의 사유를 들어 점용료를 감면하는 것은 원칙적으로 허용되지 않는다. (추가문제)   [   ]

54 구청장 乙이 도로점용허가 중 특별사용의 필요가 없는 부분을 소급적으로 직권취소한 경우, 이미 징수한 점용료 중 취소된 부분의 점용면적에 해당하는 점용료는 반환하여야 한다. (22-3) ★★   [   ]

정답 및 해설

49 [O] (1990. 2. 13. 89다카23022)
50 [O] (2015. 2. 26. 2012두6612)
51 [O] (2019. 1. 17. 2016두56721)
52 [O] (이어서) 한편 흠 있는 행정행위의 치유는 원칙적으로 허용되지 않을 뿐 아니라, 흠의 치유는 성립 당시에 적법한 요건을 갖추지 못한 흠 있는 행정행위를 그대로 존속시키면서 사후에 그 흠의 원인이 된 적법 요건을 보완하는 경우를 말한다. 그런데 앞서 본 바와 같은 흠 있는 부분에 해당하는 점용료를 감액하는 처분은 당초 처분 자체를 일부 취소하는 변경처분에 해당하고, 그 실질은 종래의 위법한 부분을 제거하는 것으로서 흠의 치유와는 차이가 있다. (2019. 1. 17. 2016두56721)
53 [O] (2019. 1. 17. 2016두56721)
54 [O] (2019. 1. 17. 2016두56721)

55 공유재산에 해당하는 도로의 점용에 관해서는 공유재산 및 물품 관리법령이 도로법령의 규정들에 우선하여 적용된다. (22-2) [ ]

56 甲은 자신의 사옥을 A시에 신축하는 과정에서 A시 지구단위변경계획에 의하여 건물 부지에 접한 대로의 도로변이 차량출입 금지 구간으로 설정됨에 따라 그 반대편에 위치한 A시 소유의 도로에 지하주차장 진입통로를 건설하기 위하여 A시의 시장 乙에게 위 도로의 지상 및 지하 부분에 대한 도로점용허가를 신청하였고, 乙은 甲에게 도로점용허가를 하였다. (다툼이 있는 경우 판례에 의함) (변시 9회)

① 위 도로점용허가는 甲에게 공물사용권을 설정하는 설권행위로서 재량행위이다. [ ]

② 乙의 도로점용허가가 도로의 지상 및 지하 부분의 본래 기능 및 목적과 무관하게 그 사용가치를 활용하기 위한 것으로 평가되는 경우, 그 도로점용허가는 「지방자치법」상 주민소송의 대상이 되는 '재산의 관리·처분'에 해당한다. [ ]

③ 甲이 도로점용허가를 받은 부분을 넘어 무단으로 도로를 점용하고 있는 경우, 무단으로 사용하는 부분에 대해서는 변상금 부과처분을 하여야 함에도 乙이 변상금이 아닌 사용료 부과처분을 하였다고 하여 이를 중대한 하자라고 할 수 없다. ★ [ ]

④ 乙의 도로점용허가가 甲의 점용목적에 필요한 범위를 넘어 과도하게 이루어진 경우, 이는 위법한 점용허가로서 乙은 甲에 대한 도로점용허가 전부를 취소하여야 하며 도로점용허가 중 특별사용의 필요가 없는 부분에 대해서만 직권취소할 수 없다. [ ]

⑤ 乙은 위 도로점용허가를 하면서 甲과 인근주민들 간의 협의를 조건으로 하는 부관을 부가할 수 있다. [ ]

정답 및 해설

55 [X] 공유재산 및 물품 관리법은 공유재산 및 물품의 취득, 관리·처분에 대한 사항 일반을 규율하는 일반법의 성격을 지니는 반면, 도로법은 일반 공중의 교통에 제공되는 시설이라는 도로의 기능적 특성을 고려하여 그 소유관계를 불문하고 특수한 공법적 규율을 하는 법률로서 도로가 공유재산에 해당하는 경우 공유재산 및 물품 관리법보다 우선적으로 적용되는 특별법에 해당한다. (2019. 10. 17. 2018두104)

56 ① [O] (2002. 10. 25. 2002두5795)

② [O] 도로 등 공물이나 공공용물을 특정 사인이 배타적으로 사용하도록 하는 점용허가가 도로 등의 본래 기능 및 목적과 무관하게 그 사용가치를 실현·활용하기 위한 것으로 평가되는 경우에는 주민소송의 대상이 되는 재산의 관리·처분에 해당한다. (2016. 5. 27. 2014두8490)

③ [O] 공유수면 점·사용 허가 등을 받아 적법하게 사용하는 경우에는 사용료 부과처분을, 허가를 받지 않고 무단으로 사용하는 경우에는 변상금 부과처분을 하는 것이 적법하다. 그러나 적법한 사용이든 무단 사용이든 그 공유수면 점·사용으로 인한 대가를 부과할 수 있다는 점은 공통된 것이고, 적법한 사용인지 무단 사용인지의 여부에 관한 판단은 사용관계에 관한 사실 인정과 법적 판단을 수반하는 것으로 반드시 명료하다고 할 수 없으므로, 그러한 판단을 그르쳐 변상금 부과처분을 할 것을 사용료 부과처분을 하거나 반대로 사용료 부과처분을 할 것을 변상금 부과처분을 하였다고 하여 그와 같은 부과처분의 하자를 중대한 하자라고 할 수는 없다. (2013. 4. 26. 2012두20663)

57 행정재산과 달리 일반재산(구 잡종재산)은 시효취득의 대상이 된다. (예제문제) ★ [ ]

58 취득시효가 인정될 수 있는 공유재산인 일반재산(구 잡종재산)의 경우 그 취득시효가 완성되기 위해서는 그 공유재산이 취득시효 기간 동안 계속하여 일반재산이어야 할 필요는 없다. (예제문제) ★ [ ]

59 구 지방재정법상 공유재산에 대한 취득시효가 완성되기 위하여는 그 공유재산이 취득시효기간 동안 계속하여 시효취득의 대상이 될 수 있는 일반재산이어야 하고, 이러한 점에 대한 증명책임은 시효취득을 주장하는 자에게 있다. (23-1) ★ [ ]

60 일반재산의 대부료 징수에 관하여 지방세 체납처분의 예에 따른 간이하고 경제적인 특별한 구제절차가 마련되어 있으므로, 특별한 사정이 없는 한 민사소송으로 일반재산의 대부료 지급을 구하는 것은 허용되지 않는다. (예제문제) [ ]

정답 및 해설

④ [X] 도로점용허가는 도로의 일부에 대한 특정사용을 허가하는 것으로서 도로의 일반사용을 저해할 가능성이 있으므로 그 범위는 점용목적 달성에 필요한 한도로 제한되어야 한다. 도로관리청이 도로점용허가를 하면서 특별사용의 필요가 없는 부분을 점용장소 및 점용면적에 포함하는 것은 그 재량권 행사의 기초가 되는 사실인정에 잘못이 있는 경우에 해당하므로 그 도로점용허가 중 특별사용의 필요가 없는 부분은 위법하다. 이러한 경우 도로점용허가를 한 도로관리청은 위와 같은 흠이 있다는 이유로 유효하게 성립한 도로점용허가 중 특별사용의 필요가 없는 부분을 직권취소할 수 있음이 원칙이다. (2019. 1. 17. 2016두56721, 2016두56738(병합))

⑤ [O] 수익적 행정행위에 있어서는 법령에 특별한 근거규정이 없다고 하더라도 그 부관으로서 부담을 붙일 수 있으나, 그러한 부담은 비례의 원칙, 부당결부금지의 원칙에 위반되지 않아야만 적법하다. (1997. 3. 11. 96다49650)

57 [O]

58 [X] 국유재산법 제7조 제2항은 "행정재산은 민법 제245조에도 불구하고 시효취득의 대상이 되지 아니한다"라고 규정하고 있으므로, 국유재산에 대한 취득시효가 완성되기 위해서는 그 국유재산이 취득시효기간 동안 계속하여 행정재산이 아닌 시효취득의 대상이 될 수 있는 일반재산이어야 한다. (2010. 11. 25. 2010다58957)

59 [O] (2009. 12. 10. 2006다19177)

60 [O] (2017. 4. 13. 2013다207941)

제3장 공용부담법

손실보상

61 관계법령상 구 하천법 시행으로 하천구역으로 편입되어 국유로 되었으나 그에 대한 보상규정이 없었거나 보상청구권이 시효로 소멸되어 보상을 받지 못한 토지들에 대하여 시·도지사가 그 손실을 보상하도록 규정하고 있고 위 관계법령에 의한 손실보상청구권이 그 법령상 요건이 충족되면 당연히 발생되는 경우, 위 관계법령에 의한 손실보상금의 지급을 구하는 소송은 당사자소송에 해당한다. (변시 2회) (변시 4회) ★★ [ ]

62 공공사업의 시행에 따른 손실보상청구권은 적법한 공익사업에 따라 필연적으로 발생하는 손실에 대한 보상을 구하는 권리로서 국가배상법에 따른 손해배상청구권이나 민법상 채무불이행 또는 불법행위로 인한 손해배상청구권 등과 같은 사법상의 권리와는 그 성질을 달리하는 것으로, 그에 관한 쟁송은 민사소송이 아니라 행정소송법 제3조 제2호에서 정하고 있는 공법상 당사자소송 절차에 의하여야 한다. (예제문제) [ ]

63 「공익사업을 위한 토지 등의 취득 및 보상에 관한 법률」의 관련 규정에 의하여 취득하는 어업피해에 관한 손실보상청구권은 행정소송이 아닌 민사소송의 방법으로 행사하여야 한다. (23-2) [ ]

64 공익사업과 이로 인한 손실 사이에는 상당인과관계가 있어야 손실보상의 대상인 손실이 된다. (추가문제) [ ]

65 헌법 제23조 제3항에서 규정한 "정당한 보상"이란 원칙적으로 피수용재산의 객관적인 재산가치를 완전하게 보상하여야 한다는 완전보상을 뜻하는 것이지만, 공익사업의 시행으로 인한 개발이익은 완전보상의 범위에 포함되는 피수용토지의 객관적 가치 내지 피수용자의 손실이라고 볼 수 없다. (변시 1회) (변시 11회) [ ]

정답 및 해설

61 [O] (2006. 5. 18. 2004다6207)
62 [O] (2019. 11. 28. 2018두227)
63 [X] 구 수산업법 제81조의 규정에 의한 손실보상청구권이나 손실보상 관련 법령의 유추적용에 의한 손실보상청구권의 행사방법(=민사소송) 및 구 공익사업을 위한 토지 등의 취득 및 보상에 관한 법률의 관련 규정에 의하여 취득하는 어업피해에 관한 손실보상청구권의 행사 방법(=행정소송) (2014. 5. 29. 2013두12478)
64 [O] (2000. 10. 6. 98두19414)
65 [O] (1993. 7. 13. 93누2131)

66 토지수용에 대한 손실보상의 산정기준으로서 공시지가를 기준으로 하되 개발이익을 배제하고, 공시기준일부터 재결시까지의 시점보정을 법령에 따른 지가상승률과 생산자물가상승률 등에 의하도록 한 것은 헌법상 정당보상의 원칙에 위배되는 것은 아니다. (예제문제) [ ]

67 토지의 수용·사용에 따른 보상액을 평가할 때에는 관계 법령에서 들고 있는 모든 산정요인을 구체적·종합적으로 참작하여 그 요인들을 모두 반영하여야 한다. (23-2) [ ]

68 손실보상청구권의 대상이 되는 침해는 공공필요를 위한 것이어야 하는바, 사업의 공공필요성 판단에 있어서 사업의 주체가 국가 등 공적 기관이든 그러한 공적 기관의 승인결정에 따른 민간기업이든 본질적 차이가 없다. (예제문제) ★ [ ]

69 공유수면 매립면허의 고시가 있다고 하여 반드시 그 사업이 시행되고 그로 인하여 손실이 발생한다고 할 수 없고, 매립면허 고시 이후 매립공사가 실행되어 어업권자에게 실질적이고 현실적인 피해가 발생한 경우에만 「공유수면 관리 및 매립에 관한 법률」에서 정하는 손실보상청구권이 발생한다. (변시 8회) ★★ [ ]

70 손실보상액 산정의 기준이나 방법에 관하여 구체적인 법령의 규정이 없는 경우에는, 그 성질상 유사한 물건 또는 권리 등에 대한 관련법령상의 손실보상액 산정의 기준이나 방법에 관한 규정을 유추적용할 수 있으므로, 하천수 사용권에 대한 '물의 사용에 관한 권리'로서의 정당한 보상금액은 어업권이 취소되거나 어업면허의 유효기간 연장이 허가되지 않은 경우의 손실보상액 산정 방법과 기준을 유추적용하여 산정할 수 있다. (변시 9회) [ ]

정답 및 해설

66 [O] (2011. 8. 30. 2009헌바245)

67 [O] 토지의 수용·사용에 따른 보상액을 평가할 때에는 관계 법령에서 들고 있는 모든 산정요인을 구체적·종합적으로 참작하여 그 요인들을 모두 반영하여야 하고, 이를 위한 감정평가서에는 모든 산정요인의 세세한 부분까지 일일이 설시하거나 그 요인들이 평가에 미치는 영향을 수치적으로 나타내지는 않더라도 그 요인들을 특정·명시함과 아울러 각 요인별 참작 내용과 정도를 객관적으로 납득할 수 있을 정도로 설명을 기재하여야 한다. (2013. 6. 27. 2013두2587)

68 [O]

69 [O] 구 공유수면매립법 제17조가 "매립의 면허를 받은 자는 제16조 제1항의 규정에 의한 보상이나 시설을 한 후가 아니면 그 보상을 받을 권리를 가진 자에게 손실을 미칠 공사에 착수할 수 없다. 다만, 그 권리를 가진 자의 동의를 받았을 때에는 예외로 한다."고 규정하고 있으나, 손실보상은 공공필요에 의한 행정작용에 의하여 사인에게 발생한 특별한 희생에 대한 전보라는 점에서 그 사인에게 특별한 희생이 발생하여야 하는 것은 당연히 요구되는 것이고, 공유수면 매립면허의 고시가 있다고 하여 반드시 그 사업이 시행되고 그로 인하여 손실이 발생한다고 할 수 없으므로, 매립면허 고시 이후 매립공사가 실행되어 관행어업권자에게 실질적이고 현실적인 피해가 발생한 경우에만 공유수면매립법에서 정하는 손실보상청구권이 발생하였다고 할 것이다. (2010. 12. 9. 2007두6571)

70 [O] (2018. 12. 27. 2014두11601)

71 　일반 공중의 이용에 제공되는 공공용물에 대하여 적법한 개발행위가 이루어짐으로써 일정범위의 사람들의 일반사용이 종전에 비하여 제한받게 되었다 하더라도 특별한 사정이 없는 한 그로 인한 불이익은 손실보상의 대상이 되는 특별한 손실에 해당한다고 할 수 없다. (23-2)★★ [   ]

72 　일반 공중의 이용에 제공되는 해수욕장의 백사장 일부를 관할 시의 특별한 허락 없이 어선을 양육·정박시켜 이용해 온 어선어업자들이 적법한 백사장 개발행위로 인해 백사장 이용을 제한받는 불이익은 손실보상의 대상이 되는 특별한 손실에 해당하지 않는다. (변시 12회) [   ]

73 　공법상의 제한을 받는 토지의 수용보상액을 산정함에 있어서는 그 공법상 제한이 해당 공공사업의 시행을 직접 목적으로 하여 가하여진 경우가 아니라면 그러한 제한을 받는 상태 그대로 평가하여야 하지만, 그와 같은 제한이 해당 공공사업의 시행 이후에 가하여진 경우라고 하면 그 제한을 받지 아니하는 상태대로 평가하여야 한다. (변시 14회) ★ [   ]

공용수용

74 　사업인정이란 공익사업을 토지 등을 수용 또는 사용할 사업으로 결정하는 것으로서 공익사업의 시행자에게 그 후 일정한 절차를 거칠 것을 조건으로 일정한 내용의 수용권을 설정하여 주는 형성행위이므로, 해당 사업이 외형상 토지 등을 수용 또는 사용할 수 있는 사업에 해당한다고 하더라도 사업인정기관으로서는 그 사업이 공용수용을 할 만한 공익성이 있는지의 여부와 공익성이 있는 경우에도 그 사업의 내용과 방법에 관하여 사업인정에 관련된 자들의 이익을 공익과 사익 사이에서는 물론, 공익 상호간 및 사익 상호간에도 정당하게 비교·교량하여야 하고, 그 비교·교량은 비례의 원칙에 적합하도록 하여야 한다. (변시 3회) (변시 2회) ★★ [   ]

정답 및 해설

71 [O] (2002. 2. 26. 99다35300)
72 [O] (2002. 2. 26. 99다35300)
73 [X] 공법상의 제한을 받는 토지의 수용보상액을 산정함에 있어서는 그 공법상의 제한이 당해 공공사업의 시행을 직접 목적으로 하여 가하여진 경우에는 그 제한을 받지 아니하는 상태대로 평가하여야 할 것이지만, 공법상 제한이 당해 공공사업의 시행을 직접 목적으로 하여 가하여진 경우가 아니라면 그러한 제한을 받는 상태 그대로 평가하여야 하고, 그와 같은 제한이 당해 공공사업의 시행 이후에 가하여진 경우라고 하여 달리 볼 것은 아니다. (2005.2.18. 2003두14222)
74 [O] (2011. 1. 27. 2009두1051)

75 사업인정이 있으면 수용할 목적물의 범위가 확정되고 목적물에 관한 현재 및 장래의 권리자에게 대항할 수 있는 일종의 공법상의 권리로서의 효력이 발생한다. (예제문제) [ ]

76 재산권의 수용·사용·제한은 공공필요가 인정되는 경우에만 예외적으로 허용될 수 있는 것이므로 사업시행자가 사인인 경우에는 수용재결의 전제가 되는 사업인정을 받을 수 없다. (변시 11회) ★ [ ]

77 공익성의 정도를 판단함에 있어서 공익사업이 대중을 상대로 하는 영업인 경우에는 그 사업 시설에 대한 대중의 이용·접근가능성도 아울러 고려하여야 한다. (변시 13회) [ ]

78 법이 공용수용할 수 있는 공익사업을 열거하고 있더라도 이는 공공성 유무를 판단하는 일응의 기준을 제시한 것에 불과하므로, 사업인정의 단계에서 개별적·구체적으로 공공성에 관한 심사를 하여야 한다. (변시 13회) [ ]

79 공공의 이익에 도움이 되는 사업이라도 공익사업으로 실정법에 열거되어 있지 않은 사업은 공용수용이 허용될 수 없다. (변시 13회) ★ [ ]

80 민간개발자가 공익성이 낮은 고급 골프장 사업의 시행을 위하여 다른 사람의 재산을 수용할 수 있도록 법이 규정하였더라도, 이는 행정기관의 승인과정에서 사업의 공익성 평가를 엄격하게 하지 않은 데 기인하는 것이므로 해당 법률조항 자체를 헌법 제23조 제3항에 위반하는 것으로 판단할 수는 없다. (변시 13회) ★ [ ]

정답 및 해설

75 **[O]** (1988. 12. 27. 87누1141)

76 **[X]** 국토계획법에 따르면, 행정청이 아닌 사인은 사업시행자로 지정을 받아 도시·군계획시설사업을 시행할 수 있고 자신의 비용 부담으로 사업을 시행함이 원칙이다. (2017. 7. 11. 2016두35144)

77 **[O]** (헌법재판소 2014. 10. 30. 2011헌바129)

78 **[O]** (헌법재판소 2014. 10. 30. 2011헌바129)

79 **[O]** 공용수용이 허용될 수 있는 공익성을 가진 사업, 즉 공익사업의 범위는 사업시행자와 토지소유자 등의 이해가 상반되는 중요한 사항으로서, 공용수용에 대한 법률유보의 원칙에 따라 법률에서 명확히 규정되어야 한다. 공공의 이익에 도움이 되는 사업이라도 '공익사업'으로 실정법에 열거되어 있지 않은 사업은 공용수용이 허용될 수 없다. (2014. 10. 30. 2011헌바129)

80 **[X]** 이 사건에서 문제된 지구개발사업의 하나인 '관광휴양지 조성사업' 중에는 고급골프장, 고급리조트 등(이하 '고급골프장 등'이라 한다)의 사업과 같이 입법목적에 대한 기여도가 낮을 뿐만 아니라, 대중의 이용·접근가능성이 작아 공익성이 낮은 사업도 있다. 또한 고급골프장 등 사업은 그 특성상 사업 운영 과정에서 발생하는 지방세수 확보와 지역경제 활성화는 부수적인 공익일 뿐이고, 이 정도의 공익이 그 사업으로 인하여 강제수용 당하는 주민들의 기본권 침해를 정당화할 정도로 우월하다고 볼 수는 없다. 따라서 이 사건 법률조항은 공익적 필요성이 인정되기 어려운 민간개발자의 지구개발사업을 위해서까지 공공수용이 허용될 수 있는 가능성을 열어두고 있어 헌법 제23조 제3항에 위반된다. (2014. 10. 30. 2011헌바129)

81   공익사업의 시행자가 해당 공익사업을 수행할 의사와 능력을 상실하였음에도 사업인정에 기하여 수용권을 행사하는 것은 수용권의 남용에 해당한다. (변시 12회) ★★   [   ]

82   사업시행자가 해당 공익사업을 수행할 의사나 능력을 상실하였음에도 여전히 그 사업인정에 기하여 수용권을 행사하는 것은 수용권의 공익 목적에 반하는 수용권의 남용에 해당하여 허용되지 않으며, 이 경우 수행능력에는 재정적 능력도 포함된다. (예제문제)   [   ]

83   공익사업을 위한 토지 등의 취득 및 보상에 관한 법령에 의한 협의취득은 사법상의 법률행위이므로 당사자 사이의 자유로운 의사에 따라 채무불이행책임이나 매매대금 과부족금에 대한 지급의무를 약정할 수 있다. (변시 8회) (변시 6회) ★   [   ]

84   공공사업의 시행자가 그 사업에 필요한 토지를 취득하는 경우 그것이 협의에 의한 취득이고 「공익사업을 위한 토지 등의 취득 및 보상에 관한 법률」상의 협의 성립의 확인이 없는 이상, 그 취득행위는 어디까지나 사경제 주체로서 행하는 사법상의 취득으로서 승계취득한 것으로 보아야 할 것이고, 재결에 의한 취득과 같이 원시취득한 것으로 볼 수는 없다. (변시 3회) ★★   [   ]

85   공익사업을 위한 토지 등의 취득 및 보상에 관한 법률에 의한 보상합의는 공공기관이 행정주체로서 행하는 공행정작용의 실질을 가지는 것으로서, 당사자 간의 합의로 같은 법 소정의 손실보상의 기준에 의하지 아니한 손실보상금을 정할 수 없으며, 이와 같이 같은 법이 정하는 기준에 따르지 아니하고 손실보상액에 관한 합의를 한 경우 그 효력은 원칙적으로 당연무효이다. (예제문제)   [   ]

86   토지수용위원회는 원칙적으로 사업시행자, 토지소유자 또는 관계인이 신청한 범위에서 재결하여야 하나, 손실보상의 경우에는 증액재결을 할 수 있다. (예제문제)   [   ]

정답 및 해설

81 [O] (2011. 1. 27. 2009두1051)

82 [O] (2011. 1. 27. 2009두1051)

83 [O] (2012. 2. 23. 2010다91206)

84 [O] (1996. 2. 13. 95다3510)

85 [X] 공익사업을 위한 토지 등의 취득 및 보상에 관한 법률에 의한 보상합의는 공공기관이 사경제주체로서 행하는 사법상 계약의 실질을 가지는 것으로서, 당사자 간의 합의로 같은 법 소정의 손실보상의 기준에 의하지 아니한 손실보상금을 정할 수 있으며, 이와 같이 같은 법이 정하는 기준에 따르지 아니하고 손실보상액에 관한 합의를 하였다고 하더라도 그 합의가 착오 등을 이유로 적법하게 취소되지 않는 한 유효하다. 따라서 공익사업법에 의한 보상을 하면서 손실보상금에 관한 당사자 간의 합의가 성립하면 그 합의 내용대로 구속력이 있고, 손실보상금에 관한 합의 내용이 공익사업법에서 정하는 손실보상 기준에 맞지 않는다고 하더라도 합의가 적법하게 취소되는 등의 특별한 사정이 없는 한 추가로 공익사업법상 기준에 따른 손실보상금 청구를 할 수는 없다. (2013. 8. 22. 2012다3517)

86 [O] 공익사업을위한토지등의취득및보상에관한법률 제50조 제2항

| 87 | 토지수용위원회의 수용재결이 있은 후라고 하더라도 토지소유자와 사업시행자가 다시 협의하여 토지 등의 취득·사용 및 그에 대한 보상에 관하여 임의로 계약을 체결할 수 있다. (예제문제) ★★ [   ] |

| 88 | 관할 토지수용위원회의 수용재결이 있은 후 사업시행자와 甲이 '공공용지의 취득 협의서'를 작성하고 협의취득을 원인으로 소유권이전등기를 마치더라도 사업시행자가 수용재결에 따른 보상금의 전액을 지급 또는 공탁하지 아니하면 재결은 효력을 상실하고 甲은 이러한 재결에 대하여 무효확인소송을 제기하여 다툴 소의 이익을 가진다. (예제문제) [   ] |

| 89 | 사업시행자가 수용개시일까지 보상금의 전액을 지급 또는 공탁하지 아니하여 재결이 효력을 상실하여 다시 재결을 신청하는 경우 재결 실효 전에 토지소유자 甲이 재결신청을 청구한 바가 있을 때에는 그 재결실효일로부터 60일 이내에 재결신청을 하여야 하고 그 기간을 넘겨서 한 경우에는 지연한 데에 특별한 사정이 없는 한 해당 기간에 대한 지연가산금이 발생한다. (예제문제) ★ [   ] |

| 90 | 재결신청 지연가산금은 사업시행자가 정해진 기간 내에 재결신청을 하지 않고 지연한 데 대한 제재와 토지소유자 등의 손해에 대한 보전이라는 성격을 아울러 가진다. (23-2) [   ] |

| 91 | 토지소유자가 손실보상금의 증액을 쟁송상 구하는 경우에는 전심절차로서 이의신청에 대한 재결을 거친 후 관할 토지수용위원회를 피고로 하여 보상금증액청구소송을 제기하여야 한다. (변시 4회) ★ [   ] |

정답 및 해설

87 [O] (2017. 4. 13. 2016두64241)

88 [X] 甲과 사업시행자가 수용재결이 있은 후 토지에 관하여 보상금액을 새로 정하여 취득협의서를 작성하였고, 이를 기초로 소유권이전등기까지 마친 점 등을 종합해 보면, 甲과 사업시행자가 수용재결과는 별도로 '토지의 소유권을 이전한다는 점과 그 대가인 보상금의 액수'를 합의하는 계약을 새로 체결하였다고 볼 여지가 충분하고, 만약 이러한 별도의 협의취득 절차에 따라 토지에 관하여 소유권이전등기가 마쳐진 것이라면 설령 甲이 수용재결의 무효확인 판결을 받더라도 토지의 소유권을 회복시키는 것이 불가능하고, 나아가 무효확인으로써 회복할 수 있는 다른 권리나 이익이 남아 있다고도 볼 수 없다. (2017. 4. 13. 2016두64241)

89 [O] (2017. 4. 7. 2016두63361)

90 [O] (2020. 8. 20. 2019두34630)

91 [X] 보상금증감청구소송은 토지수용위원회의 재결의 내용 중 보상금에 대해서만 이의가 있는 경우에 보상금의 증액 또는 감액을 청구하는 소송이다. 보상액에 이의가 있는 자가 수용재결(또는 이의재결)을 다투는 항고소송의 방식으로 보상액을 다시 결정하는 것은 우회적 절차이므로, 법률관계의 조속한 확정을 위하여 공익사업법은 보상금에 관한 법률관계의 당사자인 토지소유자와 사업시행자가 원고·피고가 되어 법원이 보상액을 직접 결정하는 소송을 인정하고 있다. (공익사업법 85조 2항)

92　수용재결에 불복하여 취소소송을 제기하는 때에는 이의신청을 거친 경우에도 수용재결을 한 중앙토지수용위원회 또는 지방토지수용위원회를 피고로 하여 수용재결의 취소를 구하여야 하고, 다만 이의신청에 대한 재결 자체에 고유한 위법이 있음을 이유로 하는 경우에만 그 이의재결을 한 중앙토지수용위원회를 피고로 하여 이의재결의 취소를 구할 수 있다. (변시 3회) ★　[　]

93　토지소유자의 사업시행자에 대한 손실보상금 채권에 관하여 압류 및 추심명령이 있더라도, 추심채권자가 보상금 증액 청구의 소를 제기할 수 없다. (23-2) ★　[　]

94　토지수용 보상금의 증감에 관한 행정소송에 있어서, 그 소송을 제기하는 자가 토지소유자 또는 관계인일 때에는 사업시행자를 피고로 한다. (변시 1회) ★★　[　]

95　토지수용재결에 대한 소송이 보상금 증감에 관한 것일 경우에는 토지수용위원회를 피고로 하는 항고소송이나 사업시행자 또는 토지소유자를 피고로 하는 형식적 당사자소송 중 하나를 선택적으로 제기할 수 있다. (변시 2회)　[　]

96　피수용자가 수용재결에서 정한 보상금의 액수가 과소하여 헌법상 '정당한 보상' 원칙에 위배된다는 이유로 보상금증감소송을 제기하는 경우 관할 토지수용위원회가 아니라 사업시행자를 피고로 하여야 한다. (변시 11회)　[　]

97　토지소유자 뿐만 아니라 관계인도 보상금증액청구소송을 제기할 수 있다. (예제문제)　[　]

정답 및 해설

92 [O] (2010. 1. 28. 2008두1504)

93 [X] 공익사업을 위한 토지 등의 취득 및 보상에 관한 법률(이하 '토지보상법'이라 한다) 제85조 제2항에 따른 보상금의 증액을 구하는 소(이하 '보상금 증액 청구의 소'라 한다)의 성질, 토지보상법상 손실보상금 채권의 존부 및 범위를 확정하는 절차 등을 종합하면, 토지보상법에 따른 토지소유자 또는 관계인(이하 '토지소유자 등'이라 한다)의 사업시행자에 대한 손실보상금 채권에 관하여 압류 및 추심명령이 있더라도, 추심채권자가 보상금 증액 청구의 소를 제기할 수 없고, 채무자인 토지소유자 등이 보상금 증액 청구의 소를 제기하고 그 소송을 수행할 당사자적격을 상실하지 않는다고 보아야 한다. (2022. 11. 24. 2018두67)

94 [O] 공익사업을위한토지등의취득및보상에관한법률 제85조 제2항

95 [X] 공익사업을 위한 토지등의 취득 및 보상에 관한 법률 제85조(행정소송의 제기) ② 제1항에 따라 제기하려는 행정소송이 보상금의 증감(增減)에 관한 소송인 경우 그 소송을 제기하는 자가 토지소유자 또는 관계인일 때에는 사업시행자를, 사업시행자일 때에는 토지소유자 또는 관계인을 각각 피고로 한다.

96 [O] (2015. 4. 9. 2014두46669)

97 [O] 공익사업을위한토지등의취득및보상에관한법률 제85조 제2항

98 어떤 보상항목이 토지보상법령상 손실보상대상에 해당함에도 관할 토지수용위원회가 사실을 오인하거나 법리를 오해함으로써 손실보상대상에 해당하지 않는다고 잘못된 내용의 재결을 한 경우, 피보상자는 관할 토지수용위원회를 상대로 그 재결에 대한 취소소송을 통해 그 잘못을 시정할 수 있을 뿐이고 사업시행자를 상대로 토지보상법령에 따른 보상금증감소송을 제기하는 것은 허용되지 아니한다. (예제문제) ★ [ ]

99 보상금증감소송에서 법원이 구체적인 불복신청이 있는 보상항목들에 관해서 감정을 실시하는 등 심리한 결과, 재결에서 정한 보상금액이 일부 보상항목의 경우 과소하고 다른 보상항목의 경우 과다한 것으로 판명되었다면, 법원은 보상항목 상호 간의 유용을 허용하여 항목별로 과다 부분과 과소 부분을 합산하여 보상금의 합계액을 정당한 보상금으로 결정할 수 있다. (예제문제) [ ]

100 보상금 증감에 관한 소송에서 재결의 기초가 된 감정기관의 감정평가와 법원이 선정한 감정인의 감정평가가 개별요인 비교 등에 관하여 평가를 달리한 관계로 감정결과에 차이가 생기는 경우 각 감정평가 중 어느 것을 택할 것인지는 원칙적으로 법원의 재량에 속하나, 어느 감정평가가 개별요인 비교에 오류가 있거나 내용이 논리와 경험의 법칙에 반하는데도 그 감정평가를 택하는 것은 재량의 한계를 벗어난 것으로서 허용되지 않는다. (예제문제) [ ]

101 손실보상금 산정을 위한 감정평가 중 어느 한 가지 점이라도 위법사유가 있으면 그것으로써 감정평가결과는 위법하게 되나, 감정평가가 위법하다고 하여도 법원은 그 감정내용 중 위법하지 않은 부분을 추출하여 판결에서 참작할 수 있다. (예제문제) ★ [ ]

102 토지수용의 재결에 대하여 불복절차를 취하지 아니함으로써 그 재결에 대하여 더 이상 다툴 수 없게 된 경우, 사업시행자는 그 재결이 당연무효이거나 취소되지 않는 한 이미 보상금을 지급받은 자에 대하여 그 보상금을 부당이득이라 하여 반환을 구할 수 없다. (변시 5회) [ ]

정답 및 해설

98 [X] 피보상자는 관할 토지수용위원회를 상대로 그 재결에 대한 취소소송을 제기할 것이 아니라, 사업시행자를 상대로 구 공익사업을 위한 토지 등의 취득 및 보상에 관한 법률 제85조 제2항에 따른 보상금증감소송을 제기하여야 한다. (2018. 7. 20. 2015두4044)

99 [O] (2018. 5. 15. 2017두41221)
100 [O] (2015. 11. 12. 2015두2963)
101 [O] (2014. 12. 11. 2012두1570)
102 [O] (2009. 6. 11. 2007다36209)

103 수용의 대상인 토지의 소유자는 진실한 소유자이어야 하며, 사업시행자가 비록 과실 없이 진정한 소유자임을 알지 못하여 형식상 권리자인 등기부상 소유명의자를 피수용자로 확정하여 수용절차를 진행한 경우 수용의 효과는 발생하지 아니한다. (예제문제) [   ]

104 국토교통부장관이 사업인정의 고시를 누락한 경우 이는 절차상의 위법으로 그 사업인정 자체를 무효로 할 중대하고 명백한 하자라고 볼 수 있으므로, 이와 같은 위법을 들어 수용재결처분의 취소를 구하거나 무효확인을 구할 수 있다. (변시 3회) [   ]

105 사업인정을 함에 있어서 이해관계자의 의견을 듣지 않은 하자가 있을 경우, 이러한 하자는 수용재결의 선행처분인 사업인정단계에서 다투어야 하므로, 선행처분인 사업인정에 대한 쟁송기간이 도과한 후 위 하자를 이유로 수용재결의 취소를 구할 수 없다. (변시 2회) [   ]

106 도시계획사업허가의 공고시에 토지세목의 고시를 누락한 것은 절차상의 위법으로서 취소사유에 불과하므로 이러한 위법을 사업인정단계에서 다투지 아니하였다면 그 쟁송기간이 이미 도과한 후에는 위와 같은 위법함을 들어 수용재결처분의 취소를 구할 수는 없다. (예제문제) [   ]

107 공익사업에 필요한 토지등의 취득 또는 사용으로 인하여 토지 소유자나 관계인이 입은 손실은 사업시행자가 보상하여야 한다. (변시 3회) [   ]

정답 및 해설

103 [X] 토지수용의 경우 기업자가 과실 없이 진정한 토지소유자를 알지 못하여 등기부상 소유명의자를 토지소유자로 보고 그를 피수용자로 하여 매수협의에 따른 수용절차를 마쳤다면, 그 수용의 효과를 부인할 수 없게 되어 수용목적물의 소유자가 누구임을 막론하고 이미 가지고 있던 소유권은 소멸함과 동시에 기업자가 완전하고 확실하게 그 권리를 취득하게 된다. (1993. 11. 12. 93다34756)

104 [X] 건설부장관이 위와 같은 절차를 누락한 경우 이는 절차상의 위법으로서 수용재결 단계 전의 사업인정 단계에서 다툴 수 있는 취소사유에 해당하기는 하나, 더 나아가 그 사업인정 자체를 무효로 할 중대하고 명백한 하자라고 보기는 어렵고, 따라서 이러한 위법을 들어 수용재결처분의 취소를 구하거나 무효확인을 구할 수는 없다. (2000. 10. 13. 2000두5142)

105 [O] (1993. 6. 29. 91누2342)

106 [O] (1988. 12. 27. 87누1141)

107 [O] 공익사업을 위한 토지 등의 취득 및 보상에 관한 법률 제61조(사업시행자 보상)

108 　　국토교통부장관은 「공익사업을 위한 토지 등의 취득 및 보상에 관한 법률」(이하 '토지보상법'이라 한다)에 따라 A광역시가 추진하는 관할구역 내 甲 소유의 대규모 토지를 부지로 하는 도시공원 내 체육시설 조성사업에 대해 사업인정을 하였고, 사업시행자인 A광역시는 甲과의 협의가 성립하지 않자 중앙토지수용위원회의 수용재결을 거쳤다. (다툼이 있는 경우 판례에 의함) (변시 13회)

① 토지보상법에 따른 국토교통부장관의 사업인정에 취소사유의 하자가 있다고 하더라도 甲은 제소기간이 도과한 사업인정의 위법을 이유로 수용재결의 취소를 구하는 행정소송을 제기할 수 없다. [　]

② 甲은 중앙토지수용위원회의 수용재결서 정본을 받은 날부터 30일 이내에 중앙토지수용위원회에 이의를 신청할 수 있으며, 중앙토지수용위원회는 수용재결이 위법 또는 부당하다고 인정하는 때에는 그 전부 또는 일부를 취소하거나 보상액의 변경을 A광역시에 명할 수 있다. [　]

③ 甲이 이의신청을 거쳤으나 재차 불복하고자 할 경우에는 중앙토지수용위원회의 이의재결을 대상으로 하여 그 재결서를 받은 날부터 90일 이내에 행정소송을 제기할 수 있다. [　]

④ 甲이 이의신청을 거치지 않고 수용재결을 대상으로 행정소송을 제기하는 경우, 그 재결서 정본을 받은 날부터 60일 이내에 소를 제기하여야 한다. [　]

⑤ 행정소송이 보상금의 증감에 관한 소송인 경우 그 소송을 제기하는 자가 甲일 때에는 A광역시를, A광역시일 때에는 甲을 각각 피고로 한다. [　]

정답 및 해설

108 ① [O] 사업인정단계에서의 하자를 다투지 아니하여 이미 쟁송기간이 도과한 수용재결단계에 있어서는 위 사업인정처분에 중대하고 명백한 하자가 있어 당연무효라고 볼만한 특단의 사정이 없다면 그 처분의 불가쟁력에 의하여 사업인정처분의 위법, 부당함을 이유로 수용재결처분의 취소를 구할 수 없다. (1987. 9. 8. 87누395)

② [X] 중앙토지수용위원회는 이의신청을 받은 경우 재결이 위법하거나 부당하다고 인정할 때에는 그 재결의 전부 또는 일부를 취소하거나 보상액을 변경할 수 있다(토지보상법 제84조 제1항). 즉 보상액의 변경을 A광역시에 명하는 것이 아니라 직접 보상액을 변경할 수 있다.

③ [X] 공익사업을 위한 토지 등의 취득 및 보상에 관한 법률 제85조(행정소송의 제기) ① 사업시행자, 토지소유자 또는 관계인은 제34조에 따른 재결에 불복할 때에는 재결서를 받은 날부터 90일 이내에, 이의신청을 거쳤을 때에는 이의신청에 대한 재결서를 받은 날부터 60일 이내에 각각 행정소송을 제기할 수 있다. 이 경우 사업시행자는 행정소송을 제기하기 전에 제84조에 따라 늘어난 보상금을 공탁하여야 하며, 보상금을 받을 자는 공탁된 보상금을 소송이 종결될 때까지 수령할 수 없다.

④ [X] 위 해설 참조

⑤ [O] 토지보상법 제85조 제2항

생활보상

109 이주대책은 이주자들에게 종전의 생활상태를 회복시켜 주려는 생활보상의 일환으로서 헌법 제23조 제3항에 규정된 정당한 보상에 당연히 포함되는 것이므로 이주대책의 실시 여부는 입법자의 입법재량의 영역에 속한다고 할 수 없다. (변시 8회) (변시 4회) ★★ [ ]

110 이주대책은 헌법 제23조 제3항의 정당한 보상에 포함되는 것이라기보다는 정당한 보상에 부가하여, 이주자들에게 종전의 생활상태를 회복시키기 위한 생활보상의 하나로서, 이주대책의 실시 여부는 입법자의 입법정책적 재량의 영역에 속한다고 볼 것이므로, 세입자를 이주대책대상자에서 제외하는 토지보상법 시행령 규정은 세입자의 재산권을 침해하는 것이라 볼 수 없다. (변시 9회) (변시 2회) ★ [ ]

111 사업시행자의 이주대책 수립·실시의무뿐만 아니라 이주대책의 내용에 관하여 규정하고 있는 토지보상법상의 관련규정은 당사자의 합의 또는 사업시행자의 재량에 의하여 적용을 배제할 수 없는 강행법규이다. (변시 9회) ★★ [ ]

112 이주자의 수분양권은 이주자가 이주대책에서 정한 절차에 따라 사업시행자에게 이주대책대상자 선정신청을 하고 사업시행자가 이를 받아들여 이주대책대상자로 확인·결정하여야만 비로소 구체적으로 발생하게 된다. (변시 9회) ★★ [ ]

113 사업시행자가 하는 이주대책의 종류가 달라 보장내용에 차등이 있는 경우, 이주자의 희망에도 불구하고 사업시행자가 더 이익이 되는 내용의 이주대책대상자로 선정하지 않았다면, 이러한 행위는 항고소송의 대상이 되는 처분에 해당한다. (23-2) ★ [ ]

정답 및 해설

109 [X] 이주대책은 헌법 제23조 제3항에 규정된 정당한 보상에 포함되는 것이라기보다는 이에 부가하여 이주자들에게 종전의 생활상태를 회복시키기 위한 생활보상의 일환으로서 국가의 정책적인 배려에 의하여 마련된 제도라고 볼 것이다. 따라서 이주대책의 실시 여부는 입법자의 입법정책적 재량의 영역에 속하므로 공익사업을위한토지등의취득및보상에관한법률시행령 제40조 제3항 제3호가 이주대책의 대상자에서 세입자를 제외하고 있는 것이 세입자의 재산권을 침해하는 것이라 볼 수 없다. (헌재 2006. 2. 23. 2004헌마19)

110 [O] (헌재 2006. 2. 23. 2004헌마19)

111 [O] (2013. 6. 28. 2011다40465)

112 [O] 공공용지의취득및손실보상에관한특례법 제8조 제1항이 사업시행자에게 이주대책의 수립·실시의무를 부과하고 있다고 하여 그 규정 자체만에 의하여 이주자에게 사업시행자가 수립한 이주대책상의 택지분양권이나 아파트입주권 등을 받을 수 있는 구체적인 권리(수분양권)가 직접 발생하는 것이라고는 볼 수 없으며, 사업시행자가 이주대책에 관한 구체적인 계획을 수립하여 이를 해당자에게 통지 내지 공고한 후, 이주자가 수분양권을 취득하기를 희망하여 이주대책에 정한 절차에 따라 사업시행자에게 이주대책대상자 선정신청을 하고 사업시행자가 이를 받아 들여 이주대책대상자로 확인·결정하여야만 비로소 구체적인 수분양권이 발생하게 되는 것이며, 이러한 사업시행자가 하는 확인·결정은 행정작용으로서의 공법상의 처분이다. (1994. 10. 25. 93다46919)

113 [O] (2014. 2. 27. 2013두10885)

114 이주대책대상자 선정에서 배제된 이주자는 사업시행자를 상대로 그 선정거부처분의 취소를 구하는 항고소송을 제기할 필요 없이 공법상 당사자소송으로 이주대책상의 수분양권 확인을 구하는 소송을 제기할 수 있다. (변시 10회) ★ [ ]

115 대법원은, 이주대책은 이른바 생활보상에 해당하는 것으로서 헌법 제23조 제3항이 규정하는 손실보상의 한 형태로 보아야 하므로, 법률이 사업시행자에게 이주대책의 수립·실시의무를 부과하였다면 이로부터 사업시행자가 수립한 이주대책상의 택지분양권 등의 구체적 권리가 이주자에게 직접 발생한다고 본다. (변시 1회) ★ [ ]

116 공익사업의 시행자는 해당 공익사업의 성격 등 제반 사정을 고려하여 관련 법이 정한 이주대책대상자를 포함하여 그 밖의 이해관계인에게까지 대상자를 넓혀 이주대책수립 등을 시행할 수 있다. (변시 12회) [ ]

117 대법원은, 공익사업을 위한 토지 등의 취득 및 보상에 관한 법령상 공익사업의 시행에 따라 이주하는 주거용 건축물의 세입자에게 지급하는 주거이전비와 이사비는 사회보장적 차원에서 지급하는 금원의 성격을 갖는다고 본다. (변시 1회) [ ]

118 「공익사업을 위한 토지 등의 취득 및 보상에 관한 법률」상 주거용 건축물 세입자의 주거이전비 보상청구권은 사법상의 권리이고, 주거이전비 보상청구소송은 민사소송에 의하여야 한다. (변시 6회) ★★ [ ]

119 사업시행자가 법령이 정한 이주대책대상자의 범위를 넘어 미거주 소유자까지 이주대책대상자에 포함시킨다고 하더라도, 법령에서 정한 이주대책대상자가 아닌 미거주 소유자에게 제공하는 이주대책은 법령에 의한 의무로서가 아니라 시혜적인 것이다. (변시 14회) [ ]

정답 및 해설

114 [X] 수분양권의 취득을 희망하는 이주자가 소정의 절차에 따라 이주대책대상자 선정신청을 한 데 대하여 사업시행자가 이주대책대상자가 아니라고 하여 위 확인·결정 등의 처분을 하지 않고 이를 제외시키거나 거부조치한 경우에는 이주자로서는 사업시행자를 상대로 항고소송에 의하여 제외처분이나 거부처분의 취소를 구할 수 있다. (2014. 2. 27. 2013두10885)

115 [X] 위 해설 참고(1994. 5. 24. 92다35783)

116 [O] (2015. 7. 23. 2012두22911)

117 [O] (2006. 4. 27. 2006두2435)

118 [X] 적법하게 시행된 공익사업으로 인하여 이주하게 된 주거용 건축물 세입자의 주거이전비 보상청구권은 공법상의 권리이고, 따라서 그 보상을 둘러싼 쟁송은 민사소송이 아니라 공법상의 법률관계를 대상으로 하는 행정소송에 의하여야 한다. (2008. 5. 29. 2007다8129)

119 [O] (2014.9.4. 2012다109811)

120 (헌법재판소의 입장에 따르면) 생활대책은 헌법 제23조 제3항에 규정된 정당한 보상에 포함되는 것이라기보다는 생활보상의 일환으로서 국가의 정책적인 배려에 의하여 마련된 제도이므로, 그 실시 여부는 입법자의 입법정책적 재량의 영역에 속한다. (추가문제) ★ [ ]

121 (대법원의 입장에 따르면) 사업시행자 스스로 공익사업의 원활한 시행을 위하여 생활대책을 수립·실시할 수 있도록 하는 내부규정을 두고 이에 따라 생활대책대상자 선정기준을 마련하여 생활대책을 수립·실시하는 경우, 생활대책대상자 선정기준에 해당하는 자는 자신을 생활대책대상자에서 제외하거나 선정을 거부한 행위에 대해 사업시행자를 상대로 항고소송을 제기할 수는 없다. (변시 9회) ★ [ ]

잔여지 보상

122 잔여 영업시설 손실보상은 토지보상법령에 따른 잔여지 손실보상, 잔여건축물 손실보상 등과 비교하여 볼 때 그 입법 목적이 동일하므로, 각 손실보상의 요건을 해석할 때에는 그 보상 목적물의 종류가 다르다는 특성을 고려하되 입법 목적 및 헌법상 정당보상의 관점에서 서로 궤를 같이 하여야 한다. (예제문제) [ ]

123 甲이 소유하는 일단의 토지의 일부가 「공익사업을 위한 토지 등의 취득 및 보상에 관한 법률」에 기하여 수용됨으로 인하여 잔여지를 종래의 목적에 사용하는 것이 현저히 곤란하게 되었다. 이에 甲은 사업시행자 乙과의 협의가 이루어지지 않자 관할 토지수용위원회에 잔여지수용청구를 하였다. 甲의 잔여지수용청구는 그 요건을 구비한 때 토지수용위원회의 특별한 조치를 기다릴 것 없이 청구에 의하여 수용의 효과가 발생하는 형성권적 성질을 가진다. (22-3) ★★ [ ]

정답 및 해설

120 [O] (헌재 2013. 7. 25. 2012헌바71)

121 [X] 생활대책 역시 헌법 제23조 제3항에 따른 정당한 보상에 포함되는 것으로 보아야 한다. 따라서 이러한 생활대책대상자 선정기준에 해당하는 자는 사업시행자에게 생활대책대상자 선정 여부의 확인·결정을 신청할 수 있는 권리를 가지는 것이어서, 만일 사업시행자가 그러한 자를 생활대책대상자에서 제외하거나 선정을 거부하면, 이러한 생활대책대상자 선정기준에 해당하는 자는 사업시행자를 상대로 항고소송을 제기할 수 있다고 보는 것이 타당하다. (2011. 10. 13. 2008두17905)

122 [O] (2018. 7. 20. 2015두4044)

123 [O] (2001. 9. 4. 99두11080)

124 甲은 잔여지수용청구를 해당 사업의 공사완료일까지 하여야 하며, 그 기간을 도과한 경우 甲의 잔여지수용청구권은 소멸한다. (22-3) [   ]

125 '종래의 목적'이라 함은 수용재결 당시에 당해 잔여지가 현실적으로 사용되고 있는 구체적인 용도를 의미한다. (22-3) [   ]

126 「공익사업을 위한 토지 등의 취득 및 보상에 관한 법률」에 따른 편입토지·물건 보상, 지장물 보상, 잔여 토지·건축물 손실보상 또는 수용청구의 경우에는 원칙적으로 개별 물건에 따라 하나의 보상항목이 되지만, 잔여 영업시설 손실보상을 포함하는 영업손실보상의 경우에는 '전체적으로 단일한 시설 일체로서의 영업' 자체가 보상항목이 되고, 세부 영업시설이나 공사비용, 휴업기간 등은 영업손실보상금 산정에서 고려하는 요소에 불과하다. (변시 10회) [   ]

127 잔여 영업시설 손실보상의 요건인 '공익사업에 영업시설의 일부가 편입됨으로 인하여 잔여시설에 그 시설을 새로이 설치하거나 잔여시설을 보수하지 아니하고는 그 영업을 계속할 수 없는 경우'란, 잔여 영업시설에 시설을 새로이 설치하거나 잔여 영업시설을 보수하지 아니하고는 그 영업이 전부 불가능하거나 곤란하게 되는 경우만을 의미하는 것이 아니라, 공익사업에 영업시설 일부가 편입됨으로써 잔여 영업시설의 운영에 일정한 지장이 초래되고, 이에 따라 종전처럼 정상적인 영업을 계속하기 위해서는 잔여 영업시설에 시설을 새로 설치하거나 잔여 영업시설을 보수할 필요가 있는 경우도 포함된다. (예제문제) [   ]

128 사업시행자가 동일한 토지소유자에 속하는 일단의 토지 일부를 취득함으로 인하여 잔여지의 가격이 감소하거나 그 밖의 손실이 있을 때 등에는 잔여지를 종래의 목적으로 사용하는 것이 가능한 경우라도 잔여지 손실보상의 대상이 되며, 잔여지를 종래의 목적에 사용하는 것이 불가능하거나 현저히 곤란한 경우이어야만 잔여지 손실보상청구를 할 수 있는 것이 아니다. (예제문제) [   ]

정답 및 해설

124 [O] 공익사업을위한토지등의취득및보상에관한법률 제74조(잔여지 등의 매수 및 수용 청구) ① 동일한 소유자에게 속하는 일단의 토지의 일부가 협의에 의하여 매수되거나 수용됨으로 인하여 잔여지를 종래의 목적에 사용하는 것이 현저히 곤란할 때에는 해당 토지소유자는 사업시행자에게 잔여지를 매수하여 줄 것을 청구할 수 있으며, 사업인정 이후에는 관할 토지수용위원회에 수용을 청구할 수 있다. 이 경우 수용의 청구는 매수에 관한 협의가 성립되지 아니한 경우에만 할 수 있으며, 그 사업의 공사완료일까지 하여야 한다.

125 [O] (2005. 1. 28. 2002두4679)
126 [O] (2018. 7. 20. 2015두4044)
127 [O] (2018. 7. 20. 2015두4044)
128 [O] (2018. 7. 20. 2015두4044)

| 129 | 「공익사업을 위한 토지 등의 취득 및 보상에 관한 법률」상 토지소유자가 사업시행자로부터 잔여지 가격감소로 인한 손실보상을 받고자 하는 경우 토지수용위원회의 재결절차를 거치지 않은 채 곧바로 사업시행자를 상대로 손실보상을 청구하는 것은 허용되지 아니 한다. (변시 6회) ★★ [　　] |

| 130 | 공익사업에 영업시설 일부가 편입됨으로 인하여 잔여 영업시설에 손실을 입은 자가 사업시행자로부터 토지보상법에 따라 잔여 영업시설의 손실에 대한 보상을 받기 위해서는, 토지보상법령에 규정된 재결절차를 거친 다음 그 재결에 대하여 불복이 있는 때에 비로소 토지보상법령에 따라 권리구제를 받을 수 있을 뿐이고, 이러한 재결절차를 거치지 않은 채 곧바로 사업시행자를 상대로 손실보상을 청구하는 것은 허용되지 않는다. (예제문제) ★★ [　　] |

| 131 | 건축물의 일부가 공익사업에 편입됨으로 인하여 잔여 건축물의 가격감소 손실이 발생한 경우에 「공익사업을 위한 토지 등의 취득 및 보상에 관한 법률」에 규정된 재결절차를 거치지 않은 채 곧바로 사업시행자를 상대로 손실보상을 청구하는 것은 허용되지 않는다. (변시 10회) [　　] |

| 132 | 잔여지 수용청구를 받아들이지 않은 토지수용위원회의 재결에 대하여 불복하는 경우에는 사업시행자를 피고로 하여 보상금증액청구소송을 제기하여야 한다. (24-1) [　　] |

정답 및 해설

129 [O] 토지소유자가 사업시행자로부터 공익사업법 제73조, 제75조의2에 따른 잔여지 또는 잔여 건축물 가격감소 등으로 인한 손실보상을 받기 위해서는 공익사업법 제34조, 제50조 등에 규정된 재결절차를 거친 다음 그 재결에 대하여 불복할 때 비로소 공익사업법 제83조 내지 제85조에 따라 권리구제를 받을 수 있을 뿐이며, 특별한 사정이 없는 한 이러한 재결절차를 거치지 않은 채 곧바로 사업시행자를 상대로 손실보상을 청구하는 것은 허용되지 않는다 할 것이고, 이는 잔여지 또는 잔여 건축물 수용청구에 대한 재결절차를 거친 경우라고 하여 달리 볼 것은 아니다. (2014. 9. 25. 2012두24092)

130 [O] (2018. 7. 20. 2015두4044)

131 [O] (2014. 9. 25. 2012두24092)

132 [O] (2015.4.9. 2014두46669)

사용하는 토지 보상

133 「공익사업을 위한 토지 등의 취득 및 보상에 관한 법률」상 사업시행자가 3년 이상 사용한 토지에 대해 해당 토지소유자가 지방토지수용위원회에 수용청구를 하였으나 받아들여지지 않은 경우, 이에 불복하여 소송을 제기하고자 하는 토지소유자는 사업시행자를 상대로 '보상금의 증감에 관한 소송'을 제기하여야 한다. (변시 6회) ★★   [   ]

간접손실 보상 등

134 대법원 판례에 의하면 공공사업의 시행으로 사업시행지 밖에서 발생한 간접손실은 손실 발생을 쉽게 예견할 수 있고 손실 범위도 구체적으로 특정할 수 있더라도, 사업시행자와 협의가 이루어지지 아니하고 그 보상에 관한 명문의 근거 법령이 없는 경우에는 보상의 대상이 아니다. (변시 4회)   [   ]

135 공공사업의 시행으로 인하여 사업지 밖에 미치는 간접손실에 관하여 그 피해자와 사업시행자 사이에 협의가 이루어지지 아니하고 그 보상에 관한 명문의 근거법령이 없는 경우에 손실의 예견 및 특정이 가능하여도 「공익사업을 위한 토지 등의 취득 및 보상에 관한 법률 시행규칙」의 관련 규정을 유추하여 적용할 수는 없다. (변시 8회)   [   ]

정답 및 해설

133 [O] 공익사업을 위한 토지 등의 취득 및 보상에 관한 법률(이하 '토지보상법'이라고 한다) 제72조의 문언, 연혁 및 취지 등에 비추어 보면, 위 규정이 정한 수용청구권은 토지보상법 제74조 제1항이 정한 잔여지 수용청구권과 같이 손실보상의 일환으로 토지소유자에게 부여되는 권리로서 그 청구에 의하여 수용효과가 생기는 형성권의 성질을 지니므로, 토지소유자의 토지수용청구를 받아들이지 아니한 토지수용위원회의 재결에 대하여 토지소유자가 불복하여 제기하는 소송은 토지보상법 제85조 제2항에 규정되어 있는 '보상금의 증감에 관한 소송'에 해당하고, 피고는 토지수용위원회가 아니라 사업시행자로 하여야 한다. (2015. 4. 9. 2014두46669)

134 [X] 행정주체의 행정행위를 신뢰하여 그에 따라 재산출연이나 비용지출 등의 행위를 한 자가 그 후에 공공필요에 의하여 수립된 적법한 행정계획으로 인하여 재산권행사가 제한되고 이로 인한 공공사업의 시행 결과 공공사업시행지구 밖에서 발생한 간접손실에 관하여 그 피해자와 사업시행자 사이에 협의가 이루어지지 아니하고, 그 보상에 관한 명문의 근거 법령이 없는 경우라고 하더라도, 헌법 제23조 제3항 및 토지수용법 등의 개별 법률의 규정, 공특법 제3조 제1항 및 공특법시행규칙 제23조의2 내지 7 등의 규정 취지에 비추어 보면, 공공사업의 시행으로 인하여 그러한 손실이 발생하리라는 것을 쉽게 예견할 수 있고, 그 손실의 범위도 구체적으로 이를 특정할 수 있는 경우에는 그 손실의 보상에 관하여 공특법시행규칙의 관련 규정 등을 유추적용할 수 있다고 해석하여야 할 것이다. (1995. 7. 14. 94다38038)

135 [X] 위 해설 참고(1999. 10. 8. 99다27231)

136 공익사업 시행으로 영업손실이 발생하였음에도 사업시행자가 재결을 신청하지 않는 경우에는 피해자는 '정당한 보상'을 받기 위하여 사업시행자를 상대로 공법상 당사자소송으로 손실보상금의 지급을 청구할 수 있다. (변시 11회) [   ]

137 공익사업으로 인하여 공익사업시행지구 밖에서 영업을 휴업하는 자는 공익사업을 위한 토지 등의 취득 및 보상에 관한 법률 제34조, 제50조 등에 규정된 재결절차를 거치지 않은 채 곧바로 사업시행자를 상대로 영업손실에 대한 보상을 청구할 수는 없다. (예제문제) [   ]

138 하나의 재결에서 피보상자별로 여러 가지의 토지, 물건, 권리 또는 영업의 손실에 관하여 심리·판단이 이루어졌을 때, 피보상자 또는 사업시행자가 반드시 재결 전부에 관하여 불복하여야 하는 것은 아니다. (변시 10회) ★ [   ]

139 공익사업을 위한 토지 등의 취득 및 보상에 관한 법률 시행규칙 제64조 제1항 제2호에서 정한 공익사업시행지구 밖 영업손실보상의 요건인 '공익사업의 시행으로 인한 그 밖의 부득이한 사유로 일정 기간 동안 휴업이 불가피한 경우'에 공익사업의 시행 결과로 휴업이 불가피한 경우가 포함된다. (예제문제) ★★ [   ]

140 공익사업으로 인한 환경피해의 경우, 그로 인한 손실보상과 손해배상은 별개의 청구권이므로 손실보상 청구기간이 도과하여 손실보상청구권을 더 이상 행사할 수 없는 경우에도 손해배상의 요건이 충족되는 이상 여전히 손해배상청구는 가능하다. (23-2) ★ [   ]

141 실질적으로 같은 내용의 손해에 관하여 공익사업을 위한 토지 등의 취득 및 보상에 관한 법률 제79조 제2항에 따른 손실보상과 환경정책기본법 제44조 제1항에 따른 손해배상청구권이 동시에 성립하는 경우, 영업자가 두 청구권을 동시에 행사할 수는 없다. 다만 '해당 사업의 공사완료일로부터 1년'이라는 손실보상 청구기간이 지나 손실보상청구권을 행사할 수 없는 경우에도 손해배상청구는 가능하다. (예제문제) [   ]

정답 및 해설

136 [X] 공익사업에 영업시설 일부가 편입됨으로 인하여 잔여 영업시설에 손실을 입은 자가 사업시행자로부터 구 공익사업을 위한 토지 등의 취득 및 보상에 관한 법률 시행규칙 제47조 제3항에 따라 잔여 영업시설의 손실에 대한 보상을 받기 위해서는, 토지보상법 제34조, 제50조 등에 규정된 재결절차를 거친 다음 그 재결에 대하여 불복이 있는 때에 비로소 토지보상법 제83조 내지 제85조에 따라 권리구제를 받을 수 있을 뿐이다. 이러한 재결절차를 거치지 않은 채 곧바로 사업시행자를 상대로 손실보상을 청구하는 것은 허용되지 않는다. (2018. 7. 20. 2015두4044)

137 [O] (2019. 11. 28. 2018두227)

138 [O] 여러 보상항목들 중 일부에 관해서만 불복하는 경우에는 그 부분에 관해서만 개별적으로 불복의 사유를 주장하여 행정소송을 제기할 수 있다. 이러한 보상금 증감 소송에서 법원의 심판범위는 하나의 재결 내에서 소송당사자가 구체적으로 불복신청을 한 보상항목들로 제한된다. (2018. 5. 15. 2017두41221)

139 [O] (2019. 11. 28. 2018두227)

140 [O] (2019. 11. 28. 2018두227)

141 [O] (2019. 11. 28. 2018두227)

142 도로구역 결정고시 전에 공장을 운영하다가 고시 후에 시로부터 3년 내에 공장을 이전할 것을 조건으로 공장설립허가를 받았더라도 그 공장부지가 수용되었다면 휴업보상의 대상이 된다. (추가문제) [ ]

143 지장물인 건물이 구 「토지수용법」상 손실보상의 대상이 되기 위해서는 적법한 건축허가를 받아 건축된 것이어야 한다. (추가문제) [ ]

144 손실보상은 재산권에 대한 완전한 보상이어야 하므로 적법한 영업이거나 적법한 장소에서의 영업이어야만 보상의 대상이 되는 것은 아닌바, 무허가건축물에서의 영업이라도 「공익사업을 위한 토지 등의 취득 및 보상에 관한 법률」상 보상의 대상이 된다. (예제문제) [ ]

정답 및 해설

142 [O] [1] 토지수용법 제45조, 제46조, 제57조의2, 공공용지의취득및손실보상에관한특례법 제3조, 제4조, 같은법시행규칙 제25조, 제25조의3 제1항의 각 규정에 의하면, 공공사업의 시행으로 인한 손실보상액은 토지수용법에 의한 절차에 의하지 아니하고 협의에 의하여 토지 등을 취득 또는 사용하는 경우에는 그 계약체결 당시, 토지수용법 제25조 제1항의 규정에 의한 협의의 경우에는 그 협의성립 당시 그리고 같은 법 제29조의 규정에 의한 재결의 경우에는 그 재결 당시를 각각 기준으로 하여 산정하고, 영업의 폐지나 휴업에 대한 손실보상의 대상이 되는 영업의 범위에는, 관계 법령에 의하여 당해 공공사업에 관한 계획의 고시 등이 있은 후에 당해 법률에 의하여 금지된 행위를 하거나 허가를 받아야 할 행위를 허가 없이 행한 경우 또는 관계 법령에 의하여 허가면허 또는 신고 등이나 일정한 자격이 있어야 행할 수 있는 영업이나 행위를 당해 허가면허 또는 신고 등이나 자격 없이 행하고 있는 경우만 제외되므로, 공공사업에 관한 계획의 고시 등이 있기 이전은 물론이고 그 이후라도 계약체결, 협의성립 또는 수용재결 이전에 영업이나 행위에 필요한 허가면허 신고나 자격을 정하고 있는 관계 법령에 의하여 그 허가 등의 요건을 갖춘 영업이나 행위는 그것이 어느 법령에도 위반되지 아니하고 또한 위와 같은 보상제외사유의 어디에도 해당되지 아니하는 것으로서 손실보상의 대상이 된다.
[2] 도로구역 결정고시 전에 공장을 운영하다가 고시 후에 시로부터 3년 내에 공장을 이전할 것을 조건으로 공장설립허가를 받았더라도 그 공장부지가 수용되었다면 휴업보상의 대상이 된다고 본 사례. (2001. 4. 27. 2000다50237)

143 [X] 지장물인 건물의 경우 그 이전비를 보상함이 원칙이나, 이전으로 인하여 종래의 목적대로 이용 또는 사용할 수 없거나 이전이 현저히 곤란한 경우 또는 이전비용이 취득가격을 초과할 때에는 이를 취득가격으로 평가하여야 하는데, 그와 같은 건물의 평가는 그 구조, 이용상태, 면적, 내구연한, 유용성, 이전가능성 및 그 난이도 기타 가격형성상의 제 요인을 종합적으로 고려하여 특별히 거래사례비교법으로 평가하도록 규정한 경우를 제외하고는 원칙적으로 원가법으로 평가하여야 한다고만 규정함으로써 지장물인 건물을 보상대상으로 함에 있어 건축허가의 유무에 따른 구분을 두고 있지 않을 뿐만 아니라, 오히려 같은법시행규칙 제5조의9는 주거용 건물에 관한 보상특례를 규정하면서 그 단서에 주거용인 무허가건물은 그 규정의 특례를 적용하지 아니한 채 같은법시행규칙 제10조에 따른 평가액을 보상액으로 한다고 규정하고, 같은법시행규칙 제10조 제5항은 지장물인 건물이 주거용인 경우에 가족수에 따른 주거비를 추가로 지급하되 무허가건물의 경우에는 그러하지 아니하다고 규정함으로써 무허가건물도 보상의 대상에 포함됨을 전제로 하고 있는바, 이와 같은 관계 법령을 종합하여 보면, 지장물인 건물은 그 건물이 적법한 건축허가를 받아 건축된 것인지 여부에 관계없이 토지수용법상의 사업인정의 고시 이전에 건축된 건물이기만 하면 손실보상의 대상이 됨이 명백하다. (2000. 3. 10. 99두10896)

144 [X] 중앙토지수용위원회가 생태하천조성사업에 편입되는 토지 상의 무허가건축물에서 축산업을 영위하는 뛰에 대하여 공익사업을 위한 토지 등의 취득 및 보상에 관한 법률 시행규칙 제45조 제1호에 따라 영업손실을 인정하지 않는 내용의 수용재결을 한 사안에서, 위 규칙 조항이 '영업'의 개념에 '적법한 장소에서 운영될 것'이라는 요소를 포함하고 있다고 하여 공익사업을 위한 토지 등의 취득 및 보상에 관한 법률의 위임 범위를 벗어났다거나 정당한 보상의 원칙에 위배된다고 하기 어렵다고 본 원심판단을 정당한 것으로 수긍한 사례. (2014. 3. 27. 2013두25863)

환매권, 공익사업의 변환

145 환매권 행사의 요건으로 사업의 '폐지·변경'이란 당해 사업을 아예 그만두거나 다른 사업으로 바꾸는 것을 말하고, 취득한 토지의 전부 또는 일부가 '필요 없게 된 때'란 사업시행자가 취득한 토지의 전부 또는 일부가 그 취득 목적 사업을 위하여 사용할 필요 자체가 없어진 경우를 말하며, 협의취득 또는 수용된 토지가 필요 없게 되었는지 여부는 사업시행자의 주관적인 의사를 표준으로 할 것이 아니라 당해 사업의 목적과 내용, 협의취득의 경위와 범위, 당해 토지와 사업의 관계, 용도 등 제반 사정에 비추어 객관적·합리적으로 판단하여야 한다. (예제문제) [　]

146 구 「공익사업을 위한 토지 등의 취득 및 보상에 관한 법률」상 환매권의 존부에 관한 확인을 구하는 소송 및 환매금액의 증감을 구하는 소송은 민사소송이다. (변시 4회) ★★ [　]

147 「공익사업을 위한 토지 등의 취득 및 보상에 관한 법률」상 환매권의 존부에 관한 확인을 구하는 소송은 당사자소송이다. (변시 5회) [　]

148 이른바 '공익사업의 변환'을 인정하기 위한 변경된 공익사업의 시행자는 국가·지방자치단체 또는 일정한 공공기관에 한정되고, 민간기업은 포함되지 않는다. (추가문제) ★★ [　]

149 공익사업을 위해 협의취득하거나 수용한 토지가 제3자에게 처분된 경우에는 특별한 사정이 없는 한 그 토지는 당해 공익사업에는 필요 없게 된 것이라고 보아야 한다. (변시 3회) [　]

정답 및 해설

145 [O] (2010. 9. 30. 2010다30782)

146 [O] (2013. 2. 28. 2010두22368)

147 [X] 민사소송(2013. 2. 28. 2010두22368)

148 [X] 토지보상법 제91조 제6항 전문 중 '해당 공익사업이 제4조 제1호부터 제5호까지에 규정된 다른 공익사업으로 변경된 경우' 부분에는 별도의 사업주체에 관한 규정이 없음에도 그 앞부분의 사업시행 주체에 관한 규정이 뒷부분에도 그대로 적용된다고 해석하는 것은 문리해석에 부합하지 않는다. … 변경된 공익사업이 토지보상법 제4조 제1~5호에 정한 공익사업에 해당하면 공익사업의 변환이 인정되는 것이지, 변경된 공익사업의 시행자가 국가·지방자치단체 또는 일정한 공공기관일 필요까지는 없다. (2015. 8. 19. 2014다201391)

149 [O] 변경된 공익사업에 관해서도 마찬가지이므로, 그 토지가 변경된 사업의 사업시행자 아닌 제3자에게 처분된 경우에는 공익사업의 변환을 인정할 여지도 없다. (2010. 9. 30. 2010다30782)

공용환지

150 환지계획은 위와 같은 환지예정지 지정이나 환지처분의 근거가 될 뿐 그 자체가 직접 토지소유자 등의 법률상의 지위를 변동시키거나 또는 환지예정지 지정이나 환지처분과는 다른 고유한 법률효과를 수반하는 것이 아니어서 이를 항고소송의 대상이 되는 처분에 해당한다고 할 수가 없다. (예제문제) ★★ [ ]

151 환지처분이 일단 공고되어 효력을 발생하게 되면 환지예정지지정처분은 그 효력이 소멸되는 것이므로, 환지처분이 공고된 후에는 환지예정지지정처분에 대하여 그 취소를 구할 법률상 이익은 없다. (예제문제) [ ]

152 환지계획 인가 후에 당초의 환지계획에 대한 공람과정에서 토지소유자 등 이해관계인이 제시한 의견에 따라 수정하고자 하는 내용에 대하여 다시 공람절차 등을 밟지 아니한 채 수정된 내용에 따라 한 환지예정지 지정처분은 환지계획에 따르지 아니한 것이거나 환지계획을 적법하게 변경하지 아니한 채 이루어진 것이어서 당연 무효이다. (예제문제) ★ [ ]

153 환지처분이 일단 공고되어 효력을 발생하게 된 이후에는 환지 전체의 절차를 처음부터 다시 밟지 않는 한 그 일부만을 따로 떼어 환지처분을 변경할 길이 없으며 다만 그 환지처분에 위법이 있다면 그 위법을 이유로 하여 민사상의 절차에 따라 권리관계의 존부를 확정하거나 손해의 배상을 구하는 등의 길이 있을 뿐이므로 그 환지확정처분의 일부에 대하여 취소를 구할 법률상 이익은 없다. (예제문제) ★★ [ ]

154 환지처분에 의해 취득한 토지를 제3자에게 양도한 이후 환지처분을 취소하는 판결이 확정된 경우, 취소판결은 제3자에 대해서도 효력을 가지므로 그 토지를 양수한 제3자의 소유권은 당연히 환지처분 전의 상태로 환원되어 소멸된다. (예제문제) [ ]

정답 및 해설

150 [O] (1999. 8. 20. 97누6889)
151 [O] (1999. 10. 8. 99두6873)
152 [O] (1999. 8. 20. 97누6889)
153 [O] (1990. 9. 25. 88누2557)

154 [X] 행정처분을 취소하는 확정판결이 제3자에 대하여도 효력이 있다고 하더라도 일반적으로 판결의 효력은 주문에 포함한 것에 한하여 미치는 것이니 그 취소판결 자체의 효력으로써 그 행정처분을 기초로 하여 새로 형성된 제3자의 권리까지 당연히 그 행정처분 전의 상태로 환원되는 것이라고는 할 수 없다. (1986. 8. 19. 83다카2022)

공용환권

155 재개발조합설립인가처분이 법원의 판결에 의해 취소되었다면, 조합설립추진위원회는 지위를 회복한다. (예제문제) [ ]

156 주택재개발사업조합에 대한 조합설립인가처분이 법원의 재판에 의하여 취소되었더라도 당해 주택재개발사업조합이 조합설립인가처분 취소 전에 적법한 행정주체 또는 사업시행자로서 한 결의 등의 처분은 특별한 사정이 없는 한 소급하여 무효가 되는 것은 아니다. (예제문제) [ ]

157 「도시 및 주거환경정비법」상의 주택재건축정비사업조합은 관할 행정청으로부터 조합설립인가를 받은 후 등기함으로써 법인으로 성립할 경우 주택재건축사업을 시행하는 목적 범위 내에서 법령이 정하는 바에 따라 일정한 행정작용을 행하는 행정주체로서의 지위를 갖는다. (변시 13회) ★★ [ ]

158 「도시 및 주거환경정비법」 등 관련 법령에 근거하여 행하는 주택재건축사업조합 설립인가처분은 사인들의 조합설립행위에 대한 보충행위로서의 성질을 갖는 것에 그칠 뿐, 행정주체로서의 지위를 부여하는 설권적 처분의 성격을 갖는 것은 아니다. (변시 3회) (변시 14회) ★★ [ ]

159 행정청의 주택재개발정비사업조합 설립인가는 사인들의 조합설립행위에 대한 보충행위의 성질을 갖는 것으로 강학상 인가에 해당한다. (변시 2회) [ ]

정답 및 해설

155 [O] 원칙적으로 조합설립인가처분을 받은 조합이 설립등기를 마쳐 법인으로 성립하게 되면 추진위원회는 목적을 달성하여 소멸한다. 그러나 그 후 조합설립인가처분이 법원의 판결에 의하여 취소된 경우에는 추진위원회가 지위를 회복하여 다시 조합설립인가신청을 하는 등 조합설립추진 업무를 계속 수행할 수 있다. (2016. 12. 15. 2013두17473)

156 [X] 도시 및 주거환경정비법(이하 '도시정비법'이라고 한다)상 주택재개발사업조합의 조합설립인가처분이 법원의 재판에 의하여 취소된 경우 그 조합설립인가처분은 소급하여 효력을 상실하고, 이에 따라 당해 주택재개발사업조합 역시 조합설립인가처분 당시로 소급하여 도시정비법상 주택재개발사업을 시행할 수 있는 행정주체인 공법인으로서의 지위를 상실하므로, 당해 주택재개발사업조합이 조합설립인가처분 취소 전에 도시정비법상 적법한 행정주체 또는 사업시행자로서 한 결의 등 처분은 달리 특별한 사정이 없는 한 소급하여 효력을 상실한다고 보아야 한다. 다만 그 효력상실로 인한 잔존사무의 처리와 같은 업무는 여전히 수행되어야 하므로, 종전에 결의 등 처분의 법률효과를 다투는 소송에서의 당사자지위까지 함께 소멸한다고 할 수는 없다. (2012. 3. 29. 2008다95885)

157 [O] (2022. 7. 14. 2022다206391)

158 [X] 행정청이 도시정비법 등 관련 법령에 근거하여 행하는 조합설립 인가처분은 단순히 사인들의 조합설립행위에 대한 보충행위로서의 성질을 갖는 것에 그치는 것이 아니라 법령상 요건을 갖출 경우 도시정비법상 주택재건축사업을 시행할 수 있는 권한을 갖는 행정주체(공법인)로서의 지위를 부여하는 일종의 설권적 처분의 성격을 갖는다고 보아야 한다. (2009. 10. 15. 2009다30427)

159 [X] 위 해설 참고 (2009. 9. 24. 2008다60568)

160 「도시 및 주거환경정비법」상 주택재건축정비사업조합에 대한 조합설립인가처분이 있은 후에는 인가에 고유한 위법이 없는 한 조합설립결의의 하자를 이유로 조합설립인가를 다투는 것은 허용되지 않고, 민사소송인 조합설립결의무효확인소송으로 다투어야 한다. (변시 6회) ★★ [   ]

161 조합설립결의의 하자를 이유로 항고소송으로 조합설립인가처분의 취소 또는 무효확인을 구하는 것과 별도로 조합설립결의 부분만을 따로 떼어내어 그 효력 유무를 다투는 확인의 소를 제기하는 것은 특별한 사정이 있는 경우 확인의 이익이 인정될 수 있는데, 이 경우 재건축조합을 상대로 제기하는 해당 소송은 민사소송이 아니라 「행정소송법」상 당사자소송으로 보아야 한다. (예제문제) ★ [   ]

162 「도시 및 주거환경정비법」상 주택재개발정비사업조합이 수립한 사업시행계획은 관할 행정청의 인가·고시가 이루어지면 이해관계인들에게 구속력이 발생하는 독립된 행정처분에 해당하고, 관할 행정청의 사업시행계획 인가처분은 사업시행계획의 법률상 효력을 완성시키는 보충행위에 해당한다. (23-2) ★★ [   ]

163 「도시 및 주거환경정비법」상 관리처분계획에 대한 행정청의 인가는 관리처분계획의 법률상 효력을 완성시키는 보충행위로서의 성질을 갖는다. (변시 3회) ★★ [   ]

164 「도시 및 주거환경정비법」상 관리처분계획안에 대한 조합 총회결의의 효력을 다투려는 조합원이 관리처분계획 인가 전에 주택재건축정비사업조합을 상대로 소송을 제기하는 경우 당사자소송에 해당한다. (변시 13회) (변시 2회) (변시 10회) ★★ [   ]

정답 및 해설

160 [X] 조합설립결의는 조합설립인가처분이라는 행정처분을 하는 데 필요한 요건 중 하나에 불과한 것이어서, 조합설립결의에 하자가 있다면 그 하자를 이유로 직접 항고소송의 방법으로 조합설립인가처분의 취소 또는 무효확인을 구하여야 하고, 이와는 별도로 조합설립결의 부분만을 따로 떼어내어 그 효력 유무를 다투는 확인의 소를 제기하는 것은 원고의 권리 또는 법률상의 지위에 현존하는 불안·위험을 제거하는 데 가장 유효·적절한 수단이라 할 수 없어 특별한 사정이 없는 한 확인의 이익은 인정되지 아니한다. (2009. 9. 24. 2008다60568)

161 [O] (2009. 10. 15. 2009다10638)

162 [O] (2021. 2. 10. 2020두48031)

163 [O] (1994. 10. 14. 93누22753)

164 [O] 도시 및 주거환경정비법상 행정주체인 주택재건축정비사업조합을 상대로 관리처분계획안에 대한 조합 총회결의의 효력 등을 다투는 소송은 행정처분에 이르는 절차적 요건의 존부나 효력 유무에 관한 소송으로서 그 소송결과에 따라 행정처분의 위법 여부에 직접 영향을 미치는 공법상 법률관계에 관한 것이므로, 이는 행정소송법상의 당사자소송에 해당한다. (2009. 9. 17. 2007다2428)

165 「도시 및 주거환경정비법」에 의한 주택재개발정비사업조합은 조합원에 대한 법률관계에서 적어도 특수한 존립목적을 부여받은 특수한 행정주체로서 국가의 감독하에 그 존립목적인 특정한 공공사무를 행하고 있다고 볼 수 있는 범위 내에서는 공법상의 권리의무관계에 서 있는 것이므로 분양신청 후에 정하여진 관리처분계획은 행정처분이다. (변시 2회) ★★ [   ]

166 행정청은 「도시 및 주거환경정비법」상 주택재건축정비사업조합의 관리처분계획에 대한 인가처분을 하면서 기부채납과 같은 조건을 붙일 수 있다. (22-2) [   ]

167 정비조합이 공법인이라 하더라도 정비조합과 조합 설립에 동의하지 않은 자 사이의 매도청구를 둘러싼 법률관계는 사법상의 법률관계로서 그 매도청구권 행사에 따른 소유권이전등기의무의 존부를 다투는 소송은 민사소송에 의하여야 한다. (예제문제) [   ]

168 「도시 및 주거환경정비법」상 도시환경정비사업조합은 공법인인 행정주체에 해당하므로 조합과 시공자 사이의 공사도급계약은 공법상 계약이고, 그에 관한 분쟁은 당사자소송에 의해야 한다. (예제문제) [   ]

정답 및 해설

165 [O] 분양신청 후에 정하여진 관리처분계획의 내용에 관하여 다툼이 있는 경우에는 그 관리처분계획은 토지 등의 소유자에게 구체적이고 결정적인 영향을 미치는 것으로서 조합이 행한 처분에 해당하므로 항고소송의 방법으로 그 무효확인이나 취소를 구할 수 있다. (2002. 12. 10. 2001두6333)

166 [X] 관리처분계획 및 그에 대한 인가처분의 의의와 성질, 그 근거가 되는 도시정비법과 그 시행령상의 위와 같은 규정들에 비추어 보면, 행정청이 관리처분계획에 대한 인가 여부를 결정할 때에는 그 관리처분계획에 도시정비법 제48조 및 그 시행령 제50조에 규정된 사항이 포함되어 있는지, 그 계획의 내용이 도시정비법 제48조 제2항의 기준에 부합하는지 여부 등을 심사·확인하여 그 인가 여부를 결정할 수 있을 뿐 기부채납과 같은 다른 조건을 붙일 수는 없다고 할 것이다. (2012. 8. 30. 2010두24951)

167 [O] 구 도시 및 주거환경정비법상 주택재건축정비사업조합이 공법인이라는 사정만으로 조합 설립에 동의하지 않은 자의 토지 및 건축물에 대한 주택재건축정비사업조합의 매도청구권을 둘러싼 법률관계가 공법상의 법률관계에 해당한다거나 그 매도청구권 행사에 따른 소유권이전등기절차 이행을 구하는 소송이 당연히 공법상 당사자소송에 해당한다고 볼 수는 없고, 위 법률의 규정들이 주택재건축정비사업조합과 조합 설립에 동의하지 않은 자와의 사이에 매도청구를 둘러싼 법률관계를 특별히 공법상의 법률관계로 설정하고 있다고 볼 수도 없으므로, 주택재건축정비사업조합과 조합 설립에 동의하지 않은 자 사이의 매도청구를 둘러싼 법률관계는 사법상의 법률관계로서 그 매도청구권 행사에 따른 소유권이전등기의무의 존부를 다투는 소송은 민사소송에 의하여야 할 것이다. (2010. 4. 8. 2009다93923)

168 [X] 도시정비법상 도시환경정비사업조합이 공법인이라는 사정만으로 도시환경정비사업조합과 시공자 사이에 체결되는 공사도급계약 등을 둘러싼 법률관계가 공법상의 법률관계에 해당한다거나 위와 같은 공사도급계약의 효력을 다투는 소송이 당연히 공법상 당사자소송에 해당한다고 볼 수는 없고, 도시정비법의 규정들이 도시환경정비사업조합과 시공자와의 관계를 특별히 공법상의 계약관계로 설정하고 있다고 볼 수도 없으므로, 도시환경정비사업조합과 시공자 사이의 공사도급계약 등을 둘러싼 법률관계는 사법상의 법률관계로서 그 공사도급계약의 효력을 다투는 소송은 민사소송에 의하여야 할 것이다. (2010. 4. 8. 2009마1026)

169 재건축조합이 전체 조합원의 일부인 개별 조합원과 사적으로 재건축에 관련한 신축상가입주의 약정을 체결한 경우, 구속적 행정계획으로서 관리처분계획의 본질과 재건축조합의 행정주체로서 갖는 공법상 재량권에 비추어 재건축조합은 그 사법상 약정에 직접적으로 구속되지 않는다. (변시 14회)   [   ]

170 A지역에서 토지 등을 소유한 자들은 「도시 및 주거환경정비법」에 따라 주택재개발사업을 시행하기 위해 조합설립추진위원회를 구성하여 관할 행정청으로부터 승인을 받았다. 조합설립추진위원회는 이 법에 따라 조합설립결의를 거쳐 주택재개발조합(이하 '조합'이라 함)의 설립인가를 받았다. 이후 조합은 조합총회결의를 거쳐 관리처분계획을 수립하였고, 행정청이 이를 인가·고시하였다. 한편, 이 사건 정비구역 내에 토지를 소유한 甲은 조합설립추진위원회 구성에 동의하지 않았다. (다툼이 있는 경우 판례에 의함) (변시 7회)

① 甲은 조합설립추진위원회 구성승인처분의 취소를 구할 원고적격이 있다.   [   ]

② 조합설립인가처분은 단순히 조합설립행위에 대한 보충행위로서의 성질을 갖는 것에 그치는 것이 아니라 주택재개발사업을 시행할 수 있는 권한을 갖는 행정주체로서의 지위를 부여하는 일종의 설권적 처분의 성격을 갖는다.   [   ]

③ 조합설립추진위원회 구성승인처분과 조합설립인가처분은 재개발조합의 설립이라는 동일한 법적 효과를 목적으로 하는 것으로, 조합설립추진위원회 구성승인처분에 하자가 있는 경우에는 특별한 사정이 없는 한 조합설립인가처분은 위법한 것이 된다.   [   ]

④ 조합설립인가처분이 행해진 이후에 조합설립결의의 하자를 이유로 조합설립의 무효를 주장하려면 인가행정청을 상대로 조합설립인가처분의 취소 또는 무효확인을 구하는 항고소송을 제기하여야 한다.   [   ]

⑤ 조합이 수립한 관리처분계획에 대해 인가·고시가 있은 후에 관리처분계획에 관한 조합 총회 결의의 하자를 이유로 그 효력을 다투려면 조합을 상대로 항고소송의 방법으로 관리처분계획의 취소 또는 무효확인을 구하여야 한다.   [   ]

정답 및 해설

169 [O] 재건축조합이 관리처분계획의 수립 혹은 변경을 통한 집단적인 의사 결정 방식 외에 전체 조합원의 일부인 개별 조합원과 사적으로 그와 관련한 약정을 체결한 경우에도, 구속적 행정계획으로서 재건축조합이 행하는 독립된 행정처분에 해당하는 관리처분계획의 본질 및 전체 조합원 공동의 이익을 목적으로 하는 재건축조합의 행정주체로서 갖는 공법상 재량권에 비추어 재건축조합이 개별 조합원 사이의 사법상 약정에 직접적으로 구속된다고 보기는 어렵다. (2022.7.14. 2022다206391)

171 X주택재개발사업조합(이하 'X조합'이라 함)은 「도시 및 주거환경정비법」에 따라 관할 A행정청으로부터 조합설립인가를 받았고 甲을 조합장으로 선임하였다. 그 후 X조합은 분양신청을 기초로 관리처분계획을 수립하여 조합총회에 부의하였고, 조합총회에서 조합원들은 관리처분계획을 원안대로 의결하였다. A행정청은 관리처분계획을 인가고시하였다. 이에 관한 설명 중 옳지 않은 것은? (다툼이 있는 경우 판례에 의함) (변시 11회)

① X조합에 대한 조합설립인가처분이 무효인 경우에는 甲의 행위는 「도시 및 주거환경정비법」에서 정한 조합장의 행위라고 할 수 없다. [   ]

정답 및 해설

170 ① [O] 도시 및 주거환경정비법 제13조 제1항 및 제2항의 입법 경위와 취지에 비추어 하나의 정비구역 안에서 복수의 조합설립추진위원회에 대한 승인은 허용되지 않는 점, 조합설립추진위원회가 조합을 설립할 경우 같은 법 제15조 제4항에 의하여 조합설립추진위원회가 행한 업무와 관련된 권리와 의무는 조합이 포괄승계하며, 주택재개발사업의 경우 정비구역 내의 토지 등 소유자는 같은 법 제19조 제1항에 의하여 당연히 그 조합원으로 되는 점 등에 비추어 보면, 조합설립추진위원회의 구성에 동의하지 아니한 정비구역 내의 토지 등 소유자도 조합설립추진위원회 설립승인처분에 대하여 같은 법에 의하여 보호되는 직접적이고 구체적인 이익을 향유하므로 그 설립승인처분의 취소소송을 제기할 원고적격이 있다. (2007. 1. 25. 2006두12289)

② [O] (2013. 12. 26. 2011두8291)

③ [X] 조합설립추진위원회의 구성을 승인하는 처분은 조합의 설립을 위한 주체에 해당하는 비법인 사단인 추진위원회를 구성하는 행위를 보충하여 그 효력을 부여하는 처분인 데 반하여, 조합설립인가처분은 법령상 요건을 갖출 경우 도시정비법상 주택재개발사업을 시행할 수 있는 권한을 가지는 행정주체(공법인)로서의 지위를 부여하는 일종의 설권적 처분이므로, 양자는 그 목적과 성격을 달리한다. 추진위원회의 권한은 조합 설립을 추진하기 위한 업무를 수행하는 데 그치므로 일단 조합설립인가처분을 받아 추진위원회의 업무와 관련된 권리와 의무가 조합에 포괄적으로 승계되면, 추진위원회는 그 목적을 달성하여 소멸한다. 조합설립인가처분은 추진위원회 구성의 동의요건보다 더 엄격한 동의요건을 갖추어야 할 뿐만 아니라 창립총회의 결의를 통하여 정관을 확정하고 임원을 선출하는 등의 단체결성행위를 거쳐 성립하는 조합에 관하여 하는 것이므로, 추진위원회 구성의 동의요건 흠결 등 추진위원회구성승인처분상의 위법만을 들어 조합설립인가처분의 위법을 인정하는 것은 조합설립의 요건이나 절차, 그 인가처분의 성격, 추진위원회 구성의 요건이나 절차, 그 구성승인처분의 성격 등에 비추어 타당하다고 할 수 없다. (2013. 12. 26. 2011두8291)

④ [O] 이와는 별도로 조합설립결의 부분만을 따로 떼어내어 그 효력 유무를 다투는 확인의 소를 제기하는 것은 원고의 권리 또는 법률상의 지위에 현존하는 불안·위험을 제거하는 데 가장 유효·적절한 수단이라 할 수 없어 특별한 사정이 없는 한 확인의 이익은 인정되지 아니한다. (2009. 9. 24. 2008다60568)

⑤ [O] 도시 및 주거환경정비법상 주택재건축정비사업조합이 같은 법 제48조에 따라 수립한 관리처분계획에 대하여 관할 행정청의 인가·고시까지 있게 되면 관리처분계획은 행정처분으로서 효력이 발생하게 되므로, 총회결의의 하자를 이유로 하여 행정처분의 효력을 다투는 항고소송의 방법으로 관리처분계획의 취소 또는 무효확인을 구하여야 하고, 그와 별도로 행정처분에 이르는 절차적 요건 중 하나에 불과한 총회결의 부분만을 따로 떼어내어 효력 유무를 다투는 확인의 소를 제기하는 것은 특별한 사정이 없는 한 허용되지 않는다. (2009. 9. 17. 2007다2428)

② 조합설립인가처분이 있은 후 조합설립결의의 하자를 이유로 조합설립의 효력을 부정하려면 항고소송으로 조합설립인가처분의 효력을 다투어야 한다. [　]

③ X조합과 甲 사이의 선임·해임을 둘러싼 법률관계는 사법상의 법률관계이므로 조합장의 지위를 다투는 소송은 민사소송에 의하여야 한다. [　]

④ 관리처분계획에 대한 인가·고시가 있은 이후 총회의결의 하자를 이유로 관리처분계획의 효력을 다투려면 당사자소송으로 총회의결의 효력 유무의 확인을 구하여야 한다. [　]

⑤ 사업시행이 완료되고 소유권 이전에 관한 고시의 효력이 발생한 이후에는 조합원 등은 해당 재개발사업을 위하여 이루어진 수용재결이나 이의재결의 취소를 구할 법률상 이익이 없다. [　]

정답 및 해설

171 ① [O] 도시 및 주거환경정비법(이하 '도시정비법'이라고 한다)상 주택재건축사업조합 설립인가처분이 판결에 의하여 취소되거나 무효로 확인된 경우에는 조합설립인가처분은 처분 당시로 소급하여 효력을 상실하고, 이에 따라 당해 주택재건축사업조합 역시 조합설립인가처분 당시로 소급하여 도시정비법상 주택재건축사업을 시행할 수 있는 행정주체인 공법인으로서의 지위를 상실한다. (2012. 11. 29. 2011두518)

② [O] 재개발조합설립인가신청에 대한 행정청의 조합설립인가처분은 단순히 사인(私人)들의 조합설립행위에 대한 보충행위로서의 성질을 가지는 것이 아니라 법령상 일정한 요건을 갖추는 경우 행정주체(공법인)의 지위를 부여하는 일종의 설권적 처분의 성질을 가진다고 보아야 한다. 그러므로 구 도시 및 주거환경정비법상 재개발조합설립인가신청에 대하여 행정청의 조합설립인가처분이 있은 이후에는, 조합설립동의에 하자가 있음을 이유로 재개발조합 설립의 효력을 부정하려면 항고소송으로 조합설립인가처분의 효력을 다투어야 한다. (2010. 1. 28. 2009두4845)

③ [O] 구 도시 및 주거환경정비법상 재개발조합이 공법인이라는 사정만으로 재개발조합과 조합장 또는 조합임원 사이의 선임·해임 등을 둘러싼 법률관계가 공법상의 법률관계에 해당한다거나 그 조합장 또는 조합임원의 지위를 다투는 소송이 당연히 공법상 당사자소송에 해당한다고 볼 수는 없고, 구 도시 및 주거환경정비법의 규정들이 재개발조합과 조합장 및 조합임원과의 관계를 특별히 공법상의 근무관계로 설정하고 있다고 볼 수도 없으므로, 재개발조합과 소합장 또는 조합임원 사이의 선임·해임 등을 둘러싼 법률관계는 사법상의 법률관계로서 그 조합장 또는 조합임원의 지위를 다투는 소송은 민사소송에 의하여야 할 것이다. (2009. 9. 24. 2009마168)

④ [X] 관리처분계획 등에 관한 관할 행정청의 인가고시까지 있게 되면 이제는 관리처분계획 등이 행정처분으로서의 효력을 갖게 되므로, 관리처분계획 등에 관한 조합 총회결의의 하자를 이유로 그 효력을 다투려면 재건축조합을 상대로 항고소송의 방법으로 관리처분계획 등의 취소 또는 무효확인을 구하여야 하고, 이와는 별도로 행정처분에 이르는 절차적 요건 중 하나에 불과한 총회결의 부분만을 따로 떼어내 그 효력을 다투는 확인의 소를 제기하는 것은 허용되지 않는다. (2010. 2. 25. 2007다73598)

⑤ [O] 정비사업의 공익적·단체법적 성격과 이전고시에 따라 이미 형성된 법률관계를 유지하여 법적 안정성을 보호할 필요성이 현저한 점 등을 고려할 때, 이전고시의 효력이 발생한 이후에는 조합원 등이 해당 정비사업을 위하여 이루어진 수용재결이나 이의재결의 취소 또는 무효확인을 구할 법률상 이익이 없다고 해석함이 타당하다. (2017. 3. 16. 2013두11536)

제4장 지역개발행정법

172 토지거래계약허가제에 있어서 허가란 규제지역 내의 모든 국민에게 전반적으로 토지 거래의 자유를 원칙적으로 금지하고 일정한 요건을 갖춘 경우에만 사후에 금지를 해제 하여 계약체결의 자유를 회복시켜 주는 성질의 것이다. (추가문제) ★　　　　　　　　　　　　　　　　　　　[　　]

173 토지거래계약에 관한 허가구역의 지정은 개인의 권리 내지 법률상의 이익을 구체적으로 규제하는 효과를 가져 오게 하는 행정청의 처분에 해당하고, 따라서 이에 대하여는 원칙적으로 항고소송을 제기할 수 있다. (추가문제)　　　　　　　　　　　　　　　　　　　[　　]

정답 및 해설

172 [X] 같은 법 제21조의3 제1항 소정의 허가가 규제지역 내의 모든 국민에게 전반적으로 토지거래의 자유를 금지하고 일정한 요건을 갖춘 경우에만 금지를 해제하여 계약체결의 자유를 회복시켜 주는 성질의 것이라고 보는 것은 위 법의 입법취지를 넘어선 지나친 해석이라고 할 것이고, 규제지역 내에서도 토지거래의 자유가 인정되나 다만 위 허가를 허가 전의 유동적 무효 상태에 있는 법률행위의 효력을 완성시켜 주는 인가적 성질을 띤 것이라고 보는 것이 타당하다. (1991. 12. 24. 90다12243)

173 [O] 국토의 계획 및 이용에 관한 법률의 규정에 의하면, 같은 법에 따라 토지거래계약에 관한 허가구역으로 지정되는 경우, 허가구역 안에 있는 토지에 대하여 소유권이전 등을 목적으로 하는 거래계약을 체결하고자 하는 당사자는 공동으로 행정관청으로부터 허가를 받아야 하는 등 일정한 제한을 받게 되고, 허가를 받지 아니하고 체결한 토지거래계약은 그 효력이 발생하지 아니하며, 토지거래계약허가를 받은 자는 5년의 범위 이내에서 대통령이 정하는 기간 동안 그 토지를 허가받은 목적대로 이용하여야 하는 의무도 부담하며, 같은 법에 따른 토지이용의무를 이행하지 아니하는 경우 이행강제금을 부과당하게 되는 등 토지거래계약에 관한 허가구역의 지정은 개인의 권리 내지 법률상의 이익을 구체적으로 규제하는 효과를 가져오게 하는 행정청의 처분에 해당하고, 따라서 이에 대하여는 원칙적으로 항고소송을 제기할 수 있다. (2006. 12. 22. 2006두12883)

제5장 환경행정법

174 환경영향평가란 환경에 영향을 미치는 실시계획·시행계획 등의 허가·인가·승인·면허 또는 결정 등을 할 때에 해당 사업이 환경에 미치는 영향을 미리 조사·예측·평가하여 해로운 환경영향을 피하거나 제거 또는 감소시킬 수 있는 방안을 마련하는 것을 말한다. (추가문제) [　　]

175 환경영향평가법령에서 정한 환경영향평가 절차를 거쳤으나 그 환경영향평가의 내용이 부실한 경우, 그 부실의 정도가 환경영향평가제도를 둔 입법 취지를 달성할 수 없을 정도이어서 환경영향평가를 하지 아니한 것과 다를 바 없는 정도의 것이 아닌 이상, 그 부실은 당해 승인 등 처분에 재량권 일탈·남용의 위법이 있는지 여부를 판단하는 하나의 요소로 됨에 그칠 뿐, 그 부실로 인하여 당연히 당해 승인 등 처분이 위법하게 되는 것이 아니다. (추가문제) [　　]

176 환경영향평가절차가 완료되기 전에 공사시행을 하여 사업자가 사전 공사시행 금지규정을 위반한 경우, 승인기관의 장이 한 사업계획 등에 대한 승인 등의 처분은 위법하다. (추가문제) [　　]

정답 및 해설

174 [O] 환경영향평가법 제2조 제2호

175 [O] (2006. 3. 16. 2006두330)

176 [X] 환경영향평가법 제16조 제1항 본문, 제3항, 제51조 제1호 및 제52조 제2항 제2호의 내용, 형식 및 체계에 비추어 보면, 환경영향평가법 제28조 제1항 본문이 환경영향평가절차가 완료되기 전에 공사시행을 금지하고, 제51조 제1호 및 제52조 제2항 제2호가 그 위반행위에 대하여 형사처벌을 하도록 한 것은 환경영향평가의 결과에 따라 사업계획 등에 대한 승인 여부를 결정하고, 그러한 사업계획 등에 따라 공사를 시행하도록 하여 당해 사업으로 인한 해로운 환경영향을 피하거나 줄이고자 하는 환경영향평가제도의 목적을 달성하기 위한 데에 입법 취지가 있다. 따라서 사업자가 이러한 사전 공사시행 금지규정을 위반하였다고 하여 승인기관의 장이 한 사업계획 등에 대한 승인 등의 처분이 위법하게 된다고는 볼 수 없다. (2014. 3. 13. 2012두1006)

제6장 조세법

177 법률의 위임 없이 명령 또는 규칙 등 행정입법으로 과세요건 등에 관한 사항을 규정하거나 법률에 규정된 내용을 유추·확장하는 내용의 해석규정을 마련하는 것은 조세법률주의 원칙에 위배된다. (변시 13회) [ ]

178 「국세기본법」 등에서 예외사유를 정하는 등의 특별한 사정이 없는 한, 과세예고 통지 후 과세전적부심사 청구나 그에 대한 결정이 있기도 전에 과세처분을 하는 것은 납세자의 절차적 권리를 침해하는 것으로서 절차상 하자가 중대하고도 명백하여 무효이다. (예제문제) ★★ [ ]

179 신고납부방식의 조세에 있어서 납세의무자의 신고행위가 당연무효로 되지 않는 한, 납세의무자가 납세의무가 있는 것으로 오인하고 신고 후 조세납부행위를 하였다 하더라도 그것이 곧 부당이득에 해당한다고 할 수 없다. (변시 1회) [ ]

180 납세의무자에 대한 국가의 부가가치세 환급세액 지급의무는 그 납세의무자로부터 어느 과세기간에 과다하게 거래징수된 세액 상당을 국가가 실제로 납부받았는지와 관계없이 부가가치세법령의 규정에 의하여 직접 발생하는 것으로서, 그 법적 성질은 부당이득반환의무가 아니라 부가가치세법령에 의하여 그 존부나 범위가 구체적으로 확정되고 조세 정책적 관점에서 특별히 인정되는 공법상 의무이다. 그렇다면 납세의무자에 대한 국가의 부가가치세 환급세액 지급의무에 대응하는 국가에 대한 납세의무자의 부가가치세 환급세액 지급청구는 민사소송이 아니라 행정소송법상 당사자소송의 절차에 따라야 한다. (변시 3회) (변시 5회) (변시 6회) (변시 13회) ★★ [ ]

정답 및 해설

177 [O] (2021. 9. 9. 2019두35695)

178 [O] (2016. 12. 27. 2016두49228)

179 [O] 취득세는 신고납부방식의 조세로서 이러한 유형의 조세에 있어서는 원칙적으로 납세의무자가 스스로 과세표준과 세액을 정하여 신고하는 행위에 의하여 납세의무가 구체적으로 확정되고, 그 납부행위는 신고에 의하여 확정된 구체적 납세의무의 이행으로 하는 것이며 지방자치단체는 그와 같이 확정된 조세채권에 기하여 납부된 세액을 보유하는 것이므로, 납세의무자의 신고행위가 중대하고 명백한 하자로 인하여 당연무효로 되지 아니하는 한 그것이 바로 부당이득에 해당한다고 할 수 없다. (2009. 4. 23. 2006다81257)

180 [O] 납세의무자에 대한 국가의 부가가치세 환급세액 지급의무는 그 납세의무자로부터 어느 과세기간에 과다하게 거래징수된 세액 상당을 국가가 실제로 납부받았는지와 관계없이 부가가치세법령의 규정에 의하여 직접 발생하는 것으로서, 그 법적 성질은 정의와 공평의 관념에서 수익자와 손실자 사이의 재산상태 조정을 위해 인정되는 부당이득 반환의무가 아니라 부가가치세법령에 의하여 그 존부나 범위가 구체적으로 확정되고 조세 정책적 관점에서 특별히 인정되는 공법상 의무라고 봄이 타당하다. 그렇다면 납세의무자에 대한 국가의 부가가치세 환급세액 지급의무에 대응하는 국가에 대한 납세의무자의 부가가치세 환급세액 지급청구는 민사소송이 아니라 행정소송법 제3조 제2호에 규정된 당사자소송의 절차에 따라야 한다. (2013. 3. 21. 2011다95564)

181 국세환급금결정이나 이 결정을 구하는 신청에 대한 환급거부결정은 행정청의 공행정작용으로서 항고소송의 대상이 된다. (변시 4회) (변시 1회) [ ]

182 과세처분의 감액경정처분이 있으면 당초처분은 감액경정처분과 상쇄되어 축소된 상태로 남아있으므로 축소된 당초처분과 새로운 감액경정처분은 서로 독립한 과세처분으로서 병존하고, 납세자의 선택에 따라 각각 항고소송의 대상이 될 수 있다. (예제문제) ★★ [ ]

183 당초의 조세부과처분의 과세표준과 세액을 증액하는 경정처분이 있으면 당초처분은 경정처분에 흡수됨으로써 독립한 존재가치를 잃게 된다. (변시 13회) ★★ [ ]

184 취소사유인 절차적 하자가 있는 당초 과세처분에 대하여 증액경정처분이 있는 경우, 당초 처분의 절차적 하자는 증액경정처분에 승계되지 아니한다. (변시 6회) ★★ [ ]

정답 및 해설

181 [X] 국세환급금결정에 관한 규정은 이미 납세의무자의 환급청구권이 확정된 국세환급금에 대하여 내부적 사무처리절차로서 과세관청의 환급절차를 규정한 것에 지나지 않고 위 규정에 의한 국세환급금결정에 의하여 비로소 환급청구권이 확정되는 것은 아니므로, 위 국세환급금결정이나 이 결정을 구하는 신청에 대한 환급거부결정은 납세의무자가 갖는 환급청구권의 존부나 범위에 구체적이고 직접적인 영향을 미치는 처분이 아니어서 항고소송의 대상이 되는 처분이라고 볼 수 없다. (2009. 11. 26. 2007두4018)

182 [X] 감액경정처분은 당초처분과는 별개인 독립의 과세처분이 아니라 그 실질은 당초처분의 변경이고 그에 의하여 세액의 일부취소라는 납세의무자에게 유리한 효과를 가져오는 처분이라 할 것이므로, 항고소송의 대상은 당초처분 중 감액경정결정에 의하여 취소되지 않고 남은 부분이고, 감액경정결정이 항고소송의 대상이 되는 것은 아니다. (1996. 7. 30. 95누6328)

183 [O] 과세표준과 세액을 증액하는 경정처분이 있은 경우 그 경정처분은 당초처분을 그대로 둔 채 당초처분에서의 과세표준과 세액을 초과하는 부분만을 추가 확정하려는 처분이 아니고, 재조사에 의하여 판명된 결과에 따라서 당초처분에서의 과세표준과 세액을 포함시켜 전체로서의 과세표준과 세액을 결정하는 것이므로, 증액경정처분이 되면 먼저 된 당초처분은 증액경정처분에 흡수되어 당연히 소멸하고 오직 경정처분만이 쟁송의 대상이 되는 것이고… (1999. 5. 28. 97누16329)

184 [O] 증액경정처분이 있는 경우 당초처분은 증액경정처분에 흡수되어 소멸하고, 소멸한 당초처분의 절차적 하자는 존속하는 증액경정처분에 승계되지 아니한다. (2010. 6. 24. 2007두16493)

185 과세처분의 증액경정처분은 당초처분과 별개인 독립의 과세처분이 아니라 그 실질은 당초처분의 변경이고 그에 의하여 당초의 세액을 기반으로 하여 새로이 세액을 확정하는 데에 그 법적 효력이 있는 것으로서, 새로이 확정된 세액이 위법하다하여 다투는 경우 항고소송의 대상은 증액경정에 의하여 확대된 당초처분이지 증액경정처분이 아니다. (예제문제) ★★ [ ]

186 납세고지서에 증여세의 과세표준과 세액의 산출근거가 기재되어 있지 않더라도, 과세처분에 앞서 납세의무자에게 보낸 과세관청의 과세예고통지서에 과세표준과 세액의 산출근거 등 납세고지서의 필요적 기재사항이 이미 모두 기재되어 있어 납세의무자가 불복여부의 결정 및 불복신청에 전혀 지장을 받지 않았다는 것이 명백하다면, 납세고지의 하자는 치유될 수 있다. (변시 6회) ★ [ ]

187 납세고지서에 세액산출근거 등의 기재사항이 누락되었거나 과세표준과 세액의 계산명세서가 첨부되지 않았다면 적법한 납세의 고지라고 볼 수 없으며, 위와 같은 납세고지의 하자는 납세의무자가 그 나름대로 산출근거를 알고 있다거나 사실상 이를 알고서 쟁송에 이르렀다 하더라도 치유되지 않는다. (예제문제) ★ [ ]

188 가산세 부과처분에 관해서「국세기본법」등에 그 납세고지의 방식 등에 관하여 따로 정한 규정이 없더라도, 하나의 납세고지서에 의하여 본세와 가산세를 함께 부과할 때에는 납세고지서에 본세와 가산세 각각의 세액과 산출근거 등을 구분하여 기재해야 한다. (변시 6회) ★ [ ]

189 여러 종류의 가산세를 함께 부과하면서 그 종류와 세액의 산출근거를 구분하여 밝히지 않고 가산세의 합계세액만을 기재한 오랜 관행이 비록 적법절차의 원칙에서 문제가 있더라도, 법률에서 가산세의 납세고지에 관하여 특별히 규정하지 않은 이상 그 관행은 행정관습법으로 통용될 수 있다. (변시 7회) [ ]

정답 및 해설

185 [X] 증액경정처분이 있는 경우, 당초 신고나 결정은 증액경정처분에 흡수됨으로써 독립한 존재가치를 잃게 된다고 보아야 하므로, 원칙적으로는 당초 신고나 결정에 대한 불복기간의 경과 여부 등에 관계없이 증액경정처분만이 항고소송의 심판대상이 되고, 납세의무자는 그 항고소송에서 당초 신고나 결정에 대한 위법사유도 함께 주장할 수 있다고 해석함이 타당하다. (2009. 5. 14. 2006두17390)

186 [O] (2001. 3. 27. 99두8039)

187 [O] (2002. 11. 13. 2001두1543)

188 [O] (2012. 10. 18. 2010두12347)

189 [X] 여러 종류의 가산세를 함께 부과하는 경우에는 그 가산세 상호 간에도 종류별로 세액과 산출근거 등을 구분하여 기재함으로써 납세의무자가 납세고지서 자체로 각 과세처분의 내용을 알 수 있도록 하는 것이 당연한 원칙이다. (2012. 10. 18. 2010두12347)

190 국세부과처분에 대한 이의신청에 있어서 재조사결정이 내려지고 그에 따라 후속 처분이 내려진 경우 재조사결정에 따른 심사청구기간이나 심판청구기간은 이의신청인이 후속 처분의 통지를 받은 날부터 기산된다. (변시 2회) [ ]

191 국세기본법상 경정청구기간이 도과한 후 제기된 경정청구에 대하여 경정을 거절한 경우, 이는 항고소송의 대상이 되는 거부처분으로 볼 수 없다. (추가문제) [ ]

192 법상 과세예고통지를 해야 하는 경우임에도 이를 생략한 채 부과처분을 하였다면 해당 처분은 위법하다. (예제문제) [ ]

정답 및 해설

190 [O] 이의신청 등에 대한 결정의 한 유형으로 실무상 행해지고 있는 재조사결정은 처분청으로 하여금 하나의 과세단위의 전부 또는 일부에 관하여 당해 결정에서 지적된 사항을 재조사하여 그 결과에 따라 과세표준과 세액을 경정하거나 당초 처분을 유지하는 등의 후속 처분을 하도록 하는 형식을 취하고 있다. 이에 따라 재조사결정을 통지받은 이의신청인 등은 그에 따른 후속 처분의 통지를 받은 후에야 비로소 다음 단계의 쟁송절차에서 불복할 대상과 범위를 구체적으로 특정할 수 있게 된다. 이와 같은 재조사결정의 형식과 취지, 그리고 행정심판제도의 자율적 행정통제기능 및 복잡하고 전문적·기술적 성격을 갖는 조세법률관계의 특수성 등을 감안하면, 재조사결정은 당해 결정에서 지적된 사항에 관해서는 처분청의 재조사결과를 기다려 그에 따른 후속 처분의 내용을 이의신청 등에 대한 결정의 일부분으로 삼겠다는 의사가 내포된 변형결정에 해당한다고 볼 수밖에 없다. 그렇다면 재조사결정은 처분청의 후속 처분에 의하여 그 내용이 보완됨으로써 이의신청 등에 대한 결정으로서의 효력이 발생한다고 할 것이므로, 재조사결정에 따른 심사청구기간이나 심판청구기간 또는 행정소송의 제소기간은 이의신청인 등이 후속 처분의 통지를 받은 날부터 기산된다고 봄이 타당하다. (2010. 6. 25. 2007두12514)

191 [O] 구 국세기본법(2015. 12. 15. 법률 제13552호로 개정되기 전의 것) 제45조의2 제2항은 '국세의 과세표준 및 세액의 결정을 받은 자는 각호의 어느 하나에 해당하는 사유가 발생하였을 때에는 그 사유가 발생한 것을 안 날부터 2개월 이내에 경정을 청구할 수 있다'고 규정하고 있는바, 경정청구기간이 도과한 후에 제기된 경정청구는 부적법하여 과세관청이 과세표준 및 세액을 결정 또는 경정하거나 거부처분을 할 의무가 없으므로, 과세관청이 경정을 거절하였다고 하더라도 이를 항고소송의 대상이 되는 거부처분으로 볼 수 없다. (2017. 8. 23. 2017두38812)

192 [O] (2016. 4. 15. 2015두52326)

행정법 최종정리 OX 제6판

초판발행	2020년 07월 17일
2판 발행	2021년 07월 19일
3판 발행	2022년 05월 06일
4판 발행	2023년 04월 14일
5판 발행	2024년 05월 17일
6판 발행	2025년 05월 30일

지은이	강성민
디자인	이나영
발행처	주식회사 필통북스
등 록	제2019-000085호
주 소	서울특별시 관악구 신림로59길 23, 1201호(신림동)
전 화	1544-1967
팩 스	02-6499-0839
homepage	http://www.feeltongbooks.com/
ISBN	979-11-6792-223-6 [13360]

정가 26,000

| 이 책은 저자와의 협의 하에 인지를 생략합니다.
| 이 책은 저작권법에 의해 보호를 받는 저작물이므로 주식회사 필통북스의 허락 없는 무단전제 및 복제를 금합니다.